Collana *dei* Contratti

diretta da Emanuele Lucchini Guastalla

5

I contratti del consumatore

a cura di

Giovanna Capilli

con introduzione di

Guido Alpa

G. Giappichelli Editore – Torino

G. GIAPPICHELLI EDITORE - TORINO
VIA PO 21 - TEL. 011-81.53.111 - FAX: 011-81.25.100
http://www.giappichelli.it

ISBN/EAN 978-88-7524-495-8
ISBN/EAN 978-88-921-9492-2 (ebook - pdf)
ISBN/EAN 978-88-921-9765-7 (ebook - epub)

Stampa: Rotolito S.p.A. - Pioltello (MI)

Indice

Capitolo II

La figura del consumatore nel codice del consumo

CALOGERO ALBERTO VALENZA

Capitolo III

Clausole vessatorie, codice del consumo e forme di tutela

MARIA TERESA VERTERAMO

Capitolo IV

Garanzie e rimedi nelle vendite ai consumatori

GIOVANNA CAPILLI

Capitolo V

I contratti conclusi con tecniche di comunicazione a distanza

FRANCESCA GERVASIO

Capitolo VI

I contratti del commercio *on line*

ETTORE BATTELLI

Capitolo VII

Il diritto di recesso

ETTORE BATTELLI e VINCENZO ROSSI

Capitolo VIII

Diritto di recesso e obblighi informativi

GAIA FAUTTILLI

Capitolo XII

Arbitrato e conciliazione

NICOLA MAIONE

Introduzione

Consumatori e mercato

Sommario

1. "Consumatore": la costruzione di un concetto giuridico. – 2. La nozione economica di consumatore. – 3. La nozione sociologica di consumatore. – 4. Il mercato digitale. – 5. Il consumatore post-moderno: *consumer* v. *prosumer*. – 6. La discussione attuale sulla nozione di consumatore.

1. "Consumatore": la costruzione di un concetto giuridico

«*Consumo dunque sono*» intitola il suo libro sulla società dei consumi il sociologo polacco Zygmunt Bauman. Questa formula è la parodia del motto di Cartesio «*cogito ergo sum*», e rappresenta il modo di essere, di sentirsi e di partecipare alla società di ogni individuo in epoca post-moderna. Nella società dei consumatori «*nessuno può diventare soggetto senza prima trasformarsi in merce, e nessuno può tenere al sicuro la sua soggettività senza riportare in vita, risuscitare e reintegrare costantemente le capacità che vengono attribuite e richieste a merce vendibile*» [1]. Questa è una delle caratteristiche fondamentali della società odierna, anche se la categoria del consumo e la figura del consumatore hanno accompagnato l'uomo per tutta la sua storia. Ovviamente, così dicendo si applicano le categorie

---

[1] Z. BAUMAN, *Consumo, dunque sono*, Laterza, Roma-Bari, 2007, p. 17, ove si richiama G SIMMEL, *Le metropoli e la vita dello spirito* (1902-1903), trad. it., Armando, Roma, 1995, p. 43 che già all'inizio del secolo aveva messo in guardia contro le società uniformi e piatte nelle quali l'individuo poteva elevarsi mediante i suoi oggetti.

moderne ai fenomeni antichi, ma anche guardandoci dal compiere operazioni antistoriche, non si può negare che la realizzazione dei bisogni sia una costante della nostra storia. Chi ha tentato di tracciarne il cammino, dall'Oriente all'Occidente, dagli inizi della vita arcaica alla "globalizzazione del desiderio" ha declinato le fasi di questo processo storico sottolineando la stretta connessione tra vita individuale e vita sociale, aggregazioni isolate e aggregazioni più estese, vita delle società, produzione e circolazione delle merci, formazione dei mercati, produzione artigianale e produzione di massa, e finalmente consumo di massa[2].

Nel linguaggio comune "consumo", "consumatore", "società dei consumi" sono ormai usuali, ma nei secoli scorsi erano piuttosto riservati agli specialisti e del tutto ignorati dai giuristi.

Nella cultura giuridica italiana il vocabolo "consumatore" è penetrato con un certo ritardo, rispetto alla sua diffusione nelle esperienze anglofone, ove si è accreditato negli Stati Uniti e nel Regno Unito contemporaneamente. In quei Paesi, per ragioni diverse, di natura politica, sociale ed economica, il mercato – con la produzione di beni e servizi di massa – si è sviluppato un po' in anticipo rispetto agli altri Paesi dell'Europa continentale. Negli Stati Uniti gli studiosi dei diritti dei consumatori sono usi far risalire ad un messaggio speciale rivolto al Congresso nel 1962 dal Presidente John F. Kennedy la definizione dei primi programmi di intervento legislativo a favore dei "consumatori", intendendosi per tali tutti gli appartenenti alla società, considerati nella loro veste di acquirenti o di utenti di prodotti e servizi ("*all of us are consumers*"). E nel Regno Unito ha segnato una linea di demarcazione tra il passato e il futuro la pubblicazione del Rapporto al Parlamento da parte del Comitato per la tutela del consumatore diretto da Dennis Molony nel luglio dello stesso anno nel quale, con molta cautela, e senza pretendere di modificare la disciplina in vigore, si prendeva atto che il consumatore doveva considerarsi la controparte debole del rapporto isti-

---

[2] P.N. STEARNS, *Consumerism in World History. The Global Transformation of Desire*, Routledge, London-New York, 2001; A. PRASAD, *A Bird's Eye View. Historical Evolution of Consumer Protection and law in India*, in *Journal of Texas Consumer Law*, vol. 11, 2008.

tuito con l'imprenditore e che quindi era opportuno intervenire con qualche misura protettiva.

Non che fino a quel momento non vi fossero stati studi, ricerche o dibattiti intorno a questa problematica. La storia della responsabilità del produttore negli Stati Uniti affermatasi con fatica nell'ambito di una giurisprudenza dapprima favorevole all'impresa per ragioni di tutela del mercato (volendosi applicare il principio *caveat emptor*) e poi cautamente preoccupata dei danni subiti dai destinatari di prodotti e servizi, la istituzione di una apposita agenzia amministrativa (la Food and Drug Administration), la prevenzione delle frodi alimentari avevano preparato questo intervento del Presidente. Anche nel Regno Unito i consumatori si attivarono per tempo, e fondarono cooperative di consumo – come in Italia, peraltro – già alla fine dell'Ottocento, per offrire ai soci prodotti a prezzi inferiori a quelli acquisibili sul mercato, ma furono particolarmente attivi nel corso della Prima Guerra mondiale e poi nel periodo della recessione[3]. Ma se si pensa al "movimento" dei consumatori, non a un partito politico ma ad un orientamento di pensiero e di azione volto a prevenire le frodi alimentari, la diffusione di messaggi ingannevoli, la produzione di utensili pericolosi, si deve scendere al periodo posteriore alla Seconda Guerra mondiale. Vi sono però ricerche storiche che inquadrano il momento per la tutela dei consumatori in tempi più che noti.

Il messaggio di John F. Kennedy fece epoca[4] perché per la prima volta vi si declinavano i "diritti dei consumatori", cioè (*i*) il diritto alla sicurezza, per essere protetti dalla diffusione sul mercato di prodotti pericolosi per la salute o per la vita, (*ii*) il diritto ad essere informati ed essere protetti dai messaggi ingannevoli, decettivi, dalle etichette non veritiere e dalle altre pratiche commerciali, in modo che il consumatore possa fare scelte informate, (*iii*) il diritto di scegliere, possibilmente tra una varietà di prodotti e servizi a prezzi competitivi, di qualità soddi-

[3] M. HILTON, *Consumerism in Twentieth-Century Britain: The Search for a Historical Movement*, Cambridge University Press, Cambridge, 2003.

[4] *Special Message to the Congress on Protecting the Consumer Interest* (15 marzo 1962).

sfacente e a prezzi equi, (*iv*) il diritto di essere ascoltati, perché gli interessi dei consumatori possano essere presi nella giusta considerazione dalle politiche governative e i consumatori possano risolvere speditamente i loro conflitti in giudizio.

Non a caso l'elenco di questi diritti "essenziali" si può riscontrare nella Carta dei diritti dei consumatori del Consiglio d'Europa del 1973 e nella Risoluzione del Parlamento europeo del 1975 [5].

La nozione di consumatore è costruita, nella sua veste formale, dai giuristi sulla base delle analisi economiche e sociologiche, ed ha fatto fatica ad accreditarsi nella nostra esperienza, anche se per la verità non era ignorata del tutto: nel codice civile (del 1942) non si fa menzione del consumatore, ma piuttosto si parla in modo neutrale dell'acquirente nel contratto di vendita, del trasportato o del passeggero nel contratto di trasposto, del locatario nel contratto di locazione, del mutuatario nel contratto di mutuo, e così via; e tuttavia nella Relazione al codice civile predisposta dal Ministro Guardasigilli Dino Grandi al Re si trova una menzione di questo termine a proposito della disciplina della concorrenza e dell'obbligo di contrattare imposto al monopolista. Il passo (n. 1046) recita così: «*In stretta connessione con la materia della concorrenza, si è voluto fissare un principio già contenuto in leggi speciali, e cioè l'obbligo da parte di tutte le imprese, che si trovino in condizioni di monopolio legale, di contrattare con chiunque lo richieda, osservando la parità di trattamento (art. 2597). Un tal principio si impone a difesa del consumatore come necessario temperamento della soppressione della concorrenza (...)*». Certo, si tratta di una tutela minimale, che non assicura affatto la scelta tra più tariffe, e tuttavia manifesta una certa consapevolezza del legislatore verso una categoria di soggetti che non possono negoziare le condizioni della prestazione loro offerta dall'imprenditore.

Il fatto che di consumatore si parli a proposito della concorrenza e quindi a proposito delle regole del mercato è il segno che l'origine della nozione si deve rinvenire proprio nelle analisi degli economisti.

---

[5] G. ALPA-M. BESSONE, *Il consumatore e l'Europa*, Cedam, Padova, 1979.

2. La nozione economica di consumatore

Alle scienze economiche si deve riconoscere il primato della definizione della categoria concettuale di consumo, e quindi della "figura" del consumatore. Una categoria che, come è noto, acquista un'attenzione particolare nella storia del pensiero economico classico. È nel corso degli ultimi due secoli che al consumo è stata riservata una funzione assai rilevante. Nei testi di economia politica la funzione del consumo era strettamente connessa con quella della produzione, e quest'ultima appariva come ancillare alla prima. Lo stesso Adam Smith ne *La ricchezza delle Nazioni* nel 1776 aveva cura di avvertire che «*il consumo è il solo fine e scopo di ogni produzione, e non ci si dovrebbe mai prender cura dell'interesse del produttore, se non in quanto ciò possa tornare necessario per promuovere quello del consumatore*».

E David Ricardo, per parte sua, sottolineava che «*nessuno produce se non allo scopo di consumare o vendere, e non vende mai se non con l'intenzione di comprare qualche altra merce che possa essergli immediatamente utile o che possa contribuire alla produzione futura*» [6]. Il consumatore è identificato nello *homo oeconomicus*, che avvalendosi della sua esperienza e della sua competenza, si confronta con la controparte imprenditrice, e quindi è in grado di reggere il confronto e di concludere l'affare senza particolari ausili.

La teoria classica del liberismo economico ha teorizzato la posizione del consumatore «re del mercato» [7]. Secondo Hutt «*la sovranità del consumatore si riferisce al potere di controllo esercitato dagli individui sulla scelta degli usi cui le risorse scarse di un Paese possono essere dedicate*». Su questi assunti si sono edificate successivamente le nuove idee, e poi la stessa rivoluzione keynesiana. Con l'avvento delle società a capitali-

---

[6] Per un'analisi diffusa di queste teorie v. G. ALPA, *Diritto privato dei consumi*, Il Mulino, Bologna, 1986, cap. 1 e bibliografia; v. S. VITALE, *Consmismo e società contemporanea*, Sansoni, Firenze, 1975.

[7] W.H. HUTT, *Economists and the public: a study of competition and opinion (1936)*, Transaction Publishers, New Brunswick-London, 1990.

smo avanzato, la nuova realtà impone di apportare sensibili correttivi alla teoria classica, e lo studio del ruolo e della funzione del consumo è compiuto in una diversa prospettiva. Nelle indagini a esso dedicate acquistano particolare rilievo i contributi di Galbraith [8] e Baran e Sweezy [9], economisti di diversa formazione ma accomunati dall'intento di apportare correttivi ai meccanismi mediante i quali si sviluppa l'economia nelle società opulente. Consumatore e mercato, infatti, sono assoggettati alle strategie di profitto delle imprese più forti. Il mercato non è più soltanto il luogo di incontro di domanda e di offerta, il luogo del conflitto e della mediazione tra forze opposte, bensì il teatro di strategie attuate da chi controlla il mercato [10].

La situazione oggettiva e la prospettiva di analisi vengono così completamente rovesciate. Il consumatore diventa "uno strumento della produzione", e il mercato, lungi dal riflettere direttive ispirate alla massima libertà degli operatori economici, cioè le due parti contrapposte degli imprenditori e dei consumatori, considerati su un piano di parità, appare piuttosto come il luogo dove si registrano prevaricazioni in danno di una massa di acquirenti e di utenti che non sono in grado di effettuare le scelte migliori. In tal modo l'economia si sviluppa non per canali dipendenti da libere e consapevoli scelte delle persone singole o dei gruppi sociali, quali realtà autonome, ma per l'influsso continuo e assillante delle tecniche persuasive e spesso decettive dei fornitori di beni e servizi. È in questo scenario, nel quale si scontrano rivoluzioni interne alla dinamica del mercato, strategie di produzione, concentrazioni di imprese, modificazioni del tessuto sociale, che si sottopongono oggi ad analisi i problemi del consumo e, di riflesso, i problemi relativi alla posizione del

---

[8] J.K. GALBRAITH, *The new industrial State*, Houghton Mifflin Company, Boston, 1967.

[9] P.A. BARAN-P.M. SWEEZY, *Monopoly capital. An essay on the American economic and social order*, Monthly Review Press, New York, 1966 (trad. it., *Il capitale monopolistico. Saggio sulla struttura economica e sociale americana*, Einaudi, Torino, 1968).

[10] V. M. BESSONE, *Prodotti dannosi e responsabilità dell'impresa*, in *Riv. trim. dir. proc. civ.*, 1971, XXV, pp. 97-139.

consumatore nel mercato, di fronte alla grande impresa di produzione e di distribuzione.

Gli studiosi del libero mercato hanno elaborato la teoria del *surplus* del consumatore, cioè il beneficio derivante dalla possibilità di raggiungere il miglior prezzo a condizioni di parità di potere economico. Ma mentre il surplus del produttore è misurabile in termini monetari, quello del consumatore è misurabile solo in termini di utilità (Marshall e Hicks). Negli studi in materia il termine è stato utilizzato anche dagli economisti di scuola marxiana e neoricardiana per indicare la capacità del sistema di creare un'eccedenza di beni rispetto alle quantità, per usi intermedi e per le sussistenze dei lavoratori, necessarie per la loro produzione. Secondo gli schemi teorici il surplus dovrebbe poi essere diviso tra capitalisti e lavoratori.

Oggi però lo scenario è diventato più complesso: (*i*) da un lato si è revocato in dubbio l'assunto che il consumatore si comporta in modo razionale, sul quale è fondata tutta la politica di protezione incentrata sulla informazione orientata ad effettuare le scelte migliori; (*ii*) dall'altro il mercato preso in considerazione non è più soltanto quello nazionale, ma, per quanto riguarda il nostro Paese, si deve tener conto del *mercato integrato a livello europeo*, nonché (*iii*) del fenomeno universale della *globalizzazione*.

Uno dei capisaldi del sistema capitalistico è appunto dato dal presupposto delle scelte razionali che compie il consumatore. Gli economisti hanno affrontato il problema con diverse prospettive. La più semplice – propria della c.d. economia dell'informazione – si studia di rimediare al deficit informativo, alla asimmetria informativa delle parti in gioco che implica proprio uno dei "fallimenti del mercato" (*market failures*), con la prescrizione di trasmissione di dati, documenti, chiarimenti, sia all'atto della conclusione dell'operazione economica (*transaction*) imposta alla parte più forte ed informata – l'imprenditore – e a vantaggio della parte debole, il consumatore, l'utente, l'investitore non istituzionale, sia nel corso del rapporto, se si tratta di un rapporto di durata. Un altro indirizzo preferisce puntare sul ruolo delle istituzioni, e quindi sulla *regolazione* del mercato da parte dei diversi attori che oggi ne sono parte componente essenziale (si pensi alle Autorità amministrative indipendenti), e sul ruolo delle associazioni che difendono gli interessi contrapposti, le associazioni dei consumatori e le associazioni degli imprenditori, o sul ruolo di enti privati dotati di imparzialità, che offrono servizi per verificare la conformità dei prodotti e delle prestazioni offerte dalle imprese alle prescrizioni normative. Un altro indirizzo si affida alle valutazioni dell'"analisi economica del diritto" che calcola i c.d. costi transattivi, cioè i costi richiesti all'impresa per acquisire e fornire le informazioni, i costi per la ricerca del contraente, i costi di intermediazione, i costi per definire l'accordo, e cerca un equilibrio tra questo tipo di costi e i vantaggi acquisiti dai consumatori. Questi due indirizzi assumono a base la teoria del comportamento razionale, la quale è anche riprodotta nel pensiero giuridico classico e nella gran parte dei sistemi organizzati secondo codici [11].

Infine, l'indirizzo comportamentale (che si affida alla *behaviour economics*), che studia appunto i comportamenti del consumatore, e che contesta la razionalità come unico criterio di orientamento e come unico criterio di riferimento per la composizione dei conflitti. Il consumatore non necessariamente si comporta in modo razionale e non necessariamente la razionalità è prescritta dalle norme. In altri termini, il consumatore è in grado di percepire le informazioni trasmessegli, è in grado di utilizzarle a proprio vantaggio, e quanto dovrebbe spendere per collocarsi sullo stesso piano del suo interlocutore imprenditoriale? E come dovrebbe comportarsi l'impresa nella selezione delle informazioni da sottoporre al consumatore?

3. La nozione sociologica di consumatore

Una letteratura immensa si è dedicata da più di mezzo secolo all'analisi del comportamento del consumatore, inteso come

[11] A. ZOPPINI, *Le domande che si propone l'economia comportamentale ovvero il crepuscolo del "buon padre di famiglia"*, in G. ROJAS ELGUETA-N. VARDI (a cura di), *Oltre il soggetto razionale – Fallimenti cognitivi e razionalità limitata nel diritto privato*, Roma TrE-Press, Roma, 2014, p. 13.

singolo, nell'ambiente in cui opera, e alla individuazione dei suoi desideri oltre che alle modalità con cui l'impresa induce i desideri [12]. È la scienza del marketing che ricorre anche alla psicologia del profondo per collegare beni e servizi a simboli e a status sociali [13]. Sotto il profilo comportamentistico, poi, è agevole rilevare quanto sia vero, particolarmente nella società odierna, l'assunto secondo il quale i consumi sono tra le più tipiche espressioni degli orientamenti socioculturali di una società e possono essere un utilissimo strumento di studio della dinamica e della struttura sociale. Si è addirittura costruita una "filosofia del consumo", proprio perché l'atto del consumo «*è un atto esistenziale molto complesso in cui l'uomo esprime e manifesta compiutamente se stesso, la propria personalità, il proprio stile di vita, il proprio modo di essere nel mondo, i significati e i valori che attribuisce a se stesso, alle cose e alle situazioni, i giudizi e le scelte che compie nei confronti della totalità dell'esistenza*» [14].

L'analisi sociologica propone l'eliminazione degli effetti nocivi, salvando quanto di positivo esiste nella società odierna, con questi obiettivi: un razionale sviluppo produttivo, un'accurata selezione dei bisogni e quindi dei consumi, l'eliminazione degli sprechi [15].

È pur vero che si registrano, oggi, singolari coincidenze di prospettiva tra chi descrive il fenomeno del consumismo come un tutto unitario e chi, facendosi portatore di ideologie diverse, propone un'interpretazione del fenomeno dei consumi secondo le categorie e i meccanismi della sociologia dei ruoli, prescindendo quindi dalle connotazioni di classe.

---

[12] V. G. KATONA, *The powerful consumer*, McGraw-Hill, New York, 1960 (trad. it., *L'uomo consumatore*, Etas Kompass, Milano 1964).

[13] V. P.F. LAZARSFELD, *Metodologia e ricerca sociologica*, a cura di V. CAPECCHI, Il Mulino, Bologna, 1967.

[14] V. J. BAUDRILLARD, *La société de consommation*, Denoël, Paris, 1970 (trad. it., *La società dei consumi*, Il Mulino, Bologna, 1976); v. G. RAGONE, *Psicosociologia dei consumi*, Isedi, Milano, 1974.

[15] V. G. FABRIS, *Sociologia dei consumi*, Hoepli, Milano, 1971; G. PETRONI, *La sociologia dei consumi*, FrancoAngeli, Milano, 1969.

Ma una proposta di questo tipo non sembra corretta, non solo perché, pur mutuata dalle categorie del pensiero marxiano [16], si presenta come una vera e propria distorsione di esse, ma soprattutto perché non sembra idonea a descrivere la vera dinamica della realtà e dei rapporti sociali.

Allo stesso modo sembra fuorviante l'equiparazione di consumatori e lavoratori dipendenti, dietro la quale si cela l'esigenza di considerare i consumatori come una categoria dotata degli strumenti di lotta propri dei lavoratori e di calarli nella dinamica dei rapporti sociali come un corpo uniforme e livellato. È certamente riduttiva la definizione che Tonner [17] dà del consumatore («*non proprietario di mezzi di produzione, che fa fronte alle esigenze del proprio sostentamento con il corrispettivo della prestazione di lavoratore dipendente*») e non è vero che gli interessi dei consumatori in quanto tali si identifichino tout court con gli interessi dei lavoratori; è invece ovvio che «*vi sono consumatori-lavoratori e consumatori-capitalisti*».

Da queste considerazioni si possono far discendere due corollari: a) se è vero che i consumatori in quanto tali non costituiscono una categoria, è però vero che tra i consumatori si possono distinguere varie categorie, di volta in volta definite non tanto dal tipo di oggetti di consumo verso cui sono orientati i singoli, quanto piuttosto dalle differenze di ceto e di classe che esistono tra un consumatore e l'altro; b) se è vero che i consumatori non si possono identificare con i lavoratori, è anche vero però che i lavoratori, in quanto consumatori, ben possono orientarsi nelle loro rivendicazioni, progettando strategie relative ai consumi, alla loro estensione, al loro controllo e così via.

Minore attenzione si è riservata, per contro, alla nascita, alle strategie, alla natura stessa dei gruppi o delle associazioni di consumatori. Eppure, proprio all'operare sotto forma di gruppo, piuttosto che all'iniziativa individuale, si deve l'emergere dei

---

[16] V. C. Napoleoni, *La posizione del consumo nella teoria economica*, in *La rivista trimestrale*, 1962, pp. 3-12.

[17] K. Tonner, *Zum Stellenwert des Verbrauchererschutzes*, in *Demokratie und Recht*, 1975, pp. 119-134.

bisogni di tutela e la concreta azione, per così dire, "politica" dei consumatori.

L'identificazione di un interesse di gruppo, superindividuale o addirittura collettivo, ha portato, comunque, alla definizione di una nuova prospettiva di indagine, che si è avviata soprattutto nel settore delle scienze giuridiche: se nei singoli sistemi si può dar corpo, dare cioè cittadinanza, a interessi di tipo superindividuale, si può proteggere il consumatore in quanto membro di un gruppo. È il problema, giuridicamente inteso, della "tutelabilità degli interessi diffusi" e della legittimazione processuale delle associazioni di consumatori[18].

4. Il mercato digitale

Con la Comunicazione del 6 maggio 2015 la Commissione europea ha trasmesso al Parlamento europeo, al Consiglio, al Comitato economico e sociale europeo e al Comitato delle Regioni [COM (20115), 192 final] un quadro complessivo che traccia la strategia comunitaria per la realizzazione del mercato digitale unico in Europa.

La strategia così disegnata prevede l'organizzazione di un impressionante piano di azioni volto a migliorare l'accesso dei consumatori e delle imprese ai beni e servizi digitali in Europa, proposte legislative riguardanti le norme contrattuali transfrontaliere per uniformare la disciplina dei rapporti contrattuali istituiti tra imprese e consumatori aventi ad oggetto beni e servizi di natura digitale, la revisione del regolamento sulla cooperazione per la tutela dei consumatori, il miglioramento delle regole sulla concorrenza nel commercio elettronico, proposte di riforma della disciplina del diritto d'autore, delle telecomunicazioni e dei servizi di media audiovisivi, miglioramenti sulla sicurezza dei dati e delle comunicazioni per via telematica.

---

[18] V. M. CAPPELLETTI, *Presentazione*, in A. GAMBARO (a cura di), *La tutela degli interessi diffusi nel diritto comparato*, Giuffrè, Milano, 1976; v. altresì G. ALPA, *Strategie d'impresa e tutela del consumatore – Per una critica del fenomeno "consumerism"*, in *Pol. dir.*, 1974, p. 485.

Perché questo interesse concentrato sul mercato digitale? Perché, spiega l'allora Presidente della Commissione Jean-Claude Juncker, creando un mercato unico nel settore delle tecnologie digitali si potrà promuovere una ulteriore crescita economica dell'Europa creando non solo un aumento della vendita di prodotti e servizi di questo tipo ma anche posti di lavoro e benessere diffuso. Le tecnologie dell'informazione e della comunicazione (TIC), precisa la Comunicazione, «*non costituiscono più un settore a sé stante, bensì il fondamento medesimo di tutti i sistemi economici innovativi moderni. Via via che ne aumenta l'integrazione in tutti i settori della nostra economia e società, internet e le tecnologie digitali ci trasformano la vita, ci trasformano il modo di lavorare, nella sfera tanto personale quanto professionale e collettiva*» (p. 3).

«*L'economia digitale è in grado di espandere i mercati, promuovere servizi migliori a prezzi migliori, offrire più scelta e creare nuove fonti di occupazione. Il mercato unico digitale può creare opportunità per nuove startup e permettere alle imprese esistenti di crescere e di profittare della scala offerta da un mercato di oltre 500 milioni di persone*».

La strategia intende migliorare l'accesso online ai beni e servizi in tutta Europa per i consumatori e le imprese eliminando in tempi rapidi le differenze fondamentali che separano il mondo online dal mondo offline al fine di abbattere le barriere che bloccano l'attività online attraverso le frontiere; creare sviluppo delle reti e dei servizi digitali; effettuare investimenti nelle infrastrutture e nelle tecnologie delle TIC.

Per poter ottenere questi risultati la Commissione intende procedere anche a modificare, migliorare e integrare l'assetto normativo che regola il settore del commercio elettronico transfrontaliero: «*la prospettiva di doversi adattare a 28 normative nazionali diverse in materia di tutela dei consumatori e di contratti scoraggia le imprese dal lanciarsi nel commercio transfrontaliero e impedisce ai consumatori di profittare delle offerte più convenienti e dell'intera gamma d'offerta online*». Secondo le stime effettuate dalla Commissione, i consumatori, potendo scegliere prodotti e servizi nel mercato europeo integrato, potrebbero risparmiare 11,7 miliardi di euro l'anno e si aprirebbero i mercati per le piccole e medie imprese (PMI), di cui solo il 7%, attualmente, compie operazioni oltre frontiera.

Oltre alla fiducia dei consumatori e delle imprese nell'uso delle tecnologie informatiche occorre, secondo la Commissione, procedere nella uniformazione e nella armonizzazione delle regole giuridiche che disciplinano le operazioni concernenti beni e servizi. Attualmente sono uniformate le regole sulla informazione e sul recesso; debbono ancora essere uniformati i rimedi disponibili in caso di mancanza di conformità dei beni e dei servizi alle qualità promesse, sussistendo solo regole armonizzate al minimo livello.

Di qui le proposte di direttiva sulle vendite di prodotti digitali e di abolizione del c.d. geoblocco, uno dei vari mezzi a cui le imprese ricorrono per segmentare i mercati lungo i confini nazionali (restrizioni territoriali) limitando le possibilità e la scelta ai consumatori, le proposte di revisione della disciplina del diritto d'autore, le proposte di estendere le c.d. piattaforme on line.

Ovviamente, l'impiego delle tecnologie informatiche implica la tutela dei dati personali e il controllo delle informazioni diffuse in internet. Qui si incrociano aspetti di diritto privato, civile e commerciale, con aspetti di diritto costituzionale (l'accesso ad internet e la "costituzione per internet"), e con aspetti di diritto penale, particolarmente connessi con i reati di diffamazione, pornografia, terrorismo, riciclaggio di denaro di provenienza illecita.

«*La Commissione mira a sostenere un mercato unico digitale inclusivo nel quale i cittadini e le imprese abbiano le competenze necessarie e possano usufruire di servizi elettronici interconnessi e plurilingue che spazino dalla pubblica amministrazione alla giustizia, dalla sanità all'energia e ai trasporti*»: attraverso il mercato unico digitale si coglie la trasformazione della società contemporanea che consente non solo di estendere la comunicazione a tutti i cittadini europei ma anche di coinvolgere in questo sviluppo i cittadini extracomunitari che operano nei Paesi Membri. Si realizza in altri termini una maggiore integrazione, che nasce da operazioni economiche ma non si limita alla considerazione solo patrimoniale dei rapporti tra le persone e non ha come obiettivo la mercificazione della persona.

In altri termini, si rafforzano i diritti dei consumatori, attraverso il mercato digitale, e si rafforza il programma di uniformazione del diritto privato europeo.

5. Il consumatore post-moderno: *consumer v. prosumer*

Oggi per illustrare la posizione di produttore e consumatore, di imprenditore e cliente, i sociologi hanno coniato un nuovo termine, il *prosumer*, composto di una parte (*pro*-producer; *sumer*-consumer) di entrambe le parole normalmente usate in senso antinomico per dimostrare che la distanza tra i due protagonisti del mercato si è andata riducendo. Esso non riguarda l'intero mercato, ma i settori di mercato in cui beni e servizi si possono produrre da sé e quindi il consumatore li produce per sé e per la cerchia dei famigliari diventando a sua volta imprenditore occasionale, artigiano, operaio, factotum [19] oppure si attiva nella condivisione di servizi che mette in comune con altri per dividere profitti e costi (c.d. *co-sharing*). Ciò implica anche un diverso atteggiamento delle imprese, che – dicono i sociologi – debbono imparare a mettersi «*nei panni del consumatore*» [20]: l'impresa apre le porte ai consumatori, li coinvolge nel processo di produzione, di predisposizione di beni e servizi, li ascolta e li utilizza come consulenti per i propri progetti. È un nuovo modo di intendere il rapporto con i consumatori, che stimola la loro innovazione e ovviamente è valorizzato dall'impiego delle tecnologie informatiche. Il *prosumer* partecipa all'aggiornamento dei prodotti, alla creazione di nuovi prodotti ed esplicita nuove esigenze, anche nel settore della comunicazione.

Quando si pensa dunque al *consumatore* si deve pensare ad una nozione costruita di momento in momento, che economicamente e sociologicamente è esposta ad un continuo adattamento, perfezionamento, e adeguamento, sì che le definizioni

---

[19] G. FABRIS, *Customer Knowledge Marketing*, in *Consumatori, Diritti & Mercato*, 2008, 1, p. 91 ss.

[20] G. FABRIS, *op. ult. cit.*, p. 93.

normative di consumatore, se troppo dettagliate e precise, finiscono per non essere più adatte ai tempi. La nozione di consumatore è dunque sottoposta ad una tensione: da un lato, più neutrale e astratta essa è, più la forma è adattabile nel tempo e nello spazio alle nuove esigenze; dall'altro, più si sale in neutralità e astrazione, più il diritto si allontana dalla realtà, trattando tutti i consumatori sullo stesso piano, senza considerare la loro età, il sesso, la condizione sociale, la loro capacità cognitiva, la loro razionalità, e senza quindi ritagliare le regole a cui le imprese debbono uniformarsi in modo tale da soddisfare adeguatamente le loro esigenze.

6. La discussione attuale sulla nozione di consumatore

In dottrina, sulla base delle regole complessivamente introdotte dall'Unione europea, dei programmi di politica sociale delineati dall'Unione e progressivamente attuati, ma anche tenendo conto dell'evolvere delle situazioni nazionali e della comparazione con i modelli extraeuropei, si è nuovamente acceso il dibattito sul significato attuale della nozione di consumatore e sui rimedi con i quali possa essere più adeguatamente protetto.

In diversi contributi[21] Hans Micklitz ha sottolineato la distanza tra l'indirizzo proprio del modello europeo, incentrato sulla libertà limitata del mercato in cui il consumatore opera come attore informato, rispetto al modello statunitense attuale in cui la tutela del consumatore non si persegue attraverso l'informazione ma, di riflesso, attraverso l'efficienza del mercato. In questa alternativa gioca un ruolo fondamentale il principio della razionalità comportamentale del consumatore, principio che sembra ora abbandonato dall'American Law Institute, che si occupa dei progetti legislativi più rilevanti per la società e l'economia statunitense. Ed allora quale modello prevarrà se si

---

[21] H.W. Micklitz, *Il consumatore: mercatizzato, frammentato, costituzionalizzato*, in *Riv. trim. dir. proc. civ.*, 2016, 3, pp. 859-889. N. Reich-H.W. Micklitz-K. Tonner, *European Consumer Law*, Cambridge, Antwerp, Portland, 2014, p. 45 ss.

dovesse raggiungere l'accordo tra Unione europea e Stati Uniti per un mercato integrato? In altri termini, l'estensione dell'ingresso nel mercato di settori di distribuzione di beni e servizi offerti in internet e quindi aperti all'accesso di tutti implica che il consumatore sia sempre più immerso nei rapporti economici e sia considerato una pedina dell'intero sistema – è il c.d. consumatore "mercatizzato". Di più. Essendo i mercati frammentati – c'è il mercato delle merci, quello dei servizi, il mercato della somministrazione di energie elementari quali acqua, gas, elettricità, il mercato delle banche e degli intermediari finanziari – il consumatore appare anch'esso "frammentato" perché in ciascuno di questi mercati riceve una tutela differenziata. Ed, ancora, il consumatore è disancorato dalla definizione neutrale e unificante di cui si è detto quando di volta in volta lo si considera sicuro ed agguerrito, oppure responsabile, oppure "debole". Ad ogni graduazione di modi di essere e quindi di situazioni corrisponde un diverso apparato di regole e rimedi. Una risposta a tutto ciò è stato il consumatore "costituzionalizzato", cioè il consumatore inteso come portatore di valori fondamentali.

Il giudizio di Micklitz è molto severo: «*il consumatore è stato sfiancato dal peso normativo e politico che gli ha imposto di comportarsi come il buono e attivo agente di mercato, come un circospetto e attento cliente*»; insomma egli dubita che la costituzionalizzazione della sua posizione giuridica sia sufficiente difesa per i milioni di persone che ogni giorno si rivolgono al mercato.

Questa lucida analisi ci deve avvertire non solo della necessità di valutare volta per volta la posizione del consumatore nell'ambito dei singoli rapporti ma anche della necessità di considerare come non illimitate le potenzialità del diritto e in generale della tutela *giuridica* del consumatore. In altri termini, sembra assolutamente opportuna una definizione chiara di base del consumatore, che ne ritagli gli aspetti essenziali e sia funzionale all'interpretazione e all'applicazione delle norme; sembra insopprimibile una specificazione, rispetto alla definizione generale, delle situazioni in cui particolari rapporti richiedono di prendere in considerazione non il consumatore *medio*, ma il consumatore *debole*. Sembra inopportuno considerare, in ogni caso, la figura del consumatore *avvertito e responsabile*, figura che si fonda sulla presunzione che alla asimmetria informativa e alla asimmetria di potere contrattuale si possa rimediare con una quantità di informazioni e una quantità di rimedi sufficienti a pareggiare le due posizioni contrapposte. Sembra invece lodevole la "costituzionalizzazione" della posizione giuridica del consumatore non solo perché essa corrisponde alla nozione offerta dalla Carta dei diritti fondamentali, ma anche perché la critica radicale che denuncia nella costruzione della figura del consumatore una creatura del capitalismo avanzato in danno – o in spregio – della tutela della *persona* è del tutto miope. Non c'è identità, ovviamente, tra posizione giuridica della persona *tout court* e posizione giuridica del consumatore, ma non si può negare che l'essere consumatore sia una dimensione della persona, e che, promuovendo la tutela del consumatore si promuova la tutela della persona, cioè la sua salute (per l'appunto tutelandola dalle frodi alimentari, dai prodotti dannosi, dai farmaci pericolosi), la sua sfera privata (per l'appunto tutelandola dalle pratiche sleali e dall'uso illecito delle banche dati), il suo patrimonio (per l'appunto tutelandola dalle clausole vessatorie, dagli inganni pubblicitari, dalle operazioni economiche concluse sotto la pressione di pratiche scorrette, dagli investimenti inappropriati), ed estendendo la tutela anche agli aspetti processuali con la individuazione di rimedi *ad hoc* (l'accesso alla giustizia mediante rimedi individuali e collettivi).

Sulla nozione di consumatore si è raccolta una ampia messe di sentenze, poiché la definizione restrittiva scelta dal legislatore e confermata nel testo raccolto nel codice del consumo è parsa, anche in dottrina, troppo angusta. Tuttavia in più occasioni, prima della novella dell'art. 7 del d.l. n. 1/2012 (che ha inserito all'art. 18, comma 1, c. cons. la lett. d-*bis* e ha esteso la tutela prevista per i consumatori alle microimprese limitatamente alle pratiche commerciali scorrette)[22], la Corte costituzionale ha escluso che la disposizione che ne dà la definizione e con ciò circoscrive la normativa di tutela solo alle persone fisiche non sia in contrasto con i principi della Costituzione. Con l'ordi-

[22] Cfr. capitolo IV, par. 4 del presente manuale.

nanza n. 469 del 22 novembre 202 la Corte ha ritenuto non fondata, in riferimento agli artt. 3, 25 e 41 Cost., la questione della legittimità costituzionale dell'art. 1469-*bis*, comma 2, c.c. [corrispondente ora all'art. 3, comma 1, lett. a), c. cons.]: «*nella parte in cui non equipara al consumatore* le piccole imprese e quelle artigiane, *in quanto non risulta censurabile la scelta del legislatore di attribuire – in conformità al testo della direttiva 93/13/CEE concernente le clausole abusive nei contratti stipulati con i consumatori, alla normativa di numerosi paesi membri dell'Unione europea nonché al progetto, in fase di elaborazione, di codice civile europeo – la qualità di consumatore alla persona fisica che agisce per scopi estranei all'attività imprenditoriale o professionale eventualmente svolta, escludendo con ciò dalla relativa speciale tutela tutti quei soggetti – quali professionisti, piccoli imprenditori e artigiani – che in forma individuale o anche collettiva agiscono per scopi comunque connessi all'attività economica, quantunque senza finalità di lucro: la predisposizione di strumenti di tutela comuni, attuata in base a modelli uniformi nei diversi paesi dell'Unione europea, costituisce infatti di per sé sola una idonea ragione di politica legislativa a sostegno di questa scelta, tanto più in quanto non irragionevolmente diretta a tutelare soggetti che agendo, secondo l'"id quod plerumque accidit", in modo occasionale, saltuario e non professionale, sono presumibilmente privi della necessaria competenza per negoziare su un piano di parità. Il principio della precostituzione del giudice, d'altra parte – per come reiteratamente affermato – è rispettato qualora l'organo giudicante sia stato istituito dalla legge sulla base di criteri generali fissati in anticipo e non già in vista di singole controversie; né può ritenersi sussistente la lesione di detto principio in riferimento all'impossibilità di applicare, al giudizio in cui sia convenuta una società di capitali, in conseguenza del difetto della qualità di consumatore, la regola sul foro previsto dall'art. 1469 bis, comma 3, n. 19, c.c., mentre priva di consistenza, per mancanza di chiara e adeguata motivazione, è la censura secondo cui la lamentata disparità di trattamento tra privato consumatore e piccolo imprenditore possa determinare una limitazione della concorrenza e un ostacolo al libero mercato*».

In realtà, come si è visto, in altri ordinamenti la estensione è avvenuta, ma a favore degli enti che non svolgono una attività economica produttrice di profitti.

Ciò che il giudice prende in considerazione per definire il consumatore è la dichiarazione di quest'ultimo che si "autoqualifica" e poi lo scopo per il quale l'operazione è stata compiuta. Con sentenza n. 24731/2013 la Cassazione ha precisato che «*in tema di disciplina di tutela del consumatore e di contratti negoziati fuori dai locali commerciali, non riveste la qualità di consumatore una persona fisica quando, attraverso il contratto, si procuri un bene o un servizio nel quadro dell'organizzazione di un'attività professionale da intraprendere, prendendo l'iniziativa di ricercare il bene o il servizio stesso, proprio al fine di realizzare tale organizzazione*».

Tuttavia anche il professionista, cioè l'operatore economico professionale, potrà essere considerato alla stregua del semplice "consumatore" allorché concluda un contratto per la soddisfazione di esigenze della vita quotidiana estranee all'esercizio di dette attività[23].

La verifica, in concreto, se un certo contratto è stato concluso da un operatore giuridico quale consumatore o, piuttosto, nell'ambito dell'esercizio della sua attività professionale, comporta un accertamento in fatto, come tale riservato al giudice del merito e non sindacabile in sede di legittimità, ove suffragato da una motivazione adeguata e giuridicamente corretta[24].

In materia di contratto di assicurazione stipulato a favore di terzi, la posizione del beneficiario-consumatore della polizza assicurativa è assimilata a quella del contraente, con la conseguenza che anche il primo può invocare il c.d. "foro del consumatore", ovvero la competenza territoriale del giudice del luogo ove egli ha la residenza o il domicilio[25].

La definizione legislativa non è tuttavia così rigida.

Nella giurisprudenza di merito si rinvengono pronunce che tendono ad ampliarne il contenuto semantico.

---

[23] Cass. civ., Sez. VI, 14 luglio 2011, n. 15531.

[24] Cass. civ., Sez. III, 5 giugno 2007, n. 13083.

[25] Cass. civ., Sez. III, 11 gennaio 2007, n. 369.

Ad es., si è ritenuto che il *condominio* – mera organizzazione di comproprietari dotati di stabile rappresentanza per atti specifici relativi ad oggetti specifici – riveste la qualità di consumatore che spetterebbe ai singoli, e ad esso dunque sia applicabile la normativa contenuta nel codice del consumo [26].

Così, l'utilizzo occasionale e per cifre marginali del conto corrente per scopi imprenditoriali, commerciali, artigianali o professionali non esclude la qualifica di consumatore nei confronti dell'istituto bancario con il quale sia intrattenuto il rapporto contrattuale [27].

Allo stesso modo, in base ad un'interpretazione estensiva della veste di contraente nel contratto conclusosi tra il professionista ed il consumatore, per contraente–consumatore si è intenso non solo il consumatore stipulante "diretto", ma anche il soggetto comunque individuato come titolare del rapporto anche se la stipula, nelle varie forme previste dalla legge (in rappresentanza, o nella forma del contratto per persona da nominare, o nella forma del contratto a favore di terzi, ecc.), sia stata eseguita da un altro soggetto. Ragion per cui, «*ogni qualvolta risulti che già nella fase della conclusione del contratto con il professionista, sia previsto che esso è destinato a produrre i suoi effetti in favore di un soggetto diverso dallo stipulante, con la conseguenza che tale soggetto diviene sin dall'inizio titolare in via autonoma e non derivativa dei diritti e degli obblighi nascenti dal contratto, le ragioni che sono alla base della disciplina a tutela del consumatore giustificano, ed anzi impongono, di assimilare la posizione del terzo beneficiario a quella dello stipulante, e, quindi, di attribuire rilievo giuridico alla sua qualità soggettiva di "consumatore"*» [28].

La Corte di giustizia ha preso posizione su tutti questi problemi, e, tenendo conto anche della disciplina della concorrenza, ha chiarito, attraverso la soluzione delle questioni pregiudiziali ad essa rimesse dai giudici nazionali, molti degli aspetti

---

[26] Trib. Genova, 14 febbraio 2012; Trib. Bari, 24 settembre 2008; Trib. Bologna, 3 ottobre 2010.

[27] Trib. Torino, 4 giugno 2010.

[28] Trib. Bari, 24 settembre 2008, n. 2158.

che le formule ampie usate nella disciplina comunitaria avevano lasciato in ombra. Di qui l'interesse per l'analisi dei casi, che, attraverso il "diritto vivente", orientano l'interprete nella interpretazione della legge.

Indice delle opere citate

ALPA G., *Strategie d'impresa e tutela del consumatore – Per una critica del fenomeno "consumerism"*, in *Pol. dir.*, 1974.

ALPA G., *Diritto privato dei consumi*, Il Mulino, Bologna, 1986.

ALPA G.-BESSONE M., *Il consumatore e l'Europa*, Cedam, Padova, 1979.

BARAN P.A.-SWEEZY P.M., *Monopoly capital. An essay on the American economic and social order*, Monthly Review Press, New York, 1966 (trad. it., *Il capitale monopolistico. Saggio sulla struttura economica e sociale americana*, Einaudi, Torino,1968).

BAUDRILLARD J., *La société de consommation*, Denoël, Paris, 1970 (trad. it., *La società dei consumi*, Il Mulino, Bologna, 1976).

BAUMAN Z., *Consumo, dunque sono*, Laterza, Roma-Bari, 2007.

BESSONE M., *Prodotti dannosi e responsabilità dell'impresa*, in *Riv. trim. dir. proc. civ.*, 1971, XXV.

CAPPELLETTI M., *Presentazione*, in A. GAMBARO (a cura di), *La tutela degli interessi diffusi nel diritto comparato*, Giuffrè, Milano, 1976.

FABRIS G., *Sociologia dei consumi*, Hoepli, Milano, 1971.

FABRIS G., *Customer Knowledge Marketing*, in *Cons., dir. e merc.*, 2008.

GALBRAITH J.K., *The new industrial State*, Houghton Mifflin Company, Boston, 1967.

HILTON M., *Consumerism in Twentieth-Century Britain: The Search for a Historical Movement*, Cambridge University Press, Cambridge, 2003.

HUTT W.H., *Economists and the public: a study of competition and opinion* (1936), Transaction Publishers, New Brunswick-London, 1990.

KATONA G., *The powerful consumer*, McGraw-Hill, New York, 1960 (trad. it., *L'uomo consumatore*, Etas Kompass, Milano 1964).

LAZARSFELD P.F., *Metodologia e ricerca sociologica*, a cura di V. CAPECCHI, Il Mulino, Bologna, 1967.

MICKLITZ H.W., *Il consumatore: mercatizzato, frammentato, costituzionalizzato*, in *Riv. trim. dir. proc. civ.*, 2016.

NAPOLEONI C., *La posizione del consumo nella teoria economica*, in *La rivista trimestrale*, 1962.

PETRONI G., *La sociologia dei consumi*, FrancoAngeli, Milano, 1969.

PRASAD A., *A Bird's Eye View. Historical Evolution of Consumer Protection and law in India*, in *Journal of Texas Consumer Law*, 2008, 11.

RAGONE G., *Psicosociologia dei consumi*, Isedi, Milano, 1974.

REICH N.-MICKLITZ H.W.-TONNER K., *European Consumer Law*, Cambridge, Antwerp, Portland, 2014.

SIMMEL G., *Le metropoli e la vita dello spirito* (1902-1903), trad. it., Armando, Roma, 1995.

STEARNS P.N., *Consumerism in World History. The Global Transformation of Desire*, Routledge, London-New York, 2001.

TONNER K., *Zum Stellenwert des Verbrauchererschutzes*, in *Demokratie und Recht*, 1975.

VITALE S., *Consumismo e società contemporanea*, Sansoni, Firenze, 1975.

ZOPPINI A., *Le domande che si propone l'economia comportamentale ovvero il crepuscolo del "buon padre di famiglia"*, in G. ROJAS ELGUETA-N. VARDI (a cura di), *Oltre il soggetto razionale – Fallimenti cognitivi e razionalità limitata nel diritto privato*, Roma TrE-Press, Roma, 2014.

Capitolo I

La tenzone tra diritto dei consumatori e tecnologia all'insegna del *consumptor technologicus*

Sommario

1. Alle origini del diritto dei consumatori in Italia o dei tratti di una inarrestabile progressiva affermazione

Sussiste l'obbligo «*da parte di tutte le imprese, che si trovino in condizioni di monopolio legale, di contrattare con chiunque lo richieda, osservando la parità di trattamento*» e «*un tal principio si impone a difesa del consumatore [corsivo dell'A.] come necessario temperamento della soppressione della concorrenza, tenuto conto che il regime di monopolio legale, per ragioni varie e non tutte contingenti, va estendendosi molto al di là di quei particolari settori (come i trasporti ferroviari) nei quali tradizionalmente si soleva considerare tale fenomeno*». È con queste parole che la *Relazione al Re* (n. 238) del Libro V del codice civile, il cosiddetto Libro «*del lavoro*», approvato con r.d. n. 17 del 30 gennaio 1941-XIX, riportando il commento della Commissione che aveva provveduto a redigere il testo dell'art. 531, poi divenuto l'art. 2597 c.c. [1], rivela la intuizione che, sin dal 1941, il normatore italiano aveva avuto sulla centralità di una figura che sempre più rilievo avrebbe avuto nel quadro giuridico italiano: il "consumatore" [2].

La storia del diritto dei consumatori, c.d. *consumerism*, si presenta, quindi, piuttosto recente [3] ed è soprattutto al secondo dopoguerra che occorre guardare per cogliere l'insorgere delle prime problematiche legate a una società in cui i problemi di tutela dei consumatori emergono proporzionalmente all'affermazione di un solido mercato e di imprese che si concentrano sulla produzione e sulla distribuzione di massa [4], presentandosi sempre più capaci di esercitare un potere di influenza sui singoli acquirenti [5]. Non è un caso, allora, che proprio il consumerismo,

---

[1] Cfr. G. ALPA, *I diritti dei consumatori e il «Codice del consumo» nell'esperienza italiana*, in *Contr. impr./Europa*, 2006, p. 3; L. ROSSI CARLEO, *Il diritto dei consumatori in Italia*, in ID. (a cura di), *Diritto dei consumi. Soggetti, atto, attività, enforcement*, Giappichelli, Torino, 2015 p. 3 ss.

[2] Cfr. T. ASCARELLI, *Teoria della concorrenza e interesse del consumatore*, in *Riv. trim. dir. proc. civ.*, 1954, p. 935 ss.; ID., *Saggi di diritto commerciale*, Giuffrè, Milano, 1955, p. 35 ss.; ID., *Teoria della concorrenza e beni immateriali*, Giuffrè, Milano, 1960, p. 60 ss. Cfr., sul progressivo superamento della concezione scientifico-normativa che si riconnette a un *homo oeconomicus* vincolato solo alla tecnica e alle leggi di mercato, G. CONTE, *I nuovi paradigmi della ricerca giuridica ed economica nell'epoca della glabalizzazione*, in F. CAPRIGLIONE (a cura di), *Finanza impresa e nuovo umanesimo*, Cacucci, Bari, 2007, p. 155.

[3] Cfr., per tutti, G. ALPA, *Tutela del consumatore e controlli sull'impresa*, Il Mulino, Bologna, 1977, p. 25 ss.; U. BECK, *Risk Society. Towards a New Modernity*, London-Thousand Oaks-New Delhi, 1992, p. 51 ss.; S. LATOUCHE, *In the wake of the Affluent Society*, London, 1993, p. 15 ss.; G. ALPA, *Il diritto dei consumatori*, Laterza, Roma-Bari, 1999, p. 6; J. LITTLER, *Radical Consumption: Shopping for Change in Contemporary Culture*, Open University Press, Berkshire, 2009, p. 6 ss.

[4] Cfr., sul tema del *mass consumption*, *ex aliis*, S. STRASSER, *Soddisfazioni garantite: la nascita del mercato di massa*, trad. it., Il Mulino, Bologna, 1999, p. 3 ss.

[5] Cfr., in tema, G. ALPA, *I diritti dei consumatori e il «Codice del consumo» nell'esperienza italiana*, cit., p. 4, ove l'A. evidenzia come «*La "coscienza" del consumatore, cioè l'individuo che operando nell'ambito di un ordi-*

con il passare del tempo, introdurrà, nei singoli Stati membri, oltre a nuove tipologie contrattuali [6], una gamma di disposizioni che hanno inciso sulla disciplina generale del contratto [7].

Il destinatario di prodotti e di servizi assume, così, gradualmente una sua autonoma fisionomia divenendo il centro di riferimento del sistema che tende a assumerlo come parametro per lo sviluppo di una normativa che lo vede controparte dell'imprenditore e non più semplice spettatore di azioni che si svolgono altrove e che lo coinvolgono solo nel momento finale come semplice controparte contrattuale, sia egli l'acquirente del contratto di compravendita, l'utente di sevizi pubblici e privati, il mutuatario della banca e così via [8].

L'esigenza di riconoscere una particolare tutela al consuma-

---

namento giuridico prende contezza della sua funzione, dei propri interessi, e finalmente delle proprie pretese (sperando di poterle trasformare in diritti*), si accompagna all'operare di gruppi e di associazioni, dando luogo ad una sorta di movimento di opinione e di azione, che sarà denominato* consumerism *[...]*».

[6] Si pensi, solo per esemplificare, alla vendita a distanza o al pacchetto viaggi tutti compreso.

[7] Cfr. G. ALPA-M. ANDENAS, *Fondamenti del diritto privato europeo*, in *Trattato di diritto privato*, a cura di G. IUDICA e P. ZATTI, Giuffrè, Milano, 2005, p. 317, secondo cui «*in materia di contratti, ciò che connota l'evoluzione teorica della disciplina normativa e delle prassi non è solo la creazione di nuove figure contrattuali relative alla circolazione dei beni, all'offerta di servizi, alla proposta di investimenti, e neppure soltanto la regolamentazione di nuove tecniche di contratto negoziale e di formazione del contratto, con riguardo specialmente all'impiego dei mass media, di visite domiciliari, di tecnologie informatiche e telematiche. Ciò che più stupisce è la sostanziale uniformità dei trends evolutivi nelle esperienze straniere di maggior riferimento, nei progetti di codificazione uniforme e nelle regole del commercio internazionale. Una uniformità che si risolve nel ripensamento della stessa categoria logica e pratica di "contratto", e nel dissolvimento de modello tradizionale di contratto*». Cfr., per una disamina del rapporto esistente tra parte generale e parte speciale della disciplina del contratto, per tutti, E. LUCCHINI GUASTALLA, *Sul rapporto tra parte generale e parte speciale della disciplina del contratto*, in *Riv. trim. dir. e proc. civ.*, 2004, p. 379 ss.; P. SIRENA, *L'integrazione del diritto dei consumatori nella disciplina generale del contratto*, in *Riv. dir. civ.*, 2004, I, p. 787.

[8] Cfr. G. ALPA, *I diritti dei consumatori e il «Codice del consumo» nell'esperienza italiana*, cit., p. 4.

tore che aveva iniziato ad affermarsi con particolare forza negli Stati Uniti[9], al debutto del XX secolo[10], inizia, così, a essere sempre più percepita anche in altri paesi occidentali estendendosi, negli anni Sessanta e soprattutto negli anni Settanta del Novecento, in Europa[11], e caratterizzandosi, tra l'altro, per la fioritura specie in Francia e in Inghilterra[12] di organismi amministrativi preposti alla tutela del consumatore.

Si segnala, per tal via, un indubbio risultato che consegue all'ampio universo di iniziative che trova compimento in una serie di istituzioni e di regole di garanzia la cui affermazione a tutela dei consumatori, quali soggetti percepiti come parte debole

---

[9] Negli Stati Uniti si assiste a un duplice e contrastante fenomeno, perché, per un verso, si registrano le forme più intense di capitalismo monopolistico e oligopolistico, e, per l'altro, si osserva l'adozione di rilevanti misure volte a garantire una maggiore protezione del consumatore dalle prepotenze di un mercato selvaggio, come ben dimostrano il *Pure Food and Drug Act 1906* e il *Meat Inspection Act 1906*, ma anche l'istituzione nel 1914 della *Federal Trade Commission*. Cfr., per un generale approfondimento sul tema, PH. KOTLER, *What Consumerism Means for Marketers*, in *Harvard Business Rev*., 50, 3, 1972, p. 48 ss.

[10] Gli Stati Uniti d'America segnano il prepotente affermarsi di questioni macroeconomiche, quali, a titolo di mero esempio, l'incontrollato aumento dei prezzi al consumo, il verificarsi di scandalosi episodi di danno da prodotti, la compressione delle garanzie giuridiche dei consumatori, che conducono, tra l'altro, all'approvazione di un *corpus* di norme volte a garantire una maggiore tutela del consumatore dalle prepotenze di un mercato selvaggio. In tal senso, è da ricordare l'adozione nel 1906 del *Pure Food and Drug Act* e del *Meat Inspection Act*, come anche la istituzione nel 1914 della *Federal Trade Commission*.

[11] Cfr., per una spiegazione anche in una prospettiva storica del fenomeno aggregativo in cui si sostanzia il movimento consumerista, P. GROSSI, *Mitologie giuridiche della modernità*, Giuffrè, Milano, 2007, p. 154.

[12] Cfr., per approfondimenti sull'esperienza francese, G. TRUMBULL, *Consumer Capitalism. Politics, Products Markets, and Firm Strategy in France and Germany*, Cornell University Press, New York, 2006, p. 1 ss.; per approfondimenti sull'esperienza inglese, J. BENSON, *The Rise of Consumer Society in Britain. 1880-1980*, Longman Publishing, New York, 1994, p. 71 ss.; I. REES JONES-M. HYDE-C.R. VICTOR-C. GILLEARD-P. HIGGS, *Ageing in a Consumer Society. From Passive to Active Consumption in Britain*, Policy Press, Bristol, 2008, p. 1 ss. Cfr., più in generale, per una prospettiva in chiave comparativa, G. ALPA, *Diritto privato dei consumi*, Il Mulino, Bologna, 1986, p. 13 ss.

delle economie di mercato [13], conduce al prepotente riconoscimento di un fenomeno aggregativo che, finalizzato alla tutela dei comuni interessi, ha condotto alle varie forme organizzative in cui si sostanzia il movimento consumerista [14], quale risultato di una mobilitazione organizzata a carattere diffuso [15].

Il ruolo dell'Italia in questo panorama caratterizzato da una tendenziale omogeneità sembra essere diverso, perché segnato da uno stemperamento di quelle iniziali e potenti intuizioni [16] che ha condotto a una scarsa intensità del fenomeno consumerista, che solo nell'ultimo ventennio può ritenersi aver raggiunto un'apprezzabile consistenza [17].

Si osserva, infatti, come fattori segnatamente esogeni, tra i

---

[13] Si esprime per tal via un tentativo di contrasto a quella idea di mercificazione e rimercificazione del consumatore espressa da Z. BAUMAN, *Consumo, dunque sono*, Laterza, Roma-Bari, 2008, p. 48 ss., che individua nel mutamento dello *status* dei consumatori a quello di merci vendibili lo scopo principale e determinante della società dei consumatori.

[14] Cfr., sul concetto di "*consumerism*" in una prospettiva socio-economica, M. BESSONE, *«Consumerism» e tutela dei consumatori. I percorsi obbligati di una politica del diritto*, in *Pol. dir.*, 1987, 4, p. 611 ss.

[15] Il fenomeno consumerista, come altri fenomeni in cui delle masse trovano un punto di coagulo in movimenti che presentano nella omogeneità sia degli elementi costituitivi sia degli obiettivi il loro punto di contatto e il loro punto di forza, può trovare spiegazione, in termini sociologici, nella disgregazione dei punti fermi della stessa società: la società è passata dal ruolo di benevolo, anche se rigido, custode a quello di giocatore-contendente, tra i molti già presenti e attivi, divenendo, così, la principale fonte di sorpresa e di pericolo. Cfr., sullo sviluppo transnazionale del consumerismo, G.M. GROSSMAN-E. HELPMAN, *Protection for Sale*, in *The American Economic Rev.*, 84, 4, 1994, p. 833 ss.

[16] V. *supra*, nt. 1.

[17] In Italia un primo dibattito di natura culturale e di politica del diritto risale agli anni Settanta. Cfr., in particolare, G. ALPA, *Strategie d'impresa e tutela del consumatore. Per una critica del fenomeno «consumerism»*, in *Pol. dir.*, 1974, p. 494 ss.; V. ROPPO, *Protezione del consumatore e teoria delle classi*, in *Pol. dir.*, 1975, p. 705 ss.; C. PACI, *La tutela del consumatore nella legislazione e nella giurisprudenza*, Maggioli, Rimini, 1997; A. MALTONI, *Tutela dei consumatori e libera circolazione delle merci nella giurisprudenza della Corte di giustizia*, Giuffrè, Milano, 1999, *passim*; P. STANZIONE (a cura di), *La tutela del consumatore tra liberismo e solidarismo*, E.S.I., Napoli, 1999, *passim*.

quali primeggia l'appartenenza dell'Italia alla Unione Europea, hanno agevolato lo sviluppo interno di leggi e provvedimenti, a difesa del consumatore, conseguenti ai più progrediti stadi di consapevolezza e di mobilitazione consumeriste che hanno caratterizzato altri Paesi [18]. È con l'adesione dell'Italia alla Comunità europea che i diritti dei consumatori conquistano la loro prima cittadinanza, tanto è vero che si può descrivere la nascita di un autentico diritto dei consumatori sia come effetto del diritto comunitario che come riflesso del rapporto esistente tra fonti comunitarie e interne [19].

Si segnala, così, in Italia un fenomeno di formazione dall'alto della normativa consumerista, che emerge prima in ambito regionale [20], per sfociare, a fine anni Novanta, in un quadro che

---

[18] Cfr., sulla posizione dei consumatori in sede comunitaria, *ex multis*, H.-W. MICKLITZ-N. REICH-S. WEATHERILL, *EU Treaty Revision and Consumer Protection*, in *Jour. Consumer Policy*, 2004, p. 367 ss.; J. STUYCK, *EC Competition Law After Modernisation: More than Ever in the Interest of Consumers*, in *Journ. Consumer Policy*, 2005, p. 1 ss.; M.W. HESSELINK, *Consumer Protection, Citizenship, or Justice?*, in *Eur. Priv. Law*, 2007, p. 323 ss.; C. TWIGG-FLESNER, *No Sense of Purpose or Direction? The modernisation of European Consumer Law*, in *Eur. Rev. Contract Law*, 2007, p. 198 ss.; H. UNBERATH, A. JOHNSTON, *The Double-Headed Approach of the ECJ concerning Consumer Protection*, in *Common Market Law Rev.*, 2007, p. 1237; C. TWIGG-FLESNER, *The Europeanisation of Contract Law*, Taylor & Francis, London, 2008; L. WADDINGTON, *Reflections on the Protection of 'Vulnerable' Consumers under EU Law*, in *Maastricht Faculty of Law Working Paper*, 2, 2014, p. 1 ss.; D. LECZYKIEWICZ-S. WEATHERHILL, *The Images of the Consumer in EU Law. Legislation, Free Movement and Competition Law*, Hart Publishing, Oxford-Portland, OR, 2016, *passim*; P. IVALDI, *Responsabilità dell'impresa e tutela del consumatore: quale ruolo per il diritto internazionale privato europeo?*, in G. CONTE-A. FUSARO-A. SOMMA-V. ZENO-ZENCOVICH (a cura di), *Dialoghi con Guido Alpa. Un volume offerto in occasione del suo LXXI compleanno*, Roma TrE-Press, Roma, 2018, p. 325 ss.

[19] Cfr. G. ALPA, *Il diritto dei consumatori e il «Codice del consumo»*, cit., p. 8. Cfr., per una disamina sulla incidenza del diritto privato europeo sui diritti nazionali, *ex multis*, G. ALPA-G. CONTE, *Riflessioni sul progetto di* Common frame of reference *e sulla revisione dell'*Acquis communautaire, in *Riv. dir. civ.*, 2008, 2, p. 141 ss.

[20] La legislazione regionale degli anni Settanta si preoccupa soprattutto di finanziare le iniziative delle associazioni dei consumatori e di promuovere linee di intervento volte a tutelare i consumi locali.

muta nel solco della emanazione di una decina di direttive comunitarie che, riguardando alcune delle operazioni negoziali tipicamente compiute dai consumatori, hanno dato nuovo impeto a un più consapevole movimento consumerista che ha spesso condotto a rinnovate forme di associazionismo[21] e di manifestazione di dissenso contro il ritenuto strapotere dell'industria[22].

In una prospettiva di maggior dettaglio, la consapevole crescita del *consumerism* è da riportare a due principali cause, da identificare nell'entrata in vigore del Trattato di Amsterdam[23], che ha rafforzato le strategie di difesa dei consumatori, e nell'adozione di due direttive inerenti a profili contrattuali che più vedono coinvolti il consumatore, quella sulle clausole vessatorie[24] e quella sulle garanzie nelle vendite, che portano a un mutamento della cornice normativa italiana che si traduce, dapprima, nell'approvazione della legge sui diritti fondamentali dei consumatori (l. n. 281/1998)[25] e, poi, nella riforma del Titolo V della Costituzione (l. cost. n. 3/2001).

---

[21] Cfr., sul fenomeno associativo, P. RESCIGNO, *Persona e comunità. Saggi di diritto privato*, Cedam, Padova, 1987, *passim*.

[22] Cfr., sull'argomento, G. FABRIS, *Consumatore e mercato. Le nuove regole*, Sperling & Kupfer, Milano, 1995, p. 238 ss.

[23] Il Trattato di Amsterdam del 1997 segna, con l'art. 153, una svolta di straordinaria rilevanza nell'organizzazione degli obiettivi dell'Unione europea e nella definizione e nella definizione della «*cittadinanza europea*», in quanto esplicita l'impegno della Comunità a «*promuovere gli interessi dei consumatori e ad assicurare un livello elevato di protezione*» (comma 1), e, contestualmente, dispone che «*nella definizione e nell'attuazione delle altre politiche o attività comunitarie sono prese in considerazione le esigenze inerenti alla protezione dei consumatori*» (comma 2). Cfr., per approfondimenti, P. PERLINGIERI, *La tutela del consumatore nella Costituzione e nel Trattato di Amsterdam*, in P. PERLINGIERI-E. CATERINI (a cura di) *Il diritto dei consumi. I*, Edizioni scientifiche calabresi, Rende, 2004, p. 10 ss.

[24] Con l'adozione in Italia della disciplina sulle clausole vessatorie, appare nel codice civile, per la prima volta dopo la menzione fatta nella *Relazione al Re* del Libro V del codice civile, il termine "consumatore". Cfr., per il rilievo anche simbolico di questo passaggio, G. ALPA, *I diritti dei consumatori e il «Codice del consumo»*, cit., p. 21. V. *supra*, nt. 1.

[25] La l. n. 281/1998 segna un "cambio di passo" nella definizione dei diritti dei consumatori e nella loro evoluzione, in quanto, facendosi nuovo riferimento ai diritti già espressi nella Risoluzione sui diritti dei consumatori del

La l. n. 281/1998 segna una grande innovazione nel momento in cui definisce i diritti dei consumatori e la loro evoluzione rifacendosi ai diritti già espressi nella Risoluzione sui diritti dei consumatori del 1975[26], precisa i requisiti di applicazione dell'azione inibitoria e fissa le regole del riconoscimento delle associazioni dei consumatori più rappresentative. L'esito della legge del 1998 è, di certo, positivo, e tale positività si misura non tanto con la diffusione della consapevolezza dei propri diritti da parte dei consumatori individualmente considerati, quanto con la emersione di una loro dimensione collettiva[27].

La l. cost. n. 3/2001, d'altro canto, riformulando il rapporto tra poteri legislativi dello Stato e delle Regioni, non richiama il diritto dei consumatori e, quindi, colloca questo complesso di materie all'interno dell'«*ordinamento civile*»[28], la cui disciplina è riservata allo Stato.

1975, si precisano i requisiti di applicazione dell'azione inibitoria, si fissano le regole del riconoscimento delle associazioni dei consumatori più rappresentative. Ne è seguita una maggiore consapevolezza, da parte dei consumatori, dei propri diritti sia nella loro dimensione individuale che in quella collettiva.

[26] Cfr., per una esaustiva e chiara panoramica sugli obiettivi che questa «*Tavola*» dei diritti dei consumatori mira a raggiungere, G. ALPA, *Il diritto dei consumatori e il «Codice del consumo»*, cit., p. 18 ss.

[27] Cfr. G. ALPA, *Il diritto dei consumatori e il «Codice del consumo»*, cit., p. 21, che rileva come «*L'enorme sviluppo che le associazioni dei consumatori sono state in grado di promuovere, l'enorme attività, di carattere culturale ed educativo, informativo e soprattutto consultivo e giudiziario che hanno saputo organizzare*» abbiano «*collocato la situazione italiana in posizione di parità rispetto a quella che si riscontra in molti altri Paesi dell'Unione*».

[28] L'espressione «*ordinamento civile*» usata dal legislatore costituzionale (nuovo testo dell'art. 117, comma 2, lett. l), Cost.) si presenta ambigua tanto da imporre il ricorso al consolidato orientamento della Corte costituzionale in materia di riparto della competenza legislativa tra Stato e Regioni nell'ambito del diritto privato, alla cui stregua le Regioni possono avere competenza legislativa in quelle materie del diritto privato che non incidono sugli istituti fondamentali, quali ad esempio, la proprietà, i modi di acquisto, di estinzione e di accertamento dei diritti reali. Cfr., *ex multis*, Corte cost., 4 luglio 1989, n. 391, in *Giur. civ.*, 1991, I, p. 1792; Corte cost., 30 dicembre 1991, n. 506 e Corte cost., 1° aprile 1998, n. 82; e, in dottrina, fra gli altri, P. VITUCCI, *Il diritto e la competenza legislativa delle Regioni in alcune sentenze della Corte costituzionale*, in *Giur. cost.*, 1998, p. 1301 ss.

L'adozione di una tale impostazione evidenzia come la riforma costituzionale del Titolo V abbia condotto a una profonda modifica delle fonti interne del diritto dei consumatori che, ferma restando la facoltà concessa alle Regioni di dare attuazione alle direttive comunitarie, condurrà, di volta in volta, a valutare a quale livello si debba attestare la loro adozione, con una conseguente e probabile ulteriore articolazione del quadro delle fonti.

Le novità normative introdotte in Italia a tutela del consumatore hanno avuto, in tempi recenti, un inquadramento, seppure parziale, in un codice di settore destinato al consumo (d.lgs. 6 settembre 2005, n. 206)[29], che rappresenta la novità registrata più di recente dalla esperienza nazionale.

La cornice normativa sinora composta lascia trapelare come l'adozione di misure legislative a difesa del consumatore non rappresenti il portato immediato della emersione, nella realtà economica, di questa figura sia perché l'opinione pubblica influenza l'operato dei legislatori sui problemi dei consumatori solo dopo che tali difficoltà si sono affermate e consolidate per un lungo periodo di tempo, sia perché le iniziative e le organizzazioni della società civile dirette a tutelare i soggetti deboli del mercato rappresentano solo un prerequisito o un fenomeno collaterale nel contesto di una politica del diritto che trova in altre sedi *aliunde* i propri percorsi obbligati.

Si realizza, pertanto, una progressiva traslazione di tutele o garanzie dal livello delle forze sociali al livello delle istituzioni, che si traduce nella emersione e nella affermazione di organismi pubblici o apparati serventi della pubblica amministrazione[30]: il luogo privilegiato in cui vengono tradotte le istanze provenienti dalla società, dove possono essere individuati i fenomeni più

---

[29] Il codice del consumo rappresenta un *corpus* di norme, predisposto secondo le regole e le finalità stabilite dalla l. 29 luglio 2003, n. 229, che periodicamente viene soggetto a emendamenti, come quelli operati dal d.lgs. n. 21/2014, attuativo della direttiva 2011/83/UE sui diritti dei consumatori, che ha visto la sostituzione della parte del codice che va dall'art. 45 all'art. 67.

[30] Cfr. F. GALGANO, *La democrazia dei consumatori*, in *Riv. trim. dir. proc. civ.*, 1981, p. 36 ss.

gravi e dannosi in cui può esprimersi la strategia di profitto dell'impresa[31], ed elaborate le *policies* che rivolgono ai rapporti di consumo, è quello in cui operano i pubblici poteri, ove viene assegnato un ruolo da protagonista al legislatore e all'esecutivo-pubblica amministrazione. Ne deriva, quindi, che l'affermazione di certe politiche di mercato incentrate sull'accrescimento delle tutele previste a favore del consumatore e realizzate mediante l'intervento del legislatore comunitario in numerosi comparti del mercato, costituisce una forma moderna di realizzazione di una politica del diritto che si incentra su obiettivi consumeristici.

A ben vedere, allora, quella che in prima battuta poteva essere definita come una "anomalia" caratterizzante il consumerismo italiano rispetto agli altri Paesi occidentali, ossia l'affermazione di una rete di tutele assicurate al consumatore che, in termini figurati, può essere descritta come conseguente alla formazione di un movimento impostosi dall'alto (frutto della legislazione comunitaria) e non come conseguente alla formazione di un movimento impostosi dal basso (frutto di forme di controllo sociale dell'impresa), può essere letta solo come un'anomalia claudicante: se è vero che in Italia il *consumerism* non ha tratto, come altrove, le proprie origini da organizzazioni spontanee di consumatori, che sensibilizzano direttamente la massa dei cittadini e indirettamente i legislatori nazionali[32], è altresì vero che l'affermazione di un consumerismo che scaturisce dai pubblici poteri e che vede nel legislatore un demiurgo ovvero un plasmatore del mercato appare ben conforme ad una moderna e dinamica politica del diritto incentrata su finalità consumeristiche.

Nella descritta prospettiva, a partire dagli anni Settanta, la Comunità economica europea, al fine di creare un mercato unico ed efficiente, così da rispondere alla esigenza di regole comuni che garantissero il corretto funzionamento dei diversi set-

---

[31] Cfr., sul punto, G. Oppo, *Diritto dell'impresa e morale sociale*, in *Riv. dir. civ.*, 1992, I, p. 25.

[32] Oltre al fondamentale apporto rappresentato dalle analisi dottrinali di economisti e di sociologi.

tori economici, la libera circolazione di merci e servizi, la concorrenza, oltre alla correttezza, alla trasparenza e all'equità nei rapporti contrattuali, ha cercato di elaborare e attuare delle specifiche linee programmatiche di intervento sul tema della tutela del consumatore che hanno condotto alla elaborazione di un'autentica *European economic law* che vede quest'ultimo come uno dei principali operatori economici [33], rappresentando un complesso normativo che ruota introno al diritto dei consumatori per la finalità che persegue di garantire e di proteggere l'autonomia degli individui che operano nel mercato senza alcuno scopo di lucro [34].

La protezione degli interessi giuridici dei consumatori si colloca, in tal modo, in una fitta rete di poliedriche relazioni che tende a valorizzare, per un verso, la libertà di decisione e le legittime aspettative del privato acquirente, e, per l'altro, il ruolo attivo del mercato interno (*relations' network*) [35].

Secondo una visione teleologica, l'*European economic law* si presenterebbe, pertanto, come un diritto volto direttamente alla promozione del mercato interno [36] e solo indirettamente al-

---

[33] Cfr., sull'argomento, L. MENGONI, *Autonomia privata e costituzione*, in *Banca, borsa, tit. cred.*, 1997, 1, p. 1 ss.; G. GUIZZI, *Mercato concorrenziale e teoria del contratto*, in *Riv. dir. comm.*, 1999, 1, p. 67 ss.; A. BRUNET-J.C. OHLMANN, *Le droit de la concurrance, instrument de restauration de la liberté contractuelle*, in *Le rôle de la volonté dans les actes juridiques. Études à la mémoire du professeur A. Rieg*, Bruylant, Bruxelles, 2000, p. 129 ss.; G. ALPA, *Nuove frontiere del diritto contrattuale*, in *Il diritto privato dell'Unione Europea*, in *Trattato di diritto privato*, XXVI, diretto da M. BESSONE, Giappichelli, Torino, 2001, p. 652 ss.; M. LIBERTINI, *Autonomia privata e concorrenza nel diritto italiano*, in *Riv. dir. comm.*, 2002, 1, p. 433 ss.; C. OSTI, *Contratto e concorrenza*, in *Trattato del contratto*, diretto da V. ROPPO, vol. VI, *Interferenze*, a cura di C. OSTI, Giuffrè, Milano, 2006, p. 633 ss.

[34] Cfr., sui diversi aspetti che presenta la politica europea di protezione del consumatore, H.-M. MICKLITZ, *The Concept of Competitive Contract Law*, in *Penn State International Law Rev.*, 2005, p. 549 ss.

[35] Cfr., per una riflessione del ruolo della rete e del suo impatto sul mercato finanziario e sull'investitore, P. LUCARELLI, *L'investitore nella rete. Rischio o opportunità*, Giappichelli, Torino, 2005, p. 25 ss.

[36] Cfr. J. STUYCK, *European Consumer Law after the Treaty of Amsterdam: Consumer Policy in or beyond the Internal Market?*, cit., p. 389 ss.; *con-*

l'affermazione di un approccio consumerista in quanto riferibile a un ristretto, definito e specifico gruppo di persone.

La impostazione iniziale del Trattato CE[37], non a caso, era caratterizzata da un orientamento produttivista, in quanto animato dalla volontà di integrare i diversi paesi della Comunità economica europea (CEE) attraverso un mercato comune (*Common Market*) – divenuto, in seguito, mercato interno (*Internal Market*) – che fosse capace di realizzare un ravvicinamento economico degli Stati membri sia grazie all'ampliamento delle libertà fondamentali a favore di coloro che partecipassero attivamente al sistema degli scambi[38] che grazie alla lettura finalistica dei diritti comunitari fondamentali come diritti di accesso al mercato.

Il concetto originario di integrazione della Comunità economica europea[39] si è ancorato, quindi, alla classica nozione di libero mercato, ma le difficoltà che la Comunità ha incontrato nel definire e nell'applicare una autonoma strategia atta a garantire un'adeguata protezione degli interessi dei consumatori e un appropriato impianto normativo, si sono protratte fino a che non è stata raggiunta una più intensa integrazione, tanto da potersi individuare alcuni passaggi[40] che hanno, alla fine, condotto alla presente e più certa situazione.

Se, infatti, si prendono le mosse dallo sviluppo, curato dalla

---

tra, G. HOWELLS-T. WILHELMSSON, *EC Consumer Law – Has it Come of Age?*, in *European Law Rev.*, 2003, 4, p. 370 ss.

[37] L'impostazione seguita *ab origine* dal Trattato CE evidenziava come le quattro libertà fondamentali ivi sancite (libertà di movimento dei beni, delle persone, dei servizi e dei capitali) riguardassero chiaramente le aree della produzione e della distribuzione.

[38] L'atteggiamento che il legislatore comunitario ha dimostrato è stato nel senso di favorire la predisposizione dei diversi operatori del mercato all'accesso a un mercato più ampio che consentisse il superamento delle artificiali frontiere nazionali.

[39] Dicitura che il Trattato di Maastricht del 1992 ha modificato in Comunità europea (CE).

[40] Cfr., per una analisi delle diverse tappe che hanno caratterizzato l'affermazione della politica consumerista comunitaria, J. STUYCK, *European Consumer Law after the Treaty of Amsterdam: Consumer Policy in or beyond the Internal Market?*, cit., p. 377 ss.

Commissione europea, di un catalogo di diritti del consumatore basato sulle strategie per la politica dei consumatori del 1975 e del 1980[41], si constata come, in maniera distonica, le prime decisioni della Corte di Giustizia europea non hanno riguardato, direttamente, casi coinvolgenti gli interessi dei consumatori, ma si sono limitate a valutare la compatibilità con gli artt. 28 e 49 del Trattato CE (ora, rispettivamente, artt. 34 e 56 t.f.u.e.) delle misure adottate dagli Stati membri per limitare la libera circolazione di beni e servizi.

Una pietra miliare nell'affermazione di una concreta politica diretta a tutelare la posizione del consumatore nel quadro ricostruttivo della *European economic law* è, comunque, rappresentato dalla sentenza *Cassis de Dijon*[42] (principio *Cassis de Dijon* o dell'accordo del mutuo riconoscimento) con cui la Corte di Giustizia Europea (CGE), liberandosi dalle strette maglie degli artt. 28 e 49 del Trattato CE ha sviluppato e affermato il principio regolatore secondo cui, in una ottica di protezione del con-

---

[41] Secondo le indicazioni contenute nel catalogo, cinque erano i diritti fondamentali da realizzare, quali il diritto alla salute e alla sicurezza, il diritto alla protezione degli interessi economici, il diritto al risarcimento, il diritto alla informazione e ad adeguate istruzioni, il diritto alla rappresentazione e alla partecipazione. Cfr., per approfondimenti, per tutti, N. REICH, *Protection of Consumers' Economic Interests by EC contract law: some follow-up remarks*, in *Sidney Law Rev.*, 2006, p. 37 ss.

[42] Cfr. Corte di Giustizia CE, 20 febbraio 1979, *Rewe Zentral AG* c. *Bundesmonopolverwaltung Fuer Branntwein* (C-120/78), [1979] *Racc.*, I-649. A riguardo, sembra opportuno notare come l'espressione "mutuo riconoscimento" fosse già presente nel testo originario del Trattato di Roma, benché non fosse sovrapponibile a quella derivante dalla elaborazione giurisprudenziale. Più in particolare, tale regola era presente nell'art. 57 TCEE (ora art. 53 del t.f.u.e.) sull'adozione di direttive per favorire il mutuo riconoscimento dei diplomi, certificati ed altri titoli per l'accesso e l'esercizio di attività non salariate e nell'art. 220 TCEE (ora abrogato), sulla negoziazione di accordi tra Stati membri per facilitare il mutuo riconoscimento delle società e delle persone giuridiche. Cfr., in merito, K.J. ALTER-S. MEUNIER-AITSAHALIA, *Judicial politics in the European Community. European Integration and the Pathbreaking Cassis de Dijon Decision*, in *Comparative Political Studies*, 1994, p. 538 ss.; K.A. ARMSTRONG, *Mutual Recognition*, in *The Law of the Single European Market. Unpacking the Premises*, edited by C. BARNARD and J. SCOTT, Oxford, 2002, p. 225 ss.

sumatore e di affermazione della libertà di circolazione delle merci diretta a evitare pratiche commerciali scorrette o non trasparenti e in assenza di una normativa comune sulla produzione e sulla commercializzazione dell'alcool, spetti al legislatore nazionale disciplinare questi profili sempre che tali prescrizioni appaiano necessarie per rispondere a esigenze imperative[43] che afferiscono, in particolare, all'efficacia dei controlli fiscali, alla protezione della salute pubblica, alla lealtà e correttezza dei negozi commerciali e alla difesa dei consumatori[44].

Il contributo della CGE è stato, infatti, tale da contribuire, in maniera sistematica, a far assumere alla tutela dei consumatori una propria autonoma rilevanza all'interno del sistema ordinamentale comunitario di protezione, anche grazie all'affermazione del principio del reciproco riconoscimento delle legislazioni che segna l'accettazione, da parte di ogni Stato membro, dei prodotti legalmente e lealmente fabbricati negli altri Stati membri, anche se applicando prescrizioni diverse da quelle nazionali, purché rispondenti adeguatamente alle esigenze normative dello Stato importatore[45].

---

[43] Il riferimento è alla c.d. dottrina delle esigenze imperative, nota anche come *rule of reason*, con cui la Corte ha aggiornate e rese più flessibili le eccezioni alla libera circolazione previste dall'art. 36 TCEE (ora art. 42 t.f.u.e.). Cfr., per approfondimenti, A. SCHRAUWEN (ed. by), *Rule of Reason. Rethinking Another Classic of European Legal Doctrine*, Europa Law Publishing, Groningen, 2005.

[44] Il principio originariamente elaborato nel *case Cassis de Dijon* sulla libera circolazione di beni è stato, poi, esteso *ceteris paribus* a ipotesi riguardanti la libera circolazione di servizi e il diritto di stabilimento. Cfr. Corte Giust. Europea, 12 dicembre 1996, *Reisebüro Broede* c. *Sandker* (C-3/95), [1996] *Racc.*, I-6511; Corte Giust. Europea, 5 ottobre 2004, *Caixa-Bank* c. *Ministère de l'Economie* (C-442/02), [2004] *Racc.*, I-8961.

[45] Il principio del mutuo riconoscimento, che si fonda sulla reciproca fiducia degli Stati che presentano tradizioni e normative diverse, segna la presenza di vincoli di affinità che derivano dall'appartenenza alla Unione, derivandone come corollario il mutuo riconoscimento delle regole tecniche, delle prescrizioni e dei certificati richiesti dagli Stati diversi da quello importatore, purché sia segnata una equivalenza dell'obiettivo perseguito. Cfr., sulle origini e sugli effetti procedural-normativi del principio di riconoscimento in forza del quale il Consiglio europeo può decidere che talune disposizioni vigenti in uno Stato membro debbano essere riconosciute come equivalenti a quelle applicate da

La CGE, pertanto, mediante un rigido controllo delle misure adottate dagli Stati membri che s'incentra sul principio di proporzionalità, ha realizzato, in favore dei consumatori che non abbiano goduto di sufficienti garanzie a livello comunitario, un controllo relativo alle norme nazionali che, celatamente, mirino a salvaguardare interessi particolaristici e di tipo protezionistico.

Negli anni Ottanta del XX secolo, la politica comunitaria di tutela del consumatore è stata segnata dalla elaborazione del concetto di «Mercato unico europeo» («*Single European Market*») o di «Mercato interno» («*Internal Market*»)[46] che ha trovato una prima applicazione in sede giurisdizionale, così da confermare un approccio comunitario diretto più a incoraggiare la espansione della libertà di scelta individuale del consumatore in una prospettiva diretta a valorizzare il libero commercio, che a garantire a favore di questi particolari forme di protezione[47].

---

un altro Stato membro, per tutti, R. BARATTA, *L'equivalenza delle normative nazionali ai sensi dell'art. 100 B del trattato CE*, in *Riv. dir. eur.*, 1993, p. 727 ss.; e, più in generale, L.S. ROSSI, *Il "buon funzionamento del mercato comune". Delimitazione dei poteri fra la CEE e gli Stati membri*, Milano, 1990, p. 55 ss.; U. VILLANI, *Ravvicinamento delle legislazioni e mutuo riconoscimento nell'Atto unico europeo*, in *Jus*, 1992, p. 179 ss.

[46] Cfr., per approfondimenti, J. DREXL, *Continuing Contract Law Harmonisation under the White Paper of 1985? Between Minimum Harmonisation, Mutual Recognition, Conflict of Laws, and Uniform Law*, in *An Academic Green Paper to European Contract Law*, edited by S. GRUNDMANN and J. STUYCK, The Hague-London-New York, NY, 2002, p. 103 ss.; A. SCHWARTZE, *Design for an Empirical Data Investigation into the Impact of Existing Contract Law Harmonisation under the White Paper of 1985*, *ibidem*, p. 59 ss.

[47] L'Atto Unico Europeo del 1987 si è inizialmente mosso in questa direzione, prevedendo all'art. 14 del Trattato CE (prima art. 8A del Trattato CEE) il fermo perseguimento dell'obiettivo di conseguire un Mercato unico europeo entro il 31 dicembre 1992, onde raggiungere la piena libertà di movimento di beni, persone, servizi e capitali. L'Atto Unico europeo aveva associato il perseguimento di tale obiettivo a una particolare procedura normativa (la c.d. procedura di cooperazione) che assicurava alla Comunità una particolare competenza nei descritti settori strategici, prevedendo che in queste aree le decisioni potessero essere prese dal Consiglio dei Ministri, sempre che il Parlamento non esercitasse un diritto qualificato di veto. L'art. 100A del Trattato CEE (poi, art. 95 del Trattato CE e attuale art. 114 del Trattato sul funzionamento dell'Unione europea) prevedeva, infatti, che il Consiglio dei Ministri in cooperazione con il Parlamento europeo potesse

Nel suo essere disegnata su una triplice libertà di scelta inerente al movimento di beni, di persone, di servizi e capitali, la strategia consumerista perseguita dalla Comunità, ha visto, così, accresciuto il proprio ruolo all'interno di un mercato interno straordinariamente dinamico che si è sempre più caratterizzato per la estensione delle aree di intervento comunitario, e dove i poteri autoritativi della Comunità hanno comportato una graduale inclusione degli interessi dei consumatori nel sistema giuridico europeo, tanto che il mercato interno è venuto ad assumere un'autentica «*social [...] face*» [48].

La elevazione della «*consumer protection*» a espresso e autonomo principio del diritto comunitario [49] è stata segnata, tuttavia, dall'art. 129A del Trattato di Maastricht [50], da leggersi in combinato disposto con l'art. 3S, che ha chiarito come la strategia a difesa del consumatore si fondasse su un duplice profilo: su una politica volta alla valorizzazione del mercato interno e su una specifica azione diretta a supportare le misure consumeriste adottate dai singoli Stati membri.

Nella cornice tracciata, i principi di sussidiarietà e di proporzionalità [51] hanno giocato un ruolo centrale, e, in modo particolare, il primo ha assunto un carattere eminentemente politico, cosicché la possibilità di farvi appello, in sede giurisdizionale è stata molto limitata, ricollegandosi agli scopi generali del sistema legale di protezione dell'Unione [52].

---

dare attuazione a misure dirette a favorire lo sviluppo e il funzionamento del mercato interno.

[48] Cfr. H.-W. MICKLITZ, *The Politics of Judicial Co-operation in the EU*, Cambridge University Press, Cambridge, 2005, p. 7 ss.

[49] Cfr., per approfondimenti, J. STUYCK, *European Consumer Law after the Treaty of Amsterdam: Consumer Policy in or beyond the Internal Market?*, cit., p. 379 ss.

[50] Il Trattato di Maastricht è stato sottoscritto dai Paesi membri il 7 febbraio 1992 e ha avuto applicazione dal 1° novembre 1993.

[51] Tali principi sono segnati in tutta la loro evidenza dal *Protocollo (N. 2) sull'applicazione dei principi di sussidiarietà e di proporzionalità* del Trattato sul funzionamento dell'Unione europea.

[52] Cfr. S. WEATHERHILL, *Justifying Limits to Party Autonomy in the Internal Market – EC Legislation in the Fieldof Consumer Protection*, in *Party Au-*

Con il testo dell'art. 129A del Trattato di Amsterdam del 2 ottobre 1997, poi emendato dall'art. 153 del Trattato CE (ora art. 169 del Trattato sul funzionamento dell'Unione Europea) sono stati previsti un'autonoma serie di diritti del consumatore («*l'Unione contribuisce a tutelare la salute, la sicurezza e gli interessi economici dei consumatori nonché a promuovere il loro diritto all'informazione, all'educazione e all'organizzazione per la salvaguardia dei propri interessi*») e un ampliamento dei diritti di intervento della Comunità[53], che, per un verso, consentono il ricorso a strumenti di intervento a carattere flessibile in aree non rientranti nella sua esclusiva competenza (*i.e. consumer policy*), e, per l'altro, danno preferenza a interventi normativi che trovano forma più nelle direttive che nei regolamenti[54].

Il Trattato di Nizza (Carta dei diritti fondamentali dell'Unione europea), prima, e il Trattato di Lisbona (Trattato di riforma), poi, hanno assicurato il mantenimento delle linee tracciate per garantire la dovuta rilevanza alla protezione del consumatore nel rispetto di un'adeguata cornice giuridica. L'art. 4, comma 2, lett. f) del Trattato di funzionamento dell'unione europea, includendo espressamente la «*protezione dei consumatori*» nel settore delle competenze condivise (c.d. *shared competences*) tra l'Unione e gli Stati membri, sembra volervi attribuire un ruolo più significativo nell'ambito tanto degli obiettivi strategici quanto delle competenze comunitarie.

---

tonomy and the Role of Information in the Internal Market, edited by S. GRUNDMANN, W. KERBER, S. WEATHERHILL, Berlin, 2001, pp. 173 e 192.

[53] Cfr., per una dettagliata analisi, P. PERLINGIERI, *La tutela del consumatore nella Costituzione e nel Trattato di Amsterdam*, in *Il diritto dei consumi*, I, cit., p. 10 ss.

[54] La Carta dei diritti fondamentali dell'Unione Europea, proclamata a Nizza nel dicembre 2000, si inserisce appieno nel tracciato quadro di tutela, enunciando espressamente che ogni individuo, i cui diritti o libertà siano stati violati, ha diritto di rivolgersi a un giudice per invocare un effettivo rimedio contro la lesione patita. Cfr., in tema, G. GAJA, *L'incorporazione della Carta dei diritti fondamentali nella Costituzione per l'Europa*, in *I diritti dell'uomo*, 2003, p. 6 ss.; S. MANGIAMELI, *La garanzia dei diritti fondamentali nell'ordinamento europeo e le funzioni nazionali*, in *dirittifondamentali.it*, 2020, 1, p. 399 ss.

In capo al legislatore europeo permane, comunque, il potere di decidere le misure più opportune da adottare per raggiungere dei particolari obiettivi di regolazione [55], e in questa prospettiva trova luce il *Green Paper on EC Consumer Protection* [56] dell'ottobre 2001, con cui la Commissione europea ha lanciato una consultazione diretta ad avviare un dibattito sulla introduzione di una clausola generale di correttezza negli scambi commerciali e su un principio di coordinamento nell'applicazione della normativa sul consumatore, alla luce dei tre sviluppi che hanno attribuito una priorità del tutto particolare al versante consumeristico del mercato interno: l'euro, l'*e-commerce* e l'allargamento dell'Unione.

A partire dall'aprile del 2002, l'adozione della "Strategia per la politica dei consumatori dell'UE 2002-2006" ha segnato, tuttavia, un cambio nella impostazione seguita dalla Commissione, emergendo una rimeditazione della tradizionale impostazione del *minimum protection approach* [57] che è conseguita alla individuazione di tre obiettivi di medio termine, ovvero «*un elevato livello comune di protezione dei consumatori*», «*un'applicazione efficace delle norme a tutela dei consumatori*» e un «*coinvolgimento delle organizzazioni dei consumatori nelle politiche dell'UE*» [58].

Il 6 aprile 2005, la Commissione, con una Comunicazione per "*Migliorare la salute, la sicurezza e la fiducia dei cittadini: una strategia in materia di salute e di tutela dei consumatori*" [59], ha

---

[55] Cfr., in tal senso, Corte Giust. Europea, *UK c. Council* (C-84/94) [1996], *Racc.*, I-5755, che, pronunciandosi sulla direttiva 104/1993/CE su alcuni aspetti della organizzazione dell'orario di lavoro, ha esplicitamente affermato la competenza generale del legislatore comunitario nella individuazione delle linee guida da seguire nei settori di sua competenza, anche condivisa.

[56] Cfr. COM (2001) 532 def.

[57] Cfr., per approfondimenti in tema, H.-W. MICKLITZ-N. REICH-P. ROTT, *Understanding EU Consumer Law*, Intersentia, Mortsel, 2009, *passim*; e, nella giurisprudenza comunitaria, Corte Giust. Europea, *Herbert Karner c. Trosstwijk GmbH* (C-71/02) [2004] *Racc.*, I-3025; Corte Giust. Europea, *Commission c. France* (C-177/04) [2006], *Racc.*, I-2461.

[58] Cfr. COM (2002) 208 def., p. 14.

[59] Cfr. COM (2005) 115 def.

proposto una serie di misure, da realizzare nel periodo 2007-2013, che si sono basate su una impostazione sostanzialmente attiva e rivolta, in termini positivi, alla tutela del consumatore [60], *«al fine di completare, supportare e monitorare le politiche degli Stati membri e contribuire alla tutela della saluta, della sicurezza e degli interessi economici e giuridici dei consumatori, come anche di promuovere il loro diritto alla informazione, alla educazione, a organizzarsi per tutelare i propri interessi»*.

Nel marzo 2007, la Commissione ha pubblicato la Comunicazione "*Strategia per la politica dei consumatori dell'UE 2007-2013*" [61], un'ambiziosa agenda che si propone di perseguire tre principali obiettivi che vedono come protagonista i consumatori comunitari, quali il rafforzamento della loro posizione attraverso il potenziamento della competizione, il consolidamento del loro benessere attraverso un'azione sui prezzi, sulle possibilità di scelta, sulla qualità, sulla diversità, sulla convenienza e sulla sicurezza, e la loro effettiva protezione dai gravi rischi e minacce che non possono affrontare come singoli individui [62]. Il 3 marzo 2011, la Commissione ha, così, pubblicato il

---

[60] Cfr. COM (2005), 115 def., ove, al punto 4.1, si afferma che «*Se si riconosce l'importanza della fiducia dei consumatori in quanto presupposto fondamentale per il funzionamento dei mercati, non se ne tiene tuttavia sufficientemente conto in tutti gli ambiti d'azione politica. [...] L'integrazione del mercato comporta vantaggi economici per i consumatori (più ampia scelta di beni e di servizi, concorrenza basata sul merito, calo dei prezzi, livelli di vita più elevati). La politica del mercato interno deve far sì che tali vantaggi si concretizzino, in particolare per quanto riguarda la qualità di beni e servizi, la loro accessibilità ed integrazione. Il mercato interno non può funzionare correttamente se manca la fiducia dei consumatori. È necessario assicurare a questi una protezione adeguata perché crescita e competitività siano garantite*».

[61] Cfr. COM (2007) 99 def.

[62] In una medesima prospettiva, il Libro Verde dell'8 febbraio 2007 sulla revisione dell'*acquis* relativo ai consumatori insiste nell'evidenziare la necessità di stimolare la fiducia dei consumatori nel mercato interno, assicurando un elevato livello di protezione su tutto il territorio dell'UE: i consumatori dovrebbero potersi avvalere di diritti equivalenti e avere accesso ad analoghe vie di ricorso nel caso che una transazione avesse esito negativo. Cfr., per tutti, B. HEIDERHOFF-M. KENNY, *The Commission's 2007 Green Paper on the Consumer Acquis: Deliberate Deliberation?*, in *European Law Rev.*, 35, 2007, p. 740 ss.

rapporto "*Consumer policy: ex-post and mid-term evaluations*", che, con riferimento alla Strategia 2007-2013, ha evidenziato come lo sforzo comunitario si dovesse concentrare su due aree di intervento rilevanti per realizzazione di una efficace cooperazione nella protezione dei consumatori: i diritti collettivi e la risoluzione alternativa delle controversie.

D'altro canto, con la "*Strategia per la politica dei consumatori dell'UE 2007-2013*", la Commissione ha adottato un approccio di armonizzazione completa (c.d. *full harmonisation approach*) [63] che, da un lato, ha ricollegato un elevato grado di tutela del consumatore a un livello uniformemente alto di fiducia nei prodotti, negli operatori, nelle tecnologie e nei metodi di vendita sui mercati al dettaglio in tutta l'UE, e, dall'altro, ha operato per promuovere la presa di coscienza da parte di tutti i dettaglianti, ma soprattutto delle piccole e delle medie imprese (c.d. PMI) [64], di poter vendere ovunque nel territorio comunitario in base a una unica e semplice serie di regole [65].

Il 22 maggio 2012, la Commissione ha adottato la Comunicazione "*A European Consumer Agenda – Boosting confidence and growth*" con cui è stata superata la "*Strategia per la politica dei consumatori dell'UE 2007-2013*" e identificate le misure chiave da adottare per rafforzare i consumatori e consolidare la loro fiducia, ponendoli al centro delle politiche comunitarie al fine di raggiungere gli obiettivi di Europa 2020 [66].

---

[63] Il Parlamento europeo con la risoluzione del 16 luglio 2007 ha raccomandato di intraprendere un'azione legislativa e ha espresso la sua preferenza per l'adozione di uno strumento sotto forma di una direttiva orizzontale basata sull'armonizzazione completa e mirata.

[64] Nella comunicazione "*Un mercato unico per l'Europa del XXI secolo*" del 20 novembre 2007, la Commissione ha dichiarato che il mercato unico deve fornire risultati migliori e benefici tangibili per i consumatori e le c.d. PMI.

[65] Cfr., per approfondimenti, H.-W. MICKLITZ, *Sulla necessità di un nuovo concetto per lo sviluppo del diritto nella Comunità Europea*, in *Il diritto dei consumi*, III, cit., p. 47 ss.

[66] La Strategia Europa 2020 intende aiutare i cittadini a beneficiare dei propri diritti di consumatori e a partecipare attivamente al mercato unico, sostenendo, in tal modo, la crescita e l'innovazione.

2. Le recenti evoluzioni del diritto dei consumatori che hanno condotto a una nuova percezione del concetto di consumatore e di mercato unico: il *Consumers' New Deal*

Alle diverse ma parimenti significative azioni intraprese dalla Commissione europea finora considerate ha fatto seguito l'adozione di una serie di misure normative espressione della Strategia 2007-2013 che hanno trovato corpo nell'adozione del Libro Verde sulla revisione dell'*acquis* comunitario in materia di consumatori[67], nella creazione del "*Consumer Market Scoreboard*"[68], nella direttiva sulla risoluzione alternativa delle controversie (2013/11/UE) e nel regolamento sulla risoluzione delle controversie *online* (524/2013/UE), e che hanno visto raggiungere un punto apicale nella direttiva sui diritti dei consumatori (2011/83/UE)[69].

In effetti, la *Consumer right directive* ponendosi come obiettivo il miglioramento del rapporto tra gli operatori economici, cerca di aumentare la fiducia dei consumatori nel mercato interno e di ridurre la riluttanza delle imprese ad operare a livello transfrontaliero, riducendo la frammentazione normativa, rafforzando il quadro regolamentare e fornendo ai consumatori un elevato livello comune di tutela e una informazione adeguata sui loro diritti e su come esercitarli.

Il legislatore comunitario ha ritenuto di raggiungere la finalità ora descritta modificando e accorpando quattro direttive che

---

[67] Il Parlamento europeo e il Consiglio hanno posto l'obiettivo di riesaminare l'*acquis* relativo ai consumatori al fine di semplificare e di completare il quadro normativo in vista di un mercato interno che raggiunga il giusto equilibrio tra un elevato livello di tutela dei consumatori e un adeguato grado di competitività delle imprese, assicurando nel contempo il rispetto del principio di sussidiarietà.

[68] Si tratta di una misura che vuole contribuire alla realizzazione di un generale monitoraggio in modo da individuare i casi in cui i segnali di malfunzionamento del mercato sono collegati a condizioni insoddisfacenti per i consumatori. I dati che, per tal via, sono raccolti contribuiscono, così, non solo a realizzare una migliore politica dei consumatori, ma anche ad alimentare tutte le politiche che li riguardano, assicurando una migliore integrazione degli interessi dei consumatori in tutte le politiche dell'UE.

[69] Cfr. COM (2008) 614 def.

stabiliscono i diritti contrattuali dei consumatori, quali la direttiva 1985/577/CEE per la tutela dei consumatori in caso di contratti negoziati fuori dei locali commerciali, la direttiva 1993/13/CEE relativa alle clausole abusive nei contratti stipulati con i consumatori, la direttiva 1997/7/CE riguardante la protezione dei consumatori in materia di contratti a distanza e la direttiva 1999/44/CE su taluni aspetti della vendita e delle garanzie dei beni di consumo.

In tal modo, si è creato un unico strumento orizzontale che disciplina in modo sistematico gli aspetti comuni alle discipline toccate, semplifica e aggiorna le norme esistenti, risolve le incoerenze e colma le lacune, distaccandosi, al contempo, dall'approccio dell'armonizzazione minima seguito nelle quattro direttive esistenti in favore di un approccio di armonizzazione completa[70], che meglio risponde alle esigenze di evitare e superare delle discrasie normative in fase applicativa che solo un quadro regolamentare tendenzialmente rigido può garantire.

Nel quadro sistematico ora tracciato si inseriscono iniziative importanti, rappresentate dal rafforzamento della dimensione digitale del mercato unico che è stata, al momento, completata grazie alla "*Strategia per il mercato unico digitale*" adottata dalla Commissione il 6 maggio 2015 e volta, tra l'altro, a fornire ai consumatori un migliore accesso ai beni e ai servizi digitali in tutta l'Unione Europea. Ciò è dimostrato sia dal regolamento 2015/2120/UE che fissa le misure riguardanti l'accesso a un *Internet* aperto sia dal *New Deal* per i consumatori[71], che si propone la elaborazione di nuove norme dell'UE a loro tutela, dirette a migliorare l'applicazione e ad aggiornare le norme vigenti, in linea con l'evoluzione digitale, come ben dimostrano la direttiva 2019/770/UE relativa a determinati aspetti dei contratti di fornitura di contenuto digitale e di servizi digitali, la direttiva

---

[70] Se, come noto, il principio dell'armonizzazione minima implica che gli Stati membri possano mantenere o adottare norme più severe rispetto a quelle stabilite dalla direttiva, il dell'armonizzazione completa implica che gli Stati membri non possano mantenere o adottare disposizioni divergenti da quelle fissate nella direttiva.

[71] Cfr. Comunicazione della Commissione "*Un* New Deal *per i consumatori*", COM (2018) 183 final dell'11 aprile 2018 (Comunicazione *New Deal*).

2019/771/UE relativa a determinati aspetti dei contratti di vendita di beni, che modifica il regolamento 2017/2394/UE sulla cooperazione tra le autorità nazionali responsabili dell'esecuzione della normativa che tutela i consumatori, e la direttiva 2009/22/CE relativa a provvedimenti inibitori a tutela degli interessi dei consumatori, e che abroga (a decorrere dal 1° gennaio 2022) la direttiva 1999/44/CE su taluni aspetti della vendita e delle garanzie dei beni di consumo, e, da ultimo, la direttiva 2019/2161/UE per una migliore applicazione e una modernizzazione delle norme dell'Unione relative alla protezione dei consumatori, che ha modificato la direttiva 1993/13/CEE, la direttiva 98/6/CE relativa alla protezione dei consumatori in materia di indicazione dei prezzi dei prodotti offerti ai consumatori, la direttiva 2005/29/CE relativa alle pratiche commerciali sleali tra imprese e consumatori nel mercato interno e la direttiva 2011/83/UE sui diritti dei consumatori.

La più recente evoluzione normativa evidenzia, pertanto, come di fronte al negativo esito di una uniformazione del diritto della vendita che passasse per la proposta di regolamento per un diritto comune europeo della vendita (*Common European sales Law*), il Parlamento europeo e il Consiglio si sono orientati verso l'utilizzo dello strumento della direttiva al fine di potenziare la crescita del commercio elettronico nel mercato interno e instaurare un autentico mercato unico digitale [72].

Il nuovo impianto normativo che ha trovato luce con il *New Deal* per i consumatori mira a garantire, tra l'altro, una maggiore trasparenza dei mercati *online*, a determinare in modo più chiaro se i prodotti sono venduti da un commerciante o da un privato e a vietare le recensioni e le sponsorizzazioni false. È stato previsto, inoltre, che i venditori non possano più pubblicizzare riduzioni di prezzo false e che i siti di confronto dei prezzi devono informare i consumatori sui criteri di classificazione. Si riconosce, poi, il rispetto dei diritti dei consumatori

---

[72] Cfr. G. Capilli, *Le direttive 2019/770/UE, 2019/771/UE e 2019/2161: verso l'unificazione (salvo deroghe) della disciplina sulla tutela dei consumatori nel mercato digitale*, in *Diritto di Internet*, 30 gennaio 2020, reperibile in *https://dirittodiinternet.it/7664-2/*.

anche assicurando un risarcimento alle vittime di pratiche commerciali sleali e imponendo sanzioni in caso di situazioni di danno collettivo, che colpiscono consumatori in tutta l'UE.

In sostanza, le cinque "generazioni" che sono state individuate come altrettanti passaggi nella costruzione giuridica del mercato comune [73] si sono arricchite nell'ultimo quinquennio di una sesta generazione che, fondando il mercato unico digitale, vede in una nuova e diversa dimensione del consumatore e del mondo in cui questi è chiamato a vivere e operare il proprio fattore caratterizzante, perché sempre più dominata da concetti e profili di immaterialità che portano a mutare la portata della nozione stessa della categoria.

Un segno, in tal senso, si ricava dalla Corte Giust. Europea, dalla cui sentenza 25 gennaio 2018, *M. Schrems c. Facebook Ireland Ltd.*, C-498/16, risulta una nozione di consumatore che costruendosi in opposizione a quella di operatore economico e prescindendo dalle conoscenze o dalle informazioni di cui una persona realmente dispone giunge a considerare come irrilevante,

---

[73] Cfr., a riguardo, J.H.H. WEILER, *La Costituzione dell'Europa*, Il Mulino, Bologna, 2003, p. 308 ss., che identifica una prima fase (c.d. "istitutiva") che si caratterizza per la fine del periodo transitorio (31 dicembre 1969) e per i casi *Statistical Levy* (Corte Giust. Europea, sent. 1° luglio 1968, *Commissione* c. *Italia*, C-24/68) e *Dassonville* (Corte Giust. Europea, sent. 11 luglio 1974, *Dassonville*, C-8/74), una seconda fase riconnessa alla sentenza *Cassis de Dijon* (Corte Giust. Europea, sent. 20 febbraio 1979, *Rewe Zentral AG*, C-120/78) e all'affermazione del principio del mutuo riconoscimento (c.d. "parallelismo funzionale"), una terza fase che ha privilegiato un approccio legislativo incentrato sulla "Strategia per l'armonizzazione", sul Libro Bianco sul completamento del Mercato Interno (documento del 14 giugno 1985 – COM (83) 310) e, soprattutto, sull'adozione dell'Atto Unico Europeo, una quarta fase, segnata dalla adozione del Trattato di Maastricht, dal caso *Sunday Trading* (Corte Giust. Europea, 23 novembre 1989, *Torfaen*, C-145/88) e dalla inversione di rotta effettuata dalla Corte di Giustizia nella sentenza *Keck* (Corte Giust. Europea, sentenza 24 novembre 1993, *cause riunite Keck e Mithouard*, C-267/91 e C-268/91), e una quinta fase di assestamento del nuovo approccio inaugurato dal caso *Keck* con cui si è sancita una interpretazione dell'art. 30 del Trattato CEE («*sono vietate fra gli Stati membri le restrizioni quantitative all'importazione nonché qualsiasi misura di effetto equivalente*», ora art. 34 del t.f.u.e.) «*nel senso che non trova applicazione nei confronti di una normativa di uno stato membro che vieti in via generale la rivendita sottocosto*».

ai fini qualificatori dell'art. 15 del regolamento 44/2001/CE[74], non solo la competenza che l'interessato possa acquisire nello specifico settore in cui rientrino i servizi in cui opera, ma anche il suo impegno a farsi portatore dei diritti e degli interessi degli utilizzatori di questi ultimi.

3. L'incidenza della tecnologia sulle forme economiche e la incidenza dell'apporto collaborativo

Dal quadro finora tracciato e volto a evidenziare i vari passaggi che hanno condotto alla politica comunitaria attuale rivolta ai consumatori e alle relative misure normative, si coglie come la ricerca di regole comuni aventi a oggetto i rapporti economici e i conseguenti contratti ha mosso e occupato ampia parte dell'azione comunitaria, che mediante l'adozione di une serie di interventi di regolamentazione, ha perseguito, sul piano teleologico, l'obiettivo di tutela del contraente debole in una contestuale prospettiva di affermazione di un armonico ed efficiente mercato unico europeo.

Il fluire del tempo accompagnato alla volontà di realizzare un livello elevato di tutela del consumatore appare, pertanto, come il "motore immobile" che ha reso evidente come con l'emanazione della *Consumer Rights Directive* l'evoluzione dei mercati sia stata molto più rapida rispetto all'ordinario fluire del tempo, tanto da segnare una evoluzione tecnologica che si è dimostrata capace di realizzare la Quarta Rivoluzione industriale, ove alla *sharing economy*, si è accompagnata la *social economy*, la *data economy*, e, da ultimo, l'affermazione dell'algoritmo.

La digitalizzazione, infatti, rappresenta, al tempo stesso, una rivoluzione e una sfida che potrebbe assicurare grandi opportunità di sviluppo di nuovi commerci e di nuovi modelli di distri-

[74] La sentenza in parola si è pronunciata, più in particolare, sull'art. 15 e sull'art. 16 del regolamento 44/2001/CE concernente la competenza giurisdizionale, il riconoscimento e l'esecuzione delle decisioni in materia civile e commerciale.

buzione [75], come dimostra il *web* quale strumento di circolazione di beni caratterizzato da una grande ampiezza e da una notevole economicità.

A riguardo, si è sostenuto, sin dall'inizio degli anni Novanta, che il mondo digitale presentasse sei tratti peculiari, capaci, in prospettiva, di modificare profondamente il diritto [76], quali *a*) la facilità con cui i lavori sviluppati in formato digitale possono essere riprodotti [77], *b*) la facilità con cui possono essere trasmessi [78], *c*) la facilità con cui possono essere modificati e manipolati [79], *d*) l'assoluta identità che tra loro presentano i beni in formato digitale [80], *e*) la loro compattezza [81], e *f*) l'attitudine dei

---

[75] Il frutto della rivoluzione digitale è già sotto gli occhi di tutti, come dimostra la combinazione della tecnologia *MP3* – che consente la compressione dei dati immagazzinati fino a raggiungere l'un/ventiduesimo rispetto alla dimensione originaria – con la tecnologia *peer-to-peer* – che assicura autonomia rispetto al *server* centrale sì da assicurare un trasferimento dei *files* diretto attraverso i *computers* degli utenti – che ha favorito una sostanziale trasformazione dei concetti di appropriazione, uso e distribuzione dei beni di cui si fruisce, amplificando, di certo, le opportunità di diffusione della conoscenza e della cultura, ma contestualmente, dal canto del titolare del diritto di proprietà intellettuale, facilitando altresì le possibilità di appropriazione illegale, di distribuzione di *files* "piratati", di contraffazione e di riproduzione non autorizzata.

[76] Cfr. P. SAMUELSON, *Digital Media and the Changing Face of Intellectual Property Law*, in *Rutgers Computer and Technology Law Journ.*, 16, 1990, p. 324 ss.

[77] La facilità di replica dei beni digitali implica che il loro contenuto possa essere teoricamente riprodotto all'infinito senza che questo provochi alcun peggioramento qualitativo. Tale caratteristica può sollevare dei problemi in materia di *copyright*.

[78] Cfr. P. SAMUELSON, *Digital Media and the Changing Face of Intellectual Property Law*, cit., p. 327.

[79] La terza caratteristica si identifica con la flessibilità del mondo digitale, i cui contenuti, come la musica e le immagini, possono essere facilmente modificati, manipolati e trasformati fino a divenire irriconoscibili rispetto alla loro fonte originale. Cfr. P. SAMUELSON, *op. ult. cit.*, p. 328 ss.

[80] L'assoluta identità che i beni in formato digitale presentano tra loro, fa sì, ad esempio, che le opere, una volta digitalizzate, non siano più tendenzialmente distinguibili tra loro in punto di *copyright*. Cfr. P. SAMUELSON, *op. ult. cit.*, p. 332 ss.

[81] La possibilità di compattare i beni digitali potrebbe rappresentare la cau-

beni digitali a favorire lo studio di nuovi metodi di interconnessione e di ricerca dello spazio digitale[82].

Il flusso di informazioni, di contenuti e di dati, che le nuove tecnologie di distribuzione consentono, presenta, così, un'ampia flessibilità che può anche tradursi in una maggiore facilità di superamento delle tutele giuridiche associatevi, ma che, al contempo, si caratterizza per degli interessanti profili positivi, quali, ad esempio, un notevole abbattimento dei costi di produzione e di circolazione dei beni digitali, atteso che questi non sono più indispensabilmente legati a un "supporto" materiale divenendo completamente accessibili in modalità digitale e quindi "immateriale"[83].

I prodotti digitali, grazie alla loro piena accessibilità *on-line*, possono spesso essere scomposti, con facilità, nella loro ampia varietà di contenuto e distribuiti *on demand*, spiegando così il forte incentivo che servizi *web*, quali il *pay-per-view* o il *pay-per-download*, sempre più dimostrano[84].

---

sa di nuovi problemi giuridici, attesa, ad esempio, la possibilità di immagazzinarli con grande facilità nella minuscola memoria di vari *devices* informatici nonostante la loro estrema complessità. Cfr., a riguardo, P. SAMUELSON-R.J. GLUSHKO, *Intellectual Property Rights for Digital Library and Hypertext Publishing Systems*, in *Harvard Journ. of Law & Technology*, 6, 1993, p. 240, che evidenziano come i contenuti non possano essere «*perceived or read by humans except with the aid of a user interface*». Cfr. P. SAMUELSON, *op. ult. cit.*, p. 334 ss.

[82] La sesta caratteristica dei beni digitali si identifica con la cosiddetta *non-linearity*, ovvero con la possibilità di creare nuove tecniche di indagine e di studio come, ad esempio, lo sviluppo di sistemi di navigazione collegata che consentono agli utenti di trovare e scaricare facilmente le informazioni desiderate, il che facilita comunque anche l'affermazione di nuove problematiche correlate al concetto di proprietà. Cfr. P. SAMUELSON, *op. ult. cit.*, p. 336 ss.

[83] Cfr., per approfondimenti, *ex multis*, Y. BENKLER, *Net Regulation: Taking Stock and Looking Forward*, in *Univ. of Colombia Law Rev.*, 71, 2000, p. 1240 ss.; E. PROSPERETTI, *L'opera digitale tra regole e mercato*, Giappichelli, Torino, 2013, p. 2 ss.

[84] Come ben dimostra la funzionalità di *Apple iTunes*, i *providers* possono generare profitto concentrandosi più sui bisogni degli utenti che sul fare direttamente *business* e sul controllo delle relative opportunità. Cfr., in merito, U. GASSER, *iTunes: How Copyright, Contract, and Technology Shape the Busi-*

In altre parole, la rivoluzione digitale può richiedere un adeguamento del sistema normativo, tale da permettere a quest'ultimo di affrontare le nuove condizioni che si siano venute a creare. Ne segue che, ove le norme presentino un carattere sufficientemente flessibile[85], tali assestamenti saranno quasi automatici, ma qualora non siano effettivamente praticabili, si dovrà ricorrere a un'autentica riforma del quadro normativo di riferimento, come è ben dimostrato dall'ampio numero di nuovi strumenti e proposte che sono stati prospettati, a livello comunitario, sin dalla elaborazione della "*Strategia per il mercato unico digitale*"[86].

In effetti, la crescente affermazione della *platform economy*[87] sta producendo effetti distorsivi tanto sui modelli econo-

---

ness of Digital Media – A Case Study, in *The Berkman Center for Internet & Society at Harvard Law School Research Publication Series*, 7, 2004, p. 6 ss., reperibile in *http://cyber.law.harvard.edu/publications*.

[85] Cfr., a riguardo, C. TWIGG-FLESNER, *Innovation and EU Consumer Law*, in *Journ. of Consumer Policy*, 28, 2005, p. 409 ss.

[86] V. *supra*, par. 2.

[87] In forma semplificata, la *online platform* si identifica con un intermediario che avvicina fornitore e fruitore di beni, servizi e contenuti digitali, in modo tale da facilitare, tra loro, la conclusione di accordi. Talune piattaforme, poi, forniscono servizi aggiuntivi, come la possibilità di processare i pagamenti, ma anche di garantire gli accordi e di risolvere le controversie eventualmente insorte. Altre ancora vanno oltre e prevedono per il fornitore regole dettagliate per la offerta dei prodotti sulla stessa piattaforma utilizzata. In termini generali, allora, le *online platforms* rappresentano uno strumento chiave per i fornitori che non desiderano avere un proprio *website* per raggiungere un maggior numero di consumatori o incrementare il numero di canali *online* in cui condurre il *business* già esistente (c.d. *marketplace platforms*). Cfr., per approfondimenti, J.P. VAZQUEZ SAMPERE, *Why Platform Disruption Is So Much Bigger Than Product Disruption*, in *Harvard Business Rev.*, 2016 (April 8), che, nel descrivere la *platform economy*, afferma «*For the sake of clarity, let's call a product "a platform that is used for one or very few products" and a platform "a structure upon which many variations of products are built". These definitions recognize that product vs. platform isn't black-and-white, but let's use them for practical purposes. For example, using this definition, a Tesla car battery is a product, because it powers only a few cars. But as more electric cars enter the market (including more Tesla models) and there are more uses for rechargeable electric batteries, perhaps the battery will one day move up the scale to become more like a platform*».

mici costituiti quanto sul relativo sistema normativo[88], tanto è vero che sia la giurisprudenza sia i normatori della più parte dei paesi comunitari si stanno occupando con crescente interesse delle problematiche legate alle piattaforme elettroniche[89].

Ricorrendo a una concettualizzazione ampia, si può ritenere che i sistemi normativi esistenti non paiano pienamente capaci di provvedere a soluzioni giuridiche adeguate ai numerosi problemi legati alla *platform economy*, alla sua natura e alla sua funzione.

È proprio questo l'effetto che sul diritto, in generale, e sul diritto di proprietà, in particolare, esercita la c.d. *disruptive technology*[90]: la rivoluzione digitale, con la crescente digitalizzazione di numerose attività, ha creato nuove opportunità di commercio e di circolazione dei beni che, sfruttando anche la interazione dei nuovi strumenti tecnologici[91], sono capaci di incidere profondamente su concetti giuridici dati per acquisiti alla stregua di una classica impostazione.

---

[88] Cfr. C. Busch-H. Schulte-Nölke-A. Wiewiórowska-F. Zoll, *The Rise of the Platform Economy: A New Challenge for EU Consumer Law?*, in *Journ. of European Consumer and Market Law*, 5, 2016, p. 3 ss.

[89] Cfr., in tema, European Commission, *Communication from the Commission to the European Parliament, the Council, the European Economic and Social Committee and the Committee of the Regions – Online Platforms and the Digital Single Market – Opportunities and Challenges for Europe – COM (2016) 288 final*, Bruxelles, 25.5.2016, reperibile in *http://eur-lex.europa.eu/legal-content/EN/TXT/HTML/?uri=CELEX:52016DC0288&from=EN;* M. Colangelo-V. Zeno-Zencovich, *Online Platforms, Competition Rules and Consumer Protection in the Travel Industry*, in *Journ. of European Consumer and Market Law*, 5, 2016, p. 75 ss.; D.S. Evans-R. Schmalensee, *Matchmakers: The New Economics of Multisided Platforms*, Harvard Business Review Press, Boston, MA, 2016, p. 7 ss.

[90] Cfr., per la prima elaborazione del concetto di *disruptive technology*, C. Christensen, *The Innovator's Dilemma. When New Technology Causes Great Firms to Fail*, Harvard Business Review Press, Boston, MA, 1997, *passim*.

[91] Si pensi, ad esempio, alla proficua combinazione che si riscontra tra l'*internet* e la *smart-technology*.

4. La *disruptive technology* e il suo impatto sul quadro normativo esistente

Possono essere colte due tipologie di evoluzione tecnologica, potendosi parlare, da un lato, di *sustaining technology* – concetto che si riferisce a una tecnologia che o si evolve gradualmente o semplicemente migliora le tecnologie già esistenti –, e, dall'altro, di *disruptive technology* – concetto che si riferisce a un nuovo tipo di tecnologia che, non appena introdotto, potrebbe apparire meno affidabile delle tecnologie già esistenti, ma che presenterebbe la tendenza ad acquisire una celere credibilità[92] –.

Quest'ultima nozione riguarda, allora, strumenti tecnologici che, in una prima fase, appaiono di incerta applicazione, e che, una volta acquisito un certo riconoscimento, possono profondamente incidere sulla realtà in cui sono applicati, e, di conseguenza, sulle modalità operative dei modelli economici che sono in essere. È in questo stadio che si producono gli effetti distorsivi scaturenti dalla nuova tecnologia e i nuovi modelli di conduzione degli affari, che beneficiano della innovativa applicazione tecnologica, iniziano a minacciare l'esistenza dei modelli tradizionali cui fino a quel momento si è attinto[93].

Di certo, l'invenzione dell'*internet* e l'affermazione di tecnologie intelligenti hanno prodotto evidenti conseguenze distorsive, come ben dimostra, ad esempio, l'*e-commerce*, cui il mercato, in prima battuta, si è avvicinato timidamente intendendolo come forma meramente alternativa ai meccanismi materiali di scambio che vedono nel negozio fisico il proprio punto di riferimento, per divenire, in breve tempo, un nuovo e vincente modo di commerciare che, costruito sull'impiego del *web*, ha fatto

---

[92] Cfr. C. CHRISTENSEN, *op. ult. cit.*, p. XIV ss.

[93] Cfr., per approfondimenti, N. KATYAL, *Disruptive Technologies and the Law*, in *Georgetown Law Journ.*, 102, 2014, p. 1685 ss., secondo cui, con espresso riferimento alla *disruption*, «*In the past two decades, the concept has gone from theory, to buzz word, to the captivation of the popular imagination. Disruptive innovation goes beyond improving existing products; it seeks to tap unforeseen markets, create products to solve problems consumers don't know they have, and ultimately to change the face of the industry*».

sì che lo scambio *online* competesse seriamente, spesso anche soppiantandoli, con i punti vendita corporei (c.d. *bricks-and-mortar store*)[94]. Da quel momento, il ricorso all'*internet* e alla tecnologia digitale si è enormemente espanso, stimolando la emersione di sempre nuovi modelli di *business* che fanno proprio il mondo digitale, e causando l'affioramento di interessanti problematiche in numerose branche del diritto.

Più in particolare, il problema che si pone è valutare la incidenza che il mutato quadro socio-economico possa avere sul concetto di consumatore, come concepito finora, riscontrandosi parallelamente l'esigenza sempre più avvertita di elaborare un approccio omogeneo e sistematico che, quantomeno a livello teorico, sia in grado di superare tanto le possibili lacune strutturali che l'applicazione e la diffusione di *disruptive technologies* ha prodotto quanto i problemi legati all'adozione di soluzioni frammentate e differenziate[95].

Si può ritenere, allora, che, ove gli sviluppi tecnologici assumano un autentico carattere distorsivo, potrebbe essere necessario procedere a un cambiamento anche a livello normativo-categoriale che consenta di fronteggiare la mancanza di tenuta delle norme che si riferiscono a un dato istituto e, quindi, la impossibilità di un loro mero adattamento a problemi creati proprio dalla distorsione prodotta dalla nuova tecnologia[96].

In alternativa, e sempre che i cambiamenti prodotti dalla innovazione tecnologica non siano tali da comportare eccessive

---

[94] Si noti, a riguardo, come l'effetto distorsivo dell'*e-commerce* è divenuto sempre più evidente con il passare degli anni, tanto da provocare o la scomparsa di numerosi marchi che erano famosi in passato o la trasformazione della loro presenza nel mercato che da una realtà fisica è passata a una realtà *online*.

[95] Un valido contributo, in tal senso, potrebbe trarsi da un'appropriata analisi costi-benefici, specie nella prospettiva di introdurre un unitario quadro normativo di riferimento e di raggiungere un appropriato bilanciamento tra opposti e confliggenti interessi di cui sono portatori, per un verso, i soggetti che immettono in rete i beni digitali, e, per l'altro, gli utenti-fruitori.

[96] Cfr., per approfondimenti, C. KOOPMAN-M. MITCHELL-A. THIERER, *The Sharing Economy and Consumer Protection Regulation – The Case for Policy Change*, in *Journal of Business Entrepreneurship and Law*, 2, 2015, p. 520 ss.

alterazioni nel sistema, si potrebbe ipotizzare il mantenimento delle impostazioni già esistenti, chiarendone l'applicazione nel contesto di un nuovo quadro: l'effetto distorsivo sarebbe minimo, provando la organica e flessibile struttura del sistema normativo in essere e la sua potenziale estensione al nuovo impianto venutosi a creare [97].

Se, infine, il cambiamento tecnologico, pur provocando un effetto distorsivo nella conduzione degli affari non si riverberi sul mondo giuridico e renda sufficienti cambiamenti di minor portata, si rappresenta una ulteriore possibilità: valutare se procedere a riforme contenute – come, ad esempio, chiarire o modificare le principali definizioni, emendare la formulazione delle regole giuridiche esistenti o ancora estendere lo scopo delle norme già in atto – sia sufficiente per affrontare le nuove e specifiche questioni che il cambiamento tecnologico ha generato [98]. Di conseguenza, se un siffatto approccio non fosse possibile o sufficiente, e apparisse opportuno procedere alla elaborazione di un nuovo complesso di regole, espressione di nuovi principi e orientamenti normativo-dottrinali, la innovazione tecnologica sarebbe foriera di un'autentica distorsione dell'impianto normativo.

Nella prospettiva tracciata, appare chiara l'esigenza di concepire il diritto dei consumatori e i soggetti che lo popolano (il consumatore e il professionista), in modo tale da considerare gli effetti legati ai cambiamenti del mercato che trovano origine anche nella graduale affermazione delle piattaforme digitali [99].

---

[97] Si pensi in tal senso, e solo per fare un esempio, alla guida aggiornata che la Commissione europea ha emanato sulla *Unfair Commercial Practices Directive*. Cfr. EUROPEAN COMMISSION, *Guidance on the Implementation/ Application of Directive 2005/29/EU on Unfair Commercial Practices – SWD (2016) 163 final*, Brussels, 25.5.2016, reperibile in *http://ec.europa.eu/justice/ consumer-marketing/files/ucp_guidance_en.pdf*.

[98] Un principio comunemente invocato, in tal senso, è quello della "equivalenza funzionale", secondo cui, ad esempio, una volta identificate le caratteristiche essenziali dei nuovi approcci sviluppati alla luce della normativa esistente, si procede a considerare il modo in cui questi possano essere estesi ad ogni altra nuova situazione che richieda un intervento regolatorio.

[99] Cfr., in merito, G. ALPA, *Che cos'è il diritto privato?*, Laterza, Roma-

In questa ottica, la natura collaborativa che spesso si coglie in tali piattaforme, condiziona un profilo essenziale del diritto dei consumatori, perché se questo "*corpus*" normativo presuppone la presenza di un "professionista" e a prestare il servizio (ad esempio, *Airbnb*) o a vendere il bene (ad esempio, *Etsy*) è un "privato", ovvero un soggetto che non opera nell'ambito di un'attività organizzata in maniera imprenditoriale, la relazione professionista-consumatore viene meno in favore di un rapporto *inter pares* o *peer-to-peer*, ove colui che acquista potrebbe essere orfano della protezione apprestata dall'ordinamento a tutela del consumatore.

È in questa prospettiva che trova luce quel fenomeno di ibridazione portato dalla *sharing economy* tra le figure di professionista e consumatore, che vengono sempre più confuse nel concetto intermedio di "*prosumer*" o "consumattore", che porta con sé un quesito fondamentale che si lega alla possibilità di porre degli obblighi giuridici di comportamento a carico del "privato" qualora decida di offrire un bene o servizio in via sicuramente non "professionale" ma anche non occasionale.

I tratti problematici ora segnalati si accentuano, poi, se, come spesso accade, la piattaforma inglobi sia i privati o gli utenti operatori sia i professionisti, questo ingenerando un possibile errore di percezione in cui il (supposto) consumatore potrebbe cadere in errore valutando l'identità della controparte e cogliendo una fiducia nella piattaforma che non lo faccia avvedere di muoversi in un'area potenzialmente priva di tutele[100].

Bari, 2014, p. 14: «*[I]l mercato, soprattutto in questa fase, è sempre più esposto agli effetti delle nuove tecnologie e al superamento dei confini nazionali: i testi normativi reggono all'urto, ma ovunque si pone il problema se sia opportuno o addirittura necessario procedere ad una loro revisione radicale. [...] È in atto una revisione dei dogmi consegnati dalla tradizione, e l'urto – se così si può dire – delle nuove fonti (il diritto comunitario, le altre fonti regolamentari, l'autodisciplina e la creatività della giurisprudenza, e persino le fonti internazionali) comprimono i testi di codice e delle leggi speciali, e rendono illusorio ogni tentativo di sistemazione dovendo le regole giuridiche – di qualsiasi grado – via via adattarsi ad un ritmo evolutivo sempre più accelerato*».

[100] La necessità di tracciare una linea di confine chiara e netta tra professione e attività occasionale o amatoriale può accavallarsi a questioni ricondu-

La complessità della problematica è tale da richiedere delle coordinate chiare e riconosciute in modo uniforme nel territorio dell'Unione, pur nella consapevolezza di possibili riserve sulla possibilità di dettare una disciplina euro-unitaria che sia capace di stabilire, a seconda dei vari settori merceologici, chi sia professionista e chi non lo sia.

La Comunicazione *New Deal* e la conseguente proposta di direttiva *New Deal 1*, diretta a modificare la direttiva concernente le clausole abusive nei contratti stipulati con i consumatori, la direttiva relativa alla protezione dei consumatori in materia di indicazione dei prezzi dei prodotti offerti ai consumatori, la direttiva relativa alle pratiche commerciali sleali tra imprese e consumatori nel mercato interno e la direttiva sui diritti dei consumatori, sembrano muoversi nella corretta direzione garantendo una migliore applicazione delle norme dell'UE a tutela dei consumatori e il loro adeguamento alla luce dell'evoluzione digitale.

In particolare, mantenendo ferma la competenza dello Stato membro a tracciare i confini delle professioni, si prevede espressamente l'obbligo della piattaforma di specificare se il terzo che offre beni, servizi o contenuto digitale sia o meno un professionista, sulla base della dichiarazione che abbia fatto sul mercato *online*; se al contratto concluso si applichino o meno i diritti dei consumatori che derivano dalla legislazione dell'Unione sulla tutela dei consumatori; qualora il contratto sia concluso con un professionista, a quale professionista debba riferirsi la responsabilità di garantire, in relazione al contratto, l'applicazione dei diritti dei consumatori derivanti dalla legislazione dell'Unione sulla tutela dei consumatori.

La soluzione prospettata parrebbe incrementare il livello di consapevolezza degli utenti/consumatori [101], ma il percorso appare solo in parte compiuto ove si faccia riferimento ai rimedi

---

cibili alla sicurezza, all'ordine pubblico, all'igiene sanitaria e che, in forza del principio di sussidiarietà, possono essere affrontate o dai singoli Stati membri o dalle Istituzioni comunitarie.

[101] In particolar modo, se l'informazione chiave in ordine all'identità della controparte sia veicolata attraverso simboli grafici di immediata chiarezza.

che derivano dall'eventuale inosservanza di tali obblighi. In proposito, la proposta di direttiva *New Deal 1* si ricollega alle conseguenze civilistiche che discendono da una qualsivoglia pratica commerciale scorretta che legittimi gli Stati membri, in presenza di simili comportamenti, a ricorrere ai rimedi contrattuali ed extracontrattuali, riconoscendo, tra i primi, quantomeno il diritto di porre fine al contratto, e, tra i secondi, quantomeno il diritto al risarcimento danni.

In effetti, non ogni violazione dei diritti contrattuali dei consumatori, come ad esempio, l'omessa o la inadeguata identificazione della controparte, integra *per sé* una pratica commerciale sleale, essendo necessario dimostrare che il comportamento contestato possa falsare in misura rilevante la scelta del consumatore. D'altro canto, considerando più strettamente i contenuti rimediali potrebbe apparire più consona una tutela per equivalente che consenta al consumatore, alla stregua della disciplina sulla garanzia di conformità, di optare tra il rimedio satisfattivo e il rimedio liberatorio o risarcitorio.

Si avrebbe, per tal via, un quadro rimediale che imporrebbe alla piattaforma, responsabile per omessa scelta o identificazione degli utenti iscritti, di supplire alla mancanza configurandosi una sorta di *culpa in vigilando* ancorché applicabile, seguendo una strada di rigore, al professionista e non al privato, o, in alternativa, di adoperarsi, su richiesta del consumatore/utente leso, per fargli conseguire una prestazione equivalente, come alcune piattaforme già fanno.

5. *Cogitationes* sulla nozione di consumatore e sulla tecnologia: dall'*homo oeconomicus* al *consumptor technologicus*?

La rivoluzione digitale costringe il sistema normativo vigente a confrontarsi con situazioni del tutto nuove, che solo un quadro regolatorio caratterizzato da un sufficiente grado di flessibilità è in grado di affrontare senza premere per la elaborazione di un nuovo complesso di strumenti atti a risolvere le innovative problematiche che il mondo digitale porta con sé.

Forse è in quest'ultimo senso che si deve leggere l'insieme

di proposte che, a livello comunitario, sono state avanzate nel quadro della *Digital Single Market Strategy* e quindi del *New Deal* per il consumatore, atteso l'impegno profuso dalla UE nel rendere il mercato unico al passo con l'età digitale.

In effetti, numerose questioni create dalla rivoluzione digitale coinvolgono aspetti che non possono essere lasciati al mero apporto degli studiosi, dei giudici e dei legislatori nazionali, necessitando di essere inquadrate in una coerente struttura logico-giuridica unitaria che favorisca il ricorso a una metodica interdisciplinare[102].

Si può ritenere, allora, che il primo obiettivo riferibile alla comunità giuridica comunitaria sia favorire l'analisi e lo sviluppo del diritto dei consumatori, con tutte le sue sfaccettature, in modo tale da considerare tutta la forza esercitata dalla rivoluzione digitale: è fondamentale raggiungere un giusto equilibrio che, per un verso, non lasci i nuovi mercati privi di regole, e, dall'altro, impedisca un eccesso regolativo che assicuri al contempo la protezione degli utenti e la possibilità di sviluppo di nuovi modelli economici.

In definitiva, una volta che il diritto abbia subito gli effetti riconducibili agli sviluppi tecnologici prodottisi sino a un dato momento, diviene fondamentale considerare il grado di distorsione che si è venuto a realizzare.

Solo operando una corretta valutazione del rapporto esistente tra quadro regolatorio esistente e innovazione tecnologica in essere si potrebbe favorire, a livello interno, l'affermazione di un sistema normativo adeguato alle evoluzioni tecnologiche, e, a livello comunitario, lo sviluppo di un autentico mercato unico incentrato su una reale trasparenza e certezza giuridiche, così da aumentare la complessiva forza attrattiva del commercio digitale.

La rivoluzione digitale, in sostanza, presenta insita in sé una

---

[102] A riguardo, sia sufficiente notare come gli studi di economia comportamentale (c.d. *behavioural economics*) dimostrino come l'utente tenga un comportamento involontariamente "leggero" e vulnerabile quando sia chiamato ad operare nel mondo *online*, in quanto ricorre in lui la tendenza ad assumere un contegno più incline a privilegiare la facilità e la velocità d'uso più che a maturare una piena consapevolezza di tutta la documentazione contrattuale.

forza distorsiva che, permettendo di ricorrere alla digitalità per compiere attività che nel passato richiedevano il ricorso ad altri mezzi, appare strettamente legata alla combinazione di tre fattori: un ampio accesso all'*internet* veloce, una estesa diffusione degli *smartphones* e una crescente evoluzione degli apparati informatici. In un primo momento, la digitalizzazione, attraverso il *trading online*, ha aperto la strada all'utilizzo dell'*internet* come complemento alla possibilità di fare acquisti in negozi fisici [103], per poi virare a favore di un impiego individuale della rete diretto a fruire di beni e servizi grazie alla diffusione delle *online platforms*. La diffusione di queste ultime, così, ha consentito lo sviluppo di un nuovo modello di conduzione degli affari che permette agli individui anche di condividere i propri beni con altri soggetti [104].

La rivoluzione digitale è stata, quindi, favorita dal notevole sviluppo tecnico di numerosi dispositivi che, in precedenza, erano principalmente a carattere meccanico o a struttura elettronica elementare e non erano in grado di connettersi all'*internet* attraverso un collegamento *wi-fi* che permettesse loro di essere interconnessi e controllati attraverso una sola stazione di controllo, costituita, ad esempio, da uno *smartphone* [105]. È proprio questa capacità delle apparecchiature elettroniche più avanzate di condividere collegamenti *online*, in modo da potenziarli reciprocamente, a costituire il c.d. *internet of things* [106].

Da ultimo, un significativo sviluppo è stato dato dalla combinazione di un processo meccanico, che ricorre a una tecnologia di concezione digitale, diretto a creare una nuova forma di produzione tecnologica, quale la stampante 3D (c.d. *additive*

---

[103] V. *supra* all'inizio del presente paragrafo.

[104] Sono molte le opportunità per avvicinare tra loro le persone (privati e operatori commerciali) che hanno un sottoutilizzo dei propri beni con altri individui che vorrebbero invece farne uso, e la tecnologia mobile ha molto facilitato la instaurazione di tali rapporti.

[105] Ora le apparecchiature elettroniche possono raccogliere informazioni sul loro stato e sulle loro prestazioni e condividerle con gli utenti, il costruttore o i terzi.

[106] Cfr., sull'argomento, S. GREENGARD, *The Internet of Things*, The MIT Press, Cambridge, MA, 2015, specialmente p. 27 ss.

manufacturing o *AM*)[107]. Pertanto, le modalità di circolazione dei beni stampabili in formato 3D, se presentano un amplissimo potenziale per contribuire al cambiamento del modo in cui i beni sono realizzati e adattati alle preferenze del singolo utente, fanno anche emergere delle rilevanti problematiche giuridiche che continuano a riflettersi sui classici concettuali di consumatore e di professionista.

In definitiva, tre parrebbero gli approcci percorribili nel definire un potenziale rapporto che intercorre tra i soggetti protagonisti di questo spaccato della contemporanea realtà economica digitale, ovvero, in primo luogo, si potrebbe assumere che la disciplina consumeristica, in generale, debba trovare comunque applicazione in operazioni economiche operate su piattaforme *online* in presenza di elementi che consentano di valutare il rapporto tra le parti come avente natura verticale, piuttosto che *peer-to-peer*[108].

Diversamente, adottando un approccio volto a valorizzare la situazione esistente *ex ante*, si potrebbe considerare la possibilità di prevedere degli obblighi minimi da porre a carico del venditore o prestatore del servizio, e giustificare, in caso di accertato difetto, nei fatti, della posizione paritetica delle parti, una soluzione che non preveda l'applicazione dei più incisivi obblighi posti a carico del professionista dalla direttiva *Consumer Rights*.

---

[107] Il ricorso alla tecnologia 3D consente di produrre beni "stampando" in modo continuativo dei sottili strati che, sovrapposti l'uno all'altro, consentono, alla fine, di comporre l'oggetto che si era progettato. La caratteristica comune ai vari modi in cui può estrinsecarsi l'*additive manufacturing* è l'utilizzo di un *file* informatico, sviluppato usando un adeguato *software* di disegno (c.d. *computer-aided design* o *CAD*), che viene inviato a un'apparecchiatura fisica – la stampante 3D – che realizza un prodotto corporeo basandosi su un *file CAD*.

[108] In una prospettiva qualificatoria del rapporto, circostanze come la pianificazione della operazione economica, il modo in cui è stata condotta, il numero di operazioni di quel genere, il loro valore, la durata dell'attività oggetto della operazione, il modo in cui il compratore e i terzi possono considerarla, l'intento speculativo e il giro di affari imputabile al venditore o la circostanza che questi si adoperi per acquistare i prodotti e rivenderli, potrebbero essere tutti elementi atti ad agevolare la considerazione in senso professionale della posizione del venditore.

Da ultimo, in una prospettiva che cerchi di evitare i possibili eccessi regolatori e favorisca una soluzione di ridistribuzione del rischio (di abuso), si potrebbe favorire l'assunzione di obblighi assicurativi sia da parte delle piattaforme sia da parte dei consumatori/utenti [109].

Le riflessioni svolte evidenziano che qualunque sia l'esito che sarà effettivamente adottato nella regolazione del rapporto intercorrente tra professionista e consumatore e nella definizione dei reciproci tratti differenziali, la tecnologia sta giocando un ruolo di particolare importanza nella ridefinizione e nella riqualificazione della posizione del consumatore che, sempre più sotto l'influsso della tecnologia, si sta trasformando da semplice parte debole del rapporto in parte più complessa e capace, quantomeno in potenza, di poter far un uso anche difensivo delle possibilità che la τέχνη gli mette a disposizione rendendolo progressivamente più consapevole dei tratti che ineriscono alla sua posizione. Al normatore, invece, si richiederà l'adozione di una prospettiva che non trascuri prospettive assiologiche di valutazione ed elaborazione del diritto e, al contempo, consideri, come dato fattuale e valoriale fondamentale, che il benessere della collettività può essere assicurato solo dalla ricerca e dalla soddisfazione delle passioni e dagli interessi del singolo [110]. Tanto questo è vero, specie in un momento quale l'attuale dove si assiste a un'amplificazione delle aspettative del *singulus* e delle sue esigenze perché collocato in una realtà tecnologica sovranazionale e quasi a-spaziale e a-temporale la cui effettiva percezione deve essere da monito: evitare il ricorso a categorie spersonalizzanti che siano rappresentative di "figure" e non delle persone che dietro di esse si collocano con le loro specifiche individualità sempre da considerare seppure in una necessaria logica astrattizzante.

---

[109] Cfr. Proposta di legge n. 3564 del 27 gennaio 2016, recante "*Disciplina delle piattaforme digitali per la condivisione di beni e servizi e disposizioni per la promozione dell'economia della condivisione*", reperibile in *https://www.camera.it/leg17/126?tab=2&leg=17&idDocumento=3564&sede=&tipo*.

[110] Cfr. G. CONTE, *I nuovi paradigmi della ricerca giuridica ed economica nell'epoca della glabalizzazione*, cit., p. 153.

ALPA G., *Strategie d'impresa e tutela del consumatore. Per una critica del fenomeno «consumerism»*, in *Pol. dir.*, 1974.

ALPA G., *Tutela del consumatore e controlli sull'impresa*, Il Mulino, Bologna, 1977.

ALPA G., *Diritto privato dei consumi*, Il Mulino, Bologna, 1986.

ALPA G., *Il diritto dei consumatori*, Laterza, Roma-Bari, 1999.

ALPA G., *Nuove frontiere del diritto contrattuale*, in *Il diritto privato dell'Unione Europea*, in *Trattato di diritto privato*, vol. XXVI, diretto da M. BESSONE, Giappichelli, Torino, 2001.

ALPA G., *I diritti dei consumatori e il «Codice del consumo» nell'esperienza italiana*, in *Contr. impr./Europa*, 2006.

ALPA G., *Che cos'è il diritto privato?*, Laterza, Roma-Bari, 2014.

ALPA G.-ANDENAS M., *Fondamenti del diritto privato europeo*, in *Trattato di diritto privato*, a cura di G. IUDICA e P. ZATTI, Giuffrè, Milano, 2005.

ALPA G.-CONTE G., *Riflessioni sul progetto di* Common frame of reference *e sulla revisione dell'*Acquis communautaire, in *Riv. dir. civ.*, 2008, 2.

ALTER K.J.-MEUNIER-AITSAHALIA S., *Judicial politics in the European Community. European Integration and the Pathbreaking Cassis de Dijon Decision*, in *Comparative Political Studies*, 1994.

ARMSTRONG K.A., *Mutual Recognition*, in *The Law of the Single European Market. Unpacking the Premises*, edited by C. BARNARD and J. SCOTT, Oxford, 2002.

ASCARELLI T., *Teoria della concorrenza e interesse del consumatore*, in *Riv. trim. dir. proc. civ.*, 1954.

ASCARELLI T., *Saggi di diritto commerciale*, Giuffrè, Milano, 1955.

ASCARELLI T., *Teoria della concorrenza e beni immateriali*, Giuffrè, Milano, 1960.

BARATTA R., *L'equivalenza delle normative nazionali ai sensi dell'art. 100 B del trattato CE*, in *Riv. dir. eur.*, 1993.

BAUMAN Z., *Consumo, dunque sono*, Laterza, Roma-Bari, 2008.

BECK U., *Risk Society. Towards a New Modernity*, London-Thousand Oaks-New Delhi, 1992.

BENKLER Y., *Net Regulation: Taking Stock and Looking Forward*, in *Univ. of Colombia Law Rev.*, 2000, 71.

BENSON J., *The Rise of Consumer Society in Britain. 1880-1980*, Longman Publishing, London, 1994.

BESSONE M., *«Consumerism» e tutela dei consumatori. I percorsi obbligati di una politica del diritto*, in *Pol. dir.*, 1987, 4.

BRUNET A.-OHLMANN J.C., *Le droit de la concurrance, instrument de restauration de la liberté contractuelle*, in *Le rôle de la volonté dans les actes juridiques. Études à la mémoire du professeur A. Rieg*, Bruylant, Bruxelles, 2000.

BUSCH C.-H. SCHULTE-NÖLKE-WIEWIÓROWSKA A.-ZOLL F., *The Rise of the Platform Economy: A New Challenge for EU Consumer Law?*, in *Journ. of European Consumer and Market Law*, 2016, 5.

CAPILLI G., *Le direttive 2019/770/UE, 2019/771/UE e 2019/2161: verso l'unificazione (salvo deroghe) della disciplina sulla tutela dei consumatori nel mercato digitale*, in *Diritto di Internet*, 30 gennaio 2020, reperibile in *https://dirittodiinternet.it/7664-2/*.

CHRISTENSEN C., *The Innovator's Dilemma. When New Technology Causes Great Firms to Fail*, Harvard Business Review Press, Boston, MA, 1997.

COLANGELO M.-ZENO-ZENCOVICH V., *Online Platforms, Competition Rules and Consumer Protection in the Travel Industry*, in *Journ. of European Consumer and Market Law*, 2016.

CONTE G., *I nuovi paradigmi della ricerca giuridica ed economica nell'epoca della glabalizzazione*, in F. CAPRIGLIONE (a cura di), *Finanza impresa e nuovo umanesimo*, Cacucci, Bari, 2007.

DREXL J., *Continuing Contract Law Harmonisation under the White Paper of 1985? Between Minimum Harmonisation, Mutual Recognition, Conflict of Laws, and Uniform Law*, in *An Academic Green Paper to European Contract Law*, edited by S. GRUNDMANN and J. STUYCK, The Hague-London-New York, NY, 2002.

EVANS D.S.-SCHMALENSEE R., *Matchmakers: The New Economics of Multisided Platforms*, Harvard Business Review Press, Boston, MA, 2016.

FABRIS G., *Consumatore e mercato. Le nuove regole*, Sperling & Kupfer, Milano, 1995.

GAJA G., *L'incorporazione della Carta dei diritti fondamentali nella Costituzione per l'Europa*, in *I diritti dell'uomo*, 2003.

GALGANO F., *La democrazia dei consumatori*, in *Riv. trim. dir. proc. civ.*, 1981.

GASSER U., *iTunes: How Copyright, Contract, and Technology Shape the Business of Digital Media – A Case Study*, in *The Berkman Center for Internet & Society at Harvard Law School Research Publication Series*, 7, 2004, reperibile in *http://cyber.law.harvard.edu/publications*.

GREENGARD S., *The Internet of Things*, The MIT Press, Cambridge, MA, 2015.

GROSSI P., *Mitologie giuridiche della modernità*, Giuffrè, Milano, 2007.

GROSSMAN G.M.-HELPMAN E., *Protection for Sale*, in *The American Economic Rev.*, 1994.

GUIZZI G., *Mercato concorrenziale e teoria del contratto*, in *Riv. dir. comm.*, 1999.

HEIDERHOFF B.-KENNY M., *The Commission's 2007 Green Paper on the Consumer Acquis: Deliberate Deliberation?*, in *European Law Rev.*, 35, 2007.

HESSELINK M.W., *Consumer Protection, Citizenship, or Justice?*, in *Eur. Priv. Law*, 2007.

HOWELLS G.-WILHELMSSON T., *EC Consumer Law – Has it Come of Age?*, in *European Law Rev.*, 4, 2003.

IVALDI P., *Responsabilità dell'impresa e tutela del consumatore: quale ruolo per il diritto internazionale privato europeo?*, in G. CONTE-A. FUSARO-A. SOMMA-V. ZENO-ZENCOVICH (a cura di), *Dialoghi con Guido Alpa. Un volume offerto in occasione del suo LXXI compleanno*, Roma TrE-Press, Roma, 2018.

KATYAL N., *Disruptive Technologies and the Law*, in *Georgetown Law Journ.*, 2014, 102.

KOOPMAN C.-MITCHELL M.-THIERER A., *The Sharing Economy and Consumer Protection Regulation – The Case for Policy Change*, in *Journal of Business Entrepreneurship and Law*, 2015, 2.

KOTLER PH., *What Consumerism Means for Marketers*, in *Harvard Business Rev.*, 50, 3, 1972.

LATOUCHE S., *In the wake of the Affluent Society*, London, 1993.

LECZYKIEWICZ D-WEATHERHILL S., *The Images of the Consumer in EU Law. Legislation, Free Movement and Competition Law*, Hart Publishing, Oxford-Portland, OR, 2016.

LIBERTINI M., *Autonomia privata e concorrenza nel diritto italiano*, in *Riv. dir. comm.*, 2002.

LITTLER J., *Radical Consumption: Shopping for Change in Contemporary Culture*, Open University Press, Berkshire, 2009.

LUCARELLI P., *L'investitore nella rete. Rischio o opportunità*, Giappichelli, Torino, 2005.

LUCCHINI GUASTALLA E., *Sul rapporto tra parte generale e parte speciale della disciplina del contratto*, in *Riv. trim. dir. e proc. civ.*, 2004.

MALTONI A., *Tutela dei consumatori e libera circolazione delle merci nella giurisprudenza della Corte di giustizia*, Giuffrè, Milano, 1999.

MANGIAMELI S., *La garanzia dei diritti fondamentali nell'ordinamento europeo e le funzioni nazionali*, in *dirittifondamentali.it*, 2020, 1.

MENGONI L., *Autonomia privata e costituzione*, in *Banca, borsa, tit. cred.*, 1997, 1.

MICKLITZ H.-M., *The Concept of Competitive Contract Law*, in *Penn State International Law Rev.*, 2005.
MICKLITZ H.W.-REICH N.-WEATHERILL S., *EU Treaty Revision and Consumer Protection*, in *Journ. Consumer Policy*, 2004.
MICKLITZ H.W.-REICH N.-ROTT P., *Understanding EU Consumer Law*, Intersentia, Mortsel, 2009.
MICKLITZ H.-W., *The Politics of Judicial Co-operation in the EU*, Cambridge University Press, Cambridge, 2005.
OPPO G., *Diritto dell'impresa e morale sociale*, in *Riv. dir. civ.*, 1992.
OSTI C., *Contratto e concorrenza*, in *Trattato del contratto*, diretto da V. ROPPO, vol. VI, *Interferenze*, a cura di C. OSTI, Giuffrè, Milano, 2006.
PACI C., *La tutela del consumatore nella legislazione e nella giurisprudenza*, Maggioli, Rimini, 1997.
PERLINGIERI P., *La tutela del consumatore nella Costituzione e nel Trattato di Amsterdam*, in P. PERLINGIERI-E. CATERINI (a cura di), *Il diritto dei consumi. I*, Edizioni scientifiche calabresi, Rende, 2004.
PROSPERETTI E., *L'opera digitale tra regole e mercato*, Giappichelli, Torino, 2013.
REES JONES I.-HYDE M.-VICTOR C.R.-GILLEARD C.-HIGGS P., *Ageing in a Consumer Society. From Passive to Active Consumption in Britain*, Policy Press, Bristol, 2008.
REICH N., *Protection of Consumers' Economic Interests by EC contract law: some follow-up remarks*, in *Sidney Law Rev.*, 2006.
RESCIGNO P., *Persona e comunità. Saggi di diritto privato*, Cedam, Padova, 1987.
ROPPO V., *Protezione del consumatore e teoria delle classi*, in *Pol. dir.*, 1975.
ROSSI CARLEO L., *Il diritto dei consumatori in Italia*, in ID. (a cura di), *Diritto dei consumi. Soggetti, atto, attività, enforcement*, Giappichelli, Torino, 2015.
ROSSI L.S., *Il "buon funzionamento del mercato comune". Delimitazione dei poteri fra la CEE e gli Stati membri*, Giuffrè, Milano, 1990.
SAMUELSON P.-GLUSHKO R.J., *Intellectual Property Rights for Digital Library and Hypertext Publishing Systems*, in *Harvard Journ. of Law & Technology*, 6, 1993.
SAMUELSON P., *Digital Media and the Changing Face of Intellectual Property Law*, in *Rutgers Computer and Technology Law Journ.*, 16, 1990.
SCHRAUWEN A. (ed. by), *Rule of Reason. Rethinking Another Classic of European Legal Doctrine*, Europa Law Publishing, Groningen, 2005.
SCHWARTZE A., *Design for an Empirical Data Investigation into the*

Impact of Existing Contract Law Harmonisation under the White Paper of 1985, in *An Academic Green Paper to European Contract Law*, edited by S. GRUNDMANN and J. STUYCK, The Hague-London-New York, NY, 2002.

SIRENA P., *L'integrazione del diritto dei consumatori nella disciplina generale del contratto*, in *Riv. dir. civ.*, 2004, I.

STANZIONE P. (a cura di), *La tutela del consumatore tra liberismo e solidarismo*, E.S.I., Napoli, 1999.

STRASSER S., *Soddisfazioni garantite: la nascita del mercato di massa*, trad. it., Il Mulino, Bologna, 1999.

STUYCK J., *EC Competition Law After Modernisation: More than Ever in the Interest of Consumers*, in *Journ. Consumer Policy*, 2005.

TRUMBULL G., *Consumer Capitalism. Politics, Products Markets, and Firm Strategy in France and Germany*, Cornell University Press, New York, 2006.

TWIGG-FLESNER C., *Innovation and EU Consumer Law*, in *Journ. of Consumer Policy*, 2005, 28.

TWIGG-FLESNER C., *No Sense of Purpose or Direction? The modernisation of European Consumer Law*, in *Eur. Rev. Contract Law*, 2007.

TWIGG-FLESNER C., *The Europeanisation of Contract Law*, Taylor & Francis, London, 2008.

UNBERATH H., A. JOHNSTON, *The Double-Headed Approach of the ECJ concerning Consumer Protection*, in *Common Market Law Rev.*, 2007.

VAZQUEZ SAMPERE J.P., *Why Platform Disruption Is So Much Bigger Than Product Disruption*, in *Harvard Business Rev.*, 2016.

VILLANI U., *Ravvicinamento delle legislazioni e mutuo riconoscimento nell'Atto unico europeo*, in *Jus*, 1992.

VITUCCI P., *Il diritto e la competenza legislativa delle Regioni in alcune sentenze della Corte costituzionale*, in *Giur. cost.*, 1998.

WADDINGTON L., *Reflections on the Protection of 'Vulnerable' Consumers under EU Law*, in *Maastricht Faculty of Law Working Paper*, 2, 2014.

WEATHERHILL S., *Justifying Limits to Party Autonomy in the Internal Market – EC Legislation in the Fieldof Consumer Protection*, in *Party Autonomy and the Role of Information in the Internal Market*, edited by S. GRUNDMANN-W. KERBER-S. WEATHERHILL, Berlin, 2001.

WEILER J.H.H., *La Costituzione dell'Europa*, Il Mulino, Bologna, 2003.

Capitolo II

La figura del consumatore nel codice del consumo

Sommario

1. Premessa

La figura del "consumatore" fa la sua prima comparsa nell'ordinamento giuridico italiano quasi ottant'anni fa nella Relazione del Ministro Guardasigilli al codice civile, n. 1046, a commento della disposizione che impone all'impresa operante in condizione di monopolio legale il rispetto del principio della parità di trattamento nella contrattazione [1].

---

[1] La Relazione, in particolare, specifica che l'obbligo di contrarre in capo al professionista è sancito «*a difesa del consumatore, come necessario temperamento della soppressione della concorrenza*». Peraltro, anche la dottrina di quegli anni prende in considerazione la figura del consumatore in una prospettiva esclusivamente concorrenziale. Al riguardo, v. T. ASCARELLI, *Teoria della concorrenza ed interesse del consumatore*, in *Saggi di diritto commerciale*, Giuffrè, Milano, 1955, p. 126 ss.; ID., *Teoria della concorrenza e beni immateriali*, Giuffrè, Milano, 1960, p. 53 ss.

Di là da questo accenno, però, il legislatore ha per lungo tempo riservato scarsa attenzione al consumatore quale soggetto dotato di una propria specificità.

È solo sul finire del secolo scorso, su spinta della Comunità Europea, che la figura in parola ha ricevuto un riconoscimento positivo: inizialmente nell'ambito di provvedimenti aventi carattere settoriale [2], e successivamente, con la l. 6 febbraio 1996, n. 52, con il definitivo ingresso nel codice civile, nella parte riservata alla disciplina dei contratti in generale [3]. Tale ultimo intervento, recante la normativa in materia di clausole vessatorie, ha tracciato i contorni della nozione giuridica di consumatore, definendolo come la persona che agisce per scopi che fuoriescono da quelli professionali [4].

Molteplici, in quegli anni, sono stati gli interventi legislativi che hanno riguardato il consumatore, talvolta per fornirgli tutela in specifici ambiti nei quali si articola il rapporto di consumo [5],

---

[2] Il termine "consumatore" entra nel lessico legislativo con il d.lgs. 15 gennaio 1992, n. 40 attuativo della direttiva 1985/577/CEE, relativa ai contratti negoziati fuori dai locali commerciali.

[3] L'inserimento nel Libro IV del codice civile del Capo XIV-*bis*, rubricato "*Dei contratti del consumatore*", costituisce attuazione della direttiva 93/13/CE, concernente le clausole abusive nei contratti stipulati con i consumatori.

[4] L'art. 1469 *bis*, al comma 2, recitava così: «*In relazione al contratto di cui al primo comma, il consumatore è la persona fisica che agisce per scopi estranei all'attività imprenditoriale o professionale eventualmente svolta. Il professionista è la persona fisica o giuridica, pubblica o privata, che, nel quadro della sua attività imprenditoriale o professionale, utilizza il contratto di cui al primo comma*».

Altre definizioni sostanzialmente omogenee si rinvengono in disposizioni volte a delimitare l'ambito soggettivo di applicazione di alcune normative consumeristiche settoriali di derivazione comunitaria. Si vedano, ad esempio, gli artt. 1519 *bis* e ss. c.c., introdotti dal d.lgs. n. 24/2002; l'art. 1, d.lgs. n. 185/1999; l'art. 2, d.lgs. n. 50/1992.

[5] Si pensi allo specifico settore di mercato dei viaggi e vacanze a circuito tutto compreso, rispetto al quale il d.lgs. n. 111/1995, in attuazione della direttiva 90/314/CEE, offre una nozione di consumatore strumentale alla disciplina settoriale in cui si colloca. Altre discipline "settoriali" sono quelle relative al credito al consumo (d.lgs. n. 385/1993), alla vendita di multiproprietà (d.lgs. n. 427/1998), alla vendita di prodotti finanziari (d.lgs. n. 58/1998) e alla vendita dei beni di consumo (d.lgs. n. 24/2002).

talaltra in ragione del contesto spaziale o tecnico in cui si forma il contratto[6].

Come è noto, il materiale normativo succedutosi nel tempo in ambito consumeristico è poi confluito, ad opera del d.lgs. 6 settembre 2005, n. 206, nel Codice del consumo, che ad oggi costituisce il fulcro della disciplina in materia di diritto dei consumatori[7]. In questo *corpus* avente carattere settoriale si

---

[6] È il caso delle discipline relative ai contratti a distanza (d.lgs. n. 185/1999), ai contratti negoziati al di fuori dei locali commerciali, e al commercio elettronico (d.lgs. n. 70/2003).

[7] La nascita del codice del consumo, si noti, non segna un ritorno all'idea illuministica di codice, la quale si fondava sull'unità del soggetto giuridico e sulla centralità e sistematicità del diritto civile; qui, infatti, il termine "codice" serve ad indicare una produzione normativa di seconda generazione volta a semplificare la consultazione degli operatori. Si è affermato, anzi, che il codice del consumo, come tutti i codici di settore, sviluppa e porta a compimento il processo di decodificazione, vale a dire quello svuotamento progressivo del codice civile in favore di un poli-sistema di leggi parcellizzate, sempre più distanti tra loro e dal codice civile stesso. Sul tema, fondamentale è il contributo di N. IRTI, *«Codici di settore»: compimento della «decodificazione»*, in M.A. SANDULLI (a cura di), *Codificazione, semplificazione e qualità delle regole*, Giuffrè, Milano, 2005, p. 17 ss.; e in *Dir. e soc.*, 2005, p. 131 ss.; ID., *L'età della decodificazione*, in *Dir. e soc.*, 1978, p. 713 ss., poi pubblicato con lo stesso titolo come volume autonomo (Giuffrè, Milano, 1975). In argomento anche R. CARLEO, *Codici di settore*, in *XXI Secolo*, in *Enc. Treccani*, Roma, 2009, p. 469 ss.

Con particolare riferimento al rapporto che intercorre tra codice civile e codice del consumo, si veda A. GENTILI, *Contratti del consumatore e diritto comune dei contratti*, in *Riv. dir. civ.*, 2016, 6, p. 1479 ss., il quale, a fronte di un diritto contrattuale attualmente frastagliato, specie per la normativa di derivazione comunitaria, rileva che «*si va componendo un sistema potenzialmente coerente di sistemi analogamente strutturati e orientati a politiche comuni*». Secondo l'A., in particolare, «*il rapporto tra contratto e contratto del consumatore che ieri era* [...] *di specialità nel senso dell'alterità, sarà domani presuntivamente di specialità nel senso del genere a specie*». Ciò in quanto l'originaria diversità delle politiche sottese al diritto contrattuale generale e al diritto contrattuale dei consumatori che sembrava rendere tali settori quasi incomunicabili è oggi recessiva, assistendosi in entrambi i campi alla penetrazione di opzioni politiche intese contemporaneamente all'efficienza e alla giustizia del contratto. L'A. propone un concorso delle norme comuni con il diritto speciale secondo un criterio di omologia strutturale e sinergia funzionale, in base al quale le prime possono trovare applicazione qualora regolino un elemento di una fattispecie che si verifichi in un caso di diritto speciale e suppor-

rinviene la definizione generale di consumatore, il quale deve intendersi come «*la persona fisica che agisce per scopi estranei all'attività imprenditoriale, artigianale o professionale eventualmente svolta*» (art. 3, lett. a)). A questa figura fa da contraltare quella del professionista, inteso, ai sensi della lett. c) del medesimo articolo, come «*la persona fisica o giuridica che agisce nell'esercizio della propria attività imprenditoriale, commerciale, artigianale o professionale, ovvero un suo intermediario*».

Gli interventi particolarmente incisivi del legislatore nella materia consumeristica si giustificano in ragione della particolare fisionomia che normalmente assume il rapporto tra consumatore e professionista, i quali sono posti su di un piano definito dalla dottrina di asimmetria contrattuale[8]. All'assenza di quella condizione di parità di forza tra le parti che, nella teoria, garantisce una corretta ed equilibrata dinamica contrattuale, si tenta di far fronte ridisegnando, settore per settore, il quadro delle regole, prevedendo una serie di correttivi e cautele. Il filo conduttore che lega il complesso delle tutele di cui gode il consumato-

---

tino – vale a dire siano sinergiche (al) – la politica del diritto che governa il contratto del consumatore.

[8] Le caratteristiche di questa asimmetria saranno esaminate nel prosieguo. Per una panoramica sul tema cfr. C. CAMARDI, *Contratti di consumo e contratti tra imprese. Riflessioni sull'asimmetria contrattuale nei rapporti di scambio e nei rapporti «reticolari»*, in *Riv. crit. dir. priv.*, 2005, p. 549 ss.; A. GENTILI, *Informazione contrattuale e regole dello scambio*, in *Riv. dir. priv.*, 2004, p. 555 ss.; P. SIRENA, *L'integrazione del diritto dei consumatori nella disciplina generale del contratto*, in *Riv. dir. civ.*, 2004, I, p. 787 ss.; A. ZOPPINI, *Il contratto asimmetrico tra parte generale, contratti di impresa e disciplina della concorrenza*, in *Riv. dir. civ.*, 2008, I, p. 515 ss.; V. ROPPO, *Parte generale del contratto, contratti del consumatore e contratti asimmetrici (con postilla sul "terzo contratto")*, in *Riv. dir. priv.*, 2007, p. 669 ss., anche in ID., *Il contratto del duemila*, III ed., Giappichelli, Torino, 2011, p. 91 ss.; ID., *Prospettive del diritto contrattuale europeo. Dal contratto del consumatore al contratto asimmetrico?*, in *Corr. giur.*, 2009, p. 267 ss.; ID., *Contratto di diritto comune, contratto del consumatore, contratto con asimmetria di potere contrattuale: genesi e sviluppi di un nuovo paradigma*, in ID., *Il contratto del duemila*, cit., p. 65 ss., già in *Riv. dir. priv.*, 2001, p. 769 ss. (da cui si cita); A.M. BENEDETTI, voce *Contratto asimmetrico*, in *Enc. dir.*, *Annali*, vol. V, Giuffrè, Milano, 2012, p. 370 ss.; M. DE POLI, *Asimmetrie informative e rapporti contrattuali*, Cedam, Padova, 2002.

re – oggi più efficaci e meno formali rispetto al passato – è dunque l'esigenza di apprestare un rimedio agli effetti distorsivi di tale squilibrio negoziale, in una prospettiva, come si vedrà più avanti, di tutela del mercato.

Presupposto di tutta la normativa in discorso è l'abbandono del modello fondato sull'astratto *homo oeconomicus* – informato e razionale, operante in un mercato perfettamente efficiente – e la presa d'atto dei numerosi fallimenti del mercato, non solo sotto il profilo di una perfetta concorrenza, ma anche sotto il profilo della piena e libera circolazione delle informazioni [9]; ciò che comporta contratti irrazionali, rendite per imprese inefficienti e deterioramento del mercato [10].

2. Origine ed evoluzione della nozione di consumatore

I contenuti e i confini della nozione di consumatore appaiono da sempre sfumati ed incerti [11]: essa risente di una intrinseca indeterminatezza dovuta alla sua genesi, non giuridica ma economica [12] e sociologica [13]. Nonostante le difficoltà di ordine teorico e le critiche sollevate sull'opportunità di isolare una defini-

---

[9] Così A. GENTILI, *Codice del consumo ed* esprit de géométrie, in *Contratti*, 2006, p. 162 ss. Dello stesso Autore, per una critica al "mito" dell'*homo oeconomicus*, si veda *Il ruolo della razionalità cognitiva nelle invalidità negoziali*, in *Riv. dir. civ.*, 2013, p. 1105 ss.

[10] In tema E. BATTELLI, *Diritto dei contratti e questioni di razionalità economica*, in *Contr. e impr.*, 2019, p. 106 ss.

[11] In questi termini F. DI MARZIO, *Le clausole vessatorie nel contratto fra professionista e consumatore*, in *Giust. civ.*, 1996, II, p. 517.

[12] Come rileva L. GATT, *Ambito soggettivo di applicazione della disciplina. Il consumatore ed il professionista*, in *Nuove leggi civ. comm.*, 1997, p. 816, nt. 61.

[13] V. ZENO-ZENCOVICH, voce *Consumatore (tutela del)*, in *Enc. giur.*, vol. VIII, Treccani, Roma, 1998, p. 1; E. BATTELLI, *Consumatore: nozione, clausole abusive e foro competente*, in *Corr. merito*, 2006, p. 6. In questo senso anche G. BENEDETTI, *Tutela del consumatore e autonomia contrattuale*, in *Riv. trim. dir. proc. civ.*, 1998, p. 21, secondo cui il termine "consumatore" «*si è affermato e generalizzato per il successo della sua valenza semantica, perché consente il richiamo, in conciso, di varie istanze che la coscienza sociale avverte come meritevoli d'una più intensa tutela*».

zione [14], tanto la dottrina e la giurisprudenza quanto il legislatore hanno tentato di fissarne i caratteri essenziali. La necessità di un'operazione di questo tipo ben si spiega se si considera la prospettiva entro cui la stessa si incardina, vale a dire quella di una legislazione differenziata in base alle qualità dei soggetti, o secondo alcuni agli *status* [15], che costituisce ormai una tendenza del diritto dei contratti.

Sempre più di frequente, infatti, accade che il legislatore regoli fattispecie, o gruppi di fattispecie, contrattuali in relazione alle diverse tipologie di contraenti; ciò costituisce un elemento di evidente discontinuità rispetto alla tradizionale regolamentazione dell'autonomia privata, ispirata alla premessa dell'assoluta eguaglianza e irrilevanza delle caratteristiche soggettive delle parti. In quest'ottica, il contratto non rappresenta più un riferimento assoluto di disciplina, potendo uno stesso tipo nego-

---

[14] Cfr. G. BENEDETTI, *Tutela del consumatore e autonomia contrattuale*, cit., pp. 21-22; V. TARELLO, *Sullo stato dell'organizzazione giuridica*, Zanichelli, Bologna, 1980, p. 131; C.M. MAZZONI, *Contro una falsa categoria: i consumatori*, in *Giur. comm.*, 1976, I, p. 628.

[15] In arg., *ex multis*, G. ALPA, Status *e capacità. La costruzione giuridica delle differenze individuali*, Laterza, Roma-Bari, 1993, p. 205; G. ALPA-G. CHINÉ, voce *Consumatore (protezione del) nel diritto civile*, in *Dig. disc. priv., sez. civ.*, vol. XV, App., Utet, Torino, 1997, p. 555 ss. Parla di uno «*status giuridico*» diverso da quello di ceto, A. GENTILI, *Il ruolo della razionalità cognitiva nelle invalidità negoziali*, cit., p. 1111, nt. 22.

Il riferimento al concetto di "*status*" è stato ritenuto improprio da altra parte della dottrina, in quanto la sua staticità mal si concilierebbe con una posizione dinamica qual è quella del consumatore. Si è osservato, in particolare, che le figure che si vogliono indicare con questo termine indicano condizioni sociali, economiche e giuridiche fungibili, volontariamente assunte e cumulabili. Da questa prospettiva si è ritenuto preferibile parlare di ruoli e qualifiche assunte dai soggetti nel traffico giuridico. In tal senso v. P. BARCELLONA, *Soggetti e tutele nell'epoca del mercato europeo-mondiale*, in N. LIPARI (a cura di), *Diritto privato europeo e categorie civilistiche*, E.S.I., Napoli, 1997, p. 66 ss. Critici anche N. IRTI, *L'ordine giuridico del mercato*, Laterza, Roma-Bari, 1998, p. 50 e G. BENEDETTI, *Tutela del consumatore e autonomia contrattuale*, cit., p. 21, secondo cui «*difetta nel consumatore il requisito che qualifica lo* status*: l'appartenenza istituzionale di un soggetto ad una collettività più o meno estesa, a un gruppo organizzato. Qualunque persona fisica può essere consumatore: questo è il ruolo che essa, volta per volta, anche scambievolmente, in concreto può assumere*».

ziale essere determinato da discipline differenti a seconda dei soggetti che stipulano l'accordo. Questa frantumazione delle soggettività negozianti, cui corrisponde un'articolata pluralità di tutele, discende dalla necessità di fornire risposte al bisogno individuale di sicurezza rispetto alla generalizzata libertà negoziale. Norme di carattere imperativo restituiscono a determinate categorie di contraenti, individuate per la debolezza [16] che manifestano in taluni contesti, quello spazio di libertà entro il quale può muoversi un'autentica autonomia del soggetto privato [17].

Il fenomeno della legislazione soggettivamente condizionata raggiunge il suo apice proprio nella materia dei contratti dei consumatori, stante la peculiare posizione di (presunta) debolezza che connota questi ultimi rispetto alla controparte professionale.

È ormai noto, del resto, che nell'ambito della contrattazione di massa il contratto diviene lo strumento di esplicazione di una forma di libertà individuale meno ampia e corposa qual è la libera scelta tra offerte predefinite dal proponente [18]. La debolez-

---

[16] Sui limiti di ordine dogmatico e sistematico della figura generale del "contraente debole" si veda però C. CAMARDI, *Tecniche di controllo dell'autonomia contrattuale nella prospettiva del diritto europeo*, in *Europa dir. priv.*, 2008, p. 831 ss.

[17] Il recupero della libertà di scelta inizialmente impedita può anche avvenire *ex post*: è questo il senso dei recessi di pentimento e la *ratio* di molte delle nullità relative sparse nella disciplina dei contratti dei consumatori.

[18] Celebre, in tal senso, è l'espressione *"scambi senza accordo"* coniata da Natalino Irti per descrivere gli acquisti della società di massa (N. IRTI, *Scambi senza accordo*, in *Riv. trim. dir. proc. civ.*, 1998, p. 347 ss.). L'assenza di qualsiasi spazio per manifestazioni di volontà diverse dall'adesione al regolamento predisposto dall'impresa ha fatto ritenere che in queste circostanze il principio di libertà contrattuale sia pura e semplice finzione. Cfr. P. BARCELLONA, voce *Libertà contrattuale*, in *Enc. dir.*, vol. XXIV, Giuffrè, Milano, 1974, p. 493 ss.; C.M. MAZZONI, *Contratti di massa e controlli nel diritto privato*, Jovene, Napoli, 1975, p. 4 ss.; G. ALPA, voce *Contratti di massa, profili generali*, in *Enc. dir.*, App. I, Giuffrè, Milano, 1997, p. 403 ss.

Tuttavia, è chiaro da tempo che una rapida conclusione degli affari è presupposto indispensabile per l'accelerazione del fenomeno produttivo. A tale esigenza, pertanto, «*va sacrificato il bisogno di una libertà di trattativa, che porterebbe intralci spesso insuperabili*» (Relaz. Re, n. 78). La contrattazione uniforme, d'altra parte, presenta vantaggi non indifferenti anche per il consumatore, in quanto garantisce un'omogeneità di trattamento della clientela, asza del consumatore è, però, assai più profonda, e non dipende esclusivamente dalla frequente – ma non assoluta – assenza di trattative e dalla conseguente impossibilità per lo stesso di incidere sul contenuto negoziale. Essa, inoltre, non è nemmeno legata alla sproporzione tra le condizioni economiche dei contraenti. Ciò che determina uno squilibrio di potere contrattuale delle parti è piuttosto l'asimmetria informativa[19], che consente al professionista di preventivare costi e rischi dell'operazione economica così da trarre dal contratto il massimo delle utilità a discapito della controparte, la quale, a sua volta, rischia di non compiere scelte negoziali consapevoli[20]. Da questo punto di vista, il contratto rispecchia la diseguaglianza del potere delle parti di determinarne contenuti e modalità. Tutto ciò, si noti, non si ricollega ad una situazione di patologia sociale ma consegue all'opposto ad una situazione di fisiologia sociale[21].

---

sicura la conformità delle contrattazioni ai principi generali dell'ordinamento, e consente una riduzione dei prezzi. Senza contare che lo sviluppo delle imprese permette al consumatore di beneficiare di un'offerta di prodotti più dinamica e variegata. Per queste considerazioni si veda E. BATTELLI, *I contratti-tipo. Modelli negoziali per la regolazione del mercato: natura, effetti e limiti*, E.S.I., Napoli, 2017, p. 354 ss.

[19] Sul tema, come noto, l'opera di riferimento è G. AKERLOF, *The Market for Lemons. Quality Uncertainty and the Market Mechanism*, in *Quarterly Journal of Economics*, 84(3), 1970, p. 488 ss.

[20] Alla debolezza che discende dalla disinformazione del consumatore può anche aggiungersi o collegarsi quella intrinseca alla contrattazione a distanza o a "a sorpresa", quella relativa all'utilizzo di tecnologie, e quella che deriva da eventuali pratiche commerciali scorrette poste in essere dal professionista.

[21] La distinzione tra asimmetrie socialmente fisiologiche, che non toccano singoli individui su basi di occasionalità, bensì investono stabilmente intere classi di soggetti in quanto radicate in obbiettive e generalizzate posizioni di mercato, e asimmetrie socialmente patologiche, le quali si legano a condizioni non generali ed oggettive ma relative al singolo soggetto, cui individualmente ed occasionalmente precludono il razionale esercizio dell'autonomia privata, è formulata da V. ROPPO, *Contratto di diritto comune, contratto del consumatore, contratto con asimmetria di potere contrattuale: genesi e sviluppi di un nuovo paradigma*, cit., p. 780 ss. La tesi è poi ripresa e sviluppata in ID., *I paradigmi di comportamento del consumatore, del contraente debole e del contraente professionale nella disciplina del contratto*, in G. ROJAS ELGUETA-N. VARDI (a cura di), *Oltre il soggetto razionale. Fallimenti cognitivi e razionalità limitata nel diritto privato*, Roma TrE-Press, Roma, 2014, pp. 27 e 38 ss.

Sin dalle origini, pertanto, la tutela del consumatore si propone quale correzione di una debolezza tecnica, ossia del suo ruolo contrattuale, al fine di evitare gli abusi delle imprese e garantire la razionalità della scelta individuale[22], nell'ottica del rimedio giuridico all'inefficienza del mercato[23]. Del tutto estra-

---

[22] Sul punto si veda A. GENTILI, *La «nullità di protezione»*, in *Europa dir. priv.*, 2011, spec. p. 82, nt. 13 e p. 107 ss., il quale evidenzia come l'obiettivo perseguito nell'ambito della disciplina a tutela del consumatore sia l'efficienza e la «*giustezza*» del contratto, non solo a livello individuale, ma anche a livello del mercato. Infatti, se una scelta individuale razionale dà al singolo l'utilità perseguita e ne realizza la libertà, un sistema di scelte individuali razionali consegue – a livello del mercato – l'obiettivo di interesse generale relativo all'efficiente allocazione delle risorse. In questa prospettiva di stretto collegamento tra l'interesse del singolo e la razionalità del mercato, «rei publicae interest *che il privato sia protetto*».

Così configurata, la tutela del consumatore è al contempo una manifestazione dell'ordine pubblico economico di direzione e dell'ordine pubblico economico di protezione; uno strumento al tempo stesso di politica economica e di politica sociale. Questa scelta di sistema pare espressa dalla formula ossimorica "economia sociale di mercato" che è oggi utilizzata dai trattati comunitari. Sul punto, più ampiamente, A. GENTILI, *Il ruolo della razionalità cognitiva nelle invalidità negoziali*, cit., p. 1111 ss., spec. nt. 23.

[23] Come accennato nella nota precedente, nell'odierno quadro del diritto di origine comunitaria si può cogliere una sorta di funzionalizzazione del consumatore ad un interesse pubblico più generale, che è la regolazione del mercato, inteso non in senso economicistico, come mero *ordo naturalis*, ma in senso giuridico costruttivistico, come *ordo legalis*, conformato cioè dalle regole del diritto positivo. Ciò implica la riscrittura degli strumenti tradizionali dell'autonomia privata, i quali vengono riutilizzati per raggiungere finalità eccentriche o comunque ultronee rispetto agli interessi delle parti.

Si tratta pertanto di una regolazione e razionalizzazione del mercato che parte dal basso, ossia dalla contrattazione individuale. Il consumatore, ultimo anello della catena produttivo distributiva, viene elevato in questo scenario ad agente della razionalità del mercato. Egli, in quanto portatore di un interesse *diretto*, viene individuato dal legislatore comunitario come il soggetto più adeguato alla messa in opera di quell'apparato normativo fatto di diritti, rimedi e tutele, che è volto anche a conformare giuridicamente il mercato. Per queste considerazioni v. S. MAZZAMUTO, *Il contratto di diritto europeo*, III ed., Giappichelli, Torino, 2017, p. 101 ss., il quale ponendo l'accento quasi esclusivamente sugli effetti di incentivazione economica che discendono dalla tutela del consumatore, ritiene che «*il consumatore, rispetto al complesso ordito del legislatore comunitario, sia più un mezzo che un fine esso stesso: l'agente della rivoluzione, insomma, assoldato a sua insaputa al servizio del Re di Prussia*» (p. 103).

nea agli interventi del legislatore è invece l'idea di una debolezza esistenziale ed economico-sociale del consumatore, e dunque l'ottica del rimedio all'ingiustizia sostanziale [24].

Sebbene poi nel frattempo si sia passati dalla Comunità economica all'Unione politica – nei cui obiettivi di politica sociale rientra la protezione dei consumatori [25] – e nonostante la dottrina e la giurisprudenza abbiano spesso in questa prospettiva allineato i consumatori ai lavoratori, ai conduttori di immobili ad uso abitativo e simili [26], sotto la dizione di contraente (economicamente, socialmente ed esistenzialmente) debole, anche la nozione di consumatore normativamente confermata dal codice

---

[24] In questi termini, A. GENTILI, *Codice del consumo ed* esprit de géométrie, cit., p. 162 ss.; considerazioni analoghe in C. CAMARDI, *Tecniche di controllo dell'autonomia contrattuale nella prospettiva del diritto europeo*, cit., p. 847; EAD., *Integrazione giuridica europea e regolazione del mercato. La disciplina dei contratti di consumo nel sistema del diritto della concorrenza*, in *Europa dir. priv.*, 2001, p. 716 ss., ove si afferma: «*Nessuna umana solidarietà (...) per il consumatore, né tentativi di operare attraverso la sua tutela forme mascherate di redistribuzione sociale della ricchezza*».

[25] Si è osservato che la politica consumeristica è espressione di un approccio "neocapitalistico" secondo il quale il miglior funzionamento del mercato non può prescindere dalla protezione dei diritti fondamentali di consumatori e utenti. In tema, tra gli altri, G. GHIDINI, *I diritti dei consumatori come* civil rights *del mercato*, in L. KLESTA DOSI (a cura di), *I nuovi diritti nell'integrazione europea: la tutela dell'ambiente e la protezione del consumatore*, Cleup, Padova, 2000, p. 43 ss.; G. ALPA, *Introduzione al diritto dei consumatori*, Laterza, Roma-Bari, 2006; ID., *Introduzione al diritto contrattuale europeo*, Laterza, Roma-Bari, 2007.

[26] Invero, la *ratio* sottesa alle discipline riservate a tali figure è notevolmente diversa da quella che sta dietro alla normativa in tema di consumatori. In quest'ultima, infatti, il mercato è assunto quale luogo di scambio da sottoporre a regole di comportamento intese a preservarne l'efficienza e la funzionalità; nelle discipline menzionate, invece, il mercato è assunto quale luogo di scambio per definizione ineguale ed ingiusto, sicché non si ha di mira la tutela di un consenso libero ed informato (non essendo questo il problema da risolvere) bensì un'allocazione della ricchezza più conforme a quelli che vengono ritenuti postulati minimi di giustizia sociale, eguaglianza sostanziale e dignità personale. In tali casi, pertanto, ad una logica economica si sovrappone una logica tutta politica ad effetti redistributivi. Per queste considerazioni si veda C. CAMARDI, *Tecniche di controllo dell'autonomia contrattuale nella prospettiva del diritto europeo*, cit., p. 831 ss.

del consumo non ha previsto nulla che possa implicare debolezza economico-sociale e ingiustizia sostanziale[27].

In tal senso, la definizione di cui all'art. 3, lett. a), c. cons. può dirsi neutra[28]. Essa è costruita negativamente[29], attribuendo la qualifica di consumatore a qualsiasi persona fisica che agisca per scopi estranei all'attività imprenditoriale, artigianale o professionale eventualmente svolta. Ciò, sempre che la controparte sia un professionista, ossia un soggetto che contratti nell'esercizio di un'attività professionale o di impresa: diversamente, nel caso di contrattazione tra due consumatori la disciplina protezionistica non trova applicazione perché ne vengono meno, con ogni evidenza, le ragioni ispiratrici.

Quanto detto rivela l'estrema mobilità del concetto di consumatore e la sua assoluta trasversalità[30]. Consumatore è chi consuma, chi usufruisce di beni o servizi: la qualifica, pertanto, è data dall'atto di consumo[31]. Al di fuori di quell'evento il sog-

---

[27] Ancora A. GENTILI, *Codice del consumo ed* esprit de géométrie, cit., p. 163.

[28] Secondo G. ALPA, *Commento al Codice del consumo*, in *Contratti*, 2005, p. 1053 «*Attualmente si può dire che la nozione di consumatore ha assunto i contorni di una formula neutra, priva di quei connotati ideologici che negli anni Settanta del Novecento avevano appassionato gli studiosi, preoccupato i difensori del libero mercato, impensierito i legislatori neghittosi. Se si dovesse accogliere la definizione che sottolinea gli aspetti sociali del diritto privato, dovremmo frantumare la nozione in altrettanti aspetti di volta in volta connessi con l'età (...), con il sesso (...), con le condizioni economiche e sociali (...)*».

[29] Di «*figura negativa*» parla N. IRTI, *L'ordine giuridico del mercato*, cit., pp. 49-50, il quale precisa, anzi, che di fronte all'imprenditore vi è «*la massa delle figure negative, raccolte nel nome di "consumatore"*».

[30] Così G. ALPA-G. CHINÉ, voce *Consumatore (protezione del) nel diritto civile*, cit., p. 545. In questo senso anche G. BENEDETTI, *Tutela del consumatore e autonomia contrattuale*, cit., p. 22, nt. 17, il quale per enfatizzare la *trasversalità sociale* degli atti di consumo richiama efficacemente una celebre frase di Andy Wharol che qui si riporta: «*Mentre guardi alla televisione la pubblicità della coca-cola sai che anche il Presidente beve coca-cola, Liz Taylor beve coca-cola, e anche tu puoi berla. Una coca-cola è una coca-cola, e nessuna somma di denaro può procurarti una coca migliore di quella che beve il barbone all'angolo della strada. Tutte le coche sono uguali [...] Liz Taylor lo sa, lo sa il presidente, lo sa il barbone e lo sai anche tu*».

[31] Cfr. S. MAZZAMUTO, *Il contratto di diritto europeo*, cit., p. 160 ss. Sul

getto agente perde qualsiasi caratteristica rilevante per l'inserimento nella categoria concettuale. Prima e dopo l'atto di consumo egli non è più consumatore, potendo anzi rivestire, immediatamente, tutt'altra caratteristica giuridicamente rilevante, quale ad esempio quella di imprenditore [32].

L'abbandono dell'idea dei consumatori come un gruppo sostanzialmente omogeneo e definito dal punto di vista sociologico [33] ha quindi suggerito il passaggio da letture spiccatamente soggettivistiche ad una concezione oggettivistica orientata al sindacato in concreto dello scopo finale perseguito dalla controparte del professionista. Da ciò, come meglio si vedrà in seguito, è derivata una rivisitazione della normativa sul contratto del consumatore quale disciplina dell'atto di consumo a prescindere dalla formale qualificazione soggettiva dei contraenti. Il dibattito sorto intorno alla nozione di consumatore ha anzi chiarito, seppur tra notevoli contrasti, che determinanti a tal fine sono l'interesse concreto in vista del quale il contratto è concluso e la condizione di assenza di forza contrattuale nel singolo caso, sicché è legittimo, a certe condizioni, considerare consumatore anche l'imprenditore individuale o il professionista mosso, nella stipulazione del contratto, dall'esigenza di appagare un bisogno di consumo [34].

---

fatto che l'attributo di consumatore valga ad individuare in termini soggettivi l'atto di consumo, già G. BENEDETTI, *Tutela del consumatore e autonomia contrattuale*, cit., p. 21 ss. Nello stesso senso F. DI MARZIO, *Intorno alla nozione di consumatore nei contratti*, in *Giust. civ.*, 2001, 11, p. 2154.

[32] Assai eloquenti sono ancora una volta le parole di G. BENEDETTI, *Tutela del consumatore e autonomia contrattuale*, cit. p. 23, secondo cui «*La diversità di ruoli, egemoni e subalterni, che si cumulano simultaneamente in ciascun soggetto, rende impossibile che esso si schieri, una volta per tutte, da una parte. Chi produce in un settore è consumatore in un altro. Più in generale nella "società programmata", il soggetto ricopre ruoli dominanti e subalterni: ciascuno è, al tempo stesso, "colonizzatore" e "colonizzato"*».

[33] Per questa impostazione si veda V. ROPPO, *Protezione del consumatore e teoria delle classi*, in *Pol. dir.*, 1975, p. 701 ss.; *Contra* G. ALPA, *Diritto privato dei consumi*, Il Mulino, Bologna, 1986, p. 22 ss.

[34] G. OPPO, *Note sulla contrattazione d'impresa*, in *Riv. dir. civ.*, 1995, I, p. 669; A. PLAIA, *Nozione di consumatore, dinamismo concorrenziale ed integrazione comunitaria del parametro di costituzionalità*, in *Foro it.*, I, 2003, c.

Per comprendere l'effettiva portata che la nozione di consumatore ha assunto nel diritto vivente, si chiarirà prima l'ambito di applicazione della definizione generale contenuta nel codice del consumo e si darà poi conto delle principali questioni che si sono poste.

3. L'ambito di applicazione della definizione generale di consumatore del codice del consumo

Si è già detto che la definizione di consumatore contenuta nell'art. 3, lett. a), c. cons. è stata concepita di portata generale, come si evince chiaramente dalla collocazione sotto il titolo I rubricato *Disposizioni generali e finalità*. Alla figura del consumatore, peraltro, il legislatore ha affiancato quella dell'utente, la quale viene in rilievo qualora l'oggetto dell'atto di consumo non sia un bene ma un servizio[35]. Una scelta, questa, dettata dall'esigenza di uniformarsi al linguaggio normativo comunitario e agli orientamenti consolidatisi in quasi tutti i Paesi dell'Unione.

Tale definizione, tuttavia, non è affatto onnicomprensiva, essendo circoscritta ad una specifica fase del processo di consumo: la conclusione del contratto.

Del resto, accanto alla definizione generale, il codice del consumo conosce anche definizioni speciali – aventi rilievo nell'ambito di determinati settori – che, descrivendo un soggetto diverso da quello di cui all'art. 3, lett. a), ne riducono la portata applicativa[36].

---

340 ss.; P.F. Giuggioli, *Il contratto del consumatore*, in *Trattato di diritto civile*, diretto da R. Sacco, Utet, Torino, 2012, p. 80 ss.

[35] Diversamente da quanto avviene per i beni *ex* art. 810 c.c., non si rinviene nella disciplina generale una nozione di servizio. Spetta pertanto all'interprete, volta per volta, stabilire se l'oggetto di un rapporto di consumo possa essere qualificato come servizio o meno. Al riguardo, la dottrina ha suggerito di fare riferimento alla disciplina comunitaria, includendo nella nozione i servizi bancari, i servizi di investimento in valori mobiliari e i servizi assicurativi. Cfr. G. Alpa, *Manuale di diritto privato*, Cedam, Padova, 2007, p. 263 ss.

[36] L'inesistenza di una nozione di consumatore valevole per tutto il codice di settore ha sollecitato alcune critiche nei confronti dell'opera di riordino del-

Ciò accade ad esempio nell'ambito della disciplina relativa all'informazione, contenuta nel Titolo II della Parte II, con cui il legislatore ha esteso la tutela del consumatore anche alla fase che prepara il compimento dell'atto di consumo, al fine di garantirgli una scelta libera e consapevole. Limitatamente a questo contesto assume valenza precettiva la definizione allargata contenuta nel comma 1 dell'art. 5, ai sensi del quale «*si intende per consumatore o utente anche la persona fisica alla quale sono dirette le informazioni commerciali*»[37]. Tale disposizione non fa alcun riferimento al c.d. criterio negativo, ossia l'agire per scopi estranei all'attività professionale eventualmente svolta, che come visto costituisce il fulcro della definizione generale di consumatore. Ne consegue, pertanto, che l'ambito soggettivo di applicazione delle norme a tutela del destinatario dell'informazione commerciale è più ampio rispetto a quello delle norme che disciplinano la fase di conclusione del contratto.

Un'ulteriore definizione di consumatore è stata elaborata per il Titolo III della Parte II ("*Pratiche commerciali, pubblicità e altre comunicazioni commerciali*"), e si rinviene nell'art. 18 c. cons. Essa, però, nella sua versione attuale coincide sostanzialmente con quella dettata dall'art. 3, lett. a) ed ha perso l'originaria portata innovativa: la precedente formulazione, pensata per la disciplina della pubblicità ingannevole e comparativa, che trovava applicazione sia per le comunicazioni *business to consumer* sia per quelle *business to business*, ricomprendeva invece nella nozione di consumatore anche la persona giuridica[38].

---

la normativa effettuata dal legislatore. Cfr. E. MINERVINI, voce *Codice del consumo*, in *Disc. priv.*, *sez. civ.*, Agg., III, 1, Utet, Torino, 2007, p. 185; A. PALMIERI, *Arriva il codice del consumo: riorganizzazione (tendenzialmente) completa tra addii e innovazioni*, in *Foro it.*, 2006, c. 80.

[37] La distinzione tra una definizione generale ed una speciale è stata patrocinata dal Consiglio di Stato (parere n. 11602/2004) al fine di evitare che un'unica definizione allargata, comprendente oltre al soggetto che opera in un contesto non professionale anche la persona fisica alla quale sono dirette comunicazioni commerciali, potesse generare equivoci interpretativi in sede di applicazione.

[38] Le problematiche poste dalla precedente formulazione dell'art. 18 c. cons. sono evidenziate in A. GENTILI, *Codice del consumo ed* esprit de geométrie, cit., p. 168 ss.

Anche per il settore dei servizi turistici il legislatore aveva previsto all'art. 83 c. cons. un'apposita definizione di consumatore, diversa da quella generale di cui all'art. 3 del medesimo codice. La disposizione, però, è stata abrogata dall'art. 3 del d.lgs. n. 79/2011, che ha introdotto il codice del turismo, con il quale la figura del "turista" si è emancipata da quella del consumatore.

Oggi, peraltro, a seguito della modifica apportata a detto codice dal d.lgs. 21 maggio 2018, n. 62, la parte a cui viene contrattualmente promessa la prestazione dei servizi di viaggio combinati in un pacchetto prende il nome di "viaggiatore". Con questo termine si definisce assai genericamente «*chiunque intende concludere un contratto, stipula un contratto o è autorizzato a viaggiare*» in base a un contratto concluso nell'ambito di applicazione del Capo I del Titolo IV del codice del turismo. Evidenti sono le differenze con la definizione generale contenuta nel codice del consumo: è irrilevante, infatti, la natura del soggetto che abbia stipulato l'accordo con il professionista, potendo essere non solo un persona fisica ma anche un ente collettivo dotato o sprovvisto di personalità giuridica; ugualmente irrilevante è l'inerenza o l'estraneità ad una attività imprenditoriale o professionale degli scopi in vista dei quali i servizi turistici siano destinati ad essere goduti dal soggetto legittimato a fruirne in base al contratto [39].

Più in generale, occorre prendere atto che il concetto stesso di consumatore si è ormai «*frantumato*» in una pluralità di figure ulteriori come l'assicurato, il cliente, l'investitore, o appunto il viaggiatore, le quali ne offuscano l'identità e impongono la ricerca di criteri atti a definire i rapporti tra le diverse discipline di settore emanate negli ultimi anni e i principi a carattere generale espressi nel codice di consumo [40]. Quest'ultimo assume al-

---

[39] L'ampiezza della nozione di "viaggiatore" è rilevata, già prima del recepimento della normativa comunitaria da parte del legislatore nazionale, da G. De Cristofaro, *La nuova disciplina europea dei contratti di viaggio (dir. 2015/2302/UE) e le prospettive del suo recepimento nell'ordinamento italiano*, in *Nuove leggi civ. comm.*, 2017, p. 1113 ss.

[40] Così E. Battelli, *Codice del consumo, Codice civile e codici di settore: un rapporto non meramente di specialità*, in *Europa dir. priv.*, 2016, 2, p. 425

lora una duplice veste, essendo al contempo sede di norme speciali nel confronto con quelle del codice civile e contenitore di una disciplina di carattere generale rispetto ad altre disposizioni destinate a regolare più circoscritti sistemi normativi[41]. Per quel che qui rileva, basti prendere atto che le figure a cui il legislatore fornisce tutela nei diversi settori disciplinati, riequilibrandone il rapporto con la controparte professionale, non coincidono necessariamente con soggetti definibili consumatori[42].

Infine, per completezza, deve rilevarsi che nell'attuale panorama legislativo la figura del consumatore non viene in considerazione esclusivamente quale parte di un rapporto contrattuale (e, in questo senso, è tutelata sia nella fase precedente e propedeutica alla stipulazione che nella fase successiva), ma è talvolta oggetto indiretto di tutela anche in altri ambiti; così è ad esempio nelle leggi sulla protezione dell'ambiente e del suolo[43].

3.1. La nozione di *"consumatore medio"*

Per quanto la definizione di cui all'art. 18 c. cons. riproduca sostanzialmente quella di cui all'art. 3 c. cons., la nozione di

---

ss. In tema, L. ROSSI CARLEO, *Consumatore, consumatore medio, investitore e cliente: frazionamento e sintesi nella disciplina delle pratiche commerciali scorrette*, in *Europa dir. priv.*, 2010, p. 685 ss.

[41] Cfr. E. BATTELLI, *op. ult. cit.*, p. 425 ss. V. anche A. ZOPPINI, *Sul rapporto di specialità tra norme appartenenti ai "codici di settore" (lo* ius variandi *nei codici del consumo e delle comunicazioni elettroniche)*, in *Riv. dir. civ.*, 2016, p. 136 ss.

[42] Oltre al viaggiatore, si può fare l'esempio della figura del "cliente", avente rilievo nell'ambito dei rapporti bancari, la quale non individua un soggetto persona fisica che opera al di fuori dell'attività professionale o imprenditoriale eventualmente svolta, ma indica semplicemente la controparte dell'istituto di credito (cfr. artt. 117, 118 e 119 t.u.b.).

Il par. 3 della sezione I dei Provvedimenti di Banca d'Italia attuativi della deliberazione C.I.R.C. 4 marzo 2003 definisce "cliente" «*qualsiasi soggetto, persona fisica o giuridica, che ha in essere un rapporto contrattuale o che intenda entrare in relazione con la banca/l'intermediario*». Sul tendenziale passaggio dalla tutela del consumatore alla tutela del cliente v. *infra* § 5.

[43] Osservazioni di questo tenore già in V. BUONOCORE, *Contratti del consumatore e contratti di impresa*, in *Riv. dir. civ.*, 1995, p. 12.

consumatore che viene in rilievo nell'ambito della disciplina delle pratiche commerciali scorrette è assai peculiare [44]. Il legislatore, infatti, definisce quest'ultime come quelle pratiche contrarie alla diligenza professionale, false o idonee a falsare in misura apprezzabile il comportamento economico, in relazione al prodotto, del «*consumatore medio*» che raggiungono o al quale sono dirette [45].

---

[44] Per le prime considerazioni successive all'entrata in vigore della disciplina si veda E. BATTELLI, *Nuove norme in tema di pratiche commerciali sleali e pubblicità ingannevole*, in *Contratti*, 2007, p. 1113 ss.; E. MINERVINI-L. ROSSI CARLEO (a cura di), *Le pratiche commerciali sleali. Direttiva comunitaria e ordinamento italiano*, Giuffrè, Milano, 2007; G. DE CRISTOFARO (a cura di), *Le «pratiche commerciali sleali» tra imprese e consumatori. La direttiva 2005/29/Ce e il diritto italiano*, Giappichelli, Torino, 2007.

Tra i contributi di maggiore interesse sul tema, cfr. A. GENTILI, *Pratiche sleali e tutele legali: dal modello economico alla disciplina giuridica*, in *Riv. dir. priv.*, 2010, p. 37 ss.; L. ROSSI CARLEO, *Consumatore, consumatore medio, investitore e cliente: frazionamento e sintesi nella disciplina delle pratiche commerciali scorrette*, cit., p. 685 ss.; C. CAMARDI, *Pratiche commerciali scorrette e invalidità*, in *Obbl. contr.*, 2010, p. 408 ss.; G. DE CRISTOFARO, *Le pratiche commerciali scorrette nei rapporti tra professionisti e consumatori*, in *Nuove leggi civili comm.*, 2008, p. 1057 ss.; ID., *Pratiche commerciali scorrette e "microimprese"*, in *Nuove leggi civ. comm.*, 2014, p. 3 ss.; M. MAUGERI, *Pratiche commerciali scorrette e disciplina generale dei contratti*, in A. GENOVESE (a cura di), *I decreti legislativi sulle pratiche commerciali scorrette. Attuazione e impianto sistematico della Direttiva 2005/29/CE*, Cedam, Padova, 2008, p. 272 ss.; EAD., *Violazione della disciplina sulle pratiche commerciali scorrette e rimedi contrattuali*, in *Nuova giur. civ. comm.*, 2008, p. 477 ss.; R. CALVO, *Artt. 18-26*, in E. CAPOBIANCO-G. PERLINGIERI (a cura di), *Codice del consumo annotato con la dottrina e la giurisprudenza*, E.S.I., Napoli, 2009, p. 65 ss.; C. TENELLA SILLANI, *Pratiche commerciali sleali e tutela del consumatore*, in *Obbl. contr.*, 2009, p. 775 ss.; S. ORLANDO, *Introduzione. Le pratiche commerciali scorrette nel disegno generale della direttiva 2005/29/CE*, in G. VETTORI (a cura di), *Il contratto dei consumatori, dei turisti, dei clienti, degli investitori e delle imprese deboli. Oltre il consumatore*, Cedam, Padova, 2013, p. 119 ss.; D. VALENTINO, Timeo Danaos et dona ferentes. *La tutela del consumatore e delle microimprese nelle pratiche commerciali scorrette*, in *Riv. dir. civ.*, 2013, p. 1157 ss.; P. BARTOLOMUCCI, *Le pratiche commerciali scorrette: profili civilistici*, Liguori, Napoli, 2009; S. TOMMASI, *Pratiche commerciali scorrette e disciplina dell'attività negoziale*, Cacucci, Bari, 2012; E. LABELLA, *Pratiche commerciali scorrette e autonomia privata*, Giappichelli, Torino, 2018.

[45] Tale definizione si rinviene all'art. 20, comma 2, c. cons.

Per consumatore medio, in particolare, si intende una sorta di «*virtuale consumatore tipo*» ricavato sulla base di un soggetto «*normalmente informato e ragionevolmente attento e avveduto, tenendo conto di fattori sociali, culturali e linguistici*»[46]. Tale concetto, mutuato dalla giurisprudenza comunitaria[47], sembra volto a coniugare, conformemente al principio di proporzionalità, la libertà di circolazione delle merci con quella del consumatore di effettuare scelte consapevoli sul mercato. In questo senso, il ricorso a tale parametro è inteso a evitare che la tutela fornita ai consumatori possa tradursi in una riduzione del loro livello di attenzione e valutazione rispetto alle scelte commerciali che si apprestano a compiere e in un eccessivo irrigidimento delle regole del mercato[48].

In tal modo, la disciplina delle pratiche commerciali, nel focalizzare la sua attenzione sul modo di comportarsi del professionista, ha imposto al contempo una modalità di comportamento anche al consumatore, il quale qualora non agisca in modo ragionevolmente attento e avveduto non accede alla tutela[49].

Peraltro, come chiarito dal considerando n. 18 della direttiva 2005/29/CE, il parametro da adottare varia a seconda dei beni e/o servizi considerati, ovvero delle caratteristiche dei soggetti destinatari della pratica. Tali valutazioni spettano agli organi giurisdizionali e alle autorità nazionali, i quali, nell'esercitare la loro facoltà di giudizio, devono comunque tener conto della

---

[46] Così lo definisce il considerando n. 18 della direttiva 2005/29/CE.

[47] Cfr. Corte Giust. CE, 13 dicembre 1990, causa C-238/89; Corte Giust. CE, 2 febbraio 1994, causa C-315/92; Corte Giust. CE, 16 luglio 1998, causa C-210/96; Corte Giust. CE, 26 ottobre 1995, causa C-51/94; Corte Giust. CE, 13 gennaio 2000, causa C-220/98.

[48] Una parte della dottrina, invero, ritiene che tale bilanciamento non sia stato effettuato correttamente, in quanto lo *standard "medio"* adottato lascerebbe privo di tutela il consumatore particolarmente debole, vulnerabile o atipico (cfr. R. Di Raimo, *Note minime sulle implicazioni sostanziali dell'art. 14 della direttiva 2005/29/CE: a margine di una proposta per il suo recepimento*, in *Contr. impr./Europa*, 2007, p. 100 ss.).

[49] In questi termini L. Rossi Carleo, *Consumatore, consumatore medio, investitore e cliente: frazionamento e sintesi nella disciplina delle pratiche commerciali scorrette*, cit., p. 708.

giurisprudenza della Corte di giustizia, così da evitare che pratiche simili possano essere giudicate diversamente nei diversi Stati dell'Unione. In ogni caso, il riferimento ai fattori sociali, culturali e linguistici permette in taluni contesti un innalzamento del livello ipotetico di tutela, non essendo quella di consumatore medio una nozione statistica [50].

Il parametro di riferimento subisce poi un adeguamento nel caso in cui il consumatore appartenga a specifiche categorie "*target*", individuabili in relazione a precise connotazioni di vulnerabilità. Al riguardo, l'art. 20, comma 3, c. cons., stabilisce: «*Le pratiche commerciali che, pur raggiungendo gruppi più ampi di consumatori, sono idonee a falsare in misura apprezzabile il comportamento economico solo di un gruppo di consumatori chiaramente individuabile, particolarmente vulnerabili alla pratica o al prodotto cui essa si riferisce a motivo della loro infermità mentale o fisica, della loro età o ingenuità, in un modo che il professionista poteva ragionevolmente prevedere, sono valutate nell'ottica del membro medio di tale gruppo*». In tali ipotesi, pertanto, il concetto di consumatore medio si applica con riferimento al sottogruppo considerato, così da coincidere col consumatore tipico di quella specifica categoria più "a rischio".

4. Alcune questioni sulla definizione generale di consumatore

La definizione di consumatore adottata dal legislatore nel codice del consumo ha suscitato da subito diverse perplessità, ed è stata al centro di un acceso dibattito che, se da un lato ha condotto ad una sua evoluzione interpretativa, dall'altro non si è ancora esaurito, residuando a tutt'oggi alcuni profili di incertezza [51]. In

---

[50] Il riferimento a questi fattori effettuato dal *considerando* n. 18 della direttiva consente dunque di escludere che il consumatore medio possa presumersi lo stesso non solo in tutta l'Unione Europea, ma anche all'interno dei singoli Stati membri, imponendo la valorizzazione delle diversità.

[51] Non solleva, invece, particolari questioni la figura del professionista, dal momento che il legislatore comunitario si è adeguato alla terminologia di

parte, la ragione di ciò risiede in un quadro normativo eurounitario disorganico e frammentario, caratterizzato come si è visto da una serie di interventi *ad hoc* volti a offrire tutela al consumatore in relazione a singole porzioni o frazioni delle attività da questi poste in essere, di volta in volta individuate. Ma la vera questione è che le medesime esigenze di tutela poste alla base della disciplina consumeristica sono avvertite anche con riferimento a soggetti che, salvo forzare il dato normativo, difficilmente possono essere considerati consumatori. In questo senso, i principali punti di crisi sono rappresentati dall'invocata estensione della nozione agli enti non personificati, specie se perseguenti scopi non lucrativi, e dalla difficoltà nel segnare l'esatto confine tra atti funzionali a scopi imprenditoriali ed atti destinati al consumo individuale.

A conferma delle ingenti problematiche che possono sorgere in ordine alla qualificazione delle parti nell'ambito del rapporto contrattuale, vi sono i numerosi rinvii pregiudiziali delle corti nazionali alla Corte di Giustizia, la quale è chiamata costantemente a ricondurre a sistema le frastagliate fonti comunitarie.

4.1. Il consumatore come persona fisica. Primi tentativi di estendere la tutela alle organizzazioni e alle imprese

Una prima questione che si è posta attiene alla possibilità di estendere la qualifica di consumatore – limitata dalla normativa comunitaria e nazionale alle sole persone fisiche – anche alle

---

common law ed ha adottato l'espressione professionista nell'accezione lata di persona fisica o giuridica, pubblica o privata, che agisce nel quadro della propria attività imprenditoriale o professionale, riconducibile al lemma inglese *professional*. Un problema aperto, semmai, concerne la possibilità di estendere, nel nostro paese, la nozione di professionista anche al gruppo di imprese, il quale, dal punto di vista formale, non costituisce una persona giuridica unitaria, essendo un aggregato di imprese che conservano la loro autonomia giuridica. Ciò potrebbe rappresentare un ostacolo alla sua qualificazione come professionista, atteso che la definizione legislativa identifica quest'ultimo nella singola «*persona fisica o giuridica che agisce nell'esercizio della propria attività imprenditoriale o professionale*» e nel singolo intermediario (art. 3, lett. c), c. cons). Cfr. S. MAZZAMUTO, *Il contratto di diritto europeo*, cit., 2017, p. 159.

persone giuridiche [52]. Invero, muovendo dal dato letterale non sembrano esservi margini per applicazioni analogiche o interpretazioni estensive della norma. Inoltre, la configurabilità di atti di consumo da parte dell'ente sarebbe ostacolata dal fatto che l'agire di tale soggetto è limitato e vincolato agli scopi fissati nell'atto costitutivo o nello statuto; da ciò dunque la natura necessariamente professionale dell'attività posta in essere [53].

Alla base dell'impostazione di segno opposto, favorevole all'estensione, in talune circostanze, della tutela consumeristica a soggetti diversi dalle persone fisiche, vi è invece la considerazione per la quale la medesima condizione di inferiorità rispetto alla controparte professionale potrebbe talvolta riguardare anche gli enti (specialmente associazioni, *no profit*, ecc.). In questo senso, si è sostenuto che la normativa prevista per i consumatori manifesterebbe in realtà una più ampia ragione fondamentale di tutela, che si proporrebbe inalterata anche quando nella contrattazione siano coinvolte organizzazioni, personificate o meno [54].

---

[52] Per una disamina delle diverse posizioni emerse in dottrina e giurisprudenza si veda G. CHINÉ, *Commento* sub *art. 3 cod. cons.*, in V. CUFFARO (a cura di), *Codice del consumo*, Giuffrè, Milano, 2019, p. 21 ss.; E. CAPOBIANCO, *Commento* sub *art. 3 cod. cons.*, in E. CAPOBIANCO-L. MEZZASOMA-G. PERLINGIERI (a cura di), *Codice del consumo annotato con la dottrina e la giurisprudenza*, E.S.I., Napoli, 2018, p. 17 ss.; F. LUCCHESI, *Le definizioni rilevanti ai fini del codice del consumo*, in G. VETTORI (a cura di), *Il contratto dei consumatori, dei turisti, dei clienti, degli investitori e delle imprese deboli. Oltre il consumatore*, cit., p. 77 ss.; S. KIRSCHEN, *Commento* sub *art. 3 cod. cons.*, in L. ROSSI CARLEO-G. ALPA (a cura di), *Codice del consumo. Commentario*, E.S.I., Napoli, 2005, p. 58 ss., P. MORESCHINI, *Commento* sub *art. 3 cod. cons.*, in E.M. TRIPODI-C. BELLI (a cura di), *Codice del consumo*, Maggioli, Rimini, 2006, p. 72 ss.

[53] Per questi rilievi v. G. ALPA-G. CHINÉ, voce *Consumatore (protezione del) nel diritto civile*, cit., 1997, p. 548; G. CHINÉ, *Il consumatore*, in *Trattato di diritto privato europeo*, diretto da N. LIPARI, vol. I, II ed., Cedam, Padova, 2003, p. 444.

[54] Favorevole all'estensione analogica della tutela giuridica agli enti e alle persone giuridiche, sulla base di una ricostruzione della disciplina in termini di tutela di una parte contrattualmente debole del rapporto, è L. GATT, *Ambito soggettivo di applicazione della disciplina. Il consumatore ed il professionista*, in *Commentario al Capo XIV*-bis *del codice civile: dei contratti del consumatore*, a cura di C.M. BIANCA e F.D. BUSNELLI, Cedam, Padova, 1999, p. 133 ss.

Si è osservato, peraltro, che la stessa esigenza di protezione potrebbe darsi anche rispetto ai "professionisti delle fasce minime" (piccoli imprenditori, artigiani, *ecc.*). Pertanto, si è affermato che una lettura della legge intesa a privilegiare il dato letterale e a escludere detti soggetti dall'ambito applicativo della disciplina esporrebbe quest'ultima a una censura di costituzionalità [55].

Per questa via, si è giunti a sostenere l'applicabilità della disciplina di protezione del consumatore a tutte le ipotese negoziali caratterizzate da asimmetria delle parti e, più in generale, ai casi in cui emerge l'esigenza di tutelare il "contraente debole", che potrebbe anche coincidere con l'impresa qualora la controparte sia un'altra impresa più forte [56].

Sul punto, però, ha avuto modo di pronunciarsi la giurisprudenza, tanto quella comunitaria quanto quella nazionale, entrambe ferme nel circoscrivere l'ambito di applicazione della disciplina consumeristica alla sola persona fisica che agisca per scopi extraprofessionali. In particolare, la legittimità di tale scelta è stata confermata dalla Corte costituzionale, con la sentenza 22 novembre 2002, n. 469, ove si afferma che «*è infondata la questione di legittimità costituzionale dell'art. 1469 bis, 2° comma, c.c. nella parte in cui non equipara al consumatore le*

---

[55] Sul punto, come si vedrà a breve, ha effettivamente avuto modo di pronunciarsi la Corte Costituzionale. Peraltro, a sollevare per primo la questione della legittimità costituzionale della disciplina, nella parte in cui non estende la sua applicazione alle persone giuridiche e ai soggetti agenti per scopi imprenditoriali ma versanti in eguale situazione di debolezza contrattuale, è stato il Giudice di pace de L'Aquila, ord. 3 novembre 1997, in *Giust. civ.*, 1997, I, p. 2341 ss., con nota di L. GATT, *L'ambito soggettivo di applicazione della normativa sulle clausole vessatorie*. Tuttavia, in quel caso, ha risposto senza entrare nel merito, Corte Cost., 30 giugno 1999, n. 282, in *Foro it.*, 1999, I, c. 3118 ss., con nota di A. PALMIERI, *L'ibrida definizione di consumatore e i beneficiari (talvolta pretermessi) degli strumenti di riequilibrio contrattuale*.

[56] Cfr. V. ROPPO, *La nuova disciplina delle clausole abusive nei contratti tra imprese e consumatori*, in *Riv. dir. civ.*, 1994, I, p. 282 ss.; L. BIGLIAZZI GERI, *Commento* sub *art. 1469*-bis, *comma 1*, in *Nuove leggi civ. comm.*, 1997, p. 794 ss.; A. BARENGHI, *sub* art. 1469-*bis* c.c., in ID. (a cura di), *La nuova disciplina delle clausole vessatorie nel codice civile*, Jovene, Napoli, 1996, p. 52 ss.

piccole imprese e quelle artigiane, in riferimento agli art. 3, 25, 1° comma, e 41 cost.», ciò in quanto «*la finalità della norma è proprio quella di tutelare i soggetti che secondo l'*id quod plerumque accidit *sono presumibilmente privi della necessaria competenza per negoziare; onde la logica conseguenza dell'esclusione dalla disciplina in esame di categorie di soggetti – quali quelle dei professionisti, dei piccoli imprenditori, degli artigiani – che proprio per l'attività abitualmente svolta hanno cognizioni idonee per contrattare su un piano di parità*» [57].

Del medesimo avviso sono state sia la Corte di Giustizia [58], sia la Suprema Corte di Cassazione, secondo cui «*la nozione di consumatore delineata dall'art. 1469 bis cpv. c.c. ha esclusivo riguardo alla persona fisica che agisce per scopi estranei all'attività imprenditoriale o professionale eventualmente svolta; ne consegue che la persona giuridica non può essere in alcun modo assimilata al consumatore ai fini della tutela protettiva approntata dal capo quattordicesimo del titolo secondo del libro quarto del c.c. (art. 1469 bis seg.); rientra nella nozione di consumatore la persona fisica che, pur svolgendo attività imprenditoriale, conclude un contratto per la soddisfazione di esigenze della vita quotidiana estranee all'esercizio di tale attività*» (Cass., Sez. III, ord., 11 ottobre 2002, n. 14561) [59]. Lo stesso

---

[57] L'ordinanza di rimessione era del Giudice di Pace di Sanremo, 5 luglio 2001, in *Giur. merito*, 2002, p. 649 ss. La sentenza della Corte è riportata in *Contratti*, 2003, p. 653 ss., con nota di G. CAPILLI, *La nozione di consumatore alla luce dell'orientamento della consulta*; in *Foro it.*, 2003, I, c. 332, con note di A. PALMIERI, *Consumatori, clausole abusive, e imperativo di razionalità della legge: il diritto privato europeo conquista la Corte Costituzionale*, e di A. PLAIA, *Nozione di consumatore, dinamismo concorrenziale e integrazione comunitaria del parametro di costituzionalità*. Sulla decisione, cfr. anche, in senso favorevole, L. DELLI PRISCOLI, *«Consumatore», «imprenditore debole» e principio di uguaglianza*, in *Contr. impr./Europa*, 2003, p. 749 ss., e in senso contrario R. CALVO, *Il concetto di consumatore, l'argomento naturalistico ed il sonno della ragione*, in *Contr. impr./Europa*, 2003, p. 715 ss.

[58] Corte Giust. CE, 22 novembre 2001, cause riunite C-541/99 e C-542/99, in *Foro it.*, 2001, IV, c. 501; anche in *Giur. it*,. 2002, p. 543 ss., con nota di P. FIORIO, *Professionista e consumatore, un discrimine formalista?*

[59] Per un commento all'ordinanza si veda R. CONTI, *Le giurisdizioni superiori di nuovo a confronto sulla nozione di consumatore*, in *Corr. giur.*, 2003,

approccio è stato ribadito dall'organo nomofilattico in altra occasione, ove ha sostenuto che «*in tema di contratti del consumatore, ai fini della identificazione del soggetto legittimato ad avvalersi della "tutela forte" di cui alla disciplina degli art. 1469 bis seg. c.c., nella formulazione anteriore alle modifiche apportate dalla l. 21 dicembre 1999 n. 526, la qualifica di "consumatore" spetta solo alle persone fisiche, quindi non alle società, e la stessa persona fisica che svolga attività imprenditoriale o professionale potrà essere considerata alla stregua del semplice "consumatore" soltanto allorché concluda un contratto per la soddisfazione di esigenze della vita quotidiana estranee all'esercizio di dette attività; infatti, deve essere considerato "professionista" tanto la persona fisica, quanto quella giuridica, sia pubblica che privata, che invece utilizzi il contratto nel quadro della sua attività imprenditoriale o professionale*» (Cass., Sez. III, 8 giugno 2007, n. 13377)[60].

Tuttavia, detto indirizzo interpretativo ha conosciuto alcune aperture, volte ad ammettere l'applicazione della normativa, soprattutto in materia di clausole vessatorie, anche a situazioni che *prima facie* non parrebbero rientrare nella definizione così restrittivamente intesa.

È il caso, ad esempio, dei contratti conclusi da una persona giuridica ma destinati a produrre i propri effetti nei confronti di soggetti terzi in possesso dei requisiti di cui all'art. 3 c. cons. In questo senso, i giudici di legittimità, pronunciandosi su di un contratto di assicurazione stipulato da una associazione sportiva in favore dei propri iscritti, hanno assimilato la posizione del terzo beneficiario-persona fisica a quella del consumatore «*in primo luogo, perché il suo diritto deriva direttamente dal contratto stipulato con il professionista, senza il quale non sarebbe mai sorto, e la prestazione in esso convenuta deve essere resa in suo favore, ed in secondo luogo, perché, essendo egli titolare del diritto di azione nei confronti del professionista in caso di inadempimento da parte del medesimo, non si ravvisano ragio-*

---

p. 1007 ss.; P. Bonfiglio, *L'ambito soggettivo di applicazione dell'art. 1469 bis cod. civ.*, in *Nuova giur. civ. comm.*, 2003, I, p. 178 ss.

[60] La pronuncia è riportata in *Giust. civ.*, 2008, I, p. 996 ss.

ni valide per escluderlo dalla tutela dettata (...) per il contraente "debole" in relazione a contratti suscettibili di determinare uno squilibrio dei diritti e degli obblighi ad opera del professionista» (Cass., 11 gennaio 2007, n. 369)[61].

Al soggetto nei cui confronti il contratto è destinato ad esplicare i propri effetti guarda anche la giurisprudenza formatasi in relazione alla posizione del condominio[62]. Quest'ultimo, infatti, viene considerato come «*ente di gestione sfornito di personalità giuridica distinta da quella dei suoi partecipanti*», e pertanto la qualifica di consumatore viene valutata con riferimento ai singoli condomini, i quali «*vanno senz'altro considerati consumatori, essendo persone fisiche che agiscono per scopi estranei all'attività imprenditoriale o professionale eventualmente svolta*»[63].

---

[61] La sentenza è reperibile in *Foro it.*, 2007, I, c. 1779. Tale decisione, peraltro, pare raccogliere lo spunto interpretativo suggerito da Corte cost., 16 luglio 2004, n. 235, *ivi*, 2005, I, c. 992, la quale, nel dichiarare la manifesta inammissibilità della questione di legittimità dell'art. 1469 *bis* c.c. in relazione all'art. 3 Cost., nella parte in cui non include nella nozione di consumatore anche il beneficiario non contraente di una assicurazione contro gli infortuni stipulata dal datore di lavoro, sembra suggerire la possibilità di superare la prospettata censura di irragionevolezza e disparità di trattamento in via ermeneutica, attraverso un'interpretazione conforme a Costituzione.

[62] La natura giuridica del condominio è argomento assai dibattuto in dottrina. Sul tema si vedano G. BRANCA, *Comunione, condominio negli edifici*, in *Commentario Scialoja-Branca*, Zanichelli, Bologna-Roma, 1982, p. 358 ss.; C.M. BIANCA, *Nozione di condominio*, in ID. (a cura di), *Il condominio*, Utet, Torino, 2007, p. 1 ss.; L. SALIS, *Il condominio negli edifici*, nel *Trattato Vassalli*, Utet, Torino, 1956, p. 220 ss.; R. CORONA, *I lineamenti generali della riforma e alcune importanti novità*, in A. GAMBARO-U. MORELLO (diretto da), *Condominio negli edifici e comunione*, in *Trattato dei diritti reali*, a cura di A. GAMBARO e U. MORELLO, Giuffrè, Milano, 2012, p. 11 ss.

[63] Cass., 24 luglio 2001, n. 10086, in *Corr. giur.*, 2001, p. 1436 ss. In senso conforme Cass., 23 luglio 2019, n. 19832, in *Dir. e giust.*, 2019; Cass., 4 agosto 2016, n. 16321, in *Dejure*; Cass., 22 maggio 2015, n. 10679, in *Mass. Giust. civ.*, 2015; Cass., 12 gennaio 2005, n. 452, in *Ilcivilista.com*, 2009, 3, p. 72 ss. Nella giurisprudenza di merito, Trib. Arezzo, 17 febbraio 2012, n. 125, in *Contratti*, 2012, p. 283 ss.; Trib. Bari, 23 aprile 2010, n. 1421, in *Lex24*; Trib. Milano, 8 settembre 2008, n. 10854, in *Arch. loc e cond.*, 2009, 4, p. 382 ss.; Trib. Genova, 19 aprile 2007, in *Obbl. contr.*, 2007, p. 842 ss.; Trib. Modena, 20 ottobre 2004, in *Giur. merito*, 2005, p. 178 ss.; Trib. Bologna, 3 ottobre 2000, n. 2539, in *Corr. giur.*, 2001, p. 525 ss.

L'applicabilità della disciplina consumeristica al condominio è stata di recente oggetto di analisi anche da parte della Corte di Giustizia dell'Unione Europea, sentenza 2 aprile 2020, causa C-329/19[64].

La Corte è partita dal presupposto che nell'ordinamento giuridico italiano il condominio non è né una "persona fisica" né una "persona giuridica", ma una figura diversa, e comunque non sarebbe incompatibile con la normativa europea l'inquadramento del condominio nella categoria dei consumatori. Ciò, tuttavia, deriva da una scelta dei singoli Stati membri ai quali viene data la facoltà di decidere se ai contratti stipulati tra condominio e professionista si debba applicare la disciplina consumeristica.

4.2. Il problema dello scopo dell'atto

Accanto al criterio positivo-relazionale, in base al quale il consumatore è la persona fisica che in una data situazione contingente agisce in rapporto con un professionista, l'art. 3 c. cons. indica – come si è osservato – anche un criterio c.d. negativo, rappresentato dall'agire «*per scopi estranei all'attività im-*

---

[64] Per un commento all'ordinanza di rimessione, Trib. Milano, 1° aprile 2019, si permetta il rimando a C.A. VALENZA, *Qualificazione del condominio come consumatore: la questione rimessa alla Corte di Giustizia*, in *giustiziacivile.com*, 2020; per un commento alla sentenza della Corte di Giustizia, si rinvia a M. ASTONE, *Consumatore e condominio: verso nuove prospettive?*, in *Diritto dei Consumatori. Nella giurisprudenza della Corte di Giustizia. Casi e Questioni*, a cura di M. ASTONE, Pacini Giuridica, Pisa, 2020, p. 163 ss.

Particolari difficoltà permangono con riferimento alle ipotesi in cui siano presenti nella compagine condominiale società o persone fisiche che utilizzano l'immobile per scopi professionali. Difatti, la circostanza che un medesimo atto possa essere compiuto da più persone, alle quali dovrebbe collegarsi un trattamento giuridico differenziato, non è stata presa in considerazione né dal legislatore comunitario né da quello italiano, e la stessa dottrina, sul punto, non riesce a raggiungere una posizione unanime. In arg. G. CERDONIO CHIAROMONTE, *Tutela consumeristica e parte soggettivamente complessa, in Riv. dir. civ.*, 2019, p. 25 ss. In giurisprudenza v Trib. Ravenna, 27 settembre 2017, n. 711, in *ilprocessocivile.it*, 2017; Trib. Massa, 26 giugno 2017, in *condominioelocazione.it*, 2018; Trib. Bologna, 14 giugno 2000, in *Corr. giur.*, 2001, p. 527 ss.

prenditoriale, commerciale, artigianale, o professionale eventualmente svolta».

Rispetto a tale requisito le questioni ermeneutiche che si sono poste derivano dall'utilizzo della locuzione a-tecnica «*scopi*», la quale può farsi coincidere con i motivi individuali che hanno indotto l'agente a contrarre oppure con le finalità obiettive dell'atto, dei beni o dei servizi negoziati.

L'interpretazione prevalsa in giurisprudenza è la seconda, non potendosi ammettere che la disposizione in esame costituisca una deroga alla regola generale dell'irrilevanza dei motivi in ambito contrattuale [65]. Pertanto, si ritiene che l'estraneità dello scopo all'attività professionale debba essere valutata dall'interprete in considerazione della destinazione oggettiva del bene, così come emerge in concreto dalle circostanze in cui l'atto è posto in essere nonché dai comportamenti successivi alla sua conclusione, a nulla rilevando l'intenzione soggettiva dell'agente [66].

Pure sotto questo profilo, peraltro, l'approccio delle corti è altamente restrittivo. Infatti, valorizzando il dato letterale della norma, viene considerata idonea ad escludere la qualità di

---

[65] Cass., 11 ottobre 2002, n. 14561, cit.; cfr. anche Trib. Roma, 28 giugno 2003, in *Contratti*, 2003, p. 1034 ss.

[66] Si discute, peraltro, sul valore della dichiarazione con cui la persona fisica, al momento della stipulazione del contratto, neghi la propria qualità di consumatore. Secondo alcuni tale dichiarazione di agire «*per fini professionali*» avrebbe natura confessoria ed escluderebbe pertanto la possibilità di provare in sede giudiziaria la qualità di consumatore (G. CIAN, *Il nuovo capo XIV-bis del Codice Civile sulla disciplina dei contratti con i consumatori*, in *Studium Iuris*, 1996, p. 414; M. RISPOLI FARINA, *Clausole vessatorie e contratti con i consumatori nei servizi bancari e finanziari*, in *Riv. dir. impr.*, 1998, p. 341). Altri, invece, ritengono che tale dichiarazione non possa essere equiparata a una confessione, in quanto il riconoscimento del soggetto non verterebbe su fatti ma su una valutazione o qualificazione giuridica. Da questa prospettiva, la dichiarazione in discorso avrebbe natura ricognitiva, con la conseguente possibilità di prova contraria rispetto a quanto in essa affermato (E. MINERVINI, *La dichiarazione di contrarre in qualità di consumatore o di professionista e la nuova disciplina delle clausole vessatorie*, in *Dir. banca e merc. fin.*, 1997, p. 574; E. CAPOBIANCO, *Diritto comunitario e trasformazione del contratto*, E.S.I., Napoli, 2003, p. 84).

consumatore del soggetto agente, e di conseguenza l'applicabilità della disciplina consumeristica, anche un'indiretta connessione dell'atto con la professione eventualmente svolta [67]. In questa prospettiva, la giurisprudenza esclude che possa essere considerato consumatore anche chi, in vista di una futura attività di impresa, acquisti gli strumenti necessari per svolgerla [68].

Alcune incertezze, tuttavia, sono emerse in relazione ai casi, pur frequenti, di acquisti per uso promiscuo, destinati a soddisfare al contempo esigenze professionali e personali [69]. Relativamente a tali ipotesi, infatti, il criterio della destinazione oggettiva del bene o del servizio si rivela inidoneo a fornire una soluzione, atteso che l'oggetto della contrattazione risulta astrattamente riconducibile tanto a una destinazione produttiva quanto a una di consumo.

A soccorso dell'interprete sono state proposte diverse soluzioni ermeneutiche, alcune volte a ricomprendere in ogni caso negli atti di consumo anche gli acquisti promiscui, altre invece intese ad escluderli, non essendo lo scopo totalmente estraneo all'attività professionale o imprenditoriale. Accanto ad impostazioni così manichee, è stata elaborata una tesi più moderata, secondo la quale per attribuire la qualifica di consumatore occorre guardare al criterio della prevalenza. In quest'ottica, si considera consumatore colui che agisce per scopi che prevalen-

---

[67] Così, la tutela spettante al consumatore viene negata anche nel caso in cui l'atto posto in essere per uno scopo extraprofessionale sia comunque strumentale all'attività professionale eventualmente svolta. In questo senso Cass., 14 aprile 2000, n. 4843, in *Corr. giur.*, 2001, p. 524 ss., con nota di R. CONTI; Cass., 25 luglio 2001, n. 10127, in *Giust. civ.*, 2002, I, p. 685 ss., la quale ha negato la qualità di consumatore a un commerciante, con riferimento a un contratto stipulato con una banca, volto a regolare la concessione di finanziamenti ai suoi clienti per l'acquisto dei beni da esso venduti.

[68] Cfr. Cass., 10 agosto 2004, n. 15475, in *Nuovo dir.*, 2005, p. 392 ss.; Cass., 14 aprile 2000, n. 2843, in *Corr. giur.*, 2001, p. 525 ss.

[69] Un'ipotesi particolare di uso promiscuo si ha quando una delle parti contrattuali sia complessa e ricomprenda al contempo un professionista e un consumatore che contrattino congiuntamente. L'esempio consueto è dato dall'acquisto di un'automobile da parte del coniuge professionista e del coniuge consumatore.

temente non rientrano nella sua attività professionale o imprenditoriale [70].

Al riguardo, la giurisprudenza comunitaria ha ancora una volta adottato la linea interpretativa più rigorosa, mostrando di non accontentarsi della mera prevalenza dello scopo non professionale, e richiedendo invece che l'uso professionale «*sia talmente marginale da avere un ruolo trascurabile nel contesto globale dell'operazione di cui trattasi*» [71]. Come visto, peraltro, anche la Suprema Corte accede alla medesima posizione, ritenendo che possa considerarsi consumatore soltanto la persona fisica che stipula contratti «*per la soddisfazione di esigenze della vita quotidiana estranee all'esercizio dell'attività professionale*» [72]. Tale soggetto, giova ribadirlo, può essere anche un imprenditore o un professionista, purché le esigenze che l'atto mira a soddisfare siano estranee all'attività lavorativa [73].

In passato, invero, è stata elaborata anche un'altra teoria, volta ad ampliare la nozione di consumatore, offrendo una differente soluzione al problema degli acquisti promiscui. Si tratta della teoria, di derivazione francese, della "competenza rispetto all'atto", che ha trovato accoglimento in una parte della dottrina e della giurisprudenza di merito del nostro paese. Da questa prospettiva, si ritiene che al fine di riconoscere la qualifica di consumatore occorrerebbe distinguere gli «*atti della professione*» da quelli «*relativi alla professione*», a seconda che il contratto stipulato sia utilizzato nel quadro dell'attività professiona-

---

[70] Per una disamina delle diverse posizioni emerse in dottrina e in giurisprudenza, si veda E. MINERVINI, *Dei contratti del consumatore in generale*, II ed., Giappichelli, Torino, 2010, p. 38 ss.

[71] Corte di Giustizia CE, 20 gennaio 2005, causa C-464/01, in *Foro it.*, 2005, IV, c. 133. Per la giurisprudenza interna v. Cass., 20 marzo 2010, n. 6802, in *Foro it.*, 2010, c. 2442; Cass., 20 marzo 2008, n. 7444, in *Giust. civ. Mass.*, 2008, p. 445; Cass., 23 febbraio 2007, n. 4208, in *Foro it.*, 2007, c. 2439; Cass., 14 giugno 2007, n. 13967, in *Ass.*, 2007, p. 355; Cass., 22 maggio 2006, n. 11933, in *Giud. pace*, 2007, p. 209; Cass., 9 novembre 2006, n. 23892, in *Giust. civ. Mass.*, 2006, p. 11.

[72] Cass., 25 luglio 2001, n. 10127, cit.; Cass., 8 giugno 2007, n. 13377, cit.; Cass., 13 giugno 2006, ord. n. 13643.

[73] Cfr. Cass., 12 marzo 2014, ord. n. 5705.

le[74]. Così, prescindendo dalla destinazione oggettiva del bene o del servizio dedotto in contratto, si dovrebbe verificare se la stipulazione di contratti del genere di quello posto in essere nel caso concreto rientri nell'esercizio dell'attività professionale, e dunque nella specifica competenza del soggetto, o meno. Per gli «*atti della professione*», ovvero gli atti attraverso i quali il soggetto esercita la sua attività professionale, si dovrebbe escludere la qualifica di contratti del consumatore. Diversamente, gli «*atti relativi alla professione*», ossia quelli realizzati nel contesto o in collegamento con l'esercizio della professione, poiché ad essa strumentali o connessi, sarebbero contratti del consumatore, attesa l'incompetenza del soggetto nel settore contrattuale in cui ha operato.

Per limitare gli esiti applicativi della teoria in discorso, ritenuti altrimenti troppo ampi, è stata poi sostenuta la necessità di considerare «*atti della professione*» quelli che si pongono rispetto ad essa in un rapporto di strumentalità non occasionale, e quindi rientranti nel novero degli atti normalmente conclusi nell'esercizio di tale attività[75]. In relazione a questi, infatti, non si avvertirebbe l'esigenza di proteggere il contraente da eventuali squilibri informativi, che invece costituiscono la ragione ispiratrice della disciplina consumeristica.

---

[74] In dottrina si veda L. GATT, *Commento all'art. 1469 bis comma 2°. Ambito soggettivo di applicazione della disciplina. Il consumatore e il professionista, in Commentario al capo XIV-bis del codice civile: dei contratti del consumatore*, cit., p. 100 ss. Cfr. anche M. BIN, *Clusole vessatorie: una svolta storica (ma si attuano così le direttive comunitarie?)*, in *Contr. impr./Europa*, 1996, p. 435 ss.; G. DE NOVA, *Le clausole vessatorie. Art. 25, l. 6 febbraio 1996 n. 52*, Ipsoa, Milano, 1996, p. 17 ss.; V. ROPPO, voce *Clausole vessatorie (nuova normativa)*, in *Enc. giur.*, vol. VI, Treccani, Roma, 1996; A. TULLIO, *Il contratto per adesione. Tra il diritto comune dei contratti e la novella sui contratti dei consumatori*, Giuffrè, Milano, 1997, p. 25 ss. Per la giurisprudenza di merito si veda Trib. Roma, 20 ottobre 1999, in *Foro it.*, 2000, I, c. 654, con nota di G. LENER, nonché Trib. Torino, 19 agosto 2008, secondo cui per definire la nozione di consumatore occorre fondare l'indagine non già sull'utilizzazione del bene o del servizio oggetto del contratto, ma sull'utilizzazione del contratto stesso, per verificare se rientri nel quadro dell'attività imprenditoriale o professionale eventualmente svolta.

[75] Si veda in tal senso D. MAFFEIS, *Ambito soggettivo di applicazione degli artt. 1469 bis c.c.*, in *Contratti*, 2000, p. 452 ss.

Sebbene suggestiva, con l'entrata in vigore del codice del consumo la tesi in esame ha perso ogni fondamento positivo. Essa infatti trovava un appiglio normativo nella vecchia formulazione dell'art. 1469-*bis* c.c., il quale faceva espresso riferimento al parametro dell'utilizzazione del contratto per definire la figura del professionista[76], e aveva fatto ritenere che anche per il consumatore si sarebbe potuto ricorrere al medesimo criterio, interpretando la locuzione «*scopi estranei*» nel senso della (in)competenza rispetto al tipo di contratto concluso.

L'interpretazione oggi prevalente, pertanto, è quella più rigorosa, stante l'impossibilità di superare il dato normativo, dal quale emerge la precisa scelta politica del legislatore di restringere l'applicabilità della tutela consumeristica, anche nell'ottica di una completa armonizzazione delle normative europee[77]. Ciononostante, alla teoria da ultimo analizzata va attribuito il merito di aver posto l'attenzione su un tratto peculiare della disciplina in commento, vale a dire la protezione di una debolezza rispetto all'atto realizzato che deriva dalla carenza di conoscenze specifiche in determinati settori o materie. E tale debolezza, come è stato evidenziato, può riguardare talvolta pure alcuni professionisti operanti nell'ambito della propria attività.

Focus

LA FIGURA DEL "PROSUMER"

Il tema delle attività con finalità promiscue assume particolare rilievo anche con riferimento alla figura del c.d. "*prosumer*", ossia del soggetto che agisce al contempo quale produttore e consumatore[78]. Il

[76] Il comma 2 dell'art. 1469 *bis* c.c., così recitava: «*Il professionista è la persona (...) che, nel quadro della sua attività imprenditoriale o professionale utilizza il contratto* ...».

[77] Alla completa armonizzazione mira infatti la direttiva CE n. 29/2005. Per attuarla il nostro legislatore ha dovuto modificare l'art. 18 c. cons. escludendo dalla nozione di consumatore (relativa alle sole norme sulle pratiche commerciali, sulla pubblicità e sulle altre comunicazioni) il richiamo alle persone giuridiche.

[78] In arg. G. CHINÉ, *Commento* sub *art. 3 cod. cons.*, in V. CUFFARO (a cura

termine, che deriva dalla composizione di due parole normalmente usate in senso antinomico («*pro*», *producer*; «*sumer*», consumer), è stato coniato dai sociologi per indicare la progressiva riduzione della distanza tra i due protagonisti del mercato [79]. Da questo punto di vista, la figura in parola rappresenta il punto di emersione di alcuni dei problemi che da sempre si annidano dietro la nozione di consumatore, e ne evidenzia la tensione a cui è sottoposta a causa dei continui mutamenti economici e sociali.

Nel nostro ordinamento, una nozione giuridica di "*prosumer*" si rinviene nel settore dell'autoproduzione dell'energia elettrica, ove l'Autorità competente (AEEGSI) lo definisce come «*il soggetto che è al contempo produttore e cliente finale di energia elettrica*» [80]. Il "*prosumer*", pertanto, differisce dal consumatore non solo perché può essere persona giuridica ma anche e soprattutto perché svolge un'attività produttiva. Esso, inoltre, non coincide neppure con il cliente finale, che è invece chi acquista energia elettrica o gas naturale per uso proprio [81]. Ciononostante, è proprio a quest'ultimo soggetto che l'AEEGSI ha equiparato il "*prosumer*", almeno per ciò che concerne il Servizio di conciliazione e il trattamento dei reclami. Tale scelta si giustifica in considerazione del fatto che il "*prosumer*", rimanendo un utente di un servizio erogato dal Gestore Servizi Energia (GSE), si trova in una situazione caratterizzata da asimmetrie informative, che derivano anche dalla novità del settore in cui opera. L'AEEGSI, peraltro, ha individuato un valore-soglia (legato alla potenza dell'impianto di produzione) entro il quale il "*prosumer*" può essere equiparato al cliente finale nell'ambito della procedura di conciliazione [82].

---

di), *Codice del consumo*, cit., p. 29 ss.; A. QUARTA, *Il diritto dei consumatori ai tempi della* peer economy. *Prestatori di servizi e* prosumers*: primi spunti*, in *Europa dir. priv.*, 2017, p. 667 ss. In prospettiva sociologica, si vedano le prime riflessioni sul c.d. prosumerismo di G. FABRIS, *Customer Knowledge Marketing*, in *Consumatori, Diritti & Mercato*, 2008, 1, p. 91 ss.

[79] Il neologismo si deve a A. TOFFLER, *The Third Way*, Morrow, New York, 1980. Per l'edizione italiana si veda la traduzione a cura di L. Berti, *La terza ondata*, Sperling & Kupfer, Milano, 1987.

[80] Cfr. allegato A alla deliberazione 18 maggio 2012, n. 188/2012/E/com e ss.mm.; allegato A alla deliberazione n. 286/2014/R/com e ss. mm.

[81] In arg. M. MAUGERI, *Elementi di criticità nell'equiparazione, da parte dell'AEEGSI, dei "prosumer" ai "consumatori" e ai "clienti finali"*, in *Nuova giur. civ.*, 2015, p. 406 ss.

[82] Critica rispetto a tale scelta è M. MAUGERI, *op. loc. ult. cit.*, secondo cui la definizione dei valori-soglia da parte dell'*authority* competente richiederebbe, per essere valida, di una copertura legislativa statale, al momento mancante.

Fuori dal campo dell'energia elettrica, però, rimane aperto il problema della disciplina applicabile alla figura in discorso, la quale può riscontrarsi in diversi settori di mercato, e in particolare nell'ambito della c.d. economia collaborativa[83]. In sistemi economici di questo tipo, grazie anche alla funzione di intermediazione che svolgono apposite piattaforme *online*, non occorre una speciale organizzazione per produrre o scambiare un bene: tutti hanno la possibilità di produrre qualcosa, di immettere sul mercato della condivisione oggetti che usano poco o non usano più, di offrire i propri talenti o il proprio tempo libero[84]. L'uso temporaneo di un bene da parte di terzi, ad esempio, non pregiudica il titolo proprietario sottostante e dunque l'utilizzo personale della *res*. In questo senso, nel caso in cui il *"prosumer"* svolga un'attività professionale pare riproporsi il tema del contratto misto e dell'uso promiscuo.

Del resto nella *"sharing-economy"* è facile che gli scopi si confondano, ed anzi la promiscuità è proprio l'essenza di tale economia. L'applicazione del diritto dei consumatori, in questo contesto, richiede un'attenta verifica in ordine alla natura delle parti, ponendo particolare attenzione su chi fornisce il servizio, al fine di accertarne la professionalità. Un accertamento di questo tipo andrebbe svolto tenendo conto di alcuni indici di riferimento, come la frequenza dell'attività e la finalità di lucro, presente nelle transazioni in cui i prestatori ricevono una retribuzione al di là del rimborso dei costi[85]. In ogni caso, non può non avvertirsi l'esigenza di un set di parametri specifico per ogni settore dell'economia collaborativa volto a chiarire, nelle diverse circostanze, quale sia la normativa da applicare.

---

[83] Tale economia si caratterizza per il fatto che l'offerta e l'acquisto di beni e servizi avvengano tra soggetti privi di natura professionale.

[84] In questi termini A. QUARTA, *Il diritto dei consumatori ai tempi della* peer economy*. Prestatori di servizi e* prosumers*: primi spunti*, cit., p. 670.

[85] A tali fattori, del resto, fa riferimento in una recente Comunicazione la Commissione europea per valutare la professionalità del prestatore di servizi nell'ambito dell'economia collaborativa. Un ulteriore indicatore, peraltro, è individuato nel fatturato, posto che, secondo l'organo UE, «*maggiore è il fatturato generato dal prestatore di servizi, maggiore è la probabilità che il prestatore si qualifichi come professionista*» (Comunicazione della Commissione al Parlamento europeo, al Consiglio, al Comitato economico e sociale europeo e al Comitato delle regioni, *Un'agenda europea per l'economia collaborativa*, 2 giugno 2016).

LA NOZIONE DI CONSUMATORE TRA LE TEORIE DEL CONTRATTO ASIMMETRICO E DEL TERZO CONTRATTO

Il dibattito sulla possibilità di estendere l'ambito applicativo della disciplina consumeristica, avviatosi all'indomani dei primissimi interventi del legislatore in materia, non si è mai del tutto sopito e ha continuato ad interessare la dottrina nonostante l'orientamento di netta chiusura adottato dalla giurisprudenza. Sul punto il discorso dei giuristi si è anzi arricchito, avendo la riflessione indotto ad una più attenta analisi delle reali finalità della normativa di settore nel quadro del diritto europeo. In questo senso, le posizioni che si sono contrapposte riflettono a loro volta modi differenti di leggere lo stato e le prospettive di evoluzione del sistema del diritto dei contratti del mercato.
In particolare, a partire dai primi anni del nuovo millennio ha cominciato a diffondersi nel lessico della scienza giuridica del nostro Paese l'espressione "contratto asimmetrico", con la quale si è voluto indicare un "nuovo paradigma contrattuale", e cioè un nuovo modello di contratto governato da un insieme di regole che divergerebbe in modo significativo dalla disciplina generale di cui agli artt. 1321 e ss. del codice civile[86].

[86] Il riferimento è alla nota prospettiva seguita da V. ROPPO, *Contratto di diritto comune, contratto del consumatore, contratto con asimmetria di potere contrattuale: genesi e sviluppi di un nuovo paradigma*, cit., p. 769 ss. Sul punto, oltre all'analisi enciclopedica di A.M. BENEDETTI, voce *Contratto asimmetrico*, cit., p. 370 ss., si veda la critica di A. ZOPPINI, *Premesse sistematiche all'analisi del recesso nel contratto tra imprese*, in G. GITTI-G. VILLA (a cura di), *Il terzo contratto*, Il Mulino, Bologna, 2008, p. 223 ss., il quale sostiene l'impossibilità di ricostruire un modello di contrattazione unitario sulla base della sola asimmetria di potere negoziale, attese le peculiarità tecniche, in ordine all'impianto normativo e alle finalità, che distinguono il regime normativo dei contratti dei consumatori da quello dei contratti tra imprese in posizione di disparità. Tali argomentazioni sono ulteriormente sviluppate in A. ZOPPINI, *Il contratto asimmetrico tra parte generale, contratti di impresa e disciplina della concorrenza*, cit., p. 515. Una replica a siffatti rilievi si rinviene in V. ROPPO, *Diritto dei contratti e regolazione del mercato: dalla protezione del consumatore alla protezione del cliente?*, in ID., *Il contratto del duemila*, cit., p. 125 ss., spec. pp. 140-144.

Cfr., inoltre, C. CAMARDI, *Contratti di consumo e contratti tra imprese. Riflessioni sull'asimmetria contrattuale nei rapporti di scambio e nei rapporti «reticolari»*, cit., p. 549 ss., secondo cui l'asimmetria che può venire in rilievo nei contratti tra imprese differisce da quella dei contratti dei consumatori poi-

Questo nuovo paradigma, nato proprio nell'ambito dei contratti del consumatore, manifesterebbe una forza espansiva tale da proiettarlo al di fuori di quello specifico settore. Di esso, infatti, sarebbero espressione anche alcuni interventi normativi a tutela dei professionisti, e segnatamente delle imprese, i quali condividerebbero in larga misura la medesima *ratio* della disciplina consumeristica, identificata nell'esistenza di significative asimmetrie di mercato che collocano una parte in posizione di debolezza rispetto all'altra [87].
Si è ipotizzato, pertanto, di poter costruire intorno alla categoria del contratto asimmetrico una sorta di diritto contrattuale dei fallimenti del mercato, da intendere come corpo normativo apprezzabilmente unitario, orientato appunto alla protezione della parte debole. Nello specifico, sul presupposto che la disciplina consumeristica e la legislazione a tutela del professionista debole regolerebbero "casi simili o materie analoghe", si è sostenuta l'esistenza di ampi spazi per l'estensione analogica delle norme da un campo all'altro, e dunque l'interscambiabilità dei rimedi previsti dalle rispettive normative [88].
Si è obiettato, da altri fronti, che, senza ulteriori specificazioni, la formula onnicomprensiva della "asimmetria di potere contrattuale" finirebbe per assumere una valenza meramente descrittiva, poiché l'idea che essa evoca di una generica "disuguaglianza" tra le parti celerebbe in realtà, nei due ambiti di riferimento (la contrattazione del consuma-

ché non si produce al momento dello scambio ma è conseguenza della particolare struttura reticolare che connota i rapporti tra le imprese, nei quali lo squilibrio è fisiologico. Di qui l'incomunicabilità delle regole dei diversi modelli e la rinunzia alla costruzione di paradigmi unitari. Critico rispetto a tali osservazioni è C. Castronovo, *Diritto privato generale e diritti secondi. La ripresa di un tema*, in *Europa dir. priv.*, 2006, p. 397 ss., secondo cui la struttura reticolare «*non modifica in nulla il dato che l'impresa forte farà valere la propria possanza fino al punto in cui l'altra sarebbe indotta a desistere dal rapporto: precisamente come nei rapporti con il consumatore*» (p. 412).

[87] Tra i provvedimenti aventi a oggetto la contrattazione tra imprese diseguali si collocano solitamente la legge sulla subfornitura, la legge sui ritardi di pagamento nelle transazioni commerciali, alcune disposizioni della normativa sul contratto di agenzia, alcune di quella sul contratto di *franchising*.

[88] Con la precisazione che l'estensione sarebbe «*da produrre in modo non meccanico né indiscriminato, bensì mirato e selettivo: solo dopo avere verificato che nella fattispecie (ad esempio B2B) priva di copertura normativa diretta, effettivamente ricorrano situazioni di interesse e conseguenti esigenze di tutela giuridica assimilabili a quelle sottese alla norma direttamente dettata per altra fattispecie (ad esempio B2C)*». Così V. Roppo, *I paradigmi di comportamento del consumatore, del contraente debole e del contraente professionale nella disciplina del contratto*, cit., pp. 33-34.

tore e quella tra imprese), «*sostanza, presupposti e indici di riconoscimento del tutto diversi*» [89].

Da questa prospettiva, si è teorizzata allora la configurabilità di un ulteriore modello contrattuale, il c.d. "terzo contratto", circoscritto ai soli contratti tra imprese diseguali, i quali caratterizzerebbero di per sé un nuovo paradigma, distante da quello del contratto negoziato tra soggetti su un piano di parità, ma al contempo profondamente diverso da quello dei consumatori [90].

---

[89] G. AMADIO, *Il terzo contratto. Il problema*, in G. GITTI-G. VILLA (a cura di), *Il terzo contratto*, cit., p. 16.

[90] L'espressione *"terzo contratto"* è stata coniata R. PARDOLESI, nella *Prefazione* a G. COLANGELO, *L'abuso di dipendenza economica tra disciplina della concorrenza e diritto dei contratti. Un'analisi economica e comparata*, Giappichelli, Torino, 2004, p. XIII. Sul tema, si vedano anzitutto i contributi contenuti in *Il diritto europeo dei contratti d'impresa. Autonomia negoziale dei privati e tecniche di regolazione del mercato*, a cura di P. SIRENA, Giuffrè, Milano, 2006, nonché nel già citato volume G. GITTI-G. VILLA (a cura di), *Il terzo contratto*.

Cfr. anche A. GIANOLA, voce *Terzo Contratto*, in *Dig. disc. priv., sez. civ.*, Agg., IV, Utet, Torino, 2009, p. 571 ss.; R. FRANCO, *Il terzo contratto: da ipotesi di studio a formula problematica. Profili ermeneutici e prospettive assiologiche*, Cedam, Padova, 2010; R. NAVARRA, *Il terzo contratto: evoluzione e sviluppo delle forme contrattuali*, E.S.I., Napoli, 2015.

Spunti critici in E. MINERVINI, *Il «terzo contratto»*, in *Contratti*, 2009, p. 493 ss., il quale riconosce a tale approccio solamente una valenza razionalizzatrice per scopi didattici e didascalici, negando una sua possibile utilità relativamente alla configurazione di una fattispecie, all'individuazione di una disciplina e all'indicazione di un metodo; ID., *Status delle parti e disciplina del contratto*, in *Obbl. contr.*, 2008, p. 11 ss.; P. PERLINGIERI-L. RUGGIERI, *Diritto privato comunitario*, II, E.S.I., Napoli, 2008, p. 401; D. VALENTINO, *Il contratto «incompleto»*, in *Riv. dir. priv.*, 2008, p. 509 ss.

L'elaborazione del terzo contratto come nuova categoria autonoma è criticata anche da A. ALBANESE, *I contratti dei consumatori tra diritto privato generale e diritti secondi*, in *Jus*, 2009, p. 347 ss., il quale, pone l'accento sulla comune *ratio* di tutela dei contratti dei consumatori e di quelli tra imprese in posizione di asimmetria reciproca. Secondo l'A. «*tale esigenza di tutela si traduce (...) in regole speciali dirette a riequilibrare rapporti connotati da significative disparità, che peraltro non si manifestano soltanto nell'ambito dei contratti tra consumatori e professionisti, ma in alcuni casi riguardano anche la contrattazione tra imprenditori. Al "diritto secondo" del consumatore si è così affiancato un altro "diritto secondo", quello dell'impresa economicamente dipendente. Da questa prospettiva, il confronto tra contratti dei consumatori e contratti stipulati da imprese in condizioni di disuguaglianza*

L'irriducibilità a uno schema unitario dei contratti *Business to Consumer* e *Business to business* deriverebbe dal diverso atteggiarsi della debolezza delle parti nei rispettivi settori e, conseguentemente, dalla differente logica che ispirerebbe in tali ambiti l'intervento del legislatore.

Segnatamente, secondo questa tesi, la debolezza del consumatore si risolverebbe interamente nella singola operazione economica realizzata, e risiederebbe soprattutto nell'indisponibilità di informazioni e conoscenze necessarie per valutare adeguatamente il rischio dell'operazione negoziale: la c.d. asimmetria informativa tra le parti[91]. In tal senso, la disparità di potere sarebbe un elemento strutturale della contrattazione consumeristica, tant'è che il legislatore astrattamente la presume, senza che sia necessaria alcuna valutazione in concreto della sua sussistenza per ritenere integrata la qualifica di consumatore[92]. Del resto, obiettivo ultimo della disciplina di settore sarebbe proprio il generale controllo dell'attività contrattuale delle imprese – tenute in ogni caso a rispettare un decalogo di condotte in sede di

---

normativamente rilevante pone in evidenza una nuova chiave di lettura delle rispettive discipline e consente di coglierne la peculiarità di diritti secondi, che si distaccano dal tronco originario del diritto privato generale in quanto espressione di una logica radicalmente diversa da quella che invece postula la parità di trattamento dei contraenti». La distinzione tra diritto privato generale e diritti secondi è frutto della riflessione di C. CASTRONOVO, protrattasi negli anni a partire dal primo scritto *Diritto privato generale e diritti secondi. Responsabilità civile e impresa bancaria*, in *Jus*, 1981, p. 158 ss. Per una critica alla prospettiva dei diritti secondi, si veda M. LIBERTINI, *Alla ricerca del «diritto privato generale» (appunti per una discussione)*, in *Riv. dir. comm.*, 2006, I, p. 541 ss.

Infine, osservazioni critiche sul terzo contratto si rinvengono in A. GENTILI, *L'invalidità dei contratti diseguali degli imprenditori*, in *Riv. dir. impr.*, 2012, p. 3 ss., ove si afferma che esso non costituisce affatto una novità, essendo soltanto «*epifenomeno di principi tradizionali applicati a nuovi casi*».

[91] La debolezza del consumatore dipenderebbe quindi dal suo essere parte «*profana*», atteso che, non operando professionalmente nel mercato di riferimento, non disporrebbe di conoscenze e informazioni rilevanti per compiere scelte contrattuali pienamente consapevoli. Sul punto v. G. D'AMICO, *La formazione del contratto*, in G. GITTI-G. VILLA (a cura di), *Il terzo contratto*, cit., p. 57 ss.

[92] Cfr. G. AMADIO, *Il terzo contratto. Il problema*, cit., p. 16 ss. V. anche U. BRECCIA, *La parte generale fra disgregazione del sistema e prospettive di armonizzazione*, in *Riv. crit. dir. priv.*, 2008, 3, p. 347 ss., secondo cui quella dei consumatori sarebbe una categoria «*strutturalmente priva di un paritario potere contrattuale a causa di un'inferiorità cognitiva*».

conclusione ed esecuzione dei contratti – al fine di migliorare la distribuzione di beni e servizi e incentivare la concorrenza [93].

Per contro, lo squilibrio che caratterizzerebbe i contratti *Business to business* dipenderebbe da altri fattori, principalmente di tipo economico [94]. In tale ambito, infatti, la contrattazione avverrebbe normalmente tra parti informate, rispetto alle quali ad acquistare rilievo sarebbe la collocazione del contratto nel quadro delle reciproche relazioni economiche e delle dinamiche di mercato [95]. A tal fine, si evidenzia come l'impresa debole non venga identificata sulla base di una valutazione astratta, bensì attraverso la verifica in concreto di un elemento esterno allo specifico contratto, quale è la situazione di soggezione o di dipendenza economica [96].

---

[93] Per tali considerazioni si veda C. CAMARDI, *Integrazione giuridica europea e regolazione del mercato. La disciplina dei contratti di consumo nel sistema del diritto della concorrenza*, cit., p. 718. In questo senso può leggersi, ad esempio, la tesi di quanti sostengono che la disposizione di cui al comma 2 dell'art. 35 c. cons., in base alla quale le clausole dubbie devono essere interpretate a favore del consumatore, possa trovare applicazione anche nel caso in cui quest'ultimo abbia compreso il diverso senso di dette clausole (a lui sfavorevole) e le abbia accettate. Ciò in quanto, nonostante in tali ipotesi non vi sia bisogno di proteggere il consumatore, «*può essere utile a proteggere l'efficienza del mercato imporre* standard *sia di chiarezza sia di qualità dei servizi che siano* "consumer oriented"*, quali la prevalenza del significato più favorevole al consumatore anche quando il significato alternativo sia comprensibile*». Così, A. GENTILI, *Senso e consenso. Storia, teoria e tecnica dell'interpretazione dei contratti*, vol. II, Giappichelli, Torino, 2015, p. 607.

La scelta del legislatore di operare un generale controllo di tipo procedurale è chiara nell'ambito delle pratiche commerciali scorrette, la cui disciplina non fa leva su un accertamento caso per caso dell'effettiva forzatura della scelta negoziale, fondandosi piuttosto su criteri *standard*, come testimonia il riferimento al consumatore medio e all'astratta idoneità della pratica a falsarne il comportamento economico, a prescindere da qualsiasi intenzionalità del professionista.

[94] E. GABRIELLI, *Il consumatore e il professionista*, in E. GABRIELLI-E. MINERVINI (a cura di), *I contratti dei consumatori*, vol. I, in *Trattato dei contratti*, diretto da P. RESCIGNO ed E. GABRIELLI, Utet, Torino, 2005, p. 35. Si veda anche L. DELLI PRISCOLI, *«Consumatore», «imprenditore debole» e principio di uguaglianza*, cit., p. 766.

[95] Cfr. A. ZOPPINI, *Premesse sistematiche all'analisi del recesso nel contratto tra imprese*, in G. GITTI-G. VILLA (a cura di), *Il terzo contratto*, cit., p. 237; G. D'AMICO, *La formazione del contratto*, cit., p. 57 ss.

[96] In particolare, la situazione di dipendenza economica, la quale presuppone che un imprenditore sia inserito nel ciclo produttivo di un altro imprendi-

Alle differenti debolezze dei soggetti in discorso conseguirebbero tecniche di riequilibrio a loro volta diverse, non rispondenti a finalità coerenti e dunque insuscettibili di essere ricondotte ad un ambito comune.
Da ciò, pertanto, l'impossibilità di ravvisare nell'asimmetria di potere contrattuale una categoria unitaria, idonea a coordinare sistematicamente le discipline volte alla tutela della parte debole, e l'insostenibilità di una generale "consumerizzazione" del diritto dei contratti, attese le peculiarità di tale normativa di settore.

Focus

L'APPLICAZIONE DELLA DISCIPLINA CONSUMERISTICA AL FIDEIUSSORE

Rispetto al passato la prassi ci mostra sempre più di frequente situazioni in cui il garante è una persona fisica che non svolge l'attività di garanzia come una attività professionale e che non ha neppure il potere di negoziare il contenuto del testo contrattuale che gli viene sottoposto.

---

tore, si sostanzia nell'assenza di alternativa sul mercato, di cui l'imprenditore forte potrebbe abusare determinando nei rapporti con la parte debole un eccessivo squilibrio di diritti e di obblighi. Il patto mediante il quale si realizzi un tale abuso è sanzionato con la nullità dall'art. 9 della l. 8 giugno 1998. Si tratta pertanto di una situazione di asimmetria potenziale che in quanto tale non riceve tutela in sé e per sé, ma solo qualora vi sia uno sfruttamento della dipendenza economica che si concretizzi nell'abuso.

La fattispecie in questione è stata configurata dal legislatore con specifico riferimento ai rapporti di subfornitura ma oggi se ne sostiene la generale applicabilità a tutte le relazioni contrattuali tra imprese, ove emerga analoga esigenza di tutela del contraente debole. Sull'estensione dell'art. 9, l. n. 192 oltre la subfornitura, per tutti in questa sede: P. FABBIO, *Abuso di dipendenza economica*, in A. CATRICALÀ-E. GABRIELLI (a cura di), *I contratti nella concorrenza*, in *Trattato dei contratti*, diretto da P. RESCIGNO ed E. GABRIELLI, XV, Utet, Torino, 2011, p. 277 ss.; M. MAUGERI, *Abuso di dipendenza economica e autonomia privata*, Giuffrè, Milano, 2003, p. 131 ss.; D. MAFFEIS, *sub* art. 9, in G. DE NOVA (a cura di), *La subfornitura. Legge 18 giugno 1998, n. 192*, Ipsoa, Milano, p. 78; G. NICCOLINI, *Subfornitura e attività produttive. Commento alla L. 18 giugno 1998, n. 192*, Giuffrè, Milano, 1999, p. 123.

In giurisprudenza Cass., Sez. Un., ord. 25 novembre 2011, n. 24906, in *Giur. it.*, 2012, p. 2054, e in *Nuova giur. civ.*, 2012, I, p. 298 ss.

Di conseguenza chi conclude il contratto di garanzia è una persona fisica che pone in essere il contratto al di fuori della propria attività imprenditoriale, commerciale, artigianale o professionale svolta.
La Corte di Giustizia CE nella sentenza "*Dietzinger*" (Corte Giust. CE, 17 marzo 1998, C-45/96), con riferimento all'interpretazione della nozione di consumatore dettata dalla direttiva 85/577/CEE sui contratti negoziati fuori sede, aveva formulato la **tesi del professionista c.d. "di rimbalzo"**. In quella pronuncia, la Corte europea affermava che «*risulta dal tenore dell'art. 1 della direttiva nonché dalla natura accessoria della fideiussione che può rientrare nella direttiva unicamente la fideiussione accessoria ad un contratto con cui un consumatore si sia impegnato, in occasione di una vendita a domicilio, nei confronti di un commerciante al fine di ottenere da quest'ultimo beni o servizi. Inoltre, dal momento che la direttiva è unicamente destinata a tutelare i consumatori, un fideiussore rientra nella sua sfera di applicazione soltanto se, in conformità dell'art. 2, primo trattino, della direttiva stessa, si sia obbligato per un uso che può considerarsi estraneo alla propria attività professionale. La questione sollevata va quindi risolta dichiarando che l'art. 2, primo trattino, della direttiva 85/577 va interpretato nel senso che un contratto di fideiussione stipulato da una persona fisica, la quale non agisca nell'ambito di un'attività professionale, è escluso dalla sfera di applicazione della direttiva quando esso garantisca il rimborso di un debito contratto da un'altra persona la quale agisce, per quanto la concerne, nell'ambito della propria attività professionale*».
In conformità alle statuizioni europee, la giurisprudenza italiana si è costantemente orientata in senso conforme alla **tesi del professionista "di rimbalzo"**, ribadendo che «*la qualità del debitore principale attrae quella del fideiussore ai fini della individuazione del soggetto che deve rivestire la qualità di consumatore*» (cfr. Cass., 13 maggio 2005, n. 10107; Cass., 13 giugno 2006, n. 13643; Cass., 12 novembre 2008, n. 27005; Cass., 29 novembre 2011, n. 25212).
Secondo l'orientamento tradizionale la persona fisica, che presta fideiussione per la garanzia di un debito ricadente su di un soggetto «professionale», non assumeva lo status di consumatore (Cass., 5 dicembre 2016, n. 24846). In base a tale precedente orientamento «*La garanzia personale, che viene prestata, è subordinata al debito principale cui accede*»: «*l'oggetto della obbligazione fideiussoria si determina "per relationem" sulla base del contenuto dell'obbligazione principale*». «*Il legislatore, nel disciplinare le caratteristiche di tale fattispecie, agli artt. 1939, 1941 e 1945 cod. civ., ha reso evidenti i tratti del fenomeno negoziale intercorrente tra il debito principale e l'obbligazione fideiussoria, collegamento qualificabile come necessario, unilaterale e funzionale*»: i distinti negozi sono «*obiettivamente unificati da un nesso di interdipendenza che, per volontà del legislatore stesso, è*

tale da determinare che ogni vicenda del contratto principale si comunica al contratto subordinato e non viceversa».
«*Indefettibile corollario*» di questa impostazione, quindi, era che non si poteva «*non porre lo stesso rapporto principale come punto di riferimento per l'indagine circa l'applicazione o meno della normativa speciale disciplinata dal codice del consumo*».
Diverso l'orientamento del Collegio di Coordinamento dell'Arbitro Bancario Finanziario che con decisione dell'8 giugno 2016, n. 5368 (in *Banca, borsa, tit. cred.*, 2017, p. 271 s), già evidenziava come la tesi del "professionista di rimbalzo" mostrasse chiari limiti anche perché non sempre le garanzie bancarie sono accessorie rispetto al debito principale, potendo altresì atteggiarsi quali "contratti autonomi di garanzia"; il Collegio, infatti, nella decisione sopra citata, rilevava che «*Se è infatti incontrovertibile l'assunto secondo il quale l'asservimento funzionale del rapporto accessorio a quello principale ne giustifica l'assoggettamento alla disciplina propria di quest'ultimo (come del resto accade, in tutt'altro altro ambito giuridico, per i beni pertinenziali) non sembra possa da ciò derivarsi l'automatica estensione al garante della qualifica soggettiva che compete al debitore principale, atteso che il collegamento tra i due negozi opera sul piano oggettivo, non anche su quello soggettivo concernente le diverse posizioni e, soprattutto, le diverse esigenze di tutela delle persone che tali negozi hanno posto in essere. Per darne conto è sufficiente ipotizzare che il negozio principale sia posto in essere da un consumatore (ad es.: contratto di locazione di immobile ad uso abitativo quale conduttore) e la fideiussione a garanzia dell'adempimento venga rilasciata, come è del resto usuale, da un intermediario bancario o assicurativo: se davvero la qualità del debitore principale determinasse quella del fideiussore, si dovrebbe allora ritenere applicabile alla banca o all'assicuratore la disciplina di tutela del consumatore, pur in assoluto difetto delle ragioni di meritevolezza che ne costituiscono il fondamento. Sembra invece corretto ritenere che l'applicazione estensiva al negozio fideiussorio della normativa de qua non possa operare se non nella sua interezza, ivi inclusi tutti i criteri, di cui all'art. 3, che definiscono la qualificazione dei soggetti interessati e sulla cui scorta occorrerà di volta in volta individuare quale sia la qualificazione soggettiva del garante e del debitore principale*».
Il caso *Tarcau* (sent. 19 novembre 2015, causa C-74/15) ha determinato un cambio di rotta, infatti, la Corte di Giustizia modificando orientamento ha affermato che «*Gli articoli 1, paragrafo 1, e 2, lettera b), della direttiva 93/13/CEE del Consiglio, del 5 aprile 1993, concernente le clausole abusive nei contratti stipulati con i consumatori, devono essere interpretati nel senso che tale direttiva può essere applicata a un contratto di garanzia immobiliare o di fideiussione stipulato tra una persona fisica e un ente creditizio al fine di garantire le obbligazioni*

che una società commerciale ha contratto nei confronti di detto ente in base a un contratto di credito, quando tale persona fisica ha agito per scopi che esulano dalla sua attività professionale e non ha alcun collegamento di natura funzionale con la suddetta società».

Sulla scia della Corte Europea, la Suprema Corte con una successiva pronuncia (Cass., 31 dicembre 2018, n. 32225) ha affermato (con diretto riferimento ai fattispecie relative a garanzie sia fideiussorie, che immobiliari costituite da terzi) che le «*regole uniformi concernenti le clausole abusive devono applicarsi a "qualsiasi contratto" stipulato tra un professionista e un consumatore*»; che l'«*oggetto del contratto è quindi irrilevante*»; che «*è dunque con riferimento alla qualità dei contraenti, a seconda che essi agiscano o meno nell'ambito della loro attività professionale, che la direttiva 93/13 definisce i contratti ai quali essa si applica*»; che «*tale criterio corrisponde all'idea che sulla quale si basa il sistema di tutela istituito da tale direttiva, ossia che il consumatore si trovi in una situazione di inferiorità*»; che «*questa tutela è particolarmente importante nel caso di contratto di garanzia o di fideiussione stipulato tra un istituto bancario e un consumatore*»; che il «*contratto di garanzia o di fideiussione, sebbene possa essere descritto ... come un contratto accessorio rispetto al contratto principale da cui deriva il debito che garantisce*», «*dal punto di vista delle parti contraenti esso si presenta come un contratto distinto quando è stipulato tra soggetti diverso dalle parti del contratto principale*» (cfr., da ultimo, Cass., 26 marzo 2019, n. 8419).

Da ultimo, il Supremo Collegio con la sent. n. 724/2020 ha abbandonato definitivamente l'orientamento tradizionale evidenziando che quello dell'accessorietà fideiussoria si manifesta tratto oggettivamente estraneo alla normativa di protezione del consumatore. Connotante la struttura disciplinare dell'impegno e dell'obbligazione assunti dal fideiussore, l'accessorietà non può non rimanere confinata entro tale ristretto ambito; di certo, non può venire proiettata fuori da esso, per spingerla sino a incidere sulla qualificazione dell'attività – professionale o meno – di uno dei contraenti; tanto meno, l'accessorietà potrebbe far diventare un soggetto (il fideiussore o, più in generale, il terzo garante) il replicante, ovvero il duplicato, di un altro soggetto (il debitore principale).

Cosicché deve essere qualificato come consumatore il fideiussore persona fisica che, pur svolgendo una propria attività professionale (o anche più attività professionali), stipuli il contratto di garanzia per finalità non inerenti allo svolgimento di tale attività, bensì estranee alla stessa, nel senso che si tratti di atto non espressivo di questa, né strettamente funzionale al suo svolgimento (c.d. atti strumentali in senso proprio) (G. Salvi, *La garanzia autonoma e le interferenze con la tutela consumeristica*, in *Contratti*, 2020, 1, p. 99).

AKERLOF G., *The Market for Lemons. Quality Uncertainty and the Market Mechanism*, in *Quarterly Journal of Economics*, 84(3), 1970.

ALBANESE A., *I contratti dei consumatori tra diritto privato generale e diritti secondi*, in *Jus*, 2009.

ALPA G., *Diritto privato dei consumi*, Il Mulino, Bologna, 1986.

ALPA G., Status *e capacità. La costruzione giuridica delle differenze individuali*, Laterza, Roma-Bari, 1993.

ALPA G., voce *Contratti di massa, profili generali*, in *Enc. dir.*, App. I, Giuffrè, Milano, 1997.

ALPA G., *Commento al Codice del consumo*, in *Contratti*, 2005.

ALPA G., *Introduzione al diritto dei consumatori*, Laterza, Roma-Bari, 2006.

ALPA G., *Introduzione al diritto contrattuale europeo*, Laterza, Roma-Bari, 2007.

ALPA G., *Manuale di diritto privato*, Cedam, Padova, 2007.

ALPA G.-CHINÉ G., voce *Consumatore (protezione del) nel diritto civile*, in *Dig. disc. priv., sez. civ.*, vol. XV, App., Utet, Torino, 1997.

AMADIO G., *Il terzo contratto. Il problema*, in G. GITTI-G. VILLA (a cura di), *Il terzo contratto*, Il Mulino, Bologna, 2008.

ASCARELLI T., *Teoria della concorrenza ed interesse del consumatore*, in *Saggi di diritto commerciale*, Giuffrè, Milano, 1955.

ASCARELLI T., *Teoria della concorrenza e beni immateriali*, Giuffrè, Milano, 1960.

ASTONE M. (a cura di), *Il diritto dei consumatori nella giurisprudenza della Corte di Giustizia Europea. Casi e questioni*, Pacini Giuridica, Pisa, 2020.

BARCELLONA P., voce *Libertà contrattuale*, in *Enc. dir.*, vol. XXIV, Giuffrè, Milano, 1974.

BARCELLONA P., *Soggetti e tutele nell'epoca del mercato europeo-mondiale*, in N. LIPARI (a cura di), *Diritto privato europeo e categorie civilistiche*, E.S.I., Napoli, 1997.

BARENGHI A., *sub* art. 1469-*bis* c.c., in ID. (a cura di), *La nuova disciplina delle clausole vessatorie nel codice civile*, Jovene, Napoli, 1996.

BARTOLOMUCCI P., *Le pratiche commerciali scorrette: profili civilistici*, Liguori, Napoli, 2009.

BATTELLI E., *Consumatore: nozione, clausole abusive e foro competente*, in *Corr. merito*, 2006.

BATTELLI E., *Nuove norme in tema di pratiche commerciali sleali e pubblicità ingannevole*, in *Contratti*, 2007.

BATTELLI E., *Codice del consumo, Codice civile e codici di settore: un rapporto non meramente di specialità*, in *Europa dir. priv.*, 2016.

BATTELLI E., *I contratti-tipo. Modelli negoziali per la regolazione del mercato: natura, effetti e limiti*, E.S.I., Napoli, 2017.

BATTELLI E., *Diritto dei contratti e questioni di razionalità economica*, in *Contr. e impr.*, 2019.

BENEDETTI A.M., voce *Contratto asimmetrico*, in *Enc. dir.*, *Annali*, V, Giuffrè, Milano, 2012.

BENEDETTI G., *Tutela del consumatore e autonomia contrattuale*, in *Riv. trim. dir. proc. civ.*, 1998.

BIANCA C.M., *Nozione di condominio*, in ID. (a cura di), *Il condominio*, Utet, Torino, 2007.

BIGLIAZZI GERI L., *Commento* sub *art. 1469*-bis, *comma 1*, in *Nuove leggi civ. comm.*, 1997.

BIN M., *Clausole vessatorie: una svolta storica (ma si attuano così le direttive comunitarie?)*, in *Contr. impr./Europa*, 1996.

BONFIGLIO P., *L'ambito soggettivo di applicazione dell'art. 1469 bis cod. civ.*, in *Nuova giur. civ. comm.*, 2003.

BRANCA G., *Comunione, condominio negli edifici*, in *Commentario Scialoja-Branca*, Zanichelli, Bologna-Roma, 1982.

BRECCIA U., *La parte generale fra disgregazione del sistema e prospettive di armonizzazione*, in *Riv. crit. dir. priv.*, 2008.

BUONOCORE V., *Contratti del consumatore e contratti di impresa*, in *Riv. dir. civ.*, 1995.

CALVO R., *Il concetto di consumatore, l'argomento naturalistico ed il sonno della ragione*, in *Contr. impr./Europa*, 2003.

CALVO R., *Artt. 18-26*, in E. CAPOBIANCO-G. PERLINGIERI (a cura di), *Codice del consumo annotato con la dottrina e la giurisprudenza*, E.S.I., Napoli, 2009.

CAMARDI C., *Integrazione giuridica europea e regolazione del mercato. La disciplina dei contratti di consumo nel sistema del diritto della concorrenza*, in *Europa dir. priv.*, 2001.

CAMARDI C., *Contratti di consumo e contratti tra imprese. Riflessioni sull'asimmetria contrattuale nei rapporti di scambio e nei rapporti «reticolari»*, in *Riv. crit. dir. priv.*, 2005.

CAMARDI C., *Tecniche di controllo dell'autonomia contrattuale nella prospettiva del diritto europeo*, in *Europa dir. priv.*, 2008.

CAMARDI C., *Pratiche commerciali scorrette e invalidità*, in *Obbl. contr.*, 2010.

CAPILLI G., *La nozione di consumatore alla luce dell'orientamento della consulta*, in *Contratti*, 2003.

CAPOBIANCO E., *Diritto comunitario e trasformazione del contratto*, E.S.I, Napoli, 2003.
CAPOBIANCO E., *Commento* sub *art. 3 cod. cons.*, in E. CAPOBIANCO-L. MEZZASOMA-G. PERLINGIERI (a cura di), *Codice del consumo annotato con la dottrina e la giurisprudenza*, E.S.I., Napoli, 2018.
CARLEO R., *Codici di settore*, in *XXI Secolo, Enc. Treccani*, Roma, 2009.
CASTRONOVO C., *Diritto privato generale e diritti secondi. Responsabilità civile e impresa bancaria*, in *Jus*, 1981.
CASTRONOVO C., *Diritto privato generale e diritti secondi. La ripresa di un tema*, in *Europa dir. priv.*, 2006.
CERDONIO CHIAROMONTE G., *Tutela consumeristica e parte soggettivamente complessa*, in *Riv. dir. civ.*, 2019.
CHINÉ G., *Il consumatore*, in *Trattato di diritto privato europeo*, diretto da N. LIPARI, vol. I, II ed., Cedam, Padova, 2003.
CHINÉ G., *Commento* sub *art. 3 cod. cons.*, in V. CUFFARO (a cura di), *Codice del consumo*, Giuffrè, Milano, 2019.
CIAN G., *Il nuovo capo XIV-bis del Codice Civile sulla disciplina dei contratti con i consumatori*, in *Studium Iuris*, 1996.
CONTI R., *Le giurisdizioni superiori di nuovo a confronto sulla nozione di consumatore*, in *Corr. giur.*, 2003.
CORONA R., *I lineamenti generali della riforma e alcune importanti novità*, in A. GAMBARO-U. MORELLO (diretto da), *Condominio negli edifici e comunione*, in *Trattato dei diritti reali*, a cura di A. GAMBARO e U. MORELLO, Giuffrè, Milano, 2012.
D'AMICO G., *La formazione del contratto*, in G. GITTI-G. VILLA (a cura di), *Il terzo contratto*, Il Mulino, Bologna, 2008.
DE CRISTOFARO G. (a cura di), *Le «pratiche commerciali sleali» tra imprese e consumatori. La direttiva 2005/29/Ce e il diritto italiano*, Giappichelli, Torino, 2007.
DE CRISTOFARO G., *Le pratiche commerciali scorrette nei rapporti tra professionisti e consumatori*, in *Nuove leggi civ. comm.*, 2008.
DE CRISTOFARO G., *Pratiche commerciali scorrette e "microimprese"*, in *Nuove leggi civ. comm.*, 2014.
DE CRISTOFARO G., *La nuova disciplina europea dei contratti di viaggio (dir. 2015/2302/UE) e le prospettive del suo recepimento nell'ordinamento italiano*, in *Nuove leggi civ. comm.*, 2017.
DE NOVA G., *Le clausole vessatorie. Art. 25, l. 6 febbraio 1996 n. 52*, Ipsoa, Milano, 1996.
DE POLI M., *Asimmetrie informative e rapporti contrattuali*, Cedam, Padova, 2002.
DELLI PRISCOLI L., *«Consumatore», «imprenditore debole» e principio di uguaglianza*, in *Contr. impr./Europa*, 2003.

DI MARZIO F., *Le clausole vessatorie nel contratto fra professionista e consumatore*, in *Giust. civ.*, 1996.
DI MARZIO F., *Intorno alla nozione di consumatore nei contratti*, in *Giust. civ.*, 2001.
DI RAIMO R., *Note minime sulle implicazioni sostanziali dell'art. 14 della direttiva 2005/29/CE: a margine di una proposta per il suo recepimento*, in *Contr. impr./Europa*, 2007.
FABBIO P., *Abuso di dipendenza economica*, in A. CATRICALÀ-E. GABRIELLI (a cura di), *I contratti nella concorrenza*, in *Trattato dei contratti*, diretto da P. RESCIGNO ed E. GABRIELLI, vol. XV, Utet, Torino, 2011.
FIORIO P., *Professionista e consumatore, un discrimine formalista?*, in *Giur. it.*, 2002.
FRANCO R., *Il terzo contratto: da ipotesi di studio a formula problematica. Profili ermeneutici e prospettive assiologiche*, Cedam, Padova, 2010.
GABRIELLI E., *Il consumatore e il professionista*, in E. GABRIELLI-E. MINERVINI (a cura di), *I contratti dei consumatori*, vol. I, in *Trattato dei contratti*, diretto da P. RESCIGNO ed E. GABRIELLI, Utet, Torino, 2005.
GATT L., *Ambito soggettivo di applicazione della disciplina. Il consumatore ed il professionista*, in *Nuove leggi civ. comm.*, 1997.
GATT L., *Ambito soggettivo di applicazione della disciplina. Il consumatore ed il professionista*, in *Commentario al Capo XIV*-bis *del codice civile: dei contratti del consumatore*, a cura di C.M. BIANCA-F.D. BUSNELLI, Cedam, Padova, 1999.
GENTILI A., *Informazione contrattuale e regole dello scambio*, in *Riv. dir. priv.*, 2004.
GENTILI A., *Codice del consumo ed* esprit de géométrie, in *Contratti*, 2006.
GENTILI A., *Pratiche sleali e tutele legali: dal modello economico alla disciplina giuridica*, in *Riv. dir. priv.*, 2010.
GENTILI A., *La «nullità di protezione»*, in *Europa dir. priv.*, 2011.
GENTILI A., *L'invalidità dei contratti diseguali degli imprenditori*, in *Riv. dir. impr.*, 2012.
GENTILI A., *Il ruolo della razionalità cognitiva nelle invalidità negoziali*, in *Riv. dir. civ.*, 2013.
GENTILI A., *Senso e consenso. Storia, teoria e tecnica dell'interpretazione dei contratti*, vol. II, Giappichelli, Torino, 2015.
GENTILI A., *Contratti del consumatore e diritto comune dei contratti*, in *Riv. dir. civ.*, 2016.
GHIDINI G., *I diritti dei consumatori come* civil rights *del mercato*, in L. KLESTA DOSI (a cura di), *I nuovi diritti nell'integrazione euro-*

pea: la tutela dell'ambiente e la protezione del consumatore, Cleup, Padova, 2000.

GIANOLA A., voce *Terzo Contratto*, in *Dig. disc. priv., sez. civ.*, Agg., Utet, Torino, 2009.

GIUGGIOLI P.F., *Il contratto del consumatore*, in *Trattato di diritto civile*, diretto da R. SACCO, Utet, Torino, 2012.

IRTI N., *L'età della decodificazione*, Giuffrè, Milano, 1975.

IRTI N., *L'età della decodificazione*, in *Dir. e soc.*, 1978.

IRTI N., *L'ordine giuridico del mercato*, Laterza, Roma-Bari, 1998.

IRTI N., *Scambi senza accordo*, in *Riv. trim. dir. proc. civ.*, 1998.

IRTI N., *«Codici di settore»: compimento della «decodificazione»*, in M.A. SANDULLI (a cura di), *Codificazione, semplificazione e qualità delle regole*, Giuffrè, Milano, 2005.

IRTI N., *«Codici di settore»: compimento della «decodificazione»*, in *Dir. e soc.*, 2005.

KIRSCHEN S., *Commento* sub *art. 3 cod. cons.*, in L. ROSSI CARLEO-G. ALPA (a cura di), *Codice del consumo. Commentario*, E.S.I., Napoli, 2005.

LABELLA E., *Pratiche commerciali scorrette e autonomia privata*, Giappichelli, Torino, 2018.

LIBERTINI M., *Alla ricerca del «diritto privato generale» (appunti per una discussione)*, in *Riv. dir. comm.*, 2006, I.

LUCCHESI F., *Le definizioni rilevanti ai fini del codice del consumo*, in G. VETTORI (a cura di), *Il contratto dei consumatori, dei turisti, dei clienti, degli investitori e delle imprese deboli. Oltre il consumatore*, Cedam, Padova, 2013.

MAFFEIS D., *sub* art. 9, in G. DE NOVA (a cura di), *La subfornitura. Legge 18 giugno 1998, n. 192*, Ipsoa, Milano, 1998.

MAFFEIS D., *Ambito soggettivo di applicazione degli artt. 1469 bis c.c.*, in *Contratti*, 2000.

MAUGERI M., *Abuso di dipendenza economica e autonomia privata*, Giuffrè, Milano, 2003.

MAUGERI M., *Pratiche commerciali scorrette e disciplina generale dei contratti*, in A. GENOVESE (a cura di), *I decreti legislativi sulle pratiche commerciali scorrette. Attuazione e impianto sistematico della Direttiva 2005/29/CE*, Cedam, Padova, 2008.

MAUGERI M., *Violazione della disciplina sulle pratiche commerciali scorrette e rimedi contrattuali*, in *Nuova giur. civ. comm.*, 2008.

MAUGERI M., *Elementi di criticità nell'equiparazione, da parte dell'AEEGSI, dei "prosumer" ai "consumatori" e ai "clienti finali"*, in *Nuova giur. civ. comm.*, 2015.

MAZZAMUTO S., *Il contratto di diritto europeo*, III ed., Giappichelli, Torino, 2017.

MAZZONI C.M., *Contratti di massa e controlli nel diritto privato*, Jovene, Napoli, 1975.

MAZZONI C.M., *Contro una falsa categoria: i consumatori*, in *Giur. comm.*, 1976.

MINERVINI E., *La dichiarazione di contrarre in qualità di consumatore o di professionista e la nuova disciplina delle clausole vessatorie*, in *Dir. banca e merc. fin.*, 1997.

MINERVINI E., voce *Codice del consumo*, in *Disc. disc. priv., sez. civ.*, Agg., III, 1, Utet, Torino, 2007.

MINERVINI E., *Status delle parti e disciplina del contratto*, in *Obbl.. contr.*, 2008.

MINERVINI E., *Il «terzo contratto»*, in *Contratti*, 2009.

MINERVINI E., *Dei contratti del consumatore in generale*, II ed., Giappichelli, Torino, 2010.

MINERVINI E.-ROSSI CARLEO L. (a cura di), *Le pratiche commerciali sleali. Direttiva comunitaria e ordinamento italiano*, Giuffrè, Milano, 2007.

MORESCHINI P., *Commento* sub *art. 3 cod. cons.*, in E.M. TRIPODI-C. BELLI (a cura di), *Codice del consumo*, Maggioli, Rimini, 2006.

NAVARRA R., *Il terzo contratto: evoluzione e sviluppo delle forme contrattuali*, E.S.I., Napoli, 2015.

NICCOLINI G., *Subfornitura e attività produttive. Commento alla L. 18 giugno 1998, n. 192*, Giuffrè, Milano, 1999.

OPPO G., *Note sulla contrattazione d'impresa*, in *Riv. dir. civ.*, 1995.

ORLANDO S., *Introduzione. Le pratiche commerciali scorrette nel disegno generale della direttiva 2005/29/CE*, in G. VETTORI (a cura di), *Il contratto dei consumatori, dei turisti, dei clienti, degli investitori e delle imprese deboli. Oltre il consumatore*, Cedam, Padova, 2013.

PALMIERI A., *Consumatori, clausole abusive, e imperativo di razionalità della legge: il diritto privato europeo conquista la Corte Costituzionale*, in *Foro it.*, 2003.

PALMIERI A., *Arriva il codice del consumo: riorganizzazione (tendenzialmente) completa tra addii e innovazioni*, in *Foro it.*, 2006.

PERLINGIERI P.-RUGGIERI L., *Diritto privato comunitario*, vol. II, E.S.I., Napoli, 2008.

PLAIA A., *Nozione di consumatore, dinamismo concorrenziale e integrazione comunitaria del parametro di costituzionalità*, in *Foro it.*, 2003.

PLAIA A., *Nozione di consumatore, dinamismo concorrenziale ed integrazione comunitaria del parametro di costituzionalità*, in *Foro it.*, 2003.

QUARTA A., *Il diritto dei consumatori ai tempi della* peer economy.

Prestatori di servizi e prosumers*: primi spunti*, in *Europa dir. priv.*, 2017.

RISPOLI FARINA M., *Clausole vessatorie e contratti con i consumatori nei servizi bancari e finanziari*, in *Riv. dir. impr.*, 1998.

ROPPO V., *Protezione del consumatore e teoria delle classi*, in *Pol. dir.*, 1975.

ROPPO V., *La nuova disciplina delle clausole abusive nei contratti tra imprese e consumatori*, in *Riv. dir. civ.*, 1994.

ROPPO V., voce *Clausole vessatorie (nuova normativa)*, in *Enc. giur.*, vol. VI, Treccani, Roma, 1996.

ROPPO V., *Contratto di diritto comune, contratto del consumatore, contratto con asimmetria di potere contrattuale: genesi e sviluppi di un nuovo paradigma*, in *Riv. dir. priv.*, 2001.

ROPPO V., *Parte generale del contratto, contratti del consumatore e contratti asimmetrici (con postilla sul "terzo contratto")*, in *Riv. dir. priv.*, 2007.

ROPPO V., *Prospettive del diritto contrattuale europeo. Dal contratto del consumatore al contratto asimmetrico?*, in *Corr. giur.*, 2009.

ROPPO V., *Contratto di diritto comune, contratto del consumatore, contratto con asimmetria di potere contrattuale: genesi e sviluppi di un nuovo paradigma*, in ID., *Il contratto del duemila*, III ed., Giappichelli, Torino, 2011.

ROPPO V., *Parte generale del contratto, contratti del consumatore e contratti asimmetrici (con postilla sul "terzo contratto")*, in ID., *Il contratto del duemila*, III ed., Giappichelli, Torino, 2011.

ROPPO V., *I paradigmi di comportamento del consumatore, del contraente debole e del contraente professionale nella disciplina del contratto*, in G. ROJAS ELGUETA-N. VARDI (a cura di), *Oltre il soggetto razionale. Fallimenti cognitivi e razionalità limitata nel diritto privato*, Roma TrE-Press, Roma, 2014.

ROSSI CARLEO L., *Consumatore, consumatore medio, investitore e cliente: frazionamento e sintesi nella disciplina delle pratiche commerciali scorrette*, in *Europa dir. priv.*, 2010.

SALIS L., *Il condominio negli edifici*, nel *Trattato di diritto civile,* diretto da F. VASSALLI, Utet, Torino, 1956.

SIRENA P., *L'integrazione del diritto dei consumatori nella disciplina generale del contratto*, in *Riv. dir. civ.*, 2004.

SIRENA P. (a cura di), *Il diritto europeo dei contratti d'impresa. Autonomia negoziale dei privati e tecniche di regolazione del mercato*, Giuffrè, Milano, 2006.

TARELLO V., *Sullo stato dell'organizzazione giuridica*, Zanichelli, Bologna, 1980.

TENELLA SILLANI C., *Pratiche commerciali sleali e tutela del consumatore*, in *Obbl. contr.*, 2009.

TOFFLER A., *The Third Way*, Morrow, New York, 1980 (ed. it. a cura di L. BERTI, *La terza ondata*, Sperling & Kupfer, Milano, 1987).

TOMMASI S., *Pratiche commerciali scorrette e disciplina dell'attività negoziale*, Cacucci, Bari, 2012.

TULLIO A., *Il contratto per adesione. Tra il diritto comune dei contratti e la novella sui contratti dei consumatori*, Giuffrè, Milano, 1997.

VALENTINO D., *Il contratto «incompleto»*, in *Riv. dir. priv.*, 2008.

VALENTINO D., Timeo Danaos et dona ferentes. *La tutela del consumatore e delle microimprese nelle pratiche commerciali scorrette*, in *Riv. dir. civ.*, 2013.

VALENZA C.A., *Qualificazione del condominio come consumatore: la questione rimessa alla Corte di Giustizia*, in *giustiziacivile.com*, 2020.

SALVI G., *La garanzia autonoma e le interferenze con la tutela consumeristica*, in *Contratti*, 2020, 1.

ZENO-ZENCOVICH V., voce *Consumatore (tutela del)*, in *Enc. giur.*, vol. VIII, Treccani, Roma, 1998.

ZOPPINI A., *Il contratto asimmetrico tra parte generale, contratti di impresa e disciplina della concorrenza*, in *Riv. dir. civ.*, 2008.

ZOPPINI A., *Premesse sistematiche all'analisi del recesso nel contratto tra imprese*, in G. GITTI-G. VILLA (a cura di), *Il terzo contratto*, Il Mulino, Bologna, 2008.

ZOPPINI A., *Sul rapporto di specialità tra norme appartenenti ai "codici di settore" (lo* ius variandi *nei codici del consumo e delle comunicazioni elettroniche)*, in *Riv. dir. civ.*, 2016.

Capitolo III

Clausole vessatorie, codice del consumo e forme di tutela

Sommario

1. Premessa

Con la direttiva 93/13/CEE del 5 aprile 1993 il Consiglio delle Comunità Europee ha disciplinato la materia delle clausole abusive nei contratti stipulati con i consumatori con l'obiettivo di fornire al contraente debole effettivi strumenti di tutela per riequilibrare la fisiologica asimmetria del rapporto contrattuale con il professionista, e di favorire al tempo stesso la concorrenza tra operatori economici europei attraverso l'introduzione di discipline armonizzate destinate alla progressiva instaurazione del mercato comune.

In Italia la suddetta direttiva è stata recepita con l'art. 25 della l. 6 febbraio 1996, n. 52 che ha introdotto nel Libro IV del codice civile, al Titolo II ("*Dei contratti in generale*"), il capo XIV *bis* dedicato ai "Contratti del consumatore" (artt. da 1469 *bis* a 1469 *sexies*), poi, confluito nel codice del consumo approvato con d.lgs. 6 settembre 2005, n. 206 ed in vigore dal 23 ottobre 2005[1].

Oggi nel codice civile è rimasta una sola norma, l'attuale art. 1469 *bis*, che stabilisce che le norme del codice civile sul contratto «*si applicano anche ai contratti del consumatore, ove non derogate dal codice del consumo e da altre disposizioni più favorevoli per il consumatore*».

Prima di addentrarci nell'esame del codice del consumo appare opportuno soffermarsi brevemente sul coordinamento con gli artt. 1341 e 1342 c.c. Difatti, la normativa prevista in materia di clausole vessatorie dagli artt. 1341 e 1342 c.c. costituisce disciplina generale applicabile a qualsiasi negozio stipulato tra una parte predisponente, qualunque sia la sua qualifica professionale, e il contraente che vi aderisce[2], mentre quella dettata dagli artt. 33 e ss. c. cons. è circoscritta all'ambito di applicazione soggettivo dei contratti tra professionisti e consumatori.

Le due discipline, pertanto, si integrano e non si sovrappongono anche se però sussistono alcuni elementi comuni e differenziali da evidenziare.

Innanzitutto, sotto il profilo del piano "sanzionatorio": mentre le clausole di cui all'art. 1341 c.c. e quelle aggiunte nei contratti conclusi mediante moduli o formulari *ex* art. 1342 c.c. sono inefficaci, salvo specifica approvazione per iscritto[3], quelle espressamente indicate dagli artt. 33 e ss. c. cons. sono da considerarsi nulle a prescindere da qualsiasi sottoscrizione.

Altra differenza è rintracciabile in ordine al profilo della rilevabilità *ex officio*, testualmente prevista dall'art. 36, comma 3, c. cons. e non prevista nella disciplina codicistica[4].

---

[1] Cfr. Cons. Stato, Ad. gen., Sez. cons., 20 dicembre 2004, n. 11602.

[2] Come messo in evidenza dalla dottrina, v. A. SCARPELLO, *Le clausole vessatorie*, in G. ALPA (a cura di), *I contratti dei consumatori*, Giuffrè, Milano, 2014, p. 603, si tratta di «*uno strumento di controllo meramente formale delle condizioni generali di contratto, basato da un lato sulla regola della conoscibilità delle condizioni generali e dall'altro lato sull'onere di sottoscrizione delle clausole svantaggiose per l'aderente, nonché sulla regola dell'*interpretatio contra proferentem».

[3] Cass. civ., Sez. III, 11 maggio 2010, n. 11361.

[4] Cass. civ., Sez. II, 23 ottobre 1991, n. 11213, in *Mass. giur. it.*, 1991. La

Solo l'art. 35 del d.lgs. n. 206/2005 detta, inoltre, il c.d. "principio della trasparenza" delle clausole che devono essere formulate in modo chiaro e comprensibile.

La giurisprudenza [5] ha evidenziato che l'esigenza di chiarezza e trasparenza, espressamente richiesta dall'art. 35 c. cons., secondo cui le clausole vessatorie debbono essere formulate in modo chiaro e comprensibile, è riferibile in via interpretativa anche agli artt. 1341 e 1342 c.c., soprattutto ove la presenza in due contratti collegati di una clausola derogativa della competenza con diverso contenuto finisca per elidere od indebolire fortemente la salvaguardia dell'efficacia delle stesse, garantita dalla doppia sottoscrizione, sintomatica di una trattativa individuale comunque idonea ad escluderne il carattere vessatorio proprio in quanto viene meno la predisposizione unilaterale, ciò che dovrebbe formare oggetto di specifica prova nell'ipotesi in cui il contratto fosse stato concluso tra un professionista ed il consumatore versandosi nell'eventualità di cui all'art. 33, lett. u).

Comune ad entrambe le discipline, quindi, è l'elemento della "trattativa individuale" considerata idonea ad escludere il carattere vessatorio delle clausole [6].

La specifica approvazione per iscritto di una clausola vessatoria effettuata dal consumatore mediante sottoscrizione del modulo predisposto dal professionista non è sufficiente, però, a

---

specifica approvazione per iscritto delle clausole cosiddette vessatorie (nella specie: deroga alla competenza territoriale) ai sensi dell'art. 1341, comma 2, c.c. è requisito per l'opponibilità delle clausole medesime al contraente aderente (che è il solo legittimato a farne valere la mancanza), ma non anche per la loro efficacia nei confronti della stessa parte che le ha predisposte.

[5] Cfr. Trib. Ravenna, 22 febbraio 2012, in *Contratti*, 2012, 4, p. 283.

[6] Secondo Cass. civ., Sez. III, ord. 20 agosto 2010, n. 18785: «*L'esclusione dall'applicazione della disciplina di protezione del consumatore, di clausole vessatorie, quale quella che stabilisce la deroga convenzionale al foro esclusivo del consumatore, è consentita solo quando la clausola abusiva sia stata oggetto di specifica trattativa, seria, effettiva ed individuale, non essendo sufficiente al riguardo la prova della comune determinazione di una o più clausole o di alcuni punti specifici delle medesime, (cosiddetta negoziazione parziale), dal momento che alla parte del contratto che non abbia costituito oggetto di trattativa individuale, corredata delle caratteristiche sopra elencate, si applica la disciplina di tutela del consumatore*».

provare che la medesima clausola sia stata oggetto di trattativa individuale e ad escluderne di conseguenza la presunta vessatorietà, occorrendo all'uopo che il professionista dimostri che le condizioni di contratto potevano essere negoziate e quindi modificate, anche se poi in concreto non è avvenuta nessuna modifica[7].

Tuttavia, se ciò vale in via generale, non sempre la contrattazione specifica elimina la vessatorietà: infatti, l'art. 36 c. cons. esclude in ogni caso l'efficacia delle clausole nelle tre ipotesi nello stesso elencate, quantunque oggetto di trattativa tra le parti.

Infine, rilevano i rimedi concessi ai consumatori solamente in materia di clausole abusive *ex* artt. 33 e ss. c. cons., i quali, oltre all'azione di accertamento della nullità, hanno a disposizione anche la tutela inibitoria di cui all'art. 37, nonché quella amministrativa, affidata all'Autorità Garante della Concorrenza e del Mercato, di cui al successivo art. 37 *bis*, introdotto dall'art. 5, comma 1, del d.l. n. 1/2012, convertito in l. n. 27/2012.

2. La nozione generale di clausola vessatoria nel codice del consumo. La presunzione di vessatorietà

L'art. 33 c. cons. definisce come vessatorie le clausole che «*nel contratto concluso tra il consumatore e il professionista, malgrado la buona fede, determinano a carico del consumatore un significativo squilibrio dei diritti e degli obblighi derivanti dal contratto*»[8], rendendo gravosa la sua posizione. Quindi, il significativo squilibrio è normativo e si verifica quando una parte si avvantaggia della sua posizione di forza contrattuale nei confronti dell'altra[9] e dovrà essere valutato di volta in volta

[7] In questo senso si veda: Trib. Vicenza, 9 ottobre 2015, in *Contratti*, 2016, 1, p. 45.

[8] Nel lessico della direttiva si parlava anche di clausole abusive.

[9] Per esempio Cass. civ., Sez. III, sent. 5 luglio 2018, n. 17586: «*Nell'ambito dei contratti di telefonia mobile, al fine di valutare le pattuizioni contenute nelle condizioni generali di contratto e nelle opzioni prescelte dall'utente, il giudice deve preliminarmente, anche d'ufficio, individuare la qualità dei con-*

avendo riguardo alle circostanze e al contesto in cui il contratto è stato stipulato nonché le disposizioni contrattuali da valutare complessivamente [10].

La giurisprudenza, per esempio, in caso di contratto di assicurazione per responsabilità civile, ha ritenuto che la clausola che subordina l'operatività della copertura assicurativa alla circostanza che tanto il fatto illecito quanto la richiesta risarcitoria intervengono entro il periodo di efficacia del contratto, o comunque entro determinati periodi di tempo preventivamente individuati (clausola *claims made* mista o impura) non è vessatoria, ma in presenza di determinate condizioni può essere dichiarata nulla per difetto di meritevolezza ovvero – ove applicabile la normativa consumeristica – per il fatto di determinare a carico del consumatore un significativo squilibrio dei diritti e obblighi contrattuali [11].

Occorre precisare, anche che l'espressione di "buona fede" adottata ha fatto sorgere il dubbio in dottrina se la norma abbia inteso far riferimento alla buona fede in senso soggettivo [12] (in tal caso la norma avrebbe voluto significare che le clausole sono qualificare vessatorie anche se il predisponente era in buona fe-

---

traenti al fine di valutare correttamente, alla luce del principio sinallagmatico, l'eventuale squilibrio dei diritti e degli obblighi derivanti dalle clausole stipulate e la loro vessatorietà con tutte le conseguenze da ciò derivanti. (Cassa con rinvio, Tribunale di Roma, 21 ottobre 2014)».

[10] Cfr. Corte Giust. CE, 16 gennaio 2014 n. 226; G. SIMEONE, *Il controllo giudiziale delle clausole vessatorie*, in G. ALPA-A. CATRICALÀ (a cura di), *Diritto dei consumatori*, Il Mulino, Bologna, 2016, p. 237.

[11] Cfr. Cass. civ., 11 gennaio 2017, n. 417.

[12] In giurisprudenza cfr. Corte App. Roma, 24 settembre 2002, in *Giur. it.*, 2003, p. 119, e, in dottrina, F.D. BUSNELLI, *Tutela del consumatore e mercato*, in C.M. BIANCA-F.D. BUSNELLI (a cura di), *Commentario al capo XIV-bis del codice civile: dei diritti del consumatore*, in *Nuove leggi civ. comm.*, 1997, p. 765. Tale tesi troverebbe riscontro nella relazione al codice del consumo, che al par. 6 fa esplicitamente ricognizione dell'interpretazione della norma in termini di buona fede soggettiva, affermando che la scelta legislativa amplia la tutela del consumatore; ma una diversa spiegazione della scelta del legislatore del codice del consumo viene individuata nei limiti della delega legislativa che avrebbero impedito la modifica delle norme del codice civile: cfr. G. ALPA-L. ROSSI CARLEO (a cura di), *Codice del consumo. Commentario*, E.S.I., Napoli, 2005.

de, ossia non aveva intenzione di comprimere i diritti dell'altra parte), oppure in senso oggettivo [13] (in tal caso la norma andrebbe letta nel senso che sono abusive la clausole che, in contrasto con il principio della buona fede che ispira il diritto dei contratti – vedi artt. 1337, 1367, 1375 c.c. –, concretano un abuso di una parte in danno dell'altra): è senz'altro da condividere questa seconda lettura, più aderente all'origine e alla *ratio* del testo normativo. Secondo gli interpreti tale seconda lettura è avallata dal confronto con i testi inglese, francese e tedesco della Direttiva, che parlano esplicitamente di contrarietà alla buona fede della clausola abusiva [14].

In secondo luogo, occorre precisare che il carattere abusivo o vessatorio attiene al regolamento contrattuale, e non alle condizioni economiche dello scambio: infatti, la legge non intende reprimere uno "squilibrio" del valore delle prestazioni, ma la grave disparità dei diritti e degli obblighi delle parti [15] e, ciò in forza dell'art. 34, comma 2, c. cons., il quale precisa che non possono considerarsi vessatorie le clausole che attengono «*alla determinazione dell'oggetto del contratto*» o «*all'adeguatezza del corrispettivo dei beni e dei servizi*» purché, tuttavia, «*tali elementi siano individuati in modo chiaro e comprensibile*».

Secondo il successivo comma 3, neppure «*le clausole che riproducono disposizioni di legge possono considerarsi vessatorie*».

Alla clausola generale di cui all'art. 33, comma 1 (che ri-

---

[13] G. DE NOVA, *Criteri generali di determinazione dell'abusività di clausole ed elenco di clausole abusive*, in *Riv. trim. dir. proc. civ.*, 2004, 691; Trib. Torino, 16 aprile 1999, in *Il Foro it.*, 2000, c. 299.

[14] Cass., Sez. Un., 19 dicembre 2007, n. 26725, in *Foro it.*, 2007, I, c. 2093 ss., viene richiamata da A. SCARPELLO, cit., p. 620, il quale evidenzia come «*nella pronuncia si sia affermato che per quanto riguarda gli ambiti coperti dal codice civile, l'operatività della buona fede resta ancora confinata alla sfera esecutiva, poiché "un conto è la tendenza, un conto è l'acquisizione, d'altro canto può quantomeno considerarsi l'ipotesi che nella moderna legislazione post-codicistica di derivazione comunitaria sia in atto un fenomeno di estensione del principio di buona fede in altri ambiti, quale quello del giudizio sulla validità dell'atto*».

[15] A. TORRENTE-P. SCHLESINGER, *Manuale di diritto privato*, Giuffrè, Milano, 2017, p. 723 ss.

guarda le c.d. clausole "atipiche", la cui prova di vessatorietà deve essere fornita dal consumatore [16]), segue la tipizzazione di alcune clausole che si presumono vessatorie fino a prova contraria, proprio a motivo della loro tendenziale attitudine ad essere squilibrate in danno del consumatore (art. 33, comma 2) [17].

Secondo l'art. 33, comma 2 si presumono vessatorie fino a prova contraria, in base a un'elencazione non tassativa, le clausole che hanno per oggetto o per effetto di:

---

[16] Si veda: Cass. civ. Sez. III, 20 marzo 2015 n. 17024 nella cui motivazione si legge: «*Come noto, il D.Lgs. n. 206 del 2005, art. 33 prevede due tipi di clausole vessatorie: (a) clausole vessatorie "atipiche", previste dal comma 1, per le quali è onere di chi invoca la nullità dimostrare che esse hanno provocato un significativo squilibrio tra le posizioni delle parti; (b) clausole vessatorie "tipiche", previste dal comma 2, le quali si presumono vessatorie fino a prova contraria*».

[17] In giurisprudenza: cfr. Cass., Sez. VI, ord. 27 novembre 2012, n. 21070; Cass., Sez. II, 30 aprile 2012, n. 6639; Cass., Sez. VI, ord. 19 aprile 2012, n. 6116, Cass., Sez. VI, ord. 13 aprile 2012, n. 5933, Cass., Sez. VI, ord. 27 marzo 2012, n. 4921 e Cass., Sez. VI, ord. 18 novembre 2011, n. 24370; Cass. Sez. III, 9 giugno 2011, n. 12685; Cass., Sez. III, 3 novembre 2010, n. 22357. In dottrina, si veda: V. FRANCHI, *Le condizioni generali di contratto ed i contratti conclusi mediante moduli o formulari: la tutela della parte debole non predisponente nei confronti delle clausole vessatorie ed abusive*, in P. FAVA (a cura di), *Il contratto*, Giuffrè, Milano, 2012, p. 833 ss.; R. LENER, *Le clausole vessatorie nei contratti del mercato finanziario*, in E. GABRIELLI-R. LENER (a cura di), *I contratti del mercato finanziario*, Utet, Torino, 2011, vol. II t. I, p. 129 ss.; A. ALBANESE, *Protezione dei consumatori e tutela della concorrenza nella disciplina delle clausole vessatorie*, in Hominum causa constitutum: *scritti degli allievi in ricordo di Francesco Realmonte*, Giuffrè, Milano, 2009, p. 1 ss.; A. PALMIGIANO-S. VECCHIO VERDERAME, *Contratti di massa, clausole vessatorie e codice del consumo*, in C. IURILLI-G. VECCHIO (a cura di), *Il nuovo diritto dei consumatori: il contratto, la conciliazione, la tutela collettiva*, Giappichelli, Torino, 2009, p. 12 ss.; A. BARENGHI, *Clausole vessatorie nel contratto tra professionista e consumatore. Articolo 33*, in V. CUFFARO (a cura di), *Codice del consumo*, Milano, Giuffrè, 2006, p. 155 ss.; M. NUZZO, *Clausole vessatorie nel contratto tra professionista e consumatore. Art. 33*, in G. ALPA-L. ROSSI CARLEO (a cura di), *Codice del consumo. Commentario*, E.S.I., Napoli, 2005, p. 249 ss.

Nella giurisprudenza della Corte di Giustizia UE: Corte Giust. UE, Sez. I, 21 marzo 2013; Corte Giust. UE, Sez. I, 14 marzo 2013; Corte Giust. UE, Sez. I, 21 febbraio 2013; Corte Giust. UE, Sez. I, 14 giugno 2012; Corte Giust. UE, Sez. I, 26 aprile 2012.

a) escludere o limitare la responsabilità del professionista in caso di morte o danno alla persona del consumatore, risultante da un fatto o da un'omissione del professionista;

b) escludere o limitare le azioni o i diritti del consumatore nei confronti del professionista o di un'altra parte in caso di inadempimento totale o parziale o di adempimento inesatto da parte del professionista;

c) escludere o limitare l'opportunità da parte del consumatore della compensazione di un debito nei confronti del professionista con un credito vantato nei confronti di quest'ultimo;

d) prevedere un impegno definitivo del consumatore mentre l'esecuzione della prestazione del professionista è subordinata ad una condizione il cui adempimento dipende unicamente dalla sua volontà;

e) consentire al professionista di trattenere una somma di denaro versata dal consumatore se quest'ultimo non conclude il contratto o recede da esso, senza prevedere il diritto del consumatore di esigere dal professionista il doppio della somma corrisposta se è quest'ultimo a non concludere il contratto oppure a recedere [18];

f) imporre al consumatore, in caso di inadempimento o di ritardo nell'adempimento, il pagamento di una somma di denaro

---

[18] Cass. civ., Sez. II, sent. 30 aprile 2012, n. 6639: «*Posto che tra le finalità del codice del consumo vi è la tutela del consumatore dall'unilaterale predisposizione ed imposizione del contenuto contrattuale da parte del professionista, la nozione di contratto rilevante è quella di operazione economica negoziale, con estensione dunque ai negozi giuridici preparatori. In tali termini, la previsione di cui all'art. 33, comma 2°, lett. e), cod. cons., che sanziona la lesione inferta all'equilibrio negoziale concretizzantesi nel trattenimento di una somma di denaro ricevuta prima dell'esecuzione delle prestazioni derivanti dal contratto se non si pone a carico dell'accipiens un obbligo restitutorio e un ulteriore obbligo sanzionatorio nel caso che sia egli stesso a non concludere il contratto o a recedere dal medesimo, è applicabile anche in presenza di un negozio preparatorio. Tale negozio può anche provenire dal consumatore, sempreché sia per quest'ultimo vincolante (es. proposta irrevocabile) e sempreché abbia riprodotto lo schema redatto dal professionista in un modulo-formulario da questi utilizzato per regolare una serie indeterminata di rapporti*», in *Nuova giur. civ.*, 2012, 12, 1, p. 1014, con nota di G. LIBERATI BUCCIANTI).

a titolo di risarcimento, clausola penale o altro titolo equivalente d'importo manifestamente eccessivo [19];

g) riconoscere al solo professionista e non anche al consumatore la facoltà di recedere dal contratto, nonché consentire al professionista di trattenere anche solo in parte la somma versata dal consumatore a titolo di corrispettivo per prestazioni non ancora adempiute, quando sia il professionista a recedere dal contratto [20];

---

[19] Cass. civ., Sez. Un., 18 settembre 2020, n. 19597: «*La disciplina antiusura, essendo volta a sanzionare la promessa di qualsivoglia somma usuraria dovuta in relazione al contratto, si applica anche agli interessi moratori, la cui mancata ricomprensione nell'ambito del Tasso effettivo globale medio (T.e.g.m.) non preclude l'applicazione dei decreti ministeriali di cui all'art. 2, comma 1, della l. n. 108 del 1996, ove questi contengano comunque la rilevazione del tasso medio praticato dagli operatori professionali; ne consegue che, in quest'ultimo caso, il tasso-soglia sarà dato dal T.e.g.m., incrementato della maggiorazione media degli interessi moratori, moltiplicato per il coefficiente in aumento e con l'aggiunta dei punti percentuali previsti, quale ulteriore margine di tolleranza, dal quarto comma dell'art. 2 sopra citato, mentre invece, laddove i decreti ministeriali non rechino l'indicazione della suddetta maggiorazione media, la comparazione andrà effettuata tra il Tasso effettivo globale (T.e.g.) del singolo rapporto, comprensivo degli interessi moratori, e il T.e.g.m. così come rilevato nei suddetti decreti. Dall'accertamento dell'usurarietà discende l'applicazione dell'art. 1815, comma 2, c.c., di modo che gli interessi moratori non sono dovuti nella misura (usuraria) pattuita, bensì in quella dei corrispettivi lecitamente convenuti, in applicazione dell'art. 1224, comma 1, c.c.; nei contratti conclusi con i consumatori è altresì applicabile la tutela prevista dagli artt. 33, comma 2, lett. f) e 36, comma 1, del d.lgs. n. 206 del 2005 (codice del consumo), essendo rimessa all'interessato la scelta di far valere l'uno o l'altro rimedio. (Dichiara procedibile il ricorso e rimette alla sezione semplice)*».

Trib. Reggio Emilia, 19 dicembre 2013: «*Non può considerarsi vessatoria, non essendo "manifestamente eccessiva" ex art. 33, comma 2 lett. f), D.Lgs. n. 206/2005, c.d. Codice al Consumo, la clausola penale che, in caso di immotivato recesso dell'alunno durante l'anno scolastico, preveda la corresponsione a favore della scuola privata dell'intero prezzo pattuito per la frequenza annuale*», in *Il Caso.it*, 2014.

[20] Cass. civ., 18 settembre 2020, n. 19565: «*In tema di mediazione, la clausola del contratto che riservi al mediatore, in caso di recesso anticipato del preponente, una penale commisurata al prezzo di vendita del bene, indipendentemente dall'attività di ricerca di acquirenti che il mediatore abbia concretamente svolto per la conclusione dell'affare, non attiene alla determi-*

h) consentire al professionista di recedere da contratti a tempo indeterminato senza un ragionevole preavviso, tranne nel caso di giusta causa;

i) stabilire un termine eccessivamente anticipato rispetto alla scadenza del contratto per comunicare la disdetta al fine di evitare la tacita proroga o rinnovazione;

l) prevedere l'estensione dell'adesione del consumatore a

---

nazione dell'oggetto del contratto o al corrispettivo, nel senso di cui all'art. 34, comma 2, c. cons., e non si sottrae pertanto alla valutazione di vessatorietà, che il giudice è tenuto a compiere d'ufficio, sia al fine di verificare se la clausola determini un significativo squilibrio a carico del consumatore dei diritti e degli obblighi derivanti dal contratto, ex art. 33, comma 1, c. cons., sia per il suo potenziale contrasto con l'art. 33, comma 2, lett. e), c. cons., in base al quale si presume vessatoria la clausola che consente al professionista di trattenere una somma di denaro versata dal consumatore se quest'ultimo non conclude il contratto o recede da esso, senza prevedere il diritto del consumatore di esigere dal professionista il doppio della somma corrisposta se è quest'ultimo a non concludere il contratto oppure a recedere»; Cass. civ., 30 aprile 2012 n. 6639: «*In tema di clausole vessatorie nel contratto tra professionista e consumatore, la previsione dell'art. 33, secondo comma, lett. e), del d.lgs. 6 settembre 2005 n. 206, (c.d. Codice del consumo) – diretta a sanzionare la lesione inferta all'equilibrio negoziale che si concretizza nel trattenimento di una somma di denaro ricevuta prima dell'esecuzione delle prestazioni contrattuali, qualora non si ponga a carico dell'"accipiens" un obbligo restitutorio e un ulteriore obbligo sanzionatorio qualora sia egli stesso a non concludere o a recedere – è applicabile in presenza non solo di un contratto già concluso ed impegnativo per entrambi i contraenti, ma anche di un negozio preparatorio vincolante per il consumatore, quale quello discendente da una proposta irrevocabile, tutte le volte che il consumatore stesso – nel versare, contestualmente all'impegno assunto, una somma di denaro destinata ad essere incamerata dal beneficiario in caso di mancata sottoscrizione del successivo preliminare "chiuso" o del definitivo da parte del proponente – abbia aderito ad un testo, contenente la detta clausola vessatoria, predisposto o, comunque, utilizzato dal professionista oblato*»; Cass. civ., Sez. III, 5 maggio 2017, n. 10910: «*Ha natura presuntivamente vessatoria la clausola contrattuale che sanziona indiscriminatamente il recesso dell'allievo, assistito o meno da un giustificato motivo, a maggior ragione quando la somma dovuta dall'allievo nel caso di recesso sostanzialmente viene a integrare una penale, e non trova riscontro in analoga sanzione a carico del professionista. Una simile clausola, invero, riserva implicitamente al professionista un trattamento differenziato e migliore, in contrasto, tra l'altro, con l'art. 1469-bis, n. 7, c.c., oggi corrispondente alla lett. g) dell'art. 33 del Codice del Consumo*».

clausole che non ha avuto la possibilità di conoscere prima della conclusione del contratto;

m) consentire al professionista di modificare unilateralmente le clausole del contratto, ovvero le caratteristiche del prodotto o del servizio da fornire, senza un giustificato motivo indicato nel contratto stesso[21];

n) stabilire che il prezzo dei beni o dei servizi sia determinato al momento della consegna o della prestazione;

o) consentire al professionista di aumentare il prezzo del bene o del servizio senza che il consumatore possa recedere se il prezzo finale è eccessivamente elevato rispetto a quello originariamente convenuto;

p) riservare al professionista il potere di accertare la conformità del bene venduto o del servizio prestato a quello previsto nel contratto o conferirgli il diritto esclusivo d'interpretare una clausola qualsiasi del contratto;

q) limitare la responsabilità del professionista rispetto alle obbligazioni derivanti dai contratti stipulati in suo nome dai mandatari o subordinare l'adempimento delle suddette obbligazioni al rispetto di particolari formalità[22];

r) limitare o escludere l'opponibilità dell'eccezione d'inadempimento da parte del consumatore;

s) consentire al professionista di sostituire a sé un terzo nei rapporti derivanti dal contratto, anche nel caso di preventivo con-

---

[21] In giurisprudenza: Cass., 21 maggio 2008, n. 13051; Trib. Roma, 21 gennaio 2000, in *Banca, borsa, tit. cred.*, 2000, II, p. 207; Trib. Torino, 12 aprile 2000, in *Giur. it.*, 2001, p. 505; Corte Giust. UE, 21 marzo 2013, causa n. 92/11, RWE; AGCM 4 maggio 2017, n. 26599, cv 1 49-Vodafone, p. 19 ss.

[22] Cass. civ., Sez. III, 20 agosto 2015, n. 17024: «*La clausola di un contratto di assicurazione sulla vita che obblighi il beneficiario, per ottenere il pagamento dell'indennizzo, ad una serie di adempimenti, ciascuno dei quali gravoso, inutile o che ha per effetto quello di invertire l'onere della prova, è vessatoria ai sensi dell'art. 33, lett. q), D.Lgs. 6 settembre 2005, n. 206 (Nella specie, la Supr. Corte ha ritenuto vessatoria una clausola che prevedeva che il beneficiario dovesse sottoscrivere presso l'agenzia un apposito modulo della compagnia; produrre l'originale della polizza, il certificato di morte del portatore di rischio, una relazione medica sulle cause del decesso, un atto notorio relativo allo stato successorio del portatore di rischio e, a semplice richiesta, le cartelle cliniche relative ai suoi ricoveri ospedalieri)*».

senso del consumatore, qualora risulti diminuita la tutela dei diritti di quest'ultimo [23];

t) sancire a carico del consumatore decadenze, limitazioni della facoltà di opporre eccezioni, deroghe alla competenza dell'autorità giudiziaria, limitazioni all'adduzione di prove, inversioni o modificazioni dell'onere della prova, restrizioni alla libertà contrattuale nei rapporti con i terzi [24];

u) stabilire come sede del foro competente sulle controversie località diversa da quella di residenza o domicilio elettivo del consumatore [25];

---

[23] Trib. Genova, 28 aprile 2015: «*La clausola con la quale il tour operator (organizzatore di crociera) intenda escludere la propria responsabilità per le escursioni, instaurando un rapporto diretto tra il passeggero e l'operatore locale, deve considerarsi clausola vessatoria a norma dell'art. 33 lett. s) del D.Lgs. n. 206/2005*», in *Dir. maritt.*, 2016, 3, p. 572, con nota di F. DE ROBERTIS.

[24] Cass. civ., Sez. VI-3, ord. 21 dicembre 2018, n. 33163: «*in tema di contratti stipulati tra professionista e consumatore, la disciplina di cui agli artt. 33 e ss. del d.lgs. 6 settembre 2005, n. 206 (c.d. Codice del consumo) si applica alle clausole compromissorie negli stessi contenute (in quanto comportanti deroghe alla competenza dell'autorità giudiziaria, ai sensi dell'all'art. 33, comma 2, lett. t, del decreto legislativo citato) sia nel caso di predisposizione di moduli o formulari in vista dell'utilizzazione per una serie indefinita di rapporti, sia nel caso di contratto singolarmente predisposto per uno specifico affare. (Nella specie, la S.C. ha cassato con rinvio la decisione di merito per non aver ritenuto sussistenti i presupposti per l'applicazione della normativa in questione alla clausola compromissoria contenuta in un contratto stipulato da un privato con un architetto per la progettazione e la direzione di lavori). (Cassa con rinvio, Corte d'appello Milano, 10/05/2017)*»; Trib. Trani, 27 settembre 2017: «*L'autonomia privata può prevedere ipotesi atipiche di decadenza dal beneficio del termine (art. 1186 c.c.), ma nei contratti del consumatore tale clausola si presume vessatoria ai sensi dell'art. 33, comma 2, lett. t), c. cons. Ne consegue che, nei rapporti di credito, sarà onere del professionista provare l'eventuale trattativa individuale intercorsa con il consumatore al fine di impedire la dichiarazione di nullità, ai sensi dell'art. 36 c. cons., della clausola che ricollega l'effetto decadenziale alla mera interruzione dei pagamenti rateali*», in *Corr. giur.*, 2019, 1, p. 88, con nota di L. GALISAI.

[25] Cass. civ., Sez. VI-2, ord. 13 luglio 2018, n. 18579: «*In tema di contratti tra professionista e consumatore, la qualità di quest'ultimo – ai fini della determinazione della competenza per territorio – si trasmette agli eredi, non venendo meno, per effetto del decesso, né il rapporto di consumo, né le ragioni del peculiare regime di tutela ad esso correlato. Pertanto, in caso di morte*

v) prevedere l'alienazione di un diritto o l'assunzione di un obbligo come subordinati ad una condizione sospensiva dipendente dalla mera volontà del professionista a fronte di un'obbligazione immediatamente efficace del consumatore. È fatto salvo il disposto dell'art. 1355 c.c.;

v-*bis*) imporre al consumatore che voglia accedere ad una procedura di risoluzione extragiudiziale delle controversie prevista dal Titolo II-*bis* della Parte V, di rivolgersi esclusivamente ad un'unica tipologia di organismi ADR o ad un unico organismo ADR;

v-*ter*) rendere eccessivamente difficile per il consumatore l'esperimento della procedura di risoluzione extragiudiziale delle controversie prevista dal Titolo II-*bis* della Parte V.

L'art. 33 precisa l'ambito di applicazione della disciplina delle clausole vessatorie per quanto attiene a particolari tipologie contrattuali o di clausole. Le principali deroghe riguardano i contratti aventi ad oggetto prestazioni di servizi finanziari che seguono le regole delle leggi in materia bancaria e creditizia. Difatti, per espressa previsione normativa, derogano alle lett. n) e o) i contratti aventi ad oggetto la prestazione di servizi finan-

---

del consumatore, il relativo foro di cui all'art. 33, comma 2, lett. u), del d.lgs. n. 206 del 2005 deve essere individuato sulla base del luogo di residenza o domicilio dei successori universali del defunto»; Cass. civ., Sez. VI-3, ord. 11 maggio 2018, n. 11389: «*In tema di controversie tra consumatore e professionista, l'art. 33, comma 2, lett. u), c. cons. va interpretato nel senso che la residenza del consumatore, cui la norma ha riguardo, è quella che lo stesso ha al momento della domanda e non quella che egli aveva al momento della conclusione del contratto, ma sull'individuazione del corrispondente foro esclusivo ivi previsto incide l'accertamento, devoluto al solo giudice del merito, del carattere fittizio dello spostamento di residenza del consumatore, compiuto per sottrarsi al radicamento della controversie, nonché quello relativo all'eventuale non coincidenza della residenza anagrafica (che instaura una mera presunzione) con quella effettiva. (Principio affermato dalla S.C. in un caso in cui la presunzione di residenza derivante dai dati anagrafici risultava superata sulla base di elementi obiettivi, tra cui il luogo ove risultava avere sede lo studio professionale del difensore incaricato di curare la fase precontenziosa e contenziosa della lite). (Regola competenza)*»; Cass. civ., Sez. VI-2, ord. 19 luglio 2017, n. 17848 «*alle controversie in tema di responsabilità professionale dell'avvocato si applicano le regole sul foro del consumatore di cui all'art. 33, comma 2, lett. u), del d.lgs. n. 206 del 2005*».

ziari di talché il professionista, in presenza di giustificato motivo, può modificare senza preavviso il tasso di interesse o altri oneri originariamente convenuti sempreché ne dia comunicazione immediata al consumatore, che ha diritto di recedere (art. 33, comma 4); derogano alle lett. h), m), n) e o) i contratti aventi ad oggetto valori mobiliari, strumenti finanziari ed altri prodotti o servizi il cui prezzo è collegato alla fluttuazione di un corso e di un indice di borsa o di un tasso di mercato non controllato dal professionista, nonché la compravendita di valuta estera, assegni di viaggio o vaglia postali internazionali in valuta estera (art. 33, comma 5).

Non sono, infine, applicabili le lettere n) e o) alle clausole di indicizzazione dei prezzi consentite dalla legge quando le modalità di variazione sono espressamente descritte (art. 33, comma 6).

3. La trattativa individuale

In base al disposto dell'art. 34 per valutare la vessatorietà delle clausole si deve tenere in considerazione la natura del bene o del servizio oggetto del contratto, le circostanze esistenti al momento della sua conclusione, le altre clausole del contratto medesimo o di un altro collegato o da cui dipende.

La prova contraria, che vale ad escludere la vessatorietà presunta *ex ante* per le clausole elencate all'art. 33, comma 2, c. cons. (c.d. lista grigia), deve essere fornita dal professionista[26], il quale ha l'onere di dimostrare, ai sensi dell'art. 34, comma 4, c. cons., che la clausola è stata oggetto di trattativa individuale, ossia di uno specifico negoziato tra il consumatore e il professionista sulla clausola. Si ritiene, ad esempio, che non basterebbe aggiungere nel formulario predisposto dal professionista una generica enunciazione con la quale l'aderente dichiara di aver individualmente negoziato una, o più, o tutte le clausole vessatorie (art 34, comma 5, c. cons.).

---

[26] Cass. civ., 20 agosto 2010, n. 18785.

La giurisprudenza ha sul punto chiarito che «*la disciplina delle condizioni generali di contratto, di cui all'art. 1341 c.c., non ha nulla a che vedere con la vessatorietà delle clausole, regolamentata dall'art. 33 c. cons. per i contratti del consumatore. In base a tale ultimo articolo, si presume vessatoria, fino a prova contraria, la clausola che abbia l'effetto di stabilire come competente un foro diverso da quello di residenza o domicilio eletto del consumatore. L'art. 34, comma 4, c. cons. esclude la vessatorietà delle clausole che abbiano costituito oggetto di trattativa individuale, ma il successivo comma 5 precisa che, in caso di contratto concluso mediante la sottoscrizione di moduli o formulari, incombe sul professionista l'onere di provare che le clausole abbiamo costituito oggetto di specifica trattativa con il consumatore. Pertanto, nel caso di contratti predisposti unilateralmente dal professionista, al requisito della diretta conoscenza della clausola derogatoria del foro, assicurato mediante la specifica approvazione per iscritto prevista dall'art. 1341 c.c., si aggiunge quello della necessità di una apposita negoziazione, imposta quale condizione di efficacia dall'art. 34 c. cons., comma 4*»[27].

Si ritiene, inoltre, non senza contrasti, che la presunzione di vessatorietà possa anche essere vinta dal professionista dimostrando che, nel caso specifico, la clausola, valutata singolarmente e nel contesto complessivo delle previsioni negoziali[28], non determina un «*significativo squilibrio dei diritti e degli obblighi*» posti dal contratto in capo a ciascuna delle parti. Infatti, in base al disposto dell'art. 34, comma 1, la vessatorietà della clausola deve essere valutata tenendo conto della natura del bene o del servizio che forma oggetto del contratto, nonché dalle circostanze esistenti al momento della conclusione e, infine, dalle altre clausole del contratto stesso o di altro collegato.

La giurisprudenza della Corte di Giustizia ha precisato che «*l'articolo 3, paragrafo 1, della direttiva 93/13 deve essere interpretato nel senso che la valutazione del carattere abusivo di una clausola contrattuale deve essere effettuata con riferimento*

---

[27] Cfr. Cass. civ., Sez. VI-3, ord. 28 aprile 2020, n. 8268.

[28] Cass., 28 agosto 2010, n. 18785.

al momento della conclusione del contratto in questione, tenendo conto dell'insieme delle circostanze di cui il professionista poteva essere a conoscenza in tale momento e che erano idonee a incidere sull'ulteriore esecuzione di detto contratto. Spetta al giudice del rinvio valutare, alla luce di tutte le circostanze della controversia oggetto del procedimento principale e tenendo conto in particolare delle competenze e delle conoscenze del professionista»[29].

4. La violazione del dovere di trasparenza (art. 35)

L'art. 35 c. cons., rubricato "*Forma e interpretazione*", istituisce un vero e proprio obbligo gravante sul professionista, di redigere le clausole in modo chiaro e comprensibile per il consumatore.

Quanto al carattere della chiarezza questa deve intendersi integrata nel caso in cui il contratto sia redatto con caratteri chiari e leggibili senza quindi dare un risalto diverso alle singole clausole.

Anche su questo aspetto la Corte di Giustizia ha evidenziato che la clausola è redatta in modo chiaro e comprensibile quando «*essa è non soltanto intelligibile per il consumatore sul piano grammaticale, ma anche che il contratto espone in modo trasparente il funzionamento concreto del meccanismo al quale la clausola si riferisce nonché la relazione tra tale meccanismo e quello prescritto da altre clausole, in modo che il consumatore sia posto in grado di valutare, sul fondamento di criteri precisi e intelligibili, le conseguenze economiche che gliene derivano*»[30].

---

[29] Corte Giust. UE, Sez. II, 20 settembre 2017, n. 186/16, in *Nuova giur. civ.*, 2018, 4, p. 511, con nota di M.C. CAMPAGNA.

[30] Corte Giust. UE, Sez. III, 23 aprile 2015, n. 96/14, in *Dir. Comunitario on line*, 2015; in *Corr. giur.*, 2015, 6, p. 862; in *Contratti*, 2015, 8-9, p. 758, con nota di S. PAGLIANTINI; in *Nuova giur. civ.*, 2015, 10, p. 878, con nota di S. LANDINI.

Trib. Ravenna, 22 febbraio 2012, evidenzia come «*L'esigenza di chiarezza e trasparenza, espressamente richiesta dall'art. 35, D.Lgs. n. 206/2005*

La Cassazione ha sottolineato che le clausole vessatorie devono essere approvate specificatamente e tale principio può dirsi assolto solo quando le stesse siano state oggetto di approvazione separata, specifica ed autonoma, distinta dalla sottoscrizione delle altre condizioni contrattuali, al fine di richiamare l'attenzione del contraente più debole verso il significato di siffatte clausole [31].

È di particolare importanza l'introduzione dell'interpretazione più favorevole per il consumatore, il c.d. "*favor consumatoris*", che sta alla base di tutte le leggi che sono state fatte in questi anni per tutelarlo.

Il "*favor consumatoris*" indica la tendenza ad interpretare le norme, anche se poco chiare, sempre in senso favorevole al consumatore, per bilanciare lo squilibrio tra la sua posizione e quella del professionista.

Il comma 2 dell'art. 35 prevede che si applichi *l'interpretatio contra proferentem.* Anche la giurisprudenza di merito ha evidenziato che «*dal combinato disposto dell'art. 1370 c.c. e art. 35 cod. cons. chi predispone le condizioni generali di contratto o propone per iscritto una clausola al consumatore ha l'onere di definire con chiarezza il contenuto di quanto redige. E, in caso di ambiguità si tutela il consumatore. Da ciò ne consegue che qualora sussistano pattuizioni ambigue la parte che non ha predisposto il contratto può invocare l'interpretazione che le è più favorevole*» [32].

(Codice del consumo) secondo cui le clausole vessatorie debbono essere formulate in modo chiaro e comprensibile è riferibile in via interpretativa anche agli artt. 1341 e 1342 c.c., soprattutto ove la presenza in due contratti collegati di una clausola derogativa della competenza con diverso contenuto finisca per elidere od indebolire fortemente la salvaguardia dell'efficacia delle stesse, garantita dalla doppia sottoscrizione, sintomatica di una trattativa individuale comunque idonea ad escluderne il carattere vessatorio proprio in quanto viene meno la predisposizione unilaterale, ciò che dovrebbe formare oggetto di specifica prova nell'ipotesi in cui il contratto fosse stato concluso tra un professionista ed il consumatore versandosi nell'eventualità di cui all'art. 33 lett. u», in *Contratti*, 2012, 4, p. 283.

[31] Cass. civ., Sez. II, 27 febbraio 2012, n. 2970.

[32] Trib. Prato, 20 settembre 2011, n. 970.

5. La nullità di protezione (art. 36)

La nullità di protezione è stata introdotta nel codice del consumo recependo gli orientamenti giurisprudenziali e dottrinali che inquadravano l'inefficacia della clausola in un'ipotesi di nullità relativa.

Secondo quanto disposto dall'art. 36, comma 2, c. cons. sono sempre considerate nulle, anche in caso di trattativa individuale, le clausole che hanno per oggetto o per effetto di:

a) escludere o limitare la responsabilità del professionista in caso di morte o danno alla persona del consumatore, risultante da un fatto o da un'omissione del professionista;

b) escludere o limitare le azioni del consumatore nei confronti del professionista o di un'altra parte in caso di inadempimento totale o parziale o di adempimento inesatto da parte del professionista;

c) prevedere l'adesione del consumatore come estesa a clausole che non ha avuto, di fatto, la possibilità di conoscere prima della conclusione del contratto.

In altre parole, per le clausole abusive rientranti nell'elenco di cui all'art. 36, comma 2, c. cons. (c.d. lista nera) non è ammessa la prova liberatoria del professionista e vale unicamente la regola generale espressa dall'art. 34 comma 3 che esclude la vessatorietà delle clausole riproducenti disposizioni di legge o principi comunitari.

Come ha evidenziato la dottrina, la legislazione a tutela dei consumatori ha comportato al riguardo il ricorso sempre più frequente all'uso della nullità in diversi contesti. Da un lato il rimedio della nullità è stato utilizzato allo scopo di fornire "protezione" in via diretta e immediata all'interesse di uno dei contraenti, prima ancora e a parte la tutela assicurata anche a interessi di carattere generale; dall'altro la nullità è stata prevista come nullità di singole clausole prevedendosi la sua non estensione all'intero contratto (c.d. "nullità parziale necessaria")[33].

---

[33] G. D'Amico, *Nullità virtuale – Nullità di protezione (variazioni sulla nullità)*, in *Contratti*, 2009, 7, p. 732.

La legittimazione a far valere tale nullità è riservata al contraente protetto poiché l'altro contraente (il "professionista") non può "avvalersi" di tale nullità per chiedere la caducazione dell'intero contratto.

Altro importante corollario è la rilevabilità d'ufficio della nullità, in tal senso si sono espresse le Sezioni Unite che hanno statuito che «*La rilevabilità officiosa delle nullità negoziali deve estendersi anche a quelle cosiddette di protezione, da configurarsi, alla stregua delle indicazioni provenienti dalla Corte di giustizia, come una "*species*" del più ampio "*genus*" rappresentato dalle prime, tutelando le stesse interessi e valori fondamentali – quali il corretto funzionamento del mercato (art. 41 Cost.) e l'uguaglianza almeno formale tra contraenti forti e deboli (art. 3 Cost.) – che trascendono quelli del singolo*» [34].

In precedenza già la Corte di Giustizia aveva concluso ritenendo che «*il giudice nazionale che abbia accertato d'ufficio il*

---

[34] Cass., Sez. Un., 12 dicembre 2014, n. 26242; in dottrina è stato evidenziato che «*la norma svincola gli effetti dell'azione volta alla declaratoria della nullità dalla disponibilità del soggetto destinatario della disciplina di protezione e, perciò, unico legittimato a farla valere; questi sarà infatti libero di proporre o meno l'azione di nullità ma una volta formulata la domanda non potrà governarne le conseguenze, che derivano dai principi generali dell'ordinamento, anche se esse siano non rispondenti ai suoi interessi*» (cfr. S. MONTICELLI, *La nullità selettiva secondo il canone delle sezioni unite: un responso fuori partitura*, in *Nuova giur. civ.*, 2020, 1, p. 163).

Sulle nullità di protezione sono ritornate le Sezioni Unite con la sentenza del 4 novembre 2019, n. 28314 secondo cui: «*La nullità per difetto di forma scritta, contenuta nell'art. 23, comma 3, del D.Lgs. n. 58 del 1998 (TUF), può essere fatta valere esclusivamente dall'investitore con la conseguenza che gli effetti processuali e sostanziali dell'accertamento operano soltanto a suo vantaggio. L'intermediario, tuttavia, ove la domanda sia diretta a colpire soltanto alcuni ordini di acquisto, può opporre l'eccezione di buona fede, se la selezione della nullità determini un ingiustificato sacrificio economico a suo danno, alla luce della complessiva esecuzione degli ordini, conseguiti alla conclusione del contratto quadro*». La sentenza ha ottenuto diversi commenti tra cui: S. PAGLIANTINI, *Le stagioni della nullità selettiva (e del "di protezione")*, in *Contratti*, 2020, 1, 11; ID., *Il "cantiere" delle nullità: b2c, bancarie e selettive – la nullità di protezione tra prescrizione e transigibilità*, in *Giur. it.*, 2020, 6, p. 1528; C. SCOGNAMIGLIO, *Le sezioni unite e le nullità selettive: un nuovo spazio di operatività per la clausola generale di buona fede*, in *Corr. giur.*, 2020, 1, p. 5.

carattere abusivo di una clausola contrattuale non è tenuto, per poter trarre le conseguenze derivanti da tale accertamento, ad attendere che il consumatore, informato dei suoi diritti, presenti una dichiarazione diretta ad ottenere l'annullamento di detta clausola. Tuttavia, il principio del contraddittorio impone, di norma, al giudice nazionale che abbia rilevato d'ufficio il carattere abusivo di una clausola contrattuale di informarne le parti della controversia e di dare loro la possibilità di discuterne in contraddittorio secondo le forme previste al riguardo dalle norme processuali nazionali. Il giudice nazionale, per valutare il carattere eventualmente abusivo della clausola contrattuale su cui è basata la domanda di cui è investito, deve tener conto di tutte le altre clausole contrattuali»[35].

6. Le forme di tutela

Le clausole abusive comportano la nullità relativa del contratto, quindi, la clausola dichiarata abusiva si considera non apposta ed il contratto rimane valido per la parte rimanente *ex* art. 36, comma 1, c. cons.

Si tratta, più precisamente, di una nullità di protezione che, ai sensi dell'art. 36, comma 3, c. cons., può essere invocata solo dal consumatore ed è rilevabile d'ufficio dal giudice. In caso di dubbio, la disciplina sulla vessatorietà va sempre applicata nel senso più favorevole al consumatore, in base all'art. 35, comma 2, c. cons. che prevede quale unica eccezione a tale regola ermeneutica l'ipotesi dell'art. 37 c. cons.

Oltre alla tutela individuale riservata al singolo consumatore, il codice del consumo prevede espressamente all'art. 37 il rimedio dell'azione inibitoria esercitabile da parte delle associazioni dei consumatori e dalle Camere di Commercio volta a far cessare l'uso delle condizioni cui sia stata accertata l'abusività.

L'abusività della clausola, inoltre, può essere dichiarata dall'Autorità garante della concorrenza e del mercato anche d'ufficio, secondo la previsione dell'art. 37 *bis* c. cons.

---

[35] Corte Giust. UE, 21 febbraio 2013, n. 472, C-472/11.

Ai sensi dell'art 37 c. cons. «*1. Le associazioni rappresentative dei consumatori, di cui all'articolo 137, le associazioni rappresentative dei professionisti e le camere di commercio, industria, artigianato e agricoltura, possono convenire in giudizio il professionista o l'associazione di professionisti che utilizzano, o che raccomandano l'utilizzo di condizioni generali di contratto e richiedere al giudice competente che inibisca l'uso delle condizioni di cui sia accertata l'abusività (ai sensi del presente titolo). 2. L'inibitoria può essere concessa, quando ricorrono giusti motivi di urgenza, ai sensi degli articoli 669-bis e seguenti del codice di procedura civile. 3. Il giudice può ordinare che il provvedimento sia pubblicato in uno o più giornali, di cui uno almeno a diffusione nazionale. 4. Per quanto non previsto dal presente articolo, alle azioni inibitorie esercitate dalle associazioni dei consumatori di cui al comma 1, si applicano le disposizioni dell'articolo 140*».

Ebbene, occorre osservare che rispetto al testo della direttiva, il legislatore italiano non ha chiarito il rapporto tra giudizio inibitorio delle condizioni generali e criteri di accertamento della vessatorietà. Ad ogni modo, si ritiene che nel giudizio inibitorio risultano utilizzabili i criteri di accertamento che fanno riferimento al contratto inteso nella sua singolarità [36].

Essendo oggetto del giudizio lo schema contrattuale standard, saranno inapplicabili il criterio delle circostanze esistenti al momento della conclusione o la scriminante della trattativa individuale; si applicherà, invece, il riferimento alle altre condizioni generali di contratto.

Sono invece utilizzabili i criteri di cui all'art. 33, anche se nel giudizio collettivo la qualità degli interessi da apprezzare risulta diversa da quelli rilevanti nel giudizio individuale.

La violazione dell'obbligo di trasparenza di cui all'art 35 c. cons., è sanzionabile anche in sede inibitoria [37], ove tuttavia il

---

[36] Cfr. Trib. Roma, 21 gennaio 2000, in *Banca, borsa, tit. cred.*, 2000, II, p. 207; Trib. Torino, 12 aprile 2000, in *Giur. it.*, 2001, p. 505.

[37] Trib. Roma, 21 gennaio 2000, in *Banca, borsa, tit. cred.*, 2000, II, p. 207.

criterio di valutazione non s'individua nel concreto contraente, e neppure nel consumatore medio, ma nel consumatore meno avveduto. Il criterio dell'interpretazione contro il predisponente (*ex* art. 35, comma 2) attiene infine tipicamente al giudizio individuale e non risulta utilizzabile in sede di inibitoria collettiva[38].

Gli enti cui è attribuita la legittimazione attiva possono agire anche per l'esecuzione dell'ordine giudiziale. Il provvedimento, non essendo diretto all'attuazione di obblighi predefiniti, può essere determinato dal giudice nell'esercizio della sua discrezionalità.

Il provvedimento si ritiene suscettibile di esecuzione consistente nella cancellazione delle condizioni giudicate abusive dai moduli o dalle condizioni impiegate dal professionista[39], mentre si esclude la possibilità per il giudice di riformulare le condizioni contrattuali giudicate in tutto o in parte vessatorie[40].

La pubblicazione della sentenza assume nella disposizione il significato di misura indiretta di coercizione all'esecuzione dell'inibitoria e non di strumento di riparazione del danno in forma specifica, dal che si è anche dedotto che devono escludersi altre forme di coercizione indiretta in quanto non espressamente previste[41].

Sia il provvedimento inibitorio che l'eventuale pronuncia di rigetto non vincolano il giudice chiamato a vagliare in concreto la vessatorietà della clausola e la responsabilità del professionista. Del pari, l'inibitoria non preclude l'impiego delle stesse clausole da altro professionista[42].

Per tale ragione il giudice può altresì ordinare la pubblica-

---

[38] G.M. ARMONE, *Art. 1469*-sexies, in A. BARENGHI, *La nuova disciplina delle clausole vessatorie nel codice civile*, Jovene, Napoli, 1996, p. 229 ss.; Trib. Roma, 21 gennaio 2000, cit.

[39] G.M. ARMONE, *op. ult. cit.*, pp. 245-246.

[40] Trib. Roma, 21 gennaio 2000, cit.; Trib. Roma, 5 ottobre 2000, in *Resp. civ. prev.*, 2001, p. 423.

[41] G.M. ARMONE, *op. ult. cit.*, p. 247.

[42] G. CIAN, *Il nuovo capo XIV*-bis (*titolo II, libro IV) del codice civile, sulla disciplina dei contratti con i consumatori*, in *Studium iuris*, 1996, p. 418.

zione del provvedimento [43] al fine di rendere effettiva la tutela e disincentivare l'adozione di clausole abusive, tramite il discredito che la diffusione della notizia comporta nell'ambiente commerciale.

8. La tutela amministrativa

L'art. 5 del d.l. 24 gennaio 2012, n. 1, c.d. "Decreto Cresci Italia", convertito con modificazioni dalla l. 24 marzo 2012, n. 27, ha introdotto una vera e propria innovazione nel d.lgs. 6 settembre 2005, n. 206 (recante il codice del consumo) ed in particolare l'art. 37 *bis*, che istituisce un sistema di tutela amministrativa contro le clausole vessatorie nei contratti tra imprese e consumatori (cc.dd. contratti *Business to Consumer*) affidandola alla competenza dell'Autorità Garante della Concorrenza e del Mercato (AGCM) [44]. La finalità è quella di affiancare ad uno strumento di protezione giudiziale che opera solo successivamente in base al disposto dell'art. 36 c. cons. anche una protezione preventiva prevedendo il controllo dei contratti dei consumatori da parte di organismi amministrativi.

In tal modo, si è avuto un ampliamento delle prerogative dell'AGCM, perseguito già dal Governo Monti nella prospettiva

---

[43] La medesima previsione si ritrova all'art. 37 *bis*.

[44] L'Autorità Garante della Concorrenza e del Mercato è stata istituita in Italia nel 1990. È un'istituzione indipendente, che prende le sue decisioni sulla base della legge, senza possibilità di ingerenze da parte del Governo né di altri organi della rappresentanza politica. L'Autorità garantisce il rispetto delle regole che vietano le intese anticoncorrenziali tra imprese, gli abusi di posizione dominante e le concentrazioni in grado di creare o rafforzare posizioni dominanti dannose per la concorrenza, con l'obiettivo di migliorare il benessere dei cittadini. Nel 1992 è stata affidato all'Antitrust il compito di contrastare la pubblicità ingannevole delle aziende. Dal 2007 l'Autorità tutela i consumatori (e dal 2012 anche le microimprese) dalle pratiche commerciali scorrette delle imprese. Dal 2012 è stata affidata all'Antitrust la tutela amministrativa contro le clausole vessatorie inserite nei contratti con i consumatori e dal giugno 2014 vigila sul rispetto delle norme sui diritti dei consumatori che recepiscono la nuova Direttiva comunitaria Consumer Rights. Dal 2004 applica la legge sul conflitto di interessi dei titolari delle cariche di Governo.

del promuovimento della crescita economica e dell'apertura dei mercati; in tale direzione, tra le altre, si muovono anche le norme – contenute nel d.l. 6 dicembre 2011, n. 201 (c.d. "Decreto Salva-Italia")[45] e nel d.l. 24 gennaio 2012, n. 1.

Come è stato evidenziato la norma si colloca quale evoluzione delle politiche di potenziamento che hanno interessato le prerogative dell'Autorità soprattutto in campo consumeristico, nell'intento di innalzare la soglia di protezione del consumatore dinanzi ai comportamenti illegittimi dei professionisti e del mercato in generale[46].

Sino ad allora il sistema consentiva solo un sindacato di vessatorietà in sede contenziosa/giudiziale[47] a mezzo di una tutela

---

[45] Convertito, con modificazioni, dalla l. 22 dicembre 2011, n. 214.

[46] R. GIOVAGNOLI, *Atti amministrativi e tutela della concorrenza. Il potere di legittimazione a ricorrere dell'AGCM nell'art. 21-bis legge n. 287/1990*, in *Nuovo dir. amm.*, 2013, 2, p. 153 ss.; R. POLITI, *Liberalizzazioni e centrifugazione della legittimazione a ricorrere. Dall'irreversibilità della tendenza, il (possibile) tramonto del modello processuale "soggettivo"*, in *www.giustizia amministrativa.it*, febbraio 2013; M.A. SANDULLI, *Introduzione a un dibattito sul nuovo potere di legittimazione al ricorso dell'AGCM nell'art. 21 bis l. n. 287 del 1990*, in *www.federalismi.it*, giugno 2012, n. 12; P. QUINTO, *L'interesse legittimo «anfibio» nell'Europa del diritto*, in *www.giustizia amministrativa.it*, maggio 2012; F. CINTIOLI, *Osservazioni sul ricorso giurisdizionale dell'Autorità garante della concorrenza e del mercato (art. 21 bis della legge n. 287 del 1990)*, in *www.giustamm.it*, gennaio 2012; M. LIBERTINI, *I nuovi poteri dell'Autorità antitrust*, in *www.federalismi.it*, dicembre 2011, n. 24. G. ALPA, *Le stagioni del contratto*, Il Mulino, Bologna, 2012, p. 119 ss.; M.A. LIVI-F. MACARIO, *I soggetti. Profili generali*, in N. LIPARI (a cura di), *Trattato di diritto privato europeo*, I, *Il diritto privato europeo nel sistema delle fonti. I soggetti*, Cedam, Padova, 2003, p. 139; G. BENEDETTI, *Tutela del consumatore e autonomia contrattuale*, in *Riv. trim. dir. proc. civ.*, 1998, p. 22 ss.; E. GUERINONI, *I contratti del consumatore. Principi e regole*, Giappichelli, Torino, 2011, p. 30, ma spec. 100 s.; V. RIZZO, *Le "clausole abusive" nell'esperienza tedesca, francese, italiana e nella prospettiva comunitaria*, E.S.I., Napoli, 1994, p. 27 ss. Cfr. anche G. BRUZZONE-M. BOCCACCIO, *Il rapporto tra tutela della concorrenza e tutela dei consumatori nel contesto europeo: una prospettiva economica*, in *www.agcm.it*, p. 15.

[47] Secondo G. CALVI, *Art. 1469*-sexies, in E. CESÀRO (a cura di), *Clausole vessatorie e contratto del consumatore*, Cedam, Padova, 1996, p. 683, si tratta di una disciplina "monca", la quale – secondo E. MINERVINI, *Tutela del consumatore e clausole vessatorie*, E.S.I., Napoli, 1999, p. 199 – «*rappresenta indubbiamente una delusione per l'interprete*».

successiva a carattere individuale ovvero preventiva a carattere collettivo: cioè ciascun consumatore poteva adire *uti singulus* l'autorità giudiziaria per far accertare la nullità "di protezione" delle clausole fonte di «*un significativo squilibrio dei diritti e degli obblighi*» nei contratti conclusi con un "professionista" (artt. 33 e ss. c. cons., artt. 1469 *bis* e ss. c.c.); oppure le associazioni rappresentative dei consumatori [48], dei professionisti e le Camere di commercio potevano esperire l'azione inibitoria, con la quale convenire in giudizio gli operatori economici professionali (o le loro associazioni) che utilizzano o raccomandano l'utilizzo di condizioni generali di contratto per chiedere – anche in via cautelare – di vietarne l'uso ove se ne provi l'abusività (art. 37 c. cons. art. 1469 *sexies* c.c.) [49].

Il procedimento amministrativo è regolamentato dallo stesso art. 37 *bis* c. cons., ma trova necessario completamento nelle disposizioni racchiuse nel regolamento 5 giugno 2014, n. 24955 «*sulle procedure istruttorie in materia di pubblicità ingannevole e comparativa, pratiche commerciali scorrette, violazione dei diritti dei consumatori nei contratti, clausole vessatorie*» (c.d. reg. proc.) [50].

Come in precedenza accennato, il procedimento dinanzi all'AGCM può essere avviato su istanza di parte ovvero, al fine

---

[48] Cfr. Cass., 18 agosto 2011, n. 17351, in *Giur. it.*, 2012, p. 1548 ss., con nota di T. FEBBRAJO, *Contratti "a valle" dell'intesa antitrust e riconduzione ad equità del corrispettivo*; in *Corr. giur.*, 2012, p. 217 ss., e di R. DONZELLI, *La tutela collettiva dei consumatori davanti alla Corte di cassazione*.

[49] E. CAPOBIANCO, *Art. 33*, in ID.-G. PERLINGIERI (a cura di), *Codice del consumo annotato con la dottrina e la giurisprudenza*, E.S.I., Napoli, 2009, p. 174 ss.; E. MINERVINI, *Contratti dei consumatori e tutela collettiva nel codice del consumo*, in *Contr. impr.*, 2006, p. 635; S. PATTI, *Le condizioni generali di contratto e i contratti del consumatore*, in E. GABRIELLI, (a cura di), *I contratti in generale*[2], Utet, Torino, 2006, p. 384; F. TOMMASEO, *Art. 1469*-sexies, in G. ALPA-S. PATTI (a cura di), *Le clausole vessatorie nei contratti con i consumatori*, in *Cod. civ. Comm. Schlesinger*, Giuffrè, Milano, 2003, p. 1159.

[50] Tale regolamento sostituisce quello adottato con delibera 8 agosto 2012, n. 23788 in quanto necessitava di essere adeguato alle novità introdotte dal d.lgs. 21 febbraio 2014, n. 21 ("*Attuazione della direttiva 2011/83/UE sui diritti dei consumatori, recante modifica delle direttive 93/13/CEE e 1999/44/CE e che abroga le direttive 85/577/CEE e 97/7/CE*").

di rendere più incisivo l'*enforcement* pubblico, *ex officio*[51].

Quanto alla prima modalità, il regolamento di procedura definisce la cerchia dei soggetti legittimati attivamente in termini assai elastici, riducendosi a precisare che l'intervento dell'Autorità garante può essere provocato da «*ogni soggetto od organizzazione che ne abbia interesse*», attraverso una comunicazione in formato cartaceo o elettronico (webform o PEC) (art. 21, comma 2, reg. proc.).

Una legittimazione cosiddetta "qualificata"[52] è, inoltre, riconosciuta alle Camere di commercio (o alle loro unioni), le quali «*possono presentare denunce all'Autorità [...], in particolare nell'àmbito delle competenze ad esse attribuite dall'articolo 2, comma 2, lett. h) ed i), della legge n. 580/93 e successive modificazioni*» (art. 21, comma 3, reg. proc.), ovverosia nello svolgimento dei cómpiti relativi, rispettivamente, alla «*predisposizione di contratti-tipo tra imprese, loro associazioni e associazioni di tutela degli interessi dei consumatori e degli utenti*» ed alla «*promozione di forme di controllo sulla presenza di clausole inique inserite nei contratti*».

Ciò posto occorre evidenziare che la prosecuzione dell'azione amministrativa e l'apertura dell'istruttoria vera e propria sono subordinate ad una c.d. "preistruttoria", ovvero ad una preventiva indagine circa la ricorrenza dei presupposti di fatto e di diritto tali da far ritenere la clausola potenzialmente vessatoria. In caso di esito negativo, segue l'archiviazione del procedimento per inapplicabilità della disciplina protettiva di cui agli artt. 33 ss. c. cons., se non si riscontri neppure un *fumus* di vessato-

---

[51] In tal modo il legislatore ha disatteso le obiezioni sollevate in passato dalla dottrina che sconsigliava di investire le *authorities* di poteri d'iniziativa officiosi, i quali avrebbero potuto compromettere la "neutralità" (da intendere come "indifferenza rispetto agli interessi in gioco") tipica di tali organismi indipendenti. Così L. MARUOTTI, *Il contraddittorio nei procedimenti davanti alle Autorità indipendenti*, in AA.VV., *Il procedimento davanti alle autorità indipendenti*, Giappichelli, Torino, 1999, p. 63 ss.

[52] Si veda L. DE LUCIA, *Denunce qualificate e preistruttorie amministrative*, in *Dir. amm.*, 2002, p. 717 ss.; C. GUACCI, *La tutela avverso l'inerzia della pubblica amministrazione secondo il Codice del processo amministrativo*, Giappichelli, Torino, 2012, p. 127.

rietà in ordine alla clausola attenzionata; ovvero per manifesta infondatezza in assenza di elementi fattuali idonei a giustificare ulteriori accertamenti (art. 5, comma 1, lett. b) e c), reg. proc.).

La fase pre-istruttoria, pur avendo rilievo "interno"[53], trova un punto di "emersione" nel combinato disposto degli artt. 5, comma 1, lett. d) e 21, commi 1 e 4, reg. proc.[54], che – eccettuati i casi di particolare gravità (c.d. "*hardcore*", nel gergo *antitrust*) – accorda all'Autorità, ove ne sussistano fondati motivi, la facoltà di informare per iscritto il professionista della vessatorietà di una determinata clausola contrattuale. In tal caso, il professionista potrà decidere, vista la spinta persuasiva dell'avvertimento ("*moral suasion*"[55]), di chiudere in anticipo e senza ulteriori sviluppi a suo carico l'iter procedimentale, ottenendone l'archiviazione, mediante la rimozione ovvero la modifica delle clausole "additate" dal soggetto pubblico. In assenza di apposita previsione, va invece esclusa l'eventualità che siffatto beneficio trovi spazio anche successivamente, ad istruttoria già iniziata –, essendo precluso al professionista (stante l'inapplicabilità dell'art. 9 reg. proc. al procedimento in esame, in quanto non richiamato dall'art. 21, comma 1, reg. proc.) l'accesso all'istituto degli "impegni" sulla falsariga di quanto concesso *ex* art. 27, comma 7, c. cons. nell'àmbito della repressione delle pratiche commerciali scorrette[56].

---

[53] Secondo l'art. 5, comma 1, lett. f), reg. proc. «*L'Autorità può individuare con apposito atto le priorità di intervento che intende perseguire*».

[54] In tal senso M. ANGELONE, *La tutela amministrativa avverso le clausole vessatorie in Italia*, in *Actualidad Jurídica Iberoamericana*, núm. 2, febrero 2015, pp. 293-326.

[55] S. MORETTINI, *Il soft law nelle Autorità indipendenti: procedure oscure e assenza di garanzie?*, in *www.osservatorioair.it*, 2011, 4, p. 5 ss.; M. CLARICH, voce *Autorità di vigilanza sul mercato finanziario (profili generali)*, in *Enc. dir.*, *Annali*, vol. V, Giuffrè, Milano, 2012, p. 158.

[56] M. SIRAGUSA, *Le decisioni con impegni*, in P. BARUCCI-C. RABITTI BEDOGNI (a cura di), *20 anni di Antitrust. L'evoluzione dell'Autorità Garante della Concorrenza e del Mercato*, vol. I, Giappichelli, Torino, 2010, p. 385 ss.; E. MINERVINI, *Le decisioni con impegni in materia di pratiche commerciali scorrette*, *ivi*, vol. II, p. 1243 ss.; M. LIBERTINI, *La decisione di chiusura dei procedimenti antitrust a séguito di impegni delle imprese interessate*, in F. CINTIOLI-G. OLIVIERI (a cura di), *I nuovi strumenti di tutela antitrust. Misure

8.1. La fase istruttoria

L'Autorità, in persona del responsabile del procedimento [57], entro il termine di 180 giorni dalla ricezione della segnalazione o dall'avvio officioso della procedura, è tenuta ad intraprendere l'istruttoria al fine di svolgere tutte le verifiche necessarie e acquisire ogni elemento utile alla valutazione della fattispecie in vista dell'adozione della decisione finale (artt. 6, comma 1 e 21, comma 1, reg. proc.). In linea con le prescrizioni accolte nella legge generale sul procedimento amministrativo (l. 7 agosto 1990, n. 241), di ciò deve darsi, altresì, notizia a tutte le parti ed ai denuncianti (artt. 6, comma 2 e 21, comma 1, reg. proc.) [58].

La comunicazione di avvio deve contenere l'oggetto del procedimento, gli elementi acquisiti d'ufficio o allegati nell'eventuale denuncia, il termine per la conclusione dell'istruttoria, l'ufficio e la persona responsabile del procedimento, l'ufficio presso cui si può accedere agli atti, nonché la possibilità di produrre memorie scritte o documenti ed il relativo termine di presentazione (artt. 6, comma 3 e 21, comma 1, reg. proc.).

Dalla data del protocollo inizia a decorrere il termine di 150 giorni (210 giorni se il professionista risieda, sia domiciliato o abbia sede all'estero) stabilito per la definizione dell'*iter* burocratico (art. 21, comma 5, reg. proc.) [59]; sia soprattutto perché è

---

cautelari, impegni e programmi di clemenza, Giuffrè, Milano, 2007, p. 11 ss.; S. BASTIANON, *La tutela del consumatore alla luce delle nuove norme legislative e regolamentari in materia di pratiche commerciali sleali*, in *Resp. civ. e prev.*, 2008; A. CIATTI, *sub art. 27*, cit., p. 102 ss.

[57] Cfr. art. 13 reg. proc.

[58] Secondo l'art. 6, comma 2, cit.: «*In ragione del numero elevato delle istanze di intervento, questa comunicazione può essere attuata anche tramite avviso sul bollettino pubblicato sul sito internet istituzionale dell'Autorità. Se le comunicazioni non possono avere luogo, le stesse sono effettuate mediante pubblicazione sul medesimo bollettino. Dell'avvio dell'istruttoria può anche esserne data comunicazione tramite la diffusione di un comunicato stampa, informato il Collegio*».

[59] Secondo la giurisprudenza, la decorrenza del predetto termine – che può essere prorogato dal Collegio, fino ad un massimo di 60 giorni, in presenza di particolari esigenze istruttorie, nonché in caso di ampliamento soggettivo o oggettivo del procedimento – senza l'emanazione del provvedimento finale fa

propedeutico alla realizzazione della piena garanzia del contraddittorio e all'esercizio di alcune fondamentali situazioni procedimentali che presuppongono la consapevolezza di un'azione amministrativa in corso [60].

Occorre precisare che i portatori di interessi pubblici o privati, nonché i titolari di interessi diffusi, costituiti in associazioni o comitati, ai quali può derivare un pregiudizio dagli illeciti oggetto di contestazione (art. 10 reg. proc.) [61], previa valutazione della regolarità e della completezza delle relative richieste di intervento da parte del responsabile del procedimento, possono essere ammessi: *a*) ad accedere agli atti del procedimento ai sensi dell'art. 11 reg. proc. [62]; *b*) a presentare memorie scritte, documenti, deduzioni e pareri.

---

maturare il silenzio-inadempimento secondo la regola enunciata dall'art. 2, l. n. 241/1990 (cfr. TAR Lazio, Roma, 7 settembre 2011, n. 7129, in *Foro amm.-TAR*, 2011, p. 2716). Relativamente ai profili risarcitori dipendenti dall'inerzia delle *authorities*, M. ANGELONE, *Inerzia della pubblica amministrazione e tutela risarcitoria*, E.S.I., Napoli, 2010, p. 143 ss.

[60] M. COCCONI, *La partecipazione all'attività amministrativa generale*, Cedam, Padova, 2010, p. 237 ss. Nella teoria del procedimento amministrativo è assodato lo stretto nesso funzionale esistente tra comunicazione di avvio e partecipazione degli interessati. Cfr. R. PROIETTI, *Sub artt. 7-8* (*La partecipazione al procedimento amministrativo*, in M.A. SANDULLI (a cura di), *Codice dell'azione amministrativa*, Giuffrè, Milano, 2010, p. 488 ss.; E. CASETTA, *Manuale di diritto amministrativo*, XIII ed., Giuffrè, Milano, 2011, p. 432; P. VIRGA, *Diritto amministrativo. Atti e ricorsi*, vol. II, VI ed., Giuffrè, Milano, 2001, p. 59 ss.; in giurisprudenza, *ex multis*, Cons. Stato, 16 settembre 2011, n. 5177, in *Foro amm.-C.d.S*,, 2011, p. 2867 ss.; TAR Piemonte, 19 giugno 2012, n. 742, in *Foro amm.-TAR*, 2012, p. 1842; TAR Campania, Napoli, 19 luglio 2006, n. 7560, *ivi*, 2006, p. 2607.

[61] Secondo l'art. 10 reg. proc. occorre inoltrare apposito atto, debitamente sottoscritto, contenente: *a*) nome, cognome, denominazione o ragione sociale, residenza, domicilio o sede del richiedente nonché recapiti telefonici, di posta elettronica e di eventuale fax; *b*) l'indicazione del procedimento nel quale si intende intervenire; *c*) adeguata motivazione circa lo specifico interesse ad intervenire, anche con riferimento al contributo che il richiedente può apportare all'istruttoria.

[62] La norma riconosce il diritto di accesso nel corso dell'istruttoria ai documenti formati o stabilmente detenuti dall'Autorità ai soggetti cui è stato comunicato l'avvio del procedimento, nonché a quelli ammessi ad intervenire. Ricevuta l'istanza scritta e motivata da parte dell'interessato, il responsabile

Inoltre, l'Autorità[63] può richiedere in ogni momento ai professionisti "sotto inchiesta" di fornire informazioni e di esibire documenti utili; a disporre ispezioni, perizie, analisi economiche e statistiche; ovvero, può consultare esperti[64]. Fermo il segreto d'ufficio delle notizie, informazioni e dati raccolti o appresi dall'AGCM, anche nei riguardi delle altre amministrazioni (art. 14, comma 3, l. n. 287, cit.)[65], qualora i professionisti non ottemperino agli ordini dell'Autorità trovano applicazione sanzioni amministrative pecuniarie comprese tra i 2.000 e i 20.000 euro, limiti questi che si elevano del doppio là dove le informazioni comunicate o la documentazione prodotta si dimostrino non veritiere.

8.2. La consultazione obbligatoria e quella facoltativa

L'art. 37 *bis*, comma 1, c. cons. prevede che l'AGCM, prima dell'assunzione della determinazione finale, senta, da un lato, le

---

del procedimento provvede entro trenta giorni all'ostensione. Ad ogni modo, sono sottratti, in tutto o in parte, all'accesso i documenti che contengono segreti commerciali, i verbali delle adunanze del Collegio, nonché i documenti inerenti a rapporti tra l'Autorità e le istituzioni dell'Unione europea, ovvero tra l'Autorità e gli organi di altri Stati o di altre organizzazioni internazionali, sempre che non ne sia stata autorizzata la divulgazione. Le parti possono dal canto loro salvaguardare la riservatezza o la segretezza delle informazioni fornite presentando agli uffici una apposita richiesta contenente l'indicazione dei documenti o delle porzioni di questi che si ritiene debbano essere sottratti all'accesso, specificandone i motivi.

[63] G. TESAURO-M. TODINO, voce *Autorità garante della concorrenza e del mercato*, in *Enc. dir.*, Agg., vol. VI, Giuffrè, Milano, 2002, p. 112 ss.; V. MANGINI-G. OLIVIERI, *Diritto antitrust*, IV ed., Giappichelli, Torino, 2012, p. 140 s.; P. FATTORI-M. TODINO, *La disciplina della concorrenza in Italia*, II ed., Il Mulino, Bologna, 2010, p. 405 ss.

[64] Cfr. artt. 12-13 e 14 reg. proc.

[65] V. PANDOLFINI, *op. cit.*, «*Tale previsione è di particolare importanza, non soltanto ai fini della tutela dei soggetti interessati dall'accertamento ma anche per la stessa efficacia di quest'ultimo; infatti, la disponibilità dei professionisti a collaborare con l'Autorità fornendo dati e informazioni è certamente incentivata dalla circostanza che tali informazioni resteranno coperte da segreto e non potranno essere disponibili ad altre pubbliche amministrazioni*».

associazioni di categoria rappresentative dei consumatori (iscritte nell'elenco di cui all'art. 137 c. cons.) e quelle rappresentative dei professionisti a livello nazionale; dall'altro, le Camere di commercio o le loro unioni (ossia le Unioni regionali o l'Unioncamere nazionale)[66] che «*risultino interessate dalle clausole oggetto del procedimento, in ragione della specifica esperienza maturata nel settore*» (art. 21, comma 6, reg. proc.) ovvero sulla scorta delle competenze di cui godono.

Si deve segnalare che mentre inizialmente il decreto subordinava la dichiarazione di vessatorietà al raggiungimento di un «*previo accordo con le associazioni di categoria*»[67], in sede di conversione tali enti sono stati estromessi dalla fase decisoria[68] in modo da non far prevalere logiche corporative ove «*la stessa associazione alla quale appartiene il professionista [fosse stata] chiamata a manifestare un giudizio tecnico di riprovazione della clausola*»[69].

Non obbligatoria è invece, in base al comma 5 dell'art. 37 *bis* c. cons., la consultazione delle autorità di regolazione o vigilanza dei settori nel cui àmbito operano i professionisti interessati (si pensi, ad esempio, alla Banca d'Italia, alla Consob, all'Isvap, l'Autorità per l'energia elettrica ed il gas, all'Autorità per le garanzie nelle comunicazioni), le quali possono essere invitate ad esprimere un parere in merito all'oggetto del procedimento soltanto su sollecitazione del responsabile del procedimento (art. 21, comma 7, reg. proc.)[70].

---

[66] A seconda che sia sufficiente consultare soltanto quella competente nel territorio nel quale opera il professionista o alla quale è iscritto ovvero necessario trascendere la ristretta dimensione territoriale a causa della rilevanza dell'illecito o della posizione di mercato del professionista.

[67] Sulla *ratio* e sulla natura dell'accordo *de quo*, ora non più necessario, cfr. G. PALLIGGIANO, *Vessatorietà delle clausole accertata dal Garante*, in *Guida dir.*, 2012, 7, p. 44.

[68] V. PANDOLFINI, *op. cit.*

[69] M. MAZZEO-S. BRANDA, *Una nuova tutela*, in *Obbl. contr.*, 2012, p. 388.

[70] Sul punto, c'è chi ritiene che un raccordo di questo tipo andrebbe in realtà reso obbligatorio. cfr. Cons. Stato, ord. 13 dicembre 2011, n. 6527, in *Giorn. dir. amm.*, 2012, p. 298 ss., con nota di L. CARBONE-R. VICARIO, *Deli-*

All'esito dell'istruzione della pratica, il responsabile del procedimento comunica alle parti la data di conclusione della fase istruttoria indicando loro un termine, non inferiore a 10 giorni, entro il quale è possibile la presentazione di eventuali memorie conclusive o documenti.

Decorso tale termine gli atti vengono rimessi al Collegio per l'adozione del provvedimento finale (art. 16, commi 1 e 2, reg. proc.), spettando al *plenum* – secondo un modello organizzati-

---

mitazione delle competenze tra le diverse autorità di settore e l'Agcm; e in *Dir. giur*, 2012, p. 110 ss., con commento di C. GABBANELLI, *Rimessa all'adunanza plenaria la questione della delimitazione delle competenze dell'AGCM e delle singole autorità di settore*. Il dibattito circa la delimitazione delle sfere di competenza dell'Autorità garante della concorrenza e del mercato e delle altre autorità di settore (quali Consob, Banca d'Italia ed Autorità per le garanzie nelle comunicazioni), ha riguardato in particolare la materia di pratiche commerciali scorrette, ma attiene più in generale alla definizione dei rapporti tra la normativa generale di cui al codice del consumo e le singole normative settoriali. L'Adunanza plenaria [Cons. Stato, Ad. plen., 11 maggio 2012, n. 14, in *Banca, borsa, tit. cred.*, 2012, II, p. 563 ss., con nota di V. MELI, *Il Consiglio di Stato e l'applicabilità della disciplina delle pratiche commerciali scorrette al settore del credito*] ha statuito che la possibile sovrapposizione tra una disciplina settoriale (nella specie quella contenuta nel t.u.b.) e la disciplina generale delle pratiche commerciali scorrette accolta nel codice del consumo deve essere risolta alla luce del criterio della *lex specialis* codificato nell'art. 19, comma 3, c. cons., a tenore del quale, in caso di contrasto (da intendersi, in senso lato, quale difformità di fonte e di portata), prevalgono le norme sezionali che regolano aspetti specifici della fattispecie concreta. Mancando viceversa tale condizione, si applica la disciplina (generale) codicistica che va intesa come soglia minima di protezione. Sulla scorta di tale ragionamento, spetta all'Antitrust (e non alla Banca d'Italia) sanzionare le condotte scorrette poste in essere dall'operatore finanziario in occasione dell'acquisto di beni presso esercizi commerciali (c.d. "credito al consumo"), poiché le disposizioni del t.u.b. – nel testo precedente le modifiche apportate dal d.l. 13 agosto 2010, n. 141 (dirette a regolamentare gli obblighi d'informazione incombenti sugli istituti di credito e sugli intermediari finanziari relativamente ai contenuti e alle condizioni dei loro prodotti) – non manifestano la medesima *ratio* ispiratrice di quelle del codice del consumo in tema di pratiche commerciali scorrette, essendo volte a perseguire finalità le quali, ancorché genericamente riconducibili al corretto e trasparente funzionamento del mercato nel settore di riferimento, non comprendono la tutela del consumatore in quanto tale.

vo[71] che garantisce nei procedimenti individuali di carattere sanzionatorio la distinzione interna tra funzioni istruttorie e decisorie – la decisione sulla vessatorietà o meno della clausola oggetto dell'accertamento.

Salva la competenza della magistratura ordinaria a pronunciarsi sulla validità delle clausole e sull'eventuale risarcimento del danno, la decisione collegiale è impugnabile dinanzi al giudice amministrativo (art. 37 *bis*, comma 4, c. cons.), oramai sempre più giudice "naturale" delle autorità indipendenti e della regolazione economica, in linea con l'ispirazione del Codice del processo amministrativo (c.p.a.) che ha devoluto alla giurisdizione esclusiva speciale (con competenza funzionale del TAR del Lazio, sede di Roma) le controversie aventi ad oggetto i provvedimenti emanati dalle principali *authorities*, compresi quelli (in tal caso con cognizione estesa al merito *ex* art. 134, comma 1, lett. c), c.p.a.) relativi all'irrogazione di sanzioni pecuniarie (art. 133, comma 1, lett. l), c.p.a.).

Il provvedimento finale che accerta la vessatorietà è, poi, comunicato dal responsabile del procedimento, alle parti e ai soggetti eventualmente intervenuti ed è pubblicata entro 20 giorni dalla sua adozione, anche per estratto, nel bollettino ufficiale corrente sul sito dell'Autorità garante, nonché – a cura e spese di questi – sul sito dell'operatore che ha adottato la clausola censurata. È comunque consentito all'AGCM di rendere nota la propria decisione mediante qualsiasi altro mezzo ritenuto opportuno e idoneo ad informare compiutamente i consumatori, ivi compresi – se utile per assicurare la più ampia conoscenza dell'attività istituzionale svolta – comunicati stampa (artt. 17, comma 3 e 21, comma 8, reg. proc.).

Occorre però precisare che il potere dell'Autorità non si spinge fino alla possibilità di invalidare o vietare in via cogente l'uso delle clausole reputate squilibrate a danno del consumatore (ad esempio, ordinandone la rimozione), le quali restano pienamente valide ed efficaci. L'Autorità non può inoltre irrogare sanzioni al

---

[71] Cfr. N. LONGOBARDI, *Le amministrazioni indipendenti verso il giusto procedimento. La separazione tra funzioni istruttorie e funzioni decisore*, in *www.amministrazioneincammino.it*.

professionista che abbia fatto uso di clausole vessatorie, né imporgli di rimuovere le clausole vessatorie dai propri contratti.

Al fine di assicurare la massima conoscenza si prevede la diffusione del relativo provvedimento che accerta la vessatorietà anche per estratto mediante pubblicazione su apposita sezione del sito internet istituzionale dell'Autorità, sul sito dell'operatore che adotta la clausola ritenuta vessatoria nonché mediante «*ogni altro mezzo ritenuto opportuno in relazione all'esigenza di informare compiutamente i consumatori a cura e spese dell'operatore*»: con il che si dà vita ad un ampio e flessibile strumentario informativo, suscettibile di un'applicazione calibrata in funzione della singola fattispecie e, al tempo stesso, foriero di possibili ricadute sul piano reputazionale ed economico per il professionista; anche in tal caso, l'inottemperanza da parte dell'impresa agli obblighi discendenti dalla previsione in esame espone all'applicazione di una sanzione amministrativa pecuniaria (comma 2).

Focus

LE CLAUSOLE VESSATORIE NEI CONTRATTI DELLE SCUOLE PRIVATE. QUESTIONI IN PERIODO DI PANDEMIA: LE C.D. "CLAUSOLE COVID"

Una tipologia di contratti in cui si rinvengono clausole vessatorie è proprio quello delle scuole private.

Chi ha figli sa quanto sia complicato scegliere la scuola, soprattutto in caso di scuola dell'infanzia, e tra numeri chiusi, tempi stretti e la ormai sussistente concorrenza tra istituti pubblici e privati, parificati o meno, si può verificare che si cambi idea dopo avere ultimato l'iscrizione.

Succede spesso, probabilmente per ragioni anche organizzative delle scuole stesse, che queste al momento dell'iscrizione tendano ad assicurarsi il compenso (più che la frequenza) per l'intero anno scolastico e per questo introducono clausole il cui carattere vessatorio è evidente in quanto tendono a limitare o privare i genitori dalla possibilità di recedere dal contratto a titolo gratuito.

La Suprema Corte nel 2017 si è espressa su un caso di questo tipo: l'attrice proponeva opposizione avverso il decreto ingiuntivo notificato dalla scuola per ottenere il pagamento della retta dell'intero anno scolastico, nonostante era stata comunicata la volontà di recedere e nonostante, di fatto, il figlio dell'attrice avesse frequentato un altro

istituto. In sede di opposizione veniva dedotta la vessatorietà di alcune clausole contrattuali, che ponevano in una posizione di svantaggio i genitori-consumatori rispetto al professionista e veniva richiesta oltre la revoca del decreto ingiuntivo anche la restituzione della quota di iscrizione versata. In primo grado, il Tribunale non qualificò la clausola vessatoria in ragione del fatto che era stata la madre (consumatore) a recedere dal contratto, ma in accoglimento della domanda riconvenzionale condannava l'istituto alla restituzione della quota di iscrizione.
In sede d'appello, la Corte riconosceva la vessatorietà della clausola contrattuale che poneva in capo al genitore l'obbligo di corrispondere l'intera quota nonostante la mancanza di frequenza dell'alunno, in quanto: era pacifico che il relativo contratto non era stato oggetto di trattativa individuale e ciò in contrasto con l'art. 33, comma 2, lett. g) c. cons.; inoltre la vessatorietà risultava evidente in ragione della ulteriore previsione contrattuale in base alla quale la scuola avrebbe potuto «*... sottrarsi all'obbligo di rendere le proprie prestazioni nel caso di mancato raggiungimento del numero idoneo per la formazione delle classi*».
Giunto il giudizio innanzi alla Corte di Cassazione che respingeva il ricorso per inammissibilità dei motivi dedotti e quindi confermava le statuizioni della Corte d'Appello.
Il problema della vessatorietà delle clausole nei contratti di iscrizioni si è acuito in conseguenza della pandemia Covid-19 che ha interessato il 2020 e che ancora non ci ha abbandonato.
È stata ricorrente, infatti, l'introduzione delle c.d. "clausole Covid".
Con la riapertura a settembre 2020 alcune scuole, in considerazione delle difficoltà cui erano andate incontro durante il periodo di *lockdown*, hanno deciso introdurre nei contratti le cosiddette "**clausole Covid**", prevendendo che il pagamento della retta scolastica non potesse essere interrotto in caso di ulteriore *lockdown*.
Il problema è, quindi, verificare se una clausola di questo tipo sia legittima ed in caso di sottoscrizione si debba rispettare anche se, sia con riferimento alle disposizioni del codice del consumo e quelle del codice civile, si dovrebbe concludere per la sua illegittimità.
Il contratto con la scuola, infatti, è un contratto a prestazione corrispettive: un genitore paga una prestazione pecuniaria a fronte di determinati servizi di cui usufruisce; ebbene, se tali prestazioni non possono essere più erogate, si avrebbe un'impossibilità della prestazione e conseguentemente esonero per il genitore di adempiere alla propria prestazione.
Si devono ritenere valide, invece, quelle clausole in base alle quali viene previsto l'impegno di effettuare il pagamento in relazioni alle prestazioni ricevute in caso di *lockdown*, sebbene si debba tenere in considerazione la tipologia di scuola e servizio che può essere reso in ragione dell'età degli alunni.

ALBANESE A., *Protezione dei consumatori e tutela della concorrenza nella disciplina delle clausole vessatorie*, in Hominum causa constitutum: *scritti degli allievi in ricordo di Francesco Realmonte*, Giuffrè, Milano, 2009.

ALPA G., *Le stagioni del contratto*, Il Mulino, Bologna, 2012.

ALPA G. (a cura di), *I contratti dei consumatori*, Giuffrè, Milano, 2014.

ALPA G.-ROSSI CARLEO L. (a cura di), *Codice del consumo. Commentario*, E.S.I., Napoli, 2005.

ANGELONE M., *Inerzia della pubblica amministrazione e tutela risarcitoria.*, E.S.I., Napoli, 2010.

ARMONE G.M., *Art. 1469-sexies*, in A. BARENGHI, *La nuova disciplina delle clausole vessatorie nel codice civile*, Jovene, Napoli, 1996.

BARENGHI A., *Clausole vessatorie nel contratto tra professionista e consumatore. Articolo 33*, in V. CUFFARO (a cura di), *Codice del consumo*, Giuffrè, Milano, 2006.

BASTIANON S., *La tutela del consumatore alla luce delle nuove norme legislative e regolamentari in materia di pratiche commerciali sleali*, in *Resp. civ. e prev.*, 2008.

BENEDETTI G., *Tutela del consumatore e autonomia contrattuale*, in *Riv. trim. dir. proc. civ.*, 1998.

BIANCA C.M.-BUSNELLI F.D. (a cura di), *Commentario al capo XIV-bis del codice civile: dei diritti del consumatore*, in *Nuove leggi civ. comm.*, 1997.

CALVI G., *Art. 1469-sexies*, in E. CESÀRO (a cura di), *Clausole vessatorie e contratto del consumatore*, Cedam, Padova, 1996.

CAPOBIANCO E., *Art. 33*, in ID.-PERLINGIERI G. (a cura di), *Codice del consumo annotato con la dottrina e la giurisprudenza*, E.S.I., Napoli, 2009.

CARBONE L.-VICARIO R. *Delimitazione delle competenze tra le diverse autorità di settore e l'Agcm*, in *Dir. giur.*, 2012.

CASETTA E., *Manuale di diritto amministrativo*[13], Giuffrè, Milano, 2011.

CIAN G., *Il nuovo capo XIV*-bis (*titolo II, libro IV) del codice civile, sulla disciplina dei contratti con i consumatori*, in *Studium Iuris*, 1996.

CINTIOLI F., *Osservazioni sul ricorso giurisdizionale dell'Autorità garante della concorrenza e del mercato (art. 21 bis della legge n. 287 del 1990)*, in *www.giustamm.it*, gennaio 2012.

CLARICH M., voce *Autorità di vigilanza sul mercato finanziario (profili generali)*, in *Enc. dir.*, *Annali*, vol. V, Giuffrè, Milano, 2012.

CHIEPPA R.-LOPILATO V., *Studi di diritto amministrativo*, Giuffrè, Milano, 2007.

COCCONI M., *La partecipazione all'attività amministrativa generale*, Cedam, Padova, 2010.

D'AMICO G., *Nullità virtuale – Nullità di protezione (variazioni sulla nullità)*, in *Contratti*, 2009, 7, 732.

DE LUCIA L., *Denunce qualificate e preistruttorie amministrative*, in *Dir. amm.*, 2002.

DEL GATTO S., *La partecipazione ai procedimenti di regolazione delle Autorità indipendenti*, in *Giorn. dir. amm.*, 2010.

DE NOVA G., *Criteri generali di determinazione dell'abusività di clausole ed elenco di clausole abusive*, in *Riv. trim. dir. proc. civ.*, 2004.

FATTORI P.-TODINO M., *La disciplina della concorrenza in Italia*, II ed., Il Mulino, Bologna, 2010.

FEBBRAJO T., *Contratti "a valle" dell'intesa antitrust e riconduzione ad equità del corrispettivo*, in *Corr. giur.*, 2012.

FRANCHI V., *Le condizioni generali di contratto ed i contratti conclusi mediante moduli o formulari: la tutela della parte debole non predisponente nei confronti delle clausole vessatorie ed abusive*, in P. FAVA (a cura di), *Il contratto*, Giuffrè, Milano, 2012.

GIOVAGNOLI R., *Atti amministrativi e tutela della concorrenza. Il potere di legittimazione a ricorrere dell'AGCM nell'art. 21-bis legge n. 287/1990*, in *Nuovo dir. amm.*, 2013, 2.

GUACCI C., *La tutela avverso l'inerzia della pubblica amministrazione secondo il Codice del processo amministrativo*, Giappichelli, Torino, 2012.

GUERINONI E., *I contratti del consumatore. Principi e regole*, Giappichelli, Torino, 2011.

LENER R., *Le clausole vessatorie nei contratti del mercato finanziario*, in E. GABRIELLI-R. LENER (a cura di), *I contratti del mercato finanziario*, Utet, Torino, vol. II, t. I, 2011.

LIBERTINI M., *La decisione di chiusura dei procedimenti antitrust a séguito di impegni delle imprese interessate*, in F. CINTIOLI-G. OLIVIERI (a cura di), *I nuovi strumenti di tutela antitrust. Misure cautelari, impegni e programmi di clemenza*, Giuffrè, Milano, 2007.

LIBERTINI M., *I nuovi poteri dell'Autorità antitrust*, in *www. federalismi.it*, dicembre 2011, n. 24.

LIVI M.A.-MACARIO F., *I soggetti. Profili generali*, in N. LIPARI (a cura di), *Trattato di diritto privato europeo*, vol. I, *Il diritto privato europeo nel sistema delle fonti. I soggetti*, Cedam, Padova, 2003.

LONGOBARDI N., *Le amministrazioni indipendenti verso il giusto procedimento. La separazione tra funzioni istruttorie e funzioni decisore*, in *www.amministrazioneincammino.it.*

MANGINI V.-OLIVIERI G., *Diritto antitrust*, IV ed., Giappichelli, Torino, 2012.

MARUOTTI L., *Il contraddittorio nei procedimenti davanti alle Autorità indipendenti*, in AA.VV., *Il procedimento davanti alle autorità indipendenti*, Giappichelli, Torino, 1999.

MAZZEO M.-BRANDA S. *Una nuova tutela*, in *Obbl. contr.*, 2012.

MERUSI F.-PASSAR, M., *Le autorità indipendenti. Un potere senza partito*, II ed., Il Mulino, Bologna, 2011.

MINERVINI E., *Tutela del consumatore e clausole vessatorie*, E.S.I., Napoli, 1999.

MINERVINI E., *Contratti dei consumatori e tutela collettiva nel codice del consumo*, in *Contr. e impr.*, 2006.

MINERVINI E., *Le decisioni con impegni in materia di pratiche commerciali scorrette*, in P. BARUCCI-C. RABITTI BEDOGNI (a cura di), *20 anni di Antitrust. L'evoluzione dell'Autorità Garante della Concorrenza e del Mercato*, vol. I, Giappichelli, Torino, 2010.

MONTICELLI S., *La nullità selettiva secondo il canone delle sezioni unite: un responso fuori partitura*, in *Nuova giur. civ*., 2020, 1.

MORETTINI S., *Il soft law nelle Autorità indipendenti: procedure oscure e assenza di garanzie?*, in *www.osservatorioair.it*, 2011, 4.

NUZZO A., *Clausole vessatorie nel contratto tra professionista e consumatore. Art. 33*, in G. ALPA-L. ROSSI CARLEO (a cura di), *Codice del consumo. Commentario*, E.S.I., Napoli, 2005.

PAGLIANTINI S., *Il "cantiere" delle nullità: B2C, bancarie e selettive – La nullità di protezione tra prescrizione e transigibilità*, in *Giur. it.*, 2020, 6.

PAGLIANTINI S., *Le stagioni della nullità selettiva (e del "di protezione")*, in *Contratti*, 2020, 1.

PALLIGGIANO G., *Vessatorietà delle clausole accertata dal Garante*, in *Guida dir*., 2012.

PALMIGIANO A.-VECCHIO VERDERAME S., *Contratti di massa, clausole vessatorie e codice del consumo*, in C. IURILLI-G. VECCHIO (a cura di), *Il nuovo diritto dei consumatori: il contratto, la conciliazione, la tutela collettiva*, Torino, Giappichelli, 2009.

PANDOLFINI, V., *La tutela amministrativa contro le clausole vessatorie*, in *Corriere giur*, 2012.

PATTI S., *Le condizioni generali di contratto e i contratti del consumatore*, in E. GABRIELLI, (a cura di), *I contratti in generale*, II ed., Utet, Torino, 2006.

PIAZZA I., *Sul rapporto tra princìpi e regole nella disciplina dei procedimenti di regolazione delle Autorità indipendenti*, in *Giorn. dir. amm.*, 2010.
POLITI R., *Liberalizzazioni e centrifugazione della legittimazione a ricorrere. Dall'irreversibilità della tendenza, il (possibile) tramonto del modello processuale "soggettivo"*, in *www.giustizia-amministrativa.it*, febbraio 2013.
PROIETTI R., *Sub artt. 7-8* (*La partecipazione al procedimento amministrativo*, in M.A. SANDULLI (a cura di), *Codice dell'azione amministrativa*, Giuffrè, Milano, 2010.
QUINTO P., *L'interesse legittimo «anfibio» nell'Europa del diritto*, in *www.giustiziaamministrativa.it*, maggio 2012.
RIZZO V., *Le "clausole abusive" nell'esperienza tedesca, francese, italiana e nella prospettiva comunitaria*, E.S.I., Napoli, 1994.
SANDULLI M.A., *Introduzione a un dibattito sul nuovo potere di legittimazione al ricorso dell'AGCM nell'art. 21 bis l. n. 287 del 1990*, in *www.federalismi.it*, giugno 2012, 12.
SIRAGUSA M., *Le decisioni con impegni*, in P. BARUCCI-C. RABITTI BEDOGNI (a cura di), *20 anni di Antitrust. L'evoluzione dell'Autorità Garante della Concorrenza e del Mercato*, vol. I, Giappichelli, Torino, 2010.
TESAURO G.-TODINO M., voce *Autorità garante della concorrenza e del mercato*, in *Enc. dir.*, Agg., VI, Giuffrè, Milano, 2002.
TOMMASEO F., *Art. 1469*-sexies, in G. ALPA-S. PATTI (a cura di), *Le clausole vessatorie nei contratti con i consumatori*, in *Il Codice civile. Commentario*, diretto da P. SCHLESINGER, Giuffrè, Milano, 2003.
TORRENTE A.-SCHLESINGER P., *Manuale di diritto privato*, Giuffrè, Milano, 2017.
VIRGA P., *Diritto amministrativo. Atti e ricorsi*, vol. II, VI ed., Giuffrè, Milano, 2001.

Capitolo IV

Garanzie e rimedi nelle vendite ai consumatori

Sommario

1. Introduzione

La direttiva 99/44/CE [1] ha innovato il sistema delle garanzie e dei rimedi nelle vendite ai consumatori armonizzando il diritto degli Stati dell'Unione Europea [2] relativamente a «*taluni aspetti della vendita e delle garanzie dei beni di consumo*». La finalità

---

[1] La direttiva 1999/44/CE è stata definita come la direttiva più importante che sia stata mai negoziata in favore dei consumatori europei (così Emma Bonino, all'epoca Commissario europeo per la politica dei consumatori).

[2] Numerosa è la bibliografia in tema di garanzie nella vendita di beni di consumo, mi permetto di rinviare a G. CAPILLI, *La vendita di beni di consumo. Garanzie e rimedi*, in G. ALPA (a cura di), *I Contratti del consumatore*, Giuffrè, Milano, 2014, p. 1065 ss., in cui sono riportarti numerosi riferimenti bibliografici.

del provvedimento era duplice: da un lato incrementare le relazioni transfrontaliere aumentando la fiducia dei consumatori al fine di garantire che il livello di protezione previsto nel loro paese si potesse applicare anche agli acquisti oltre frontiera, e dall'altro evitare che le imprese fossero scoraggiate dal commercializzare i loro prodotti o servizi su tutto il territorio dell'UE per il fatto di dover rispettare regole diverse in ciascuno Stato membro [3].

Il legislatore europeo del 1999, quindi, dopo aver preso atto delle molteplici differenze presenti nelle legislazioni nazionali in tema di vendita, aveva concentrato la sua attenzione sulla responsabilità del venditore di beni di consumo in caso di "*non conformità*" al contratto dei beni acquistati dai consumatori prevedendo una gerarchia di rimedi volta a soddisfare meglio le esigenze di tutela dei consumatori europei.

I Paesi membri hanno attuato la direttiva in tempi diversi e con modalità diverse. Per quanto riguarda l'Italia si è optato per novellare inizialmente il codice civile con l'introduzione (a seguito del d.lgs. 2 febbraio 2002, n. 24) degli artt. da 1519 *bis* e ss. Con l'entrata in vigore del codice del consumo nel 2005, sono state raccolte negli artt. 128 e ss. [4]. Ulteriori modifiche alla normativa sui consumatori con riferimento ai contratti di vendita si sono avuti anche a seguito della trasposizione della direttiva sui diritti dei consumatori 2011/83/UE (d.lgs. 21 febbraio 2014, n. 21) in particolare negli artt. 61 e 63.

La vera innovazione della normativa comunitaria consiste nell'avere introdotto il concetto di garanzia legale di "conformità del bene al contratto" di durata biennale, prevedendo così un trattamento uniforme per tutte le anomalie materiali della cosa – vizi, mancanza di qualità essenziali o promesse, *aliud pro alio* [5]

---

[3] La direttiva non ha inteso armonizzare completamente le normative nazionali in materia di vendita, infatti, come risulta dalla stessa intitolazione, riguarda soltanto "taluni aspetti" della vendita dei beni di consumo e delle garanzie ad essi relative.

[4] Il testo del codice del consumo è stato pubblicato in *G.U.* 10 ottobre 2005, entrando in vigore il 23 ottobre 2005.

[5] Sul punto si veda per esempio Trib. Roma, 29 gennaio 2018 (inedita) se-

– e nell'avere previsto un sistema rimediale di tipo gerarchico.

Si tratta di una disciplina settoriale[6], in quanto non è stata introdotta per tutti i tipi di vendita, ma solo per quelle in cui le

---

condo cui: «*I rimedi della sostituzione e riparazione possono essere invocati in tutti casi di non conformità del bene al contratto e, stante l'ampio contenuto della disposizione in esame, si ritiene che detti rimedi ripristinatori possano trovare ingresso qualunque sia la causa della problematica emersa, p. es. presenza di vizi o mancanza delle qualità promesse, ecc., e per il solo fatto oggettivo dell'esistenza di detta problematica*»; Trib. Roma, 10 novembre 2017, n. 21121 (inedita) secondo cui «*si può affermare che il bene venduto presenta un difetto di conformità in tutti i casi in cui il bene stesso non presenti anche una sola delle caratteristiche, delle qualità o dei requisiti previsti dal contratto, a prescindere dalla gravità e dall'entità della violazione nonché da ogni profilo soggettivo quanto alla condotta del venditore, che in ipotesi potrebbe anche essere esente da colpa; quindi assume rilievo il solo fatto oggettivo dell'esistenza di una non conformità al contratto, cioè di una problematica che ormai non è più codificata e classificata a livello dogmatico dall'art. 129 TU Consumo in termini di vizio o di mancanza delle qualità promesse o essenziali, a differenza di quanto invece è previsto nelle corrispondenti disposizioni del codice civile*»; Trib. Frosinone, 18 ottobre 2014: «*L'obbligo del venditore è, siccome previsto dall'art. 129 cod. cons., di consegnare beni conformi al contratto di vendita, laddove la nozione di non conformità pare unificare ogni tipo di anomalia materiale del bene; quindi vizi, mancanza di qualità ed* aliud pro alio».

[6] Sui codici di settore ed in particolare sul codice del consumo: G. Alpa-G. Conte-V. Di Gregorio-A. Fusaro-U. Perfetti (a cura di), *Il diritto dei consumi. Aspetti e problemi*, E.S.I., Napoli, 2010, in cui viene messo in evidenza che «*i nuovi codici di settore sembrano presentarsi nelle forme di "micro-consolidazioni", in quanto volti a riordinare le discipline afferenti a medesime materie, con licenza di riorganizzarle ma senza possibilità di rivederle in modo radicale. In questa prospettiva ancora diversa, senz'altro più modesta, ai codici di settore sembra affidato il compito di rendere più facilmente fruibili le varie e sparse norme di settore, svolgendo una funzione non dissimile – sul piano tecnico-organizzativo – da quella svolta dai tradizionali testi unici*».

Sul tema della vendita, nel testo citato in questa nota, G. Capilli, *La vendita di beni di consumo nell'applicazione della giurisprudenza*, cit., p. 243 ss.

L. Rossi Carleo, *Diritto comunitario, "legislazione speciale" e "codici di settore"*, in *Riv. not.*, 2009, p. 11; G. Alpa, *I diritti dei consumatori e il "codice del consumo" nell'esperienza italiana*, in *Rass. forense*, 2006, p. 57.

Trib. Roma, 29 gennaio 2018 (inedita) in merito all'applicazione della normativa consumeristica sottolinea facendo riferimento al rimedio del risarcimento dei danni che «*Nella disciplina prevista dal TU Consumo non è ipotizzabile detta libertà di scelta, essendo prevista una ben precisa gerarchia*

parti contrattuali possono essere qualificate come "consumatore"[7] da un lato e "professionista" dall'altro[8], ed aventi ad oggetto lo scambio di beni mobili di consumo[9].

---

fra i rimedi (primari e secondari), che il consumatore deve rispettare, pena il rigetto della domanda; quindi l'eventuale esperimento in via autonoma della pur astrattamente ammissibile domanda risarcitoria ex art. 1494 c.c. è consentito, sempre che in concreto non venga ad alterare detto ordine gerarchico dei rimedi, previsto in via rigorosa dall'art. 130 TU Consumo».

[7] Per numerosi spunti di riflessione ed in particolare sul concetto di "*vulnerable consumer*" e di "*average consumer*" si veda: T. WILHELMSSON, *The informed consumer v the vulnerable consumer in European Unfair Commercial Practices Law – A comment*, in *The Yearbook of Consumer Law*, Ashgate, 2007, p. 211 ss.; V. MAK, *Standards of protection: in search of the "average consumer" of EU law in the proposal for a consumer rights directive*, in *Eur. Rev. Priv. Law*, 1, 2011, p. 25 ss.

In giurisprudenza sull'applicazione della normativa consumeristica si veda: Trib. Roma, 10 novembre 2017, n. 21121 (inedita); nonché Trib. Roma, 6 luglio 2017, n. 13771 (inedita) che ribadisce: «*vertendo la causa su beni di consumo, nel caso di specie deve applicarsi il D.Lgs. 206/2012 c.d. Codice del Consumo (art. 128 e ss.) – come è noto, questa disciplina si applica a quei contratti che siano stati conclusi tra un "consumatore" e un "professionista" dove con tale ultimo termine ci si riferisce anche all'ipotesi di acquisti effettuati da un consumatore presso un autosalone o da un concessionario di casa automobilistica –, e non a quella prevista dagli artt. 1490 e ss. c.c. per la vendita in generale, che già di per sé costituisce norma speciale rispetto alla disciplina sull'inadempimento (art. 1218 c.c.) e sulla risoluzione del contratto (art. 1453 c.c.). Alla luce del dato normativo (TU Consumo) si deve pertanto ribadire che, ricorrendone i presupposti – ossia contratto di compravendita fra venditore-professionista e consumatore, avente ad oggetto un bene di consumo –, deve essere sempre applicata la disciplina speciale contenuta nel TU Consumo, a meno che non siano previste dal codice civile ulteriori norme a tutela del consumatore, e che possono applicarsi le disposizioni del codice civile in materia di contratto di vendita in generale solo ad integrazione di eventuali lacune nella regolamentazione di specifiche ipotesi*».

[8] Cfr. Trib. Lucca, 22 gennaio 2015, n. 127: «*In materia di fornitura di beni mobili e della garanzia legale di conformità, rileva l'applicazione della normativa speciale di cui all'art. 128 d.lgs. n. 206/2005 (codice del consumo) in luogo della disciplina generale ex art. 1559 c.c., se le parti sono rispettivamente un consumatore ed un professionista/venditore come definiti ai sensi dell'art. 3, lett. a) e b) e dell'art. 128, c. 2, lett. b), d.lgs. n. 206/2005*».

[9] La Corte di Giustizia con la sent. 4 giugno 2015, C-497/13 (per un commento: F.P. PATTI, *Tutela effettiva del consumatore nella vendita: il caso "Faber"*, in *Nuova giur. civ. comm.*, 2016, 1, p. 5 ss.; R. PODSZUN, *Procedu-*

La **nozione di "conformità"** non è nuova – poiché è rinvenibile già nella Convenzione di Vienna del 1980 sulla vendita internazionale, da cui innegabilmente la direttiva ha tratto spunto – e viene intesa nella non corrispondenza del bene rispetto a quanto pattuito nel contratto e, più in generale, alle legittime aspettative del compratore.

È apprezzabile, quindi, che l'obbligazione unitaria di conformità permetta di estendere il concetto di vizio ricomprendendo, su un piano oggettivo, le ipotesi di *deficit* ricollegabile a cause preesistenti la consegna e, su un piano soggettivo, la non rispondenza del bene alle aspettative dichiarate dal compratore in sede di acquisto e, comunque, di trattativa [10].

La disciplina viene ricostruita in chiave di inadempimento contrattuale del venditore [11] cui consegue la sua responsabilità e

---

ral autonomy and effective consumer protection in sale of goods liability: Easing the burden for consumers (even if they aren't consumers), in *Journal of European Consumer and Market Law*, 2015, p. 149 ss.; F. AZZARRI, *Integrazione delle fonti ed effettività delle tutele nella vendita dei beni di consumo*, in *Contratti*, 2015, 12, p. 1077) ha stabilito che la direttiva 44/99/CE deve essere interpretata nel senso che il giudice nazionale, adito nel contesto di una controversia relativa ad un contratto che può rientrare nell'ambito di applicazione della direttiva è tenuto, a partire dal momento in cui dispone degli elementi di diritto e di fatto necessari a tal fine o possa disporne su semplice domanda di chiarimenti, a verificare se l'acquirente possa essere qualificato come consumatore nell'accezione di tale direttiva, anche se quest'ultimo non ha espressamente rivendicato questa qualità.

[10] Sul tema si veda in giurisprudenza: Trib. Roma, 3 luglio 2018, n. 13597 secondo cui: «*in base all'art. 129, 1° comma, è previsto che "il venditore ha l'obbligo di consegnare al consumatore beni conformi al contratto di vendita" ed accanto all'affermazione di detta specifica obbligazione, derivante direttamente dal contratto, è stata prevista una serie di presunzioni di conformità del bene al contratto, da intendere come regole minime di integrazione della volontà contrattuale, ferma rimanendo la possibilità per le parti di individuare altri specifici elementi*».

[11] In molti casi il contratto di vendita può essere collegato ad un finanziamento; in particolare sul rapporto tra contratto di vendita e contratto di credito al consumo si veda da ultimo A. COLAVOLPE, *Credito al consumo ed inadempimento del venditore: il problema dell'opponibilità al finanziatore delle eccezioni relative al contratto di vendita*, in *Giur. merito*, 2008, p. 2481.

Con riferimento alla nozione di venditore si veda la sentenza della Corte Giust. UE, Sez. V, 9 novembre 2016, n. 149/15, la quale ha specificato che:

cui fanno da contraltare rimedi ripristinatori quali la riparazione e la sostituzione [12], finalizzati a dare rilevanza alla certezza degli obblighi assunti dalle parti e alla conservazione del contratto ed attraverso i quali il venditore professionale ha la possibilità di intervenire, in tempi ragionevoli, o mediante la consegna sostitutiva di un altro bene identico o mediante la riparazione. In tal modo si mira a privilegiare il mantenimento del contratto rispetto alla risoluzione [13].

Il legislatore comunitario ha cercato di disciplinare, quindi, un sistema rimediale che si adattasse meglio al mondo industriale, consentendo al produttore di risparmiare costi risolvendo eventuali problematiche attraverso la riparazione o la sostituzione del bene, ed al tempo stesso cercando di avvantaggiare il consumatore [14] che può contare su un parametro oggettivo rappresentato dalla "conformità" del bene al contratto di vendita.

«*La nozione di "venditore" ai sensi dell'articolo 1, paragrafo 2, lettera c), della direttiva 1999/44/CE del Parlamento europeo e del Consiglio, del 25 maggio 1999, su taluni aspetti della vendita e delle garanzie dei beni di consumo, deve essere interpretata nel senso che si riferisce anche ad un professionista che agisce in veste di intermediario per conto di un privato e che non abbia debitamente informato il consumatore acquirente del fatto che il proprietario del bene venduto è un privato, circostanza che incombe al giudice del rinvio verificare prendendo in considerazione il complesso delle circostanze del caso di specie. Questa interpretazione prescinde dal fatto che l'intermediario sia stato o meno retribuito per il suo intervento*».

[12] Secondo F. BOCCHINI, *La vendita di cose mobili*, in *Il Codice civile. Commentario*, diretto da P. SCHLESINGER, Giuffrè, Milano, 2004, p. 180, il ricorso alla sostituzione della cosa difettosa alla sola ipotesi di "inosservanza essenziale del contratto" trova il fondamento in ragioni di carattere economico.

[13] Tale aspetto è stato messo in luce nel primo caso deciso dalla Corte di Giustizia in tema di garanzie nella vendita di beni di consumo e noto come caso *Quelle* C-404/06, sent. Corte Giust., 17 aprile 2008, riguardante proprio la non corretta trasposizione della direttiva nell'ordinamento tedesco. Per un commento: G. CAPILLI, *La direttiva sulla vendita di beni di consumo al vaglio della Corte di Giustizia*, in *Contratti*, 2008, p. 734 ss.; R. CONTI-R. FOGLIA, *Vendita e garanzie dei beni di consumo*, in *Corr. giur.* 2008, 6, p. 863.

[14] Nelle vendite di prodotti di serie in genere il consumatore esamina il bene attraverso sommari riferimenti a *depliant* senza poterne verificare lo stato se non solo in un secondo momento o addirittura attraverso l'utilizzazione dello stesso.

A ciò si aggiunge un altro beneficio per il consumatore italiano che non è più costretto a doversi orientare nei meandri delle note ipotesi di vizi, mancanza di qualità, *aliud pro alio*[15].

In sintesi, la direttiva stabilisce che il venditore professionale del bene (sia esso produttore o rivenditore) è tenuto a consegnare un bene conforme, ove la conformità non è altro che la sintesi delle qualità del bene, come descritte dal venditore, richieste dal compratore e vantate dal produttore nella presentazione del prodotto (anche tramite pubblicità ed etichettatura). L'applicazione della normativa, perciò, è circoscritta alle vendite tra professionisti e consumatori, essendo escluse le vendite tra privati e quelle tra professionisti.

2. La garanzia legale di conformità

La **garanzia legale** si configura come l'obbligazione, posta a carico del venditore finale, di **consegnare al consumatore un bene che sia conforme al contratto**, cosicché la mancanza di conformità (in cui devono essere fatte rientrare anche le ipotesi di mancata consegna, consegna tardiva, violazione dell'obbligo di trasferire la proprietà, i difetti di conformità) determina inadempimento del contratto. L'obbligazione del venditore, quindi, non solo è quella di consegna, ma quella di consegnare un bene conforme al contratto.

In particolare la consegna è disciplinata dall'art. 61 c. cons., introdotto a seguito dell'attuazione della direttiva sui diritti dei consumatori, il cui ambito applicativo è disciplinato dall'art. 60 c. cons. ed in cui si prevede che «*gli articoli 61 e 63 si applicano ai contratti di vendita*».

La **consegna viene identificata con la trasmissione al consumatore della disponibilità materiale dei beni**, deve avvenire entro trenta giorni alla scadenza dei quali il consumatore,

---

[15] Sull'applicabilità della normativa sulle garanzie nella vendita ai consumatori anche alle ipotesi di mancanza di qualità promesse si veda: Trib. Roma, 3 luglio 2018, n. 13597 (inedita), relativa ad un caso di consegna di mobilio mancante delle qualità richieste dal compratore.

prima di poter richiedere la risoluzione del contratto, dovrà concedere un congruo termine supplementare al venditore [16], salvo nel caso in cui il venditore si sia rifiutato esplicitamente di adempiere, ovvero nel caso in cui il termine di consegna è da considerarsi essenziale per espressa volontà del consumatore o in ragione di tutte le circostanze che hanno accompagnato la conclusione del contratto.

3. La qualità di consumatore dell'acquirente di beni di consumo

In Italia, il consumatore [17], definito nell'art. 3 c. cons., è la «*persona fisica che agisce per scopi estranei all'attività im-*

[16] Cfr. *Commento all'art. 61 del codice del consumo*, in V. CUFFARO (a cura di), *Codice del Consumo. Commentario*, Giuffrè, Milano, 2015, pp. 477-478.

[17] In particolare sulla nozione di consumatore si vedano: G. ALPA, voce *Consumatore (protezione del) nel diritto civile*, in *Dig. disc. priv., sez. civ.*, vol. III, Utet, Torino, 2001, p. 542; ID., *Ancora sulla definizione di consumatore*, in *Contratti*, 2001, p. 205; ID., *Consumatore*, in *Contr. e impr.*, 1987, p. 313; ID., *Gli usi del termine "consumatore" nella giurisprudenza*, in *Nuova giur. civ. comm.*, 1999, II, p. 4; P. MENGOZZI, *La nozione di consumatore, la direttiva CEE 93/13 ed il diritto italiano*, in *Contr. e impr./Europa*, 2002, 1, p. 54; G. GHIDINI-C. CERASANI, voce *Consumatore (tutela del) (diritto civile)*, in *Enc. dir.*, Agg., V, Giuffrè, Milano, 2001; G. LOFFARI, *Le nozioni di consumatore e di professionista*, in *I contratti in generale*, vol. IV, tomo 1, in *Il diritto privato nella giurisprudenza*, a cura di P. CENDON, Utet, Torino, 2001, p. 157 ss.; F. DI MARZIO, *Intorno alla nozione di "consumatore" nei contratti*, in *Giust. civ.*, 2001, IX, p. 2149; H. MICKLITZ, *La nozione di consumatore nel par. 13 BGB*, in *Riv. dir. civ.*, 2001, I, p. 623; R. CAPPUCCIO, *Sulla nozione di "consumatore" tra diritto comunitario e nazionale*, in *Nuovo diritto*, 2000, p. 114; G. CHINÉ, voce *Consumatore (contratti del)*, in *Enc. dir.*, Agg., vol. IV, Giuffrè, Milano, 2000; ID., *La nozione del consumatore nel diritto vivente*, in *Lezioni di diritto privato europeo*, raccolte da G. Alpa, G. Capilli, Cedam, Padova, 2007, p. 895; U. COREA, *Ancora in tema di nozione di "consumatore" e contratti a scopi professionali: un intervento chiarificatore*, in *Giust. civ.*, 2000, I, p. 2119; R. MONTINARO, *La figura giuridica di consumatore nei contratti di cui al capo XIV bis titolo II del libro IV del codice civile*, in *Giust. civ.*, 1998, II, p. 218; L. GATT, *L'ambito soggettivo di applicazione della normativa sulle clausole vessatorie*, in *Giust. civ.*, 1998, p. 2341; EAD., *Ambito soggettivo di applicazione della disciplina. Il consumatore e il professionista,*

prenditoriale, commerciale, artigianale o professionale eventualmente svolta» [18]; sebbene la nuova formulazione non faccia esplicito riferimento ai contratti, deve ritenersi che «*la natura contrattuale dell'attività rilevante ai fini dell'applicazione della disciplina della vendita di beni di consumo si possa ricavare con sicurezza dal tenore complessivo della disciplina medesima*» [19].

La Corte di Giustizia con la recente sentenza "Faber" del 4 giugno 2015 ha stabilito che, nel rispetto del principio di effettività della tutela dei consumatori [20], il giudice chiamato a dirimere una controversia rientrante nell'ambito di applicazione

---

in *Commentario al Capo XIV-BIS del codice civile: dei contratti del consumatore*, a cura di C.M. BIANCA e F.D. BUSNELLI, in *Nuove leggi civ. comm.*, 1997, p. 808; L. ANTONIOLLI DEFLORIAN, *Il consumatore, un personaggio in cerca di autore*, in *Resp. civ. e prev.*, 1995, p. 968.

Sulla nozione di consumatore nel BGB, si veda: H. MICKLITZ, *La nozione di consumatore nel § 13 BGB*, in *Riv. dir. civ.*, 2001, I, p. 623.

Sulla definizione di consumatore nel diritto francese: G. PAISANT, *Le consommateur est seulement une personne physique*, in *Jur.Cl. Per. Gen.*, 2009, p. 238; G. RAYMOND, *Le consommateur ne peut être qùune personne physique*, in *Contrats, conc. consom.*, 2009, p. 182.

Attribuiscono la qualifica di consumatore al condominio da ultimo: Cass., ord. 22 maggio 2015, n. 10679.

Nella giurisprudenza della Corte di giustizia si veda: Corte Giust. CE, 22 novembre 2001, cause riunite C-541/99 e C-542/99, in *Foro it.*, 2001, IV, c. 501, secondo cui «*la nozione di consumatore, come definita dall'art. 2, lett. b), della direttiva del Consiglio 5 aprile 1993, 93/13/CEE, concernente le clausole abusive nei contratti stipulati con i consumatori, deve essere interpretata nel senso che si riferisce esclusivamente alle persone fisiche*»; ed anche in *Corr. giur.*, 2002, p. 445, con commento di R. CONTI.

Da ultimo Corte Giust. UE, Sez. I, 2 aprile 2020, causa C-329/19.

[18] La definizione di consumatore è stata "integrata" con il d.lgs. 23 ottobre 2007, n. 221.

[19] Cfr. F. RICCI, *Commento "La nozione di consumatore"*, in *La vendita dei beni di consumo (artt. 128-135 del d.lgs. 6 settembre 2005 n. 206), Commentario*, a cura di C.M. BIANCA, in *Nuove leggi civ. comm.*, 2006, 2, p. 351.

[20] Con il principio di effettività si misura non l'uniformità del diritto procedurale interno, bensì la sua adeguatezza ad assicurare ai singoli un agevole esercizio dei diritti conferiti da una disposizione europea (cfr. F. AZZARRI, *op. cit.*).

della direttiva 99/44/CE ha l'obbligo di "domandare chiarimenti" in merito alla "qualità" di consumatore dell'acquirente [21].

In particolare la sentenza afferma che «*la direttiva 1999/44, su taluni aspetti della vendita e delle garanzie dei beni di consumo, deve essere interpretata nel senso che il giudice nazionale adito nel contesto di una controversia vertente su un contratto che può rientrare nell'ambito di applicazione della citata direttiva è tenuto, a partire dal momento in cui dispone degli elementi di diritto e di fatto necessari a tal fine o possa disporne su semplice domanda di chiarimenti, a verificare se l'acquirente possa essere qualificato come consumatore nell'accezione di tale direttiva, anche se quest'ultimo non ha espressamente rivendicato questa qualità. Modalità processuali che vietino sia al giudice di primo grado che al giudice di appello, investiti di una domanda di garanzia fondata su un contratto di vendita, di qualificare, sulla base degli elementi di fatto e di diritto di cui dispongono o di cui possono disporre su semplice domanda di chiarimenti, il rapporto contrattuale in oggetto alla stregua di vendita al consumatore, laddove quest'ultimo non abbia espressamente rivendicato tale qualità, equivarrebbero infatti ad assoggettare il consumatore all'obbligo di procedere da sé, a pena di perdere i diritti che il legislatore dell'Unione ha inteso conferirgli con la direttiva 1999/44, a qualificare giuridicamente in modo completo la sua situazione. Ne discende che tali modalità processuali non sarebbero conformi al principio di effettività in quanto sarebbero tali da rendere eccessivamente difficile applicare la tutela che la direttiva 1999/44 intende conferire ai consumatori nelle azioni proposte da questi ultimi dirette a far valere una garanzia e fondate su un difetto di conformità*».

---

[21] Cfr. nt. 9.

La prassi negoziale del commercio elettronico si caratterizza per la mancanza di trattativa[22]; le proposte contrattuali in rete sono molteplici e rivolte ad un numero indefinito di potenziali acquirenti i quali non fanno altro che accettare o rifiutare l'offerta, prestare o non prestare il loro consenso[23].
Non deve sorprendere, quindi, il fatto che tra i potenziali compratori di beni e servizi tramite *internet* vi siano adolescenti, i quali ne hanno facile accesso, maggiore dimestichezza e molte volte agiscono privi di controllo da parte degli stessi genitori.
In questo contesto l'attenzione sarà incentrata proprio sull'utilizzo di *internet* da parte del minorenne per l'acquisto di beni o per la fruizione di servizi.
I siti cui possono accedere sono innumerevoli, quelli più appetibili in ragione degli interessi dei *teenagers* sono *Ebay, Amazon, I-Tunes, Google, Yahoo,* ecc., ma anche siti dedicati espressamente agli acquisti da parte di minori in cui la problematica si arricchisce con quella relativa alle modalità di pagamento che viene risolta in vari modi come, per esempio, prevedendo permute oppure portafogli digitali[24].

---

[22] N. IRTI, *Scambi senza accordo*, in *Riv. dir. e proc. civ.*, 1998, pp. 352-353, in cui si legge: «*un alto e grave silenzio domina gli scambi dei grandi magazzini e delle reti televisive o telematiche. Non già – come pure osserveremo – perché la parola sia scritta e non detta; graficamente fissata, e non labialmente pronunciata; ma perché quei rapporti o non hanno bisogno della parola, o riducono la parola da atto dialogico ad atto informativo. Ancora una volta, la tecnologia non si lascia governare, ma governa e configura il rapporto: se spingiamo la cosa, o l'immagine della cosa, al centro dello scambio, non possiamo certo pretendere la salvezza del dialogo e dell'accordo linguistico*»; J.M. MORINGELLO-W.L. REYNOLDS, *From Lord Coke to Internet privacy: the past, the present, and future of the law of electronic contracting*, consultabile su SSRN: *http://ssrn.com/abstract=2017783*, Widener Law School Legal Studies Research Paper No. 12-06, i quali analizzano l'importanza del diritto contrattuale come strumento per gestire i nuovi metodi di formazione dei contratti nonché le mutevoli circostanze socio-economiche.

[23] Questo nuovo metodo di contrattazione ha dato vita a numerosi interventi dottrinali nonché giurisprudenziali. Per una disamina mi avvalgo di F. BRAVO, *Contrattazione telematica e contrattazione cibernetica*, Giuffrè, Milano, 2007, in cui sono richiamati numerosi riferimenti bibliografici sull'argomento.

[24] Approfondimenti in G. CAPILLI, *La capacità negoziale dei minori. Analisi comparata e prospettive di riforma*, Giappichelli, Torino, 2012.

Ebbene, la legislazione nazionale non è preparata a gestire un fenomeno come quello appena descritto, dove gli abusi possono essere molto frequenti e le modalità di contrattazione potrebbero incentivare comportamenti sia impulsivi [25] che compulsivi [26].
Ove si consideri che il contratto virtuale si perfeziona tramite la pressione di un tasto negoziale virtuale [27] ovvero tramite la semplice adesione alle condizioni contrattuali (molto spesso complesse e poco intellegibili), non deve sorprendere come può essere frequente per un minore concludere un contratto in assoluta libertà e senza il controllo dei genitori.
I gestori dei siti non possono non tenere conto di questa fascia di utenza tanto che il codice del consumo prevede l'adempimento di obblighi di informazione prima della stipula dei contratti a distanza [28]. Cosicché si pone il problema, in ambito telematico, ancor più che nelle forme di contrattazione tradizionali, di coordinare i due contrapposti

---

[25] D. SCARPI-F. DALL'OLMO RILEY-A. MENARESI, *Le ricerche sui comportamenti di acquisto on line: L'orientamento edonico e utilitarista*, in *Merc. e compet.*, 2006, p. 3.

[26] La tematica è molto interessante in quanto riguarda lo studio dei comportamenti dei consumatori sia minori che adulti e, quindi, il *neuromarketing* e il suo rapporto con la pubblicità.

[27] Sul "tasto negoziale virtuale" si rinvia a E. TOSI, *Contratti informatici, telematici e virtuali. Nuove forme e procedimenti formativi*, Giuffrè, Milano, 221; l'autore a p. 225 scrive che «*regole del mercato e fenomeno della predisposizione negoziale indeboliscono la centralità del consenso – che degradando progressivamente verso l'atto di adesione, pur sempre negoziale – ma non la escludono del tutto permanendo sempre la libertà, appunto, di non aderire. La mera pressione del tasto negoziale virtuale – non accompagnata da ulteriori comportamenti – in quanto codice linguistico simbolico non verbale, iconico, socialmente rilevante alla manifestazione espressa mediante dichiarazione*», ed ancora assume «*la pressione del tasto negoziale virtuale associata all'invio dei numeri della carta di credito – fattispecie ricorrente nella prassi negoziale del commercio elettronico – sembra, invece, essere assorbita dalla vis attractiva della manifestazione implicita dell'accettazione mediante comportamento concludente esecutivo ex art. 1327 c.c.*».

[28] L'art. 52 c. cons. prevede nel comma 2: «*Le informazioni di cui al comma 1, il cui scopo commerciale deve essere inequivocabile, devono essere fornite in modo chiaro e comprensibile, con ogni mezzo adeguato alla tecnica di comunicazione a distanza impiegata, osservando in particolare i principi di buona fede e di lealtà in materia di transazioni commerciali, valutati alla stregua delle esigenze di protezione delle categorie di consumatori particolarmente vulnerabili*», ed il minore rientra sicuramente nell'ambito della categoria dei consumatori particolarmente vulnerabili.

interessi: da un lato quello del minore a non vedere intaccato il suo patrimonio in ragione della sua (*presunta?*) inesperienza e dall'altro quello della controparte del minore che a causa della spersonalizzazione dei contratti *online* non è in grado di verificare con quale soggetto stia contrattando [29].
Come si combinano allora le disposizioni codicistiche con tali nuove forme di contrattazione? Si è affermato che il contratto stipulato dal minore tramite *internet* sia valido sempre e comunque rilevando esclusivamente il mezzo utilizzato. Ciò, tuttavia, implicherebbe riconoscere una capacità di contrarre del minore in ragione delle modalità attraverso cui viene concluso l'accordo e, inoltre, si creerebbe una disparità di trattamento tra il terzo contraente telematico e quello tradizionale che risulterebbe penalizzato rispetto al primo.
Ed ecco che la dottrina ha cercato di adattare le norme codicistiche in particolare la norma contenuta nell'art. 1426 c.c. alla categoria dei contratti *online* stipulati da minori; si tratta, quindi, di verificare se effettivamente tale disposizione si possa, per così dire, adattare a tali nuove forme di negoziazione o non sia più opportuno, come si crede, dettare regole *ad hoc* per questi tipi di contrattazione.
Innanzitutto, occorre considerare che il minore può concludere il contratto *online* sia utilizzando il proprio nome e la propria carta di pagamento (si pensi ad una *postepay* oppure ad una carta bancaria ricaricabile) sia utilizzando i dati dei propri genitori e la loro carta di credito [30].
Il minore, infatti, può essere titolare di conto corrente come anche titolare di mezzi di pagamento quali le carte prepagate.
Tra le cosiddette "monete di plastica" [31] possiamo prendere in consi-

[29] Vi sono siti che non si preoccupano di adottare sistemi o tecniche per indagare l'età; altri si limitano a richiedere la data di nascita; alcuni siti sono programmati per escludere coloro i quali appaiono avere un'età inferiore ai 13 anni; inoltre, altri *provider* prevedono nelle condizioni generali (che in genere l'utente non legge neppure) una sorta di 'autocertificazione' di essere maggiorenni.

[30] S. Sica, *E-commerce e e-money*, in S. Sica-P. Stanzione-V. Zeno-Zencovich (a cura di), *La moneta elettronica: profili giuridici e problematiche applicative*, Giuffrè, Milano, 2006, p. 70 ss., il quale afferma che «*il tema del commercio elettronico e quello della moneta elettronica sembrano condividere, se non un destino, un percorso comune, e per ragioni connesse al contesto di Law and Technology, che li interessa entrambi, e per il rapporto – quasi di causa-effetto reciproco – che pare legarli*».

[31] Tra le tipologie si può citare (dati tratti dal sito *www.monetadiplastica.com*): *Carige Easypay*, il plafond è di € 2.000 e la validità 5 anni; *Cart@perta*

derazione ad esempio la *"Postepay junior"*; si tratta della versione per minori della *Postepay standard*, viene emessa da Poste Italiane e può essere richiesta da minori con età compresa tra i 10 e i 18 anni.
Per ottenere la carta è necessario che il minore si presenti accompagnato da uno dei due genitori che con la loro presenza ne attestano l'autorizzazione a possedere una carta di pagamento cosicché egli è in grado di compiere liberamente acquisti dell'importo consentito dal suo *plafond* e ovviamente dalle sue disponibilità economiche. Il *plafond* è di 1.000 euro; la carta consente di fare acquisti nei negozi convenzionati con il circuito *visa electron* in Italia, all'estero e su *internet*; inoltre, con la carta è possibile ricaricare il cellulare e il limite giornaliero è pari a 150 euro.
Prendiamo in considerazione adesso l'ipotesi del minore che contratta su *internet* utilizzando i dati dei genitori nonché la loro carta di credito.
La dottrina che si è occupata del tema ha prospettato varie teorie per giustificare l'inapplicabilità della sanzione dell'annullabilità al contratto telematico stipulato dal minore nell'ottica di una necessaria maggiore tutela dei traffici e del terzo contraente.
Secondo parte della dottrina, infatti, i raggiri di cui all'art. 1426 c.c. sarebbero insiti nella stessa scelta dello strumento telematico[32] che consentirebbe di nascondere la propria età; tale tesi, tuttavia, non è convincente in quanto oggi più di ieri non è possibile affermare che il

---

teen è emessa dal Creval, Credito Valtellinese, è una carta prepagata ricaricabile destinata ai ragazzi dai 12 ai 17 anni. È possibile richiedere la carta recandosi in una delle filiali del Creval accompagnati dai genitori; il plafond è di € 2.000, la validità della carta prepagata è 3 anni, è possibile utilizzare la carta solo in Italia nei negozi convenzionati, per ricaricare il l telefonino e per prelevare denaro da ATM, il limite massimo di prelievo giornaliero da ATM del gruppo e altre banche è di € 1.000, per ogni singola operazione è possibile prelevare € 250; la *Carta prepagata ricaricabile OOM+* è emessa dalla Cassa Centrale Banca, distribuita dalle banche del Credito Cooperativo, è una carta prepagata per giovani dai 11 a 20 che possono anche aprire un conto corrente chiamato come la carta prepagata oom+, presso le banche del Credito Cooperativo; *CartaSi My* è una carta prepagata per giovani da 14 a 30 anni, collocata da Banche Marche, il circuito della carta è Mastercard, il plafond della carta è di € 5.000. La carta può essere richiesta anche da chi non è cliente di Banca Marche. Si devono segnalare altresì anche le *carte prepagate usa e getta.* Si tratta di carte prepagate anonime, per acquistarle non servono documenti, tranne se viene richiesto un rimborso pari o superiore ai € 1.000 in quel caso il cliente deve farsi identificare.

[32] A. GENTILI, *La "patologia" del contratto telematico*, in S. SICA-P. STANZIONE (a cura di), *Commercio elettronico e categorie civilistiche*, Giuffrè, Milano, 2002.

minore si nasconda dietro il *computer* per celare la sua età e, inoltre, sarebbe veramente arduo affermare che si possa parlare di raggiro vero e proprio. Ci si potrebbe semmai porre il problema di creare dei sistemi che consentano di verificare l'età del contraente [33]; su tali tecniche gli esperti stanno lavorando, ma non è detto che siano infallibili né tantomeno che possano scongiurare casi di adolescenti disonesti. Non si può, a tal proposito, non evidenziare che le pratiche utilizzate da alcuni siti *internet* in cui viene indicato il divieto di accesso ai minori servono esclusivamente ai gestori per limitare la loro responsabilità e nulla hanno a che vedere con le esigenze di tutela che dovrebbero essere alla base delle norme sulla incapacità.
Ebbene concordando con chi reputa che il contraente telematico, nel momento in cui decide di accedere al mercato virtuale, si assume un rischio informatico per effetto del principio di autoresponsabilità, si dovrebbe ritenere che chi entra in tale mercato si accolla il rischio di negoziare potenzialmente con un minore nonché quello dell'annullamento del contratto.
Secondo altri, invece, potrebbe applicarsi la disposizione contenuta nell'art. 1426 cod. civ. laddove la carta di credito sia stata utilizzata ad insaputa dei genitori [34] con conseguente impossibilità di ottenere l'annullamento del contratto.
L'uso doloso della carta di credito da parte del minore, infatti, renderebbe intangibile il contratto impegnando conseguentemente i titolari della carta utilizzata.
C'è chi addirittura distingue due diverse ipotesi, quella in cui il minore utilizza i propri dati ed effettua il pagamento con la carta di credito appositamente fornita dai genitori e quella in cui utilizza sia i dati che il mezzo di pagamento dei genitori.

---

[33] Analizza la questione proprio con riferimento alla possibilità del minore di celare la sua età in rete, C.B. PRESTON, *CyberInfants*, 39 *Pepp. L. Rev.*, Iss. 2 (2013), Available at: *https://digitalcommons.pepperdine.edu/plr/vol39/ iss2/1*, in cui si legge «*Certainly online age verification technology has been the subject of extended debate, even beyond the Child Online Protection Act (COPA) cases. Online age verification methods exist, and some are currently being implemented by certain online service providers. Proponents argue that these methods are as good as visual checks in at least raising the suspicion that age needs to be investigated. While these methods may not be one hundred percent effective in excluding minors, neither are the current methods [used] by brick and mortar [businesses], which are often based on physical appearance*».

[34] M. FRANZONI, *Dell'annullabilità del contratto*, sub art. 1426 c.c., in *Il Codice civile. Commentario*, diretto da P. SCHLESINGER, Giuffrè, Milano, 2005, p. 207 il quale ritiene che la norma abbia lo scopo di punire il minore per avere carpito la buona fede del terzo contraente.

Le tesi prospettate non appaiono convincenti. L'art. 1426 c.c. non sembra applicabile alla contrattazione telematica effettuata dal minore proprio in quanto è lo strumento telematico che non consente di valutare se effettivamente si sia concretizzato un raggiro o meno, cosicché il problema può essere risolto soltanto tramite una tutela specifica e dettagliata che tenga in considerazione tutte le ipotesi che si potrebbero prospettare, e quindi sia il caso di minore che agisce utilizzando i suoi dati ed il proprio mezzo di pagamento sia il caso di minore che si avvalga del nome del genitore e della carta di credito di quest'ultimo; il sistema attuale, infatti, non è sufficientemente malleabile per affrontare le questioni che possono scaturire da certi comportamenti.
La contrattazione del minorenne su *internet*, tuttavia, non riguarda necessariamente solo l'acquisto di beni, ma può ricomprendere anche la fruizione di servizi. Si pensi alla sottoscrizione del contratto con cui si accede a *Facebook* o ad altri *social network* ovvero contratti che disciplinano l'utilizzo di giochi *online*. In tutti questi casi è necessaria la registrazione e qualora l'utente non sia maggiorenne, viene richiesto di disporre dell'autorizzazione del legale rappresentante.
Un caso è venuto proprio alla ribalta di recente grazie ad una serie di documenti resi pubblici relativi ad una causa legale chiusa nel 2016 e dai quali risulta che *Facebook* fosse a conoscenza del problema dei minori che spendevano grandi quantità di denaro all'interno delle applicazioni e ciò ad insaputa dei loro genitori e non avesse adottato strumenti volti ad evitare spese incontrollate.
Facebook offriva alle aziende che sviluppavano i videogiochi o app la possibilità di utilizzare il suo sistema di pagamento, per semplificare e non doversi occupare direttamente della raccolta di denaro. In tal modo *Facebook* tratteneva per sé una commissione del 30 per cento, mentre il resto del guadagno veniva riversato agli sviluppatori di app. Il problema si manifestò in seguito ad una segnalazione di Rovio (azienda finlandese famosa per avere inventato *Angry Birds*, uno dei videogiochi di maggiore successo per *smartphone* e *tablet*) che si vide notificare un numero consistente di richieste di rimborsi da parte dei genitori che si erano resi conto delle spese fatte dai loro figli[35].
Alla luce delle problematiche evidenziate, la peculiarità della contrattazione nel caso in cui siano coinvolti i minorenni consente di ritenere auspicabile che la disciplina della contrattazione telematica del minore sia armonizzata a livello europeo sebbene, tuttavia, tale ambito sia sempre comunque lasciato alla legislazione dei singoli stati membri.

[35] *https://www.ilpost.it/2019/01/25/facebook-acquisti-in-app-minori/.*

4. Ambito di applicazione e definizioni

L'art. 128 c. cons. disciplina l'«*ambito applicativo e definizioni*» e individua i tipi contrattuali per i quali può trovare applicazione la garanzia di conformità. Tra questi non vi è solo la vendita[36], ma anche i contratti di fornitura di beni, come la somministrazione (fanno eccezione i contratti di somministrazione di acqua, gas e energia elettrica), la permuta, l'appalto, il contratto d'opera e tutti gli altri contratti finalizzati alla fornitura di beni di consumo da fabbricare o da produrre.

La normativa riguarda sia le vendite nazionali che quelle transfrontaliere, le vendite di cose generiche e di cose future, la vendita ad efficacia reale differita, la vendita su campione e su tipo di campione, la vendita con pagamento rateale, ed anche le vendite di beni di consumo ad efficacia reale meramente obbligatoria.

Le norme in materia di vendita di beni di consumo, quindi, trovano applicazione di diritto in tutti i casi di acquisti c.d. *business to consumer* (b2c)[37].

È stato ritenuto opportuno inserire il contratto di permuta anche in relazione alle ricorrenti ipotesi di scambio tra consumatori e professionisti di beni usati[38].

Rientrano nell'ambito di applicazione i contratti di permuta c.d. a conguaglio[39]; in questo caso, tuttavia, rispetto alla mera

---

[36] L'art. 45, lett. e), c. cons., in attuazione della direttiva sui diritti dei consumatori, contiene la definizione di "contratto di vendita" facendovi rientrare «*qualsiasi contratto in base al quale il professionista trasferisce o si impegna a trasferire la proprietà di beni al consumatore e il consumatore ne paga o si impegna a pagare il prezzo, inclusi i contratti che hanno come oggetti sia beni che servizi*».

[37] Cfr. Trib. Roma, 6 luglio 2017, n. 13771; Trib. Roma, 10 novembre 2017, n. 21121.

[38] A. CIATTI, *L'ambito di applicazione* ratione materiae *della direttiva comunitaria sulla vendita e le garanzie dei beni di consumo*, in *Contr. impr./Europa*, 2000, p. 434 ss.

In particolare, sui beni usati, risulta essere stata emessa una sola sentenza del Giudice di Pace di Acireale del 22 marzo 2005, pubblicata in *Contratti*, 2005, 12, con commento di M. DONA.

[39] C. IURILLI, *Autonomia contrattuale e garanzie nella vendita di beni di consumo*, Giuffrè, Milano, 2004, p. 79.

permuta in cui l'unico limite per il consumatore consisterebbe nell'impossibilità di ottenere la riduzione del prezzo, il consumatore avrebbe la possibilità di richiedere la riduzione del prezzo nei limiti della parte in denaro della controprestazione dell'acquirente al venditore.

Tra le tipologie contrattuali si ricomprendono anche i casi di "omaggi" collegati all'acquisto di bene di consumo; si parla delle c.d. **"vendite con incentivo"** o **"vendite accompagnate dalla promessa di omaggi o premi"**. In tali situazioni si pone il problema dell'applicazione della garanzia anche all'oggetto omaggiato; secondo alcuni, infatti, l'"omaggio" dovrebbe essere coperto dalla garanzia legale solo in caso di acquisizione contestuale alla vendita, mentre sarebbero escluse le ipotesi in cui l'acquisizione avviene in un momento successivo (ad esempio con la presentazione di una raccolta punti) in quanto in tal caso si configurerebbe una ipotesi di promessa al pubblico [40].

Nell'ambito di applicazione rientrano i contratti di somministrazione, eccetto quelli aventi ad oggetto energia elettrica o acqua e gas a meno che quest'ultimi non siano confezionati per la vendita in un volume o in quantità determinata (art. 128, comma 2, nn. 2 e 3) [41].

L'ambito di applicazione della normativa, quindi, concerne tutti i contratti tipici equiparati alla vendita che prevedono il trasferimento della proprietà di un bene mobile dietro pagamento di un corrispettivo, ferma restando l'esclusione di tutti i contratti ove ciò non si verifica, come nel caso della locazione, ovvero che siano a titolo gratuito, come nel caso del comodato [42].

---

[40] M. DONA, *Le garanzie nei contratti di vendita*, in L. ROSSI CARLEO (a cura di), *Diritto dei consumi*, Giappichelli, Torino, 2015, pp. 140-141.

[41] Esempio: bottiglie d'acqua o bombole di gas.

[42] A. ZACCARIA-G. DE CRISTOFARO, *La vendita di beni di consumo*, Ipsoa, Milano, 2002, p. 14; *contra* F. BOCCHINI, *La vendita di cose mobili*, in *Il Codice civile. Commentario*, diretto da P. SCHLESINGER, Giuffrè, Milano, 2004, p. 352 secondo cui «*se* ratio *della normativa in esame è quella di assicurare "un livello minimo uniforme di norme eque" per il consumatore che accede a beni di consumo (Considerando n. 2) non si giustifica un divario di trattamento a seconda che il consumatore consegua l'utilizzazione di un bene attraver-*

Altra categoria di contratti è quella dell'appalto e dei contratti d'opera aventi ad oggetto la realizzazione di "beni di consumo". È stato evidenziato [43] come in tale ambito rientri l'ipotesi in cui il professionista si impegni ad eseguire, su un bene mobile di proprietà del consumatore, interventi destinati ad alterarne le caratteristiche. Ebbene, qualora la prestazione di *facere* richiesta al professionista implichi la trasformazione del bene in un bene nuovo e diverso, si avrà un contratto di appalto o d'opera con conseguente applicazione dell'art. 128 c. cons. Qualora, invece, il bene non subisca alcuna trasformazione a seguito dell'intervento del professionista la norma non potrà essere applicata.

L'art. 128 c. cons., inoltre, contiene una sorta di clausola di chiusura che equipara alla vendita «*tutti i contratti comunque finalizzati alla fornitura di beni di consumo*» [44]; sul punto i problemi di interpretazione hanno, per esempio, riguardato l'assoggettabilità alla disciplina del contratto di *leasing* [45], ormai diffu-

---

so un contratto traslativo o solo mediante uno schema obbligatorio (es. locazione)»; la normativa sarebbe applicabile ai contratti volti a procurare l'utilizzazione di un bene di consumo.

[43] G. DE CRISTOFARO, *La vendita di beni di consumo*, in E. GABRIELLI-E. MINERVINI (a cura di). *I Contratti dei consumatori*, t. II, Utet, Torino, 2005, p. 984, nt. 42.

[44] Sull'interpretazione di questa norma si veda anche F. RICCI, *op. cit.*, pp. 323-325 il quale, sottolineando il rapporto tra direttiva comunitaria e norma di attuazione, ha posto in evidenza la natura di disciplina transtipica della norma per cui «*la causa specifica dei contratti soggetti alla disciplina della vendita di beni di consumo può essere quella propria di qualsiasi altra figura contrattuale tipica o atipica connessa con la fornitura di beni di consumo, non importa se si tratti di beni presenti o si tratti di beni da fabbricare o da produrre in esecuzione del contratto, purché la fornitura di beni presenti, o si tratti di beni da fabbricare o da produrre in esecuzione del contratto, purché la fornitura sia procurata da un fornitore professionale ad un consumatore e determini l'acquisto dei beni in capo a quest'ultimo*».

[45] Sul punto G. AQUARO, *Contratto di leasing e nuova disciplina della vendita di beni di consumo*, in *Vita not.*, 2004, p. 457, il quale esclude l'applicabilità della disciplina sulla vendita di beni di consumo; in senso contrario A. ZACCARIA-G. DE CRISTOFARO, *La vendita di beni di consumo*, Cedam, Padova, 2002, p. 15; V. MANNINO, *Art. 1519 bis*, in AA.VV., *Commentario alla disciplina della vendita di beni di consumo*, coordinato da L. GAROFALO, Cedam, Padova, 2003, p. 32.

sissimo, ma dalla qualificazione tutt'oggi assai controversa [46].

La normativa in materia di garanzie nella vendita di beni di consumo si applica anche alle vendite *online*.

A tale proposito si deve segnalare che dopo l'ormai naufragato tentativo di uniformare il diritto della vendita attraverso la proposta di regolamento per un diritto comune europeo della vendita (*CESL*) [47], il Parlamento Europeo ha ritenuto di utilizzare lo strumento della direttiva al fine di potenziare la crescita del commercio elettronico nel mercato interno ed instaurare un autentico mercato unico digitale.

Il 9 dicembre 2015 [COM (2015) 635 final], infatti, veniva emanata una Proposta di Direttiva relativa a determinati aspetti dei contratti di vendita online e di altri tipi di vendita a distanza di beni e una Proposta di Direttiva [COM (2015) 634 final] relativa a determinati aspetti dei contratti di fornitura di contenuto digitale.

Ed il 22 maggio 2019 sono state pubblicate nella Gazzetta Ufficiale dell'Unione Europea due nuove direttive del Parlamento Europeo volte ad unificare la disciplina della vendita di beni e della fornitura di contenuto digitale e servizi digitali.

Si tratta della **direttiva 2019/770/UE del Parlamento Europeo e del Consiglio** relativa a determinati aspetti dei contratti di fornitura di contenuto digitale e di servizi digitali e della **direttiva 2019/771/UE del Parlamento Europeo e del Consiglio** relativa a determinati aspetti dei contratti di vendita di beni, che modifica il regolamento 2017/2394/UE e la direttiva 2009/22/CE, e che abroga (a decorrere dal 1° gennaio 2022) la direttiva 1999/44/CE.

Nel presente lavoro si cercherà di trattare la disciplina di attuazione della direttiva 99/44/CE facendo riferimento (nei diversi paragrafi) comunque alle modifiche che la nuova direttiva

---

[46] Per una più dettagliata analisi della norma in riferimento all'ambito contrattuale di applicazione della disciplina di derivazione comunitaria si rinvia a V. MANNINO, *Art. 1519 bis*, cit., p. 15 ss.

[47] Per una ricognizione si rinvia a G. ALPA, *Aspetti della nuova disciplina delle vendite nell'Unione Europea*, in *Contr. e impr.*, 2019, 3, p. 825, il quale segnala tra le scelte più significative quelle illustrate nei considerando nn. 17, 23, 24, 25, 26.

sulla vendita di beni apporterà a partire dal 1° gennaio 2022.

Occorre preliminarmente evidenziare che il livello di armonizzazione dovrebbe essere massimo in quanto è precluso agli Stati membri mantenere o adottare nel loro diritto nazionale disposizioni divergenti da quelle stabilite dalle direttive stesse. Nel testo della direttiva si legge espressamente che gli Stati membri non potranno mantenere neppure le disposizioni più o meno severe per garantire al consumatore un livello di tutela diverso.

Sono, tuttavia, previste alcune importanti deroghe che – ad una prima lettura – fanno dubitare dell'effettiva realizzazione dell'uniformazione legislativa[48].

Al fine di fornire qualche anticipazione sulle novità che sono previste, con riferimento alla **direttiva 2019/771/UE** relativa ai contratti di vendita di beni (che abroga la direttiva 99/44/CE), si segnala l'introduzione nuove definizioni: quella di "bene" ricomprende, per esempio, non solo «*qualsiasi bene mobile materiale*», ma anche qualsiasi bene mobile materiale che incorpora o è interconnesso con un contenuto digitale o un servizio digitale in modo tale che la mancanza di detto contenuto digitale o servizio digitale impedirebbe lo svolgimento delle funzioni del bene ("beni con elementi digitali"). Sono inserite anche le definizioni di "contenuto digitale" (cioè i dati prodotti o forniti in formato digitale) e di "servizio digitale" [*a*) un servizio che consente al consumatore di creare, trasformare, memorizzare i dati o di accedervi in formato digitale, oppure, *b*) un servizio che consente la condivisione di dati in formato digitale caricati o creati dal consumatore o da altri utenti di tale servizio o qualsiasi altra interazione con tali dati], nonché quelle di "compatibilità" (capacità del bene di funzionare con *hardware* o *software*

---

[48] Parla di "armonizzazione massima parziale": S. PAGLIANTINI, *Contratti di vendita di beni: armonizzazione massima, parziale e temperata della dir. UE 2019/771*, in *Giur. it.*, 2020, 1, p. 217, il quale evidenzia altresì che «*la 771/2019 è senza dubbio una direttiva che persegue, rispetto alla regola di conformità che disciplina, un'armonizzazione globale delle disposizioni degli Stati membri, ma non è (cave!) una direttiva che pratichi un'armonizzazione completa del campo della responsabilità contrattuale del venditore nei confronti di un consumatore acquirente*».

con cui sono normalmente utilizzati i beni del medesimo tipo, senza che sia necessario convertire i beni, l'*hardware* o il *software*), di "funzionalità" (la capacità del bene di svolgere tutte le sue funzioni in considerazione del suo scopo), "interoperabilità" (la capacità del bene di funzionare con *hardware* o *software* diversi da quelli con cui sono normalmente utilizzati i beni dello stesso tipo).

Vengono specificati i requisiti di conformità del bene distinguendoli in "soggettivi" e "oggettivi" e con particolare riferimento a quelli con elementi digitali, si prevede per esempio che il venditore debba assicurare che al consumatore siano notificati e forniti aggiornamenti, compresi quelli sulla sicurezza, necessari per mantenere la conformità di tali beni nell'arco di un periodo di tempo.

La **sicurezza informatica** diventa, quindi, uno dei requisiti fondamentali del prodotto o del servizio.

In caso di beni con elementi digitali, si prevede la responsabilità del venditore per qualsiasi difetto di conformità del contenuto digitale o del servizio digitale che si verifica o si manifesta entro due anni dal momento della consegna dei **beni con elementi digitali** e se il contratto prevede una fornitura continuativa per più di due anni, il venditore risponde di qualsiasi difetto di conformità del contenuto digitale o del servizio digitale che si verifica o si manifesta nel periodo di tempo durante il quale il contenuto digitale o il servizio digitale deve essere fornito a norma del contratto di vendita.

Modifiche e specificazioni rilevanti riguardano il sistema dei rimedi sia per l'**eliminazione, in linea di principio, di un sistema gerarchico**, potendo il consumatore in caso di difetto di conformità, avere diritto al ripristino della conformità dei beni, a una riduzione adeguata del prezzo, o alla risoluzione del contratto, sia per l'introduzione del diritto del consumatore di rifiutare il pagamento di qualsiasi parte di prezzo non ancora versata o di parte di esso fino a quando il venditore non abbia adempiuto agli obblighi che gli incombono in virtù della presente direttiva.

Con riferimento alla **direttiva 2019/770/UE** sui contratti di fornitura di contenuto digitale e di servizi digitali, viene introdotta la nozione di "operatore economico" (qualsiasi persona fisica o giuridica, indipendentemente dal fatto che si tratti di un soggetto pubblico o privato, che agisca, anche tramite qualsiasi altra persona che agisca in nome o per conto di tale persona fisica o giuridica, per finalità che rientrano nel quadro della sua attività commerciale, industriale, artigianale o professionale, in relazione ai contratti oggetto della presente direttiva), e di "prezzo" (somma di denaro o la rappresentazione di valore digitale dovuto come corrispettivo per la fornitura di contenuto digitale o di servizio digitale).

Novità si riscontrano anche in tema di onere della prova della mancanza di conformità del contenuto digitale o servizio digitale, nonché per i rimedi a tutela del consumatore per la mancata fornitura e per difetto di conformità. Una disciplina specifica è dettata in caso di risoluzione del contratto con conseguente indicazione degli obblighi in capo all'operatore economico (es: rimborso del prezzo pagato) e al consumatore (es: astensione dall'utilizzo ovvero restituzione del contenuto digitale se questo è stato fornito su supporto materiale), nonché per le ipotesi di modifica del contenuto digitale o del servizio digitale.

L'ultima novità è rappresentata dalla **direttiva 2019/2161/UE del Parlamento Europeo e del Consiglio** che modifica la direttiva 93/13/CEE del Consiglio e le direttive 98/6/CE, 2005/29/CE e 2011/83/UE per una migliore applicazione e modernizzazione delle norme dell'Unione relative alla protezione dei consumatori, che è stata pubblicata il 18 dicembre 2019.

La direttiva intende intervenire sulle direttive sulle clausole abusive, sulla direttiva sull'indicazione dei prezzi dei prodotti offerti ai consumatori, sulla direttiva sulle pratiche abusive e sulla direttiva sulle pratiche commerciali scorrette e sulla direttiva sui diritti dei consumatori.

Le modifiche da apportare alle normative vigenti si pongono diversi obiettivi. Innanzitutto rimediare alle carenze normative nazionali per quanto riguarda sanzioni veramente effettive e proporzionate per scoraggiare e sanzionare le infrazioni unionali attraverso la previsione di norme in materia di sanzioni applicabili alle violazioni delle disposizioni nazionali adottate conformemente alla direttiva sulle clausole abusive e introdurre le misure necessarie per garantirne l'attuazione. Le sanzioni dovranno essere effettive, proporzionate e dissuasive. Si rileva la necessità di garantire la disponibilità di rimedi per i consumatori danneggiati da pratiche commerciali sleali per eliminare tutti gli effetti delle pratiche commerciali scorrette attraverso la previsione di un quadro ben preciso per i rimedi individuali che faciliterebbero l'esecuzione a livello privato, disciplinando anche la possibilità del consumatore di ottenere il risarcimento dei danni e, se pertinente, una riduzione del prezzo o la risoluzione del contratto in modo proporzionato ed efficace. Si prevede la possibilità di mantenere o introdurre il diritto ad altri rimedi come la riparazione o la sostituzione per i consumatori danneggiati da pratiche commerciali sleali per garantire l'eliminazione totale degli effetti di tali pratiche.

Si evidenzia, ancora, la necessità di una modernizzazione delle regole in ragione dell'utilizzo di strumenti digitali in continua evoluzione, nonché una maggiore trasparenza per le transazioni via web con riferimento ai parametri che determinano la classificazione delle offerte, all'aggiornamento delle definizioni di "mercati *online*" e di "interfaccia *online*" ed anche alla indicazione della qualifica di professionista o meno del terzo che offre beni, servizi o contenuto digitale, nonché alle informazioni da fornire sulle responsabilità di garantire i diritti dei consumatori che dipendano dagli accordi contrattuali tra i fornitori dei mercati *online* e i professionisti terzi pertinenti. Nella direttiva si stabilisce, altresì, che debba essere garantita la coerenza tra l'ambito di applicazione della direttiva 2011/83/UE e della direttiva 2019/770/UE relativa ai contratti di fornitura di contenuto digitale o di servizi digitali nell'ambito dei quali il consumatore fornisce o si impegna a fornire al professionista i dati personali; infatti, si specifica che la direttiva sui diritti dei consumatori debba trovare applicazione anche nei casi di contratti di fornitura di contenuto digitale in cui il consumatore si impegni a fornire dati personali (ad eccezione del caso in cui il professionista raccolga i dati personali per il solo scopo di assolvere agli obblighi di legge).

Le novità introdotte dal legislatore comunitario sono diverse, tuttavia, la previsione di numerose deroghe rimesse agli Stati determinando ancora una volta "frammentarietà" potrebbe vanificare la realizzazione di quella uniformità normativa, che probabilmente l'Unione intende realizzare "*step by step*", ma di cui oggi più che mai si sente la necessità considerato che, in seguito anche al verificarsi della pandemia da Covid-19, la diversità normativa potrebbe incidere negativamente sulla tutela europea dei consumatori[49] e conseguentemente sul mercato unico, minando l'obiettivo esplicitato nel considerando n. 2 e cioè «*il giusto equilibrio tra il conseguimento di un elevato livello di protezione dei consumatori e la promozione della competitività delle imprese*».

5. I beni di consumo

È bene di consumo «*qualsiasi bene mobile anche da assemblare*» che sia comunque destinato ad un uso o consumo privato[50], eccetto «*1) i beni oggetto di vendita forzata o comunque*

---

[49] Il *focus* riprende, con modifiche, una prima disamina delle due direttive: G. CAPILLI, *Verso l'unificazione (salvo deroghe) della disciplina della vendita di beni e servizi digitali: le direttive 2019/770/UE e 2019/771/UE*, accessibile dal 27 maggio 2019 su *https://dirittodiinternet.it/verso-lunificazione-salvo-deroghe-della-disciplina-della-vendita-beni-servizi-digitali-le-direttive-2019 770ue -201977lu/*.

Il testo delle direttive è consultabile ai seguenti indirizzi: *https://eur-lex.europa.eu/legal-content/IT/TXT/PDF/?uri=CELEX:32019L0771&from=EN*; *https://eur-lex.europa.eu/legal-content/IT/TXT/PDF/?uri=CELEX:32019L0770 &from=DE.*

In dottrina si vedano per approfondimenti anche: G.F. SIMONINI, *Verso una nozione allargata di difetto di conformità: sarà rilevante anche la "durabilità" del bene?*, in *Danno e resp.*, 2019, 4, p. 471; S. PAGLIANTINI, *op. ult. cit.*; G. ALPA, *op. ult. cit.*

[50] In tal senso si vede anche la c.d. sentenza Gruber della Corte Giust. CE, 20 gennaio 2005, C-464/2001, che in tema di contratti conclusi da consumatori secondo la Convenzione di Bruxelles ha stabilito che «*un soggetto che ha stipulato un contratto relativo ad un bene destinato a un uso in parte professionale ed in parte estraneo alla sua attività non ha il diritto di avvalersi del beneficio delle regole di competenza specifiche previste dalla Convenzione di Bruxelles in tema di contratti stipulati da consumatori, a meno che l'uso professionale sia talmente marginale da avere un ruolo trascurabile nel contesto*

venduti secondo altre modalità dalle autorità giudiziarie, anche mediante delega ai notai; 2) l'acqua e il gas, quanto non confezionati per la vendita in un volume delimitato o in quantità determinata; 3) l'energia elettrica».

"Bene di consumo" può essere, perciò, qualunque bene mobile, anche da assemblare, materiale o immateriale, acquistato da un consumatore, fatta eccezione dei beni espressamente esclusi dal legislatore. Se l'elemento caratterizzante è costituito dalla destinazione del bene al mercato dei consumatori [51], rientrano nella suddetta nozione tutti i beni mobili anche usati, fungibili ed infungibili [52], ed anche quei beni che non siano caratterizzati dal requisito della materialità, come i *software* anche se non incorporati in un supporto materiale, escluso il *software* oggetto di licenza e di contratto di sviluppo [53]. L'inclusione del *software* nell'ambito della nozione di bene di consumo è possibile anche in virtù del fatto che proprio la direttiva si riferisce ad ipotesi in cui il bene di consumo debba essere installato; la direttiva garantisce il consumatore anche in relazione alla procedura di installazione considerata come obbligazione accessoria al contratto di vendita.

Occorre aggiungere che, come sostenuto anche dalla giurisprudenza [54], il carattere "di consumo" non riguarda le caratteri-

---

globale dell'operazione di cui trattasi, essendo irrilevante a tale riguardo il fatto che predomini l'aspetto extraprofessionale», per un commento mi permetto di rinviare a G. CAPILLI, *La nozione di "contratti conclusi da consumatori"*, in *Casi scelti in tema di diritto privato europeo*, Cedam, Padova, 2005, p. 11 ss.

[51] L. ROSSI CARLEO, *Art. 1519 bis, 2° comma, lett. b)*, in S. PATTI (a cura di), *Commentario sulla vendita dei beni di consumo*, Giuffrè, Milano, 2004, p. 30.

[52] G. CAPILLI, *La vendita*, cit., 2014, p. 1065 ss.; in senso contrario L. ROSSI CARLEO, *op. ult. cit.*, p. 33.

[53] In tal senso la Nota esplicativa del Ministero delle Attività Produttive; in giurisprudenza si veda: Trib. Monza, 1° marzo 2005 secondo cui «*La vendita di software rientra nella nozione di bene mobile destinato al consumo. Pertanto il consumatore acquirente deve denunciare il difetto di conformità dei programmi consegnati entro due mesi dalla data della scoperta del difetto (art. 1519 sexies c.c.)*».

[54] Trib. Roma, 18-23 febbraio 2011, n. 3856 (inedita), relativa ad un caso (vendita di un gatto rivelatosi "non conforme" a causa di una malattia di cui

stiche intrinseche che il bene deve necessariamente possedere, ma assume una precisa funzione selettiva solo se ricollegato alle connotazioni soggettive delle parti, nel senso che è bene di consumo quello venduto da un professionista ad un consumatore. Di conseguenza, per esempio, gli animali devono essere considerati beni mobili cui possono applicarsi le disposizioni sulla vendita e nell'ipotesi in cui il contratto sia intercorso tra un venditore professionale ed un consumatore si applicherà la normativa consumeristica in materia di garanzia.

Qualche breve considerazione merita la questione relativa alla fungibilità o meno del bene mobile di consumo oggetto della disciplina in oggetto.

Secondo una tesi [55] la destinazione dei beni mobili al mercato dei consumatori consentirebbe di considerare "bene di consumo" solo quello prodotto in serie e quello fabbricato secondo criteri standard, ciò porterebbe ad escludere tutti quei beni costruiti in maniera prettamente artigianale.

Tuttavia, alla luce delle finalità della disciplina introdotta, si è del parere di non poter giustificare l'esclusione di beni c.d. "artigianali" [56] dall'applicazione normativa nel momento in cui, invece, si afferma che sarebbe "bene di consumo" ogni bene mobile acquistato da un consumatore per uso privato. D'altra parte, anche nel caso di bene che costituisca un "*unicum*" potrebbero applicarsi le presunzioni di conformità come indicate dall'art. 129 c. cons., tenuto conto del fatto che le circostanze indicate dalla norma non devono necessariamente coesistere (si pensi a quanto indicato dalla lett. b) «*conformità al modello o campione*»), dovendo essere presenti, invece, le circostanze di volta in volta pertinenti al singolo contratto.

---

era già affetto al momento dell'acquisto) deciso dal Tribunale quale giudice d'appello che ha confermato la sentenza del Giudice di Pace di Roma (RG 36559/05).

[55] L. ROSSI CARLEO, *op. ult. cit.*, p. 32.

[56] Si pensi ad esempio a uno specchio, ad una scatola o altro, non prodotto in serie, acquistato da un consumatore e che presenti difetti di conformità rispetto al contratto stipulato. Anche nel caso in cui un bene fosse stato commissionato da un consumatore ad un professionista, si ritiene possibile applicare la tutela contenuta negli art. 128 e ss.

Il requisito della fungibilità del bene non appare fondamentale, né potrebbe ritenersi il contrario in relazione ai rimedi concessi al consumatore in caso di difetto di conformità, cioè riparazione o sostituzione, risoluzione del contratto o riduzione del prezzo.

Un bene infungibile, infatti, può essere riparato, e per quanto riguarda la sostituzione, la legge, lasciando la scelta al consumatore in merito ai rimedi indicati nell'art. 130 c. cons., stabilisce che tale scelta trovi un limite in caso di impossibilità (del rimedio) o eccessiva onerosità, impossibilità che deve essere oggettiva, come in caso di bene infungibile.

Nessun dubbio, invece, in relazione all'esclusione di beni immobili, diritti di credito e diritti sulle opere dell'ingegno o sulle invenzioni industriali [57].

Si deve necessariamente fare cenno a quanto previsto dalla direttiva 2019/771/UE il cui scopo come emerge dall'art. 1 è quello di «*contribuire al corretto funzionamento del mercato interno, offrendo al contempo un livello elevato di protezione dei consumatori, stabilendo norme comuni su determinate prescrizioni concernenti i contratti di vendita conclusi tra venditori e consumatori, in particolare le norme sulla conformità dei beni al contratto, sui rimedi in caso di difetto di conformità, sulle modalità di esercizio di tali rimedi e sulle garanzie commerciali*».

Non è più un riferimento al "bene di consumo", ma si parla semplicemente di "bene" fornendo all'art. 2 la seguente definizione: «*qualsiasi bene mobile materiale; l'acqua, il gas e l'elettricità sono considerati beni a norma della presente direttiva quando sono messi in vendita in un volume delimitato o in quantità determinata; b) qualsiasi bene mobile materiale che incorpora o è interconnesso con un contenuto digitale o un servizio digitale in modo tale che la mancanza di detto contenuto digitale o servizio digitale impedirebbe lo svolgimento delle funzioni del bene ("beni con elementi digitali")*», e lasciando all'art. 3 la determinazione dell'ambito di applicazione e cioè i «*contratti di vendita tra un consumatore e un venditore*».

---

[57] V. Mannino, *Art. 1519 bis (ambito di applicazione e definizioni)*, cit., p. 45.

Anche i beni usati sono assoggettati ai rimedi offerti al consumatore in caso di difetti di conformità [58] al contratto di beni di consumo, nonostante le nuove norme prevedano che debba tenersi conto «*del tempo del pregresso utilizzo*» [59] e comunque «*limitatamente ai difetti non derivanti dall'uso normale della cosa*» [60], espressioni queste che hanno fatto discutere.

Se da un lato per uso pregresso può intendersi quell'uso effettuato da precedenti proprietari del bene compravenduto fino al momento del trasferimento della proprietà ad altro consumatore, dall'altro maggiori perplessità fa sorgere l'espressione fi-

---

[58] In giurisprudenza con riferimento alla vendita di auto usata si veda Trib. Roma, 26 aprile 2019, n. 8853, inedita, secondo cui «*considerate le nozioni di "consumatore", di "bene di consumo" e di "venditore" adottate dal codice del consumo, non può dubitarsi che la persona fisica che acquista un'auto, sia pure usata, presso un rivenditore, vada qualificato a tutti gli effetti "consumatore"; e che vada qualificato "venditore", ai sensi del codice del consumo, chi nell'esercizio del commercio o di altra attività imprenditoriale venda auto (nuove o usate)*»; Trib. Roma, 16 luglio 2019, n. 14945 (inedita), in cui relativamente ad un acquisto di auto usata è stata ritenuta l'applicabilità della normativa comunitaria con conseguente applicabilità dei rimedi di cui all'art. 130 c. cons.

[59] Ritiene discutibile la scelta del legislatore comunitario di inserire i beni usati, L. ROSSI CARLEO, *op. ult. cit.*, p. 51, «*giacché ogni bene usato muta le proprie qualità originarie proprio in ragione del particolare uso cui è stato assoggettato, in seguito al quale assume una diversa identità e delle proprie specifiche caratteristiche, cosicché (oltre a rendersi inapplicabile il nuovo rimedio tipico della sostituzione il bene usato potrebbe non essere facilmente raffrontato ad altri beni di consumo della stessa specie come invece è sempre possibile per i beni nuovi prodotti o fabbricati in serie o comunque mediante criteri standard*».

Trib. Asti, 6 marzo 2019, il quale ha specificato che «*la disciplina in esame risulta applicabile anche alla vendita di **beni usati**, stante lo specifico rinvio contenuto nell'art. 128, III D.lgs.vo cit.; disposizione che fa salvo, in ogni caso, il duplice limite secondo cui, (a) in primo luogo va "tenuto conto del tempo del pregresso utilizzo"; inoltre (b) la **garanzia** opera "limitatamente ai difetti non derivanti dall'uso normale della cosa"*».

[60] Sottolinea la formulazione infelice della norma G. DE CRISTOFARO, *La vendita di beni di consumo*, cit., p. 987, ed anche L. ROSSI CARLEO, *op. ult. cit.*, pp. 51-52.

nale della norma relativamente all'esclusione della garanzia legale per i difetti del bene che derivino dall'uso normale della cosa[61].

Quest'ultima espressione intende, infatti, escludere dalla garanzia quelle non conformità che sarebbero dovute al logorio della cosa dovuto all'utilizzo normale della stessa[62].

Evidentemente, per i beni usati non è esperibile il rimedio della sostituzione a causa della difficoltà di reperire un bene perfettamente corrispondente al bene usato.

È stato osservato[63], infine, che non ci si potrebbe avvalere neppure del rimedio della riparazione del bene venduto come usato qualora la non conformità al contratto consista nell'essere il bene più usato di quanto dichiarato o fatto apparire dal venditore[64].

Non si può nascondere, comunque, nonostante le questioni di carattere interpretativo che uno degli aspetti più innovativi della disciplina sia stato proprio quello di disciplinare la compravendita di beni usati, ambito in cui in passato si riteneva che la vendita fosse a rischio e pericolo del compratore e che fosse esclusa qualsiasi garanzia per vizi.

7. La consegna del bene conforme al contratto

Il venditore è tenuto a «*consegnare al consumatore beni conformi al contratto*», ciò significa che deve sussistere corri-

---

[61] Sul pregresso utilizzo si veda anche M. Di Pietropaolo, *Commento al comma 3 dell'art. 1519 bis*, in AA.VV., *Commentario alla disciplina della vendita di beni di consumo*, cit., p. 100 ss.

[62] La stessa giurisprudenza in materia di garanzie per beni mobili usati ha sempre affermato che «*anche nella vendita di cose mobili usate, è operante la garanzia per i vizi prevista dall'art. 1490 c.c., dovendo essere distinto il vizio della cosa dal logorio di essa dovuto al nomale uso*» (Cass., 24 gennaio 1995, n. 806).

[63] C.M. Bianca, *Commento sub art. 128*, in *Nuove leggi civ. comm.*, 2006, p. 350.

[64] Ha ritenuto più consono il rimedio della riduzione del prezzo in caso di difetto di conformità del bene usato, Trib. Roma, 16 luglio 2019, n. 14945.

spondenza tra il bene consegnato al consumatore e quanto previsto nel contratto (art. 129, comma 1, c. cons.).

Sulla natura giuridica di tale obbligo la dottrina non è unanime; si è parlato di vera e propria obbligazione scaturente dal contratto di vendita, distinta dall'obbligazione avente ad oggetto il trasferimento del possesso della cosa [65]; di un mero aspetto qualificante dell'obbligazione di consegna del bene dedotto in contratto [66]; e di garanzia *tout court* [67].

È condivisibile la tesi che ravvisa nell'«*obbligo di consegnare beni conformi al contratto*» una vera e propria, distinta ed autonoma, obbligazione rispetto a quella di consegna in senso stretto [68], infatti, il venditore adempie solo se consegna un bene conforme al contratto, cosicché i rimedi c.d. primari (riparazione e sostituzione) sono rimedi contro l'inadempimento ed il venditore è tenuto per contratto ad intervenire sul bene per ripri-

---

[65] G. De Cristofaro, *Difetto di conformità*, cit., p. 53; L. Cabella Pisu, *Vendita, vendite: quale riforma delle garanzie?*, in *Contr. impr./Europa*, 2001, p. 38; S. Grundmann, *La directive communautaire sur la vente. Commentaire*, a cura di C.M. Bianca, S. Grundmann, S. Stijns, Bruylant, Bruxelles, 2004, p. 145.

[66] E. Moscati, *Art. 1519 quater (diritti del consumatore)*, in AA.VV., *Commentario alla disciplina della vendita di beni di consumo*, coordinato da L. Garofalo, cit., p. 299, il quale precisa che «*si tratta di un'obbligazione di dare caratterizzata non solo dallo specifico comportamento del debitore (*rectius*: del venditore) che si sostanzia nella consegna della cosa, ma anche dal fatto che la cosa oggetto della consegna deve trovarsi in un determinato stato (la conformità al contratto)*»; F. Bocchini, *La vendita di beni di consumo tra piazze diverse*, in Id. (a cura di), *Diritto dei Consumatori e nuove tecnologie*, Giappichelli, Torino, 2003, p. 263, secondo il quale «*la conformità del bene al contratto, piuttosto che configurarsi quale autonoma e distinta obbligazione del venditore, si atteggia quale modalità di attuazione dell'obbligazione di consegna*».

[67] A. Luminoso, *Obbligazione di consegnare beni conformi al contratto e garanzia per difetto di conformità*, in A. Luminoso-M. Bin (a cura di), *Le garanzie nella vendita dei beni di consumo*, in *Trattato di diritto commerciale e di diritto pubblico dell'economia*, diretto da F. Galgano, Cedam, Padova, 2003, p. 373.

[68] O. Salvat, *La garantie spéciale de conformité et l'obligation générale de délivrance conforme: quel choix d'action pour l'acheteur?*, in *Contrats, conc. consom.*, 2006, étude, p. 18.

stinare la conformità, in quanto in caso contrario sarebbe inadempiente [69].

Il legislatore comunitario e quello di attuazione lasciano le parti libere di definire le qualità e le caratteristiche che il bene deve possedere per poter essere "conforme al contratto"; l'art. 129, comma 2, c. cons., fissa, comunque, alcune "presunzioni" [70] per determinare l'esatto adempimento inteso come risultato oggettivamente dovuto. Si tratta di circostanze che non devono necessariamente coesistere.

La conformità al contratto costituisce il parametro principale per valutare l'adempimento del venditore ai fini dell'esperimento dei rimedi previsti dalla legge. È evidente che il consumatore potrà verificare la conformità del bene al contratto solo al momento della consegna, momento in cui vi è il passaggio del rischio in capo al consumatore *ex* art. 63 c. cons. e dal quale questi potrà utilizzare i rimedi di cui all'art. 130 c. cons [71].

Nel caso in cui un bene compravenduto sia privo di una sola delle caratteristiche, delle qualità e dei requisiti che deve possedere per poter essere considerato conforme al contratto, si avrà mancanza di conformità ed il consumatore sarà legittimato a far valere i rimedi contemplati nell'art. 130 c. cons. nei confronti del venditore responsabile dell'inadempimento.

La Corte di Giustizia, nella prima sentenza (caso *Quelle*, C-404/06) che si è occupata della direttiva 99/44/CE ed in particolare della sua corretta trasposizione in Germania, ha precisato

---

[69] In tal senso G. AMADIO, *Proprietà e consegna nella vendita dei beni di consumo*, in *Riv. dir. civ.*, 2004, p. 138.

[70] A. NICOLUSSI, *Diritto europeo della vendita di beni di consumo e categorie dogmatiche*, in *Europa dir. priv.*, 2003, p. 577, il quale ritiene si tratti di criteri non tassativi; per un approfondimento sulle singole presunzioni si rinvia a G. DE CRISTOFARO, *La vendita di beni di consumo*, cit., p. 1005 ss.

[71] Il momento della consegna è anche quelli in cui si verifica il passaggio del rischio al consumatore. Sul punto è fondamentale la previsione di cui all'art. 63 c. cons. introdotta in attuazione della direttiva sui diritti dei consumatori d.lgs. 21 febbraio 2014, n. 21, "*Attuazione della direttiva 2011/83/UE sui diritti dei consumatori, recante modifica delle direttive 93/13/CEE e 1999/44/CE e che abroga le direttive 85/577/CEE e 97/7/CE*", pubblicato in *G.U.* 11 marzo 2014, n. 58.

che ove il venditore fornisca un bene non conforme, non esegue correttamente l'obbligazione che si era assunto con il contratto di vendita e deve, dunque, sopportare le conseguenze di tale inesatta esecuzione del contratto medesimo [72].

Tra i parametri indicati per valutare la conformità si può fare riferimento anche alle «*dichiarazioni pubbliche sulle caratteristiche specifiche dei beni fatte al riguardo dal venditore, dal produttore o dal suo agente o rappresentante, in particolare nella pubblicità o sull'etichettatura*» (art. 129, comma 2, c. cons.).

Le "dichiarazioni pubbliche" sono comunicazioni che, dirette non al singolo contraente ma alla molteplicità di soggetti, assumono rilevanza di dichiarazioni contrattuali e possono essere contenute sia nella pubblicità che sull'etichettatura. Le dichiarazioni pubblicitarie che prima, se non veritiere, potevano essere fondamentali ai fini della responsabilità precontrattuale [73], vengono considerate vere e proprie dichiarazioni contrattuali contribuendo a configurare il contratto rispetto al quale deve essere valutata la conformità del bene [74]. I casi di esclusione del carattere vincolante delle dichiarazioni pubbliche riguardano: *a*) la mancanza di conoscenza da parte del venditore, *b*) la correzione della dichiarazione pubblica prima della conclusione del contratto, *c*) dichiarazioni pubbliche idonee ad influenzare il consumatore, *d*) uso particolare voluto dal consumatore.

8. Criteri presuntivi di conformità

Un bene di consumo per essere considerato "conforme" deve possedere le caratteristiche contenute nel regolamento contrattuale adottato dalle parti.

---

[72] Per un commento si veda G. CAPILLI, *Quelle Case: The Directive on the Sale of Consumer Goods at the European Court of Justice*, in *European Business Law Review*, 2010, p. 81 ss.

[73] S. PATTI, *sub art. 129*, in *Commentario*, a cura di C.M. BIANCA, cit., p. 72.

[74] F. CAFAGGI, voce *Pubblicità commerciale*, in *Dig. disc. priv., sez. comm.*, vol. XI, Utet, Torino, 1995, p. 474.

In mancanza di un apposito regolamento contrattuale, il legislatore ha previsto una serie di circostanze in presenza delle quali il bene si presume conforme al contratto [75].

Sulla natura delle presunzioni sono state sollevate alcune perplessità tenuto conto che queste comportano una valutazione di tipo comparativo delle caratteristiche possedute dal bene trasferito [76] in merito a: *i*) idoneità all'uso normale, *ii*) idoneità all'uso particolare, *iii*) conformità alla descrizione fatta dal venditore, *iv*) qualità del bene corrispondente al campione o al modello presentato, *v*) qualità e prestazione abituali di un bene dello stesso tipo che il consumatore può ragionevolmente aspettarsi tenuto conto della natura del bene ed eventualmente delle dichiarazioni pubbliche sulle caratteristiche specifiche del bene fatte al riguardo dal venditore (es. cartelli), dal produttore o dal suo agente o rappresentante in particolare nella pubblicità o sull'etichettatura.

La conformità, inoltre, si estende anche all'installazione del bene [77] nel caso in cui questa sia stata effettuata dal venditore o da persona di cui questi debba rispondere, ovvero dal consumatore stesso in base alle istruzioni indicate nel prodotto.

Nel caso in cui l'installazione [78] sia effettuata ad opera del consumatore può dar luogo a difetto di conformità quando *i*) il

---

[75] Sulla nozione di conformità al contratto e sulle presunzioni si rinvia per tutti a: P.M. VECCHI, *Art. 1519 ter*, in AA.VV., *Commentario alla disciplina della vendita di beni di consumo*, coordinato da L. GAROFALO, cit., p. 132 ss.

[76] Sul punto R. CALVO, *Il difetto di conformità*, in A. LUMINOSO-M. BIN (a cura di), *Le garanzie nella vendita dei beni di consumo*, Cedam, Padova, 2003, p. 174.

[77] Su questo profilo, W. WILLET-D. OUGHTON, *Liability for incorrect installation and other services associated with consumer goods*, in *The Yearbook of Consumer Law 2007*, Routledge, Ashgate, 2007, p. 229 ss.; gli autori si interrogano se si possa parlare di «*incorrect installation*» solo nel caso in cui «*the result is that the goods are defective or unfit for their purpose*» oppure anche nel caso in cui «*there is only incorrect installation if it can be established that the trader did not act with reasonable care and skill, i.e. if the trader was negligent*».

[78] In tale concetto deve farsi rientrare sia l'assemblaggio del bene venduto che la sua posa in opera.

prodotto è concepito per essere installato dal consumatore, *ii*) è installato in modo non corretto, *iii*) la non corretta installazione è dovuta ad una carenza delle istruzioni di installazione.

Qualora sia, invece, il venditore a procedere nell'installazione, la dottrina ritiene che questa rientri nell'ambito della sua prestazione contrattuale, con la conseguenza che l'eventuale difetto nel montaggio potrebbe essere valutato alla luce del criterio della non scarsa importanza ai fini della risoluzione del contratto [79].

Al difetto di conformità al contratto è equiparata la cattiva installazione al fine di estendere i rimedi più favorevoli al consumatore anche a questa ipotesi [80]. L'installazione rientra nel contratto di vendita per cui qualora fosse difettosa sarebbe imputabile al venditore ed il consumatore potrà avvalersi dei rimedi previsti per la mancanza di conformità [81].

Nel caso in cui, invece, l'installazione sia effettuata dal compratore, si prevede che il difetto di conformità si abbia a causa delle istruzioni per il montaggio, per esempio qualora non siano redatte attentamente oppure siano addirittura mancanti. In tal caso, però, dovrà essere il consumatore a dimostrare che il montaggio non è riuscito a causa di istruzioni carenti.

---

[79] C.M. BIANCA, *La vendita e la permuta*, in *Trattato di diritto civile italiano*, diretto da F. VASSALLI, vol. VII, t. 1, Utet, Torino, 1993, p. 37.

[80] Sul punto in senso più ampio P.M. VECCHI, *sub art. 129*, in *Commentario*, a cura di C.M. BIANCA, cit., p. 426, il quale mette in evidenza la differenza tra l'ipotesi in cui l'installazione sia ricompresa nel contratto di vendita, e quella in cui si configuri come un contratto ulteriore rispetto alla vendita. In quest'ultimo caso si avrebbe un contratto di appalto o di opera al quale riferire la conformità, con la conseguenza che «*a fronte di una installazione difettosa non si potrebbero configurare a favore del consumatore né il rimedio della sostituzione, dato che la cosa al momento della consegna può senz'altro non presentare difformità rispetto al contratto di vendita, né quelli della risoluzione della vendita stessa o della riduzione del prezzo corrisposto per la cosa, sempre perché la prestazione risultata difforme non è quella prevista dal contratto di vendita, ma quella effettuata in base al contratto d'opera o di appalto*».

[81] W. WILLET-D. OUGHTON, *op. cit.*, pp. 234-239.

Per "durabilità del bene" si intende la capacità di un prodotto di mantenere le proprie funzioni e prestazioni richieste in condizioni di uso normale.

La nuova direttiva 2019/771/UE include la durabilità tra i criteri oggettivi di valutazione della conformità dei beni, per cui i beni dovrebbero possedere la durabilità considerata normale per beni del medesimo tipo e che il consumatore può ragionevolmente aspettarsi, tenuto conto della natura dei beni specifici, inclusa l'eventuale necessità di una manutenzione ragionevole dei beni, come l'ispezione periodica o il cambio dei filtri in un'automobile, e delle dichiarazioni pubbliche fatte da o per conto di persone che costituiscono un passaggio nella catena di transazioni commerciali. La valutazione dovrebbe altresì tener conto di tutte le altre circostanze pertinenti, quali il prezzo dei beni e l'intensità o la frequenza con cui il consumatore usa i beni. Inoltre, nella misura in cui una dichiarazione precontrattuale che forma parte integrante del contratto contiene informazioni specifiche sulla durabilità, il consumatore dovrebbe potervi fare affidamento quale parte dei requisiti soggettivi di conformità [82].

Nella direttiva sopra citata il concetto di "durabilità" viene introdotto soprattutto con riferimento alla responsabilità del produttore in caso di garanzia commerciale, in quanto si stabilisce (cfr. art. 17 della direttiva) che «*qualsiasi garanzia commerciale vincola giuridicamente il garante secondo le condizioni stabilite nella dichiarazione di garanzia commerciale e nella relativa pubblicità disponibile al momento o prima della conclusione del contratto*». Si prevede altresì che qualora il produttore offra al consumatore una garanzia commerciale concernente la durabilità di determinati beni nell'arco di un certo periodo di tempo, sarà direttamente responsabile nei confronti del consumatore, durante l'intero periodo della garanzia commerciale relativa alla durabilità, per la riparazione o la sostituzione dei beni in conformità dell'art. 14. Il produttore può offrire al consumatore condizioni più favorevoli nella dichiarazione di garanzia commerciale di durabilità.

Nel caso in cui, invece, le condizioni stabilite nella dichiarazione di garanzia commerciale sono meno vantaggiose per il consumatore rispet-

[82] Cfr. considerando n. 32 della direttiva 771/2019/UE; in dottrina parla di introduzione del concetto di "conformità continuativa": F. BERTELLI, *L'armonizzazione massima della direttiva 2019/771 UE e le sorti del principio di maggior tutela del consumatore*, in *Europa dir. priv.*, 2019, p. 953 ss.

to alle condizioni stabilite nella relativa pubblicità, la garanzia commerciale vincola secondo le condizioni stabilite nella pubblicità relativa alla garanzia commerciale, a meno che la pubblicità associata sia stata corretta secondo le stesse modalità o con modalità simili a quelle in cui è stata resa, prima della conclusione del contratto[83].

Viene introdotta in tal modo una responsabilità diretta del produttore in caso di rilascio della garanzia commerciale con riferimento alla durabilità, in quanto questi sarà tenuto a fornire al consumatore i rimedi c.d. primari (sostituzione e riparazione) di cui all'art. 14, con tutte le conseguenze, per esempio, anche in termini di gratuità dei rimedi.

Dobbiamo ricordare in questo contesto la Risoluzione del Parlamento europeo del 25 novembre 2020 sul tema *"Verso un mercato unico più sostenibile per le imprese e i consumatori"* (2020/2021(INI)) in cui si evidenzia quanto sia opportuno, in vista della revisione della direttiva 2019/771/UE (da effettuarsi entro il 2024), prendere in considerazione una serie di misure volte a creare le condizioni adatte per aumentare la durabilità dei prodotti e garantire un elevato livello di protezione dei consumatori e un contesto imprenditoriale competitivo. La garanzia legale di due anni potrebbe, infatti, non essere adeguata per tutte le categorie di prodotti con una durata di vita prevista più lunga.

Nella richiamata Risoluzione si sottolinea quanto sia importante porre rimedio al problema dell'obsolescenza programmata dei beni e dei *software*, e l'importanza di una definizione comune per l'effettuazione di test e l'individuazione delle pratiche problematiche. È necessario, infatti, sviluppare una strategia comune per il mercato unico e assicurare la certezza giuridica e la fiducia per le imprese e i consumatori.

In linea con lo *European Green Deal* si pone la lotta contro l'obsolescenza programmata e l'istituzione di un **"diritto alla riparazione" per i consumatori** per far sì che le riparazioni divengano sistematiche, efficienti in termini di costi e allettanti, tenendo conto delle specificità delle diverse categorie di prodotti, sulla falsariga delle misure già adottate per diversi elettrodomestici nell'ambito della direttiva sulla progettazione ecocompatibile.

---

[83] Con riferimento alla durabilità del prodotto, si veda anche lo studio del 2015 *"The Durability of Products"* scaricabile su *http://publications.europa.eu/resource/cellar/6c325b55-7352-11e5-86db-01aa75ed71a1.0001.01/DOC_1*.

Il sistema rimediale nell'ambito della disciplina sulla vendita di beni di consumo è incentrato sul "ripristino" della conformità[84], tanto che già i primi commentatori della direttiva comunitaria avevano messo in risalto la novità del sistema (riparazione e sostituzione del bene non conforme al contratto) per l'ordinamento giuridico italiano, trattandosi di rimedi manutentivi del contratto[85] superandosi così almeno per questo tipo di vendite, la questione dell'ammissibilità o meno nel nostro ordinamento di un'azione di esatto adempimento[86], ed aprendosi un nuovo scenario normativo in cui la questione non è l'ammissibilità o meno di misure rimediali volte al ripristino in natura della conformità del bene, quanto, piuttosto, il fondamento, la natura e i caratteri di tali rimedi[87].

La normativa di fonte comunitaria e quella di attuazione creano un "sistema articolato di mezzi di reazione al difetto di conformità"[88], in rigido rapporto gerarchico tra loro in cui il diritto al ripristino della conformità del bene mediante la riparazione o la sostituzione diviene prioritario rispetto alla tutela di tipo caducatorio o modificativo del rapporto mediante risoluzione del contratto o riduzione di prezzo. Quest'ultimi saranno sempre esperibili, ma solo laddove i primi si presentino impossibili o "sproporzionati", oppure non possano essere attuati en-

---

[84] In tal senso v. caso *Quelle* citato.

[85] A. LUMINOSO, *Riparazione e sostituzione della cosa e garanzia per i vizi nella vendita dal codice alla direttiva 1999/44/CE*, in *Riv. dir. civ.*, 2001, 6, p. 837.

[86] Per la tesi dominante che esclude l'azione di esatto adempimento, v. F. MARTORANO, *La tutela del compratore per i vizi della cosa*, Jovene, Napoli, 1959, p. 60; C.M. BIANCA, *La vendita e la permuta*, in *Trattato di diritto civile*, a cura di F. VASSALLI, vol. VII, Utet, Torino, 1993, p. 1008; in senso contrario, M. GIORGIANNI, *L'inadempimento. Corso di diritto civile*, Giuffrè, Milano, 1974, p. 53.

[87] Per una ricostruzione teorica dei rimedi in esame si rinvia a A. LUMINOSO, *Vendita*, Giuffrè, Milano, 2014, p. 305.

[88] G. AMADIO, *Difetto di conformità e tutele sinallagmatiche*, in *Riv. dir. civ.*, 2001, p. 901.

tro un congruo termine o con notevoli inconvenienti.

Al compratore spetta la facoltà di scelta del rimedio, nel senso che il consumatore potrà chiedere al venditore la sostituzione o la riparazione del bene, purché il rimedio espressamente richiesto non sia oggettivamente impossibile o eccessivamente oneroso rispetto all'altro[89]. In quest'ultimo caso, infatti, il consumatore dovrà orientarsi verso l'altro rimedio e, solo nel caso in cui non sussistano i presupposti per tale rimedio alternativo, si potrà avvalere dei rimedi c.d. secondari. La facoltà di scelta del consumatore, quindi, non è mai assoluta, ma temperata dall'individuazione di criteri oggetti previsti per legge che devono essere presi in considerazione proprio al fine di evitare di far ricadere sul venditore una eccessiva ed ingiustificata gravosità nell'adempimento e deve sempre essere valutata nell'ottica dei principi di buona fede nell'esecuzione del contratto[90].

---

[89] Per esempio: non sarebbe ammissibile il rimedio della sostituzione del bene, qualora si sia in presenza di un difetto modesto, facilmente eliminabile dal venditore con un piccolo intervento e senza particolari inconvenienti per il consumatore.

[90] Trib. Roma, 16 luglio 2019, n. 14945, secondo cui «*"in primis il consumatore può chiedere, a sua scelta, al venditore di riparare il bene o di sostituirlo, senza spese in entrambi i casi, salvo che il rimedio richiesto sia oggettivamente impossibile o eccessivamente oneroso rispetto all'altro" (3° comma art. 130),* mentre *"... può richiedere, a sua scelta, una congrua riduzione del prezzo o la risoluzione del contratto ove ricorra una delle seguenti situazioni: a) la riparazioni e la sostituzioni sono impossibili o eccessivamente onerose; b) il venditore non ha provveduto alla riparazione o alla sostituzione del bene entro il termine congruo di cui al comma ... (quinto) ...; c) la sostituzione o la riparazione precedentemente effettuatala arrecato notevoli inconvenienti al consumatore" (7° comma art. 130). Solo quando i rimedi ripristinatori sono entrambi possibili e non eccessivamente gravosi, il compratore può scegliere liberamente l'uno o l'altro e, se del caso, agire per ottenere l'esecuzione del rimedio prescelto stragiudizialmente, mentre, se uno dei due rimedi comporti oggettivamente dei costi irragionevoli a carico del venditore, il consumatore deve obbligatoriamente, sia per disposizione della norma speciale che per il principio di buona fede, orientarsi verso l'altro rimedio, potendo – in ultima analisi – procedere immediatamente con l'esercizio dell'azione edilizia (riduzione del prezzo o risoluzione del contratto) solo se i rimedi tanto della sostituzione del bene quanto della riparazione siano oggettivamente impossibili o eccessivamente onerosi (art. 130, 7 comma, lett. a) ovvero, se il rimedio ripristinatorio richiesto, nel caso in cui entrambi fos-*

Dal contesto normativo, la gerarchia rimediale appare inderogabile nella sua formulazione[91]; la giurisprudenza di merito[92] a tal proposito afferma la residualità del rimedio costituito dalle tipiche azioni edilizie (*quanti minoris* e redibitoria) rispetto al rimedio di tipo ripristinatorio, attuabile attraverso la riparazione o la sostituzione che il consumatore può chiedere, senza alcuna spesa, al venditore, il tutto come si desume dal combinato disposto dell'art. 130, commi 3 e 7, c. cons. In tale quadro norma-

---

sero possibili e non eccessivamente onerosi, non sia stato eseguito nel congruo termine di legge (art. 130, 7° comma, lett. b) ovvero se la sostituzione o la riparazione, precedentemente effettuata, abbia causato notevoli inconvenienti al consumatore (art. 130, 7° comma, lett. c)»; si vedano anche: Trib. Roma, 3 luglio 2018, n. 13597 che ha statuito che in base all'art. 129, comma 1, è previsto che «*il venditore ha l'obbligo di consegnare al consumatore beni conformi al contratto di vendita ed accanto all'affermazione di detta specifica obbligazione, derivante direttamente dal contratto, è stata prevista una serie di presunzioni di conformità del bene al contratto, da intendere come regole minime di integrazione della volontà contrattuale, ferma rimanendo la possibilità per le parti di individuare altri specifici elementi*» Trib. Roma, 29 gennaio 2018, n. 2008.

[91] In questo senso anche la giurisprudenza: Trib. Roma, n. 20779/2010 (inedita), nella cui motivazione si legge «*il legislatore nazionale, in conformità alla direttiva europea, aveva introdotto, confermandola poi nell'attuale TU, una gerarchia dei rimedi esperibili a tutela del consumatore: il rimedio principale per il ripristino della conformità del bene al contratto è costituito dalla richiesta del consumatore al venditore di riparazione e sostituzione gratuita, mentre la riduzione del prezzo e la risoluzione del contratto assumono una funzione secondaria, nel caso in cui i rimedi di tipo satisfattivo non siano possibili ovvero soddisfacienti*»; Trib. Roma, 29 gennaio 2018, n. 2008, in cui si mette in evidenza che «*nella disciplina sulla vendita in generale non è prevista alcuna gerarchia quanto ai rimedi esperibili, per cui il compratore può agire subito per la risoluzione del contratto (azione redibitoria) o per la riduzione del prezzo (azione estimatoria o quanti minoris) oppure per il risarcimento del danno, p.es. in relazione alle spese sostenute o da sostenere per la riparazione. Nella disciplina prevista dal TU Consumo non è ipotizzabile detta libertà di scelta, essendo prevista una ben precisa gerarchia fra i rimedi (primari e secondari), che il consumatore deve rispettare, pena il rigetto della domanda; quindi l'eventuale esperimento in via autonoma della pur astrattamente ammissibile domanda risarcitoria ex art. 1494 c.c. è consentito, sempre che in concreto non venga ad alterare detto ordine gerarchico dei rimedi, previsto in via rigorosa dall'art. 130 TU Consumo*».

[92] Trib. Roma n. 20779/2010 (inedita).

tivo l'eventuale immediata proposizione dell'azione di riduzione del prezzo o di risoluzione del contratto, pur sussistendo i presupposti per l'esperibilità dei rimedi ripristinatori, porterebbe al rigetto della domanda stessa [93].

Il venditore, infatti, al momento della denuncia del difetto potrà offrire al consumatore qualsiasi rimedio senza che questo diventi vincolante per il consumatore che sarà libero (o quantomeno dovrebbe esserlo) di rifiutarlo ed indicarne un altro.

Ciò significa che – almeno nelle intenzioni del legislatore (seppure in pratica purtroppo non attuabili in modo fattivo) – il venditore, salvo diverso accordo, dovrebbe rimanere vincolato alla scelta del compratore [94].

Il sistema rimediale della sostituzione o riparazione [95] potrà essere esperito solo nei confronti del venditore diretto, essendo

---

[93] Sulla gerarchia dei rimedi: Trib. Milano, 8 settembre 2008, n. 10854, in *Arch. loc.*, 2009, 4, p. 382.

[94] In realtà è stato sottolineato (P. REPRESA POLO, *La difficoltà di scelta da parte del consumatore circa il rimedio da applicare per correggere la mancanza di conformità dei beni*, in *Resp. civ. e prev.*, 2007, 1, p. 235 ss.) come in pratica sia molto difficile per il consumatore scegliere il rimedio da applicare in caso di difetto di conformità poiché nella maggior parte dei casi è il venditore ad imporglielo.

Dubita sulla efficacia dei rimedi offerti al consumatore in caso di difetto di conformità L. GAUDIN, *Regards dubitatifs sur l'effectivité des remèdes offerts au consommateur en cas de défaut de conformità de la chose vendue*, in *Dalloz*, 2008, 10, pp. 631-637.

[95] Sulla natura del diritto al ripristino: secondo alcuni (A. DI MAJO, *Garanzia e inadempimento nella vendita di beni di consumo*, in *Europa dir. priv.*, 2002, p. 6) il diritto al ripristino della conformità si iscrive a pieno titolo tra i rimedi contro l'inadempimento, e ciò nei termini di un'azione per l'esatto adempimento; secondo altri (A. LUMINOSO, *La responsabilità del venditore e i rimedi del compratore*, in M. BIN-A. LUMINOSO (a cura di), *Le garanzie nelle vendita di beni di consumo*, Cedam, Padova 2003, p. 390) il diritto al ripristino della conformità sembra doversi ricondurre all'area delle tutele restitutorie più che all'azione di (esatto) adempimento.

Secondo Trib. Trento, 24 giugno 2014, n. 739: «*Per riparazione deve intendersi la messa in opera, da parte dello stesso venditore, delle modifiche necessarie e sufficienti a rendere il bene conforme al contratto, ossia a ripristinarne la conformità, come si desume anche dalla definizione di cui all'art. 128 2. co., lett. D), D.Lgs. n. 206/05. Tale articolo non prevede infatti, tra i*

esclusa nell'ordinamento italiano la possibilità di estendere la legittimazione passiva anche nei confronti del produttore del bene di consumo[96].

La Corte di Giustizia con la sentenza 9 novembre 2016, caso C-149/15 (Wathelet), ha statuito che «*La nozione di "venditore" ai sensi dell'articolo 1, paragrafo 2, lettera c), della direttiva 1999/44/CE del Parlamento europeo e del Consiglio, del 25 maggio 1999, su taluni aspetti della vendita e delle garanzie dei beni di consumo, deve essere interpretata nel senso che si riferisce anche ad un professionista che agisce in veste di intermediario per conto di un privato e che non abbia debitamente informato il consumatore acquirente del fatto che il proprietario del bene venduto è un privato, circostanza che incombe al giudice del rinvio verificare prendendo in considerazione il complesso delle circostanze del caso di specie. Questa interpretazione prescinde dal fatto che l'intermediario sia stato o meno retribuito per il suo intervento*».

In base alla *ratio* del legislatore comunitario, la coppia di rimedi può essere concessa relativamente ai difetti di conformità anteriori e successivi al momento del trasferimento della proprietà ed in modo gratuito, per cui tutte le spese necessarie per rendere conformi i beni al contratto dovranno essere sostenute dal venditore (es. spese di mano d'opera, montaggio, revisione, spedizione prodotto sostitutivo)[97].

Sulla gratuità dei rimedi si è espressa con due sentenze la Corte di Giustizia. La prima riguarda il noto caso *Quelle*, già citato, e la seconda riguarda due casi C-65/09 e C-87/09 (caso *Weber* e *Putz*).

In particolare in quest'ultima sentenza, la Corte di Giustizia,

---

rimedi esperibili in caso di difetto di conformità, il diritto del consumatore di riparare il bene a sua cura, di anticipare i relativi costi e di ottenere poi dal venditore il rimborso della somma spesa».

[96] Sull'ammissibilità dell'azione diretta nei confronti del produttore per difetto di conformità anche in prospettiva di riforma vedi infra.

[97] Sulla gratuità dei rimedi, si veda l'interpretazione della Corte di Giustizia nel caso *Quelle*, C-404/06 sopra richiamato; e da ultimo anche la sentenza della Corte Giust., 16 giugno 2011, caso *Weber*, C-65/09 e C-87/09.

in relazione al profilo concernente il ripristino della conformità del bene di cui all'art. 3, n. 3 della direttiva, ha precisato che il consumatore ha il diritto di esigere dal venditore la riparazione del bene o la sua sostituzione, in entrambi i casi senza spese, a meno che la sua richiesta non sia impossibile da soddisfare o sproporzionata. È stato rilevato che, sia dal tenore letterale dell'art. 3 della direttiva, sia dai pertinenti lavori preparatori di quest'ultima, emerge la volontà del legislatore comunitario di fare del requisito della gratuità del ripristino della conformità del bene da parte del venditore un elemento essenziale della tutela garantita al consumatore da tale direttiva. La gratuità del ripristino della conformità del bene, svincolata dal fatto che esso venga attuato mediante riparazione o sostituzione del bene non conforme, è volta a tutelare il consumatore dal rischio di oneri finanziari che potrebbero dissuaderlo dal far valere i propri diritti in caso di assenza di una tutela di questo tipo (in questo senso anche la sentenza 17 aprile 2008, causa C-404/06, *Quelle*). Qualora «*il consumatore, in caso di sostituzione di un bene non conforme, non potesse chiedere al venditore di farsi carico della sua rimozione dal luogo in cui egli lo aveva installato, tenendo conto della sua natura e dell'uso previsto, e dell'installazione nello stesso luogo del bene sostitutivo, tale sostituzione gli cagionerebbe oneri finanziari supplementari che non avrebbe dovuto sostenere qualora il venditore avesse correttamente eseguito il contratto di vendita. Infatti, se quest'ultimo avesse fin da subito consegnato un bene conforme al contratto stesso, il consumatore avrebbe sostenuto un'unica volta le spese di installazione e non avrebbe dovuto sostenere le spese di rimozione del bene difettoso*».

La Corte aggiunge che «*è certo vero che le spese di rimozione del bene non conforme e di installazione del bene sostitutivo non figurano tra quelle esplicitamente elencate dall'art. 3, n. 4, della direttiva, che definisce l'espressione "senza spese" come riferita "ai costi necessari per rendere conformi i beni, in particolar modo con riferimento alle spese di spedizione e per la manodopera e i materiali"*», tuttavia, «*dall'impiego ad opera del legislatore dell'Unione della locuzione avverbiale "in particolar modo" risulta che tale elenco presenta carattere esem-*

plificativo e non tassativo (v. citata sentenza Quelle, punto 31). Inoltre, tali spese risultano ormai necessarie affinché si possa procedere alla sostituzione del bene non conforme e rappresentano pertanto "costi necessari per rendere conformi i beni", ai sensi del citato art. 3, n. 4».

Con riferimento al luogo in cui deve essere messo a disposizione il bene da parte del consumatore per consentire l'esperimento dei rimedi da parte del venditore, la Corte di Giustizia con la sentenza 23 maggio 2019, causa C-52/18, ha statuito che «*1) L'articolo 3, paragrafo 3, della direttiva 1999/44/CE del Parlamento europeo e del Consiglio, del 25 maggio 1999, su taluni aspetti della vendita e delle garanzie dei beni di consumo, deve essere interpretato nel senso che gli Stati membri restano competenti a determinare il luogo in cui il consumatore è tenuto a mettere a disposizione del venditore un bene acquistato a distanza, affinché ne sia ripristinata la conformità in applicazione di detta disposizione. Tale luogo deve essere idoneo a garantire un ripristino della conformità senza spese, entro un lasso di tempo ragionevole e senza notevoli inconvenienti per il consumatore, tenendo conto della natura del bene e dello scopo per il quale il consumatore lo ha voluto. In proposito, il giudice nazionale è tenuto a operare un'interpretazione conforme alla direttiva 1999/44 ed eventualmente anche a modificare una giurisprudenza consolidata qualora essa si basi su un'interpretazione del diritto nazionale incompatibile con gli obiettivi di tale direttiva. 2) L'articolo 3, paragrafi da 2 a 4, della direttiva 1999/44 deve essere interpretato nel senso che il diritto del consumatore al* **ripristino "senza spese" della conformità di un bene acquistato a distanza non include l'obbligo del venditore di anticipare le spese di trasporto di detto bene verso la sede di attività del venditore***, ai fini di tale ripristino della conformità, a meno che il fatto che il consumatore debba anticipare dette spese costituisca un onere tale da dissuaderlo dal far valere i propri diritti, circostanza la cui verifica spetta al giudice nazionale. 3) Il combinato disposto dell'articolo 3, paragrafo 3, e dell'articolo 3, paragrafo 5, secondo trattino, della direttiva 1999/44 deve essere interpretato nel senso che, in una situazione come quella di cui al procedimento principale, il consumato-*

re che abbia informato il venditore in merito alla non conformità del bene acquistato a distanza, il cui trasporto verso la sede di attività del venditore rischiava di presentare per lui notevoli inconvenienti, e che abbia messo tale bene a disposizione del venditore presso il proprio domicilio ai fini del ripristino della sua conformità, ha diritto alla risoluzione del contratto in quanto non gli è stato proposto un rimedio entro un termine ragionevole, qualora il venditore non abbia adottato alcuna misura adeguata per ripristinare la conformità di detto bene, compresa quella consistente nell'informare il consumatore del luogo in cui il bene medesimo deve essere messo a sua disposizione affinché ne sia ripristinata la conformità. A tal riguardo, spetta al giudice nazionale, mediante un'interpretazione conforme alla direttiva 1999/44, garantire il diritto di tale consumatore alla risoluzione del contratto».

Analizzando i singoli rimedi emerge che la riparazione consiste in un obbligo di *facere* avente per oggetto la messa in opera di tutte le modifiche necessarie e sufficienti a rendere il bene conforme al contratto; ma potrebbe accadere che per provvedere all'eliminazione del difetto sia necessario procedere con la sostituzione di determinati pezzi. In tal caso la sostituzione di singole parti del bene è considerata "riparazione" se posta in essere in esecuzione della richiesta del compratore avente ad oggetto l'eliminazione del difetto. Diversamente nel caso di sostituzione di determinate parti su richiesta del compratore o su iniziativa del venditore si avrebbe "sostituzione parziale". I rimedi della sostituzione o riparazione del bene saranno esperibili solo laddove non siano "oggettivamente impossibili" o "eccessivamente onerosi".

Sebbene l'impossibilità debba essere oggettiva (es. in caso di beni infungibili ovvero oggettiva impossibilità di eliminare il difetto) nel senso che non si può procedere obiettivamente con l'attuazione del rimedio[98], e sebbene l'eccessiva onerosità del rimedio potrà configurarsi solo laddove questo imponga al ven-

[98] Qualora, per esempio, l'impossibilità riguardi il venditore (perché per esempio non può eseguire la riparazione personalmente), questi dovrà affidarne l'attuazione ad un terzo.

ditore «*spese irragionevoli rispetto all'altro*»[99], è indubbio che, nella pratica, essendo la valutazione dell'impossibilità o onerosità demandata al venditore l'effettività della tutela del consumatore potrebbe risultare notevolmente frustrata.

La normativa non disciplina espressamente la modalità di effettuazione della scelta da parte del consumatore né la possibilità o meno di modificarla, tanto che secondo l'opinione più accreditata[100] potrebbe essere effettuata anche tramite una richiesta stragiudiziale. Certo è che una volta fatta sarà irrevocabile, salvo il caso in cui il venditore non ottemperi nell'espletamento del rimedio; solo in questo caso il consumatore riacquisterà la facoltà di scelta.

L'ipotesi di inadempimento o inesatto adempimento dell'obbligazione "secondaria" di ripristinare la conformità del bene è questione non particolarmente approfondita, tanto che la dottrina[101] ha individuato diverse ipotesi: *i*) riparazione o sostituzione effettuata in modo imperfetto, *ii*) bene riparato o sostituito non conforme al contratto in cui il difetto determini un inconveniente non notevole; *iii*) riparazione o sostituzione che arrechi notevoli inconvenienti al consumatore che non incidono sulla conformità al contratto; *iv*) inosservanza del "congruo termine" per la riparazione o sostituzione.

Nel primo caso si ritengono applicabili i rimedi edilizi previsti dalla norma qualora la presenza del difetto assuma i caratteri di un "notevole inconveniente" per il consumatore[102]. Nel caso di bene sostituito o riparato in modo non perfetto, ma che presenti a sua volta difetti di conformità, il consumatore avrà la possibilità di avvalersi dei rimedi dell'art. 130 c. cons. e dal momento della consegna del bene dovrebbero cominciare a decorrere nuovamente i termini di cui all'art. 132 c. cons.

Nel secondo caso si potranno applicare solo i rimedi della

---

[99] Es. non potrà essere richiesta la sostituzione qualora il bene presenti un lieve difetto di conformità risolvibile con un piccolo intervento del venditore.

[100] A. LUMINOSO, *Vendita*, cit., p. 298.

[101] Per tutti A. LUMINOSO, *op. ult. cit.*, p. 299.

[102] In tal caso A. Luminoso ritiene che il consumatore possa nuovamente avvalersi dei rimedi della sostituzione o riparazione.

riparazione o sostituzione, salvo il risarcimento danni tenendo conto che per poter esperire i rimedi edilizi occorre il requisito dei "notevoli inconvenienti".

Nel terzo caso non ci sarebbe spazio per i rimedi riparatori, ma solo per quelli edilizi.

Nell'ultima ipotesi la dottrina non è unanime, ma si divide tra chi ritiene che nasca una nuova garanzia che attribuirebbe al consumatore la facoltà di scelta e chi considera il consumatore legittimato ad avvalersi solo della risoluzione del contratto o della riduzione del prezzo [103].

La formula utilizzata dal legislatore con riferimento al termine "congruo" entro cui provvedere con la riparazione o sostituzione (aggettivo utilizzato dal legislatore italiano al posto di "ragionevole") è aperta e deve essere individuata dal giudice in relazione al caso concreto tenendo conto dei parametri normativi della natura del bene acquistato e dello scopo per il quale il consumatore ha acquistato il bene [104].

La giurisprudenza sul punto ha ritenuto, per esempio, che un periodo di più di due mesi per la riparazione di una moto (pur in considerazione dello scopo ludico e di svago sotteso all'acquisto) non sia da considerare congruo ai sensi dell'art. 130, comma 7, c. cons.

Il vantaggio rispetto alla tecnica della garanzia per vizi occulti è evidente, si modifica la stessa relazione contrattuale tra venditore e compratore essendo il primo obbligato a trasferire e

---

[103] Nel primo senso A. ZACCARIA-G. DE CRISTOFARO, *op. cit.*, p. 85; nel secondo senso A. LUMINOSO, *op. ult. cit.*, p. 301.

[104] In Giurisprudenza sulla congruità del termine: Trib. Roma n. 20779/2010, cit., che ha ritenuto in ogni caso non congruo, in quanto oggettivamente eccessivo, un termine di più di sessanta giorni, a nulla rilevando le festività natalizie e di fine anno; Trib. Roma n. 22357/2010 (inedita), che ha ritenuto non congruo il lasso di tempo (di tre mesi) entro cui era pervenuta l'offerta di riparazione e ciò anche considerando, al fine della valutazione della congruità, che la difformità riscontrata nel caso specifico, aveva richiesto una valutazione della casa madre; Trib. Roma n. 24571/2010 (inedita), ha ritenuto congruo il termine di quindici giorni per la riparazione di un guasto come quello alla centralina del cambio automatico e del motore; Giudice di Pace di Macerata, 5 aprile 2004, in *Contratti*, 2005, p. 483 secondo cui «*l'acquirente non può essere costretto ad una serie infinita di riparazioni o sostituzioni del prodotto*».

consegnare una cosa "conforme" rispetto a quanto dichiarato dal venditore ed oggetto di aspettativa da parte del compratore [105].

Rispetto a quanto previsto nelle discipline di derivazione romanistica, in quella comunitaria e di attuazione la risoluzione del contratto e la riduzione del prezzo diventano rimedi sussidiari, e cioè esperibili nel caso di impossibilità ovvero di eccessiva onerosità dei rimedi ripristinatori (riparazione o sostituzione) [106].

Sull'eccessiva onerosità dei rimedi, la giurisprudenza di merito ha rilevato che questa non possa essere dedotta dal venditore nel caso in cui la difformità incida sul valore del bene in maniera tutt'altro che trascurabile [107].

Il **rimedio della riduzione del prezzo** tende alla conservazione del contratto, riconducendolo ad equità; si determina in via proporzionale tenuto conto della diminuzione di valore di mercato del bene a causa del difetto [108]. Nel caso di permuta, la riduzione potrebbe essere realizzata attribuendo al consumatore

---

[105] Per approfondimenti sul punto, A. DI MAJO, *op. cit.*

[106] Sull'esperibilità dei rimedi, Giudice di Pace di Bologna, 27 marzo 2006, n. 8672, in *Giur. merito*, 2007, p. 2535 secondo cui «*Nell'ambito del contratto di compravendita di beni mobili di consumo (nella specie un telefono cellulare), disciplinato dagli artt. 1519 bis ss. c.c. (ora artt. 128 ss. d.lg. 6 settembre 2005, n. 206), sussiste responsabilità del venditore nel caso in cui manometta il terminale mobile al fine di rimuovere le misure di protezione apposte dalla casa produttrice (nel caso di specie il SIM-lock), causandone così la decadenza dalla garanzia e il malfunzionamento. Al consumatore spetta l'esercizio dell'azione redibitoria o estimatoria, oltre al risarcimento del danno secondo quanto previsto dall'art. 1494 c.c.*».

[107] Trib. Roma n. 22357/2010, inedita, cit., che ha accolto la domanda dell'attore volta alla sostituzione del veicolo difettoso con altro di uguale valore e caratteristiche.

[108] Con riferimento al criterio per determinare la riduzione si veda: Trib. Roma n. 14945/2019, che in relazione alla riduzione del prezzo di un auto usata rilevatasi difettosa ha ritenuto quale rimedio più consono la riduzione del prezzo stabilendo che dovesse essere operata «*diminuendo il prezzo pattuito in una somma pari a quella rappresentante la menomazione che il valore effettivo della cosa consegnata subisce a causa dei vizi o della diversità di essa rispetto alla cosa negoziata: il compratore deve essere posto nella situazione economica equivalente a quella in cui si sarebbe trovato se la cosa fosse stata immune da vizi*».

una somma corrispondente al valore detratto in percentuale da quel corrispettivo.

La risoluzione del contratto comporta l'insorgere in capo alle parti dell'obbligo di restituzione e di rimborso delle prestazioni già eseguite ovvero l'estinzione delle obbligazioni non ancora adempiute. Non è ammesso il rimedio della risoluzione del contratto qualora il difetto sia di lieve entità [109] e qualora il bene perisca per causa non imputabile al venditore [110].

L'analisi del sistema rimediale non può prescindere dall'effettuare qualche breve riflessione sul rimedio del risarcimento del danno [111].

La mancanza di un'esplicita regolamentazione all'interno del testo comunitario aveva fatto pensare inizialmente ad una lacuna [112], tuttavia, la previsione di un rinvio esplicito alle «*norme nazionali relative alla responsabilità contrattuale ed extracontrattuale*» contenuto nell'art. 8 della direttiva e nell'art. 135 c. cons. consente di ritenere ammissibile il rimedio risarcitorio sia ad integrazione di quelli indicati nell'art. 130 c. cons., sia in via autonoma rispetto a quest'ultimi [113], ferma restando, comun-

---

[109] Sulla corrispondenza tra "lieve entità" e "non scarsa importanza dell'inadempimento" la dottrina è praticamente unanime (A. ZACCARIA-G. DE CRISTOFARO, *op. cit.*, p. 94; in senso contrario L. GAROFALO-A. RODEGHIERO, *sub art. 1519-quater*, in AA.VV. (coordinato da L. GAROFALO), *Commentario alla disciplina della vendita di beni di consumo*, cit., p. 438).

[110] C.M. BIANCA, *op. ult. cit.*, p. 200; in senso contrario R. OMODEI SALÈ, *Il rischio del perimento fortuito nella vendita di cosa viziata. Risolubilità del contratto e obbligazioni restitutorie*, Cedam, Padova, 2004, p. 158.

[111] Sul punto tra gli altri, A. LUMINOSO, *Vendita*, cit., p. 323; G. PISCIOTTA, *Il risarcimento del danno*, in R. ALESSI (a cura di), *La vendita di beni di consumo*, Giuffrè, Milano, 2005, p. 103 ss.; R. FADDA, *Il risarcimento dei danni*, in M. BIN-A. LUMINOSO (a cura di), *Le garanzie nella vendita di beni di consumo*, Cedam, Padova, 2003, p. 439 ss.; F. PADOVINI, *Art. 1519 octies*, in S. PATTI (a cura di), *Commentario sulla vendita di beni di consumo*, cit., p. 383 ss.; C.M. BIANCA, *sub art. 130 cod. cons.*, in *Commentario*, a cura di C.M. BIANCA, cit., 2006, p. 454.

[112] In effetti, il considerando n. 6 della direttiva espressamente sottolineava l'inopportunità di «*intervenire sulle disposizioni e i principi delle legislazioni nazionali relativi alla responsabilità contrattuale ed extracontrattuale*».

[113] In tal senso A. MANIACI, *Art. 1519 nonies*, in AA.VV., *L'acquisto dei beni di consumo, D.Lgs. 2 febbraio 2002*, n. 24, Ipsoa, Milano, 2002, p. 105;

que, la liceità delle clausole di esclusione o limitazione del diritto al risarcimento dei danni patiti dal compratore [114].

Inoltre, è stato sottolineato, che l'applicabilità della norma sulla vendita che prevede il risarcimento sia perfettamente in linea con la tesi che considera la vendita di beni di consumo una figura particolare di vendita per la quale sono stati regolamentati solo alcuni aspetti [115].

Sull'argomento è possibile richiamare qualche decisione della giurisprudenza di merito in cui è stato rilevato che «*l'azione di danni non è in astratto preclusa dall'esperimento di uno dei rimedi ripristinatori*» [116].

---

in senso contrario per tutti A. LUMINOSO, *Vendita*, cit., p. 324, il quale ritiene che «*ove si ammettesse il consumatore a domandare in via autonoma il risarcimento del danno (per equivalente pecuniario) c.d. sostitutivo [...] rimarrebbe vulnerato il rango primario che la novella assegna ai rimedi della riparazione e sostituzione*», per cui lo ammette in alternativa alla risoluzione del contratto o alla riduzione del prezzo.

[114] Rimarrebbe sempre la possibilità di poterne fare rilevare il carattere vessatorio.

[115] In giurisprudenza Trib. Roma n. 23645/2010 inedita, che in motivazione specifica: «*al di là dei quattro rimedi tipici previsti dall'art. 130 del codice del consumo a tutela dei diritti del consumatore, il diritto al risarcimento del danno in caso di difetto di conformità del prodotto acquistato "trova cittadinanza nell'ambito della vendita consumeristica" in forza del primo comma dell'art. 135 e trova attuazione attraverso il richiamo contenuto nel secondo comma della stessa norma con riferimento alle disposizioni contenute nel codice civile in tema di contratto di vendita. Le difformità di opinioni, tuttavia, si manifestano in ordine alla portata di tale rinvio, con riguardo all'individuazione delle norme applicabili quali fonti della responsabilità del venditore: art. 1218 c.c., secondo coloro che, ritenendo che gli artt. 129 e ss. del codice del consumo abbiano introdotto una vera e propria obbligazione primaria di fornire un bene conforme al contratto, si richiamano alle regole relative all'ordinaria responsabilità per inadempimento; art. 1494 c.c. secondo coloro che ricostruiscono la garanzia legale prevista dalla normativa consumeristica in termini di responsabilità speciale, sullo stesso modello della garanzia per i vizi della cosa venduta di cui agli artt. 1476 n. 3 e 1490 e ss. c.c.. E, una volta scelto il modello di responsabilità al quale si deve fare riferimento, è altrettanto discussa la possibilità di adattare la normativa "interna" richiamata in materia di risarcimento del danno a quella prevista per gli strumenti di matrice comunitaria, con particolare riguardo ai termini di prescrizione e decadenza e al criterio di imputazione della responsabilità*».

[116] Gli interpreti si sono interrogati se la normativa sulla tutela del consu-

Ammessa l'applicabilità dell'art. 1494 c.c. in tema di risarcimento dei danni, occorre verificare se tale azione sia ammissibile in via autonoma rispetto ai rimedi di cui all'art. 130 c. cons., posto che l'esperimento dell'azione risarcitoria, congiuntamente all'azione *ex* art. 130 c. cons., non crea particolari problemi.

Avuto riguardo alle norme sulla vendita in generale, la giurisprudenza è pacifica nel ritenere esercitabile l'azione di risarcimento in via autonoma rispetto alle azioni edilizie di cui all'art. 1492 c.c. in considerazione del fatto che il codice civile non contempla alcuna gerarchia nei rimedi esperibili dall'acquirente in caso di vizi del bene venduto.

Per quanto riguarda la normativa consumeristica, invece, la giurisprudenza [117] è stata altalenante considerato che in alcuni casi ha ritenuto non ipotizzabile una libertà di scelta dei rimedi essendo prevista una rigida gerarchia tra quelli primari e quelli secondari pena il rigetto della domanda (di conseguenza secondo questo orientamento l'esperimento in via autonoma dell'azione risarcitoria, seppure in astratto consentita, non deve comunque alterare l'ordine gerarchico dei rimedi di cui all'art. 130 c. cons. [118]; ciò significa che il consumatore potrà agire per il risarcimento dei danni in via alternativa ed autonoma rispetto alla domanda di risoluzione del contratto o di riduzione del prezzo (c.d. rimedi secondari) solo nel caso in cui abbia preventivamente richiesto inutilmente la sostituzione o la riparazione del bene).

---

matore contenuta nel codice del consumo esaurisse tutte le possibili garanzie riconosciute al consumatore o se invece fosse possibile un'integrazione con la normativa prevista dagli artt. 1490 e ss. c.c. già di per sé speciale rispetto alla generale materia dell'inadempimento contrattuale: Trib. Roma n. 3855/2011, cit.; Trib. Roma n. 22357/2010, cit., inedita.

[117] Trib. Roma n. 3855/2011 cit.; Trib. Roma n. 23412/2010, inedita; Trib. Roma n. 8204/2011, inedita.

[118] Trib. Roma n. 3855/2011 che in motivazione afferma «*al riguardo è evidente che se si consentisse al consumatore, come nel caso della vendita in generale, di chiedere subito ed in via autonoma il risarcimento del danno subito, senza aver instato anche solo stragiudizialmente, per la sostituzione o riparazione del bene (c.d. rimedi primari), si scardinerebbe tutto l'impianto normativo di cui al citato art. 130 TU Consumo, basato sulla rigorosa gerarchia dei rimedi*».

Da ultimo si deve segnalare che la Suprema Corte di Cassazione con la sentenza del 20 gennaio 2020 n. 1082 ha statuito che «*In tema di vendita di beni di consumo affetti da vizio di conformità, ove la riparazione o la sostituzione risultino, rispettivamente, impossibile ovvero eccessivamente onerosa, va riconosciuto al consumatore, benché non espressamente contemplato dall'art. 130, comma 2, del d.lgs. n. 206 del 2005, ed al fine di garantire al medesimo uno standard di tutela più elevato rispetto a quello realizzato dalla Direttiva n. 44 del 1999, il diritto di agire per il solo risarcimento del danno, quale diritto attribuitogli da altre norme dell'ordinamento, secondo quanto disposto dall'art. 135, comma 2, del medesimo c. cons.*» [119].

In considerazione del fatto che l'azione risarcitoria è regolata dai principi generali in tema di inadempimento contrattuale (stante la responsabilità contrattuale del venditore per mancato adempimento dell'obbligazione di consegnare beni conformi al contratto), dovranno trovare applicazione i normali principi in tema di onere probatorio, per cui, il creditore ha l'onere di provare solo la fonte negoziale o legale del suo diritto e la scadenza del termine per l'adempimento; spetterà al debitore dimostrare l'esistenza di un fatto modificativo, impeditivo o estintivo dell'altrui pretesa [120].

Altro aspetto delicato concerne il tipo di danno che la parte intende fare valere; infatti, «*se la pretesa risarcitoria è diretta al ristoro del danno consistente nella diminuzione di valore del bene, è chiaro che l'esperimento di un'azione ripristinatoria, idonea quindi ad eliminare la diminuzione di valore o con la riparazione o con la sostituzione del bene, è incompatibile con la pretesa di risarcimento di un siffatto danno*»; diversamente sarebbe risarcibile il danno connesso al ritardo nella esecuzione

---

[119] Nella specie, la S.C. ha cassato la sentenza di merito che, in presenza di una domanda principale volta alla eliminazione dei vizi ed una, subordinata, di carattere esclusivamente risarcitorio, riconosciuta l'esistenza dei vizi lamentati dal consumatore e, al contempo, l'eccessiva onerosità dell'intervento occorrente per la loro eliminazione, aveva circoscritto il risarcimento nei limiti del solo danno non coperto dalla sostituzione eccessivamente onerosa.

[120] In giurisprudenza: Cass., Sez. Un., 30 ottobre 2001, n. 13533; Cass., 4 febbraio 2010, n. 3373; Cass., 3 luglio 2009, n. 15677.

della riparazione o sostituzione. È da ritenere «*compatibile con i rimedi ripristinatori, la pretesa risarcitoria di altri danni conseguenti alla difformità e determinatisi prima della riparazione o sostituzione (perdite subite o mancati guadagni a causa del carattere difettoso del bene)*» [121].

10. Regresso del venditore nei confronti dell'effettivo responsabile

Il diritto di regresso [122], disciplinato nell'art. 131 c. cons., rappresenta una forma di tutela del venditore finale nel caso in

---

[121] Hanno escluso il risarcimento del danno esistenziale in conformità all'orientamento di Cass., Sez. Un., 11 novembre 2008, n. 26972: Trib. Roma n. 11138/2011 (inedita), che in motivazione ha ritenuto che «*le generiche prospettazioni svolte a supporto della spiegata domanda di risarcimento del danno non patrimoniale, non consentono in nessun modo di ritenere che, in conseguenza dei dedotti vizi dell'autovettura (omissis) l'attore abbia subito la lesione di diritti ed interessi di rilievo e valenza costituzionale*»; la stessa pronuncia si segnala anche per la parte di motivazione relativa al rigetto del risarcimento del danno da vacanza rovinata per non aver potuto (l'attore) godere, a causa dell'inutilizzabilità della vettura acquistata e dell'indisponibilità di un veicolo sostitutivo, del soggiorno in un villaggio turistico in Calabria già programmato, prenotato e pagato. Invero, posto che il risarcimento per responsabilità contrattuale copre esclusivamente i danni che siano conseguenza diretta e prevedibile del fatto non doloso del debitore, deve rilevarsi come appaia scarsamente credibile che il malfunzionamento di un'autovettura di recente acquisto possa porsi come causa ostativa – e prevedibile – del godimento di un periodo di vacanza in località agevolmente raggiungibile con altri mezzi di trasporto; Trib. Roma n. 10319/2011, inedita; si segnala, in senso contrario, la sentenza Trib. Roma n. 25020/2010 inedita, che, diversamente rispetto a quelle citate, ha accolto la domanda di risarcimento del danno esistenziale dell'attrice ritenendolo identificabile nella limitazione qualitativa e quantitativa della possibilità di interagire con la realtà esterna ai fini di tali attività, e ritenendo evidente la situazione di disagio psicologico dell'attrice che si trova costretta ad usare per la vita quotidiana un'autovettura pericolosa e che si riempie d'acqua con la pioggia.

[122] Sulla natura del diritto di regresso la dottrina si è espressa in modo diverso: alcuni (Zaccaria, De Cristoforo) ritengono si tratti di una sanzione contro l'inadempimento di un'obbligazione che grava su ciascuno degli anelli della catena distributiva nei confronti del venditore finale; altri (Colombi Ciacchi, Corso) ritengono che il diritto di regresso abbia natura extracontrat-

cui il difetto di conformità sia imputabile ad un'azione od omissione del produttore o di un altro anello della catena distributiva.

Il legislatore comunitario, infatti, non ha regolamentato un'azione diretta del consumatore nei confronti del produttore [123], limitandosi a statuire un diritto di regresso (salvo rinuncia o patto contrario) del venditore finale che abbia ottemperato ai rimedi esperiti dal consumatore [124], per consentirgli di essere "reintegrato" dal suo avente causa per quanto prestato.

---

tuale per cui la responsabilità in regresso avrebbe la stessa struttura della responsabilità aquiliana, e ciò anche perché il diritto di regresso sorge indipendentemente dalla violazione, da parte del soggetto passivo, di un'obbligazione nei confronti della parte attrice; altri ancora (Castronovo) ritengono che il diritto di regresso del codice del consumo costituisca un'ipotesi di regresso in senso proprio.

In giurisprudenza si veda Trib. Monza, 26 agosto 2014, secondo cui «*Quanto alla nozione di "regresso" di cui all'art. 131, trattasi, all'evidenza, di terminologia utilizzata dal legislatore in senso a-tecnico in quanto la nozione tecnica di regresso concerne ipotesi in cui una pluralità di soggetti versi in una situazione di contitolarità del rapporto giuridico, dal lato attivo o passivo, situazione che non si verifica nell'ipotesi di cui all'art. 131, che prevede una "pretesa autonoma di rimborso", estranea a qualsiasi logica sanzionatoria, esperibile dal venditore finale nei confronti del produttore o, in generale, dei soggetti che si trovano "a monte" della catena distributiva in quanto effettivamente responsabili del difetto di conformità lamentato dal consumatore al fine di ottenere da essi la "reintegrazione di quanto prestato"*».

[123] Criticano la mancata previsione di un'azione diretta del consumatore nei confronti del produttore, O. GOUT-I. MARIA, *Réflexions sur la transmission éventuelle des actions en garantie de conformité*, in *Jur. Cl. Per.*, I, 2008, p. 109, in cui si sottolinea: «*l'introduction d'une action directe à l'encontre du producteur présente de nets avantages par rapport à la solution actuellement retenue qui est celle de l'action récursoire. D'une part, l'action directe évitera certainement les recours en chaîne et permettra de canaliser la responsabilité sur le fabricant et non sur le vendeur intermédiaire, ce qui paraît nettement plus opportun. D'autre part, et surtout, l'action directe assurera une protection maximale au consommateur, protection qui est l'objectif clairement affiché du droit communautaire. Une telle action met, en effet, le consommateur à l'abri d'une éventuelle liquidation ou insolvabilité de son vendeur immédiat*».

[124] La previsione di un diritto di regresso del venditore nei confronti del responsabile del difetto non è nuova nel nostro ordinamento che ne disciplina l'esperimento in tema di responsabilità dell'appaltatore per rovina di edificio (art. 1669 c.c.).

Analizzando il sistema della vendita di beni di consumo, è possibile distinguere differenti rapporti giuridici: tra consumatore e venditore finale, tra consumatore e produttore, tra produttore, grossista e dettagliante [125].

La norma disciplina i rapporti tra il venditore e tutti gli altri soggetti della catena distributiva (produttore, precedente venditore, altro intermediario), cioè si occupa delle c.d. vendite a catena, prevedendo il diritto del professionista – venditore finale chiamato a rispondere della mancata conformità del bene a causa di un difetto imputabile ad un'azione o ad un'omissione del produttore, del precedente venditore della catena distributiva o di altro intermediario. Il venditore finale potrà agire nei confronti degli effettivi responsabili del difetto di conformità per essere tenuto indenne dalle conseguenze economiche pregiudizievoli dovuti all'esperimento dei rimedi di cui all'art. 130 da parte del consumatore [126]. È stata accettata una soluzione di compromesso tra il modello tradizionale incentrato sul principio di relatività degli effetti del contratto in base al quale i rimedi propri della responsabilità contrattuale sono esercitabili esclusi-

---

[125] L. DELOGU, *La proposta modificata di direttiva del Parlamento europeo e del Consiglio sulla vendita e le garanzie dei beni di consumo*, in *Contr. impr./Europa*, 2008, p. 1044.

[126] Sulla natura del diritto di regresso in dottrina si è espressa in modo diverso: alcuni (A. ZACCARIA-G. DE CRISTOFORO, *op. cit.*, p. 105) ritengono si tratti di una sanzione contro l'inadempimento di un'obbligazione che grava su ciascuno degli anelli della catena distributiva nei confronti del venditore finale; altri (A. COLOMBI CIACCHI, *Art. 1519 quinquies (diritto di regresso)*, in S. PATTI (a cura di), *Commentario sulla vendita di beni di consumo*, cit., p. 308) ritengono che il diritto di regresso abbia natura extracontrattuale per cui la responsabilità in regresso avrebbe la stessa struttura della responsabilità aquiliana, e ciò anche perché il diritto di regresso sorge indipendentemente dalla violazione, da parte del soggetto passivo, di un'obbligazione nei confronti della parte attrice; altri ancora (C. CASTRONOVO, *Il diritto di regresso del venditore finale nella tutela del consumatore*, in *Europa dir. priv.*, 2004, p. 960) ritengono che il diritto di regresso del codice del consumo costituisca un'ipotesi di regresso in senso proprio; altri ancora ritengono che l'ipotesi considerata sarebbe qualificabile come rivalsa in quanto mancherebbe il presupposto del regresso rappresentato dalla responsabilità solidale (L. COLANTUONI- M. VALCADA, *Art. 1519 quinquies (diritto di regresso)*, in AA.VV., *L'acquisto*, cit., p. 47).

vamente nei confronti del contraente diretto, ed il modello francese che in materia di garanzia per vizi nella vendita consente l'azione diretta del compratore nei confronti del produttore [127].

L'orientamento prevalente è dell'avviso che la norma dia luogo ad una forma di responsabilità da fatto illecito, ravvisandosi il fondamento nell'imputabilità ad uno o più soggetti di una "azione o omissione" tale da determinare il difetto di conformità; la responsabilità in regresso si fonda, quindi, sul fatto di avere causato od omesso di eliminare il difetto, anche se non vi è stato alcun obbligo negoziale nei confronti dell'avente diritto [128].

Il diritto di regresso può essere fatto valere anche se il difetto non è stato prontamente denunciato dal venditore finale, essendo soggetto al termine di cui all'art. 131 c. cons. pari a un anno e decorrente dall'esecuzione della garanzia nei confronti del consumatore; in tal modo, non può verificarsi il caso in cui il consumatore eserciti la garanzia dopo la scadenza del termine per l'esercizio del diritto di regresso da parte del venditore finale [129].

Sul punto la giurisprudenza della Corte di Cassazione con sentenza 21 febbraio 2019 n. 5140 ha statuito che «*Il rivenditore finale, quando deve rispondere nei confronti del consumatore per un vizio di conformità di un bene imputabile ad un'azione od omissione del produttore o di un precedente venditore della medesima catena distributiva o di un intermediario, può esercitare azione di rivalsa verso i responsabili. Tuttavia, la qualifica di intermediario – ai sensi dell'abrogato art. 1519 quinquies c.c., ora sostituito dall'art. 131 del d.lgs. n. 206 del 2005 – può essere attribuita solo ad un soggetto che sia coin-*

---

[127] Sul punto si rinvia a M. COZIAN, *L'action directe*, Lgdj, Paris, 1969; C. JAMIN, *La notion d'action directe*, Lgdj, Paris, 2001, p. 225.

[128] Sull'assimilazione della funzione del diritto di regresso a quella dell'azione diretta di garanzia o responsabilità si veda più diffusamente G. CHIAPPETTA, *sub art. 131 c. cons*, in *Commentario*, a cura di C.M. BIANCA, cit., p. 499, il quale sottolinea come «*l'azione del venditore finale definita "regresso" altro non è che un sistema per far gravare sul responsabile le conseguenze economiche negative dei difetti lamentati dal consumatore*».

[129] Perplessità erano state avanzate da A. ZACCARIA, *Riflessioni circa l'attuazione della direttiva n. 1999/44/CE "su taluni aspetti della vendita e delle garanzie dei beni di consumo"*, in *Studium Iuris*, 2000, p. 268.

volto nella catena distributiva del detto bene e, in particolare, non può discendere dall'espletamento di un incarico conferito dal produttore ad un mandatario dopo l'evento che ne ha determinato la responsabilità»[130].

Ed ancora si deve ricordare la sentenza della Corte di Cassazione 27 luglio 2017 n. 18610 che ha precisato che «*Nella vendita a catena di beni di consumo, all'acquirente spettano, ai sensi dell'art. 131 del d.lgs. n. 206 del 2005, l'azione contrattuale, esperibile esclusivamente nei confronti del diretto venditore, per l'ipotesi di difetto di conformità del bene, nonché quella extracontrattuale contro il produttore, per il danno sofferto in dipendenza dei vizi che rendono la cosa pericolosa; né l'eventuale prestazione volontaria, da parte del produttore, di una garanzia convenzionale, ai sensi dell'art. 133 del citato d.lgs., determina una deroga a tali principi, sicché il cliente finale (consumatore) non può agire direttamente verso uno qualsiasi dei soggetti della catena distributiva, ma deve necessariamente rivolgersi al suo immediato venditore (venditore finale), ultimo anello della detta catena e suo dante causa*».

Focus

IL CASO *AMAZON VS BOLGER*

La recente sentenza della Corte d'appello californiana del 13 agosto 2020 in tema di responsabilità da prodotto difettoso ha creato un certo clamore tra gli operatori del mercato e-commerce ed ha accesso il

[130] Nel caso di specie, la Corte ha escluso, in un caso concernente i danni arrecati ad un compratore dall'incendio, per un difetto di fabbricazione, del veicolo da lui acquistato, che potesse considerarsi intermediario un mero mandatario che, su delega del produttore, successiva al verificarsi del menzionato incendio, si era limitato ad asportare ed inviare alla casa produttrice estera i cablaggi elettrici della vettura.

Ricordiamo anche Cass., 5 febbraio 2015, n. 2115 che proprio in tema di vendite a catena ha statuito che: «*il principio dell'autonomia di ciascuna vendita non impedisce al rivenditore di proporre nei confronti del proprio venditore domanda di rivalsa di quanto versato a titolo di risarcimento del danno all'acquirente, quando l'inadempimento del rivenditore sia direttamente connesso e consequenziale alla violazione degli obblighi contrattuali verso di lui assunti dal primo venditore*».

dibattito tra i giuristi, poiché ha affermato la responsabilità di Amazon – il cui sito *web* rappresenta in un certo senso "il negozio più grande del mondo" nell'era di *Internet* – per i danni causati dalla merce venduta sul suo *marketplace* [131].

La decisione desta interesse in ragione della accertata responsabilità del *marketplace* nei confronti di un consumatore per danno subito a causa di un prodotto difettoso.

Il procedimento per acquistare tramite *Amazon* è noto ai più; basta collegarsi al sito o alla propria app, accedervi tramite le credenziali ed aggiungere il prodotto al carrello anche se è offerto da un venditore di terze parti; poi si può provvedere al pagamento, sempre tramite il sito e, a questo punto, la pagina di conferma dell'ordine identifica nuovamente il prodotto come "venduto da" e, per completare l'acquisto, *Amazon* addebita il prezzo sulla carta di credito dell'acquirente o un altro pagamento. *Amazon* informa i venditori di raccogliere tutte le vendite e i dati di ciascuna transazione, e si assume il rischio del mancato o fraudolento pagamento. Una volta acquisito il pagamento, *Amazon* detrae una commissione e aggrega le varie transazioni per poi accreditarle al venditore terzo con modalità periodiche.

Un aspetto peculiare di tutto il sistema di vendita/acquisto tramite *Amazon* è rappresentato dalla logistica ed ecco che da questo punto di vista *Amazon* assume un ruolo determinante, sia per i consumatori, ma soprattutto per i "venditori terzi" in quanto questi possono concordare la registrazione di prodotti nei programmi di logistica di *Amazon* il quale provvederà a spedirli direttamente all'acquirente.

Il ruolo di *Amazon*, quindi, diventa più complesso anche perché, anche se il venditore è un "terzo", il prodotto giunge al consumatore all'interno della confezione con marchio e logo Amazon.

Vi è, però, un altro dato peculiare da cui si può trarre l'esistenza di un rapporto "diretto" tra il *marketplace* e il consumatore; si tratta della previsione della c.d. "Garanzia dalla A alla Z" fornita ai clienti. Sul sito è specificato che «*la garanzia dalla A alla Z protegge i tuoi acquisti per gli articoli venduti e spediti dai venditori Marketplace. Si applica in caso di ritardo nella consegna e inconvenienti riscontrati con le condizioni degli articoli acquistati o con i resi*». La garanzia copre, quindi, anche i difetti (termine utilizzato, volutamente, da chi scrive in senso lato) dei prodotti venduti da terze parti; se il cliente incontra un pro-

---

[131] Per un commento approfondito si rinvia a G. CAPILLI, *La responsabilità oggettiva di Amazon per danni provocati da prodotti difettosi: aspetti problematici della responsabilità dei marketplace nel caso Bolger*, in *Diritto di Internet*, 2020, 4, p. 587 ss.; nonché nella stessa rivista anche il commento di R. NIGRO.

blema deve contattare il venditore il quale avrà due giorni per rispondere, in caso di esito negativo *Amazon* rimborserà al cliente il costo del prodotto, il costo di spedizione per l'invio e per la restituzione.
Fin qui, si potrebbe dire che *Amazon* si configura agli occhi dell'acquirente come un vero e proprio venditore (anche se online) e quindi sotto il profilo contrattuale risponde all'acquirente per eventuali difetti del prodotto.
Più problematica è la questione nel caso in cui il prodotto, venduto tramite *Amazon*, provochi un danno all'acquirente.
Prima di entrare nel merito della problematica, è necessario esaminare i fatti che hanno determinato la decisione californiana.
Nel caso Bolger acquista particolare rilevanza la "logistica", infatti, la gestione della stessa da parte di *Amazon* lo rende un anello diretto nella catena di distribuzione, agendo come un potente intermediario tra il venditore terzo e il consumatore. Peraltro, *Amazon* è l'unico soggetto ragionevolmente disponibile per un consumatore danneggiato, svolge un ruolo sostanziale nel garantire che i prodotti elencati sul suo sito *web* sono sicuri, può esercitare ed esercita pressione sui distributori a monte per aumentare la sicurezza e ha la capacità di adeguare il costo della responsabilità tra sé e i suoi venditori di terze parti attraverso contratti tra professionisti.
La circostanza che il *marketplace* possa essere considerato responsabile per i danni da prodotti difettosi costituirebbe per il consumatore e comunque degli utenti in generale una maggiore tutela, posto che il soggetto con cui questi ultimi si interfacciano è *Amazon*.
In un certo senso, è lo stesso principio che dal punto di vista della responsabilità contrattuale il legislatore europeo ha applicato in caso di garanzie per difetto di conformità dei prodotti. In questo ambito, il diritto comunitario prevede, infatti, in caso di mancanza di conformità del bene acquistato, una responsabilità legale del venditore, con la possibilità per il consumatore di attivare i rimedi nei confronti di quest'ultimo, fatta salva in ogni caso la possibilità del venditore di agire in regresso nei confronti del soggetto cui è imputabile il difetto di conformità.
La sentenza Bolger sottolinea un dato al fine di riconoscere la responsabilità oggettiva di *Amazon* e cioè che il ruolo di *Amazon* nel rapporto di vendita non era stato per nulla marginale, rilevando altresì che vi è comunque sempre la possibilità per *Amazon* e le terze parti di regolare i costi di tale protezione tra di loro nel corso della loro relazione d'affari.
D'altra parte la ripartizione del rischio tra i vari componenti la catena di vendita e di distribuzione è certamente una garanzia per il cliente.

11. I termini

La norma prevede che la responsabilità del venditore si configura in tutti i casi in cui il difetto di conformità si manifesti entro due anni dalla consegna del bene; viene introdotto così per il venditore un sistema di responsabilità sicuramente più rigoroso, in quanto esonera il consumatore dal rispetto dei termini indicati dall'art. 1495 c.c., trattandosi decisamente di un termine più lungo[132].

Quella della durata dei termini di garanzia di conformità a favore del consumatore costituisce, certamente, una delle questioni più delicate, specie se si considera il particolare caso in cui il prodotto presenti un difetto non rilevabile al momento della consegna.

Il termine di due anni è stato, infatti, considerato dagli interpreti della direttiva troppo breve relativamente a beni c.d. durevoli, destinati ad un uso continuo e ripetuto per un periodo relativamente lungo[133].

È stato evidenziato, inoltre, che in alcuni casi il *difetto di conformità* possa manifestarsi solo dopo alcuni anni dalla consegna[134], tanto che alcuni autori[135] avevano auspicato la previsione di termini differenziati a seconda del tipo di bene di consumo[136].

---

[132] Trib. Roma n. 8438/2011, inedita.

[133] A. PINNA, *I termini nella disciplina delle garanzie e la direttiva 1999/44/CE sulla vendita dei beni di consumo*, in *Contr. e impr./Europa*, 2000, p. 527.

[134] Per esempio, un difetto occulto è stato ravvisato nella vulnerabilità nei confronti del gelo delle tegole da copertura, che consiste nel fatto che l'umidità ed il gelo conseguente portano alla loro rottura; il caso è stato esaminato dalla giurisprudenza d'oltralpe: Cass. com., 4 febbraio 1964, Bull. civ. III, n. 53; Cass. com., 9 febbraio 1965, Bull. civ. III, n. 103.

[135] A. PINNA, *op. cit.*, p. 530 ss.

[136] A tal proposito, cfr. A. PINNA, *op. cit.*, pp. 530-531, distingue tre diversi periodi di vita del prodotto: «*il primo periodo concernerebbe solo alcuni prodotti. Generalmente è breve, ed è quello in cui il prodotto viene messo alla prova; il secondo periodo è quello di uso normale del prodotto durante il quale è scarso il rischio che appaia un difetto (tale periodo varia a seconda del*

Individuare l'esatto momento in cui comincia a decorrere il termine biennale di garanzia è fondamentale e, come è stato più volte sottolineato, viene identificato con il giorno della consegna, momento in cui il bene è entrato materialmente nella sfera di controllo del consumatore che potrà realmente visionarlo e verificarne la conformità.

Accanto ai termini di garanzia, la norma prevede l'onere di denunzia da parte del compratore da effettuare entro due mesi dalla scoperta.

La mancata denuncia nel termine indicato comporta la decadenza del consumatore dai diritti di cui all'art. 130, comma 2, c. cons.; di conseguenza, la decorrenza del termine bimestrale di decadenza dalla garanzia [137] coincide con il momento in cui il consumatore abbia effettivamente scoperto il difetto, non rilevando che questo sia oggettivamente suscettibile di essere riscontrato attraverso l'ordinaria diligenza [138].

Il legislatore italiano fa riferimento alla scoperta effettiva del difetto come momento da cui decorrerà il termine per effettuare la denuncia [139]. Conformemente a quanto stabilito nella sentenza *Faber*, la denuncia deve vertere solo sull'esistenza del difetto e non sulla sua causa, né deve essere assoggettata a regole relative alla prova che rendano impossibile o eccessivamente difficile l'esercizio dei propri diritti da parte del consumatore.

Non è indicata in maniera specifica la modalità con cui si deve effettuare la denuncia per cui si ritiene non siano necessarie particolari formalità né specifiche istanze di verifica; il consumatore che intende mantenere il diritto alla garanzia ai sensi

---

prodotto); il terzo periodo è quello in cui l'usura normale del prodotto sarà la causa di nuovi e frequenti incidenti».

[137] È stato evidenziato a tal proposito il rischio che, a causa della mancata conoscenza dei propri diritti da parte dei consumatori, questi omettano di denunciare il difetto oppure non riescano a dimostrare di avere effettuato la denuncia nel termine stabilito; ciò potrebbe notevolmente incidere sull'effettività della tutela.

[138] G. DE CRISTOFARO, *op. loc. ult. cit.*, 236.

[139] G. DE CRISTOFARO, *op. loc. ult. cit.*, sostiene che non vi è corrispondenza tra onere di denuncia e onere/obbligo di procedere ad un esame diligente del bene ricevuto in consegna.

di questa norma potrà limitarsi a predisporre una denuncia sommaria che ponga a conoscenza il venditore del difetto di conformità [140].

Il consumatore è esonerato dall'onere di denuncia in caso di riconoscimento o di occultamento da parte del venditore del difetto di conformità. Il riconoscimento da parte del venditore si ha nel caso in cui questi ammetta che la cosa presenti, qualunque sia la causa, caratteristiche che rendano il bene non rispondente alle aspettative del consumatore [141].

Deve ricordarsi il costante orientamento, formatosi sulla base dell'art. 1495 c.c., ma invocabile anche con riguardo alla norma in esame, secondo cui, da un lato, il riconoscimento da parte del venditore dei vizi non richiede alcuna forma particolare, potendo essere effettuato anche per *facta concludentia* (es. esecuzione di riparazioni o sostituzione di parti, ecc.) [142]; dall'altro, tale comportamento determina la costituzione di una obbligazione nuova e diversa rispetto a quella originaria, non più vincolata ai termini di cui all'art. 1495 c.c., ma sottoposta all'ordinaria prescrizione decennale.

---

[140] Cfr. Cass., 15 maggio 2000, n. 6234, in *Mass. giust. civ.*, 2000, p. 1022, secondo cui «*la denunzia dei vizi della cosa venduta ai sensi degli art. 1492 e 1495 c.c. non deve consistere necessariamente in una esposizione dettagliata dei vizi che presenta la "res vendita", poiché in considerazione della finalità della denunzia consistente nel mettere il venditore sull'avviso in ordine alle intenzioni del compratore e contemporaneamente in condizione di verificare tempestivamente la veridicità della doglianza, una denuncia generica può essere idonea allo scopo, sempreché con essa il venditore sia reso edotto che il compratore ha riscontrato, seppure in maniera non ancora chiara e completa, che la cosa è affetta da vizi che la rendono inidonea all'uso cui è destinata o ne diminuiscano in modo apprezzabile il valore*».

Per l'applicabilità dell'art. 1495 c.c. solo ai casi di vizi della cosa venduta e non ai casi di vendita di *aliud pro alio*, si veda per tutte Cass., 3 agosto 2000, n. 10188, in *Mass. giust. civ.*, 2000, p. 1697.

[141] Cass., 12 maggio 2000, n. 6089, in *Mass. giust. civ.*, 2000, p. 1000; Giudice di Pace Padova, 15 novembre 2007, n. 3663, in *Studium iuris*, 2008, pp. 620-622; Giudice di Pace Bari, 15 maggio 2006, in *Obbl. contr.*, 2007, p. 513.

[142] Cass., 20 febbraio 1997, n. 1561; Cass., 12 giugno 1991, n. 6641; Cass., 24 aprile 1982, n. 2543.

I difetti di conformità che si manifestano entro sei mesi [143] a partire dalla data in cui il bene è stato consegnato al consumatore si presumono esistenti a tale data, salvo prova contraria o quando tale presunzione sia incompatibile con la natura del bene o con la natura del difetto di conformità [144].

Secondo alcuni [145], il limite temporale (sei mesi) della presunzione di preesistenza del difetto alla consegna risulterebbe non idoneo a fornire al consumatore un'adeguata protezione a causa della difficoltà di provare, dopo tanto tempo, che il difetto fosse esistente al momento della consegna.

Certamente il venditore, nel caso in cui il difetto si manifesti entro sei mesi, viene a trovarsi in una situazione piuttosto sfavorevole, in quanto sarà particolarmente difficile dimostrare che il difetto di conformità sia stato determinato da un evento fortuito, oppure da una condotta del consumatore negligente, dolosa o incauta [146]; è posto in una situazione certamente più favorevole, invece, il consumatore che non perde la possibilità di fare valere i propri diritti per le difficoltà connesse alla prova dell'esistenza del difetto all'atto della consegna; anzi, probabilmente il consumatore sarà portato a verificare la conformità del bene al contratto entro i sei mesi proprio per godere della presunzione di non conformità.

Tuttavia, occorre segnalare che vertendosi in una ipotesi di

---

[143] F. BOCCHINI, *sub art. 132*, in *Commentario* a cura di C.M. BIANCA, cit., p. 517, il quale mette in evidenza che se da un lato la novella «*sanziona il comportamento del venditore per la non conformità al contratto del bene consegnato*», dall'altro «*eccita l'autoresponsabilità del consumatore nel controllo del bene ricevuto, affinché la sorte dell'operazione economica possa trovare sollecita definizione*».

[144] In tal senso anche il caso Faber: Il consumatore non è tenuto a dimostrare la causa di tale difetto di conformità né a provare che la sua origine è imputabile al venditore; tale regola può essere disapplicata solo se il venditore prova in maniera giuridicamente sufficiente che la causa o l'origine del difetto di conformità risiede in una circostanza sopravvenuta dopo la consegna del bene.

[145] R. FADDA, *Il contenuto della direttiva 1999/44/CE: una panoramica*, in *Contr. impr./Europa*, 2000, p. 431.

[146] G. DE CRISTOFARO, *op. loc. ult. cit.*, p. 245.

inadempimento contrattuale da parte del venditore valgono le regole sancite dalle Sezioni Unite (Cass., Sez. Un., n. 13533/2001), per cui per tutta la durata della garanzia il consumatore avrà l'onere di denunciare il difetto di conformità e spetterà al professionista dimostrare di avere correttamente adempiuto consegnando un bene conforme.

La direttiva 771/2019/UE ha rafforzato la posizione del consumatore in quanto ha esteso il periodo di sei mesi ad un anno (v. art. 11, comma 1), lasciando agli Stati membri la possibilità di aumentare tale termine fino a due.

La norma, infine, prevede che l'azione di garanzia si prescrive, nel caso in cui si tratti di difetti non occultati con dolo dal venditore[147], nel termine di ventisei mesi dalla consegna; tuttavia, il consumatore convenuto per l'esecuzione del contratto, se ha denunciato il difetto entro due mesi dalla scoperta e prima del termine di ventisei mesi dalla consegna, potrà far valere i diritti previsti dalle nuove norme[148].

La previsione di due mesi supplementari rispetto al termine biennale, ai fini della prescrizione, presenta il vantaggio di evitare che il termine di prescrizione scada proprio in coincidenza con l'ultimo giorno dei due anni entro i quali, invece, può essere fatta valere la responsabilità del professionista ai sensi del comma 1.

È stata, infatti, attribuita la possibilità materiale di promuovere atti interruttivi per il periodo di due mesi successivi alla scadenza del termine biennale[149].

La non perfetta coincidenza tra il termine entro cui il consumatore ha diritto a far valere la responsabilità e il termine di

---

[147] L'occultamento del vizio si ha qualora il venditore abbia adoperato particolari mezzi per nascondere i vizi. Si deve sottolineare che l'occultamento dei vizi del bene venduto, al fine di dispensare il compratore della denuncia, non può consistere nel solo silenzio del venditore, ma piuttosto richiede una particolare attività illecita posta in essere da parte del venditore stesso diretta con adeguati mezzi a nascondere il vizio stesso.

[148] Giudice di Pace Bologna, 22 maggio 2006, n. 4936 in materia di prescrizione, pubblicata sul sito *http://www.civetta-federbo.it/materiale%20PDF/sentenza_prescizione_garanzia.pdf*.

[149] In questi termini si veda la Relazione illustrativa del decreto.

prescrizione di tale diritto evita che il consumatore che scopra il vizio proprio alla scadenza del termine di prescrizione veda nascere nel suo patrimonio un diritto ormai prescritto che non gli consentirebbe di esercitarlo in termini ragionevoli. Si deve sottolineare come l'ultimo periodo del comma in esame, riguardante la possibilità per il consumatore di eccepire il difetto anche oltre il termine di prescrizione dell'azione, ove richiesto del pagamento, non trova specifico riscontro nella direttiva 99/44/CE, ma sembra rientrare nell'esercizio della facoltà di adottare, in sede di recepimento, disposizioni più favorevoli nei confronti del consumatore.

Con riferimento alla distinzione tra i termini di garanzia e i termini di prescrizione dell'azione nell'ambito del modello di tutela dei consumatori di cui alla direttiva 99/44/CE la Corte di Giustizia nel **caso *Ferenschild* del 13 luglio 2017, C-133/16**[150] si è occupata in particolare della questione dei beni usati. Si tratta di termini, infatti, che non possono essere correlati in base al principio per cui un'azione non può prescriversi prima della cessazione della responsabilità. Per comprendere la durata del periodo durante il quale l'azione non può prescriversi, fissata nella direttiva 1999/44/CE, si deve ritenere che un termine di due anni sia stato ritenuto dal legislatore comunitario sufficiente per garantire ai consumatori un livello minimo di tutela.

Con riferimento ai beni usati, la normativa comunitaria ha previsto la possibilità di diminuire la durata del termine di garanzia, seppure mai al di sotto di un anno, ma ciò non può incidere sul termine di prescrizione che, secondo la direttiva, è fissato comunque nella durata minima di due anni. A tal proposito, ricordiamo che il legislatore italiano ha disposto che il termine di prescrizione fosse di ventisei mesi proprio al fine di evitare che il consumatore vedesse prescritto il proprio diritto di azione nello stesso momento in cui avrebbe potuto fare ancora valere i rimedi previsti in caso di difetto di conformità.

---

[150] G. CAPILLI, *Termini di garanzia e termini di prescrizione nella vendita di beni (anche usati) ai consumatori*, in M. ASTONE (a cura di), *Il diritto dei consumatori nella giurisprudenza della Corte di Giustizia Europea*, Pacini, Pisa, 2020, p. 61.

Tuttavia in via eccezionale agli Stati è stata attribuita la facoltà per i beni usati di autorizzare le parti a concordare un termine di garanzia più breve, ma tale possibilità non si può estendere anche alle disposizioni relative al termine di prescrizione di cui all'art. 5, par. 1, seconda frase, della direttiva. Ecco perché il diritto nazionale non può autorizzare le parti di un contratto di compravendita a disapplicare la norma in virtù della quale il termine di prescrizione dei diritti del consumatore non può intervenire prima di due anni dalla consegna del bene.

La deroga del termine di garanzia previsto per i beni usati viene ritenuta dall'Avvocato Generale Maciej Szpunar «*il riflesso di un tentativo atto ad equilibrare gli interessi del venditore e dell'acquirente in modo che la portata della responsabilità del venditore non sia sproporzionata rispetto alla natura dei beni usati" ed ancora che "l'introduzione stessa del termine di garanzia di due anni è stata motivata dal timore che i limiti della responsabilità del venditore siano definiti in maniera troppo ampia" al fine di "permettere alla parti di gestire il rischio contrattuale"*».

Tali conclusioni, riprese dalla Corte di Giustizia, hanno fatto evidenziare che «*il periodo di responsabilità del venditore corrispondente a due anni dalla consegna del bene, come previsto all'articolo 5, paragrafo 1, prima frase, della direttiva 1999/44, costituisce un termine imperativo, al quale le parti non possono, in linea di principio, derogare. Pertanto, come rilevato dall'avvocato generale ai paragrafi 74 e 75 delle conclusioni, l'articolo 7, paragrafo 1, secondo comma, di tale direttiva, che consente agli Stati membri di prevedere, nel caso dei beni usati, che le parti possono concordare un periodo più breve di responsabilità del venditore, non inferiore ad un anno, costituisce una disposizione derogatoria, che deve essere interpretata restrittivamente (v., per analogia, sentenza del 1° marzo 2012, González Alonso, C 166/11, EU:C:2012:119, punto 26 e giurisprudenza citata)*».

Ciò significa che sebbene gli Stati possano prevedere la limitazione della durata del periodo di responsabilità del venditore a un anno dalla consegna del bene nel caso dei beni usati, non si può consentire la possibilità di limitare la durata del termine di prescrizione in quanto il consumatore non può essere privato della possibilità di esercitare i rimedi, in caso di difetto di conformità del bene in rapporto al contratto, prima della scadenza del termine di due anni dalla consegna costituendo questo un elemento del modello minimo di tutela dei consumatori garantita dal diritto dell'Unione, anche per quanto riguarda i beni usati.

12. La garanzia convenzionale

La disciplina della garanzia convenzionale è contenuta sia nell'art. 128 c. cons. che fa riferimento alla «*garanzia convenzionale ulteriore*» sia nell'art. 133 c. cons. che è proprio rubricato «*garanzia convenzionale*». La diversa nomenclatura utilizzata ha dato luogo ad alcuni dibattiti, soprattutto in merito al carattere gratuito o meno di questa garanzia.

Quando si fa riferimento alla garanzia convenzionale, ci si riferisce ad una garanzia aggiuntiva rispetto a quella legale biennale che inderogabilmente spetta per legge al consumatore [151]. L'attributo «*ulteriore*» indicato nella disposizione di cui all'art. 128 c. cons. ha portato gli interpreti ad interrogarsi sulla possibilità che si tratti di due fattispecie differenti tanto che secondo alcuni proprio le differenti espressioni utilizzate negli artt. 128 e 133 c. cons. incidono sull'applicazione della disciplina [152]. Nella "garanzia convenzionale ulteriore", infatti, rientrerebbero quegli impegni caratterizzati dalla gratuità, diretti a rimborsare il prezzo pagato, sostituire, riparare, o intervenire altrimenti sul bene di consumo, qualora esso non corrisponda alle condizioni enunciate nella dichiarazione di garanzia o nella relativa pubblicità. La caratteristica "ulteriore" sarebbe determinata dal fatto che l'impegno potrebbe essere assunto anche con dichiarazioni non necessariamente di garanzia o pubblicitarie e, quindi, anche di-

---

[151] Sulla garanzia convenzionale: S. CHERTI, *Le garanzie convenzionali nella vendita*, Cedam, Padova, 2004; G. ALPA, *Autonomia privata e "garanzie" commerciali*, in *Vita not.*, 2002, p. 3.

[152] Sulla differenza tra garanzia convenzionale e garanzia convenzionale ulteriore, v. M. NUZZO, *sub art. 128*, in *Commentario*, a cura di C.M. BIANCA, cit., p. 36.

chiarazioni verbali al momento della vendita o addirittura con comunicazioni impegnative anche successive alla consegna del bene. Tale assunto porterebbe a ritenere che la norma sulla garanzia convenzionale, art. 133 c. cons., sarà applicata solo per le garanzie a carattere oneroso, cosicché la "garanzia convenzionale ulteriore" amplierebbe l'ambito di operatività dell'art. 133 c. cons. ad ipotesi non contemplate da questa norma [153].

La garanzia convenzionale, rispetto a quella legale, contiene una protezione specifica di cui gode l'acquirente e che può sorgere per volontà di entrambe le parti (venditore e compratore) oppure solo per volontà del venditore, del produttore o di altro soggetto; è volontaria e facoltativa non essendo fissato alcun obbligo a carico del produttore o del venditore, nonostante sia espressamente disciplinata dalla legge [154].

Nella prassi le garanzie convenzionali possono aversi sotto diverse forme, per esempio nelle condizioni generali della vendita [155], nelle condizioni specifiche della vendita, in un foglio

---

[153] Sul rapporto tra art. 129, lett. c) e art. 133 c. cons., si veda M. RABITTI, *sub art. 133*, in *Commentario*, a cura di C.M. BIANCA, cit., p. 532.

[154] Non essendo previsto alcun termine, la dottrina (F. BOCCHINI, *op. cit.*, p. 516) ritiene che in assenza di espressa pattuizione debba applicarsi la disciplina relativa alla garanzia legale.

[155] In giurisprudenza: Trib. Roma, 10 giugno 2011 n. 14312 (inedita), che distingue tra contratto di garanzia e gestione pratica della garanzia; in motivazione si legge: «*il venditore, parte del contratto di garanzia, si obbliga ad offrire al cliente una copertura più ampia di quella legale avvalendosi della struttura imprenditoriale di un soggetto terzo che, benché incaricato di attuare la garanzia o direttamente con propri fiduciari o indirettamente autorizzando interventi di altri tecnici, rimane estraneo alla vicenda contrattuale. Dunque in caso di mancata o ritardata prestazione della garanzia promessa, responsabile per inadempimento contrattuale sarà solo chi ha offerto la garanzia, ossia il venditore che, servendosi di una struttura esterna ed indicandola nel contratto come esecutrice della prestazione di garanzia per suo conto, si assume il rischio di una inesatta prestazione: il venditore, in altri termini, esteriorizza la gestione tecnica della garanzia, ma risponde dei risultati, avendola egli stesso offerta all'acquirente dell'auto usata [...] [I]n altri termini l'inadempimento fattuale può anche oggettivamente essere riconducibile a chi gestiva tecnicamente la garanzia, ma giuridicamente dello stesso risponde solo il venditore, cioè chi aveva offerto quella garanzia ulteriore e che si era servito di una struttura imprenditoriale esterna per rendere la presta-*

separato (c.d. Certificato di garanzia), altre volte si ritrova sulla scatola in cui è contenuto il prodotto oppure nel "*notice d'emploi*".

I vantaggi che la garanzia commerciale determina sono evidenti, per il venditore (venditore, produttore, distributore) può tramutarsi in un utile strumento per promuovere la vendita del prodotto e, quindi, acquisire clientela, per il compratore costituisce una tutela ulteriore rispetto a quanto previsto dalla legge.

Occorre segnalare, tuttavia, un rischio che potrebbe aversi in ordine alla garanzia commerciale; infatti, spesso il consumatore conosce quest'ultima e dimentica, o semplicemente non è ben informato, di avere a disposizione altre forme di tutela per eventuali difetti del bene acquistato. Si ricordi, a titolo di esempio, la decisione del 21 dicembre 2011 con cui l'Antitrust italiana ha condannato la *Apple* per aver fornito informazioni poco chiare in materia di garanzia[156]; le pratiche commerciali, infatti, poste in essere dalla società sono state ritenute scorrette sia in quanto non veniva fatta la dovuta chiarezza circa l'assistenza biennale gratuita garantita dal codice del consumo sia in quanto venivano offerte ai clienti informazioni ingannevoli circa la durata dell'assistenza gratuita al fine di convincere i consumatori a sottoscrivere la famosa *Apple Care Protection Plan*. Gli utenti così venivano costretti a sborsare una cifra aggiuntiva rispetto al costo del dispositivo *apple*, pagando per una garanzia che, per legge, avrebbero avuto gratis.

---

zione contrattualmente assunta con il proprio cliente, assumendo il rischio dell'inadempimento da parte del terzo».

[156] Dal sito *iphoneitalia.com* (visionato l'ultima volta il 4 marzo 2012) si legge: «*Nello specifico, la multa condanna le sezioni della società che gestiscono gli affari in Europa e in Italia (Apple Sales International, Apple Italia e Apple Retail Italia) per l'assenza di informazioni adeguata sui diritti dei consumatori sull'assistenza gratuita biennale prevista dal Codice al Consumo. Apple, infatti, riconosce solo la garanzia di un anno come "produttore", e non il secondo anno come "rivenditore". La legge italiana, infatti, prevede che il primo anno di garanzia sia appannaggio del produttore, mentre il secondo anno del venditore. In aggiunta, l'Antitrust ha condannato Apple anche per il fatto che spinga gli utenti a sottoscrivere a pagamento l'Apple Care, un'estensione della garanzia che copre una maggiore assistenza, ma anche quel secondo anno che dovrebbe essere offerto gratuitamente dal "rivenditore"*».

Consapevole di questo rischio, il legislatore comunitario ha stabilito espressamente che le garanzie commerciali indichino che, in ogni caso, il consumatore può esercitare i rimedi previsti dalla legge.

Dall'esame del testo della norma di cui all'art. 133 c. cons. emerge chiaramente la rilevanza data alle informazioni contenute nella garanzia e ciò al fine di consentire una maggiore trasparenza della stessa a tutela del consumatore.

Dalla definizione si ricava che la garanzia commerciale può essere concessa tanto dal venditore quanto dal produttore, per cui il campo di applicazione di tale garanzia è più ampio rispetto a quello della garanzia legale, sebbene tale estensione riguarda solo le obbligazione che derivano dall'art. 6 della direttiva, infatti, nel caso in cui sia offerta dal produttore, le norme sulla garanzia legale non dovranno essere rispettate, dovendosi queste ultime applicare solo ai rapporti tra venditore finale e consumatore.

Nei rapporti tra il venditore finale e gli altri venditori della catena della vendita, nonché tra il consumatore e gli altri venditori della catena, si applicheranno le disposizioni del diritto comune, mentre le disposizioni sulla garanzia commerciale si applicheranno al produttore.

In pratica, si può rilevare che nel caso in cui il venditore finale offra una garanzia commerciale, sarà soggetto alle regole dell'art. 6 della direttiva ovvero della norma di attuazione, ma anche alle regole relative alla garanzia legale.

Nel caso in cui, invece, la garanzia commerciale sia offerta dal produttore o da altro intermediario nella catena della vendita, si applicherà solo l'art. 6 ovvero la norma di attuazione e non le regole della garanzia legale (es. termini e rimedi).

Un altro aspetto da valutare concerne il ruolo della pubblicità nel sistema delle garanzie in quanto essa ha una forte incidenza nella decisione di acquisto del compratore [157]. Per tale ra-

---

[157] Sulla pubblicità nelle vendite di beni di consumo si veda: M. Del Lirio Martìn Garcìa, *Aspectos publicitarios de la ley de garantìas en la venta de bienes de consumo*, in *Rev. Der. Priv.*, 2004, p. 324; G. Alpa, *Introduzione al diritto dei consumatori*, Laterza, Roma-Bari, 2006; G. Ghidini, *Comunicazione pubblicitaria e consumatori*, Centro Internazionale Magi-

gione il legislatore comunitario, resosi conto che uno degli strumenti fondamentali per le imprese per la diffusione dei propri prodotti è proprio quello pubblicitario, ne ha previsto il carattere vincolante.

La pubblicità è diventata uno strumento di contrattazione e non solo uno strumento di suggestione; il messaggio pubblicitario è strumento atto ad informare il compratore delle caratteristiche del bene da acquistare e perciò ne influenza le decisioni di acquisto; costituendo una forma di comunicazione importante ed incisiva, si richiede che le notizie fornite siano veritiere, che non provochino distorsioni della realtà ed evitino di fare incorrere in errore o di ingannare i consumatori. Ciò vale sia per l'impresa che per il consumatore, quest'ultimo, in particolare, già tutelato con la direttiva sulla pubblicità ingannevole ed oggi anche dalla normativa sulle pratiche commerciali scorrette.

Sul tema della pubblicità, occorre prendere in considerazione, inoltre, che: il valore contrattuale della pubblicità e delle dichiarazioni pubbliche del venditore è indicato per la prima volta nell'art. 2, comma 2, lett. d), della direttiva, oggi trasposto nell'art. 129 c. cons. relativo alla conformità al contratto.

Tuttavia, lo stesso articolo contiene tutta una serie di circostanze in cui il venditore non risulta tenuto alle dichiarazioni pubbliche; queste non sono indicate nella norma relativa alle garanzie commerciali, ma sembra opportuno ritenere che le stesse eccezioni al carattere obbligatorio della pubblicità si applichino anche alle garanzie commerciali [158].

Il carattere così rilevante della pubblicità non può non avere conseguenze in caso di contraddizione tra questa e la garanzia commerciale; laddove quest'ultima sia meno favorevole al consumatore, infatti, sarà la prima a prevalere [159].

---

strati Luigi Severini, Atti del XXXVI Corso di studi, Perugia, novembre 1989, p. 29 ss.

[158] S. STIJNS, *Les garanties commerciales et l'action récursoire du vendeur final dans la directive sur la vente au consommateur*, in J. LETE ACHIRICA (a cura di), *Garantìas en la venta de bienes de consumo*, Universidade de Santiago de Compostela, p. 106.

[159] M. TENREIRO, *La proposition de directive sur la vente et les garanties des biens de consommation*, in *REDC*, 1996, 187, p. 216.

Dal punto di vista della conclusione del rapporto contrattuale avente ad oggetto la garanzia convenzionale nulla dice la direttiva né la normativa di attuazione limitandosi a specificare che "vincola chi la offre".

Le parti, quindi, potranno scegliere le modalità di offerta e di costituzione del vincolo negoziale, purché vi sia trasparenza sulle modalità della garanzia.

"La garanzia corre con la cosa"[160] e perciò non dipende dal contratto di vendita, ma ha una sua vita autonoma, potendo perciò, per esempio, essere fatta valere dall'avente causa dell'acquirente-consumatore.

Un richiamo deve essere svolto ancora una volta alla direttiva 2019/771/UE il cui art. 17 tratta delle garanzie commerciali prevedendo tra l'altro che deve essere fornita al consumatore su supporto durevole al più tardi al momento della consegna dei beni. Deve essere redatta in un linguaggio semplice e comprensibile e comprendere: «*a) una dichiarazione chiara che il consumatore dispone per legge di rimedi da parte del venditore, a titolo gratuito, in caso di difetto di conformità dei beni, e che tali rimedi non sono pregiudicati dalla garanzia commerciale; b) nome e indirizzo del garante; c) la procedura che il consumatore deve seguire per ottenere l'applicazione della garanzia commerciale; d) la designazione dei beni cui si applica la garanzia commerciale; e) le condizioni della garanzia commerciale*».

Si prevede, in ogni caso, che gli Stati membri possano stabilire norme relative ad altri aspetti delle garanzie commerciali non disciplinati dal presente articolo, comprese norme sulla lingua o sulle lingue nelle quali la dichiarazione di garanzia commerciale è messa a disposizione del consumatore.

La nuova direttiva rafforza il rapporto tra consumatore e produttore con riferimento alla garanzia posto che da un lato è la stessa natura del bene con contenuto digitale a conferirgli un ruolo più attivo nel rapporto di vendita posto che il contenuto digitale può essere aggiornato direttamente dalla fabbrica via internet.

---

[160] G. ALPA, *art. 1519 septies*, in AA.VV., *L'acquisto di beni di consumo*, cit., p. 76.

13. Carattere imperativo delle disposizioni a tutela del consumatore

L'art. 134 c. cons. riproduce senza alcuna modifica l'art. 1519 *octies* c.c. prevedendo espressamente che i diritti attribuiti al consumatore dalle disposizioni del presente capo sono indisponibili e inderogabili e conseguentemente sono vietate tutte le clausole, pattuizioni, atti unilaterali aventi lo scopo di escludere, limitare, o comunque rendere più gravoso, anche in modo indiretto, l'esercizio di tali diritti.

Clausole vietate saranno, per esempio, quelle volte a stabilire che in caso di difetto di conformità il consumatore possa chiedere solo uno dei rimedi c.d. primari, oppure solo i rimedi secondari; prevedere che il consumatore possa chiedere la risoluzione del contratto solo se il difetto sia di notevole entità o di gravità tale da rendere il bene del tutto inidoneo all'uso cui è destinato; prevedere che l'esercizio dei diritti del consumatore sia subordinato all'assolvimento di oneri ulteriori rispetto a quelli indicati dall'art. 132 c. cons.; prevedere la facoltà di scelta del rimedio in capo al professionista. Devono ritenersi valide quelle clausole volte a determinare alcuni concetti di carattere generale come "termine congruo", "eccessiva onerosità", "notevole inconveniente"[161].

Si deve trattare di pattuizioni, atti unilaterali anteriori alla comunicazione al venditore del difetto di conformità, anche se questa previsione, si ritiene non sufficiente a rendere esenti da nullità le pattuizioni o clausole successive, che comunque potrebbero sempre essere sottoposte al vaglio di vessatorietà *ex* artt. 33 e ss. c. cons.[162]; in questa direzione interpretativa assume rilievo quanto dettato dall'art. 135, comma 1, c. cons. secondo cui «*le disposizioni del presente capo non escludono né limitano i diritti che sono attribuiti al consumatore da altre norme dell'ordinamento giuridico*».

---

[161] A. ZACCARIA-G. DE CRISTOFARO, *sub art. 134*, in *Commentario*, a cura di C.M. BIANCA, cit., p. 358.

[162] A.M. SINISCALCHI, *sub art. 134*, in G. VETTORI (a cura di), *Codice del consumo. Commentario*, Cedam, Padova, 2006, p. 1010.

La violazione del divieto di cui al comma 1 dell'art. 134 c. cons., dà luogo ad una nuova ipotesi di nullità relativa[163] e speciale nel senso che la disciplina per essa dettata non è pienamente assimilabile a quella che risulta dal modello tradizionale di nullità di matrice codicistica.

La limitazione/esclusione dei diritti del consumatore si può realizzare anche attraverso la previsione di applicare al contratto una legislazione di un paese extracomunitario in cui la tutela sia inferiore. In tale ipotesi, il legislatore italiano, per evitare distorsioni del sistema, ha previsto la nullità di quelle clausole che, prevedendo l'applicabilità al contratto di una legislazione di un paese extracomunitario, abbia l'effetto di privare il consumatore della protezione prevista dalle norme del presente capo, laddove il contratto presenti uno stretto collegamento con il territorio di uno Stato membro dell'Unione Europea. La nullità si avrà, quindi, solo nel caso in cui la legislazione sia quella di un paese extracomunitario. Non si avrebbe nullità laddove il rinvio riguardi una legislazione di uno Stato membro anche qualora assicuri un livello di tutela inferiore rispetto a quella garantita dalla legislazione italiana. Nessuna sanzione di nullità si potrebbe porre qualora il raffronto tra legislazione italiana e quella del paese extracomunitario sia a favore di quest'ultima in ragione del più alto livello di tutela per il consumatore. Dichiarata la nullità della clausola, la legge applicabile sarà quella del paese europeo con cui il contratto presenta un collegamento stretto.

Focus

LA GARANZIA PER I BENI RICONDIZIONATI O RIGENERATI

Con il termine "ricondizionati" o "rigenerati" si suole fare riferimento ai prodotti *hi-tech*, tra cui *smartphone*, *tablet*, *computer* ed elettrodomestici, che vengono riparati ed imballati per essere rimessi in vendita perfettamente funzionanti ad un prezzo decisamente più vantaggioso rispetto ad un prodotto nuovo.
Ciò che si può chiedere è quindi: quale garanzia si applica a tali beni? C'è differenza rispetto ai beni nuovi?

[163] A.M. Siniscalchi, *op. cit.*, p. 1008.

La risposta è: no, anche per i beni ricondizionati o rigenerati, vale la regola prevista per i beni usati e cioè che la garanzia è quella biennale, salvo che le parti, al momento dell'acquisto, l'abbiano limitata ad un anno. Anche per i rimedi, si devono considerare i principi statuiti per i beni usati.
Si deve ricordare, a proposito dei beni ricondizionati e del fatto che debbano essere considerati come "beni usati", il caso delle "sostituzioni *Apple*" che è stato oggetto di analisi da parte dei giudici olandesi. La vicenda è iniziata nel 2015 quando una cliente *Apple* decide di acquistare un nuovo prodotto *Apple* sottoscrivendo la c.d. "*Apple Care*", ulteriore garanzia a pagamento che permette di avere maggiore assistenza da *Apple* stessa. Nel caso di specie a distanza di qualche mese dall'acquisto, il nuovo prodotto iniziava ad avere problemi di funzionamento e in base alle "prassi" di *Apple* questa sostituiva il prodotto con un altro "ricondizionato".
Il giudice olandese ha posto fine a questa "prassi" statuendo che un prodotto nuovo deve essere sostituito con un prodotto altrettanto nuovo e non con un prodotto *"refurbished"*[164].

Indice delle opere citate

AA.VV., *L'acquisto di beni di consumo, D.Lgs. 2 febbraio 2002, n. 24*, Ipsoa, Milano, 2002.

ALPA G., *Consumatore*, in *Contr. e impr.*, 1987.

ALPA G., *Gli usi del termine "consumatore" nella giurisprudenza*, in *Nuova giur. civ. comm.*, 1999.

ALPA G., voce *Consumatore (protezione del) nel diritto civile*, in *Dig. disc. priv., sez. civ.*, vol. III, Utet, Torino, 2001.

ALPA G., *Ancora sulla definizione di consumatore*, in *Contratti*, 2001.

ALPA G., *Autonomia privata e "garanzie" commerciali*, in *Vita not.*, 2002.

ALPA G., *I diritti dei consumatori e il "codice del consumo" nell'esperienza italiana*, in *Rass. forense*, 2006.

ALPA G., *Introduzione al diritto dei consumatori*, Laterza, Roma-Bari, 2006.

[164] *If a plaintiff had purchased a refurbished or replacement iPad, Apple may replace it with a refurbished or replacement copy, but if the consumer, as in this case, purchased a new iPad, she is entitled to a new iPad as a replacement.*

ALPA G., *Aspetti della nuova disciplina delle vendite nell'Unione Europea*, in *Contr. e impr.*, 2019.

ALPA G.-CONTE G.-DI GREGORIO V.-FUSARO A-PERFETTI U. (a cura di), *Il diritto dei consumi. Aspetti e problemi*, E.S.I., Napoli, 2010.

AMADIO G., *Difetto di conformità e tutele sinallagmatiche*, in *Riv. dir. civ.*, 2001.

AMADIO G., *Proprietà e consegna nella vendita dei beni di consumo*, in *Riv. dir. civ.*, 2004.

ANTONIOLLI DEFLORIAN L., *Il consumatore, un personaggio in cerca di autore*, in *Resp. civ. e prev.*, 1995.

AQUARO G., *Contratto di leasing e nuova disciplina della vendita di beni di consumo*, in *Vita not.*, 2004.

AZZARRI F., *Integrazione delle fonti ed effettività delle tutele nella vendita dei beni di consumo*, in *Contratti*, 2015.

BERTELLI F., *Armonizzazione massima della Dir. 2019/771 UE e le sorti del principio di maggior tutela del consumatore*, in *Europa. dir. priv.*, 2019.

BIANCA C.M., *La vendita e la permuta*, in *Trattato diritto civile*, a cura di F. VASSALLI, vol. VII, Utet, Torino, 1993.

BIANCA C.M., *Sub art. 128*, in *La vendita dei beni di consumo (artt. 128-135 del d.lgs. 6 settembre 2005 n. 206)*, *Commentario*, a cura di C.M. BIANCA, in *Nuove leggi civ. comm.*, 2006.

BIN M.-LUMINOSO A. (a cura di), *Le garanzie nella vendita dei beni di consumo*, Cedam, Padova, 2003.

BOCCHINI F., *La vendita di beni di consumo tra piazze diverse*, in *Diritto dei Consumatori e nuove tecnologie*, a cura di F. BOCCHINI, Giappichelli, Torino, 2003.

BOCCHINI F., *La vendita di cose mobili*, in *Il Codice civile. Commentario*, fondato da P. SCHLESINGER, Giuffrè, Milano, 2004.

CABELLA PISU L., *Vendita, vendite: quale riforma delle garanzie?*, in *Contr. impr./Europa*, 2001.

CAFAGGI F., voce *Pubblicità commerciale*, in *Dig. disc. priv., sez. comm.*, vol. XI, Utet, Torino, 1995.

CAPILLI G., *La nozione di "contratti conclusi da consumatori"*, in *Casi scelti in tema di diritto privato europeo*, Cedam, Padova, 2005.

CAPILLI G., *La direttiva sulla vendita di beni di consumo al vaglio della Corte di Giustizia*, in *Contratti*, 2008.

CAPILLI G., *La vendita di beni di consumo nell'applicazione della giurisprudenza*, in G. ALPA-G. CONTE-V. DI GREGORIO-A. FUSARO-U. PERFETTI (a cura di), *Il diritto dei consumi. Aspetti e problemi*, E.S.I., Napoli, 2010.

CAPILLI G., *La vendita di beni di consumo. Garanzie e rimedi*, in G.

ALPA (a cura di), *I Contratti dei consumatori*, Giuffrè, Milano, 2014.

CAPILLI G., *La responsabilità oggettiva di Amazon per danni provocati da prodotti difettosi: aspetti problematici della responsabilità dei mar-ketplace nel caso Bolger*, in *Diritto di Internet*, 2020, 4.

CAPPUCCIO R., *Sulla nozione di "consumatore" tra diritto comunitario e nazionale*, in *Nuovo diritto*, 2000.

CASTRONOVO C., *Il diritto di regresso del venditore finale nella tutela del consumatore*, in *Europa dir. priv.*, 2004.

CHERTI S., *Le garanzie convenzionali nella vendita*, Cedam, Padova, 2004.

CHINÉ G., voce *Consumatore (contratti del)*, in *Enc. dir.*, Agg., IV, Giuffrè, Milano, 2000.

CHINÉ G., *La nozione del consumatore nel diritto vivente*, in *Lezioni di diritto privato europeo*, raccolte da G. Alpa e G. Capilli, Cedam, Padova, 2007.

CIATTI A., *L'ambito di applicazione* ratione materiae *della direttiva comunitaria sulla vendita e le garanzie dei beni di consumo*, in *Contr. impr./Europa*, 2000.

COLAVOLPE A., *Credito al consumo ed inadempimento del venditore: il problema dell'opponibilità al finanziatore delle eccezioni relative al contratto di vendita*, in *Giur. merito*, 2008.

CONTI R.-FOGLIA R., *Vendita e garanzie dei beni di consumo*, in *Corr. giur.*, 2008.

COREA U., *Ancora in tema di nozione di "consumatore" e contratti a scopi professionali: un intervento chiarificatore*, in *Giust. civ.*, 2000.

CUFFARO V. (a cura di), *Commentario "Codice del Consumo"*, Giuffrè, Milano, 2015.

DE CRISTOFARO G., *La vendita di beni di consumo*, in E. GABRIELLI-E. MINERVINI (a cura di), *I Contratti dei consumatori*, t. II, Utet, Torino, 2005.

DEL LIRIO MARTÌN GARCÌA M., *Aspectos publicitarios de la ley de garantìas en la venta de bienes de consumo*, in *Revista de derecho privado*, 2004.

DELOGU L., *La proposta modificata di direttiva del Parlamento europeo e del Consiglio sulla vendita e le garanzie dei beni di consumo*, in *Contr. impr./Europa*, 2008.

DI MAJO A., *Garanzia e inadempimento nella vendita di beni di consumo*, in *Europa dir. priv.*, 2002.

DI MARZIO F., *Intorno alla nozione di "consumatore" nei contratti*, in *Giust. civ.*, 2001.

DI PIETROPAOLO M., *Commento al comma 3 dell'art. 1519 bis*, in

AA.VV., *Commentario alla disciplina della vendita di beni di consumo*, coordinato da L. GAROFALO, Cedam, Padova, 2003.

DONA M., *Le garanzie nei contratti di vendita*, in L. ROSSI CARLEO (a cura di), *Diritto dei consumi*, Giappichelli, Torino, 2015.

FADDA R., *Il contenuto della direttiva 1999/44/CE: una panoramica*, in *Contr. impr./Europa*, 2000.

FADDA R., *Il risarcimento dei danni*, in A. LUMINOSO-M. BIN (a cura di), *Le garanzie nella vendita dei beni di consumo*, in *Trattato di diritto commerciale e di diritto pubblico dell'economia*, diretto da F. GALGANO, Cedam, Padova, 2003.

GATT L., *Ambito soggettivo di applicazione della disciplina. Il consumatore e il professionista*, in *Commentario al Capo XIV-bis del codice civile: dei contratti del consumatore*, a cura di C.M. BIANCA e F.D. BUSNELLI, in *Nuove leggi civ. comm.*, 1997.

GATT L., *L'ambito soggettivo di applicazione della normativa sulle clausole vessatorie*, in *Giust. civ.*, 1998.

GAUDIN L., *Regards dubitatifs sur l'effectivité des remèdes offerts au consommateur en cas de défaut de conformité de la chose vendue*, in *Dalloz*, Paris, 2008.

GHIDINI G., *Comunicazione pubblicitaria e consumatori*, Centro Internazionale Magistrati Luigi Severini, Atti del XXXVI Corso di studi, Perugia, novembre, 1989.

GHIDINI G.-CERASANI C., voce *Consumatore (tutela del) (diritto civile)*, in *Enc. dir.*, Agg., V, Giuffrè, Milano, 2001.

GOUT O.-MARIA I., *Réflexions sur la transmission éventuelle des actions en garantie de conformité*, in *Jur. Cl. Per.*, 2008.

IURILLI C., *Autonomia contrattuale e garanzie nella vendita di beni di consumo*, Giuffrè, Milano, 2004.

LOFFARI G., *Le nozioni di consumatore e di professionista*, in *I contratti in generale*, vol. IV, t. 1, in *Il diritto privato nella giurisprudenza,* a cura di P. CENDON, Utet, Torino, 2001.

LUMINOSO A., *Appunti per l'attuazione della direttiva 1999/44/CE e per la revisione della garanzia per vizi nella vendita*, in *Contr. impr./Europa*, 2001.

LUMINOSO A., *Riparazione e sostituzione della cosa e garanzia per i vizi nella vendita dal codice alla direttiva 1999/44/CE*, in *Riv. dir. civ.*, 2001, 6.

LUMINOSO A., *La vendita*, Giuffrè, Milano, 2014.

MAK V., *Standards of protection: in search of the "average consumer" of EU law in the proposal for a consumer rights directive*, in *Eur. Rev. Priv. Law*, 2011.

MARTORANO F., *La tutela del compratore per i vizi della cosa*, Jovene, Napoli, 1959
MENGOZZI P., *La nozione di consumatore, la direttiva CEE 93/13 ed il diritto italiano*, in *Contr. impr./Europa*, 2002.
MICKLITZ H., *La nozione di consumatore nel § 13 BGB*, in *Riv. dir. civ.*, 2001.
MONTINARO R., *La figura giuridica di consumatore nei contratti di cui al capo XIV bis titolo II del libro IV del codice civile*, in *Giust. civ.*, 1998.
MOSCATI E., *Art. 1519 quater (diritti del consumatore)*, in AA.VV., *Commentario alla disciplina della vendita di beni di consumo*, coordinato da L. GAROFALO, Cedam, Padova, 2003.
NICOLUSSI A., *Diritto europeo della vendita di beni di consumo e categorie dogmatiche*, in *Europa dir. priv.*, 2003.
OMODEI SALÈ R., *Il rischio del perimento fortuito nella vendita di cosa viziata. Risolubilità del contratto e obbligazioni restitutorie*, Cedam, Padova, 2004.
PAGLIANTINI S., *Contratti di vendita di beni: armonizzazione massima, parziale e temperata della dir. UE 2019/771*, in *Giur. it.*, 2020.
PAISANT J., *Le consommateur est seulement une personne physique*, in *Jur. Cl. Per.*, 2009.
PATTI F.P., *Tutela effettiva del consumatore nella vendita: il caso "Faber"*, in *Nuova giur. civ. comm.*, 2016.
PATTI S. (a cura di), *Commentario sulla vendita dei beni di consumo*, Giuffrè, Milano, 2004.
PINNA A., *I termini nella disciplina delle garanzie e la direttiva 1999/44/CE sulla vendita dei beni di consumo*, in *Contr. impr./Europa*, 2000.
PODSZUN R., *Procedural autonomy and effective consumer protection in sale of goods liability: Easing the burden for consumers (even if they aren't consumers)*, in *Journal of European Consumer and Market Law*, 2015.
RAYMOND G., *Le consommateur ne peut être qùune personne physique*, in *Contrats, conc. consom.*, 2009.
REPRESA POLO P., *La difficoltà di scelta da parte del consumatore circa il rimedio da applicare per correggere la mancanza di conformità dei beni*, in *Resp. civ. e prev.*, 2007.
RICCI F., commento *"La nozione di consumatore"*, in *La vendita dei beni di consumo (artt. 128-135 del d.lgs. 6 settembre 2005 n. 206)*, *Commentario* a cura di C.M. BIANCA, in *Nuove leggi civ. comm.*, 2006.
ROSSI CARLEO L., *Art. 1519 bis, 2°comma, lett. b))*, in S. PATTI (a cura

di) *Commentario sulla vendita dei beni di consumo*, Giuffrè, Milano, 2004.
ROSSI CARLEO L., *Diritto comunitario, "legislazione speciale" e "codici di settore"*, in *Riv. not.*, 2009.
SALVAT O., *La garantie spéciale de conformité et l'obligation générale de délivrance conforme: quel choix d'action pour l'acheteur?*, in *Contrats, conc. consom.*, 2006.
SCARPI D.-DALL'OLMO RILEY F.-MENARESI A., *Le ricerche sui comportamenti di acquisto on line: L'orientamento edonico e utilitarista*, in *Merc. e compet.*, 2006
SIMONINI G.F., *Verso una nozione allargata di difetto di conformità: sarà rilevante anche la "durabilità" del bene?*, in *Danno e resp.*, 2019.
STIJNS S., *Les garanties commerciales et l'ation récursoire du vendeur final dans la directive sur la vente au consommateur*, in J. LETE ACHIRICA (a cura di), *Garantìas en la venta de bienes de consumo*, Universidade de Santiago de Compostela, 2004.
TENREIRO M., *La proposition de directive sur la vente et les garanties des biens de consommation*, in *Rev. Eur. Droit Civil*, 1996.
WILHELMSSON T., *The informed consumer v the vulnerable consumer in European Unfair Commercial Practices Law – A comment*, in *The Yearbook of Consumer Law 2007*, Ashgate, 2007.
WILLET W.-OUGHTON D., *Liability for incorrect installation and other services associated with consumer goods*, in *The Yearbook of Consumer Law 2007*, Ashgate, 2007.
ZACCARIA A.-DE CRISTOFARO G., *La vendita di beni di consumo*, Cedam, Padova, 2002.
ZACCARIA A., *Riflessioni circa l'attuazione della direttiva n. 1999/44/CE "su taluni aspetti della vendita e delle garanzie dei beni di consumo"*, in *Studium Iuris*, 2000.

Capitolo V

I contratti conclusi con tecniche di comunicazione a distanza

Sommario

1. Il fenomeno delle vendite a distanza e gli interessi sottesi all'adozione della direttiva 2011/83/UE

Le vendite realizzate attraverso l'impiego di tecniche di comunicazione a distanza, senza la simultanea presenza fisica dell'operatore commerciale e del consumatore, sono il prodotto di due fattori propri dell'attuale momento storico:

1. la *velocità*, che si esprime nella accelerazione delle comunicazioni, nell'immediata veicolazione di informazioni, e
2. la *globalità*, che si esprime nell'abbattimento dei confini geografici [1].

---

[1] Comunicazione della Commissione al Consiglio, al Parlamento europeo e al Comitato economico e sociale Europeo, Strategia per la politica dei consumatori dell'UE 2007-2013, Maggiori poteri per i consumatori, più benessere e tutela più efficace, COM (2007) 99 del 13 marzo 2007, p. 4 ss.; direttiva

La velocità degli scambi commerciali, favorita dalle tecnologie informatiche e telematiche, ha dischiuso rilevanti opportunità per i protagonisti del mercato.

I professionisti possono offrire i propri prodotti e servizi ad una platea sempre più ampia di clienti, facilitando la rapida soddisfazione dei loro interessi. Mediante l'utilizzo di tecniche di comunicazione a distanza, infatti, anche i residenti in aree isolate e carenti di servizi primari possono entrare in dinamica interazione con l'operatore commerciale, conseguendo un netto miglioramento della loro qualità di vita [2].

I consumatori hanno visto aumentare esponenzialmente la varietà delle opzioni di acquisto in tutti i settori merceologici e nel terziario; hanno modificato le loro abitudini commerciali, non più scandite e dipendenti dall'apertura e dalla chiusura della saracinesca di un punto vendita [3].

2000/31/CE del Parlamento europeo e del Consiglio dell'8 giugno 2000, relativa a taluni aspetti giuridici dei servizi della società dell'informazione, in particolare il commercio elettronico, nel mercato interno; G. ALPA, *Introduzione al diritto dei consumatori*, Laterza, Roma-Bari, 2006, p. 156; G. ALPA-A. CATRICALÀ (a cura di), *Diritto dei consumatori*, Il Mulino, Bologna, 2017, *passim*; G. ALPA, *New economy e libere professioni: il diritto privato e l'attività forense nell'era della rivoluzione digitale*, in *Contr. e impr.*, 2000, p. 1175 ss.; G. ALPA-V. MARICONDA, *Codice dei contratti commentato*, Ipsoa, Milano, 2017, p. 2429 ss.; E. GABRIELLI-E. MINERVINI, *I contratti dei consumatori*, Utet giuridica, Torino, 2005, *passim*; F. BRAVO, *Contrattazione telematica e contrattazione cibernetica mediante agenti software nella distribuzione B2C*, Gedit, Bologna, 2006, p. 91 ss.; F. BRAVO, *Contratto telematico e diritto privato europeo*, in G. ALPA-G. CAPILLI (a cura di), *Lezioni di diritto privato europeo*, Cedam, Padova, 2007, p. 456; F. BRAVO, *Contrattazione telematica e contrattazione cibernetica*, Giuffrè, Milano, 2007, *passim*.

[2] Cfr. Libro verde della Commissione Europea sul commercio COM (96) 530 del 20 novembre 1996; L. FOLLIERI, *Il contratto concluso su internet*, E.S.I., Napoli, 2005, p. 78 ss.

[3] Considerando n. 54, direttiva 2011/83/UE; Libro Verde della Commissione sulle opzioni possibili in vista di un diritto europeo dei contratti per i consumatori e le imprese COM (2010) 348, *passim*; G. ALPA, *Il diritto privato europeo: significato e confini del sintagma*, in G. ALPA-G. CAPILLI (a cura di), *Lezioni di diritto privato europeo*, cit., p. 18; G. ALPA (a cura di), *I nuovi confini del diritto privato europeo*, Giuffrè, Milano, 2016, *passim*; G. ALPA, *Art. 2, Diritti dei consumatori*, in G. ALPA-L. ROSSI CARLEO (a cura di), *Codice del consumo: commentario*, E.S.I., Napoli, 2005, p. 43; F. BRAVO, *Contrattazione*

Nel descritto contesto, i contratti a distanza[4] costituiscono gli strumenti negoziali privilegiati per favorire la circolazione di beni e servizi nel mercato interno[5].

Le vendite a distanza sono entrate a far parte della quotidianità, basti pensare alla consuetudine con cui acquistiamo dai

---

telematica, cit., p. 91 ss.; F. BRAVO, *Contratto telematico*, cit., p. 456; H.W. MICKLITZ, *La mano visibile del diritto privato europeo in materia normativa-La trasformazione del diritto privato dall'autonomia al funzionalismo nella concorrenza e nella regolamentazione*, in *European University Institute Working Papers*, 2010, p. 15; F. MACIOCE, *Note Introduttive*, in G. ALPA-L. ROSSI CARLEO (a cura di), *Codice del consumo: commentario*, cit., p. 282; S. SIMONE, *Art. 50, Definizioni*, in G. ALPA-L. ROSSI CARLEO (a cura di), *Codice del consumo: commentario*, cit., 2005, p. 379; F. RICCI, *Particolari modalità di contrattazione*, in L. ROSSI CARLEO (a cura di), *Diritto dei consumi*, Giappichelli, Torino, 2012, p. 70 ss.; M. DONA, *La tutela del consumatore nelle «vendite aggressive»*, in G. ALPA-G. CAPILLI (a cura di), *Lezioni di diritto privato europeo*, cit., p. 954; G. PIZZOLANTE, *Contrattazione a distanza e tutela del consumatore in diritto comunitario*, in *Dir. comm. internaz.*, 2000, p. 389; F. VIGLIONE, *Art. 50*, in G. DE CRISTOFARO-A. ZACCARIA (a cura di), *Commentario breve al diritto dei consumatori*, Cedam, Padova, 2010, p. 440; G. GRISI, *La frontiera telematica della contrattazione a distanza*, in *Europa dir. priv.*, 1998, *passim*; A. JANNARELLI, *Le vendite aggressive: vendite stipulate fuori dei locali commerciali e vendite stipulate a distanza nel diritto italiano ed europeo*, E.S.I., Napoli, 1995, *passim*.

[4] «*Qualsiasi contratto concluso tra il professionista e il consumatore nel quadro di un regime organizzato di vendita o di prestazione di servizi a distanza senza la presenza fisica e simultanea del professionista e del consumatore, mediante l'uso esclusivo di uno o più mezzi di comunicazione a distanza fino alla conclusione del contratto, compresa la conclusione del contratto stesso*», art. 45 c. cons.

[5] Libro Verde della Commissione sulle opzioni possibili in vista di un diritto europeo dei contratti per consumatori e le imprese COM (2010) 348, *passim*; F. BRAVO, *I contratti a distanza nel codice del consumo e nella direttiva 2011/83/UE: verso un codice europeo del consumo*, Giuffrè, Milano, 2013, p. 2; G. ALPA, *I diritti dei consumatori*, in *Trattato di diritto privato dell'Unione europea*, diretto da G. AJANI e G.A. BENACCHIO, Giappichelli, Torino, 2009, *passim*; G ALPA, (a cura di), *I contratti del consumatore*, Giuffrè, Milano, 2014, *passim*; L. ROSSI CARLEO, *Articolo 2*, in *Le modifiche al codice del consumo*, a cura di E. MINERVINI e L. ROSSI CARLEO, Torino 2009, p. 7 ss.; F. BRAVO, *Contratto telematico*, cit., p. 456; F. RICCI, *I contratti a distanza*, in *Trattato dei contratti*, diretto da P. RESCIGNO ed E. GABRIELLI, Giappichelli, Torino, 2007, p. 319 ss.; F. TORIELLO, *La direttiva sulle vendite a distanza: prime note di commento*, in *Contr. impr./Europa*, 1997, p. 844.

nostri *smartphone* prodotti e servizi a qualunque ora del giorno e della notte, in qualunque parte del mondo: prescinderne è inimmaginabile. Appare ormai irreversibile l'implementazione di questa particolare modalità negoziale.

Le istituzioni europee, su impulso dell'incremento della produttività e della pressione competitiva esercitata in particolare dalla Cina e dagli Stati Uniti – in cui sono stati compiuti ingenti investimenti nel digitale – hanno elaborato e perfezionato la strategia volta alla digitalizzazione degli scambi, funzionale alla piena attuazione del mercato unico [6].

L'aumento delle vendite a distanza costituisce l'effetto del, ed è direttamente proporzionale al, progresso tecnologico in campo digitale e delle comunicazioni: al rapido sviluppo delle tecnologie esistenti si accompagna l'impiego di queste ultime nella elaborazione di nuove modalità di vendita diretta ed immediata *inter absentes* [7].

La disciplina sulle vendite concluse mediante tecniche di comunicazione a distanza [8] è stata concepita al precipuo scopo di adeguare la realtà giuridica alla realtà economica e tecnologica, sfruttando pienamente tutte le potenzialità e i benefici che offre questa particolare modalità di vendita, abbattendo progressivamente gli ostacoli giuridici alla libera circolazione delle merci, delle persone, dei servizi e dei capitali all'interno del mercato unico (art. 26 t.f.u.e.) [9].

Con la direttiva 97/7/CE sulla «*protezione dei consumatori in materia di contratti a distanza*» [10] lo scopo perseguito dal le-

---

[6] Comunicazione della Commissione Europa 2020 *Una strategia per una crescita intelligente, sostenibile e inclusiva* COM (2010) 2020 del 3 marzo 2010, p. 21 ss.; F. BRAVO, *I contratti a distanza*, cit., p. 2.

[7] Cfr. Libro verde della Commissione Europea sul commercio COM (96) 530 del 20 novembre 1996. F. BRAVO, *op. ult. cit.*, p. 2.

[8] Posta, *internet*, telefono, videotelefono, fax, televisione, SMS, radio, cataloghi, ecc.

[9] Comunicazione della Commissione Europa 2020 *Una strategia per una crescita intelligente, sostenibile e inclusiva* COM (2010) 2020 del 3 marzo 2010, p. 21 ss.

[10] Direttiva 97/7/CE del Parlamento europeo e del Consiglio del 20 maggio 1997 riguardante la protezione dei consumatori in materia di contratti a di-

gislatore comunitario, di incentivare le imprese ad operare a livello transfrontaliero tutelando nel contempo i consumatori dai rischi delle vendite *inter absentes* [11], è stato raggiunto in maniera trascurabile, penalizzato dal minimo grado di armonizzazione che ha determinato una disomogeneità normativa fortemente deflattiva degli scambi commerciali a livello transfrontaliero [12].

Di conseguenza, si è avvertita fortemente la necessità di appianare le differenze tra gli ordinamenti nazionali che determinavano eterogenei livelli di protezione e di condizioni commerciali, per consentire davvero ai consumatori di potersi avvalere degli stessi diritti in tutti gli Stati membri, senza che vi fossero oscillazioni e differenze nel livello di tutela da uno Stato all'altro tali da inibire lo scambio [13].

---

stanza, in *GUCE*, 4 giugno 1997, L 144, p. 19-27. Tale atto normativo costituisce una delle pietre miliari dell'*acquis communautaire*: ha dotato i consumatori europei di una serie di tutele di cui prima non potevano usufruire ed ha dato impulso alle vendite a distanza, anche transfrontaliere, a beneficio del consolidamento e del buon funzionamento del mercato interno.

[11] Libro Verde della Commissione sulle opzioni possibili in vista di un diritto europeo dei contratti per i consumatori e le imprese COM (2010) 348, *passim*; Libro verde sulla tutela dei consumatori nell'Unione Europea, COM (2001) 531, del 2 ottobre 2001; G. DE NOVA, *Un contratto di consumo via Internet*, in *Contratti*, 1999, *passim*; G. PIZZOLANTE, *op. cit.*, p. 389; F. TORIELLO, *op. cit.*, p. 845.

[12] G. ALPA, *Nuove garanzie a tutela del consumatore. Commento alla direttiva 97/7/CE*, in *Contratti*, 1997, *passim*; S. BASTIANON, *Prime osservazioni sulla direttiva 97/7/CE in tema di contratti a distanza*, in *Resp. civ. e prev.*, 1997, p. 1277 ss.; E. MINERVINI, *Dei contratti del consumatore in generale*, Giappichelli, Torino, 2010, *passim*; G. DE CRISTOFARO, *Contratti a distanza e norme a tutela del consumatore*, in *Studium Iuris*, 1999, p. 1189; G. DE MARZO, *Contratti a distanza: commento al Decreto legislativo 22 maggio 1999, n. 185*, Giuffrè, Milano, 1999, *passim*; U. PERFETTI, *Prime riflessioni sul D.lgs. 22 maggio 1999 n. 185 in materia di contratti a distanza*, in *Nuove leggi civ. comm.*, 2000, 110 ss.; M.A. LIVI, *L'attuazione della Direttiva 97/7/CE riguardante la protezione dei consumatori in materia di contratti a distanza*, in *Contr. e impr.*, 1998, *passim*; H.W. MICKLITZ-J. STUYCH-E. TERRYN, *Cases, Materials and Text on Consumer Law*, Hart, Oxford-Portland, 2010, *passim*.

[13] STAUDENMAYER D., *The Common European Sales Law – Why do we Need it and how should it be Designed*, in G. ALPA-G. CONTE-U. PERFETTI-F. GRAF VON WESTPHALEN (a cura di), *The Proposed Common European Sales Law – The Lawyer's View*, Sellier european law publishers, Munich, 2013, p. 18.

Da qui la intervenuta revisione dell'*acquis communautaire*[14] sulle vendite nell'Unione Europea, per incoraggiare le imprese ad operare oltre i propri confini nazionali e per riconoscere ai consumatori europei tutele omogenee, rispondente alla strategia: «*Ovunque vi troviate nell'UE o ovunque facciate acquisti a partire dall'UE non fa nessuna differenza: i vostri diritti essenziali sono gli stessi*»[15].

Espressione di tale obiettivo è stata, in primo luogo, l'adozione della direttiva 2005/29/CE sulle pratiche commerciali scorrette – ad armonizzazione massima – seguita pochi anni dopo dalla **direttiva sui diritti dei consumatori 2011/83/UE**[16] che ha riformato la disciplina sui contratti a distanza e sui contratti negoziati al di fuori dei locali commerciali[17].

La direttiva 2011/83/UE – approvata all'esito di un *iter* normativo assai travagliato – aveva il dichiarato scopo di contribuire, tramite il conseguimento di un elevato livello di tutela dei con-

---

[14] Libro Verde sulla tutela dei consumatori nell'Unione europea, 2 ottobre 2001, COM (2001) 531 def.; Comunicazione della Commissione Europa 2020 *Una strategia per una crescita intelligente, sostenibile e inclusiva* COM (2010) 2020 del 3 marzo 2010, p. 21 ss.; G. DE CRISTOFARO, *Principi del diritto comunitario dei contratti:* acquis communautaire *e diritto privato europeo*, Giappichelli, Torino, 2009, *passim*.

[15] Libro verde della Commissione sulla revisione dell'*acquis* relativo ai consumatori, COM (2006) 744 def., dell'8 febbraio 2007.

[16] Direttiva n. 2011/83/UE del Parlamento Europeo e del Consiglio sui diritti dei consumatori, recante modifica della direttiva 93/13/CEE del Consiglio e della direttiva 1999/44/CE del Parlamento europeo e del Consiglio e che abroga la direttiva 85/577/CEE del Consiglio e la direttiva 97/7/CE del Parlamento europeo e del Consiglio, in *GUUE* 22 novembre 2011, L 304/64.

[17] Considerando n. 2 della direttiva 2011/83/UE, secondo cui le direttive 85/577/CEE e 97/7/CE, rispettivamente, sulle vendite negoziate fuori dai locali commerciali e sulle vendite a distanza «*sono state riesaminate alla luce dell'esperienza al fine di semplificare e aggiornare le norme applicabili, rimuovere le incoerenze e colmare le lacune indesiderate nella normativa. Il riesame ha dimostrato che è opportuno sostituire queste due direttive con una direttiva unica*». G. ALPA, *Towards the Completion of the Digital Single Market: The Proposal of a Regulation on a Common European Sales Law*, in *European Business Law Review*, 2014, *passim*; C. GRANELLI, *Le "pratiche commerciali scorrette" tra imprese e consumatori: l'attuazione della direttiva 2005/29/CE modifica il codice del consumo*, in *Obbl. contr.*, 2007, p. 776 ss.

sumatori, «*al corretto funzionamento del mercato interno mediante l'armonizzazione di taluni aspetti delle disposizioni legislative, regolamentari e amministrative degli Stati membri in materia di contratti conclusi tra consumatori e professionisti*» [18] (art. 1).

Quanto al grado di armonizzazione, si è optato per un criterio "misto", operando un *discrimen* tra gli elementi della disciplina sui contratti a distanza che necessitavano di uniformità normativa, per i quali l'armonizzazione è stata massima, ed altri sui quali è stata lasciata flessibilità agli Stati membri circa l'impostazione del livello di tutela.

Ad esempio, per gli obblighi di informazione contrattuale e per i tempi e le modalità di esercizio del diritto di recesso [19] l'armonizzazione normativa è stata massima, al fine di rendere più coerente ed uniforme il quadro normativo precedentemente frammentato [20]: pertanto gli Stati membri non potevano adottare disposizioni più o meno severe rispetto a quelle stabilite dalla

---

[18] S. MAZZAMUTO, *La nuova direttiva sui diritti del consumatore*, in *Europa dir. priv.*, 2011, p. 863; J. BASEDOW, *Un comune diritto dei contratti per il mercato comune*, in *Contr. impr./Europa*, 1997, p. 86 ss.; M. D'AURIA, *Art. 45*, in V. CUFFARO, (a cura di), *Codice del consumo e norme collegate*, Giuffrè, Milano, 2019, p. 375 ss.; G. DE CRISTOFARO, *La direttiva 2011/83/UE sui diritti dei consumatori: ambito di applicazione e disciplina degli obblighi informativi precontrattuali*, in *Annuario del contratto*, Giappichelli, Torino, 2011, p. 30 ss.; M. MELI, *Proposta di regolamento – Diritto europeo della vendita*, in *Nuove leggi civ. comm.*, 2012, p. 183 ss.

[19] Considerando n. 5 della direttiva 2011/83/UE: «*La completa armonizzazione delle informazioni e il diritto di recesso nei contratti a distanza e nei contratti negoziati fuori dei locali commerciali contribuirà quindi a un livello elevato di protezione dei consumatori e a un migliore funzionamento del mercato interno tra imprese e consumatori*».

[20] Considerando n. 7 della direttiva 2011/83/UE: «*L'armonizzazione completa di alcuni aspetti normativi chiave dovrebbe aumentare considerevolmente la certezza giuridica sia per i consumatori che per i professionisti. Entrambi dovrebbero poter fare affidamento su un unico quadro normativo basato su concetti giuridici chiaramente definiti che regolamentano taluni aspetti dei contratti tra imprese e consumatori nell'Unione. Grazie ad una tale armonizzazione dovrebbe essere possibile eliminare gli ostacoli derivanti dalla frammentazione delle norme e completare il mercato interno in questo settore. Tali barriere possono essere superate soltanto mediante un insieme di norme uniformi a livello dell'Unione. Inoltre, i consumatori dovrebbero beneficiare di un elevato livello di tutela in tutta l'Unione*».

direttiva (art. 4)[21]. Infatti, come espresso dal considerando n. 40 della direttiva 2011/83/UE, «*i diversi termini di recesso tra Stati membri e per i contratti a distanza e per i contratti fuori dei locali commerciali sono causa di incertezza giuridica e di costi di adempimento. Lo stesso termine di recesso dovrebbe applicarsi a tutti i contratti a distanza e ai contratti negoziati fuori dei locali commerciali*».

Al legislatore europeo – che è tenuto a garantire nelle sue politiche «*un livello elevato di protezione dei consumatori*»[22] (art. 38 della Carta dei diritti fondamentali dell'Unione europea; ma cfr. anche art. 169 t.f.u.e.) – è stato richiesto di operare una sintesi equilibrata tra gli interessi, ontologicamente contrapposti e confliggenti, di professionista e consumatore, al fine di salvaguardarli entrambi senza prediligerne uno a discapito dell'altro, nonché a perseguire politiche volte a garantire una crescita sostenibile ed inclusiva, nonché un più efficace esercizio dei diritti da parte dei consumatori in ambito digitale.

Va senz'altro promossa ed incoraggiata l'iniziativa economica del professionista, specialmente se proiettata nella dimensione transfrontaliera in cui sono maggiori i costi transattivi per le imprese. Infatti, la riluttanza delle imprese ad operare oltre i confini nazionali costituiva – e costituisce tutt'ora – un ostacolo alla loro espansione e produttività[23].

D'altro canto, va tutelata la sicurezza *online* e l'autonomia negoziale del consumatore affinché la sollecitazione all'acquisto avvenga nel segno della trasparenza e della consapevolezza, affinché possa davvero scegliere ciò che ritiene «*giusto per*

---

[21] Secondo quanto previsto nel considerando n. 2 della direttiva 2011/83/UE: «*La presente direttiva dovrebbe pertanto stabilire norme standard per gli aspetti comuni dei contratti a distanza e dei contratti negoziati fuori dei locali commerciali distanziandosi dall'approccio di armonizzazione minima di cui alle precedenti direttive e consentendo, al contempo, agli Stati membri di mantenere o adottare norme nazionali relative a taluni aspetti*». S. MAZZAMUTO, *op. cit.*, p. 863.

[22] G. ALPA, *Diritto privato europeo*, Giuffrè, Milano, 2016, p. 30; M. DONA, *La proposta di direttiva sui diritti dei consumatori: luci ed ombre nel futuro della tutela contrattuale*, in *Obbl. contr.*, 2009, p. 593-594.

[23] D. STAUDENMAYER, *op. cit.*, p. 19; M. DONA, *op. ult. cit.*, p. 583.

sé»[24], traendo vantaggio dalla vendita in termini di utilità del bene e del servizio acquistato.

Il consumatore ha spesso sperimentato un indebolimento della propria posizione contrattuale nella conclusione di contratti a distanza: la peculiarità della contrattazione *inter absentes* lo rende particolarmente vulnerabile in caso di omissione, incompletezza o scarsa trasparenza delle informazioni che potrebbero, invece, tutelarlo da un incauto acquisto[25].

Al cospetto di questa realtà, non può ragionevolmente pretendersi dai consumatori una incrollabile fiducia nel mercato e nella correttezza delle imprese che vi operano, se non è bilanciata da una adeguata tutela dai rischi che presentano alcuni sistemi di vendita e da una effettiva repressione di comportamenti pregiudizievoli dei loro interessi.

Con la direttiva 2011/83/UE sembra essersi trovato, nel complesso, un equilibrio tra i contrapposti interessi di categoria.

Ad avviso di chi scrive, il tradizionale antagonismo tra professionista e consumatore va rivisto e reinterpretato in un'ottica di *virtuoso scambio*, generato dalla piena consapevolezza che soltanto il reciproco benessere è in grado di assicurare prosperità e longevità nel mercato: pertanto, più si rendono i consumatori confidenti negli scambi che avvengono mediante mezzi di comunicazione a distanza più le imprese potranno beneficiare dei vantaggi che derivano dall'utilizzo di questa rivoluzionaria modalità di vendita[26].

---

[24] G. ALPA, *Autonomia delle parti e libertà contrattuale, oggi*, in *Riv. crit. dir. priv.*, 2008, *passim*; L. ROSSI CARLEO, *Art. 5, Obblighi generali*, in G. ALPA-L. ROSSI CARLEO (a cura di), *Codice del consumo: commentario*, cit., p. 125 ss.; F. RICCI, *L'informazione del consumatore e l'inefficacia delle clausole occulte*, in *Temi romana*, 2000, p. 829 ss.; F. RICCI, *Art. 52, Informazioni per il consumatore*, in G. ALPA-L. ROSSI CARLEO, *Codice del consumo: commentario*, cit., p. 393 ss.; F. RICCI, *Art. 53, Conferma scritta delle informazioni*, in G. ALPA-L. ROSSI CARLEO, *Codice del consumo: commentario*, cit., 2005, p. 403 ss.

[25] F. RICCI, *Particolari modalità di contrattazione*, cit., p. 70 ss.; F. RICCI, *L'informazione del consumatore*, cit., p. 829 ss.; M. DONA, *La tutela del consumatore*, cit., p. 954 ss.; S. SIMONE, *Art. 58, Limiti all'impiego di talune tecniche di comunicazione a distanza*, in G. ALPA-L. ROSSI CARLEO, *Codice del consumo: commentario*, cit., p. 432 ss.

[26] G. CONTE, *L'impresa responsabile*, Giuffrè, Milano, 2018, p. 18 ss.;

Se il professionista valuterà che è conveniente – non solo in termini economici, ma anche reputazionali – porsi su un piano di lealtà e di trasparenza nei confronti del consumatore, difficilmente attuerà condotte pregiudizievoli per il contraente più debole: per favorire l'automatismo di questo ragionamento occorre agire soprattutto in un'ottica preventiva.

È compito del legislatore e delle Autorità di vigilanza europei e nazionali incoraggiare questo cambio di paradigma, intervenendo sul piano normativo e sanzionatorio per favorire la concorrenza tra le imprese, una maggiore offerta – sia qualitativa sia quantitativa – di beni e servizi e per garantire un elevato livello di protezione dei consumatori[27].

L'evoluzione normativa in materia di contratti a distanza potrà contribuire ad attuare il superamento della vetusta e nefasta percezione del consumatore, da parte delle imprese, come un mero "profitto" da sottrarre alla concorrenza a qualunque costo e in qualunque modo, e non, invece, come un individuo la cui capacità di autodeterminazione va rispettata e tutelata, proprio perché un cliente soddisfatto assicura fedeltà, durevolezza del rapporto e buona pubblicità capace di attrarre nuovi clienti. Il raggiungimento degli obiettivi di crescita che gli operatori commerciali si pongono nell'ambito della loro strategia espansiva deve avvenire senza recare alcun pregiudizio all'interesse del contraente debole. Un controllo più capillare e incisivo delle Autorità di settore e dell'Autorità Garante della Concorrenza e del Mercato potrà contribuire a correggere e a reprimere le condotte degli operatori che violano la disciplina consumeristica e pregiudicano il libero e leale confronto concorrenziale.

Si auspica un rafforzamento dei loro poteri di controllo, favorendo interventi in via preventiva che appaiono più efficaci di interventi successivi: dopo, quando il mercato è alterato e i consumatori sono ormai sfiduciati, è già tardi.

M.P. Pignalosa, *Contratti a distanza e recesso del consumatore*, Giuffrè, Milano, 2016, p. 23 ss.

[27] D. Staudenmayer, *op. cit.*, p. 19; G. Alpa, *Illecito e danno antitrust: casi e materiali*, Giappichelli, Torino, 2016, *passim*; M. Dona, *La proposta di direttiva*, cit., p. 583.

2. Le parti, l'oggetto, l'ambito applicativo della disciplina sulle vendite a distanza

Ai **contratti a distanza**, proprio perché negoziati e conclusi senza la presenza fisica delle parti, il legislatore europeo e, di riflesso, il legislatore nazionale hanno dedicato particolare attenzione rafforzando la precedente disciplina con l'adozione della direttiva 2011/83/UE, recepita dall'ordinamento italiano mediante il d.lgs. n. 21/2014, il quale ha ridisegnato l'architettura del codice del consumo (artt. 45 e ss. d.lgs. n. 206/2005)[28].

La direttiva specifica preliminarmente l'ambito applicativo, soggettivo ed oggettivo, della disciplina sui contratti a distanza, definiti come i contratti conclusi tra il professionista e il consumatore nel quadro di un regime organizzato di vendita o di prestazione di servizi a distanza senza la presenza fisica e simultanea delle parti, mediante l'uso esclusivo di uno o più mezzi di comunicazione a distanza fino alla conclusione del contratto, compresa la conclusione del contratto stesso (art. 45, lett. g), c. cons.)[29].

---

[28] G. ALPA, *I contratti a distanza: prime considerazioni*, in *Contratti*, 8-9, 1999, p. 848; L. ROSSI CARLEO, *Il codice del consumo: prime considerazioni*, in *Contr. impr./Europa*, 2006, p. 1 ss.; M. D'AURIA, *op. cit.*, p. 391 ss.; G. D'AMICO, *Introduzione*, in G. D'AMICO (a cura di), *La riforma del codice del consumo. Commentario al D.lgs. n. 21/2014*, Cedam, Padova, 2015, p. 1 ss.; V. CUFFARO, *Nuovi diritti per i consumatori: note a margine del d.lgs. 21 febbraio 2014, n. 21*, in *Corr. giur.*, 2014, p. 745 ss.

[29] Considerando n. 20 della direttiva 2011/83/UE: «*La definizione di contratto a distanza dovrebbe coprire tutti i casi in cui è concluso un contratto tra consumatore e professionista nel quadro di un regime organizzato di vendita o di prestazione di servizi a distanza, mediante l'uso esclusivo di uno o più mezzi di comunicazione a distanza (ordine mediante posta, Internet, telefono o fax), fino al momento della conclusione del contratto incluso. Tale definizione dovrebbe anche includere le situazioni in cui il consumatore si limita a visitare i locali commerciali per raccogliere informazioni sui beni o i servizi e successivamente negozia e conclude il contratto a distanza. D'altro canto, un contratto negoziato nei locali del professionista e concluso definitivamente mediante comunicazione a distanza non dovrebbe essere considerato un contratto a distanza, così come non dovrebbe essere considerato un contratto a distanza il contratto avviato mediante comunicazione a distanza ma concluso definitivamente nei locali del professionista. Analogamente, il concetto di*

A distanza possono essere conclusi (art. 45, lett. e) ed f), c. cons.)

• **contratti di vendita**, con cui il professionista trasferisce o si impegna a trasferire la proprietà di beni al consumatore che, a sua volta, versa o si impegna a versare il relativo corrispettivo; possono comprendere anche servizi accessori ai beni trasferiti (ad. esempio, il servizio di montaggio di mobili da arredo acquistati);

• **contratti di servizi**, con cui il professionista fornisce o si impegna a fornire un servizio al consumatore a fronte del pagamento o dell'impegno a pagarne il relativo corrispettivo [30].

I soggetti delle vendite a distanza sono individuati nel *consumatore* – la persona fisica che agisce per scopi estranei all'attività imprenditoriale, commerciale, artigianale o professionale eventualmente svolta (art. 3, lett. a), c. cons., richiamato dall'art. 45, lett. a), c. cons.) – e nel *professionista* – la persona fisica o giuridica, pubblica [31] o privata, che agisce nell'esercizio della propria attività imprenditoriale, commerciale, artigianale o professionale, ovvero un suo intermediario (art. 3, lett. c), c. cons., richiamato dall'art. 45, lett. b), c. cons.) [32].

---

contratto a distanza non dovrebbe comprendere prenotazioni effettuate da un consumatore attraverso mezzi di comunicazione a distanza per richiedere la prestazione di un servizio da parte di un professionista, come nel caso di un consumatore che telefoni per chiedere un appuntamento da un parrucchiere. Il concetto di regime organizzato di vendita o di prestazione di servizi a distanza dovrebbe comprendere quei regimi offerti da un terzo diverso dal professionista ma utilizzati da quest'ultimo, come una piattaforma online. Dovrebbero tuttavia rimanere esclusi i casi in cui i siti web offrono informazioni solo sul professionista, sui beni e/o servizi che presta e sui suoi dati di contatto».

[30] F. BRAVO, *op. ult. cit.*, p. 39; M. D'AURIA, *op. cit.*, p. 377 ss.; M.P. PIGNALOSA, *op. cit.*, p. 157 ss.; F. RICCI, *I beni di consumo e la disciplina delle vendite aggressive*, Cacucci, Bari, 2013, p. 36 ss.

[31] Art. 2, n. 2 della direttiva 2011/83/UE. Cass., Sez. VI-1, 23 settembre 2013, n. 21763.

[32] M. D'AURIA, *op. cit.*, p. 377 ss.; M.P. PIGNALOSA, *op. cit.*, p. 58 ss.; Corte Giust. UE, 4 ottobre 2018, C-105/17, secondo cui «*una persona fisica che pubblica su un sito Internet, contemporaneamente, un certo numero di annunci per la vendita di beni nuovi e d'occasione [...] può essere qualificata*

I contratti a distanza di vendita di beni e di fornitura di servizi possono essere corredati da contratti accessori (art. 45, lett. q), c. cons.) mediante i quali il consumatore acquista beni o servizi connessi all'oggetto del contratto principale. È il caso, ad esempio, dell'acquisto del servizio di accesso a *internet* con tecnologia FIBRA e del correlato contratto di comodato d'uso del modem.

Quanto alla nozione di consumatore, la giurisprudenza italiana ed europea pressoché costanti affermano che è limitata «*alle sole persone fisiche, allorché concludano un contratto per la soddisfazione di esigenze della vita quotidiana estranee all'attività imprenditoriale o professionale eventualmente esercitata*» (Cass., Sez. VI-3, 12 marzo 2014, n. 5705; Cass., Sez. VI-2, 19 luglio 2017, n. 17848; Corte Giust. UE, 25 gennaio 2018, C-498/16); si noti che la particolare tutela accordata ai consumatori è apparsa ingiustificata nei casi in cui l'acquisto sia stato effettuato nell'esercizio di attività professionale, anche se futura (Cass., Sez. VI-3, 4 novembre 2013, n. 24731 che richiama Corte Giust. CE, 20 gennaio 2005, C-464/01).

A fronte del granitico orientamento della giurisprudenza, in dottrina è stato dibattuto se ricomprendere nella definizione di consumatore anche le persone fisiche che acquistano a distanza il bene o il servizio per *uso promiscuo*: è il caso, ad esempio, dell'avvocato che acquista *online* una stampante per il proprio studio legale. Alla base di questa tesi vi è l'idea che il solo fatto di aver acquistato il bene nell'ambito della attività esercitata non renda il professionista automaticamente più avveduto sull'affare o più forte della propria controparte dal punto di vista contrattuale [33]. Si noti che nel considerando n. 17 della direttiva

---

come "professionista", e una siffatta attività può costituire una "pratica commerciale", soltanto qualora tale persona agisca nel quadro della sua attività commerciale, industriale, artigianale o professionale, cosa che spetta al giudice del rinvio verificare, alla luce di tutte le circostanze rilevanti del caso di specie».

[33] «*Dottrina e giurisprudenza fanno rilevare come è difficile stabilire un confine ben netto tra gli atti funzionali a scopi imprenditoriali e quelli destinati, invece, al consumo individuale. Spetta allora al giudice, in base alle circostanze ed elementi concreti sottopostigli, decidere se l'uso professionale ha*

2011/83/UE non ci si riferisce più all'uso promiscuo del prodotto o del servizio acquistato a distanza, ma al "duplice scopo" del contratto[34]: «*Nel caso di contratti con duplice scopo, qualora il contratto sia concluso per fini che parzialmente rientrano nel quadro delle attività commerciali della persona e parzialmente ne restano al di fuori e lo scopo commerciale sia talmente limitato da non risultare predominante nel contesto generale del contratto, la persona in questione dovrebbe altresì essere considerata un consumatore*». Di conseguenza, in forza di un criterio teleologico, il legislatore europeo ammette che possano rientrare nella qualificazione di "consumatore" i soggetti che si ritrovano nella ipotesi individuata dal considerando n. 17.

---

un ruolo non trascurabile oppure insignificante nella singola attività svolta. È innegabile che il legislatore ha inteso proteggere, ove sia predisposto un contratto per adesione recante clausole vessatorie (tra cui è quella sul foro convenzionalmente competente) predisposte unilateralmente, soggetti non in grado di conoscere tutti i princìpi giuridici applicabili alla contrattazione che intendono affrontare, in quanto carenti di informazioni specifiche, ma ha inteso proteggere solo il soggetto che contratti al fine di soddisfare propri bisogni di vita, quindi fuori da qualsiasi attività di carattere speculativo e/o produttiva di reddito. La legge consente, in tal modo, di controllare situazioni di abusivismo, ma a condizione che il consumatore si trovi a contrattare fuori del suo specifico campo di attività, quindi in una situazione di inferiorità rispetto al professionista o all'imprenditore.

In tale contesto, nelle definizioni sopra enunciate e nei caratteri distintivi tra i due contraenti, vi sono nel consumatore due elementi imprescindibili, l'uno positivo e soggettivo, l'altro negativo ed oggettivo da considerare. Vi deve essere, da un lato la presenza di una persona fisica come agente e, dall'altro, lo scopo non deve inerire all'attività esercitata. L'indagine sugli scopi perseguiti dalla legge non presenta, secondo la dottrina, i caratteri soggettivi dell'indagine psicologica sulle intenzioni dei soggetti, ma quelli oggettivi, collegati alle caratteristiche dell'operazione economica compiuta dall'agente e dal ruolo da questi rivestito nei limiti in cui tutto ciò emerge dal contratto sottoscritto tra le parti. Il rapporto di consumo ha poi, come presupposto, che la controparte del consumatore sia un operatore economico, venditore, fornitore o esercente una professione per cui, mentre il consumatore stipula un contratto per soddisfare esigenze della vita quotidiana (ma estranee all'esercizio della propria professione), la controparte lo utilizza nell'esercizio della sua attività di impresa» (Trib. Perugia, 31 marzo 2014).

[34] E. CLIVE, *Pre-contractual information duties in B2C Sales Contracts*, relazione al seminario *An Optional European Sales Law*, Trier 9-10 febbraio 2012, *passim*; M.P. PIGNALOSA, *op. cit.*, p. 57 ss.

L'applicazione restrittiva delle norme del codice del consumo unicamente alle persone fisiche rientranti nella definizione di cui all'art. 3, lett. a) è motivata dal fatto che la qualificazione di "consumatore" permette all'individuo di beneficiare di un particolare statuto di tutela – comprendente il diritto di recesso, il foro inderogabile (art. 66 *bis* c. cons.), le nullità di protezione, ecc. – che l'ordinamento intende riservare e limitare a coloro che hanno concluso i contratti al fine di soddisfare esigenze di consumo (esclusivamente o prevalentemente) privato e che meritano una particolare protezione in ragione della loro debolezza contrattuale nei confronti dell'altro contraente.

Oggetto dei contratti a distanza sono i *beni*, specificamente individuati in beni *mobili* materiali; sono esclusi espressamente da tale definizione i beni oggetto di vendita forzata, o comunque venduti secondo altre modalità dall'autorità giudiziaria, ed implicitamente i beni immobili. Sono espressamente qualificati come beni anche «*l'acqua, il gas e l'elettricità, quando sono messi in vendita in un volume delimitato o in quantità determinata*»[35] (art. 45, lett. c), c. cons.).

Si noti che non sono compresi nella definizione di bene il *software* e gli altri prodotti digitali (applicazioni, ecc.): come esplicitato dal considerando n. 19 della direttiva 2011/83/UE[36],

---

[35] F. RICCI, *op. ult. cit.*, p. 107; S. MAZZAMUTO, *op. cit.*, p. 863.

[36] Considerando n. 19 della direttiva 2011/83/UE: «*Per contenuto digitale s'intendono i dati prodotti e forniti in formato digitale, quali programmi informatici, applicazioni, giochi, musica, video o testi, indipendentemente dal fatto che l'accesso a tali dati avvenga tramite download, streaming, supporto materiale o tramite qualsiasi altro mezzo. I contratti per la fornitura di contenuto digitale dovrebbero rientrare nell'ambito di applicazione della presente direttiva. Se fornito su un supporto materiale, quale un CD o un DVD, il contenuto digitale dovrebbe essere considerato un bene ai sensi della presente direttiva. Analogamente ai contratti per la fornitura di acqua, gas, elettricità, quando non sono messi in vendita in un volume limitato o in quantità determinata, o di teleriscaldamento, i contratti per la fornitura di contenuto digitale non fornito su un supporto materiale non dovrebbero essere considerati ai sensi della presente direttiva né un contratto di vendita né un contratto di servizi. Per tali contratti il consumatore dovrebbe godere del diritto di recesso, salvo che egli abbia acconsentito che l'esecuzione del contratto avesse inizio durante il periodo di recesso e abbia riconosciuto che, così facendo, avrebbe perso il diritto di recesso dal contratto*».

rientrano nella definizione di *contenuto digitale* – ossia i dati prodotti e forniti in formato digitale (art. 45, lett. m), c. cons.) – ai cui contratti di fornitura si applica la disciplina sui contratti a distanza.

Gli artt. 46 e 47 c. cons. indicano e circoscrivono specificamente l'ambito di applicazione delle disposizioni successive: essendo entrambi di immediata lettura, si rinvia direttamente al testo normativo.

Ci limitiamo a constatare che la direttiva 2011/83/UE ha ampliato, rispetto alla direttiva 97/7/CE, l'ambito applicativo della disciplina sulle vendite a distanza, attraverso la inclusione di nuove fattispecie precedentemente escluse: a mero titolo di esempio, alcune norme relative alle informazioni precontrattuali nei contratti conclusi con mezzi elettronici (art. 51, comma 2, c. cons.), alle tariffe per l'utilizzo dei mezzi di pagamento (art. 62), ai pagamenti supplementari (art. 65) si applicano anche ai servizi di trasporto passeggeri (art. 47, comma 1, lett. m), c. cons.).

La direttiva 2011/83/UE prevede, altresì, che la disciplina in esame si applichi anche alle vendite concluse in occasione di un'asta pubblica, anche se in questo caso è precluso al consumatore l'esercizio del diritto di recesso (art. 59, lett. m), c. cons.): l'esclusione è giustificata per evitare che il consumatore receda dal contratto abusivamente, nonostante abbia avuto la possibilità di partecipare all'asta pubblica, di visionare il bene offerto o di conoscere le potenzialità del servizio. Tuttavia, tra le aste pubbliche non sono comprese le aste *online* [37] messe a disposizione di consumatori e professionisti: pertanto, per questa tipologia di contratti è esercitabile il diritto di recesso, non

[37] Considerando n. 24 della direttiva 2011/83/UE: «*Un'asta pubblica implica che professionisti e consumatori partecipano all'asta di persona o viene loro data la possibilità di parteciparvi. I beni o servizi sono offerti dal professionista al consumatore mediante una procedura di offerte autorizzata per legge in taluni Stati membri, a offrire beni o servizi in una vendita pubblica. L'aggiudicatario è tenuto all'acquisto dei beni o servizi. L'uso, a fini d'asta, di piattaforme* online *messe a disposizione di consumatori e professionisti non dovrebbe essere considerato un'asta pubblica ai sensi della presente direttiva*». M.P. PIGNALOSA, *op. cit.*, p. 34 ss.

avendo l'acquirente al momento della conclusione del contratto la possibilità di visionare il bene o di valutare concretamente le funzionalità del servizio offerto.

Infine, l'ultimo comma dell'art. 46 c. cons., consentendo al professionista di «*offrire ai consumatori condizioni contrattuali più favorevoli rispetto alla tutela prevista*» [38] dalle norme di cui alle sezioni da I a IV del Capo I, del Titolo III, Parte III del codice del consumo, sembra suggerire di andare nella direzione prefigurata nel precedente paragrafo, innescando quel virtuoso scambio che, oltre a contribuire a moralizzare il mercato, potrà rafforzare la fiducia dei consumatori nei confronti delle vendite tra assenti [39].

3. L'autodeterminazione del consumatore all'acquisto

La contrattazione *inter absentes* se, da un lato, permette di velocizzare la negoziazione e la conclusione dell'accordo favorendo gli scambi commerciali all'interno del mercato unico, dall'altro, espone il consumatore a numerose insidie dalle quali va necessariamente tutelato.

Chi effettua un acquisto attraverso il sistema di vendita a distanza adottato dal professionista ha interesse a mantenere inalterata – rispetto alla vendita diretta nei locali commerciali – la propria capacità di giudizio in ordine all'affare; l'utilizzo di tecniche di comunicazione a distanza deve essere funzionale a tale scopo e non può comportare un affievolimento di tutela o la riduzione delle informazioni che l'acquirente ha diritto di ricevere [40].

---

[38] E. HALL-G. HOWELLS-J. WATSON, *The Consumer Rights Directive – An Assessment of its Contribution to the Development of European Consumer Contract Law*, in *European Review of Contract Law*, 2012, p. 147.

[39] M.P. PIGNALOSA, *op. cit.*, p. 24 ss.

[40] G. ALPA, *I diritti dei consumatori e il codice del consumo nell'esperienza italiana*, in *Contr. impr./Europa*, 2006, *passim*; M. SANDULLI, *Art. 39, Regole nelle attività commerciali*, in G. ALPA-L. ROSSI CARLEO, *Codice del consumo: commentario*, cit., p. 288 ss.; R. GIAMPIETRAGLIA, *Art. 59, Vendita tramite mezzo televisivo o altri mezzi audiovisivi*, in G. ALPA-L. ROSSI CARLEO, *Codice del consumo: commentario*, cit., p. 435 ss.

È evidente che qualora venissero fornite informazioni incomplete e inidonee sulle caratteristiche del bene o del servizio offerto, nonché sulle condizioni contrattuali, il consumatore potrebbe effettuare un acquisto che altrimenti non avrebbe compiuto.

Nelle vendite a distanza l'acquirente, prima della consegna del bene o della fornitura del servizio, non può verificare la loro efficacia e la loro effettiva corrispondenza ai propri gusti ed interessi; inoltre, non può confrontare la qualità o il prezzo del prodotto o del servizio con quelli dello stesso genere e tipologia [41], né può apprezzare la correttezza e l'affidabilità del professionista, se sconosciuto: non è infrequente che, all'esito di una vendita a distanza, il consumatore si ritrovi vittima di truffe o anche solo esposto al rischio di effettuare un incauto acquisto, sconveniente dal punto di vista economico o giuridico [42].

Talvolta il consumatore può essere più attento a valutare l'investimento dal punto di vista economico anziché considerare i correlati aspetti di carattere giuridico. Lo squilibrio di potere contrattuale e l'asimmetria informativa esistenti tra le parti del contratto a distanza [43] sono suscettibili di far accettare al consumatore clausole o condizioni pregiudizievoli sul piano giuridico [44] tali da rendere difficoltoso, in caso di eventuale rimedi-

---

[41] F. RICCI, *Articolo 67*, in E. MINERVINI-L. ROSSI CARLEO (a cura di), *Le modifiche al codice del consumo*, Giappichelli, Torino, 2009, p. 388, 389; F. RICCI, *I contratti a distanza*, cit., p. 319 ss.; C. SOLINAS, *Art. 25*, in E. MINERVINI-L. ROSSI CARLEO (a cura di), *Le modifiche al codice del consumo*, cit., p. 248; R. GIAMPIETRAGLIA, *Art. 62, Sanzioni*, in G. ALPA-L. ROSSI CARLEO (a cura di), *Codice del consumo: commentario*, cit., p. 444; S. PERUGINI, *Articolo 26*, in E. MINERVINI-L. ROSSI CARLEO (a cura di), *Le modifiche al codice del consumo*, cit., p. 262; F. VIGLIONE, *op. cit.*, p. 440 ss.; F. TORIELLO, *op. cit.*, p. 843.

[42] F. RICCI, *Art. 67*, cit., p. 388, 389; F. RICCI, *I contratti a distanza*, cit., p. 320; C. SOLINAS, *op. cit.*, p. 242 ss.

[43] F. VIGLIONE, *op. cit.*, p. 441 ss.; F. RICCI, *I beni di consumo*, cit., p. 75 ss.; A.M. BENEDETTI, *Il contratto non si conclude per telefono: paradossi dell'asimmetria procedimentale*, in *Contratti*, 2017, p. 344.

[44] L. ROSSI CARLEO, *Art. 5, Obblighi generali*, cit., p. 128 ss.; F. RICCI, *Informazioni per il consumatore e volontarietà*, cit., p. 841; F. RICCI, *I contratti a distanza*, cit., p. 319 ss.; M. RABITTI, *Art. 20*, in E. MINERVINI-L. ROSSI

tazione del proprio comportamento commerciale, lo scioglimento dal vincolo contrattuale o il rimborso di quanto abbia eventualmente già versato al professionista.

Il consumatore ha ridottissimi margini di intervento sul contenuto del contratto: non a caso, i contratti a distanza sono stati definiti da autorevole dottrina[45] come degli *scambi senza accordo*, per il fatto che, di massima, il consumatore aderisce, senza alcuna negoziazione, all'offerta presentata unilateralmente dal professionista.

Infine, alcune tecniche di comunicazione a distanza – ad esempio, il telefono – risultano particolarmente invasive e, di conseguenza, richiedono di essere contenute in spazi temporali e quantitativi ben definiti, non solo per non turbare la sfera privata e la tranquillità individuale del consumatore, ma anche per non indurlo ad aderire frettolosamente alla proposta economica pur di far cessare il pedante invito all'acquisto. Ripetute e non richieste sollecitazioni commerciali per telefono rappresentano la quotidianità per persone in età avanzata, che generalmente trascorrono più tempo in casa che fuori: questa categoria di consumatori è assai vulnerabile ed esposta ad un elevato rischio di subire pratiche commerciali scorrette, come vedremo nei successivi paragrafi[46].

Le esposte considerazioni hanno sollecitato il legislatore europeo e, di riflesso, nazionale ad individuare soluzioni efficaci a presidio della libertà negoziale e degli interessi economici del consumatore, per evitare che l'avanzamento di una proposta

---

CARLEO (a cura di), *Le modifiche al codice del consumo*, Giappichelli, Torino, 2009, p. 143; C. SOLINAS, *Art. 24*, in E. MINERVINI-L. ROSSI CARLEO (a cura di), *Le modifiche al codice del consumo*, Giappichelli, Torino, 2009, p. 235 ss.

[45] N. IRTI, *Scambi senza accordo*, in *Riv. trim. dir. e proc. civ.*, 1998, p. 347 ss.; *contra* G. BENEDETTI, *Diritto e linguaggio. Variazioni sul «diritto muto»*, in *Europa dir. priv.*, 1999, p. 137 ss.; G. OPPO, *Disumanizzazione del contratto?*, in *Riv. dir. civ.*, 1998, p. 525 ss.; F. RICCI, *op. ult. cit.*, p. 319 ss.; M.P. PIGNALOSA, *op. cit.*, p. 9.

[46] M. ATELLI, *Il diritto alla tranquillità individuale: dalla rete internet al door to door*, Jovene, Napoli, 2001, *passim*; C. TENELLA SILLANI, *Pratiche commerciali sleali e tutela del consumatore*, in *Obbl. contr.*, 2009, p. 775 ss.; E. MINERVINI-L. ROSSI CARLEO, *Le pratiche commerciali sleali: direttiva comunitaria ed ordinamento italiano*, Giuffrè, Milano, 2007, *passim*.

commerciale e la successiva conclusione di un contratto mediante tecniche di comunicazione a distanza avvengano in pregiudizio alla prestazione di un consenso libero e consapevole[47].

In buona sostanza, occorre tutelare la libertà di scelta del consumatore per preservarlo dai rischi in cui potrebbe incorrere prestando un consenso *non informato* a causa della mancanza, della incompletezza o della inesattezza delle informazioni relative all'offerta o ai diritti che vanta in relazione all'acquisto[48].

Al diritto del consumatore di ricevere una serie di informazioni – atte ad influire consistentemente sul suo comportamento negoziale – corrisponde il relativo obbligo per il venditore di fornirle, in modo chiaro, corretto e completo prima della conclusione di un contratto a distanza[49].

L'interesse del consumatore ad una informazione veritiera, chiara e intellegibile sulle condizioni contrattuali predisposte dal professionista, nonché a non concludere l'affare senza avere una esatta descrizione delle caratteristiche del prodotto, sorge a partire dalla diffusione di messaggi pubblicitari, perché già nella fase della presentazione dell'offerta vengono veicolati contenuti idonei a incuriosire, informare, creare il bisogno del

---

[47] L. Rossi Carleo, *op. ult. cit.*, p. 126; L. Rossi Carleo, *Art. 18*, in E. Minervini-L. Rossi Carleo (a cura di), *Le modifiche al codice del consumo*, Giappichelli, Torino, 2009, p. 56 ss.; F. Ricci, *op. ult. cit.*, p. 320; F. Ricci, *Informazioni per il consumatore e volontarietà*, cit., p. 841 ss.; M. Cinque, *Art. 52*, in G. De Cristofaro-A. Zaccaria (a cura di), *Commentario breve al diritto dei consumatori*, Cedam, Padova, 2010, p. 448 ss.

[48] F. Ricci, *I contratti a distanza*, cit., p. 322 ss.; T. Pica, *Art. 21*, in E. Minervini-L. Rossi Carleo (a cura di), *Le modifiche al codice del consumo*, Giappichelli, Torino, 2009, p. 163; F. Viglione, *op. cit.*, p. 440 ss.; F. Ricci, *L'informazione del consumatore e l'inefficacia*, cit., p. 829; F. Ricci, *Art. 67*, cit., p. 388; M. Scali, *Art. 18*, in E. Minervini-L. Rossi Carleo (a cura di), *Le modifiche al codice del consumo*, cit., p. 88 ss.

[49] F. Bravo, *op. ult. cit.*, p. 159; E. Battelli, *La nuova disciplina degli obblighi informativi nei contratti con i consumatori*, in *Giur. it.*, 2014, p. 2608 ss.; E. Battelli, *Artt. 48-51*, in V. Cuffaro, *Codice del consumo e norme collegate*, cit., p. 459 ss.; F. Ricci, *Art. 52*, cit., p. 389 ss.; F. Ricci, *Informazioni per il consumatore e volontarietà*, cit., p. 841; M.P. Pignalosa, *op. cit.*, p. 86 ss.

prodotto o del servizio, indirizzare il cliente all'acquisto[50].

Il consumatore, a ben vedere, è esposto anche al rischio opposto, ossia all'ipertrofia informativa: il sovraccarico di informazioni in ordine all'acquisto e alle condizioni contrattuali, paradossalmente, rischia di vanificare lo scopo conoscitivo e di tutela dell'acquirente, traducendosi in una gestione inefficiente ed inutile della comunicazione di dati e termini contrattuali[51]. Da qui la necessità di individuare un nucleo minimo, ma sufficiente, di informazioni.

Il sapere del consumatore sul prodotto e servizio offerti è limitato ai contenuti informativi forniti dal professionista. L'acquirente non ha alcun onere di attivarsi per ricercare tali informazioni; incombe esclusivamente sul professionista l'obbligo di fornirle conformemente a quanto previsto dalle norme che regolano i contratti a distanza[52] in modo leggibile, in un linguaggio semplice e comprensibile, conformemente al principio di trasparenza (art. 51 c. cons.)[53] e in modo appropriato al mezzo di comunicazione a distanza adottato, secondo il principio della massima efficienza dell'informazione compatibile con la tecnica di comunicazione impiegata[54]: qualora vengano fornite su un

---

[50] F. RICCI, *L'informazione del consumatore e l'inefficacia*, cit., p. 831; F. RICCI, *I contratti a distanza*, cit., p. 330 ss.; M. DONA, *Pubblicità, pratiche commerciali e contratti nel Codice del Consumo*, Utet giuridica, Torino, 2008, *passim*.

[51] F. RICCI, *L'informazione del consumatore e l'inefficacia*, cit., pp. 838, 839.

[52] F. RICCI, *Informazioni per il consumatore e volontarietà*, cit., p. 841; F. RICCI, *I contratti a distanza*, cit., p. 322 ss.; F. VIGLIONE, *op. cit.*, p. 438.

[53] Considerando n. 35: «*Le informazioni che il professionista deve fornire al consumatore dovrebbero essere obbligatorie e non dovrebbero essere modificate*»; F. BRAVO, *op. ult. cit.*, p. 160; E. HALL-G. HOWELLS-J. WATSON, *op. cit.*, p. 142 ss.; I. RIVA, *La direttiva di armonizzazione massima sui diritti dei consumatori, o almeno ciò che ne resta*, in *Contr. impr./ Europa*, 2011, p. 762.

[54] G. ALPA, *I contratti a distanza*, cit., p. 849; F. BRAVO, *op. ult. cit.*, p. 167; F. RICCI, *Art. 52*, cit., p. 393; F. RICCI, *Art. 53*, cit., p. 402 ss.; F. RICCI, *L'informazione del consumatore e l'inefficacia*, cit., p. 835 ss.; F. RICCI, *I contratti a distanza*, cit., p. 326 ss.; S. MAZZAMUTO, *op. cit.*, p. 888; M. CINQUE, *op. cit.*, p. 452.

supporto durevole[55], le informazioni devono essere leggibili (art. 51, comma 1, c. cons.). Per "leggibilità" non ci si riferisce soltanto all'apertura dei *file* caricati sul supporto durevole, ma anche al corretto uso di artifici grafici – caratteri tipografici e loro dimensioni, spaziature tra paragrafi, ecc. – che agevolano la visione e la comprensione del testo.

Si noti che il consumatore non ha margini di scelta sul mezzo di comunicazione a distanza utilizzato per fornire le informazioni, che viene selezionato discrezionalmente dal professionista[56]. Tale circostanza può apparire particolarmente insidiosa se il professionista adotta una tecnica di comunicazione a distanza di cui il consumatore ha scarsa padronanza.

Quanto alla lingua da impiegare, al comma 7 dell'art. 49 c. cons. è previsto che le informazioni saranno date in italiano, su richiesta del consumatore «*nel caso di utilizzazione di tecniche che consentono una comunicazione individuale*». La formulazione appare un po' infelice, considerato che gli ostacoli linguistici – in quanto compromettono la piena conoscibilità delle clausole contrattuali e delle qualità del bene e del servizio offerto – sono uno dei rischi che i consumatori incontrano negli acquisti transfrontalieri[57]. La norma sembra richiedere una specifica attivazione del consumatore per ottenere che il professionista fornisca le informazioni in lingua italiana: premesso che il comma 1 dell'art. 9 c. cons. («*tutte le informazioni destinate ai consumatori e agli utenti devono essere rese almeno in lingua*

[55] L'art. 45, lett. l), c. cons. definisce supporto durevole «*ogni strumento che permetta al consumatore o al professionista di conservare le informazioni che gli sono personalmente indirizzate in modo da potervi accedere in futuro per un periodo di tempo adeguato alle finalità cui esse sono destinate e che permetta la riproduzione identica delle informazioni memorizzate*».

[56] E. HALL-G. HOWELLS-J. WATSON, *op. cit.*, p. 150 ss.; M. DONA, *La proposta di direttiva*, cit., p. 587.

[57] Libro verde sulla tutela dei consumatori nell'Unione Europea, COM (2001) 531, del 2 ottobre 2001; Libro verde della Commissione del 9 febbraio 2000: assistenza giudiziaria in materia civile: i problemi che si presentano al contendente transfrontaliero, COM (2000) 51 def.; Libro Verde sulle opzioni possibili in vista di un diritto europeo dei contratti per i consumatori e le imprese, COM (2010) 348, luglio 2010; M. CINQUE, *op. cit.*, p. 453 ss.; M. DONA, *op. ult. cit.*, p. 588; I. RIVA, *op. cit.*, p. 760.

italiana») costituisce una norma generale, e che l'uso della lingua del destinatario dell'informazione è una declinazione del requisito della comprensibilità delle clausole contrattuali, si ritiene che il professionista sia sempre obbligato a veicolare le informazioni nella lingua del potenziale acquirente[58].

Le norme sulle informazioni precontrattuali contenute nella direttiva 2011/83/UE, ad armonizzazione massima (art. 4), sono state integralmente recepite dagli Stati membri, a cui sono stati preclusi sia la riduzione sia l'ampliamento del novero delle informazioni. La Corte di Giustizia europea ha recentemente osservato che: «*La direttiva 2011/83 è volta a far beneficiare i consumatori di una tutela ampia, conferendo loro una serie di diritti in materia, in particolare, di contratti a distanza. L'obiettivo del legislatore dell'Unione è evitare che l'impiego di mezzi di comunicazione a distanza porti ad una diminuzione delle informazioni fornite al consumatore*»[59].

L'art. 49 c. cons. contiene un lungo e articolato elenco di informazioni precontrattuali che il professionista è obbligato a fornire «*prima che il consumatore sia vincolato da un contratto a distanza o negoziato fuori dei locali commerciali o da una corrispondente offerta*».

Come specificato nel considerando n. 34 della direttiva 2011/83/UE, nella fornitura delle informazioni il professionista deve tenere conto delle «*esigenze specifiche dei consumatori che sono particolarmente vulnerabili a motivo della loro infermità mentale, fisica o psicologica, della loro età o ingenuità, in un modo che il professionista può ragionevolmente prevedere. Tuttavia, la presa in considerazione di tali esigenze specifiche non dovrebbe condurre a discrepanze nei livelli di tutela dei consumatori*»[60].

---

[58] Comma 7, art. 6, direttiva 2011/83/UE: «*Gli Stati membri possono mantenere o introdurre nel diritto nazionale requisiti linguistici relativi all'informazione contrattuale onde garantire che tali informazioni siano facilmente comprese dal consumatore*». E. HALL-G. HOWELLS-J. WATSON, *op. cit.*, p. 150; M. CINQUE, *op. cit.*, p. 453; I. RIVA, *op. cit.*, p. 762.

[59] Corte Giust. UE, 23 gennaio 2019, C-430/2017.

[60] E. HALL-G. HOWELLS-J. WATSON, *op. cit.*, p. 149.

Le informazioni precontrattuali relative ai contratti a distanza sono indicate con un altissimo grado di dettaglio: alcune erano già previste nella precedente disciplina, molte sono state aggiunte. L'onere probatorio relativo al corretto e completo adempimento degli obblighi di informazione incombe sul professionista (comma 10, art. 49, c. cons.)[61].

Le informazioni più rilevanti, come individuate espressamente dall'art. 49 c. cons., attengono

• alle caratteristiche principali dei beni o servizi, nella misura adeguata al supporto e ai beni o servizi (lett. a));

• all'identità del professionista, e ai suoi recapiti (lett. b), c), d)); nel caso di un'asta pubblica, tali informazioni possono essere sostituite dai corrispondenti dati della casa d'aste[62]. La possibilità, per il consumatore, di contattare rapidamente e di comunicare efficacemente con il professionista riveste un'importanza fondamentale per l'effettivo esercizio dei suoi diritti e, in particolare, del diritto di recesso; tuttavia, ha avvertito la Corte di Giustizia dell'Unione Europea che «*un obbligo incondizionato di mettere a disposizione del consumatore, in ogni caso, un numero di telefono, o addirittura di attivare una linea telefonica, o di fax, o di creare un nuovo indirizzo di posta elettronica per permettere ai consumatori di contattare il professionista appare sproporzionato, in particolare nel contesto economico del funzionamento di talune imprese, specialmente le più piccole, che possono cercare di ridurre il loro costo di funzionamento organizzando la vendita o la prestazione di servizi a distanza o fuori dei locali commerciali*» (Corte Giust. UE, 10 luglio 2019, C-649/17);

• al prezzo totale dei beni o dei servizi comprensivo delle imposte o, in casi determinati, alle modalità per calcolarlo; alle

---

[61] E. HALL-G. HOWELLS-J. WATSON, *op. cit.*, p. 146 ss.; F. RICCI, *I beni di consumo*, cit., p. 152 ss.; F. RENDE, *Art. 49 – Obblighi d'informazione nei contratti a distanza*, in G. D'AMICO (a cura di), *La riforma del codice del consumo. Commentario al D.lgs. n. 21/2014*, Cedam, Padova, 2015, p. 126 ss.; G. DE CRISTOFARO, *La disciplina degli obblighi informativi precontrattuali nel codice del consumo riformato*, in *Nuove leggi civ. comm.*, 2014, p. 917 ss.

[62] E. HALL-G. HOWELLS-J. WATSON, *op. cit.*, p. 146 ss.

spese aggiuntive di spedizione, consegna o postali e ad ogni altro costo ulteriore e, qualora tali spese non possano ragionevolmente essere calcolate in anticipo, all'indicazione che tali spese potranno essere addebitate al consumatore; al prezzo totale, inclusivo dei costi totali per periodo di fatturazione, nel caso di contratti a tempo indeterminato o di contratti comprendenti un abbonamento; alle modalità di calcolo del prezzo, se i costi totali non possono essere ragionevolmente calcolati in anticipo; al costo dell'utilizzo del mezzo di comunicazione a distanza per la conclusione del contratto, se calcolato diversamente dalla tariffa di base[63] (lett. e) ed f))[64]. Come evidenziato dal considerando n. 33 della direttiva 2011/83/UE, il professionista è tenuto ad informare il consumatore in anticipo di qualsiasi accordo che preveda il pagamento di un acconto in suo favore, anche mediante la trattenuta di un importo mediante la carta di credito o di debito del consumatore. È obbligatorio, altresì, informare il consumatore sull'esistenza e sulle condizioni di depositi o altre garanzie finanziarie che è tenuto a pagare o fornire su richiesta del professionista (lett. s));

• alle modalità di pagamento, di consegna e di esecuzione, alla data entro la quale il professionista si impegna a consegnare i beni o a prestare i servizi e, se del caso, al trattamento dei reclami da parte del professionista (lett. g));

• alla esistenza o meno del diritto di recesso, incluse le condizioni, i termini, le modalità di esercizio del diritto, l'indicazione dei suoi effetti e degli obblighi delle parti (lett. h), i), l), m)). Queste informazioni possono essere fornite dal professionista anche mediante la presentazione al consumatore del modello-tipo sul recesso di cui all'allegato I, Parte B del codice del consumo, debitamente compilato in ogni sua parte (art. 49,

---

[63] «*La nozione di "tariffa di base", di cui all'articolo 21 della direttiva 2011/83/UE del Parlamento Europeo e del Consiglio, del 25 ottobre 2011, sui diritti dei consumatori [...] dev'essere interpretata nel senso che il costo di una chiamata relativa a un contratto concluso, effettuata su una linea di assistenza telefonica gestita da un professionista, non può eccedere il costo di una chiamata verso un numero fisso geografico o verso un numero di cellulare standard*» (Corte Giust. UE, 2 marzo 2017, C-568/15).

[64] S. MAZZAMUTO, *op. cit.*, p. 865.

comma 4, c. cons.): la previsione va a beneficio sia del professionista – che potrà provare validamente l'adempimento all'obbligo di informazione sul recesso – sia del consumatore che potrà essere adeguatamente informato sulla possibilità di recedere dal contratto e sulle modalità per farlo [65];

• all'esistenza della garanzia legale di conformità per i beni e alle condizioni dell'assistenza postvendita al consumatore, dei servizi postvendita e delle garanzie commerciali (lett. n), o));

• alla durata del contratto, se applicabile, o, se il contratto è a tempo indeterminato o si rinnova automaticamente, alle condizioni per recedere dal contratto (lett. q));

• alla funzionalità del contenuto digitale e alle misure applicabili di protezione tecnica, nonché alla compatibilità del contenuto digitale con l'*hardware* e il *software* (lett. t) e u));

• alla possibilità di servirsi di un meccanismo stragiudiziale di reclamo e di ricorso cui il professionista è soggetto e alle condizioni per avervi accesso, se applicabile (lett. v)) [66].

L'informazione obbligatoria «*sullo scopo commerciale della chiamata*» e l'informativa che i dati personali del chiamato sono stati estratti dagli elenchi di contraenti [67], contemplata all'art. 51, comma 5, c. cons., è funzionale all'innalzamento della soglia dell'attenzione del consumatore nel *teleselling* [68], essendo rivelatrice dell'intento del professionista che effettua la telefo-

---

[65] F. BRAVO, *op. ult. cit.*, p. 163.

[66] F. BRAVO, *op. ult. cit.*, p. 160 ss.; E. CLIVE, *op. cit.*, *passim*; E. HALL-G. HOWELLS-J. WATSON, *op. cit.*, p. 144 ss.; S. MAZZAMUTO, *op. cit.*, p. 868, 893 ss.; I. RIVA, *op. cit.*, p. 763.

[67] Gli elenchi di contraenti, di cui all'art. 129, d.lgs. n. 196/2003, richiamato dall'art. 10, d.P.R. n. 178/2010, secondo cui «*anche in assenza di specifica richiesta dell'interessato, gli operatori, o i loro responsabili o incaricati del trattamento, al momento della chiamata ovvero all'interno del materiale pubblicitario o di vendita diretta o per il compimento di ricerche di mercato o di comunicazione commerciale inviato tramite posta cartacea, indicano con precisione agli interessati che i loro dati personali sono stati estratti dagli elenchi di contraenti, fornendo, altresì, le indicazioni utili all'eventuale iscrizione del contraente nel registro delle opposizioni. L'informativa può essere resa con modalità semplificate*».

[68] Cfr. Focus "*Il teleselling* nella prassi".

nata. Tuttavia, salvo rare eccezioni, questa informazione è sistematicamente omessa: quasi mai viene comunicato all'inizio della conversazione telefonica lo scopo alla quale è diretta ed è praticamente impossibile per il consumatore dimostrare l'inadempimento di questo specifico obbligo informativo poiché la parte iniziale della telefonata non costituisce oggetto di registrazione [69].

Le obbligazioni precontrattuali vanno fornite anche se si concludono contratti per la fornitura di acqua, gas o elettricità, quando non sono messi in vendita in un volume limitato o in quantità determinata, di teleriscaldamento o di contenuto digitale non fornito su un supporto materiale (art. 49, comma 2, c. cons.) [70].

È espressamente previsto che le obbligazioni precontrattuali costituiscono parte integrante del contratto a distanza e che non possono essere modificate se non con l'accordo espresso delle parti (art. 49, comma 5, c. cons.). Questa disposizione espone obiettivamente il consumatore a rischi: non è infrequente l'apposizione nelle clausole contrattuali, da parte del professionista, di espressioni «*come richiesto*» o «*su richiesta del cliente*» che lasciano presupporre all'interprete – diversamente dalla realtà – che quella modifica sia stata proposta dal consumatore e che il professionista vi abbia meramente aderito.

Analogamente a quanto già disposto nella disciplina precedente, le obbligazioni precontrattuali di cui all'art. 49 c. cons. si aggiungono a quelle contenute nel d.lgs. n. 59/2010 [71] e nel d.lgs. n. 70/2003 [72]: in caso di conflitto con le norme degli appena citati decreti legislativi, prevalgono quelle dell'art. 49 c. cons. [73].

---

[69] G. CONTE, *op. ult. cit.*, p. 167; E. BATTELLI, *op. ult. cit.*, p. 472; M.P. PIGNALOSA, *op. cit.*, p. 193 ss.

[70] S. MAZZAMUTO, *op. cit.*, p. 895 ss.; F. BRAVO, *op. ult. cit.*, p. 162.

[71] Attuativo della direttiva 2006/123/CE relativa ai servizi nel mercato interno.

[72] Attuativo della direttiva 2000/31/CE relativa al commercio elettronico.

[73] S. MAZZAMUTO, *op. cit.*, p. 896; E. BATTELLI, *op. ult. cit.*, p. 448; M.P. PIGNALOSA, *op. cit.*, p. 274 ss.; F. RICCI, *op. ult. cit.*, p. 159 ss.

Come già anticipato, il professionista deve fornire o mettere a disposizione del consumatore le informazioni **prima della conclusione del contratto**.

Si noti che nella nuova formulazione dell'art. 51 c. cons. è stata espunta la formula «***in tempo utile*** *prima della conclusione del contratto*» e ci si è affidati al vago riferimento temporale "*prima*" che presenta elevati margini di indeterminatezza: quanto tempo *prima*?

Infatti, l'indicazione «*in tempo utile*», per quanto generica, forniva comunque all'interprete un parametro di adeguatezza temporale rispetto al quale valutare la condotta del professionista nella fornitura delle informazioni. Avendo espunto tale riferimento, si consente al professionista di ritardare la comunicazione delle informazioni al consumatore anche *all'istante immediatamente precedente* la conclusione del contratto, lasciando all'acquirente un ristrettissimo margine temporale per ponderare la convenienza e l'utilità dell'offerta commerciale [74].

L'art. 51, comma 2, c. cons. contiene numerose e puntuali disposizioni circa le modalità di conclusione delle vendite *online*, miranti a tutelare il consumatore soprattutto dai costi occulti. In particolare, è stabilito che, se un contratto a distanza concluso con mezzi elettronici prevede pagamenti a carico del consumatore, vanno comunicate le informazioni sulle caratteristiche principali del bene e del servizio (lett. a)), su tutti i costi (lett. e)), sulla durata del contratto (lett. q)) e sulla durata minima degli obblighi del consumatore (lett. r)) direttamente prima che il consumatore inoltri l'ordine ed in modo chiaro ed *evidente* (espressione, quest'ultima, ben più forte rispetto a "comprensibile" di cui al comma 1 dell'art. 51 c. cons. [75]).

Prima dell'inoltro dell'ordine *online* da parte del consumatore, questi deve dichiarare espressamente di riconoscere che l'ordine che sta per effettuare implica un obbligo di pagamento e, a tal fine, il professionista deve predisporre un sistema che con-

---

[74] G. GRISI, *L'obbligo precontrattuale di informazione*, in *Riv. crit. dir. priv.*, 1990, *passim*; E. BATTELLI, *op. ult. cit.*, p. 445 ss.

[75] F. RICCI, *Le clausole vessatorie nei contratti on line*, in *Contr. impr./Europa*, 2014, p. 667 ss.; M.P. PIGNALOSA, *op. cit.*, p. 268 ss.

senta tale conferma all'acquirente, ad esempio cliccando su di un pulsante o selezionando un'opzione che riporti in modo facilmente leggibile soltanto le parole «*ordine con obbligo di pagare*» o analoga indicazione[76]. Diversamente, il consumatore non sarà vincolato dal contratto o dall'ordine[77].

Nei siti di commercio elettronico, come disposto dal comma 3 dell'art. 51 c. cons., il professionista deve indicare in modo chiaro e leggibile – al più tardi all'inizio del processo di ordinazione – se si applicano restrizioni relative alla consegna e quali mezzi di pagamento sono accettati. Per «*inizio del processo di ordinazione*» si intende il momento in cui i beni o i servizi prescelti sono selezionati dal consumatore e vengono inseriti nel "carrello virtuale".

Inoltre, se il contratto è concluso mediante un mezzo di comunicazione a distanza che consente uno spazio o un tempo limitato per visualizzare le informazioni – ad esempio, una schermata del sito *web* del professionista – su quel particolare mezzo, comunque prima della conclusione del contratto, vengono comunicate solo le informazioni riguardanti le caratteristiche principali dei beni o servizi (lett. a)), l'identità del professionista (lett. b)), il prezzo totale (lett. e)), il diritto di recesso (lett. h)), la durata del contratto e, nel caso di contratti a tempo indeter-

---

[76] Considerando n. 39: «*È importante garantire che, nei contratti a distanza conclusi tramite siti web, il consumatore sia in grado di leggere e comprendere nella loro interezza i principali elementi del contratto prima di inoltrare l'ordine. A tal fine è opportuno che la presente direttiva disponga che detti elementi siano visualizzati nell'immediata prossimità della conferma necessaria per l'inoltro dell'ordine. È altresì importante garantire che, in tali situazioni, il consumatore possa determinare il momento in cui si assume l'obbligo di pagare il professionista. È opportuno pertanto attirare in modo specifico l'attenzione del consumatore, mediante una formulazione inequivocabile, sul fatto che l'inoltro di un ordine comporta l'obbligo di pagare il professionista*»; E. HALL-G. HOWELLS-J. WATSON, *op. cit.*, p. 148 ss.; S. MAZZAMUTO, *op. cit.*, p. 897 ss.; M.P. PIGNALOSA, *op. cit.*, p. 270 ss.; M. ATELLI, *La disciplina del commercio elettronico e delle altre forme di contrattazione a distanza*, Giappichelli, Torino, 2001, *passim*.

[77] F. BRAVO, *op. ult. cit.*, p. 185 ss.; E. CLIVE, *op. cit.*, *passim*; E. HALL-G. HOWELLS-J. WATSON, *op. cit.*, p. 152; E. BATTELLI, *op. ult. cit.*, p. 465, 471; M.P. PIGNALOSA, *op. cit.*, p. 213 ss.

minato, le condizioni per recedere dal contratto (lett. q)); tutte le altre informazioni sono fornite dal professionista in un "*modo appropriato*" conformemente al comma 1 del medesimo art. 51 [78]. Sul punto, la Corte di Giustizia dell'Unione Europea è recentemente intervenuta osservando che in questa circostanza «*e qualora sussista il diritto di recesso, il professionista è tenuto a fornire al consumatore, sul mezzo in questione e prima della conclusione del contratto, le informazioni relative alle condizioni, al termine e alle modalità di esercizio di detto diritto. In un caso del genere, tale professionista deve fornire al consumatore il modulo tipo di recesso di cui all'allegato I, parte B, della suddetta direttiva attraverso un'altra fonte, in un linguaggio semplice e comprensibile*» (Corte Giust. UE, 23 gennaio 2019, C-430/17).

Diversamente dalla precedente disciplina, in cui le informazioni venivano comunicate al consumatore secondo due diverse scansioni temporali, nel vigente sistema – per elevare il grado di tutela del consumatore – si è deciso di comunicargli **tutte le informazioni indicate all'art. 49 c. cons.** prima della conclusione del contratto con il mezzo di comunicazione a distanza prescelto dal professionista.

Le informazioni dovranno essere solo confermate – quindi reiterate – dal professionista su un mezzo durevole (art. 45, lett. l) [79]) entro un termine ragionevole dopo la conclusione del contratto a distanza e, al più tardi, al momento della consegna dei beni oppure prima che l'esecuzione del servizio abbia inizio (art. 51, commi 6 e 7, c. cons.) [80]. La volatilità delle informazioni fornite con mezzi di comunicazione a distanza non può andare a svantaggio del consumatore: la conferma delle

---

[78] E. HALL-G. HOWELLS-J. WATSON, *op. cit.*, p. 144 ss.

[79] Ogni strumento che permetta al consumatore o al professionista di conservare le informazioni che gli sono personalmente indirizzate in modo da potervi accedere in futuro per un periodo di tempo adeguato alle finalità cui esse sono destinate e che permetta la riproduzione identica delle informazioni memorizzate.

[80] F. BRAVO, *op. ult. cit.*, p. 182 ss.; E. HALL-G. HOWELLS-J. WATSON, *op. cit.*, p. 153; S. MAZZAMUTO, *op. cit.*, p. 899 ss.; E. BATTELLI, *op. ult. cit.*, p. 469; M.P. PIGNALOSA, *op. cit.*, p. 195 ss.; A.M. BENEDETTI, *op. cit.*, p. 344.

informazioni per iscritto permette non solo di reiterare le condizioni e i termini contrattuali della vendita che sta per concludere o che ha già concluso, ma anche di consultare in qualunque momento successivo all'acquisto la scheda contrattuale sottoscritta [81].

Il criterio della *ragionevolezza* per la determinazione del termine entro il quale confermare al consumatore le informazioni del contratto concluso, per quanto vago ed astratto, è comunque delimitato temporalmente dal momento in cui viene eseguita la prestazione da parte del professionista. La conferma per iscritto delle informazioni è da escludersi per i servizi a c.d. "*effetto istantaneo*" forniti in un'unica soluzione mediante una tecnica di comunicazione a distanza e contestualmente fatturati [82].

La conferma del contratto concluso comprende:

a) tutte le informazioni di cui all'art. 49, comma 1, c. cons., a meno che il professionista non le abbia già fornite su un mezzo durevole prima della conclusione del contratto a distanza;

---

[81] F. Ricci, *Art. 67*, cit., p. 398 ss.; F. Ricci, *I contratti a distanza*, cit., p. 326; F. Ricci, *Art. 52*, cit., p. 392 ss.; F. Ricci, *Art. 53*, cit., p. 402 ss.; F. Ricci, *I beni di consumo*, cit., p. 152 ss.; M. Cinque, *op. cit.*, p. 454 ss.; E. Battelli, *op. ult. cit.*, p. 464; M.P. Pignalosa, *op. cit.*, p. 198 ss.; Corte Giust. UE, 5 luglio 2012, C-49/11, secondo cui non soddisfa i requisiti formali previsti dalla disciplina sulle vendite a distanza «*una prassi commerciale che consista nel rendere accessibili le informazioni richieste dalla norma precitata* [art. 5 direttiva 97/7/CE] *solamente attraverso un collegamento ipertestuale a un sito Internet dell'impresa interessata, dal momento che tali informazioni non sono né "fornite" da tale impresa né "ricevute" dal consumatore, come prescrive la suddetta disposizione, e che un sito Internet come quello oggetto del procedimento principale non può essere considerato un «supporto duraturo» ai sensi del medesimo articolo 5, paragrafo 1*». Cass., 16 febbraio 2004, n. 2912, secondo cui «*poiché le informazioni tratte da una rete telematica sono per natura volatili e suscettibili di continua trasformazione e, a prescindere dalla ritualità della produzione, va esclusa la qualità di documento in una copia su supporto cartaceo che non risulti essere stata raccolta con garanzie di rispondenza all'originale e di riferibilità a un ben individuato momento*».

[82] F. Ricci, *I contratti a distanza*, cit., p. 346; M. Cinque, *Art. 54*, in G. De Cristofaro-A. Zaccaria (a cura di), *Commentario breve al diritto dei consumatori*, Cedam, Padova, 2010, p. 456, 457.

b) se del caso, la conferma del previo consenso espresso e dell'accettazione del consumatore all'esecuzione della fornitura di contenuto digitale mediante un supporto non materiale, con il riconoscimento della perdita, in questo caso, del diritto di recesso (cfr. art. 59, lett. o)).

Il consumatore sarà vincolato dall'offerta avanzata tramite il mezzo telefonico solo quando l'avrà firmata o accettata per iscritto, anche con firma digitale (art. 21, d.lgs. n. 82/2005); avrà cura poi di trasmettere al professionista l'offerta sottoscritta nella modalità convenuta nel contratto [83] (art. 51, comma 6, c. cons.).

Previa esplicita richiesta del consumatore, il professionista può iniziare ad eseguire la fornitura di servizi ovvero la fornitura di acqua, gas o elettricità, quando non sono messi in vendita in un volume limitato o in quantità determinata, o di teleriscaldamento anche in pendenza del termine per recedere dal contratto (art. 51, comma 8, c. cons.).

In caso di eventuale difformità tra le informazioni comunicate oralmente e confermate per iscritto, bisogna distinguere a seconda che l'informazione difforme sia più favorevole o meno al consumatore e ritenere inefficace l'informazione sfavorevole [84].

Le norme sui requisiti formali nei contratti a distanza lasciano impregiudicate quelle relative alla conclusione di contratti elettronici e all'inoltro di ordini per via elettronica conformemente agli artt. 12, commi 2 e 3, e 13 d.lgs. 70/2003.

Nella prassi si continua ad assistere al dilagante fenomeno delle chiamate indesiderate, effettuate più volte nell'arco della giornata, persino negli orari più insoliti. Uno dei rischi dell'insistita ricezione di telefonate consiste nell'induzione del consumatore all'acquisto del bene o del servizio offerto dal professionista solo per sottrarsi alle sue pedanti telefonate a scopo commerciale: tale comportamento è vietato dall'ordinamento in quanto integrante una pratica commerciale aggressiva (art. 26 c.

---

[83] G. CONTE, *op. ult. cit.*, p. 171 ss.; E. BATTELLI, *op. ult. cit.*, p. 473; A.M. BENEDETTI, *op. cit.*, p. 344.

[84] E. BATTELLI, *op. ult. cit.*, p. 450, 451.

cons.) estorsiva del consenso. Senza rievocare lo scarso successo del registro delle opposizioni [85], un rimedio per contrastare la ricezione delle chiamate indesiderate non proviene dal legislatore ma dalla tecnologia: i telefoni cellulari di ultima generazione prevedono tutti la funzione di "*blocco mittente*" che consente di inserire in una "lista nera" i numeri di telefono sconosciuti dai quali non si vogliono più ricevere chiamate.

La previsione normativa degli obblighi informativi adempie ad una funzione precettiva per il professionista ed ad una funzione educativa per il consumatore, che potrà conoscere quali sono i propri diritti e come adeguatamente tutelarli. Infatti, l'art. 66 *quater*, comma 1, c. cons. dispone che le comunicazioni e i documenti relativi ai contratti a distanza, ivi compresi i moduli, i formulari, le note d'ordine, la pubblicità o le comunicazioni sui siti internet, devono contenere un riferimento al Capo I del Titolo III, Parte III del codice del consumo, proprio per fornire al consumatore un riferimento normativo univoco che gli consentirà di essere istruito sulla disciplina applicabile al contratto e sui diritti che gli sono riconosciuti dall'ordinamento.

L'uniformazione delle informazioni precontrattuali ha avuto l'effetto di rimuovere le particolarità esistenti nei singoli Stati membri in recepimento della direttiva 97/7/CE e può concorrere a far aumentare la domanda di beni e servizi ora che sono diventati più espliciti i termini dell'accordo [86]. In particolare, l'informazione sull'esistenza del diritto di recesso e sulle condizioni, termini e procedure per esercitarlo rende edotto sin da subito il consumatore sulle tutele riconosciute in tutta l'Unione Europea nel caso in cui abbia maturato in maniera frettolosa o disinformata il proprio consenso in ordine all'acquisto e voglia sciogliersi dal vincolo contrattuale [87].

---

[85] D.P.R. 7 settembre 2010, n. 178.

[86] E. HALL-G. HOWELLS-J. WATSON, *op. cit.*, p. 146 ss., 165, 166.

[87] I. RIVA, *op. cit.*, p. 763.

LA PRATICA DEI COSTI OCCULTI

Nella prassi si registrano diffusamente episodi di *"occultamento dei costi"* che testimoniano la scarsa trasparenza di alcuni professionisti nell'informazione sul corrispettivo finale del bene o del servizio offerto al consumatore.

Ad esempio, talvolta anche solo un banale cambio di fornitore telefonico o di piano tariffario con il proprio operatore può rivelarsi una operazione incomprensibilmente complicata in assenza di una chiara indicazione del costo complessivo dell'offerta o dell'abbonamento. Di conseguenza può diventare arduo 1) valutare l'effettiva convenienza dell'affare, specialmente quando coesistono servizi principali e servizi accessori aventi ciascuno un costo non ben specificato; 2) comparare l'offerta con altre analoghe proposte da altri operatori. L'informazione sul costo dell'offerta è parziale anche se è indicato il costo complessivo della stessa ma viene taciuta la sua durata limitata, con la conseguenza che il consumatore farà affidamento sulla perpetuità del piano tariffario prescelto e non saprà come si modificherà al termine dell'offerta.

Questi rischi sono maggiori nelle vendite concluse a mezzo telefonico, connotate dall'oralità nella fornitura delle informazioni, ma possono incontrarsi anche se si intende acquistare un prodotto o un servizio direttamente tramite il sito *web* del professionista o altre piattaforme *online*.

In questi casi, generalmente, l'ordine si perfeziona attraverso una serie di passaggi individuati da schermate – ognuna delle quali dovrebbe essere liberamente navigabile in avanti e a ritroso – in cui il consumatore inserisce i dati richiesti relativi all'ordine, alla sua identità, alla scelta delle modalità di pagamento tra quelle disponibili, ecc. Al momento della conferma dell'ordine, che costituisce l'ultimo dei passaggi ed è solitamente preliminare al pagamento, il consumatore può venire a conoscenza dell'esistenza di costi maggiori di cui non era stato informato nelle fasi precedenti: ad esempio, nelle pagine di presentazione non sono stati comunicati costi per servizi (es. la scelta del posto in aereo [88]) apparentemente inclusi nel prezzo complessivo del servizio

---

[88] Cfr. la delibera n. 26635 del 7 giugno 2017 con la quale l'AGCM ha accertato, tra le altre cose, che una compagnia aerea *low cost* spagnola, durante il processo di *check-in online*, indicava che i posti gratuiti erano terminati e quindi richiedeva il pagamento di circa 15,00 euro per poter scegliere il posto tra quelli disponibili, completare il *check-in online* ed ottenere la carta d'imbarco.

(es. il trasporto aereo), oppure i prezzi sono stati esposti al netto delle imposte o delle spese di spedizione, oppure al netto dei costi di attivazione del servizio.
Inoltre, i consumatori si trovano esposti anche ad un'altra insidia: alcuni servizi supplementari vengono offerti, dietro il pagamento di corrispettivo, mediante *caselle preselezionate*. Pertanto, qualora il consumatore intendesse non usufruire di tali servizi, e non sopportarne i relativi costi, dovrebbe *deselezionare* le caselle già compilate che in alcuni casi potrebbero anche non essere materialmente de-opzionabili.
Appare chiaro che, nelle descritte ipotesi, il consumatore non è in condizione di maturare consapevolmente ed esprimere liberamente il proprio consenso.
Se al momento del completamento dell'ordinazione l'acquirente è sufficientemente accorto nel verificare che non vi siano costi ulteriori da sostenere rispetto a quelli attesi, qualora pure li riscontrasse potrebbe scegliere se procedere con l'ordine o meno.
In caso di omessa – o incompleta o errata – fornitura delle informazioni sui costi del prodotto o del servizio gli acquirenti non sono tenuti a corrispondere alcunché e grava sul professionista la prova dell'avvenuta comunicazione, in modo completo e corretto, delle informazioni (art. 49, comma 6, c. cons.).
Ferma restando la possibilità di recedere dal contratto, ove previsto, l'indicazione chiara e puntuale di qualsiasi onere economico a carico del consumatore permette la formazione di un consenso informato e preserva l'acquirente da eventuali future richieste di pagamento illegittime, inoltrate senza una preventiva informazione sull'entità e sulla ragione dell'esborso [89].

Il legislatore ha elaborato una serie di rimedi al fine di tutelare il consumatore da eventuali inadempimenti del professionista nella comunicazione delle informazioni precontrattuali.

Un rimedio diffusamente contemplato nella disciplina dei contratti a distanza (artt. 49, 57 c. cons.) è l'inopponibilità, nei confronti del consumatore, di eventuali clausole e condizioni contrattuali di cui non sia stato informato da parte del professionista.

In particolare, se il professionista omette di fornire al consumatore le informazioni sul diritto di recesso (art. 53 c. cons.) [90],

[89] E. HALL-G. HOWELLS-J. WATSON, *op. cit.*, p. 165, 166.

[90] G. CONTE, *La formazione del contratto: artt. 1326-1330 e 1333-1335*,

• il periodo di ripensamento scade *dodici mesi* dopo la fine del periodo di recesso iniziale, ossia *quattordici giorni* (art. 52, comma 1, c. cons.) dopo a) la conclusione del contratto, nel caso dei contratti di servizi; b) il giorno in cui il consumatore o un terzo, diverso dal vettore e designato dal consumatore, acquisisce il possesso fisico dei beni, nel caso di contratti di vendita (art. 52, comma 2, c. cons.)[91]. Se, invece, le informazioni sul diritto di recesso vengono fornite dopo i quattordici giorni ma entro i dodici mesi decorrenti da quella data, il periodo di recesso scade *quattordici giorni* dopo il giorno in cui il consumatore riceve le informazioni (art. 53, comma 2);

• il consumatore non deve sostenere il costo della restituzione dei beni, nell'ipotesi in cui il professionista abbia omesso di avvisarlo che tale costo è a suo carico (art. 49, comma 6, c. cons.);

• il consumatore è esente dalla responsabilità per la diminuzione del valore dei beni (art. 57, comma 2, c. cons.);

• nei contratti di fornitura di servizi o di acqua, gas o elettricità – non in vendita in un volume limitato o in quantità determinata – o di teleriscaldamento, in tutto o in parte, durante il periodo di recesso il consumatore non è tenuto a sostenere alcun costo (art. 57, comma 4, lett. a), c. cons.)[92].

Si noti che non è stata indicata alcuna sanzione per l'incompletezza e/o la inesattezza – totale o parziale – nella fornitura delle informazioni sul recesso: ebbene, si ritiene che anche nell'ipotesi di incompletezza o inesattezza delle informazioni sul diritto di recesso il consumatore abbia diritto al prolungamento del termine per recedere, poiché l'informazione fornita dal professionista non ha soddisfatto lo scopo cognitivo e di tutela alla quale è destinata e può concretamente indurre in errore il consumatore[93].

Giuffrè, Milano, 2018, p. 154; E. GUERINONI, *Artt. 52-59*, in V. CUFFARO, *Codice del consumo e norme collegate*, cit., p. 497 ss.

[91] E. HALL-G. HOWELLS-J. WATSON, *op. cit.*, p. 152; F. RICCI, *I beni di consumo*, cit., p. 154 ss.; S. MAZZAMUTO, *op. cit.*, p. 870; M. DONA, *op. ult. cit.*, p. 588; E. BATTELLI, *op. ult. cit.*, p. 444.

[92] G. D'AMICO, *op. cit.*, p. 16; M.P. PIGNALOSA, *op. cit.*, p. 168 ss.

[93] Corte Giust. CE, 10 aprile 2008, C-412/06; E. GUERINONI, *op. cit.*, p. 493.

Come già anticipato trattando dei "costi occulti", in caso di inadempimento degli obblighi di informazione sul prezzo, sulle spese aggiuntive e sugli altri costi contemplati alla lett. e) dell'art. 49 c. cons., il consumatore non sarà tenuto a pagare alcunché (art. 49, comma 6, c. cons.)[94].

Il consumatore, inoltre, non sostiene alcun costo per:

a) la prestazione di servizi o la fornitura di acqua, gas o elettricità – quando non sono messi in vendita in un volume limitato o in quantità determinata – o di teleriscaldamento, in tutto o in parte, durante il periodo di recesso quando:

1. il professionista ha omesso di fornire le informazioni di cui all'art. 49, comma 1, lett. h)[95] e l)[96]; oppure
2. il consumatore non ha espressamente chiesto che la prestazione iniziasse durante il periodo di recesso in conformità agli artt. 50, comma 3, e 51, comma 8;

b) la fornitura, in tutto o in parte, del contenuto digitale che non è fornito su un supporto materiale quando:

1. il consumatore non ha dato il suo previo consenso esplicito circa l'inizio della prestazione prima della fine del periodo di quattordici giorni di cui all'art. 52;
2. il consumatore non ha riconosciuto di perdere il diritto di recesso quando ha espresso il suo consenso; oppure
3. il professionista ha omesso di fornire la conferma del contratto concluso su mezzo durevole secondo gli artt. 50, comma 2 e 51, comma 7.

La sanzione della inopponibilità, della inefficacia degli obblighi a carico del consumatore che non siano stati oggetto di espressa informazione si conferma, attraverso le indicate previ-

---

[94] E. Battelli, *op. ult. cit.*, p. 444.

[95] Le informazioni sulla sussistenza di un diritto di recesso, sulle condizioni, termini e procedure per esercitare tale diritto conformemente all'art. 54, comma 1, nonché sul modulo tipo di recesso di cui all'allegato I, parte B.

[96] L'informazione sul fatto che se il consumatore esercita il diritto di recesso dopo aver presentato una richiesta di esecuzione della fornitura dei servizi durante il periodo di ripensamento (artt. 50, comma 3, e 51, comma 8), è responsabile del pagamento al professionista dei costi ragionevoli sostenuti da quest'ultimo, ai sensi dell'art. 57, comma 3.

sioni, come il rimedio prescelto per tutelare il consumatore e per contrastare la inottemperanza agli obblighi informativi.

All'art. 66-*ter* c. cons., infine, è espressamente affermato il carattere imperativo ed inderogabile delle norme contenute agli artt. 45-67 c. cons., pertanto le «*eventuali clausole contrattuali che escludano o limitino, direttamente o indirettamente, i diritti derivanti dalla presente direttiva, non vincolano il consumatore*». La disposizione è una ulteriore esplicitazione della sanzione dell'inefficacia, non vincolatività delle condizioni contrattuali contrastanti con i diritti riconosciuti e gli obblighi sanciti *ex lege* in favore dei consumatori. Tuttavia, la regola dell'inderogabilità soffre una serie di eccezioni, date dalle norme dispositive connotate dalle espressioni «*salvo che il consumatore abbia espressamente convenuto altrimenti*» (art. 56, comma 1, c. cons.), «*salva diversa pattuizione delle parti*» (art. 61 c. cons.), «*salvo consenso del consumatore*»: in queste ipotesi, eventuali clausole che dovessero presentare i caratteri della abusività (art. 33 c. cons.) potranno essere oggetto di invalidazione *ex* art. 36 c. cons.[97].

A seconda della entità e del momento in cui è intervenuta la violazione degli obblighi informativi da parte del professionista, la dottrina ha individuato ulteriori rimedi esperibili dal consumatore: azione di responsabilità precontrattuale, di nullità e di annullabilità del contratto, se manca completamente il consenso (artt. 1325 e 1418 c.c.) o se è viziato (artt. 1427 e ss. c.c.), nonché di risoluzione del contratto per inadempimento (artt. 1453 e ss. c.c.) e, in ogni caso, di risarcimento del danno patrimoniale e non patrimoniale[98].

Mentre per i contratti in generale c'è la tendenza alla conservazione del contratto (artt. 1367 e 1419 c.c.), nel caso dei contratti conclusi tra un professionista ed un consumatore l'ele-

---

[97] G. CONTE, *op. ult. cit.*, p. 156; G. DE CRISTOFARO, *Carattere imperativo*, in G. D'AMICO (a cura di), *La riforma del codice del consumo. Commentario al D.lgs. n. 21/2014*, Cedam, Padova, 2015, p. 385.

[98] V. ROPPO, *Il Contratto*, Giuffrè, Milano, 2011, p. 37 ss.; F. BRAVO, *op. ult. cit.*, p. 168 ss.; E. BATTELLI, *op. ult. cit.*, p. 453-455; E. GUERINONI, *op. cit.*, p. 498, 499. Cass., Sez. Un., 19 dicembre 2007, n. 26724.

vato livello di tutela da assicurare a quest'ultimo suggerisce il ricorso all'invalidazione dell'accordo.

L'apparato sanzionatorio predisposto dal legislatore europeo e recepito dall'ordinamento nazionale – a parte poche e disorganiche disposizioni – rispetto alla disciplina precedente risulta più efficace, tuttavia non pare offrire soluzioni rimediali particolarmente dissuasive [99].

Gli artt. 23 e 24 della direttiva 2011/83/UE prevedevano espressamente l'obbligo per gli Stati membri di garantire l'esistenza di strumenti «*adeguati ed efficaci per assicurare il rispetto*» delle norme contenute nella direttiva, nonché di scegliere la sanzione applicabile – effettiva, proporzionata e dissuasiva – in caso di loro violazione [100].

La possibilità rimessa agli Stati membri di scegliere la sanzione applicabile appare infelice poiché, da un lato, è destinata a generare frammentazione normativa con la conseguenza che ci saranno alcuni Stati che adotteranno soluzioni più rigide, altri più permissive [101]: è logico che i professionisti che intendono operare a livello transfrontaliero preferiranno espandere la propria attività nei Paesi che impongono sanzioni meno afflittive.

Per incoraggiare il consumatore alla conclusione di scambi *inter absentes*, occorrerebbe irrobustire la tutela preventiva e prevedere delle risposte sanzionatorie effettive ed efficaci che possano dissuadere il professionista dall'attuazione di comportamenti scorretti e pregiudizievoli degli interessi dei consumatori.

Se si costringessero questi ultimi a ricorrere continuamente alle tutele giudiziali o stragiudiziali (artt. 66 e 66 *quater* c. cons.) come potrebbe consolidarsi quella fiducia che tanto il legislatore europeo mira a rinforzare per favorire il commercio transfrontaliero e la concorrenza nel mercato [102]?

---

[99] S. MAZZAMUTO, *op. cit.*, p. 866; M.P. PIGNALOSA, *op. cit.*, p. 88 ss.

[100] E. CLIVE, *op. cit.*, *passim*; E. HALL-G. HOWELLS-J. WATSON, *op. cit.*, p. 151, 165; I. RIVA, *op. cit.*, p. 763.

[101] D. STAUDENMAYER, *op. cit.*, p. 29; I. RIVA, *op. cit.*, p. 763; G. D'AMICO, *op. cit.*, p. 11.

[102] E. MINERVINI, *La tutela collettiva dei consumatori in materia di contratti a distanza*, in *Contratti*, 2000, p. 1165 ss.

4. Il diritto di recesso: tempi e modalità di esercizio, effetti, obblighi delle parti e casi esclusi

A tutela della espressione di un consenso libero e consapevole del consumatore in ordine all'acquisto a distanza, oltre alla comunicazione e alla successiva conferma delle informazioni, un rimedio efficace è costituito dall'esercizio del diritto di recesso [103].

È concesso al consumatore un breve periodo di tempo in cui potrà compiere una rivalutazione dell'affare e degli obblighi derivanti dal contratto appena concluso: nel caso in cui venissero riscontrate criticità – consenso estorto, acquisto avventato, non meditato o semplicemente svantaggioso a livello economico o giuridico – il consumatore potrà sciogliersi dal vincolo contrattuale [104].

Diversamente dalle informazioni – che vengono comunicate al consumatore nella fase *preliminare* alla conclusione del contratto – il ripensamento interviene nel momento *successivo* al perfezionamento del vincolo negoziale e può essere invocato per i più svariati motivi, anche quando si è formato correttamente il consenso in ordine all'acquisto e al consumatore, dopo aver ricevuto il bene o utilizzato il servizio, semplicemente "non piace" [105].

Il ripensamento infatti soccorre il consumatore in tutti i casi in cui viene delusa la propria aspettativa sul bene o sul servizio acquistato, quando si è deciso in base ad una immagine fotografica o secondo una descrizione del prodotto offerto migliore di quella che è effettivamente.

---

[103] F. Ricci, *Particolari modalità di contrattazione*, cit., p. 73 ss.; R. Giampietraglia, *Art. 64, Esercizio del diritto di recesso*, in G. Alpa-L. Rossi Carleo, *Codice del consumo: commentario*, cit., p. 457 ss.; F. Viglione, *op. cit.*, p. 438.

[104] G. Alpa, *Introduzione al diritto dei consumatori*, cit., p. 167; F. Ricci, *I contratti a distanza*, cit., pp. 321, 340 ss.; E. Hall-G. Howells-J. Watson, *op. cit.*, p. 154; I. Riva, *op. cit.*, p. 765.

[105] F. Ricci, *op. ult. cit.*, p. 321; G. Conte, *op. ult. cit.*, p. 154; E. Hall-G. Howells-J. Watson, *op. cit.*, p. 154; M.P. Pignalosa, *op. cit.*, p. 114 ss.; E. Guerinoni, *op. cit.*, pp. 477, 493.

L'esigenza di garantire al consumatore la possibilità di rivalutare il proprio comportamento commerciale va contemperata con quella di assicurare la certezza degli scambi e di tutelare il professionista dall'eventuale abuso del diritto di recesso da parte del consumatore: da qui la previsione di un congruo, certo e predefinito limite temporale, nonché di specifici obblighi a carico del consumatore recedente, per fare in modo che il professionista possa recuperare il bene rifiutato e ricollocarlo efficacemente sul mercato [106].

Nel paragrafo precedente si è parlato dell'obbligo del professionista di informare il consumatore sulla possibilità di rimeditare sul proprio acquisto e di sciogliersi dal vincolo contrattuale qualora non sia soddisfatto della propria scelta [107]: l'informazione non è limitata all'esistenza del diritto di recesso, ma anche alle modalità e ai termini per esercitarlo, nonché agli obblighi a carico del consumatore recedente [108].

Le norme sul termine per recedere, sulle modalità di esercizio del diritto e sui relativi e successivi obblighi delle parti sono state semplificate, aggiornate e rese più fruibili dalla direttiva 2011/83/UE e trovano uniforme applicazione in tutto il territorio dell'Unione europea.

Il termine per recedere dal contratto a distanza è stato unificato a livello europeo e si è stabilito che la durata del periodo di recesso sia di *quattordici giorni* di calendario (art. 52, comma 1, c. cons.), con varie decorrenze [109]:

---

[106] F. Ricci, *op. ult. cit.*, p. 321; R. Giampietraglia, *op. ult. cit.*, p. 464 ss.; R. Giampietraglia, *Art. 67, Ulteriori obbligazioni delle parti*, in G. Alpa-L. Rossi Carleo, *Codice del consumo: commentario*, cit., p. 479 ss.; M. Farneti, *Art. 64*, in *Commentario breve al diritto dei consumatori*, a cura di G. De Cristofaro-A. Zaccaria, Cedam, Padova, 2010, p. 501.

[107] F. Ricci, *op. ult. cit.*, p. 321, 339 ss.; R. Giampietraglia, *Art. 67*, cit., p. 478.

[108] F. Ricci, *op. ult. cit.*, p. 348; F. Ricci, *Particolari modalità di contrattazione*, cit., p. 74; R. Giampietraglia, *Art. 64*, cit., p. 464 ss.; M. Farneti, *op. cit.*, p. 502 ss.

[109] F. Bravo, *op. ult. cit.*, p. 238; S. Mazzamuto, *op. cit.*, p. 875; F. Ricci, *I beni di consumo*, cit., pp. 141, 154 ss.; G. D'Amico, *op. cit.*, p. 13; I. Riva, *op. cit.*, p. 764 ss.; M.P. Pignalosa, *op. cit.*, p. 94 ss.; E. Guerinoni, *op. cit.*, p. 495.

• dal giorno della conclusione del contratto, nel caso di contratti di servizi o di contratti per la fornitura di acqua, gas o elettricità – quando non sono messi in vendita in un volume limitato o in quantità determinata – di teleriscaldamento o di contenuto digitale non fornito su un supporto materiale;

• dal giorno in cui il consumatore o un terzo, diverso dal vettore e designato dal consumatore, acquisisce il possesso fisico dei beni, nel caso di contratti di vendita, o: 1) nel caso di beni multipli ordinati dal consumatore mediante un solo ordine e consegnati separatamente, dal giorno in cui il consumatore o un terzo, diverso dal vettore e designato dal consumatore, acquisisce il possesso fisico dell'ultimo bene; 2) nel caso di consegna di un bene costituito da lotti o pezzi multipli, dal giorno in cui il consumatore o un terzo, diverso dal vettore e designato dal consumatore, acquisisce il possesso fisico dell'ultimo lotto o pezzo; 3) nel caso di contratti per la consegna periodica di beni durante un determinato periodo di tempo, dal giorno in cui il consumatore o un terzo, diverso dal vettore e designato dal consumatore, acquisisce il possesso fisico del primo bene (art. 52, comma 2, c. cons.)[110].

In caso di violazione dell'obbligo di informazione sul recesso il termine per l'esercizio del diritto sarà prolungato di dodici mesi dopo la scadenza del termine per recedere: il differimento del termine assolve ad una funzione di maggior tutela per il consumatore, che disporrà di un più ampio lasso di tempo per sciogliersi dal contratto, ed ad una funzione dissuasiva per il professionista, per indurlo ad ottemperare correttamente all'obbligo informativo[111].

L'ultimo comma dell'art. 52 consente alle parti di adempiere ai loro obblighi contrattuali durante il periodo di recesso: tuttavia, nel solo caso di contratti negoziati al di fuori dei locali commerciali, il professionista non può accettare, a titolo di cor-

---

[110] F. Bravo, *op. ult. cit.*, p. 239; E. Hall-G. Howells-J. Watson, *op. cit.*, p. 156; S. Mazzamuto, *op. cit.*, p. 878 ss.

[111] E. Hall-G. Howells-J. Watson, *op. cit.*, p. 154; S. Mazzamuto, *op. cit.*, p. 880; I. Riva, *op. cit.*, p. 765.

rispettivo, effetti cambiari che abbiano una scadenza inferiore a quindici giorni dalla conclusione del contratto per i contratti di servizi o dall'acquisizione del possesso fisico dei beni per i contratti di vendita e non può presentarli allo sconto prima di tale termine [112].

Prima dello scadere dei quattordici giorni, il consumatore è tenuto ad informare il professionista della sua intenzione di recedere dal contratto: tale informazione può essere fornita in qualsiasi forma, purché sia esplicita. Affinché il recesso sia efficace nei confronti del consumatore, la comunicazione va inviata prima della scadenza del termine per recedere: si segue, dunque, il criterio della spedizione (art. 54, comma 2). La dichiarazione di recesso può essere fornita o utilizzando un modulo-tipo di recesso indicato all'allegato I, Parte B del codice del consumo, oppure presentando una qualsiasi altra dichiarazione esplicita della decisione di recedere dal contratto (art. 54, comma 1, c. cons.) [113]. Gli effetti dell'esercizio del diritto di recesso, invece, per il professionista si produrranno dal ricevimento della relativa dichiarazione [114].

Posto che l'onere della prova dell'avvenuto esercizio del diritto di recesso è a carico del consumatore (art. 54, comma 4, c. cons.), è nel suo interesse manifestare la volontà di recedere su un supporto durevole, così da avere la prova documentale dell'esercizio del diritto. Tuttavia, costituisce una forma di manifestazione tacita del recesso la restituzione dei beni al professionista senza aggiungere altro, ma la fattispecie non compare nella direttiva 2011/83/UE né è altrimenti contemplata nel codice del consumo, sebbene anche in questo caso il consumatore possa dimostrare di aver restituito i beni semplicemente esibendo la bolla di consegna al professionista. In ogni caso, la previsione di una comunicazione scritta per recedere soddisfa i requisiti di

---

[112] E. HALL-G. HOWELLS-J. WATSON, *op. cit.*, p. 159; S. MAZZAMUTO, *op. cit.*, p. 879; I. RIVA, *op. cit.*, p. 760.

[113] E. HALL-G. HOWELLS-J. WATSON, *op. cit.*, p. 155 ss.; S. MAZZAMUTO, *op. cit.*, p. 880; I. RIVA, *op. cit.*, p. 765 ss.; E. GUERINONI, *op. cit.*, pp. 500, 502; M.P. PIGNALOSA, *op. cit.*, p. 121 ss.

[114] E. GUERINONI, *op. cit.*, p. 505.

certezza legale dei rapporti e può tornare utile al consumatore ai fini probatori [115].

Inoltre, il modulo-tipo di recesso può essere compilato dal consumatore direttamente dal sito *web* del professionista, se quest'ultimo offre tale possibilità. In tal caso, spetta al professionista trasmettere al consumatore una conferma di ricevimento del recesso su un supporto durevole, che può essere anche una *email* (art. 54, comma 3) [116].

L'art. 55 c. cons. illustra gli effetti del recesso, consistenti

• nello scioglimento dal vincolo contrattuale, reso dall'atecnica espressione «***pone termine*** *agli obblighi delle parti*» di eseguire il contratto a distanza e

• nello scioglimento dall'obbligo di concludere un contratto a distanza nei casi in cui un'offerta sia stata fatta dal consumatore [117].

Circa la sorte dei contratti accessori al contratto a distanza, analogamente a quanto previsto nella previgente disciplina, l'art. 58 c. cons. prevede che in caso di recesso sono automaticamente risolti, senza alcun onere economico a carico del consumatore, eccetto quelli contemplati dall'art. 56, comma 2, e dall'art. 57, e salvo quanto previsto dal d.lgs. n. 141/2010 in materia di credito al consumo [118].

Con riguardo agli **obblighi incombenti sul professionista in caso di recesso**, è previsto il rimborso di tutti i pagamenti effettuati dal consumatore, eventualmente comprensivi di spese di consegna [119], senza indebito ritardo e comunque entro *quattor-*

---

[115] E. Hall-G. Howells-J. Watson, *op. cit.*, p. 158; E. Guerinoni, *op. cit.*, p. 501.

[116] F. Bravo, *op. ult. cit.*, p. 245; E. Hall-G. Howells-J. Watson, *op. cit.*, p. 155 ss.; S. Mazzamuto, *op. cit.*, p. 880; M. Dona, *op. ult. cit.*, p. 588.

[117] E. Hall-G. Howells-J. Watson, *op. cit.*, p. 154; E. Guerinoni, *op. cit.*, p. 502; S. Mazzamuto, *op. cit.*, p. 881; M.P. Pignalosa, *op. cit.*, p. 164 ss.

[118] S. Mazzamuto, *op. cit.*, p. 885; M. Dona, *op. ult. cit.*, p. 589; I. Riva, *op. cit.*, p. 767; E. Guerinoni, *op. cit.*, p. 514.

[119] «*L'art. 6, nn. 1, primo comma, seconda frase, e 2, della direttiva del Parlamento europeo e del Consiglio 20 maggio 1997, 97/7/CE, riguardante la*

dici giorni dal giorno in cui è informato della decisione di recedere dal contratto (art. 56, comma 1, c. cons.)[120]; il rimborso deve avvenire con lo stesso mezzo di pagamento usato dal consumatore per la transazione iniziale, salvo che questi abbia espressamente convenuto altrimenti e a condizione che non debba sostenere alcun costo quale conseguenza del rimborso. È nulla qualsiasi clausola limitativa del rimborso nei confronti del consumatore delle somme versate in conseguenza dell'esercizio del diritto di recesso. Qualora il consumatore abbia scelto espressamente un tipo di consegna diverso dal tipo meno oneroso offerto dal professionista, quest'ultimo non è tenuto al rimborso dei costi supplementari in favore del consumatore (art. 56, comma 2, c. cons.): salvo tale ipotesi, l'esercizio del diritto di recesso non comporta alcuna responsabilità per il consumatore (art. 57, comma 5, c. cons.)[121].

A ben vedere, tuttavia, l'obbligo di rimborso entro quattordici giorni a carico del professionista non è contemplato tra le informazioni precontrattuali di cui all'art. 49 c. cons. ma è menzionato solo nella informativa sul diritto di recesso. Di conseguenza, soltanto nell'ipotesi in cui tale modello venga utilizzato dal professionista per informare il consumatore sulle modalità per recedere quest'ultimo potrebbe venirne a conoscenza[122]. Invero, per il consumatore potrebbe essere determinante per il suo consenso avere la conoscenza della sussistenza, in caso di recesso, di un obbligo di rimborso a carico del professionista e del

---

protezione dei consumatori in materia di contratti a distanza, deve essere interpretato nel senso che esso osta ad una normativa nazionale che consente al fornitore, nell'ambito di un contratto concluso a distanza, di addebitare le spese di consegna dei beni al consumatore qualora questi eserciti il suo diritto di recesso» (Corte Giust. UE, 15 aprile 2010, C-511/08).

[120] Se il pagamento è stato effettuato a mezzo di cambiale, il professionista è tenuto alla restituzione della stessa sia qualora non sia stata presentata all'incasso (art. 56, comma 1, c. cons.) ma – si ritiene – anche nell'ipotesi in cui i titoli, pure presentati, non siano stati ancora pagati o siano stati ceduti a terzi. La stessa norma dovrebbe applicarsi all'assegno. E. GUERINONI, *op. cit.*, p. 507.

[121] F. BRAVO, *op. ult. cit.*, p. 243 ss.; E. HALL-G. HOWELLS-J. WATSON, *op. cit.*, p. 155, 159; S. MAZZAMUTO, *op. cit.*, p. 882; I. RIVA, *op. cit.*, p. 765 ss.; E. GUERINONI, *op. cit.*, p. 507.

[122] E. HALL-G. HOWELLS-J. WATSON, *op. cit.*, p. 159.

relativo termine entro il quale ha diritto di conseguirlo [123].

Invece, la previsione secondo la quale il professionista può negare il rimborso al consumatore finché non abbia ricevuto indietro la merce o il consumatore abbia provato di averla già restituita (comma 3 dell'art. 56 c. cons.), costituisce una forma di "autotutela" che si motiva con la necessità di proteggere il venditore da un eventuale recesso dell'acquirente senza la contestuale restituzione del bene e – *prima facie* – non appare negativa. Tuttavia, si è osservato che nella prassi è il consumatore a versare in una situazione di debolezza e, in caso di strumentalizzazioni, oltre ad aver già sostenuto le spese di restituzione del bene, potrebbe non riuscire ad ottenere la ripetizione di quanto già pagato [124].

Quanto agli **obblighi incombenti sul consumatore in caso di recesso**, è previsto che – salvo che il professionista abbia offerto di ritirare egli stesso i beni – il consumatore è tenuto a restituire i beni o a consegnarli al professionista (o a un terzo da lui autorizzato), senza indebito ritardo e in ogni caso entro ***quattordici giorni*** dalla data in cui ha comunicato la decisione di recedere dal contratto. Il termine è rispettato se il consumatore rispedisce i beni prima della scadenza del periodo di quattordici giorni.

I costi della restituzione del bene – come già anticipato – sono a carico del consumatore, a meno che il professionista non abbia concordato di sostenerli o abbia omesso di informare il consumatore che tali costi sono a suo carico (art. 57 c. cons.) [125]. Occorre, pertanto, che le spese di restituzione del bene siano determinate o determinabili nel contratto e che il loro ammontare sia contenuto, altrimenti il consumatore corre il rischio – specialmente se si effettuano acquisti transfrontalieri e si devono effettuare spedizioni all'estero – di pagare per la riconsegna del bene una somma persino maggiore rispetto al prezzo corrisposto per l'acquisto medesimo.

---

[123] E. HALL-G. HOWELLS-J. WATSON, *op. cit.*, p. 159.

[124] E. HALL-G. HOWELLS-J. WATSON, *op. cit.*, p. 155; S. MAZZAMUTO, *op. cit.*, p. 882; M. DONA, *op. ult. cit.*, p. 588; I. RIVA, *op. cit.*, p. 766; M.P. PIGNALOSA, *op. cit.*, p. 164.

[125] E. GUERINONI, *op. cit.*, p. 509.

Circa le condizioni del recesso, la direttiva 2011/83/UE conferma che può essere esercitato dal consumatore ***senza fornire alcuna motivazione al professionista e a titolo gratuito***, salvo le eccezioni individuate dagli artt. 56, comma 2, 57, c. cons. [126].

L'esercizio del diritto di recesso deve essere necessariamente a titolo gratuito per il consumatore [127]: diversamente, si vanificherebbe lo scopo di tutela al quale è preordinato, frustrando gravemente la posizione dell'acquirente che subirebbe una perdita economica per il solo fatto di aver rivalutato un acquisto effettuato senza aver prima mai visionato il bene o utilizzato il servizio [128].

Al consumatore possono essere addebitate solo le spese *di restituzione* del bene al professionista e non quelle *di consegna* [129]. Qualunque ulteriore costo fosse addebitato al consumatore rischierebbe di scoraggiarlo dall'acquisto o dall'esercizio del suo diritto di recesso, ponendosi in contrasto con lo scopo di tutela *successiva* che il ripensamento mira a soddisfare. Invero, non capita di rado che il professionista preveda delle somme a carico del consumatore in caso di ripensamento, genericamente indicate come "*contributo di disattivazione*" nel caso di contratto di servizi. È facilmente intuibile che una eventuale clausola contrattuale che obblighi il consumatore al pagamento di somme ulteriori ed economicamente ingiustificate rispetto a quelle indicate dalla legge sia pregiudizievole degli interessi economi-

---

[126] E. HALL-G. HOWELLS-J. WATSON, *op. cit.*, p. 158; S. MAZZAMUTO, *op. cit.*, p. 875; M. DONA, *op. ult. cit.*, p. 587; M.P. PIGNALOSA, *op. cit.*, p. 113 ss.; E. GUERINONI, *op. cit.*, p. 492.

[127] «*L'art. 6, nn. 1, secondo periodo, e 2, della direttiva (CE) del Parlamento europeo e del Consiglio 20 maggio 1997, 97/7/CE, riguardante la protezione dei consumatori in materia di contratti a distanza, dev'essere interpretato nel senso che esso osta ad una normativa nazionale la quale preveda in modo generico che il venditore possa chiedere al consumatore un'indennità per l'uso di un bene acquistato tramite un contratto a distanza nel caso in cui quest'ultimo ha esercitato il suo diritto di recesso entro i termini*» (Corte Giust. CE, 3 settembre 2009, C-489/07).

[128] Considerando n. 37 della direttiva 2011/83/UE.

[129] Corte Giust. UE, 15 aprile 2010, C-511/08. E. HALL-G. HOWELLS-J. WATSON, *op. cit.*, p. 155; S. MAZZAMUTO, *op. cit.*, p. 882 ss.; I. RIVA, *op. cit.*, p. 766.

ci dell'acquirente e potrebbe farlo persino desistere dall'esercizio del diritto [130].

Per il tempo stabilito per il ripensamento incombe sul consumatore l'obbligo di custodia del bene. È necessario che siano indicate chiaramente dal professionista le modalità di riconsegna e che siano di facile attuazione: eventuali sistemi complicati e ostruzionistici – ad esempio, la consegna del bene esclusivamente a mani in un luogo inesistente o difficile da raggiungere o aperto soltanto in determinati giorni e orari – espongono il consumatore al rischio. Qualora quest'ultimo ometta o ritardi la restituzione del prodotto sopporterà il rischio di un eventuale perimento del bene derivante da causa a lui non imputabile (art. 1221 c.c.), con relativo risarcimento del danno al professionista [131].

Secondo quanto previsto dal comma 2 dell'art. 57, il consumatore può utilizzare il bene in pendenza del termine per recedere, tuttavia sarà responsabile della diminuzione del valore dei beni risultante da una manipolazione *diversa* da quella necessaria per stabilirne la natura, le caratteristiche e il funzionamento. La norma è stata introdotta affinché il consumatore, nel periodo di recesso, usi il bene secondo buona fede, così da restituirlo integro ed in buono stato al professionista [132]. Tuttavia, se fosse stata corredata dall'obbligo a carico di quest'ultimo di informare il consumatore che la responsabilità per la diminuzione del valore del bene è a suo carico, la disposizione sarebbe risultata ancora più efficace ed utile in un'ottica di educazione al consumo e di contemperamento degli interessi contrapposti delle parti (cfr. direttiva 2011/83/UE, art. 14, comma 2) [133]. Il consumatore è esente da tale responsabilità se non è stato informato sul diritto di recesso da parte del professionista [134].

Nell'ipotesi in cui il consumatore abbia esercitato il diritto di recesso dal contratto dopo aver inoltrato al professionista una

---

[130] E. HALL-G. HOWELLS-J. WATSON, *op. cit.*, p. 155.

[131] E. GUERINONI, *op. cit.*, p. 511.

[132] Considerando n. 37 della direttiva 2011/83/UE.

[133] E. HALL-G. HOWELLS-J. WATSON, *op. cit.*, p. 160 ss.

[134] M. DONA, *op. ult. cit.*, p. 589; E. BATTELLI, *op. ult. cit.*, pp. 455-456; E. GUERINONI, *op. cit.*, pp. 511-512.

richiesta di esecuzione del servizio prima della scadenza dei quattordici giorni (cfr. art. 51, comma 8, c. cons.), è tenuto a versare al professionista il corrispettivo in misura proporzionale alla fornitura del servizio di cui ha beneficiato fino al momento in cui ha esercitato il diritto di recesso [135].

Non è consentito rimeditare sull'acquisto di *qualsiasi* bene o servizio: sono da escludere, generalmente, i beni deperibili con l'uso, quali ad esempio alcune categorie di generi alimentari, i beni personalizzati o sigillati [136], i servizi relativi all'alloggio o al trasporto che devono essere effettuati in una data prestabilita, ecc. [137]. Se venisse lasciata al consumatore la possibilità di ripensamento in merito a qualsiasi tipologia di beni o servizi, verrebbe penalizzato eccessivamente il professionista che, oltre a subire una perdita economica in caso di ripensamento del consumatore, potrebbe non riuscire a ricollocare effettivamente il bene sul mercato [138].

La direttiva 2011/83/UE ha indicato i contratti in relazione ai quali il consumatore non può esercitare il diritto di recesso (art. 59 c. cons.):

– di servizi, se la completa fornitura dello stesso è avvenuta prima della scadenza del termine per recedere, con l'accordo

---

[135] L'importo proporzionale che il consumatore deve pagare al professionista è calcolato sulla base del prezzo totale concordato nel contratto. Se detto prezzo totale è eccessivo, l'importo proporzionale è calcolato sulla base del valore di mercato di quanto è stato fornito. G. CONTE, *op. ult. cit.*, p. 156; E. BATTELLI, *op. ult. cit.*, p. 444; E. GUERINONI, *op. cit.*, pp. 512-513; M.P. PIGNALOSA, *op. cit.*, p. 153 ss.

[136] Corte Giust. UE, 29 marzo 2019, C-681/17: «*Non rientra nella nozione di "beni sigillati che non si prestano ad essere restituiti per motivi igienici o connessi alla protezione della salute e sono stati aperti dopo la consegna", ai sensi di tale disposizione, un bene come un materasso, la cui protezione è stata rimossa dal consumatore dopo la consegna dello stesso*».

[137] R. GIAMPIETRAGLIA, *Art. 55, Esclusioni*, in G. ALPA-L. ROSSI CARLEO, *Codice del consumo: commentario*, cit., p. 414 ss.; F. VIGLIONE, *Art. 55*, in G. DE CRISTOFARO-A. ZACCARIA (a cura di), *Commentario breve al diritto dei consumatori*, Cedam, Padova, 2010, p. 460; M.P. PIGNALOSA, *op. cit.*, p. 123 ss.

[138] F. VIGLIONE, *op. ult. cit.*, p. 460 ss.; M. FARNETI, *Art. 67*, in *Commentario breve al diritto dei consumatori*, a cura di G. DE CRISTOFARO-A. ZACCARIA, Cedam, Padova, 2010, p. 526 ss.

espresso del consumatore e con l'accettazione del fatto che avrebbe perso il diritto di recesso a seguito della piena esecuzione del contratto da parte del professionista (lett. a)) [139];

– di fornitura di beni o servizi il cui prezzo è legato a fluttuazioni nel mercato finanziario che il professionista non è in grado di controllare e che possono verificarsi durante il periodo di recesso (lett. b));

– di fornitura di beni confezionati su misura o chiaramente personalizzati. Con riguardo a tale fattispecie si è osservato che sarebbe stato preferibile prevedere la espressa richiesta del consumatore alla fornitura di beni confezionati su misura o chiaramente personalizzati, poiché nella prassi sono frequenti i casi di personalizzazioni dei beni offerte in omaggio dal professionista così da privare il consumatore della possibilità di recedere (lett. c)) [140];

– di fornitura di beni che rischiano di deteriorarsi o scadere rapidamente (lett. d)) o che dopo la consegna risultano, per loro natura, inscindibilmente mescolati con altri beni (lett. f));

– di fornitura di beni sigillati che non si prestano ad essere restituiti per motivi igienici o connessi alla protezione della salute e sono stati aperti dopo la consegna (lett. e));

– di fornitura di bevande alcoliche, il cui prezzo sia stato concordato al momento della conclusione del contratto di vendita, la cui consegna possa avvenire solo dopo trenta giorni e il cui valore effettivo dipenda da fluttuazioni sul mercato che non possono essere controllate dal professionista (lett. g));

– per cui il consumatore ha specificamente richiesto una visita da parte del professionista ai fini dell'effettuazione di lavori urgenti di riparazione o manutenzione. Tuttavia, se in occasione di tale visita il professionista fornisce servizi oltre a quelli specificamente richiesti dal consumatore o beni diversi dai pezzi di ricambio necessari per effettuare la manutenzione o le riparazioni, il diritto di recesso si applica a tali servizi o beni supplementari (lett. h));

---

[139] S. MAZZAMUTO, *op. cit.*, p. 885 ss.; M. DONA, *op. ult. cit.*, p. 589; M.P. PIGNALOSA, *op. cit.*, p. 182 ss.

[140] S. MAZZAMUTO, *op. cit.*, p. 885 ss.; M. DONA, *op. ult. cit.*, p. 589.

– di fornitura di giornali, periodici e riviste, ad eccezione dei contratti di abbonamento per la fornitura di tali pubblicazioni (lett. l)). In questo caso, si è osservato, sarebbe stato meglio precisare che il diritto di recesso è escluso solo nel caso in cui il consumatore abbia aperto il bene sigillato, esattamente come per le registrazioni audio o video o *software* informatici in relazione ai quali, se sono stati aperti dopo la consegna, non è ammesso l'esercizio del diritto di recesso (lett. i)) [141];

– conclusi in occasione di un'asta pubblica (lett. m)), ad esclusione delle aste *online*, come già rilevato in precedenza;

– di fornitura di alloggi per fini non residenziali, di trasporto di beni, di servizi di noleggio di autovetture, di servizi di *catering* o di servizi riguardanti le attività del tempo libero qualora il contratto preveda una data o un periodo di esecuzione specifici (lett. n)) [142];

– di fornitura di contenuto digitale mediante un supporto non materiale se l'esecuzione è iniziata con l'accordo espresso del consumatore e con la sua accettazione del fatto che avrebbe perso il diritto di recesso (lett. o)) [143].

Per quanto concerne la disciplina del recesso, vi è una ulteriore distinzione tra contratti negoziati al di fuori dei locali commerciali e contratti a distanza. Invero, all'art. 57, comma 1, c. cons. è previsto, esclusivamente per i contratti negoziati fuori dei locali commerciali, che «*il professionista ritira i beni a sue spese qualora i beni, per loro natura, non possano essere normalmente restituiti a mezzo posta*» e siano stati consegnati al domicilio del consumatore al momento della conclusione del contratto.

Nel complesso, il giudizio sulla disciplina relativa all'esercizio del diritto di recesso dettata dalla direttiva 2011/83/UE è positivo [144]: il fatto che le norme sugli obblighi informativi e

---

[141] S. Mazzamuto, *op. cit.*, p. 885 ss.; M. Dona, *op. ult. cit.*, p. 589.

[142] E. Hall-G. Howells-J. Watson, *op. cit.*, p. 162.

[143] F. Bravo, *op. ult. cit.*, p. 246 ss.; S. Mazzamuto, *op. cit.*, p. 885 ss.; I. Riva, *op. cit.*, p. 768 ss.; E. Guerinoni, *op. cit.*, pp. 515-516.

[144] G. D'Amico, *op. cit.*, p. 17.

sull'esercizio del diritto di recesso siano ad armonizzazione massima ha contribuito a rimuovere i particolarismi esistenti nei singoli Stati membri, conferendo maggiore certezza giuridica ai rapporti tra le parti i cui diritti ed obblighi sono stati definiti con un elevato grado di dettaglio: «*L'armonizzazione di taluni aspetti dei contratti a distanza conclusi dai consumatori e dei contratti da essi negoziati fuori dei locali commerciali è necessaria per promuovere un effettivo mercato interno dei consumatori, che raggiunga il giusto equilibrio tra un elevato livello di tutela dei consumatori e la competitività delle imprese, assicurando nel contempo il rispetto del principio di sussidiarietà*» (considerando n. 4 della direttiva 2011/83/UE). Inoltre è positiva la previsione di un modello-tipo uniforme, valido in tutto il territorio dell'Unione europea, utilizzabile per esprimere la volontà di recedere dal contratto a distanza.

Permane, in ogni caso, il rischio per il consumatore di affrontare costi elevati per la restituzione della merce in caso di recesso, problema specificamente connaturato agli scambi transfrontalieri [145].

5. La fase esecutiva del rapporto contrattuale

La direttiva 2011/83/UE ha dettato una disciplina più articolata e dettagliata dei diritti e degli obblighi delle parti nella fase esecutiva del contratto a distanza, offrendo soluzioni ai problemi individuati dalla dottrina e dalla giurisprudenza europea e nazionale relativi alle modalità di pagamento ed al passaggio del rischio [146].

---

[145] E. HALL-G. HOWELLS-J. WATSON, *op. cit.*, p. 163; I. RIVA, *op. cit.*, p. 760.

[146] Considerando n. 51 della direttiva 2011/83/UE: «*Le principali difficoltà incontrate dai consumatori, e una delle più importanti fonti di controversie con i professionisti, riguardano la consegna dei beni, inclusi quelli che sono persi o danneggiati durante il trasporto, e la consegna parziale o tardiva. È opportuno quindi chiarire e armonizzare le norme nazionali relative al momento in cui dovrebbe avvenire la consegna. Occorre che il luogo e le modalità di consegna nonché le norme relative alla determinazione delle condizioni e del momento del trasferimento della proprietà dei beni, rimangano soggetti*

Il consumatore che acquista un bene o un servizio a distanza è tenuto al pagamento del relativo corrispettivo. A tal riguardo, dovrebbe essere messo in condizione di adempiere la propria obbligazione scegliendo una delle tante modalità di pagamento a sua disposizione. Il professionista, a sua volta, dovrebbe comunicare al consumatore, e riprodurre nel contratto, qual è il mezzo di pagamento utilizzabile per effettuare l'acquisto del prodotto.

Nel caso di pagamento effettuato secondo modalità diverse da quelle stabilite in via convenzionale e non comunicate al consumatore, ci si è posti il quesito se il consumatore sia comunque liberato dal pagamento del corrispettivo o meno. Il professionista, invero, non può pretendere che il pagamento del prezzo del prodotto acquistato avvenga secondo una determinata modalità (es. carta di pagamento) qualora non abbia debitamente informato il consumatore in merito a tale esigenza. Pertanto, in questo caso, il consumatore dovrebbe ritenersi liberato dalla propria obbligazione [147].

È vietata al professionista l'imposizione ai consumatori di commissioni che superano il costo sostenuto dal professionista per l'uso di un dato mezzo di pagamento [148]. L'istituto di emis-

---

alla legislazione nazionale e pertanto non siano pregiudicate dalla presente direttiva. Le norme in materia di consegna di cui alla presente direttiva dovrebbero comprendere la possibilità per il consumatore di consentire a un terzo di acquisire per suo conto il possesso fisico o il controllo dei beni. È opportuno considerare il consumatore come avente il controllo dei beni quando egli, o un terzo da lui indicato, ha accesso ai beni per utilizzarli come proprietario, ovvero ha la possibilità di rivenderli»; *considerando* n. 53 della direttiva 2011/83/UE: «*Il consumatore dovrebbe essere tutelato durante un trasporto organizzato o effettuato dal professionista, anche quando il consumatore abbia scelto un metodo di consegna particolare da una gamma di opzioni presentate dal professionista. Tuttavia, tale disposizione non dovrebbe applicarsi ai contratti in cui spetti al consumatore stesso prendere in consegna i beni ovvero sia lui ad incaricare della consegna un vettore. Per quanto riguarda il momento del trasferimento del rischio, è opportuno considerare che un consumatore ha preso fisicamente possesso dei beni quando li ha ricevuti*».

147 A. PALLOTTA, *Art. 56, Pagamento mediante carta*, in G. ALPA-L. ROSSI CARLEO, *Codice del consumo: commentario*, cit., p. 422 ss.

148 E. HALL-G. HOWELLS-J. WATSON, *op. cit.*, p. 164.

sione della carta di pagamento riaccrediterà al consumatore, ed addebiterà al professionista, eventuali somme riscosse in eccedenza rispetto al prezzo convenuto o sottratte al consumatore mediante un uso fraudolento della sua carta di pagamento da parte del professionista o di un terzo (art. 62 c. cons.). La norma mira ad assicurare la sicurezza della transazione negli acquisti effettuati mediante le carte di pagamento, per rimediare ad eventuali anomalie rispetto a quanto è stato convenuto tra le parti [149].

Il professionista non può imporre al consumatore, oltre al versamento del corrispettivo per l'acquisto del bene o del servizio, pagamenti supplementari senza aver ottenuto il suo esplicito consenso prima che fosse vincolato dal contratto o dall'offerta. Se il professionista non ha ottenuto il consenso del consumatore ma lo ha dedotto utilizzando opzioni prestabilite che il consumatore avrebbe dovuto deselezionare per esprimere il proprio rifiuto al pagamento supplementare, il consumatore ha diritto al rimborso dell'eventuale pagamento effettuato (art. 65) [150]. In questo modo, il legislatore ha inteso risolvere il problema dei costi occulti nelle vendite, specialmente in quelle *online*, in cui il consumatore si ritrovava inconsapevolmente consenziente ed obbligato a sostenere dei costi ulteriori solo per non aver deselezionato delle caselle precompilate dal professionista. Il consenso ad eventuali pagamenti ulteriori va comunicato in via diretta dal consumatore e non può desumersi *indirettamente* per il solo fatto che questi non abbia deselezionato delle opzioni predisposte dal venditore.

Con riguardo ai costi delle comunicazioni telefoniche, l'art. 64 c. cons. stabilisce che se il professionista mette a disposizione una linea telefonica per essere contattato dal consumatore in merito al contratto concluso, il consumatore non è tenuto a pagare più della tariffa di base, ossia della tariffa corrente [151]. Re-

---

[149] A. PALLOTTA, *op. cit.*, p. 420 ss.

[150] E. HALL-G. HOWELLS-J. WATSON, *op. cit.*, p. 164; I. RIVA, *op. cit.*, p. 770.

[151] È contraria all'art. 21 della direttiva 2011/83/UE (art. 64 cons.) la condotta del professionista che mette a «*disposizione di tutti i suoi clienti uno o più numeri a selezione rapida soggetti a una tariffa superiore alla tariffa di*

sta impregiudicato il diritto degli operatori di servizi di telecomunicazione di applicare una tariffa per dette telefonate [152].

Spesso viene richiesto al consumatore il pagamento anticipato del corrispettivo rispetto alla data di consegna o di attivazione del servizio, e persino prima dello spirare del termine per l'esercizio del diritto di recesso. In questa ipotesi, sebbene in caso di ripensamento il professionista abbia l'obbligo di rimborsare al consumatore le spese già sostenute, il consumatore resta comunque esposto all'eventualità di doversi attivare per il recupero delle somme non restituite. Di conseguenza, appare preferibile preservare il consumatore dal versamento del corrispettivo prima del decorso del termine per recedere.

Per i contratti di fornitura periodica di servizi generalmente il professionista invita il consumatore ad effettuare la domiciliazione del pagamento presso il proprio istituto di credito: tale soluzione è indubbiamente comoda per il professionista, che si vede assicurato il puntuale versamento del corrispettivo. Per il consumatore, invece, può presentare dei rischi derivanti da eventuali addebiti in bolletta di costi non dovuti: invero, nella ipotesi in cui il consumatore non abbia optato per la domiciliazione bancaria del pagamento, qualora ravvisi la fatturazione di indebiti importi, in via di autotutela può ometterne il relativo pagamento.

La prestazione a carico del professionista, nel caso di contratto di servizio, consiste nella relativa fornitura secondo le norme codicistiche sulla somministrazione (artt. 1559 e ss. c.c.) [153]; nel caso di vendita di un bene, invece, consiste nella consegna del prodotto mediante il trasferimento della disponibilità materiale o comunque del controllo del bene al consumatore

---

base» cosicché «*i consumatori che hanno già concluso un contratto con tale professionista paghino più della tariffa di base quando contattano per telefono il professionista stesso in merito al suddetto contratto*» (Corte Giust. UE, 13 settembre 2018, C-332/17).

[152] E. HALL-G. HOWELLS-J. WATSON, *op. cit.*, p. 164. E. BATTELLI, *op. ult. cit.*, p. 475.

[153] S. PAGLIANTINI, *Art. 61 – Consegna*, in G. D'AMICO (a cura di), *La riforma del codice del consumo. Commentario al D.lgs. n. 21/2014*, Cedam, Padova, 2015, p. 270.

senza indebito ritardo e comunque non oltre *trenta giorni* dalla data di conclusione del contratto, salvo che le parti abbiano concordato un termine diverso per la consegna (art. 61, comma 1, c. cons.)[154].

Per "*controllo del bene*" si intende il momento in cui il consumatore – o un terzo da lui indicato – ha libero accesso ai beni per utilizzarli come proprietario, ovvero ha la possibilità di rivenderli (considerando n. 51 della direttiva 2011/83/UE).

La previsione normativa di un termine di consegna del bene, salvo diverso accordo tra le parti sullo stesso, conferisce all'acquirente certezza, dal punto di vista temporale, circa l'adempimento della prestazione da parte del professionista[155].

Qualora il professionista non consegni il bene nel termine pattuito o nel termine di trenta giorni, il consumatore potrà diffidarlo a tanto entro un termine supplementare, adeguato alle circostanze. Se il professionista dovesse persistere nell'inadempimento, il consumatore potrà agire per risolvere il contratto e per richiedere il risarcimento dei danni[156].

La possibilità di concedere un periodo supplementare, da una parte, favorisce lo scambio rispondendo ad una funzione

---

[154] M.P. PIGNALOSA, *op. cit.*, p. 157; E. BATTELLI, *Obblighi di consegna del bene e passaggio del rischio*, in *Corr. giur.*, 2014, p. 34 ss.

[155] I. RIVA, *op. cit.*, p. 769; M.P. PIGNALOSA, *op. cit.*, p. 157 ss.

[156] Considerando n. 52 della direttiva 2011/83/UE: «*Nel contesto dei contratti di vendita, la consegna dei beni può avvenire in modi diversi, o immediatamente o in un secondo tempo. Se le parti non hanno concordato una data di consegna specifica, il professionista deve effettuare la consegna dei beni il prima possibile e, in ogni caso, entro trenta giorni dalla data di conclusione del contratto. Le norme relative alla consegna tardiva dovrebbero anche tener conto dei beni da confezionare o acquistare appositamente per il consumatore, che non possono essere riutilizzati dal professionista senza una perdita significativa. Pertanto, la presente direttiva dovrebbe prevedere una norma che in talune circostanze conceda al professionista un periodo di tempo ragionevole supplementare. Quando quest'ultimo non consegna i beni entro il termine convenuto con il consumatore, prima che lo stesso possa risolvere il contratto, il consumatore dovrebbe invitare il professionista a effettuare la consegna entro un periodo di tempo ragionevole supplementare e dovrebbe avere il diritto di risolvere il contratto se il professionista non consegna il bene neppure entro tale termine supplementare*». E. BATTELLI, *op. ult. cit.*, p. 37.

conservativa, dall'altra, conferisce al consumatore la certezza di potersi sciogliere dal vincolo contrattuale in caso di inutile decorso del termine ulteriore [157].

L'invito ad adempiere entro il termine supplementare non è necessario se il professionista si è espressamente rifiutato di consegnare il bene o se il termine pattuito tra le parti per la consegna è da ritenersi essenziale secondo le circostanze o perché il consumatore aveva comunicato al professionista l'essenzialità della consegna del bene in una data specifica (art. 61, comma 4) [158]. In questi casi, qualora la consegna del bene non avvenga entro il termine previsto dal contratto o dalla legge, il contratto sarà risolto *ipso iure* (comma 5) [159] e, naturalmente, il consumatore potrà chiedere il ristoro dei danni subiti a causa dell'inadempimento del professionista.

In entrambe le ipotesi di risoluzione appena analizzate, il professionista sarà tenuto a rimborsare senza indebito ritardo tutti gli importi versati da parte del consumatore (art. 61, comma 6). L'espressione "*senza indebito ritardo*" conferisce una tutela effimera rispetto alla previsione esplicita di un termine entro il quale il professionista è tenuto a rimborsare al consumatore quanto già percepito.

---

[157] E. HALL-G. HOWELLS-J. WATSON, *op. cit.*, p. 164.

[158] E. HALL-G. HOWELLS-J. WATSON, *op. cit.*, p. 164; I. RIVA, *op. cit.*, p. 769.

[159] Cfr. art. 18 della direttiva 2011/83/UE. Considerando n. 52 della direttiva 2011/83/UE, secondo cui il rimedio risolutorio contemplato ai commi 1-3 dell'art. 61 c. cons. non dovrebbe «*applicarsi quando il professionista si è rifiutato di consegnare i beni con una dichiarazione esplicita. Lo stesso dicasi per le circostanze in cui il periodo di consegna è essenziale come, ad esempio, nel caso di un abito nuziale che deve essere consegnato prima delle nozze. Tale norma non dovrebbe applicarsi neanche nel caso in cui il consumatore abbia comunicato al professionista che la consegna ad una data specifica è essenziale. A tal fine, il consumatore può usare i dati di contatto del professionista forniti in conformità della presente direttiva. In tali casi specifici, se il professionista non consegna i beni entro i termini, il consumatore dovrebbe avere il diritto alla risoluzione del contratto ipso iure dopo la scadenza del periodo di consegna inizialmente convenuto. La presente direttiva dovrebbe lasciare impregiudicate le disposizioni nazionali sulle modalità secondo cui il consumatore deve notificare al professionista la propria volontà di risolvere il contratto*».

Inoltre, in caso di inesatto adempimento, il professionista dovrà – a proprie spese – procedere al ritiro del bene o alla disattivazione del servizio difforme da quello richiesto, alla sua riparazione o alla sua sostituzione.

Nei contratti di servizi il professionista non può adempiere eseguendo una fornitura diversa da quella pattuita, anche se di valore e qualità equivalenti o superiori, salvo il consenso del consumatore espresso prima o al momento della conclusione del contratto (art. 66 *quinquies*, comma 2, c. cons.).

L'ultimo comma dell'art. 61 c. cons. specifica che è fatta salva la possibilità per il consumatore di avvalersi dei rimedi risolutori contemplati agli artt. 1453 e ss. c.c.

Un rischio a cui è esposto il consumatore nella fase esecutiva del rapporto riguarda l'eventuale smarrimento o danneggiamento del bene durante il trasporto: l'acquirente merita di essere adeguatamente tutelato dall'inservibilità del bene smarrito o danneggiato e dalla perdita patrimoniale pari al prezzo già corrisposto. L'art. 63 c. cons. regola il passaggio del rischio nei contratti di vendita di beni[160], prevedendo che il professionista è responsabile di qualsiasi perdita o danneggiamento del bene, fino a quando il consumatore, o un terzo da questi designato diverso dal vettore, non acquisisca il possesso fisico del bene. Questa regola soffre una eccezione: se il vettore del trasporto dei beni è stato scelto dal consumatore – senza alcun coinvolgimento del professionista – il rischio della perdita o del dan-

---

[160] Considerando n. 51 della direttiva 2011/83/UE; considerando n. 55: «*Quando i beni sono spediti al consumatore dal professionista, in caso di perdita o danneggiamento, possono insorgere controversie circa il momento del trasferimento del rischio. Pertanto, la presente direttiva dovrebbe prevedere che il consumatore sia tutelato contro ogni rischio di perdita o danneggiamento dei beni che avvenga prima che egli abbia preso fisicamente possesso dei beni. Il consumatore dovrebbe essere tutelato durante un trasporto organizzato o effettuato dal professionista, anche quando il consumatore abbia scelto un metodo di consegna particolare da una gamma di opzioni presentate dal professionista. Tuttavia, tale disposizione non dovrebbe applicarsi ai contratti in cui spetti al consumatore stesso prendere in consegna i beni ovvero sia lui ad incaricare della consegna un vettore. Per quanto riguarda il momento del trasferimento del rischio, è opportuno considerare che un consumatore ha preso fisicamente possesso dei beni quando li ha ricevuti*».

neggiamento del bene passa al consumatore con la sola consegna al vettore [161].

Gli analizzati artt. 61 e 63 c. cons. sulla consegna del bene e sul passaggio del rischio si applicano solo ai contratti di vendita: sono esclusi dal loro campo di applicazione i contratti per la fornitura di acqua, gas o elettricità, quando non sono messi in vendita in un volume limitato o in quantità determinata, di teleriscaldamento o di contenuto digitale non fornito su un supporto materiale. Gli artt. 62, 64 e 65 c. cons. si applicano a tutti i contratti di vendita e ai contratti di servizio nonché ai contratti di fornitura di acqua, gas, elettricità, teleriscaldamento o contenuto digitale non fornito su supporto materiale (art. 60 c. cons.).

Inoltre, nel corso del rapporto contrattuale potrebbero sorgere degli ostacoli per il consumatore relativi al godimento del bene o del servizio, con conseguente necessità di contattare il professionista affinché intervenga a ripristinarne il buon funzionamento. Il più delle volte il professionista attiva a disposizione del consumatore un "servizio di assistenza clienti" contattabile via *e-mail*, per via telefonica o tramite una specifica applicazione.

Tuttavia, mentre l'invio di una *email* avviene – di massima – a costo zero per il consumatore [162], il servizio per via telefonica è generalmente a pagamento – con costi spesso maggiori rispetto alla tariffa di base – e questo può costituire un aggravio economico per chi richiede assistenza [163]. Fermo restando che il consumatore deve essere informato sui costi eventualmente da sostenere per le comunicazioni telefoniche con il professionista, la gratuità dei numeri relativi al «*servizio di assistenza clienti*»

---

[161] E. HALL-G. HOWELLS-J. WATSON, *op. cit.*, p. 164; S. MAZZAMUTO, *op. cit.*, p. 903; G. D'AMICO, *op. cit.*, p. 21 ss.; I. RIVA, *op. cit.*, p. 769; M.P. PIGNALOSA, *op. cit.*, p. 172 ss.

[162] O meglio, il costo sarebbe rappresentato solo dalla connessione alla rete *internet*.

[163] Si pensi ad un ipotetico guasto della linea telefonica fissa e al fatto di dover contattare con il cellulare il professionista per segnalare il malfunzionamento componendo numeri telefonici più costosi delle chiamate urbane o extraurbane: senza contare che i tempi di attesa al telefono prima di poter parlare con un operatore sono solitamente lunghi, e non è detto che il disservizio si possa risolvere con una sola telefonata.

appare la soluzione più rispettosa nei confronti del consumatore che, in presenza di un disservizio, non dovrebbe essere costretto a sostenere ulteriori costi per mettersi in contatto con il professionista e dovrebbe avere comunque la possibilità di dialogare con un operatore telefonico per esporre la propria problematica, se non può essere risolta solo seguendo le indicazioni di un nastro registrato.

Un'altra eventualità dalla quale il consumatore dovrebbe essere tutelato consiste nella esecuzione "a intermittenza" del contratto di fornitura di un servizio. Si pensi all'ipotesi in cui un servizio (ad es. la connessione ad *internet*) sia disponibile a giorni alterni o ogni due giorni nell'arco della settimana. In questo caso, pure a fronte del pagamento integrale del corrispettivo da parte del consumatore, quest'ultimo potrebbe fruire parzialmente del servizio e goderne in modo limitato. Al cospetto di tale ipotesi, le clausole contrattuali predisposte dal professionista – che generalmente prevedono la corresponsione di indennità in favore del consumatore se il disservizio perdura per un dato periodo di tempo (es. 48 ore, 36 ore, ecc.) – non sembrano rispondere adeguatamente agli interessi del consumatore se il servizio, ripristinato prima del decorso del termine, dovesse il giorno dopo di nuovo interrompersi.

Infine, va considerata una ipotesi – facilmente riscontrabile nella prassi – che costituisce la più grave offesa alla libertà negoziale e al diritto di autodeterminazione del consumatore: la «*fornitura non richiesta*» [164], ossia la consegna di un bene o l'attivazione di un servizio a pagamento senza che il consumatore abbia mai manifestato una volontà in tal senso [165].

---

[164] G. De Cristofaro, *Art. 57*, in *Commentario breve al diritto dei consumatori*, a cura di G. De Cristofaro-Zaccaria A., Cedam, Padova, 2010, p. 467; S. Simone S., *Art. 57, Fornitura non richiesta*, in G. Alpa-L. Rossi Carleo (a cura di), *Codice del consumo: commentario*, cit., p. 430 ss.

[165] G. De Cristofaro, *op. ult. cit.*, p. 468; F. Bravo, *op. ult. cit.*, p. 260 ss.; C. Stazi, *Art. 57*, in E. Minervini-L. Rossi Carleo (a cura di), *Le modifiche al codice del consumo*, Giappichelli, Torino, 2009, p. 345. Corte Giust. UE, 13 settembre 2018, C-54/17: «*La nozione di "fornitura non richiesta" [...] dev'essere interpretata nel senso che, con riserva di verifiche da parte del giudice del rinvio, essa ricomprende condotte come quelle di cui trattasi*

Questa condotta è vietata ed è annoverata tra le pratiche commerciali scorrette (artt. 20, comma 5, e 26, comma 1, lett. f), c. cons.) poiché è suscettibile di indurre il consumatore a tenere un comportamento che non avrebbe tenuto, inducendolo a corrispondere il prezzo di beni o servizi non richiesti sulla base del presupposto – erroneo – che la sola consegna o l'attivazione degli stessi da parte del professionista implichi la prestazione del consenso e il sorgere di un obbligo di pagamento [166].

A ben vedere, il consumatore può ricevere indebite pressioni da parte del professionista anche qualora sia fornito un bene o un servizio a titolo gratuito, magari per un periodo limitato: invero, in questa eventualità, il professionista potrebbe contattare il consumatore per indurlo all'acquisto e il consenso potrebbe essere estorto sulla base dell'erroneo convincimento che il fatto di aver goduto del bene o del servizio per un lasso di tempo abbia fatto sorgere obblighi di pagamento nel confronti del professionista [167].

Nelle ipotesi di fornitura non richiesta, il consumatore potrebbe essere indotto a credere di dover restituire o custodire il bene, o di doversi attivare per interrompere la fornitura di un servizio. Nessuna di queste prestazioni è dovuta dal consumatore nei confronti del professionista.

La palese pericolosità di questo tipo di condotte ha fatto sorgere la necessità per il legislatore europeo di vietarle, in quanto potenzialmente più rischiose di quelle descritte in precedenza, per il fatto che la sollecitazione all'acquisto avviene con modalità subdole, non dirette a convincere all'acquisto ma ad *eludere la prestazione del consenso*.

---

nei procedimenti principali, consistenti nella commercializzazione, da parte di un operatore di telecomunicazioni, di carte SIM (Subscriber Identity Module, modulo d'identità dell'abbonato) sulle quali sono preimpostati e preattivati determinati servizi, quali la navigazione Internet e la segreteria telefonica, senza che il consumatore sia stato previamente ed adeguatamente informato né di tale preimpostazione e preattivazione né dei costi di tali servizi».

[166] TAR Lazio, 22 luglio 2019, n. 9700; TAR Lazio, 22 luglio 2019, n. 9695; Cons. Stato, Sez. VI, 5 marzo 2015, n. 1104; G. DE CRISTOFARO, *op. ult. cit.*, p. 470 ss.; M.P. PIGNALOSA, *op. cit.*, p. 236 ss.

[167] G. DE CRISTOFARO, *op. ult. cit.*, p. 470 ss.

Pertanto, nella ipotesi di fornitura di un bene o di un servizio non richiesto il consumatore è esonerato «*dall'obbligo di fornire qualsiasi prestazione corrispettiva*». Inoltre, l'assenza di una risposta da parte del consumatore in seguito alla fornitura non richiesta non costituisce né può essere interpretata come l'espressione di un consenso (art. 66 *quinquies* c. cons.) [168].

L'art. 67 c. cons. – norma di chiusura e di raccordo ad altre disposizioni – stabilisce che la disciplina dettata dagli artt. 45-66 *quinquies* c. cons. non esclude né limita i diritti che sono attribuiti al consumatore da altre norme dell'ordinamento giuridico europeo o adottate in conformità a norme europee, e – per quanto non espressamente previsto – si applicano le disposizioni del codice civile in tema di validità, formazione o efficacia dei contratti. Infine, troveranno altresì applicazione le norme di cui agli artt. 18, 19 e 20 del d.lgs. n. 114/1998 di riforma della disciplina relativa al settore del commercio.

In conclusione, anche per quanto riguarda la fase di esecuzione del contratto a distanza sembra che con la direttiva 2011/83/UE si siano fatti dei progressi dal punto di vista giuridico, ad ogni modo, solo la prassi contrattuale potrà rivelare potenziali inefficienze e vuoti normativi, ai quali il legislatore europeo e nazionale dovranno porre rimedio.

Focus

IL *TELESELLING* NELLA PRASSI

Nel corso degli ultimi anni l'Autorità Garante della Concorrenza e del Mercato è dovuta più volte intervenire – su sollecitazione di consumatori, loro associazioni rappresentative ed imprese – per stigmatizzare, correggere e, nei casi più gravi, sanzionare svariate pratiche commerciali scorrette realizzate mediante il *teleselling*, la modalità di vendita telefonica per proporre a potenziali clienti beni e servizi [169].

---

[168] E. HALL-G. HOWELLS-J. WATSON, *op. cit.*, p. 165; I. RIVA, *op. cit.*, p. 769; M.P. PIGNALOSA, *op. cit.*, p. 232 ss.

[169] *Ex multis*, Cons. Stato, 22 gennaio 2021, n. 665; TAR Lazio, 11 luglio 2019, n. 9180; TAR Lazio, 1° giugno 2018, n. 6104; TAR Lazio, 16 giugno 2011, n. 5383. G. MUSCOLO, *Digital Market and Consumers: a Few Notes*, in *Riv. it. di Antitrust/Italian Antitrust Review*, 2016, *passim*.

All'esito di ampie indagini condotte dall'AGCM sulle modalità di conclusione dei contratti – in particolare di fornitura di servizi di telefonia, di energia elettrica e di gas naturale – sono state riscontrate numerose violazioni delle norme in materia di concorrenza, è stata accertata la riacquisizione della clientela passata ad un nuovo operatore (c.d. *winback*) con modalità aggressive e/o ingannevoli nonché mediante l'attivazione, da parte dei professionisti, di servizi non richiesti, in assenza di qualsiasi contatto telefonico o manifestazione di volontà da parte del consumatore o in base a firme successivamente disconosciute. Migliaia di consumatori hanno scoperto di essere diventati clienti di un nuovo operatore, o di essere tornati in fornitura con il precedente, mediante il ricevimento di una lettera, di un SMS sul telefono cellulare, di una fattura di pagamento o di una comunicazione di avvenuto recesso dal contratto, senza aver prestato il proprio consenso al cambio di fornitura.

Queste pratiche venivano, e vengono tutt'ora, prevalentemente attuate dai professionisti mediante agenzie specializzate, per lo più collocate in territorio extra UE, che dispongono di liste dei clienti da contattare, nuovi o persi perché migrati ad altro operatore. Può accadere che le agenzie lavorino simultaneamente anche per conto di imprese concorrenti del committente, talvolta in violazione della clausola di esclusiva: questa circostanza ha consentito loro di disporre dei dati personali dei clienti di più operatori e di lucrare, percependo una doppia provvigione, su ogni cliente che facevano perdere e riacquisire a ciascun operatore.

La pratica commerciale scorretta segue un *iter* ben definito e collaudato.

All'inizio della conversazione telefonica con il consumatore, gli agenti si qualificano falsamente come funzionari del loro fornitore, ad esempio del servizio di telefonia mobile; promettendo vantaggiose promozioni o l'imminente erogazione di rimborsi carpiscono il suo consenso con l'inganno; per attivare le offerte o i rimborsi promessi richiedono la comunicazione dei dati personali e, in caso di obiezioni, giustificano questa formalità come una «*mera conferma dei dati*»; a quel punto, procedono alla registrazione della telefonata facendo così credere che il cliente abbia comunicato loro i dati personali per aderire ad un nuovo contratto, le cui condizioni vengono lette in modo incomprensibile ed accelerato dall'agente.

Come è immaginabile, la macroscopica illiceità e la capillarità di queste condotte ha avuto un'ampia risonanza mediatica ed è stata oggetto di approfondimento e di inchiesta da parte di giornalisti e di trasmissioni televisive che trattano di consumo e dei diritti dei consumatori.

Il quadro che emerge nettamente dalla lettura del provvedimenti dell'AGCM, e dall'ascolto delle telefonate mandate in onda per ammoni-

re e sensibilizzare l'opinione pubblica sull'esecuzione di queste pratiche scorrette ed anticoncorrenziali, è davvero raccapricciante.
Ciò che colpisce di più non è soltanto la disinvoltura con cui le imprese sanzionate dall'AGCM, sprezzanti di compromettere la loro reputazione, hanno violato il divieto di pratiche commerciali scorrette e le norme sui contratti a distanza, ma la facilità e la sistematicità con cui per diversi mesi hanno compiuto un vero e proprio "palleggiamento" di clienti: se li perdevano illegittimamente, dopo poche settimane li riacquisivano altrettanto illegittimamente, carpendo il loro consenso attivando forniture mai richieste.
Dopo l'inflizione di provvedimenti sanzionatori da parte dell'AGCM, preso coscienza di quanto fosse difficile individuare agenzie serie ed affidabili, alcune imprese hanno preferito internalizzare l'attività di vendita a mezzo telefonico, altre l'hanno completamente dismessa sostituendola con la vendita *"porta a porta"*: questo atteggiamento rinunciatario sul *teleselling*, sostituito con un sistema decisamente più vetusto, rivela quanto sia complessa la piena attuazione delle norme sulle vendite a distanza e di quanto siano concreti e attuali i rischi per il consumatore nel rapporto con il professionista assente.

6. Considerazioni finali

La direttiva 2011/83/UE ha ridisegnato la disciplina in materia di contratti a distanza contribuendo a ridurre la frammentazione normativa che tanto negativamente incideva sugli scambi transfrontalieri e ad offrire ai consumatori e ai professionisti un quadro normativo più completo ed efficace, per quanto perfettibile.

Sarebbe arduo sostenere che la direttiva 2011/83/UE non abbia elevato il livello di tutela del consumatore nelle vendite a distanza: del resto, considerate le aspettative che accompagnavano l'adozione della stessa, qualora il criterio dell'armonizzazione massima non avesse realizzato un generale innalzamento del grado di protezione dei consumatori, il mero raggiungimento dell'unificazione normativa non avrebbe migliorato il quadro giuridico, lo avrebbe reso solo uniforme [170].

[170] Relazione della Commissione al Parlamento Europeo e al Consiglio sull'applicazione della direttiva 2011/83/UE del Parlamento europeo e del Consiglio, del 25 ottobre 2011, sui diritti dei consumatori, recante modifica

Le norme a tutela del consenso informato e sul diritto di recesso appaiono convincenti: tuttavia, prevedere l'armonizzazione massima solo per queste disposizioni e non anche per le norme sanzionatorie rischia di provocare nuove frammentazioni giuridiche e disparità di trattamento degli operatori commerciali all'interno dell'Unione Europea.

Se si sposta l'attenzione dal piano astratto delle norme al piano concreto della prassi [171], si prende contatto con una realtà desolante, data la consuetudine con cui si registrano, sistematicamente e reiteratamente, violazioni delle norme a protezione dei consumatori nei contratti a distanza.

La sensazione è che sia cambiato poco tra il regime precedente e successivo all'adozione della direttiva 2011/83/UE: questa impressione non origina da una valutazione negativa dell'efficacia dell'impianto normativo, ma della sua applicazione sul piano pratico [172].

---

della direttiva 93/13/CEE del Consiglio e della direttiva 1999/44/CE del Parlamento europeo e del Consiglio e che abroga la direttiva 85/577/CEE del Consiglio e la direttiva 97/7/CE del Parlamento europeo e del Consiglio, COM (2017) 259 del 23 maggio 2017, p. 6; G. ALPA, *Competition of legal systems and harmonization of European private law: new paths in a comparative perspective*, Sellier european law publishers, Munich, 2013, *passim*; S. MAZZAMUTO, *Il diritto europeo e la sfida del codice civile unitario*, in *Contr. impr./Europa*, 2012, p. 98 ss.; M. DONA, *op. ult. cit.*, pp. 593-594.

[171] *Ex multis*, Trib. Novara, 8 marzo 2019; Trib. Milano, 4 giugno 2018. *https://www.agcm.it/competenze/tutela-del-consumatore/delibere/provvedimenti.*

[172] Relazione della Commissione al Parlamento Europeo e al Consiglio sull'applicazione della direttiva 2011/83/UE del Parlamento europeo e del Consiglio, del 25 ottobre 2011, sui diritti dei consumatori, recante modifica della direttiva 93/13/CEE del Consiglio e della direttiva 1999/44/CE del Parlamento europeo e del Consiglio e che abroga la direttiva 85/577/CEE del Consiglio e la direttiva 97/7/CE del Parlamento europeo e del Consiglio, COM (2017) 259 del 23 maggio 2017, p. 7: «*La valutazione ha tuttavia evidenziato alcuni fattori che limitano l'efficacia della direttiva e che sono elencati di seguito:*

– scarsa conoscenza delle disposizioni della direttiva da parte di professionisti e consumatori;

– difficoltà a interpretare alcune disposizioni [...];

– inosservanza delle norme da parte dei professionisti; e

– problemi relativi all'applicazione della normativa, in particolare per quanto riguarda gli la ridotta applicazione a livello nazionale e le differenze riscontrate nella modalità di applicazione delle norme;

Poiché l'azione presuppone la conoscenza, una delle soluzioni a questo problema è l'*educazione*.

Al consumatore è richiesto un sempre più elevato grado di informazione diretta sui propri diritti e sulle modalità di esercizio degli stessi: più sarà ben istruito sulle tutele apprestate in suo favore dall'ordinamento, più sarà libero di autodeterminarsi e di non cadere vittima di eventuali comportamenti scorretti del professionista.

Ma l'educazione e l'intervento in autotutela[173] non sembrano sufficienti a garantire l'«*elevato livello di protezione*» del consumatore perseguito a livello europeo e nazionale.

Non si può pretendere che il consumatore medio sappia riconoscere quali e quante clausole contrattuali predisposte dal professionista contengono condizioni deteriori (ad esempio, la durata del periodo di recesso inferiore a quattordici giorni) rispetto a quelle normativamente previste, o che sappia riconoscere l'esecuzione di una pratica commerciale qualificata come scorretta (artt. 18 e ss. c. cons.). Né si può pensare che la proposizione, in via individuale o collettiva[174], di iniziative giudiziali da parte del consumatore – tante quante sono le eventuali violazioni poste in essere dai professionisti con cui sono stati conclusi vari contratti a distanza – possa essere una soluzione sempre percorribile, sia perché comporta un dispendio di tempo e di risorse sia perché può non apparire conveniente se il danno patrimoniale eventualmente subito fosse più esiguo rispetto alle spese di accesso alla giustizia o a meccanismi di risoluzione stragiudiziale delle controversie.

– anche il diverso livello delle sanzioni previste dagli Stati membri per le violazioni della direttiva potrebbe costituire un problema, in quanto in diversi Stati membri le sanzioni massime non sembrano essere sufficientemente "effettive, proporzionate e dissuasive" (articolo 24) per i professionisti, indipendentemente dalle dimensioni della loro attività».

[173] Cfr. artt. 4 e 66 *quater* c. cons.

[174] C. CONSOLO-B. ZUFFI, *L'azione di classe*, Cedam, Padova, 2012, p. 105 ss.; G. CONTE, *I diritti individuali "omogenei" nella disciplina dell'azione di classe*, in *Riv. dir. civ.*, 2012, p. 609 ss.; G. CONTE, *L'impresa responsabile*, cit., p. 203 ss.; L. ROSSI CARLEO (a cura di), *Diritto dei consumi: soggetti, atto, attività, enforcement*, Giappichelli, Torino, 2015, *passim*.

Per dare piena attuazione alle norme sui contratti a distanza la via maestra appare la tutela preventiva.

A questo proposito, nel rispetto dell'autonomia negoziale del professionista, un più ampio potere di controllo preliminare delle Autorità di settore e dell'Autorità Garante della Concorrenza e del Mercato (art. 66 c. cons.) sulle modalità di presentazione delle offerte e di conclusione delle vendite, nonché sulle condizioni generali di contratto per eventualmente elidere o riformulare quelle non conformi alla normativa, potrebbe offrire un contributo determinante al rafforzamento della tutela del consumatore [175].

La prospettiva sanzionatoria, per quanto astrattamente penalizzante sul piano economico e reputazionale, appare non dissuadere troppo alcuni professionisti dalla disinvolta attuazione – quasi come se fossero *legibus soluti* – di condotte scorrette in pregiudizio dei propri clienti: invero, per quanto l'AGCM abbia comminato sanzioni di importi persino milionari, il volume d'affari conseguito dal professionista per effetto di condotte illegittime è comunque esponenzialmente superiore all'importo della sanzione. Al cospetto di tale realtà, gli effetti dissuasivi e punitivi della tutela sanzionatoria non appaiono decisivi, considerando anche che il consumatore non è il beneficiario *diretto* delle somme riscosse con il pagamento della sanzione pecuniaria e può non conseguire il ristoro della perdita economica subita per effetto della condotta illecita del professionista.

L'esperienza della conclusione di un contratto a distanza – formidabile dispositivo giuridico di matrice europea – dovrebbe essere vissuta dai consumatori come una opportunità di sviluppo, di realizzazione dei propri interessi (artt. 2 e 41 Cost.), non come uno strumento pericoloso e pregiudizievole dei loro diritti [176].

---

[175] E. BATTELLI, *Artt. 48-51*, cit., pp. 456-457; G. D'AMICO, *op. cit.*, p. 25 ss.; G. BERTI, *Diffusione della normatività e nuovo disordine delle fonti del diritto*, in G. GITTI (a cura di), *L'autonomia privata e le autorità indipendenti*, Il Mulino, Bologna, 2006, p. 37; F. MERUSI, *Il potere normativo delle autorità indipendenti*, in G. GITTI (a cura di), *L'autonomia privata e le autorità indipendenti*, Il Mulino, Bologna, 2006, p. 48.

[176] G. CONTE, *La disciplina dell'attività di impresa tra diritto, etica ed economia*, in G. CONTE (a cura di), *La responsabilità sociale dell'impresa*,

Non si può pretendere che i consumatori ripongano fiducia nel mercato, e in chi vi opera, se a fronte di gravi violazioni della disciplina sui contratti a distanza gli operatori commerciali scorretti restano impuniti o sanzionati in misura inferiore rispetto ai profitti conseguiti illegittimamente.

Se si favorirà – con idonee misure preventive e rimediali – un approccio sereno e confidente dei consumatori alla negoziazione tra assenti si potrà conseguire il desiderato implemento degli scambi, anche transfrontalieri, a beneficio dell'intero mercato interno.

Indice delle opere citate

ALPA G., *Nuove garanzie a tutela del consumatore. Commento alla direttiva 97/7/CE*, in *Contratti*, 1997.

ALPA G., *I contratti a distanza. Prime considerazioni*, in *Contratti*, 1999.

ALPA G., *New economy e libere professioni: il diritto privato e l'attività forense nell'era della rivoluzione digitale*, in *Contr. e impr.*, 2000.

ALPA G., *I diritti dei consumatori e il codice del consumo nell'esperienza italiana*, in *Contr. impr./Europa*, 2006.

ALPA G., *Introduzione al diritto dei consumatori*, Laterza, Roma-Bari, 2006.

ALPA G., *Introduzione al diritto contrattuale europeo*, Laterza, Roma-Bari, 2007.

ALPA G., *Autonomia delle parti e libertà contrattuale, oggi*, in *Riv. crit. dir. priv.*, 2008.

ALPA G., *I diritti dei consumatori*, in *Trattato di diritto privato dell'Unione europea*, diretto da G. AJANI-G.A. BENACCHIO, Giappichelli, Torino, 2009.

Laterza, Roma-Bari, 2008, p. 3 ss.; G. ALPA-G. CONTE (a cura di), *Diritti e libertà fondamentali nei rapporti contrattuali*, Giappichelli, Torino, 2018, *passim*; G. ALPA-G. CONTE (a cura di), *Casi decisi dalla Corte di giustizia dell'Unione europea sui diritti fondamentali in materia contrattuale*, Giappichelli, Torino, 2018, p. 2 ss.; G. D'AMICO, *Direttiva sui diritti dei consumatori e Regolamento sul Diritto comune europeo della vendita: quale strategia dell'Unione europea in materia di armonizzazione?*, in *Contratti*, 2012, p. 611 ss.

ALPA G., *Competition of legal systems and harmonization of European private law: new paths in a comparative perspective*, Sellier european law publishers, Munich, 2013.

ALPA G., *Towards the Completion of the Digital Single Market: The Proposal of a Regulation on a Common European Sales Law*, in *European Business Law Review*, 2014.

ALPA G. (a cura di), *I contratti del consumatore*, Giuffrè, Milano, 2014.

ALPA G. (a cura di), *I nuovi confini del diritto privato europeo*, Giuffrè, Milano, 2016.

ALPA G., *Illecito e danno antitrust: casi e materiali*, Giappichelli, Torino, 2016.

ALPA G., *Diritto privato europeo*, Giuffrè, Milano, 2016.

ALPA G.-CAPILLI G., *Lezioni di diritto privato europeo*, Cedam, Padova, 2007.

ALPA G.-CATRICALÀ A. (a cura di), *Diritto dei consumatori*, Il Mulino, Bologna, 2017.

ALPA G.-CONTE G., *Riflessioni sul progetto di Common frame of reference e sulla revisione dell'acquis communautaire*, in *Riv. dir. priv.*, 2008.

ALPA G.-CONTE G. (a cura di), *Diritti e libertà fondamentali nei rapporti contrattuali*, Giappichelli, Torino, 2018.

ALPA G.-CONTE G. (a cura di), *Casi decisi dalla Corte di giustizia dell'Unione europea sui diritti fondamentali in materia contrattuale*, Giappichelli, Torino, 2018.

ALPA G.-CONTE G.-PERFETTI U.-GRAF VON WESTPHALEN F. (a cura di), *The Proposed Common European Sales Law – The Lawyer's View*, Sellier european law publishers, Munich, 2013.

ALPA G.-MARICONDA V., *Codice dei contratti commentato*, Ipsoa, Milano, 2017.

ALPA G.-ROSSI CARLEO L., *Codice del consumo: commentario*, E.S.I., Napoli, 2005.

ATELLI M., *Il diritto alla tranquillità individuale: dalla rete internet al door to door*, Jovene, Napoli, 2001.

ATELLI M., *La disciplina del commercio elettronico e delle altre forme di contrattazione a distanza*, Giappichelli, Torino, 2001.

BASEDOW J., *Un comune diritto dei contratti per il mercato comune*, in *Contr. impr./Europa*, 1997.

BASTIANON S., *Prime osservazioni sulla direttiva 97/7/CE in tema di contratti a distanza*, in *Resp. civ. e prev.*, 1997.

BATTELLI E., *La nuova disciplina degli obblighi informativi nei contratti con i consumatori*, in *Giur. it.*, 2014.

BATTELLI E., *Obblighi di consegna del bene e passaggio del rischio*, in *Corr. giur.*, 2014.

BENEDETTI A.M., *Il contratto non si conclude per telefono: paradossi dell'asimmetria procedimentale*, in *Contratti*, 2017.

BENEDETTI G., *Diritto e linguaggio. Variazioni sul «diritto muto»*, in *Europa dir. priv.*, 1999.

BRAVO F., *Contrattazione telematica e contrattazione cibernetica mediante agenti software nella distribuzione B2C*, Gedit, Bologna, 2006.

BRAVO F., *Contrattazione telematica e contrattazione cibernetica*, Giuffrè, Milano, 2007.

BRAVO F., *I contratti a distanza nel codice del consumo e nella direttiva 2011/83/UE: verso un codice europeo del consumo*, Giuffrè, Milano, 2013.

CLIVE E., *Pre-contractual information duties in B2C Sales Contracts*, relazione al seminario *An Optional European Sales Law*, Trier 9-10 febbraio 2012.

CONSOLO C.-ZUFFI B., *L'azione di classe*, Cedam, Padova, 2012.

CONTE G. (a cura di), *La responsabilità sociale dell'impresa*, Laterza, Roma-Bari, 2008.

CONTE G., *I diritti individuali "omogenei" nella disciplina dell'azione di classe*, in *Riv. dir. civ.*, 2012.

CONTE G., *L'impresa responsabile*, Giuffrè, Milano, 2018.

CONTE G., *La formazione del contratto: artt. 1326-1330 e 1333-1335*, Giuffrè, Milano, 2018.

CUFFARO V., *Nuovi diritti per i consumatori: note a margine del d.lgs. 21 febbraio 2014, n. 21*, in *Corr. giur.*, 2014.

CUFFARO V. (a cura di), *Codice del consumo e norme collegate*, Giuffrè Francis Lefebvre, Milano, 2019.

D'AMICO G., *Direttiva sui diritti dei consumatori e Regolamento sul Diritto comune europeo della vendita: quale strategia dell'Unione europea in materia di armonizzazione?*, in *Contratti*, 2012.

D'AMICO G. (a cura di), *La riforma del codice del consumo. Commentario al D.lgs. n. 21/2014*, Cedam, Padova, 2015.

DE CRISTOFARO G., *Contratti a distanza e norme a tutela del consumatore*, in *Studium Iuris*, 1999.

DE CRISTOFARO G., *Principi del diritto comunitario dei contratti:* acquis communautaire *e diritto privato europeo*, Giappichelli, Torino, 2009.

DE CRISTOFARO G., *La direttiva 2011/83/UE sui diritti dei consumatori: ambito di applicazione e disciplina degli obblighi informativi precontrattuali*, in *Annuario del contratto*, Giappichelli, Torino, 2011.

DE CRISTOFARO G., *La disciplina degli obblighi informativi precontrattuali nel codice del consumo riformato*, in *Nuove leggi civ. comm.*, 2014.

DE CRISTOFARO G.-ZACCARIA A., *Commentario breve al diritto dei consumatori*, Cedam, Padova, 2010.

DE MARZO G., *Contratti a distanza: commento al Decreto legislativo 22 maggio 1999, n. 185*, Giuffrè, Milano, 1999.

DE NOVA G., *Un contratto di consumo via Internet*, in *Contratti*, 1999.

DONA M., *Pubblicità, pratiche commerciali e contratti nel Codice del Consumo*, Utet giuridica, Torino, 2008.

DONA M., *La proposta di direttiva sui diritti dei consumatori: luci ed ombre nel futuro della tutela contrattuale*, in *Obbl. contr.*, 2009.

FOLLIERI L., *Il contratto concluso su internet*, E.S.I., Napoli, 2005.

GABRIELLI E.-MINERVINI E., *I contratti dei consumatori*, Utet giuridica, Torino, 2005.

GITTI G. (a cura di), *L'autonomia privata e le autorità indipendenti*, Il Mulino, Bologna, 2006.

GRANELLI C., *Le "pratiche commerciali scorrette" tra imprese e consumatori: l'attuazione della direttiva 2005/29/CE modifica il codice del consumo*, in *Obbl. contr.*, 2007.

GRISI G., *L'obbligo precontrattuale di informazione*, in *Riv. crit. dir. priv.*, 1990.

GRISI G., *La frontiera telematica della contrattazione a distanza*, in *Europa dir. priv.*, 1998.

HALL E.-HOWELLS G.-WATSON J., *The Consumer Rights Directive – An Assessment of its Contribution to the Development of European Consumer Contract Law*, in *European Review of Contract Law*, 2012.

IRTI N., *Scambi senza accordo*, in *Riv. trim. dir. e proc. civ.*, 1998.

JANNARELLI A., *Le vendite aggressive: vendite stipulate fuori dei locali commerciali e vendite stipulate a distanza nel diritto italiano ed europeo*, E.S.I., Napoli, 1995.

LIVI M.A., *L'attuazione della Direttiva 97/7/CE riguardante la protezione dei consumatori in materia di contratti a distanza*, in *Contr. e impr.*, 1998.

MAZZAMUTO S., *La nuova direttiva sui diritti del consumatore*, in *Europa dir. priv.*, 2011.

MAZZAMUTO S., *Il diritto europeo e la sfida del codice civile unitario*, in *Contr. impr./Europa*, 2012.

MELI M., *Proposta di regolamento – Diritto europeo della vendita*, in *Nuove leggi civ. comm.*, 2012.

MICKLITZ H.W., *La mano visibile del diritto privato europeo in materia normativa – La trasformazione del diritto privato dall'autonomia al funzionalismo nella concorrenza e nella regolamentazione*, in *European University Institute Working Papers*, 2010.

MICKLITZ H.W.-STUYCH J.-TERRYN E., *Cases, Materials and Text on Consumer Law*, Hart, Oxford-Portland, 2010.

MINERVINI E., *La tutela collettiva dei consumatori in materia di contratti a distanza*, in *Contratti*, 2000.

MINERVINI E., *Dei contratti del consumatore in generale*, Giappichelli, Torino, 2010.

MINERVINI E.-ROSSI CARLEO L., *Le pratiche commerciali sleali: direttiva comunitaria ed ordinamento italiano*, Giuffrè, Milano, 2007.

MINERVINI E.-ROSSI CARLEO L., *Le modifiche al codice del consumo*, Giappichelli, Torino, 2009.

MUSCOLO G., *Digital Market and Consumers: a Few Notes*, in *Riv. it. di Antitrust / Italian Antitrust Review*, 2016.

OPPO G., *Disumanizzazione del contratto?*, in *Riv. dir. civ.*, 1998.

PERFETTI U., *Prime riflessioni sul D.lgs. 22 maggio 1999 n. 185 in materia di contratti a distanza*, in *Nuove leggi civ. comm.*, 2000.

PIGNALOSA M.P., *Contratti a distanza e recesso del consumatore*, Giuffrè, Milano, 2016.

PIZZOLANTE G., *Contrattazione a distanza e tutela del consumatore in diritto comunitario*, in *Dir. comm. internaz.*, 2000.

RICCI F., *Informazioni per il consumatore e volontarietà del contratto telematico*, Atti del Convegno di Porto Torres-Alghero (19-20 maggio 2000) su *L'operazione nelle reti telematiche*, in *Temi romana*, 2000.

RICCI F., *L'informazione del consumatore e l'inefficacia delle clausole occulte*, in *Temi romana*, 2000.

RICCI F., *I contratti a distanza*, in *Trattato dei contratti*, diretto da P. RESCIGNO-E. GABRIELLI, Giappichelli, Torino, 2007.

RICCI F., *I beni di consumo e la disciplina delle vendite aggressive*, Cacucci, Bari, 2013.

RICCI F., *Le clausole vessatorie nei contratti on line*, in *Contr. impr./Europa*, 2014.

RIVA I., *La direttiva di armonizzazione massima sui diritti dei consumatori, o almeno ciò che ne resta*, in *Contr. impr./Europa*, 2011.

ROPPO V., *Il Contratto*, Giuffrè, Milano, 2011.

ROSSI CARLEO L., *Il codice del consumo: prime considerazioni*, in *Contr. impr./Europa*, 2006.

ROSSI CARLEO L. (a cura di), *Diritto dei consumi*, Giappichelli, Torino, 2012.

ROSSI CARLEO L. (a cura di), *Diritto dei consumi: soggetti, atto, attività, enforcement*, Giappichelli, Torino, 2015.
TENELLA SILLANI C., *Pratiche commerciali sleali e tutela del consumatore*, in *Obbl. contr.*, 2009.
TORIELLO F., *La direttiva sulle vendite a distanza: prime note di commento*, in *Contr. impr./Europa*, 1997.

Capitolo VI

I contratti del commercio *on line*

Sommario

1. I contratti telematici

La grande diffusione di *Internet*[1] ha dato vita ad un autentico mercato globale telematico, spesso distinto e autonomo rispetto a quello tradizionale, caratterizzato da una notevole rapidità delle transazioni commerciali, nonché da investimenti per accedervi di entità relativamente modesta.

---

[1] *Internet* va inteso quale prototipo in evoluzione dello spazio cibernetico, infrastruttura di reti di telecomunicazioni capace di interconnettere più computers tra loro, rendendo possibili molteplici tecniche di comunicazione basate su due protocolli principali TCP e IP che costituiscono la lingua comune.

Le nuove tecniche di comunicazione, gli strumenti informatici e la c.d. multimedialità, per un verso, consentono l'accesso di sempre più ampie categorie sociali al godimento e al consumo di beni (c.d. domanda di *massa*), per altro verso, favoriscono l'ingresso di nuovi soggetti sul mercato (c.d. offerta di *massa*), nonché l'emergere di nuovi riti e ritmi ai quali le stesse tecniche di circolazione della ricchezza (segnatamente, i contratti) non possono restare estranee.

In proposito, non si può omettere di evidenziare la vocazione universale ed a-territoriale della rete *Internet*, la quale consente facilmente di raggiungere direttamente i clienti in ogni parte del globo. Tale opportunità ha dato vita ad un profondo rinnovamento del sistema distributivo, generando in particolare la crisi di quei modelli fondati sul criterio di esclusiva e di selezione delle rivendite su base territoriale. Oggi, col tradizionale modello distributivo concorrono nuovi e più recenti modelli, sviluppatisi per effetto dell'affermarsi del "commercio elettronico"[2].

Dal punto di vista socio-economico il concetto di "globalizzazione" raggiunge nella rete telematica il suo significato più pregnante, proprio perché gli scambi economici non conoscono i vincoli della territorialità.

Ciò non vuol dire che la dimensione locale debba essere accantonata totalmente. In particolare, l'ordinamento giuridico italiano ha saputo rispondere positivamente alle nuove istanze ed ai nuovi interessi in gioco derivanti dalla c.d. *new economy* che, semplificando ai fini che qui rilevano, viene ad essere identificata con il diffondersi di *Internet* e con le potenzialità offerte

---

[2] G. PICA, *Commercio telematico*, in *Dig. disc. priv.*, *sez. civ.*, Agg. II, Utet, Torino, 2003, p. 289 s. preferisce all'espressione "commercio elettronico" quella di "commercio telematico", in quanto «*lo strumento immediato di trasmissione delle informazioni e delle rispettive volontà delle parti è la telematica, ed è la dimensione telematica a rappresentare lo "spazio" tecnologico entro cui si attuano i rapporti intersoggettivi di commercio; l'elettronica rappresenta piuttosto la sottostante tecnologia di gestione delle forze elettriche che si utilizzano nell'informatica e nella telematica*». Nel prosieguo si continuerà, tuttavia, ad utilizzare indifferentemente entrambe le locuzioni con preferenza per l'espressione "commercio elettronico", ormai invalsa nella terminologia comunemente impiegata.

dalla rete telematica nello sviluppo degli scambi *on line*[3]. *Internet* offre la possibilità di operare in un mercato globale, abbattendo i costi di gestione e consentendo alle imprese di non essere vincolate ad una sede fisica.

Tuttavia, pur nell'epoca della globalizzazione, deve ancora confermarsi la centralità degli ordinamenti interni, non essendo scomparsa la territorialità che deve solamente adeguarsi al mondo che cambia, anche perché dal punto di vista giuridico si è ancora lontani da una effettiva internazionalizzazione dei tessuti produttivi e commerciali mondiali.

Si può da subito osservare che tale nuova forma commerciale può causare un danno per le realtà tradizionali che non sono in grado di stare al passo con i tempi ma presenta indubbi vantaggi sia per le imprese che per i consumatori.

Questi ultimi, infatti, hanno la possibilità di acquistare prodotti e servizi offerti da aziende situate in qualsiasi parte del mondo, comparando prezzi e condizioni praticate dai vari fornitori di beni e servizi.

Le imprese, a loro volta, riescono a ridurre i costi della distribuzione ed i tempi di vendita, offrendo il prodotto ad un bacino di utenti potenzialmente illimitato, con possibilità di favorire l'ingresso dell'azienda stessa in nuovi mercati. Tale opportunità si riflette inevitabilmente anche sullo stesso modello di distribuzione.

Il commercio elettronico si basa fondamentalmente sull'*Information and Comunication Tecnology* (ICT)[4] con cui assume

---

[3] F. SPINACI, *Impatto della new economy. I profili civilistici*, in R. CLARIZIA-G. CASSANO (a cura di), *I contratti di distruzione*, Giuffrè, Milano, 2020.

[4] Su "contrattazione *on line*" e "commercio elettronico", vedi: C.M. BIANCA, *I contratti digitali*, in *Studium juris*, 1998, p. 1035 ss.; R. CLARIZIA, *Informatica e conclusione del contratto*, Giuffrè, Milano, 1985, p. 175 ss.; G. COMANDÉ-S. SICA, *Il commercio elettronico*, Giappichelli, Torino, 2001; F. DELFINI, *Il D.P.R. 513/97 e il contratto telematico*, in *Contratti*, 1998, p. 293 ss.; ID., *Contratto telematico e commercio elettronico*, Giuffrè, Milano, 2002; G. FINOCCHIARO, *La firma digitale*, in *Commentario al codice civile Scialoja-Branca*, Libro VI, *Tutela dei diritti*, artt. 2699-2720, Zanichelli, Bologna-Roma, 2000; A.M. GAMBINO, *L'accordo telematico*, Giuffrè, Milano, 1997; A. GENTILI, *Documento informatico e tutela dell'affidamento*, in *Riv. dir. civ.*, 1998, p. 163 ss.; ID., *L'inefficacia del contratto telematico*, *ivi*, 2000, I, p. 747 ss.; G. GRISI, *La frontiera informati-*

notevole rilievo il contenuto informativo connesso alla gestione dell'intermediazione *on line*. Da questo punto di vista, il dato più evidente è il passaggio, nella sua disciplina giuridica e specialmente nello scambio di informazioni e comunicazioni a distanza, dalla logica del "documento scritto", conservato in polverosi archivi, alla trasmissione telematica e alla conservazione digitale dei documenti informatici [5].

Tutto ciò, se da una parte ha causato una pericolosa instabilità delle certezze giuridiche fondate sul documento cartaceo e sulla sottoscrizione dello stesso [6], dall'altra ha spalancato nuove e non poche porte all'impresa e al professionista, che possono ora più facilmente internazionalizzarsi senza andare incontro ad eccessivi sprechi di risorse ed energie.

Il tipo contrattuale connaturale dell'*e-commerce* è la compravendita, ma nulla esclude la possibilità di concludere telematicamente anche altre fattispecie negoziali, come ad esempio: il trasporto, la spedizione, il noleggio, ecc. In tal senso, sono ormai numerosi gli operatori economici, dei più diversi settori del mercato, che offrono ai loro potenziali fruitori prodotti o servizi, a titolo oneroso, attraverso una rete di telecomunicazioni.

---

ca della contrattazione a distanza, in *Europa dir. priv.*, 1998, p. 885 ss.; G. PASCUZZI, *Il diritto dell'era digitale: tecnologie informatiche e regole privatistiche*, Il Mulino, Bologna, 2006; T. PASQUINO, *La vendita attraverso reti telematiche: profili civilistici*, in *Dir. inf.*, 1990, p. 697 ss.; P. PICCOLI-G. ZANOLINI, *Il documento elettronico e la firma digitale*, in *Riv. not.*, 2000, p. 885 ss.; M.P. PIGNALOSA, *Contratti a distanza e recesso del consumatore*, Giuffrè, Milano, 2016, p. 253 ss.; E. SANTANGELO-M. NASTRI, *Firme elettroniche e sigilli informatici*, in F. BOCCHINI (a cura di), *Diritto dei consumatori e nuove tecnologie*, vol. II, Giappichelli, Torino, 2003, p. 243 ss.; C. SARZANA DI SANT'IPPOLITO-F. SARZANA DI SANT'IPPOLITO, *Profili giuridici del commercio via internet*, Giuffrè, Milano, 1999; E. TOSI (a cura di), *I problemi giuridici di internet*, Giuffrè, Milano, 1999; ID., *Il contratto virtuale. Procedimenti formativi e forme negoziali tra tipicità e atipicità*, Giuffrè, Milano, 2005, p. 277 ss.; E.M. TRIPODI-F. SANTORO-S. MISSINEO, *Manuale di commercio elettronico*, Giuffrè, Milano, 2000; C. VACCÀ, *Il commercio elettronico*, Egea, Milano, 1999.

[5] *Amplius* in E. BATTELLI, *Il valore legale dei documenti informatici*, E.S.I., Napoli, 2012.

[6] A. GENTILI, *Documento elettronico: validità ed efficacia probatoria*, in R. CLARIZIA (a cura di), *I contratti telematici*, in *Trattato dei contratti*, diretto da P. RESCIGNO ed E. GABRIELLI, Utet, Torino, 2007, p. 122.

Il commercio elettronico comprende, così, prodotti (ad es. beni di consumo, apparecchiature specialistiche per il settore sanitario), servizi (ad es. di informazione, giuridici e finanziari), attività di tipo tradizionale (ad es. l'assistenza sanitaria e l'istruzione), e di nuovo tipo (ad es. "centri commerciali virtuali").

Le nuove tecnologie, peraltro, non stravolgono la configurabilità di un negozio giuridico: una compravendita resta tale anche se conclusa con mezzi telematici, in quanto questi incidono prevalentemente sulle modalità di comunicazione e non sul contenuto degli atti. Sotto questo punto di vista, *Internet* costituisce indubbiamente un nuovo modo di relazionarsi e di svolgere la propria attività professionale.

2. Il quadro normativo e l'ambito di applicazione

Il legislatore italiano ed europeo di questi anni ha operato in maniera talora confusa, per lo più rallentando i processi di innovazione tecnologica, con scarsa coerenza rispetto alle novità già in atto nelle prassi commerciali telematiche, ma indubbiamente giustificato – in parte – dai pericoli ad esse connessi [7].

---

[7] Importante il contributo dei primi studiosi italiani della materia M.G. LOSANO, *Corso di informatica Giuridica.* I) *Il diritto privato dell'informatica,* II) *Il diritto pubblico dell'informatica,* Einaudi, Torino, 1986; V. FROSINI, *Informatica, diritto e società,* Giuffrè, Milano, 1988; R. BORRUSO, *Computer e diritto,* Giuffrè, Milano, 1988; ID., *Civiltà del computer,* Ipsoa, Milano, 1978; G. SARTOR, *Intelligenza artificiale e diritto,* Giuffrè, Milano, 1996; E. GIANNANTONIO, *Manuale di diritto dell'informatica,* Cedam, Padova, 1997; G. PASCUZZI, *Il diritto fra tomi e bit: generi letterari e ipertesti,* Cedam, Padova, 1997.

La dottrina privatistica nazionale già da tempo ha affrontato i temi: della conclusione del contratto *on line* (G. FINOCCHIARO, *I contratti informatici,* in *Trattato di diritto commerciale e di diritto pubblico dell'economia,* diretto da F. GALGANO, Cedam, Padova, 1997, p. 51 ss.; E. TOSI, *Diritto privato dell'informatica e di internet,* Giuffrè, Milano, 2006, p. 196 ss.) distinguendo tra contratti B2B e B2C (F. SARZANA DI SANT'IPPOLITO, *I contratti di internet e del commercio elettronico,* Giuffrè, Milano, 2001, p. 11 ss.); della responsabilità dell'*internet provider* (G.M. RICCIO, *Profili di responsabilità civile dell'Internet provider,* in *Quaderni del Dipartimento di diritto dei rapporti civili ed economici nei sistemi giuridici contemporanei,* diretti da P. STANZIONE, CartoGrafiche, Salerno, 2000); della tutela del *copyright* sul *software* (da ultimo F. PIZZETTI, *I*

Anche per queste ragioni, probabilmente, non esiste alcuna definizione normativa[8] di "commercio elettronico", trovandosi tuttalpiù una sintetica, quanto ampia, nozione nel documento elaborato dal Ministero dell'industria, del commercio e dell'artigianato in data 30 luglio 1998, intitolato "*Linee di politica industriale per il Commercio Elettronico*", secondo cui esso consiste «*nello svolgimento di attività commerciali e di transazioni per via elettronica e comprende attività diverse quali: la commercializzazione di beni e servizi per via elettronica, la distribuzione on line di contenuti digitali, l'effettuazione per via elettronica di operazioni finanziarie e di borsa, gli appalti pubblici per via elettronica ed altre procedure di tipo transattivo delle Pubbliche Amministrazioni*».

Una definizione assai simile, peraltro, si rinviene, a livello comunitario nella Comunicazione n. 157 del 16 aprile 1997 della Commissione delle Comunità Europee al Parlamento Europeo, al Consiglio, al Comitato economico e sociale e al Comitato delle regioni, intitolata «*Una iniziativa europea in materia di commercio elettronico*».

Nella Comunicazione della Commissione Europea COM (97) 157 si afferma che il commercio elettronico consiste nello svol-

---

diritti nella "rete" della rete. Il caso del diritto d'autore, Giappichelli, Torino, 2011, p. 7 ss.); e dei mezzi di pagamento virtuali (P. PACILEO, *La moneta elettronica. Profili civilistici e disciplina comunitaria*, in *Quaderni del Dipartimento di diritto dei rapporti civili ed economici nei sistemi giuridici contemporanei*, diretti da P. STANZIONE, CartoGrafiche, Salerno, 2001).

[8] Si rinvengono invece una serie di definizioni eterogenee tra loro nei documenti di *soft law* degli anni Novanta quando, a fronte di un primo incrementarsi delle transazioni *on line*, si accrebbe a livello mondiale l'interesse per il commercio elettronico, soprattutto in relazione ai possibili nuovi rischi di elusione fiscale. In quegli anni, peraltro, il maggior numero di transazioni avveniva tra imprese, mentre il commercio elettronico tra consumatori risultava assai marginale. Cfr. OCSE, *Electronic Commerce: the challenges to tax authorities and taxpayers*, Turku, 1997; OCSE, *Electronic Commerce: a discussion paper on taxation issues*, Ottawa, 1998; OCSE, *Electronic Commerce: taxation framework conditions*, 1998 in *www.oec.d.org*; OCDE/ GD(97) 185, *Committee for information, computer and communications policy measuring electronic commerce*, 1997, 3, in *www.oec.d.org* in cui si definisce il commercio elettronico come «*ogni transazione commerciale avente luogo su reti aperte, quale è la Rete Internet*».

gimento di attività commerciali per via elettronica, basato sull'elaborazione e sulla trasmissione di dati (tra cui testo, suoni, immagini, video) per via elettronica. Il commercio elettronico, così inteso, comprende una serie di attività tra loro effettivamente molto differenti.

La stessa Comunicazione del 1997, pur non rivestendo, si badi bene, valore normativo e sebbene quindi non vincolante, opera anche l'importante distinzione tra commercio elettronico *diretto,* in cui le ordinazioni, i pagamenti e l'esecuzione della prestazione del fornitore avvengono *on line*, e commercio elettronico *indiretto*, in cui le ordinazioni hanno ad oggetto beni materiali che vengono recapitati in modo tradizionale [9].

Da ultimo, la direttiva 2000/31/CE del Parlamento Europeo e del Consiglio dell'8 giugno 2000 – che si esaminerà nel prosieguo – include il commercio elettronico nei servizi della società dell'informazione e al Considerando 18 ne propone una descrizione fattuale ed economica [10].

In ordine alla disciplina giuridica da applicare, poi, il problema è acuito dalla dimensione del fenomeno che è «*fisiologicamente a-nazionale*» [11]. In effetti, i caratteri propri di *Internet* e del commercio elettronico sembrano porsi in perfetta antitesi con quegli elementi da cui il diritto nazionale (ma anche quello sovranazionale) non può prescindere, vale a dire lo spazio ed il tempo [12]. Ciò in quanto, per la sua struttura, *Internet* è idoneo a caratterizzarsi «*non solo come mezzo ma come ambiente*», discutendosi al riguardo di vero e proprio «*mondo virtuale*» [13].

---

[9] *Infra*, par. 3.

[10] F. DELFINI-G. FINOCCHIARO (a cura di), *Diritto dell'informatica*, Utet, Torino, 2014, p. 351.

[11] A. LISI, *L'impresa on line ed il commercio elettronico*, in G. CASSANO-I.P. CIMINO, *Diritto dell'Internet e delle nuove tecnologie telematiche*, Cedam, Padova, 2009, p. 119.

[12] Sul non-luogo della rete telematica, e la sua contrapposizione al territorio, cfr. N. IRTI, *Scambi senza accordo*, in *Riv. trim. dir. proc. civ.*, 1998, II, p. 347 ss.; sulla peculiare connotazione che assume il tempo di *Internet* v. C. CAMARDI, *Contratto e rapporto nelle reti telematiche: un nuovo modello di scambio*, in *Contr. e impr.*, 2001, p. 560.

[13] G. FINOCCHIARO, Lex mercatoria *e commercio elettronico. Il diritto applicabile ai contratti conclusi su Internet*, in *Contr. e impr.*, 2001, p. 575.

Peraltro, rispetto al commercio elettronico si riscontra una «*singolare convergenza tra l'inadeguatezza degli strumenti normativi nazionali e l'attitudine dei privati a svolgere quell'opera di autoregolamentazione già evidente in alcuni settori del commercio internazionale tradizionale*» [14].

La normativa in materia di commercio elettronico si caratterizza per l'esistenza di più livelli di normazione, compresi gli atti internazionali di natura convenzionale, quali gli accordi tra soggetti a rilevanza pubblica che hanno predisposto negli anni modelli di riferimento per gli operatori (ad es. la legge modello proposta dalla Commissione delle Nazioni Unite per il diritto commerciale internazionale) [15]. Tali atti, si noti, pur in genere non vincolanti per i singoli cittadini e per le imprese dei singoli Stati (fatta salva l'ipotesi che tali convenzioni non siano state recepite da una fonte normativa interna), hanno la portata di regole integrative o suppletive atte a delineare taluni principi che, per prassi, si applicano nel settore considerato.

È in questo contesto così articolato che l'operatore commerciale si trova a dover affrontare tutti i problemi che il processo d'innovazione comporta.

Fare *e-commerce* significa, oggi, adeguare il proprio operare a un insieme di disposizioni giuridiche e consuetudinarie eterogenee, che suscitano problemi di non poco conto, in ordine ad esempio: *a*) al diritto d'autore e al diritto industriale (foto sul *web*, *domain name*, marchio d'impresa, e altro); *b*) alle normative relative al documento elettronico (il contratto *on line*); *c*) alle leggi di tutela del consumatore (le informazioni obbligatorie); *d*) alle clausole vessatorie e/o abusive nei contratti *on line*; *e*) alle politiche di *privacy*; *f*) agli adempimenti di cui al d.lgs. 31 marzo 1998, n. 114 (riforma del commercio); *g*) ai contratti con istituti bancari (per le problematiche relative ai pagamenti); *h*) alle fatturazioni elettroniche, e *i*) alle spedizioni di prodotti digitalizzati, ecc. Ad ogni modo, la disciplina positiva diretta-

---

[14] G. IORIO FIORELLI, *Il contratto elettronico tra armonizzazione materiale e diritto internazionale privato*, Cedam, Padova, 2006, p. 26.

[15] A.L. MARCONI, *La legge modello UNCITRAL, sul commercio elettronico*, in *Dir. comm. int.*, 1997, p. 137 ss.

mente applicabile in materia di commercio elettronico è innanzitutto quella di matrice comunitaria finalizzata a garantire il c.d. "consenso consapevole" [16].

Nello specifico, il legislatore europeo, con la già citata direttiva 2000/31/CE del Parlamento europeo e del Consiglio, dell'8 giugno 2000, «*relativa a taluni aspetti giuridici dei servizi della società dell'informazione, in particolare il commercio elettronico, nel mercato interno*» [17], è intervenuto per garantire un elevato livello di integrazione giuridica comunitaria al fine di instaurare un vero e proprio spazio senza frontiere interne per i servizi della società dell'informazione.

In questa prospettiva, il commercio elettronico è visto quale strumento privilegiato per favorire l'aumento delle contrattazioni transfrontaliere all'interno del mercato unico europeo. Rispetto ad esso, la direttiva mira a stabilire un quadro generale chiaro per «*garantire la certezza del diritto*» e accrescere la fiducia dei consumatori.

L'utente di servizi telematici, d'altra parte, è tutelabile non solo in quanto "soggetto debole" ma anche in quanto "attore del mercato". Infatti, secondo la classica teoria economica dei mercati efficienti, il consumatore informato e consapevole (presunto "razionale"), allocando efficientemente le sue risorse economiche, favorisce la concorrenza e rende efficiente il mercato [18].

Ciononostante, si noti, la Sezione III, rubricata appunto "*Contratti per via elettronica*", non fa esclusivo riferimento ai contratti conclusi da consumatori.

---

[16] Cfr. *ex multis*: AA.VV., in V. RICCIUTO-N. ZORZI (a cura di), *Il contratto telematico*, in *Trattato di diritto commerciale e diritto pubblico dell'economia*, diretto da F. GALGANO, vol. XXVII, Cedam, Padova, 2002, p. 187 ss.

[17] Per tutti cfr.: V. ZENO-ZENCOVICH, *La tutela del consumatore nel commercio elettronico*, in *Dir. inf.*, 2000, p. 447 ss.; G. DE NOVA-F. DELFINI, *La direttiva sul commercio elettronico: prime considerazioni*, in *Riv. dir. priv.*, 2000, p. 693 ss.; F. SARZANA DI SANT'IPPOLITO, *Approvata la direttiva sul commercio elettronico*, in *Corr. giur.*, 2000, p. 1288 ss.; A. ANTONUCCI (a cura di), E-commerce. *La direttiva n. 2000/31/CE e il quadro normativo della rete*, Giuffrè, Milano, 2001.

[18] E. BATTELLI, *Diritto dei contratti e questioni di razionalità economica*, in *Contr. e impr.*, 2019, p. 106 ss.

Per ciò che concerne più nel dettaglio la disciplina prevista dalla Direttiva in discorso, l'espressione «*servizi della società dell'informazione*» identifica (art. 2, d.lgs. n. 70/2003) qualsiasi servizio prestato dietro retribuzione, a distanza (cioè «*fornito senza la presenza simultanea delle parti*»), per via elettronica e cioè inviato all'origine e ricevuto a destinazione mediante attrezzature elettroniche di «*trattamento*» (compresa la compressione digitale) e «*di memorizzazione dei dati, e che è interamente trasmesso, inoltrato e ricevuto mediante fili, radio, mezzi ottici od altri mezzi elettromagnetici, e a richiesta individuale di un destinatario di servizi*».

Per «*destinatario dei servizi della società dell'informazione*» deve, invece, intendersi il soggetto, sia persona fisica che persona giuridica che, a scopi professionali e non, utilizza un servizio della società dell'informazione, in particolare per ricercare o rendere accessibili delle informazioni.

Inoltre, l'allegato alla Direttiva indica cosa non è un «*servizio della società dell'informazione*». Nello specifico, non si comprendono i servizi «*non forniti a distanza*», come nelle ipotesi in cui si utilizzi una tecnica potenzialmente a distanza, ma con la presenza fisica dell'utente (si pensi alla prenotazione di biglietti aerei attraverso una rete informatica in un'agenzia di viaggi in presenza del cliente).

Sono parimenti esclusi dall'ambito di applicazione i servizi «*non forniti per via elettronica*», erogati dai distributori automatici di biglietti, nelle reti stradali e nei parcheggi a pagamento, poiché in questi casi manca la possibilità di un invio telematico, che si realizzi all'origine del trattamento in memorizzazione.

La disciplina in esame è stata recepita dal legislatore nazionale con il d.lgs. n. 70/2003 [19], il quale fa espressamente salve le disposizioni in materia bancaria, finanziaria, assicurativa o di sistemi di pagamento e le competenze di controllo e delle autorità indipendenti di settore.

---

[19] Per un rilievo critico circa le scelte adottate dal legislatore italiano nel decreto di recepimento della direttiva comunitaria, cfr. V. ZENO-ZENCOVICH, *Note critiche sulla nuova disciplina del commercio elettronico dettata dal D.lgs. 70/03*, in *Dir. inf.*, 2003, p. 197 ss.

Nel solco dell'applicazione del principio della libera circolazione dei servizi, da un lato l'art. 3 del suddetto decreto rende operante la c.d. "clausola del mercato interno", delineata dalla direttiva 2000/31/CE, per effetto della quale il controllo dei servizi della società dell'informazione deve essere effettuato nello Stato membro di stabilimento del prestatore (concretizzato il principio del Paese d'origine contenuto nel considerando n. 22 della direttiva 2000/31), dall'altro, all'art. 6, si stabilisce il principio dell'assenza di autorizzazione preventiva e cioè il c.d. "diritto al sito"[20], che fa espresso divieto di subordinare l'attività di un prestatore di servizi della società dell'informazione ad «*autorizzazione preventiva o ad altra misura di effetto equivalente*».

Uno degli aspetti più complicati dell'*e-commerce*, difatti, è rappresentato dall'individuazione del luogo di stabilimento, che consente l'applicazione della esatta legislazione. Sul punto la Direttiva chiarisce che per le società che operano tramite *Internet* il luogo di stabilimento è quello in cui esse esercitano la loro attività economica. Se poi un prestatore ha più luoghi in cui esercita l'attività, si considera luogo di stabilimento, in relazione ad un determinato servizio, quello in cui egli ha il centro delle sue attività rispetto a quel servizio.

Per garantire efficacemente la libera circolazione dei servizi e la certezza del diritto per i prestatori e i loro destinatari, questi servizi devono in linea di principio essere sottoposti alla normativa dello Stato membro nel quale il prestatore è stabilito[21].

Si garantisce così il diritto soggettivo di utilizzare *Internet* allo scopo di fornire i servizi della società dell'informazione, godendo appieno delle garanzie costituzionali e senza limitazioni dovute ad autorizzazioni con cui verrebbe altrimenti ad essere limitato l'accesso alle attività relative ai servizi del commercio elettronico[22].

---

[20] Il sito è il luogo memorizzato su di un *server*, nel quale sono contenute le informazioni di chi ha allestito una pagina *web* nella rete.

[21] Sono poi previste varie deroghe a questo principio nell'art. 4 dello stesso decreto.

[22] A.M. GAMBINO, *I contratti telematici*, in G. ALPA (a cura di), *I diritti dei consumatori*, in *Trattato di diritto privato dell'Unione europea*, diretto da G. AJANI-G.A. BENACCHIO, vol. II, Giappichelli, Torino, 2009, p. 607 ss.

Sulla base del mutuo riconoscimento delle norme nazionali di recepimento, viene così a configurarsi un quadro di regolamentazione reciproca entro il quale i prestatori sono sottoposti alle norme del solo Stato membro dove sono «*stabiliti*» [23].

Prima di passare oltre, occorre poi ricordare che esistono siti commerciali che non fanno capo a una sola impresa ma si riferiscono a una pluralità di imprenditori. In quest'ultimo caso si parla di c.d. "portali" e in taluni casi di veri e propri "*e-marketplace*" [24]. A loro volta, tali luoghi di interazione e/o di intermediazione commerciale telematica possono essere di tipo orizzontale o verticale, a seconda che siano impiegati da gruppi di imprenditori afferenti al medesimo anello di una catena produttiva o siano utilizzati da imprenditori che gestiscono diversi livelli del ciclo di produzione e/o distribuzione [25].

Riguardo ai rapporti negoziali *on line* conclusi con i consumatori (*Business To Consumer*) tutta la normativa nazionale, comunitaria e internazionale appare articolata e completa, nonché protesa verso una tutela del *cyber*-consumatore.

3. Principali tipologie di scambi telematici e nozione di contratto telematico

Venendo al contratto telematico, deve preliminarmente osservarsi come il commercio elettronico si caratterizzi per varie tipologie di scambi telematici che contemplano tecniche di trasmissione telematica di contenuti informativi di carattere commerciale e, tra questi, dichiarazioni negoziali.

---

[23] Cfr. C. Rossello, *La nuova disciplina del commercio elettronico*, in C. Rossello-G. Finocchiaro-E. Tosi, *Commercio elettronico*, in *Trattato di diritto privato*, diretto da M. Bessone, vol. XXXII, Giappichelli, Torino, 2007, p. 128 s.

[24] A. Gentili-E. Battelli, *I contratti di distribuzione del commercio elettronico*, in R. Bocchini (a cura di), *I contratti di somministrazione e di distribuzione*, in *Trattato dei contratti*, diretto da P. Rescigno ed E. Gabrielli, Utet, Torino, 2011, p. 328 ss.

[25] A. Gentili-E. Battelli, *I contratti di distribuzione del commercio elettronico*, cit., p. 329 ss.

Per analizzare le varie tipologie di scambi *on line* è necessario adottare un approccio empirico capace sia di utilizzare, ove possibile, le norme del Codice civile, mediante una interpretazione evolutiva adeguata alla mutevole realtà sociale, sia di individuare soluzioni rispettose dei principi fondamentali dell'ordinamento e dei diritti costituzionalmente garantiti.

Le modalità principali di scambi *on line* individuate dagli studiosi[26] della materia sono quattro (e di queste le ultime tre sono tra loro fortemente assimilabili): 1) la "posta elettronica" (messaggi "*one to one*"), usualmente gratuita o a costi limitati data la larga diffusione, che può essere utilizzata tanto per rapporti negoziali quanto per meri rapporti sociali o di cortesia, restando in questo secondo caso nell'ambito della libera comunicazione; 2) l'"inserzione" telematica, cioè i c.d. messaggi "*one to many*", a volte a titolo oneroso, che consentono all'inserzionista di formulare una richiesta che potrà essere esaudita con adesioni specifiche; 3) il "*forum*", i "*newsgroup*" e le "*chat*", generalmente caratterizzati dalla gratuità, che sono utilizzati per lo scambio di notizie (praticamente in tempo reale) e solo in rari casi per rapporti negoziali; 4) infine, l'accesso al sito attraverso la navigazione *web* che rappresenta la tipologia più diffusa. Tale tecnica generalmente non è gratuita e richiede a carico del "venditore" un costo sia per l'allestimento del sito sia per i contenuti a carattere commerciale.

A ciò si aggiunga che, originariamente, le tipologie di commercio elettronico erano solo due e cioè: (*a*) *Business to Business* (B2B) e quella (*b*) *Business to Consumer* (B2C).

I rapporti (a) *Business to Business* (B2B) intercorrono tra soggetti professionisti, ossia tra soggetti (persone giuridiche o fisiche) che agiscono nell'ambito della loro attività professionale; rapporti regolati da accordi quadro, in quanto tali soggetti, di solito, hanno già rapporti commerciali in essere tra di loro (tale tipologia si è sviluppata prima dell'avvento della stessa *Internet* attraverso l'utilizzo di reti private); è il caso dei rapporti *on line* tra imprese e fornitori che sono contraddistinti da un elemento soggettivo, che concerne la natura del *professionel* e la tipologia

---

[26] A.M. Gambino, *I contratti telematici*, cit., p. 605.

dell'attività, e da un elemento oggettivo, che è costituito dal contenuto del contratto *on line* B2B.

I contratti (*b*) *Business to Consumer* (B2C) sono rapporti di commercializzazione di beni e servizi tra professionisti e consumatori finali (*electronic retailing*), intendendosi tali coloro che agiscono «*per scopi estranei all'attività imprenditoriale, commerciale, artigianale o professionale eventualmente svolta*»[27].

Tali contratti danno luogo a problematiche maggiori, attinenti alla posizione del *consumer* che, di per sé, richiede un'attenzione più rilevante, data la necessità di garantirgli una effettiva libertà di scelta e la tutela dei suoi interessi.

Alla luce della definizione data dalla citata direttiva 2000/31/CE, nel commercio elettronico possono però distinguersi almeno altre cinque partizioni; ovvero, oltre le prime due già menzionate: (*c*) *Consumer to Business* (C2B), quando il consumatore instaura un rapporto commerciale con un imprenditore e quest'ultimo si avvale della prestazione effettuata dal primo. In questo caso (ma si tratta di ipotesi rare) sono i consumatori che stabiliscono il prezzo che sono disposti a pagare per un prodotto o servizio e le aziende decidono se accettare o rifiutare l'offerta; (*d*) *Consumer to Consumer* o *Person to Person* (C2C o P2P), che comprende tutte le ipotesi di scambio di prodotti o di servizi effettuate direttamente tra privati (c.d. *peer to peer*), tra consumatore e consumatore (tipico caso è quello in cui un sito *web* offre una piattaforma ove gli utenti si registrano, interagiscono e concludono transazioni commerciali), ovvero intermediate da apposite figure professionali (si pensi soprattutto alla forte espansione dei siti di aste *on line*, e in particolare *eBay*); (*e*) *Business to Public Administration/Governement* (B2Pa o B2Go), ovvero le contrattazioni che riguardano le imprese con le pubbliche amministrazioni nonché le vendite effettuate da queste ultime[28]; nel complesso anche questa è una modalità in forte crescita in Italia.

Con il tempo e lo sviluppo di *Internet*, poi, si sono create

---

[27] Comma 1, lett. a), art. 3, *Definizioni*, d.lgs. 6 settembre 2005, n. 2006.

[28] M. POLLIFRONI, *Processi e modelli di e-government ed e-governance applicati alla azienda pubblica*, Giuffrè, Milano, 2003, p. 69 ss.

nuove forme di commercio sulla rete, come ad esempio: (*f*) *Administration to Community* o *Public Administration to Citizen* (Pa2C o Go2C), che attiene ai rapporti tra l'amministrazione ed i cittadini e rappresenta il servizio mediante il quale il cittadino può accedere, attraverso la Rete, ai servizi erogati dagli Enti pubblici; *g*) *Industry to Industry*, che concerne i rapporti tra imprese strutturate attraverso *marketplace* e/o sistemi EDI.

Con il termine "commercio elettronico", però, deve intendersi, in senso proprio, solo un'attività di tipo professionale, dato che il "commerciante" non è il soggetto (sia esso imprenditore individuale o meno) che compie "meri" atti di compravendita, ma colui che li inquadra all'interno dello svolgimento di una attività abituale e non occasionale finalizzata a trarne profitto.

Nell'ambito della categoria dei contratti telematici è, poi, possibile distinguere tra i contratti "ad oggetto informatico" (o contratti di informatica) nei quali i prodotti informatici sono l'oggetto del contratto, dai contratti "conclusi a mezzo di strumenti informatici".

L'espressione contratti "ad oggetto informatico" identifica quei contratti che hanno ad oggetto beni (*hardware* o *software*) o servizi informatici[29]. Tali contratti possono essere conclusi tanto *off-line*, quanto *on line*; i secondi presuppongono necessariamente la conclusione telematica (*on line*). Sicché, mentre nei primi non è necessaria la trasmissione telematica a mezzo *Internet*, potendo benissimo utilizzarsi strumenti di comunicazione *off-line*, in quelli "conclusi a mezzo di strumenti informatici" le manifestazioni di volontà viaggiano per necessità o per volontà delle parti tramite canali telematici.

Per contratto telematico, in questa sede, si intenderà perciò quel contratto concluso grazie alla trasmissione di dati informatizzati, ossia quegli accordi aventi rilievo giuridico stipulati tra soggetti che impiegano *computers* (o altri strumenti telematici) tra loro collegati e che siano dunque fisicamente non presenti nella stessa unità di tempo e di luogo (come usualmente è a dir-

---

[29] R. CLARIZIA, voce *Contratto informatico (per l'oggetto e per il mezzo)*, in *Enc. dir.*, Agg. II, Giuffrè, Milano, 1998, p. 245 s. Si veda anche F. PARISI, *Il contratto concluso mediante computers*, Cedam, Padova, 1987.

si “reciprocamente assenti”; non a caso si parla dell’*e-commerce* come contratto *inter absentes*), poiché la loro interfaccia diretta è rappresentata proprio dallo strumento informatico utilizzato.

I contratti “conclusi a mezzo di strumenti informatici” si distinguono, poi, a seconda se la conclusione dell’accordo avvenga all’interno di una comunità ristretta (c.d. “chiusa” o “dedicata”, se limitata ad esempio ad un settore specifico), perché caratterizzata dalla conoscenza reciproca dei soggetti che vi prendono parte (si pensi ai trasferimenti di valuta fra banche che utilizzano quali strumenti di comunicazione l’*Electronic Data Interchange* – EDI), oppure, nel contesto di un vastissimo pubblico, mediante una rete di telecomunicazione c.d. “aperta” e come tale accessibile a tutti (si pensi ad *Internet*) tra soggetti che si incontrano telematicamente.

Nel primo caso si è nell’alveo del c.d. commercio elettronico di “tipo convenzionale”, che ha luogo fra imprenditori e società commerciali, spesso all’interno di settori limitati, fra un ristretto numero di imprese *partners*, tramite reti chiuse di tipo proprietario [30].

Alla seconda tipologia si fa invece riferimento quando si parla di commercio elettronico tramite *Internet*, prevalentemente fra imprese e consumatori (senza tuttavia escludere altri tipi di rapporti): esso si esplica in un mercato aperto, di dimensione globale, con un numero illimitato di *partners*, che di regola non si conoscono [31].

Inoltre, può accadere tanto che un contratto sia concluso *off-line* ma eseguito *on line* oppure che sia concluso *on line* ed eseguito *off-line* (c.d. commercio elettronico “indiretto”), quanto che sia concluso ed eseguito mediante strumenti informatici/telematici (c.d. commercio elettronico “diretto”).

In quest’ultima ipotesi, e cioè nel caso del commercio elettronico “diretto”, non soltanto l’accordo, ma anche l’esecuzione dello stesso avviene telematicamente, mediante atti di trasmis-

---

[30] Ove, naturalmente, è precluso l’accesso ai *soggetti non accreditati*.

[31] G. PERLINGIERI, *Il contratto telematico*, in *Manuale di diritto dell’informatica*, a cura di D. VALENTINO, III ed., E.S.I., Napoli, 2016, p. 270 s.

sione di beni immateriali, i quali possono essere distribuiti direttamente attraverso *Internet*, senza che sia necessario ricorrere al tradizionale mezzo di trasporto (si pensi all'acquisto di un *software* da trasferire direttamente sul *computer* dell'acquirente, oppure al *download* di un *file* video o audio, nonché al *trading on line* di "strumenti finanziari" la cui natura intrinsecamente immateriale ben si adatta alle virtualità della rete).

Nell'ipotesi di commercio elettronico "indiretto" è soltanto l'accordo ad essere raggiunto telematicamente. Tale ipotesi si configura in presenza di contratti telematici attuati mediante trasferimento di beni materiali la cui consegna richiede, per necessità o per volontà dell'acquirente, l'invio mediante mezzi di trasporto tradizionali (ad es. di un libro per il quale, magari, sono richiesti dal cliente tanto il *download* del formato digitale dell'opera quanto la consegna materiale della copia cartacea del volume)[32].

Tenendo conto della disciplina indicata, il commercio elettronico può essere definito come qualunque forma di fornitura di prodotti e/o servizi, a titolo oneroso, tra una impresa ed un'altra impresa o tra una impresa ed un consumatore finale, realizzata mediante strumenti informatici e telematici.

4. Asimmetrie informative, obblighi di informazione e principio di trasparenza

Ai contratti stipulati *on line* viene applicata, oltre alla citata disciplina di cui al d.lgs. n. 70/2003 e la normativa del Codice civile e del codice del consumo. Ciò emerge chiaramente dall'art. 68 c. cons. da ultimo citato che stabilisce che alle offerte di servizi della società dell'informazione, effettuate ai consumatori per via elettronica, si applicano anche le disposizioni del d.lgs. n. 70/2003.

Vi è, altresì, come già accennato, l'esigenza di tutelare il soggetto in posizione debole, vulnerabile per una serie di limiti informativi. Infatti la rete, da un lato, offre maggiori possibilità

---

[32] Così G. PERLINGIERI, *Il contratto telematico*, cit., p. 271.

a imprese e consumatori, dall'altro, necessita di una regolamentazione più specifica per i rapporti che si vengono a creare[33].

La protezione del consumatore che usufruisce dell'*e-commerce* si sostanzia in una disciplina analitica in ordine alle c.d. clausole vessatorie, pratiche commerciali scorrette, obblighi informativi precontrattuali e diritto di recesso a favore del consumatore, garanzie nella vendita dei beni di consumo.

Occorre sin d'ora evidenziare come le tecniche di comunicazione per via telematica rientrino nella più ampia categoria delle tecniche di comunicazione a distanza, sicché il contratto stipulato in *Internet* rientra perfettamente nella definizione di contratto a distanza, di cui all'art. 45, lett. g), c. cons., secondo cui è tale «*qualsiasi contratto concluso tra il professionista e il consumatore nel quadro di un regime organizzato di vendita o di prestazione di servizi a distanza senza la presenza fisica e simultanea del professionista e del consumatore, mediante l'uso esclusivo di uno o più mezzi di comunicazione a distanza fino alla conclusione del contratto, compresa la conclusione del contratto stesso*».

La stessa disciplina consumerista del recesso, oggi contenuta nel codice del consumo (agli artt. 52-59) e richiamata all'art. 13 del d.lgs. n. 70/2003, è dunque applicabile anche all'*e-commerce* e anche in questo caso risulta strutturalmente legata alla disomogeneità delle posizioni tra le parti, accordandosi lo *ius poenitendi* o secondo altra prospettiva uno *spatium deliberandi* (secondo la terminologia anglosassone "*cooling off period*" o più semplicemente un "periodo di riflessione") al solo consumatore che stipula con il professionista. In tale tipo di recesso, cade la *ratio* della sorpresa[34], tipica nella vendita porta a porta,

---

[33] F. SPINACI, *Impatto della new economy. I profili civilistici*, cit.

[34] Cfr. E. MINERVINI-P. BARTOLOMUCCI, *La tutela del consumatore telematico*, in *Manuale di diritto dell'informatica*[3], a cura di D. VALENTINO, E.S.I., Napoli, 2016, p. 359 ss., secondo i quali «*nella contrattazione telematica – seppure questa avviene fisicamente al di fuori di un locale commerciale – il* cyber*consumatore che decide di contrattare in* internet *non può essere considerato uno sprovveduto, ed è pertanto meno esposto ai rischi tradizionali della contrattazione [...]; d'altronde, in* internet, *egli ha maggiori possibilità di informarsi e di comparare le sue scelte*». Pertanto, se è vero che il computer

e si accentua la *ratio* della carenza percettiva del bene, che viene acquistato senza essere stato verificato in modo tangibile (solo alla consegna, infatti, si potrà valutare una sua congruità rispetto a ciò che era stato offerto).

Purtroppo, la normativa in esame non disciplina tutti gli aspetti della contrattazione via *Internet* e lascia all'interprete la soluzione delle questioni relative al luogo ed al momento della conclusione del contratto, in base alle norme del Codice civile [35].

Centrale nella regolamentazione dei contratti *on line* è la fase della formazione del contratto [36], la quale si caratterizza per una serie di obblighi informativi che gravano sul professionista affinché, mediante la fornitura di notizie dettagliate sul bene o servizio offerto (nonché sul professionista stesso), possa costituirsi in capo al consumatore un consenso informato.

L'ottica del legislatore europeo è quella di riequilibrare l'intrinseca asimmetria informativa tra operatore professionale e cliente consumatore. L'intento è quello di fare in modo che, attraverso informazioni dettagliate (che devono essere fornite anche su supporto duraturo: per evitare che le informazioni stesse abbiano carattere effimero), il consumatore possa essere messo in grado di valutare esattamente le qualità del bene o del servizio che si accinge ad acquistare. Le informazioni che devono essere fornite riguardano sia le caratteristiche del contratto, sia quelle relative al bene o servizio [37].

La tutela della "presa di coscienza" del contraente (sia esso

---

del consumatore può ben essere collocato in casa «*non si può, in queste condizioni, affermare che il consumatore venga colto di sorpresa, poiché è un ambiente dove non si aspetterebbe mai di ricevere una proposta contrattuale; è lui infatti che opera delle scelte consapevoli, da protagonista attivo, e non da spettatore inerme che viene condizionato, perché sorpreso, nella sottoscrizione di un contratto che altrimenti non avrebbe mai concluso*».

[35] E. MINERVINI-P. BARTOLOMUCCI, *La tutela del consumatore telematico*, cit., p. 369.

[36] E. BATTELLI, *Riflessioni sui procedimenti di formazione dei contratti telematici e sulla sottoscrizione on line delle clausole vessatorie*, in *Rass. dir. civ.*, 2014, p. 1035 ss.

[37] TAR Lazio, Sez. I, 29 luglio 2016, n. 8801, in *Foro amm.*, 2016, II, p. 1916 ss.

professionista o consumatore) e la promozione di un "consenso consapevole" si realizza in particolare attraverso gli obblighi di informazione contenuti negli artt. 7 e ss. del d.lgs. n. 70/2003.

Il d.lgs. n. 70/2003 ripropone obblighi già previsti in quelle norme che trovano la loro *ratio* nel principio di tutela del consumatore in relazione agli scambi commerciali nei rapporti "a distanza" (oggi artt. 49 e 50 c. cons.)[38].

Anche nell'*e-commerce* le informazioni devono essere fornite in modo chiaro e comprensibile, osservando in particolare il principio di correttezza, tenendo conto delle esigenze di protezione di categorie di consumatori particolarmente vulnerabili.

Tali informazioni consentono di colmare il *deficit* informativo, che deriva all'acquirente dal fatto che non ha modo di verificare di persona le caratteristiche di ciò che compra via *Internet*.

La debolezza (*weakness*) di cui soffre, in un mercato di prodotti di massa, l'acquirente telematico, specie nel caso di beni di consumo "complessi" sia sotto il profilo tecnologico che sotto il profilo dei rischi introdotti nel mercato è pertanto fondata su asimmetrie (analizzate dalla dottrina economica e poi da quella giuseconomica), che possono così riassumersi[39]: *a*) Asimmetrie "informative" legate al processo di raccolta ed elaborazione delle informazioni (carenze informative, incapacità di elaborazione) per le quali l'ordinamento prevede il richiamo ai vizi della volontà (errore, dolo), nonché al difetto di informazione e all'"effetto sorpresa"; *b*) Asimmetrie "valutative strutturali" legate alla complessità dei beni o dei servizi e quindi alla difficoltà di elaborare strutture cognitive idonee alla valutazione razionale dell'offerta in tempi e modi economicamente convenienti e psicologicamente soddisfacenti; *c*) Asimmetrie "valutative temporali" legate alla possibilità di valutare le conseguenze

---

[38] E. BATTELLI, *Commento artt. 48-51 cod cons.*, in *Il Codice del Consumo*, a cura di V. CUFFARO, IV ed. agg., Giuffrè, Milano, 2015, p. 376 ss. e V ed. agg. 2019, p. 415 ss.

[39] O. CALLIANO, *I diritti dell'acquirente online e dell'utente di servizi telematici. Dalla normativa comunitaria al diritto europeo telematico*, in E. TOSI (a cura di), *La tutela dei consumatori in internet e nel commercio elettronico*, Giuffrè, Milano, 2012, p. 51 ss., spec. p. 66 ss.

dell'offerta solo dopo un certo tempo dalla conclusione del contratto o all'incertezza di beni o servizi valutabili su "mercati futuri" (es. innovazioni tecnologiche); *d*) Asimmetrie "di potere contrattuale" legate alle condizioni generali di contratto che spesso impediscono o rendono molto onerosa la transizione verso altre offerte di mercato (fidelizzazione del cliente) con costi di transizione tali da rendere praticabile solo il riacquisto di offerte sub-ottimali; *e*) Asimmetrie "organizzative" che imporrebbero al consumatore costi di consulenza insostenibili e quindi inducono a comportamenti inefficienti[40].

Occorre precisare che la disciplina sul commercio elettronico prevede: «*informazioni generali obbligatorie*» (una sorta di "nucleo minimo essenziale") per identificare correttamente il fornitore (informazioni che devono essere rese al destinatario a prescindere dal fatto che quest'ultimo sia o meno un consumatore, *ex* art. 7 d.lgs. n. 70/2003), obblighi «*di trasparenza*» e informazioni previste per la comunicazione commerciale al fine di evidenziarne la natura promozionale insieme ad altre indicazioni (artt. 8 e 9), ulteriori informazioni dirette alla conclusione del contratto da aggiungersi a quelle previste dalla disciplina dei contratti a distanza (art. 12), messa a disposizione di clausole e condizioni generali di contratto al fine di consentire al consumatore la loro memorizzazione e riproduzione (art. 12.3), conferma della ricezione dell'ordine con riepilogo degli elementi contrattuali (art. 13). Le violazioni alle disposizioni ora citate (con la sola esclusione di quella dell'art. 13) sono inoltre soggette al pagamento di una somma pecuniaria (art. 21).

Dal punto di vista tecnico, ai sensi del comma 1 dell'art. 7, i requisiti da rispettare sono quelli di una accessibilità «*facile, diretta e permanente*». L'accesso alle informazioni dovrà essere «*facile*» nel senso che qualsiasi utente medio dovrà essere in grado senza particolari difficoltà di accedere alle informazioni. Il richiamo dell'art. 7 all'accessibilità «*diretta*» sta poi a significare che il prestatore non potrà utilizzare, ad esempio, *link* ad

[40] Cfr. E. BATTELLI, *Il paternalismo giuridico libertario nella prospettiva dell'autonomia privata tra vincoli strutturali e limiti funzionali*, in *Pol. dir.*, 2018, p. 579 ss.

altri siti, né tantomeno potrà rinviare *per relationem* ad informazioni pubblicate o rese disponibili altrove, dovendo invece consentire all'utente di conoscere in un unico contesto le informazioni tramite lo stesso sito nel quale è promosso e reso accessibile il bene o servizio. L'utilizzo dell'aggettivo «*permanente*» è, invece, da intendersi nel senso che le informazioni dovranno essere accessibili in modo stabile e non certo che esse siano immodificabili, anzi spetterà al prestatore provvedere tempestivamente al loro aggiornamento (art. 7, comma 2).

Quando le informazioni che si trovano sul sito *Internet* del venditore sono rese accessibili solamente attraverso un *link* comunicato al consumatore, «*tali informazioni non sono né "fornite" a tale consumatore né "ricevute" da quest'ultimo. Un sito Internet le cui informazioni sono accessibili ai consumatori solamente attraverso un link mostrato dal venditore, non può essere considerato un "supporto duraturo"*» ai sensi della normativa comunitaria[41].

L'art. 12 del d.lgs. n. 70/2003, al comma 2, esclude l'applicazione degli obblighi informativi (previsti dal comma 1 del medesimo articolo) nel caso di contratti conclusi solamente mediante scambio di messaggi di posta elettronica o comunicazioni individuali equivalenti e, al comma 3, sancisce che le clausole e le condizioni generali del contratto proposte al destinatario devono essere messe a sua disposizione in modo che gli sia consentita la memorizzazione e la riproduzione.

Sempre per l'ipotesi di ricorso alla posta elettronica l'art. 9 del d.lgs. n. 70/2003 sancisce che le comunicazioni commerciali non sollecitate, trasmesse da un prestatore della società dell'informazione tramite tale forma di comunicazione a distanza, devono essere identificate come tali, in modo chiaro e inequivocabile, fin dal momento in cui il destinatario le riceve e contenere l'indicazione che il destinatario del messaggio può opporsi al ricevimento in futuro di tali comunicazioni; è onere del presta-

[41] Cfr. Corte di Giustizia UE, 5 luglio 2012, causa C-49/11 (la controversia aveva ad oggetto un caso riguardante un contratto a distanza, la cui disciplina è oggi interamente trasfusa nella direttiva 2011/83/UE), in *Obbl. contr.*, 2012, p. 872, con nota di S. PAGLIANTINI.

tore dare prova del carattere sollecitato delle comunicazioni commerciali.

Come accennato, la disciplina in discorso è stata fortemente rafforzata dal già citato d.lgs. n. 21/2014, attuativo della direttiva 2011/83/UE sui diritti dei consumatori, che ha modificato il codice del consumo. Tale riforma, in particolare, ha previsto all'art. 49 c. cons. una serie di obblighi precontrattuali di informazione in capo al *cyber*fornitore, i quali sono per definizione aggiuntivi rispetto agli obblighi di informazione contenuti nel d.lgs. n. 70/2003 e successive modificazioni, e non ostano ad obblighi di informazione ulteriori.

L'art. 51, comma 9, c. cons., inoltre, statuisce che, per gli aspetti non disciplinati dal codice del consumo, sono impregiudicate le disposizioni di cui al d.lgs. n. 70/2003 relative alla conclusione di contratti elettronici e all'inoltro di ordini per via elettronica.

Il ricorso alle tecniche e agli strumenti dell'informatica per svolgere attività negoziali, pertanto, sollecita un'apposita regolamentazione innanzitutto sul diverso versante degli obblighi di informazione e del diritto di recesso (di pentimento), poiché è su tale piano che il legislatore ha inteso scongiurare l'abuso di potere contrattuale da parte del professionista, reputando che le tecniche di comunicazione a distanza basate sull'informatica incidano soprattutto sulla capacità del consumatore di determinarsi consapevolmente a concludere il contratto, piuttosto che presentare insidie in sede di perfezionamento dell'accordo.

Sotto quest'ultimo profilo, sembra dunque che tenga il sistema codicistico delineato dagli artt. 1326 e ss. c.c.[42].

Al riguardo qualche dubbio è legittimo proprio alla luce del già ricordato obbligo del professionista di accusare ricevuta dell'ordine di acquisto del consumatore. L'art. 13, comma 2, d.lgs. n. 70/2003, stabilisce infatti che, salvo diverso accordo tra parti (diverse dai consumatori), il prestatore del servizio della società dell'informazione (ossia dell'attività economica *on line*) deve, senza ingiustificato ritardo e per via telematica, accusare ricevu-

---

[42] Così S. MAZZAMUTO, *La nuova direttiva sui diritti del consumatore*, in *Europa dir. priv.*, 2011, p. 861 ss.

ta dell'ordine del destinatario contenente un riepilogo delle condizioni generali e particolari applicabili al contratto, le informazioni relative alle caratteristiche essenziali del bene o del servizio e l'indicazione dettagliata del prezzo, dei mezzi di pagamento, del recesso, dei costi di consegna e dei tributi applicabili.

L'art. 13 prosegue poi chiarendo che l'ordine e la ricevuta si considerano pervenuti quando le parti alle quali sono indirizzati hanno la possibilità di accedervi.

La tutela del contraente debole viene, poi, rafforzata dalla previsione dell'obbligo, in capo al soggetto garante, di rendere disponibile la garanzia «*per iscritto o su altro supporto duraturo*»; una formula così ampia dovrebbe consentire a qualsiasi documento scritto imputabile al garante di contenere la dichiarazione di garanzia. Ed infatti, il nuovo testo dell'art. 45, lett. l), c. cons., rafforzando sul punto quanto previsto dall'art. 7 del d.lgs. n. 70/2003, evidenzia che per «*supporto durevole*» debba intendersi ogni strumento che consente al consumatore «*o al professionista di conservare le informazioni che gli sono personalmente indirizzate in modo da potervi accedere in futuro per un periodo di tempo adeguato alle finalità cui esse sono destinate e che permetta la riproduzione identica delle informazioni memorizzate*»[43].

5. La fase delle trattative

Nell'*e-contract* tutte le fasi risentono notevolmente della specialità della tipologia del procedimento negoziale a far inizio dalla fase delle trattative[44].

Tale fase ricorre specialmente nei contratti tra professionisti ove le parti si trovano ad operare su un piano paritetico, ed è

---

[43] In questo quadro, il considerando n. 23 alla direttiva 2011/83/UE precisa che dovrebbero essere fatti rientrare tra questi supporti i «*documenti su carta, chiavi USB, CD-ROM, DVD, schede di memoria o dischi rigidi del computer nonché messaggi di posta elettronica*».

[44] A.G. PARISI, *Il commercio elettronico*, in S. SICA-V. ZENO-ZENCOVICH (a cura di), *Manuale del diritto dell'informazione e della comunicazione*, Cedam, Padova, 2009, p. 391.

normalmente assente o estremamente ridotta nei contratti conclusi tra professionista e consumatore, laddove, invece, si ricorre allo schema del contratto per adesione.

In considerazione di tali caratteristiche del commercio elettronico si tende a sovrapporre la tradizionale fase delle trattative all'attività promozionale o di *advertising* che è svolta dall'impresa notoriamente sul *web*, prevalentemente attraverso *banners* e *links* (collegamenti inseriti all'interno dei singoli siti) o via *e-mail.*

Il prestatore di servizi della società dell'informazione, difatti, o attraverso offerte di servizi (cioè proposte contrattuali) inviate tramite *e-mail* ad un singolo individuo o a una pluralità di soggetti, oppure usualmente immettendo sul proprio sito telematico (o attraverso *banners* e *links*) i propri "cataloghi" elettronici, consente all'utente semplicemente di decidere o meno se essi siano di proprio interesse e, in tale evenienza, cosa acquistare.

In verità, si assiste oggi al diffondersi di pratiche di contrattazione in rete che rendono possibile negoziare alcune clausole dell'accordo, ad esempio mediante la previsione di specifici *forms* in cui i consumatori possono liberamente immettere un testo (*textarea*), che può qualificarsi come una vera e propria proposta contrattuale, ovvero come modifica della proposta del professionista. Questa interazione tra il professionista e i clienti riduce notevolmente le possibili prevaricazioni del primo verso i secondi, e contribuisce ad aumentare la fiducia dei consumatori nei confronti delle imprese che, avvalendosi di tali meccanismi, diffondono sul mercato un'immagine di correttezza. Il consumatore, per questa via, è messo nelle condizioni di scegliere tra imprese più efficienti e imprese meno efficienti; ciò significa far prevalere nel mercato le imprese che per il loro successo puntano non sull'abuso di posizione dominante, ma sul miglioramento della qualità e sul contenimento dei prezzi, resi possibili dall'innovazione tecnologica, dalla riduzione dei costi interni, dalla razionalizzazione dei processi produttivi e distributivi; significa, in breve, un mercato in grado di garantire la migliore efficienza nell'allocazione delle risorse [45].

---

[45] E. MINERVINI-P. BARTOLOMUCCI, *La tutela del consumatore telematico*, cit., p. 352 ss.

Riguardo alla fase precontrattuale, gli obblighi informativi previsti «*prima dell'inoltro dell'ordine da parte del destinatario del servizio*» costituiscono un chiaro riferimento al disposto dell'art. 1337 c.c., con conseguente configurabilità della responsabilità precontrattuale per l'ipotesi di violazione di tali obblighi[46].

Per quanto attiene più in particolare ai rimedi esperibili in caso di violazione degli obblighi informativi, essi sono sostanzialmente due: 1) la richiesta di risarcimento del danno per responsabilità precontrattuale del fornitore; 2) l'annullamento del contratto per dolo o per errore.

L'art. 12, comma 1, d.lgs. n. 70/2003, disciplinando l'àmbito dell'offerta al pubblico e cioè l'ipotesi della proposta contrattuale che richiede un'accettazione, fa obbligo di indicare: le varie fasi tecniche che occorre seguire per giungere alla conclusione del contratto (lett. a); il modo in cui il contratto concluso sarà archiviato e le relative modalità di accesso (lett. b); il modo di correggere gli errori prima di inoltrare l'ordine (lett. c); gli eventuali codici di condotta cui si aderisce e come accedervi per via telematica (lett. d); le lingue a disposizione per concludere il contratto oltre all'italiano (lett. e); l'indicazione degli strumenti di composizione delle controversie (lett. f)[47].

Le norme vanno complessivamente lette alla luce del rapporto tra tutela del consumatore, controllo dell'efficienza del mercato e garanzia della correttezza del suo funzionamento.

Tali obblighi devono essere forniti prima dell'inoltro dell'ordine da parte del destinatario del servizio. Essi, inoltre, sono inderogabili (e quindi immodificabili e irrinunciabili; e ogni patto contrario è nullo ai sensi dell'art. 143 c. cons.) per i contratti conclusi con i consumatori e derogabili, invece, previo accordo, se le parti non sono consumatori (limitazione dell'ambito soggettivo di applicazione).

---

[46] Cfr. V. CUFFARO, *La responsabilità precontrattuale nella contrattazione telematica*, in V. RICCIUTO-N. ZORZI (a cura di), *Il contratto telematico*, cit., p. 215 ss.

[47] Tali informazioni, dettate dall'art. 12, comma 1, si aggiungono a quelle previste dall'art. 49 c. cons. in materia di contratti a distanza.

In ogni caso, le clausole e/o le condizioni generali di contratto proposte al destinatario (consumatore e non) devono essere messe a sua disposizione in modo che gli sia consentita la memorizzazione e la riproduzione: la norma è inderogabile dall'autonomia privata.

L'art. 8 del d.lgs. n. 70/2003 prevede, poi, che le comunicazioni commerciali, se costituiscono di per sé un'attività economica *on line* – che nel linguaggio del legislatore è denominata «*servizio della società dell'informazione*»: art. 2, comma 1, lett. a), d.lgs. n. 70/2003 – o ne rappresentano parte integrante, devono contenere, sin dal primo invio, in modo chiaro ed inequivocabile, una specifica informativa, ulteriore rispetto a quella imposta dal ricorso a tecniche di comunicazione negoziale a distanza o dal tipo contrattuale prescelto e, dunque, collegata soltanto alle esigenze sollevate dalla comunicazione *on line*[48].

Il professionista dovrà fornire al consumatore la prevista informazione in maniera chiara ed intellegibile e, qualora si tratti di un ordine che fa nascere un'obbligazione di pagamento anticipato tramite un semplice bottone da cliccare, il difetto di una adeguata avvertenza determinerà il mancato perfezionamento dell'ordine o del contratto.

In particolare, l'obbligo informativo di cui all'art. 8 è diretto ad evidenziare: *a*) la natura di comunicazione commerciale del messaggio pubblicato; *b*) l'identità della persona fisica o giuridica per conto della quale è effettuata la comunicazione commerciale; *c*) l'eventuale natura di offerta promozionale, come nel caso di sconti, premi, omaggi, e le relative condizioni di accesso; *d*) l'eventuale natura di concorsi o di giochi promozionali, se consentiti, e le relative condizioni di partecipazione.

---

[48] «*Il prestatore di servizi, sin da prima della stipulazione del contratto, è tenuto a fornire ai clienti oltre all'e-mail altre informazioni che consentano una comunicazione diretta ed efficace. Non necessariamente un numero di telefono, ma può essere sufficiente anche una maschera di richiesta di informazioni elettronica, fatte salve situazioni di impossibilità di accesso alla rete in cui l'utente ha diritto di richiedere un canale diretto di comunicazione*» (Corte Giust. CE, 16 ottobre 2008, causa C-298-07, *Bundesveband der Verbraucherzentralen und Verbraucherverbande – Verbraucherverbande – Verbraucherzentrale Bundesverband eV c. deutsche internet versicherung*).

Cautele particolari sono dettate nel caso in cui i servizi offerti attengano a prestazioni proprie di professioni regolamentate: l'offerta deve essere conforme alle regole di deontologia professionale e, in particolare, all'indipendenza, alla dignità, all'onore della professione, al segreto professionale e alla lealtà verso clienti e colleghi, *ex* art. 10, d.lgs. n. 70/2003.

Ai sensi del comma 4 dell'art. 13, d.lgs. n. 70/2003 (ambito oggettivo di applicazione) gli obblighi di informazione, mentre sono applicabili ai contratti «*di massa*» o per adesione o «*non individualizzabili*» (e cioè, salve alcune eccezioni, a tutti quelli conclusi mediante accesso al sito), non si applicano ai contratti conclusi mediante scambio di *e-mail*[49] o attraverso mezzi di comunicazione individualizzata equivalenti come le reti chiuse (es. *EDI*, *Intranet*).

L'omesso rispetto degli obblighi informativi sopra esposti, oltre alle già viste conseguenze civilistiche in termini di responsabilità precontrattuale ed annullabilità per errore o dolo (quantomeno nelle fattispecie più gravi in cui la mancanza dell'informativa prescritta integri una sleale reticenza tale da indurre in inganno e far concludere un contratto che, in diversa ipotesi, non sarebbe stato concluso), sotto il profilo dell'apparato sanzionatorio, determina l'applicazione anche di una sanzione amministrativa (da 103 euro a 10.000 euro, che può essere raddoppiata in casi di particolare gravità o recidiva), applicata ai sensi della l. n. 689/1981 e salvo che il fatto non costituisca reato (art. 21, d.lgs. n. 70/2003)[50].

Occorre, poi, ricordare che il d.lgs. n. 221/2007 ha recato una disciplina della commercializzazione dei servizi finanziari ai consumatori, abrogando, in tal modo, la l. n. 190/2005 che aveva dato prima attuazione alla direttiva 2002/65/CE. La legge n. 221/2007 ha introdotto nel codice del consumo gli artt. da 67 *bis* a 67 *vicies bis*. Sul punto è sufficiente sottolineare che, an-

---

[49] L'*e-mail* o la posta elettronica è il servizio che consente all'utente di comunicare con altri utenti, inviando e/o ricevendo corrispondenza telematica.

[50] Vedi *amplius* A. GENTILI-E. BATTELLI, *Le patologie del contratto telematico*, in E. TOSI (a cura di), *La tutela dei consumatori in internet e nel commercio elettronico*, Giuffrè, Milano, 2012, p. 371 ss. e spec. p. 403 ss.

che in questo caso, vengono imposti particolari obblighi informativi ed è prevista anche una tutela contro le ipotesi di erogazione di servizi non richiesti o contro l'invio di comunicazioni non sollecitate dal cliente [51].

6. La formazione del contratto *on line*

Si è già avuto modo di evidenziare la scelta del legislatore europeo di non armonizzare i profili inerenti alla conclusione del contratto e di limitarsi, piuttosto, alla regolamentazione della fase precontrattuale – mediante appositi obblighi informativi – e di quella successiva al perfezionamento dell'accordo, attraverso obblighi di documentazione e il diritto di recesso [52].

In via generale, già l'art. 67, comma 2, c. cons., stabilendo l'applicazione delle disposizioni del Codice civile in tema di validità, formazione o efficacia dei contratti per ciò che non è espressamente previsto nel codice del consumo, manifesta una certa fiducia nelle capacità del codice del '42 di rispondere alle esigenze della società moderna.

Analogamente, con specifico riferimento alla contrattazione *on line*, l'art. 13, comma 1, d.lgs. n. 70/2003 statuisce che le norme codicistiche sulla conclusione dei contratti si applicano anche nei casi in cui il destinatario di un bene o di un servizio della società dell'informazione inoltri il proprio ordine per via telematica.

Pertanto, a fronte della mancata previsione di un modello procedimentale tipico per il contratto telematico, la disciplina di quest'ultimo deve rinvenirsi nelle norme del Codice civile in tema di contratto "tra assenti" [53].

---

[51] E. BATTELLI, *Commercializzazione a distanza di servizi finanziari ai consumatori: oggetto e campo di applicazione – Commento sub art. 67 bis e segg. Codice del Consumo*, in E. MINERVINI-L. ROSSI CARLEO (a cura di), *Codice del Consumo. Aggiornamenti*, Giappichelli, Torino, 2009, p. 355 ss.

[52] Cfr. M.P. PIGNALOSA, *Contratti a distanza e recesso del consumatore*, cit., p. 290 ss.

[53] Per uno studio sull'influenza delle nuove tecnologie sulla conclusione del contratto: R. CLARIZIA, *Informatica e conclusione del contratto*, Giuffrè,

Con riferimento alla sola modalità dell'accesso al sito, l'art. 13, al comma 2, specifica che l'offerente prestatore è obbligato ad inviare al destinatario l'avviso di ricevimento contenente una serie di informazioni «*senza giustificato ritardo e per via telematica*».

La norma aggiunge che la ricevuta deve contenere un riepilogo delle condizioni generali e particolari applicabili al contratto, le informazioni relative alle caratteristiche essenziali del bene o del servizio, l'indicazione dettagliata del prezzo, dei mezzi di pagamento, del recesso, dei costi di consegna, dei tributi applicabili.

La «*ricevuta dell'ordine del destinatario*» (nello schema negoziale dell'offerta al pubblico "*point and click*") non rappresenta, coerentemente con quanto detto poc'anzi, un elemento del procedimento di formazione del contratto, ma funge da conferma del proponente e, pertanto, quale obbligo informativo post-negoziale, rappresenta un obbligo accessorio e successivo al perfezionamento dell'accordo (e alle regole di diritto comune in materia di formazione del contratto). L'eventuale inadempimento, infatti, non interferisce con il perfezionamento del contratto, il quale ha luogo indipendentemente dall'osservanza di esso [54].

Tuttavia, è ben noto come la miglior prassi negoziale assegni all'*e-mail* di riepilogo rilevanza alla stregua di elemento perfezionativo della complessiva operazione negoziale, anche alla luce della funzione di "veicolo" del Modulo di recesso e delle relative Istruzioni.

In base alle forme di perfezionamento del contratto, merita particolare rilievo la distinzione tra contratti consensuali e contratti reali, ponendosi per questi ultimi seri dubbi circa l'ammissibilità della stipulazione per via telematica.

Infatti, poiché per contratti reali, secondo la tradizionale definizione, devono intendersi quei contratti che si perfezionano con la consegna della cosa che ne è oggetto (quali il mutuo, il comodato, il deposito, il pegno, il riporto), deve riconoscersi

Milano, 1985; F. PARISI, *Il contratto concluso mediante computer*, cit., p. 51 ss.; S. GIOVA, *La conclusione del contratto via internet*, E.S.I., Napoli, 2000.

[54] G. PERLINGIERI, *Il contratto telematico*, cit., p. 290 s.

che senza la consegna il contratto non si intende formato, onde la via telematica dovrebbe considerarsi radicalmente esclusa. Senonché un dato di esperienza vede il costituirsi di vincoli contrattuali *on line* relativi ad operazioni di mutuo, deposito, ecc., senza la preventiva consegna della cosa, per cui deve certamente ammettersi, in forza del principio dell'autonomia contrattuale, che i tipici programmi negoziali che normalmente formano oggetto dei contratti reali possano essere conclusi anche in forma consensuale per via elettronica (laddove, ad esempio, la parte, anziché consegnare la somma mutuata, si obblighi a consegnarla).

Deve allora constatarsi che la conclusione del contratto per via telematica appare certamente utilizzabile anche per concludere i classici contratti reali, fermo restando che in tale ipotesi il contratto potrà perfezionarsi al momento dell'accordo, ma i tipici effetti restitutori, normalmente connessi a tali programmi negoziali, si produrranno solo in seguito all'effettiva consegna.

6.1. Il contratto concluso tramite scambio di *e-mail*

Rispetto a quanto accennato, semplificando, la contrattazione *on line* può perfezionarsi attraverso due principali sistemi: *a*) con lo scambio di manifestazioni di volontà attraverso l'utilizzo di nuovi strumenti di comunicazione, quali *e-mail*[55], *forum*, *newgroups* (contratti "a comunicazione diretta") che garantiscono un dialogo effettivo (*one to one*) con reciproche comunicazioni di sintagmi intellegibili (in tale ipotesi il consenso si esprime con una dichiarazione di senso compiuto poi trasmessa, ad esempio, tramite *posta elettronica*); oppure *b*) accedendo al sito di un *e-shop*, attraverso la sottoscrizione di *form*, cioè tramite la pressione virtuale del tasto negoziale "accetto" (contratti "a comunicazione indiretta"). In tale seconda ipotesi il consenso si esprime semplicemente attraverso il *click* che a tutti gli effetti

---

[55] Sottolinea l'assenza di peculiarità della contrattazione mediante *e-mail*, fatta eccezione per l'equiparazione dell'indirizzo elettronico a quello reale, A.M. BENEDETTI, *Autonomia privata procedimentale. La formazione del contratto fra legge e volontà delle parti*, Giappichelli, Torino, 2002, p. 80, nt. 122.

costituisce una modalità di espressione del consenso (c.d. contratti *point and click*)[56].

Nel primo caso il contratto si concluderà in maniera tradizionale, secondo gli schemi tipici del Codice civile: si avrà cioè una proposta espressa da una parte a cui dovrà seguire un'accettazione conforme dell'altra parte (art. 1326 c.c.). In tale fattispecie negoziale, avvenendo lo scambio di proposta e accettazione attraverso messaggi di posta elettronica, il contratto deve ritenersi concluso nel momento in cui l'accettazione giunge all'indirizzo *e-mail* del proponente[57].

Nel secondo caso, invece, l'offerta di compravendita telematica si caratterizza per una serie di determinati meccanismi stipulatori non immaginati neanche dal legislatore; si pensi alla possibilità che un semplice *click* sull'immagine della merce digitalizzata sullo schermo di un *device*, a seconda dei casi, potrebbe equivalere a: una richiesta di informazioni sulla stessa (fase precontrattuale), una richiesta di acquisto (invito ad offrire), una richiesta di invio della merce (accettazione dell'offerta)[58].

Approfondendo il punto, deve rilevarsi che con il meccanismo di conclusione per posta elettronica, invece, la struttura di formazione del contratto assume i connotati tipici del modello codicistico dei contratti conclusi tra persone distanti con conseguente applicazione della norma di cui all'art. 1335 c.c.

L'art. 1335 c.c., come è noto, regola la c.d. "presunzione di conoscenza" (*iuris tantum*), in base alla quale «*la proposta,*

---

[56] Comunemente si intende per tale quella modalità di conclusione del contratto *on line* che passa attraverso la visualizzazione sul *monitor* del PC connesso ad *Internet* del regolamento contrattuale predisposto dal commerciante *on line*, con il quale si richiede il riempimento dei campi (c.d. *form*) volutamente lasciati in bianco dal proponente: quali, ad esempio, il nome dell'aderente, il luogo ove si desidera venga spedita la merce, la indicazione di una modalità di pagamento (in genere carta di credito) e quant'altro sia ritenuto necessario ai fini della determinazione dell'accordo.

[57] F. TOMMASI, *I contratti del commercio elettronico*, in G. CASSANO (a cura di), *Commercio elettronico e tutela del consumatore*, Giuffrè, Milano, 2003, p. 268.

[58] A.M. GAMBINO, *I contratti telematici*, cit., p. 599 ss.

l'accettazione, la loro revoca e ogni altra dichiarazione diretta ad una determinata persona si reputano conosciute nel momento in cui giungono all'indirizzo del destinatario, se questi non prova di essere stato, senza sua colpa, nell'impossibilità di averne notizia». E d'altronde, è pacifico che l'art. 1335 c.c. prescinda dal mezzo di trasmissione concretamente adoperato[59]. Così come rientra nell'esercizio dell'autonomia delle parti procedere alla predeterminazione dell'"indirizzo" rilevante ai sensi dell'art. 1335 c.c.

Vige pertanto anche per la posta elettronica la presunzione "di conoscenza", o più correttamente "di conoscibilità", della comunicazione trasmessa telematicamente, che può essere vinta non limitandosi a dimostrare di non averne avuto di fatto conoscenza ma solo con la prova a carico del destinatario di esser stato, senza colpa, nell'impossibilità di avere avuto notizia della comunicazione. A ben vedere, una fattispecie analoga a quella della ricezione nella cassetta delle lettere apposta all'entrata di uno stabile; anche in questo caso la presunzione di conoscibilità opererà a prescindere da un'effettiva consegna in mani proprie, salvo poi a verificarne l'impossibilità incolpevole di avvenuta conoscenza o meglio di averne notizia.

Infine, nel comma 3 dell'art. 13, viene specificato che «*l'ordine e la ricevuta si considerano pervenuti quando le parti alle quali sono indirizzati hanno la possibilità di accedervi*»: quindi non già quando ne avranno effettivamente conoscenza, ma quando (in conformità alla tesi prevalente) si troveranno nella possibilità di averne notizia, ossia allorquando la comunicazione giungerà all'indirizzo telematico (c.d. domicilio informatico e virtuale) del destinatario.

Si tratta di una scelta precisa del nostro legislatore, che rimanda implicitamente sempre agli schemi dell'art. 1335 c.c.

In effetti, l'espressione «*giungere all'indirizzo del destinatario*» dell'art. 1335 c.c. deve essere intesa non già alla stregua del momento dello scaricamento elettronico dei messaggi, quan-

[59] Cass., 17 marzo 1995, n. 3099, in *Mass. Giust. civ.*, 1995; Id., 11 aprile 1990, n. 3061, *ivi*, 1990; Id., 27 gennaio 1988, n. 715, *ivi*, 1988; Id., 28 gennaio 1985, n. 450, *ivi*, 1985.

to piuttosto nella ricezione da parte del *provider*, il cui sito di posta elettronica è nella piena disponibilità del destinatario[60].

L'applicazione dell'art. 1335 c.c. alla fattispecie dei contratti *on line* conclusi tramite *e-mail* comporta, pertanto, l'obbligo per ogni titolare di un indirizzo *e-mail* di un periodico controllo della posta in arrivo.

La prova richiesta per superare la presunzione è a carico del destinatario e consisterà nella prova particolarmente rigorosa e gravosa per il medesimo di malfunzionamenti tecnici ostativi della ricezione *tout court* e della ricezione fedele del messaggio[61].

Al mittente basterà, invece, dimostrare l'invio dell'*e-mail.* A tal riguardo, si può ritenere che il giungere di una dichiarazione negoziale possa essere provato con qualsiasi mezzo attendibile e quindi anche per posta elettronica.

In base al principio di "autoresponsabilità" e all'interpretazione del contratto secondo buona fede, infatti, si presuppone che chi intenda svolgere la propria attività contrattuale mediante strumenti elettronici ne accetti i relativi effetti.

Quanto alla revoca della proposta, dovrebbe essere possibile finché il messaggio di accettazione non giunga all'indirizzo elettronico del proponente; tuttavia, poiché tale momento coincide praticamente con quello dell'invio del messaggio di accettazione, la revoca della proposta sarà possibile, in pratica, finché l'accettante non abbia accettato, inviando il messaggio di accettazione.

Quanto al luogo di conclusione del contratto esso coincide con il domicilio informatico del soggetto presso il quale giunge la dichiarazione negoziale di accettazione, sia esso il proprio terminale in caso di connessione diretta oppure il *server* del *provider* in caso di connessione a *Internet*, indipendentemente dal momento di conoscenza effettiva dell'interessato[62].

---

[60] A.M. Gambino, *L'accordo telematico*, cit., p. 155 ss.

[61] Si veda in tal senso G. Finocchiaro, *Lex mercatoria e commercio elettronico. Il diritto applicabile ai contratti conclusi su internet*, in V. Ricciuto-N. Zorzi (a cura di), *Il contratto telematico*, cit., p. 26.

[62] Così E. Tosi, *Procedimenti formativi e forme del contratto virtuale*, in C. Rossello-G. Finocchiaro-E. Tosi, *Commercio elettronico*, cit., p. 182 s.

Quanto al tempo di conclusione del contratto, anch'esso dovrà ritenersi individuato nel momento in cui l'accettazione giunge all'indirizzo virtuale, dovendosi prescindere dalla effettiva conoscenza, sempre in conformità alla presunzione di conoscenza civilistica, non di conoscenza effettiva.

6.2. La conclusione del contratto *on line "point and click"*

Per quanto attiene alla fase della conclusione del contratto "a comunicazione diretta", il d.lgs. n. 70/2003 non detta una particolare disciplina, prevedendo soltanto che il destinatario di un bene o di un servizio della società dell'informazione inoltri il proprio ordine per via telematica e che il titolare del sito *web* di *e-commerce* debba, senza ritardo e per via telematica, accusare di aver ricevuto l'ordine dell'utente riepilogando le condizioni generali e particolari applicabili al contratto.

L'obbligo dell'invio della ricevuta non si applica, invece, nei contratti conclusi esclusivamente tramite lo scambio di messaggi di comunicazioni individuali.

Il titolare del sito di *e-commerce* dovrà, quindi, predisporre la sua offerta *on line* in modo da consentire all'utente di avere piena consapevolezza del suo acquisto, sia nella fase precontrattuale (con i doveri di informazione previsti nell'art. 12) sia nella fase successiva all'inoltro dell'ordine (secondo l'art. 13).

Il contratto telematico, allora, almeno quando esso abbia ad oggetto un programma negoziale per il quale vige la regola della libertà di forma, si concluderà mediante la comune tecnica del c.d. "tasto negoziale virtuale"[63] o "*point and click*", cioè tramite il puntamento del *mouse* sul tasto "virtuale" di accettazione e la conseguente pressione sullo stesso *mouse* o direttamente sulla tastiera del computer o sullo schermo del *device*.

La tecnica della digitazione del tasto negoziale "accetto" richiede la previa compilazione di un *form* elettronico, utilizzato

---

[63] Secondo l'espressione coniata da E. TOSI, *La conclusione di contratti on line*, in *I problemi giuridici di internet*, Giuffrè, Milano, 2003, p. 20, rielaborando l'espressione «*tasto negoziale*» impiegata da V. FRANCESCHELLI (*Computer e diritto*, Maggioli, Rimini, 1989, p. 165).

dai più diffusi siti di commercio *on line* che ammettono alla contrattazione solo utenti precedentemente identificati, registrati mediante la creazione di un *account* personale con attribuzione di una apposita "*ID utente*" e "*password*", e che attraverso un semplice *click* esprimono la propria adesione al regolamento contrattuale disciplinante le relazioni commerciali negoziabili tramite il medesimo sito *web*.

La pressione del c.d. tasto virtuale, quale modalità necessaria per la manifestazione della volontà negoziale prescelta dal proponente ai sensi dell'art. 1326, comma 4, c.c.[64], è perciò ritenuta idonea e sufficiente per manifestare il consenso contrattuale.

Se, però, il professionista non osserva la regola sulla dichiarazione di consenso, dettata dall'art. 51, comma 2, c. cons., in base alla quale le parole «*ordine con obbligo di pagare*» o altra espressione equivalente e non equivoca (indicante che l'inoltro dell'ordine implica anche l'obbligo di pagamento al professionista) devono accompagnare l'azionamento del «*tasto negoziale virtuale*» o altra funzione analoga, il consumatore è da considerarsi non vincolato dal contratto o dall'ordine effettuato.

6.3. Conclusione del contratto *on line* per mezzo dell'inizio dell'esecuzione

Un cenno a parte merita anche l'ipotesi della conclusione del contratto *on line* che avvenga per mezzo dell'inizio dell'esecuzione del contratto stesso. Tale modalità ricorre nel caso in cui l'operatore commerciale richiede per la negoziazione il numero della carta di credito dell'acquirente per il pagamento; in tal caso l'invio del numero integra appunto l'ipotesi di inizio dell'esecuzione[65].

Stante la peculiare natura di tale tipologia contrattuale, si è dovuta adattare anche la regola di cui all'art. 1328, comma 1,

---

[64] Cfr. E. TOSI, *Il contratto virtuale: ricostruzione della categoria negoziale*, in R. CLARIZIA (a cura di), *I contratti informatici*, nel *Trattato dei contratti*, diretto da P. RESCIGNO ed E. GABRIELLI, Utet, Torino, 2007, p. 101.

[65] F. TOMMASI, *I contratti del commercio elettronico*, cit., p. 265; A.M. GAMBINO, *L'accordo telematico*, cit., p. 140 ss.

che stabilisce che se l'accettante ha intrapreso in buona fede l'esecuzione prima di avere notizia della revoca, il proponente è tenuto ad indennizzare per le spese e le perdite subite dovute alla intrapresa esecuzione del contratto.

Ciò significa che, per i contratti telematici, l'oblato ha sempre come onere, prima di accettare, quello di controllare l'eventuale revoca della proposta, altrimenti non potrà far valere la propria buona fede, dipendendo la sua ignoranza da colpa grave, ai sensi dell'art. 1147, comma 2 c.c.

Se poi la revoca della proposta non è stata effettuata correttamente, potrà aversi una responsabilità precontrattuale, a carico del proponente, *ex* art. 1337.

Quanto alla revoca dell'accettazione, si prospetta una difficoltà probatoria nel dimostrare che il proponente abbia prima conosciuto la revoca e poi l'accettazione [66].

In realtà, tale modello di conclusione del contratto sarebbe rispettato laddove alla compilazione di un *form* comprensivo dei numeri della carta di credito dell'acquirente seguisse, almeno un attimo dopo, la trasmissione dell'ordine da parte dell'utenza operata con il *click* finale.

In tale fattispecie il contratto si conclude con l'inizio dell'esecuzione della prestazione che si realizza con la spendita telematica della carta di credito. Il mancato immediato arrivo dell'avviso di ricevimento permetterà all'utente di constatare che il suo ordine non è giunto a destinazione o comunque non ha trovato l'offerente pronto a darne seguito.

La fattispecie della digitazione dei numeri della carta di credito consentirebbe di ravvisare contestualmente una esecuzione del contratto (in quanto *inter absentes*) e una manifestazione reale del consenso, in quanto comunicato al sistema appositamente istruito dal predisponente (al quale si è previamente aderito, accettando le modalità di conclusione ed esecuzione negoziale), che così trasmetterà la ricevuta dell'ordine [67].

---

[66] F. SPINACI, *Impatto della new economy. I profili civilistici*, cit.

[67] In realtà l'inoltro dell'ordine di acquisto giunge a notizia del venditore sempre successivamente all'invio dei numeri della carta di credito (esecuzione) da parte dell'acquirente proprio in forza della logica del comma 2 dell'art.

Riguardo a questa particolare forma, in effetti, a lungo si è discusso se l'invio dei numeri identificativi della carta di credito sia sufficiente ad integrare l'inizio dell'esecuzione di cui all'art. 1327 c.c. La tesi positiva, di cui alla procedura già prospettata, si fonda sull'assunto dell'efficacia solutoria di tale strumento di pagamento, tenendo conto altresì del fatto che tali forme di pagamento spesso si concretizzano in un forte "indizio" di definitività del consenso del consumatore[68].

6.4. Offerta al pubblico e invito a proporre

Si ricorda, poi, brevemente, che i siti di *e-commerce* B2B e B2C sono, innanzitutto, le vetrine virtuali in cui sono messe in esposizione via *web* le merci acquistabili *on line* (ma anche *off-line* ...).

Se è vero che dirimenti sono le modalità di conclusione del contratto, oltre lo schema già esaminato del "tasto negoziale" (sistema "*point and click*"), nel caso della vetrina virtuale si parla di una fattispecie che si ritiene[69] rientri nella qualificazione codicistica tanto dell'offerta al pubblico (art. 1336 c.c.), quanto dell'invito a proporre.

Queste due modalità di formazione del contratto, pur rappresentando categorie tra loro molto simili, si differenziano profondamente in quanto, nella prima ipotesi, sussistendo tutti gli elementi costitutivi del contratto da concludere, si tratterà di proposta formale indirizzata ad una pluralità di destinatari (offerta commerciale *in incertam personam*), nella seconda ipotesi, qualora manchi alcuno degli elementi essenziali, si tratterà di semplice invito ad offrire e il proponente si limita ad invitare una pluralità di possibili acquirenti a formulare loro stessi una proposta[70].

---

13 (cfr. M. PENNASILICO, *La conclusione dei contratti on-line tra continuità e innovazione*, in *Dir. inf.*, 2004, p. 819 ss.).

[68] A. FRATERNALE, *I contratti a distanza*, Giuffrè, Milano, 2002, p. 28.

[69] G. PERLINGIERI, *Il contratto telematico*, cit., p. 292.

[70] M.V. DE GIORGI, *Il perfezionamento e l'oggetto del contratto on-line*, in A. LISI (a cura di), *I contratti di internet*, Utet, Torino, 2006, p. 50.

Di conseguenza solo nel primo caso l'accettazione determina la conclusione del contratto, mentre nel secondo caso la dichiarazione ha la natura di proposta che può essere oggetto di accettazione o meno da parte dell'impresa.

Più precisamente, quando il sito *web* contiene tutti gli elementi essenziali della proposta contrattuale, lo schema adoperato sarà quello dell'"offerta al pubblico" (espressamente disciplinata dall'art. 1336 c.c.), ipotesi alla quale resta applicabile la regola generale che richiede la ricezione dell'accettazione da parte del proponente (1326 c.c.)[71].

Questo schema, in particolare, ricorre nel caso in cui i siti *web* presentino al loro interno cataloghi elettronici che riportino beni o servizi posti in vendita e dei quali vengano indicate le caratteristiche principali (qualità, luogo e data di produzione, durata della garanzia, prezzo, costi della consegna ...) che l'utente potrà acquistare riempiendo un *form* elettronico ed inviandolo al proponente.

Si genererà così una responsabilità contrattuale che sorgerà in capo al prestatore del servizio della società dell'informazione nel momento in cui semplicemente l'utente inoltrerà il proprio ordine virtuale attraverso il sito *web*. Si tenga presente che in tal caso, allorché il programma negoziale sia stato unilateralmente predisposto dal solo offerente senza che alla controparte sia stato lasciato alcun margine di trattativa, viene in rilievo la fattispecie del contratto per adesione che pone un problema di tutela dell'aderente.

Occorre tenere conto che l'offerta al pubblico tramite *web* sconta la massima indeterminatezza dei soggetti destinatari il

---

[71] «*In tema di contratti, affinché sia configurabile una proposta – idonea a determinare, nel concorso dell'adesione del destinatario, la conclusione di un valido contratto – occorre che la dichiarazione del proponente sia completa, nel senso di contenere tutti gli elementi del futuro contratto, e che, inoltre, non sia accompagnata da riserve sul suo carattere attualmente impegnativo, perché la dichiarazione che non manifesti una decisione, ma sia rivolta al destinatario solo per impostare una trattativa o per esprimere una disponibilità dell'autore senza la volontà di esporsi al vincolo contrattuale se non dopo ulteriori passaggi valutativi, non conferisce al destinatario stesso il potere di determinare, con l'accettazione, l'effetto conclusivo del contratto*» (Cass. civ., 7 luglio 2009, n. 15964, in *Mass. giust. civ.*, 2009, p. 1057).

cui numero può variare notevolmente a seconda del sito sul quale è effettuata e dell'orario in cui è trasmessa.

Nell'ipotesi di offerta incompleta (quindi insuscettibile di accettazione, perché inidonea a configurare il contenuto dispositivo dell'accordo), la proposta, invece, come già accennato, dovrà considerarsi un semplice "invito ad offrire", onde l'acquirente (destinatario dell'invito) assumerà la qualifica di proponente ed il fornitore si riserverà la veste di accettante. Si genera, pertanto, soltanto una responsabilità pre-contrattuale in capo all'imprenditore che offra i suoi prodotti e servizi *on line*, in quanto si impegnerà contrattualmente nei confronti del suo utente solo successivamente, nel momento in cui confermerà (di solito tramite comunicazione via *e-mail*) l'ordine ricevuto.

Nell'attuale prassi, quindi, rientrano nell'ipotesi dell'"invito ad offrire" i sempre più diffusi cataloghi elettronici i quali si configurano alla stregua di semplici vetrine che invitano il possibile acquirente ad effettuare una proposta che il fornitore/venditore sarà poi libero di accettare o meno.

Infatti, si ritiene che l'annuncio commerciale, in apposito sito *web* destinato alla negoziazione e accessibile a tutti, costituisca "*an invitation to treat*" e che richieda quindi una proposta (ordine) del consumatore e una accettazione, o conferma dell'ordine, da parte dell'operatore telematico [72].

Tale soluzione è motivata dal presupposto economico-aziendale dell'impossibilità di prevedere, per un numero imprecisato di potenziali clienti, la quantità di beni reperibili [73].

Dal punto di vista giuridico la distinzione tra "invito ad offrire" e "offerta al pubblico" ha una grande rilevanza, ma risulta importante anche e soprattutto dal punto di vista della strategia aziendale. È indispensabile, pertanto, vagliare in concreto quali siano le esigenze dell'impresa e limitarne le responsabilità con apposite clausole contrattuali e con idonee avvertenze sul sito (ad esempio sulla disponibilità o meno dei prodotti).

---

[72] S. SICA-A.G. PARISI, *La tutela del consumatore nel contratto on-line*, in A.M. GAMBINO (a cura di), *Rimedi e tecniche di protezione del consumatore*, Giappichelli, Torino, 2011, p. 29 ss.

[73] O. CALLIANO, *I diritti dell'acquirente online e dell'utente di servizi telematici. Dalla normativa comunitaria al diritto europeo telematico*, cit., p. 51 ss.

Quanto al luogo e al tempo di conclusione del contratto occorre distinguere tra l'invito ad offrire e l'offerta al pubblico: mentre per la prima trova applicazione il principio di cui all'art. 1326, comma 1, secondo cui il contratto è concluso nel momento e nel luogo in cui chi ha fatto la proposta ha conoscenza dell'accettazione dell'altra parte, nella seconda fattispecie, specialmente quando vi è l'ordine con contestuale pagamento da parte del consumatore, il contratto deve intendersi concluso (alla luce di quanto esposto nel paragrafo precedente), ai sensi dell'art. 1327, comma 2, nel tempo e nel luogo in cui ha avuto inizio l'esecuzione.

L'offerta al pubblico è validamente revocata, secondo l'art. 1336, comma 2, se compiuta nella stessa forma dell'offerta, anche verso chi non ne ha avuto notizia, purché la revoca risulti anteriore all'accettazione. Allo stesso modo, per quanto concerne la proposta al pubblico emessa in *Internet*, la revoca deve essere effettuata nello stesso ambiente [74].

7. La conoscibilità delle condizioni generali di contratto *on line*

Come già evidenziato, gli scambi *on line* non si sottraggono affatto a quel fenomeno di serializzazione che ha caratterizzato l'offerta merceologica dall'epoca della rivoluzione industriale in poi.

Al contratto "artigianale" realizzato sulla base delle richieste e delle trattative tra le parti, subentra sempre di più il contratto standardizzato (nella sua totalità o nelle tue clausole tipiche), in quanto predisposto sulla base delle conoscenze direttamente acquisite *on line* dall'impresa, con riguardo ai bisogni e alle necessità di un mercato globalmente considerato [75].

Nell'operare una tale "scelta del contratto", la parte si avvarrà, sempre più, dell'ausilio offerto dagli elaboratori elettronici connessi alla rete *Internet*, cosicché (più che il "tipo" di contrat-

---

[74] F. SPINACI, *Impatto della new economy. I profili civilistici*, cit.

[75] G. CASSANO, *Diritto dell'Internet. Il sistema delle tutele della persona*, Giuffrè, Milano, 2005, p. 263.

to) si sceglieranno soltanto i parametri (termini e condizioni negoziali) ai quali ci si vorrà vincolare per la realizzazione dei propri interessi. Poi, sarà direttamente il *computer* a segnalare, a seguito di una ricerca effettuata *on line*, quell'offerta commerciale che soddisfi la richiesta dell'aspirante acquirente telematico; un po' come oggi avviene per la ricerca delle informazioni presenti *on line* mediante i c.d. *search engines* (motori di ricerca). E non si pensi che si stanno qui delineando scenari futuri o solo eventuali, poiché la scelta "computerizzata" dell'offerta commerciale *on line* più vantaggiosa (in base ai parametri inseriti dall'utente) in un mercato di beni o di servizi rappresenta, peraltro, già uno spaccato dell'attuale momento storico.

Se però è vero, come emerge dalla prassi, che anche nei contratti "a comunicazione diretta" si fa ricorso quasi esclusivamente all'utilizzo di contratti telematici caratterizzati da uniformità di disciplina e unilateralità nella predisposizione (da parte del soggetto economicamente più forte) delle relative clausole [76], nella fattispecie dei contratti per adesione [77] occorre allora soffermarsi in modo particolare, in termini di disciplina giuridica applicabile, sugli artt. 33 ss. c. cons. (a tutela del consumatore) e sull'art. 1341 c.c. (a tutela del soggetto aderente, consumatore o meno), il quale, come è noto, subordina l'efficacia delle condizioni generali di contratto alla conoscenza o conoscibilità delle medesime da parte dell'altro contraente al momento della conclusione del contratto.

Il problema si pone in quanto il commercio elettronico è oggetto di una disciplina di origine comunitaria (poi recepita nel

---

[76] Così V. PANDOLFINI, *Contratto on line e clausole vessatorie: quale firma (elettronica)?*, in *Contratti*, 2013, p. 49. Sul tema cfr. E. TOSI, *Il contratto virtuale: ricostruzione della categoria negoziale*, cit., p. 85; A.M. GAMBINO, *L'accordo telematico*, cit., p. 187; F. BRAVO, *Contrattazione telematica e contrattazione cibernetica*, Giuffrè, Milano, 2007, p. 458 ss.

[77] Sul tema per tutti: A.M. AZZARO, *I contratti non negoziati*, E.S.I., Napoli, 2000; C.M. BIANCA, voce *Condizioni generali di contratto*. I) *Diritto civile*, in *Enc. giur.*, vol. VII, Treccani, Roma, 1988; G. DE NOVA, *Le condizioni generali di contratto*, in *Trattato di diritto privato*, diretto da P. RESCIGNO, vol. X, 2, Utet, Torino, 1995, p. 123 ss.; M. MAGGIOLO, *Il contratto predisposto*, Cedam, Padova, 1996; V. RIZZO, *Condizioni generali di contratto e predisposizione normativa*, E.S.I., Napoli, 1983.

d.lgs. n. 70/2003) incompleta, frammentaria ed asistematica, ma soprattutto inadatta a cogliere le peculiarità del fenomeno informatico, e segnatamente della forma elettronica [78], poiché in gran parte ancorata ai principi dettati per il negozio giuridico tradizionale.

Il d.lgs. n. 70/2003 si limita a prevedere, riproducendo pedissequamente il contenuto dell'art. 10, comma 3 della direttiva 2000/31/CE, oltre i già esaminati obblighi informativi pre-contrattuali, l'obbligo del prestatore di mettere a disposizione degli utenti le proprie condizioni generali di contratto in modo da permetterne «*la memorizzazione e la riproduzione*» (art. 12 comma 3). Tale norma mira quindi ad ovviare alle asimmetrie informative che caratterizzano la contrattazione per adesione *on line*, negli scambi sia B2C che B2B [79], senza però occuparsi della modalità con le quali vengano manifestate al contraente informatico le condizioni generali di contratto *on line* [80].

Nel suo ruolo di elemento di garanzia il contratto costituisce la base di riferimento, il documento di riscontro, per la misura della qualità dei servizi erogati tra le parti contraenti. Per questo l'*e-contract* deve compiutamente definire, oltre i beni o i servizi che ne sono oggetto, anche le attività e le responsabilità legate alla loro commercializzazione nonché i livelli di qualità e le concrete modalità di misurazione di detti livelli.

Le condizioni generali, per essere efficaci nei confronti dell'acquirente e/o di colui che richiede il servizio, pertanto, dovranno essere portate a conoscenza dell'altra parte, prima dell'accettazione (compilazione del form *on line*), come disposto dall'art. 1341 c.c. [81].

---

[78] A. DI MAJO, *Esiste o meno la forma "virtuale" del contratto?*, in *Corr. giur.*, 1996, p. 1115.

[79] Cfr. S. PAGLIANTINI, *Forma e formalismo nel diritto europeo dei contratti*, ETS, Pisa, 2009, p. 80 ss.

[80] Cfr. E. BATTELLI, *Contrattazione e condizioni generali di contratto nell'e-commerce*, in *Contratti*, 2010, p. 198.

[81] L'art. 1341, comma 1, c.c. così espressamente recita: «*Le condizioni generali di contratto predisposte da uno dei contraenti sono efficaci nei confronti dell'altro, se al momento della conclusione del contratto questi le ha conosciute o avrebbe dovuto conoscerle usando l'ordinaria diligenza*».

Nel predisporre le proprie condizioni generali contrattuali, peraltro, l'azienda dovrà attenersi al rispetto dell'art. 1341, comma 2, c.c., quale norma applicabile anche ai contratti *on line*, data la menzionata assenza di una disciplina *ad hoc* in materia [82].

In base all'art. 1341, comma 2: «*In ogni caso non hanno effetto, se non specificatamente approvate per iscritto, le condizioni che stabiliscono, a favore di colui che le ha predisposte, limitazioni di responsabilità, facoltà di recedere dal contratto o di sospenderne l'esecuzione, ovvero sanciscono a carico dell'altro contraente decadenze, limitazioni alla facoltà di opporre eccezioni, restrizioni alla libertà contrattuale nei rapporti coi terzi, tacita proroga o rinnovazione del contratto, clausole compromissorie o deroghe alla competenza dell'autorità giudiziaria*».

Scopo del predetto articolo è di garantire l'effettiva formazione del consenso sulle clausole contenute nelle condizioni generali di contratto attraverso la specifica approvazione di quelle particolarmente onerose.

Le condizioni generali di contratto pubblicate all'interno di un sito di commercio elettronico, che hanno il preciso scopo di disciplinare in modo uniforme una serie indefinita di rapporti contrattuali anche nei rapporti tra operatori professionali (es. ordine inviato da un rivenditore all'azienda produttrice, via *Internet*), dovranno essere pertanto redatte in conformità alle disposizioni di cui all'art. 1341 c.c. e del d.lgs. n. 70/2003.

Il vero problema posto da tali contratti per adesione, però, è ancora una volta quello della tutela dell'aderente *cybernauta* che si trova in condizione di debolezza contrattuale, privo di reali poteri di incidere sul programma negoziale unilateralmente predisposto.

Con particolare riferimento alle condizioni generali *on line*, la loro efficacia è subordinata alla conoscibilità delle stesse da parte dell'aderente. Pertanto, nell'ipotesi in cui le condizioni

---

[82] Infatti, il d.lgs. n. 70/2003 non disciplina il tema delle clausole vessatorie contenute nelle condizioni generali di contratto *on line*. Cfr. E. BATTELLI, *Riflessioni sui procedimenti di formazione dei contratti telematici*, cit., p. 1073 ss.

generali di contratto risultino (come generalmente accade nella prassi del commercio elettronico) direttamente accessibili tramite apposita pagina *web*, durante la procedura di formazione del contratto *on line*, l'onere del predisponente può dirsi assolto e verserebbe in colpa grave l'aderente che omettesse (come in verità quasi sempre accade) di prenderne visione.

Nell'ipotesi in cui, invece, tali clausole risultassero contenute in altre sezioni del sito, in altre pagine *web* o in più ipertesti aperti via via (pagine di secondo livello richiamabili con un apposito *link*), secondo alcuni [83], l'obbligo di esibizione può dirsi comunque assolto purché l'utente sia posto in condizione di visualizzarle agevolmente e sempre purché il *link* sia posto in evidenza e sia funzionante ed effettivamente accessibile dall'utente in qualsiasi momento, anche indipendemente dal porre in essere procedure di conclusione del contratto.

Diverso sarebbe il caso in cui il contratto adottato dal singolo operatore sia frutto di un accordo, rispettivamente, tra associazioni di categoria e dei consumatori/utenti o quantomeno redatto sulla base di un modello di contratto-tipo proposto da un soggetto terzo nell'interesse di tutti i soggetti del mercato (si pensi ai contratti-tipo predisposti dalle Camere di Commercio o da Autorità di settore) [84].

8. La sottoscrizione *on line* delle clausole vessatorie

Un altro degli elementi essenziali del contratto che subisce, in qualche modo, l'impatto della digitalizzazione è certamente quello della forma, la quale, come l'accordo, si dematerializza [85].

---

[83] U. MINNECI-A. SCIARRONE ALIBRANDI, voce *Documento elettronico e contratto telematico*, in *Dig. disc. priv.*, *sez. civ.*, Agg., Utet, Torino, 2000, p. 342 ss.

[84] Sia consentito rinviare a E. BATTELLI, *I contratti-tipo. Modelli negoziali per la regolazione del mercato: natura, effetti e limiti*, Jovene, Napoli, 2017, rispettivamente pp. 165 ss., 257 ss., 286 ss.

[85] Cfr. G. FINOCCHIARO, *Il perfezionamento del contratto* on line: *opportunità e criticità*, in *Diritto comunitario e degli scambi internazionali*, 2018, p. 194 ss.

Vi sono, però, degli atti – come i contratti formali di cui all'art. 1350 c.c. – che richiedono espressamente la forma scritta *ad substantiam*, ossia ai fini della validità dell'atto. In relazione a questi ultimi, emerge allora la necessità di trovare un equivalente alla forma scritta che ne assicuri la validità anche laddove vengano conclusi *on line*. A tal fine, sono state individuate specifiche modalità di firma informatica che rendono il contratto telematico idoneo a soddisfare la forma scritta [86].

Con particolare riferimento, poi, alle clausole vessatorie *on line* [87], premesso che occorre la sottoscrizione delle singole clausole, appare dubbio che l'onere della specifica sottoscrizione possa essere assolto attraverso il meccanismo del c.d. *point and click*.

Pur potendosi ritenere oggi realizzabile, anche in termini tecnici, operare un espresso richiamo in forma telematica nei riguardi di determinate clausole (vessatorie), non è tuttavia possibile affermare che tale presa di conoscenza e specifica approvazione da parte del cliente *on line*, mediante apposito riempimento di una *web form* contenente diciture del tipo "accetto" o simili, sia da ritenersi assimilabile ad una vera e propria sottoscrizione, quale quella richiesta dall'art. 1341, comma 2, c.c. [88].

In verità, la tipologia di sottoscrizione che assume rilievo nella contrattazione *on line* è la c.d. «*firma elettronica semplice*» [89], la quale, alla luce del codice dell'amministrazione digitale (d.lgs. n. 82/2005), come da ultimo novellato dalla l. 30 di-

---

[86] La disciplina delle firme elettroniche è racchiusa nel d.lgs. 7 marzo 2005, n. 82 ("*Codice dell'Amministrazione Digitale*", c.d. "c.a.d.") e nel regolamento 910/2014/UE. ("*Regolamento e-IDAS*") a cui il c.a.d. fa espresso rinvio (cfr. art. 1, comma 1 *bis*, c.a.d.).

[87] Sul tema, di recente, G. CERDONIO CHIAROMONTE, *Specifica approvazione per iscritto delle clausole vessatorie e contrattazione "on line"*, in *Nuova giur. civ. comm.*, 2018, p. 404 ss.

[88] Cfr. Cass. civ., Sez. lav., 22 marzo 2006, n. 6314, in *Dir. internet*, 2006, p. 445, con commento di D. MINUSSI, *Riproduzione di un documento informatico e clausole vessatorie.*

[89] Definita dall'art. 1, comma 1, lett. q) quale «*l'insieme dei dati in forma elettronica, allegati oppure connessi tramite associazione logica ad altri dati elettronici, utilizzati come metodo di identificazione informatica*».

cembre 2018, n. 145, non è idonea ad integrare il requisito della forma per la validità, ai sensi dell'art. 1350 c.c., del documento informatico [90]. Difatti, in questa ipotesi, tale documento non può considerarsi *ex lege* costituente scrittura privata (art. 21, comma 2-*bis* [91]), salva però la possibilità per il giudice di valutare la sua idoneità a soddisfare il requisito della forma scritta e il suo valore probatorio, in «*relazione alle caratteristiche di sicurezza, integrità e immodificabilità*» (art. 20, comma 1-*bis*).

La "firma elettronica avanzata" (ad esempio la chiavetta OTP "*one time password*") [92] rappresenta, invece, l'equivalente funzionale della sottoscrizione autografa, in quanto da un lato adempie alla funzione di identificare l'autore del documento (informatico) e dall'altro soddisfa l'esigenza di garantire l'integrità di quest'ultimo.

Tuttavia, la sottoscrizione che vi è apposta non è basata su un certificato qualificato come avviene, appunto, per la "firma elettronica qualificata" [93] che rappresenta il livello più sicuro di

---

[90] Per una ricostruzione della (complessa) evoluzione normativa in tema di documento informatico, cfr. da ultimo G. NAVONE, *La disciplina del documento informatico dopo il D.lgs. 30 dicembre 2010 n. 235*, in *Nuove leggi civ. comm.*, 2012, p. 269 ss. e per un'analisi critica del groviglio di norme che si sono susseguite, sia consentito rinviare a E. BATTELLI, *Il valore legale dei documenti informatici*, cit., p. 49 ss.

[91] Comma così modificato dall'art. 21, comma 1, lett. c) del d.lgs. 13 dicembre 2017, n. 217.

[92] Per la definizione di firma elettronica avanzata l'art. 3 n. 10 del regolamento e-IDAS, fa espresso rinvio all'art. 26 dello stesso regolamento che stabilisce i requisiti che tale firma deve soddisfare. Essa, in particolare «*a) è connessa unicamente al firmatario; b) è idonea a identificare il firmatario; c) è creata mediante dati per la creazione di una firma elettronica che il firmatario può, con un elevato livello di sicurezza, utilizzare sotto il proprio esclusivo controllo; e d) è collegata ai dati sottoscritti in modo da consentire l'identificazione di ogni successiva modifica di tali dati*».

Quali esempi di firma elettronica avanzata (non qualificata) oltre alle c.d. chiavette "*One Time Password*" utilizzate dalle banche, possono citarsi la firma grafometrica (firma autografa apposta tramite particolari *tablet*) e la firma biometrica: cfr. G. FINOCCHIARO, *Ancora novità legislative in materia di documento informatico: le recenti modifiche al Codice dell'amministrazione digitale*, in *Contr. e impr.*, 2011, p. 498 ss.

[93] Ai sensi dell'art. 3, n. 12 del regolamento e-IDAS, per firma elettronica qualificata deve intendersi «*una firma elettronica avanzata creata da un di-*

sottoscrizione dei documenti informatici e quindi anche dei contratti *on line*.

Un particolare tipo di firma elettronica avanzata è difatti la c.d. "firma digitale"[94], la quale si basa su un sistema di crittografia a base asimmetrica, che sostanzialmente rappresenta la firma in grado di assicurare il massimo delle garanzie ad oggi disponibili.

Per ciò che più ci interessa in questa sede, l'utilizzazione congiunta di *username* e *password* o di un *personal identification number* che, nell'attuale prassi degli operatori commerciali *on line* è appunto la firma elettronica ("semplice") di gran lunga più adottata per "sottoscrivere" telematicamente un determinato *form* contrattuale (ma anche le clausole vessatorie ivi contenute), oltre che per accedere a un sistema di posta elettronica ed inviare una comunicazione telematica (*e-mail*), consente soltanto di identificare l'identità dell'utente che accede ad una determinata risorsa informatica, ma non di associare i dati informatici relativi all'autore, cioè i dati "validanti" ai dati elettronici "da validare"[95] (nella fattispecie in esame il contratto).

---

spositivo per la creazione di una firma elettronica qualificata e basata su un certificato qualificato per firme elettroniche».

[94] La definizione di firma digitale si rinviene all'art. 1, comma 1, lett. s) del codice dell'amministrazione digitale: «*un particolare tipo di firma qualificata basata su un sistema di chiavi crittografiche, una pubblica e una privata, correlate tra loro, che consente al titolare di firma elettronica tramite la chiave privata e a un soggetto terzo tramite la chiave pubblica, rispettivamente, di rendere manifesta e di verificare la provenienza e l'integrità di un documento informatico o di un insieme di documenti informatici*».

[95] Si segnala una giurisprudenza di merito (Trib. Catanzaro, 30 aprile 2012, in *Contratti*, 2013, p. 41 ss.) secondo la quale «*ai fini della validità di una clausola vessatoria contenuta in un modulo contrattuale* on line *occorre la specifica sottoscrizione della stessa, da assolversi con l'impiego della firma digitale da parte dell'aderente. Il semplice* click *dell'utente sul modulo* on line *è stato ritenuto sufficiente per ritenere validamente concluso il contratto* on line, *ma non quando tale modulo contenga una clausola vessatoria, in quanto tale tecnica non integra la forma scritta necessaria per approvare una tale clausola ai sensi dell'art. 1341, comma 2, c.c.*». Per un orientamento giurisprudenziale di merito in senso contrario cfr. la sentenza del Giudice di Pace di Partanna, 1° febbraio 2002, in *Contratti*, 2002, p. 869 ss., con nota di G. CASSANO-I.P. CIMINO, *Contratto via internet e tutela della parte debole*.

La circostanza per cui l'uso di *username* e *password* sia suscettibile di dare luogo ad una firma elettronica "semplice" il cui valore giuridico sia rimesso alla valutazione discrezionale del giudicante, in rapporto alle caratteristiche oggettive di qualità e di sicurezza (e che quindi non sia accertabile con certezza *ex ante* bensì solo *ex post*), rappresenta perciò una controindicazione all'utilizzo di tale sistema di firma ai fini della conclusione di contratti *on line*.

Pertanto, se normalmente, nei contratti a forma libera, potrà accadere che il contratto si perfezionerà attraverso il sistema del *point and click* (tasto negoziale virtuale) e le clausole vessatorie *ex* art. 1341, comma 2, saranno efficaci solo se rese specificamente approvabili con la firma elettronica semplice dotata di caratteristiche oggettive di «*sicurezza, integrità e immodificabilità*», nei contratti con i consumatori per approvare le clausole vessatorie di cui agli artt. 33 e ss. c. cons. dovrà utilizzarsi una firma avanzata, qualificata o digitale.

In tema, deve segnalarsi una sentenza della Corte di Giustizia [96], che al fine di semplificare la conclusione di contratti con mezzi elettronici, sembra muovere verso l'equiparazione di determinate forme di comunicazione elettronica alla forma per iscritto. In particolare, secondo la Corte, affinché la comunicazione elettronica possa offrire le stesse garanzie, in particolare in materia di prova, è sufficiente che sia possibile salvare e stampare le informazioni prima della conclusione del contratto, a prescindere dal fatto che il contraente provveda alla conservazione dello stesso. In tal modo, anche il documento contrattuale firmato con un *click* viene considerato idoneo a raccogliere e conservare nel tempo la memoria del consenso che è stato manifestato. A queste condizioni, allora, il contratto concluso con meccanismo *point and click* e previa identificazione dell'utente risulta quantomeno essere idonea a rispondere alle esigenze di ponderatezza e certezza della volontà espressa dal contraente [97].

---

[96] Sentenza della Corte Giust. 21 maggio 2015 nella causa n. C-322/14, *Jaouad El Majdoub c. CarsOnTheWeb.Deutschland GmbH*, in *Raccolta digitale (Raccolta generale)*, maggio 2015, EU:C:2015:334.

[97] G. FINOCCHIARO, *Il perfezionamento del contratto* on line: *opportunità e criticità*, in *Dir. comun. e degli scambi internaz.*, 2018, p. 199 s.

Concludendo, relativamente ai contratti conclusi *on line* dai consumatori con la modalità *point and click*, deve segnalarsi l'inapplicabilità del comma 4 dell'art. 34 c. cons., il quale prevede l'esclusione della vessatorietà di clausole od elementi di clausola, in ragione della avvenuta negoziazione attiva delle stesse con il consumatore.

9. Il *Geoblocking*

A seguito dell'approvazione del regolamento UE sul "*Geoblocking*" (2018/302) – che vieta i blocchi geografici ingiustificati e altre forme di discriminazione basate sulla nazionalità, sul luogo di residenza o sul luogo di stabilimento dei clienti – non possono poi essere trascurate le transazioni commerciali concluse tra soggetti che hanno sede in diversi Stati membri (condizione molto frequente nell'ambito dell'*e-commerce*).

In base alle regole introdotte da tale normativa, i professionisti che offrono sul mercato beni o servizi tramite mezzi elettronici non potranno più attuare alcun tipo di discriminazione tra gli utenti, fondata sulla nazionalità degli stessi, che si ripercuota sulle condizioni di vendita.

Più precisamente, il regolamento 2018/302 persegue la finalità di impedire i blocchi geografici che siano "ingiustificati" e non qualsivoglia tipo di blocco geografico.

Infatti, alla base della disciplina vi è la presa d'atto che in molti casi i professionisti risultano riluttanti a stabilire rapporti commerciali con i clienti di altri Stati membri e ciò, certamente, innanzitutto, per la diversità dei sistemi giuridici dei vari Stati e per i connessi rischi concernenti l'individuazione delle leggi applicabili in materia di protezione dei consumatori, per non dire della varietà delle leggi in materia di ambiente e di etichettatura, e soprattutto dei differenti regimi fiscali e dei costi di consegna.

Nel dettaglio, il regolamento, al netto di specifiche e puntuali eccezioni, prescrive che nell'*e-commerce* un professionista non possa, per motivi legati alla nazionalità, al luogo di residenza o al luogo di stabilimento del cliente: – bloccare o limitare, attraverso l'uso di strumenti tecnologici o in altro modo, l'accesso di un cliente alla sua interfaccia on line; – reindirizzare il cliente ad una versione del sito web diversa da quella cui il cliente desiderava accedere inizialmente; – impedire l'acquisto di beni che siano consegnati in un luogo di uno Stato membro ove il professionista ne offra la consegna ai sensi delle sue condizioni generali di vendita o in uno degli Stati membri in cui le predette condizioni generali di accesso offrono tale opzione; – impedire ai clienti di ricevere servizi in formato digitale per via elettronica; – nell'ambito dei mezzi di pagamento accettati dal professionista, applicare condizioni diverse a un'operazione di pagamento.

Il professionista ha comunque facoltà di addebitare spese non discriminatorie per l'uso di specifici strumenti di pagamento, nel rispetto della normativa europea, purché sulla base di motivi oggettivi, così come può applicare prezzi differenti per i medesimi beni o servizi, sulla base di ragioni oggettive connesse ai costi di spedizione o all'IVA applicata nei diversi Stati membri.

Tale regolamento 2018/302 si applica solamente qualora l'acquisto di beni o servizi venga effettuato in qualità di utenti finali e non riguarda gli acquisti effettuati con imprese e finalizzati alla rivendita, alla trasformazione o alla distribuzione.

Il legislatore italiano, con la l. n. 37/2019 (legge europea 2018, entrata in vigore il 26 maggio 2019), ha previsto all'art. 6:

– la legittimazione ad agire delle associazioni dei consumatori in caso di violazione delle disposizioni del regolamento 2018/302;

– l'AGCM (Autorità Garante della Concorrenza e del Mercato) quale organismo responsabile dell'adeguata ed efficace applicazione della disciplina di cui al regolamento stesso;

– il Centro nazionale della rete europea per i consumatori (ECC-NET) quale organismo competente a fornire assistenza ai consumatori in caso di controversia tra un consumatore e un professionista.

Ai sensi dell'art. 6 del regolamento (CE) n. 593/2008 [98], le

---

[98] Si veda anche considerando n. 7 della direttiva 2019/771 relativa a determinati aspetti dei contratti di vendita di beni.

imprese che svolgono la propria attività nei confronti dei consumatori di altri Stati membri, pertanto, devono tener conto anche delle eventuali norme imperative di diritto contrattuale dei consumatori del Paese di residenza abituale del consumatore.

Va pertanto ingiunto, ai sensi del Regolamento Generale sulla Protezione dei Dati Personali 679/2016/UE, a un fornitore di servizi di geolocalizzazione, di incorporare il "diritto alla *privacy*" direttamente nella funzionalità del servizio stesso, attenendosi comunque al principio di minimizzazione dei dati e a quello di *privacy by design* e *privacy by default* e cioè di assicurare «misure tecniche e organizzative adeguate, quali la pseudonimizzazione, per garantire un livello di sicurezza adeguato al rischio» (Aut. Prot. Dati Person., 28 giugno 2018, n. 396).

10. L'esecuzione del contratto *on line*: gli strumenti di pagamento

La fase esecutiva del contratto telematico pone poi il particolare problema relativo agli strumenti di pagamento[99]. Le esigenze del commercio elettronico richiedono un sistema di pagamento che consenta di soddisfare due interessi fondamentali: l'interesse dell'*accipiens* (colui che riceve il pagamento) a conseguire in tempi rapidi il trasferimento della somma di denaro e l'interesse del *solvens* (colui che paga) ad utilizzare un sistema di pagamento sicuro, al riparo da utilizzazioni o intrusioni abusive.

Le forme di pagamento utilizzate possono essere varie (carta di credito, carta prepagata, trasferimento elettronico di fondi, bonifico bancario, ecc.).

In primo luogo, vengono in rilievo gli strumenti di pagamento tradizionali applicati alla rete: essi consentono di effettuare pagamenti a favore del beneficiario con forme ordinarie (bonifico bancario, c/c postale, contrassegno). Tali strumenti garantiscono un elevato grado di sicurezza, ma non soddisfano l'interesse del venditore a conseguire velocemente la somma di denaro.

Accanto a questi si configurano, invece, gli strumenti idonei

---

[99] E.M. Tripodi, *L'evoluzione delle forme di pagamento su "Internet"*, in *Disc. comm. e servizi*, 2015, 2, p. 19 ss.

a realizzare la c.d. moneta elettronica che, attraverso molteplici modalità, consentono un collegamento immediato tra debitore e creditore, incorporando un credito acquistato contro contanti presso un istituto emittente. Vengono in tal caso in rilievo: la carta prepagata e ricaricabile, caratterizzata da un sistema di pagamento a scalare che sottrae dall'ammontare originario la somma effettivamente impiegata per la spesa; l'*e-cash* (moneta elettronica in senso stretto) che usa un proprio denaro virtuale, rappresentato da monete fornite da banche associate, responsabili della certificazione dell'autenticità delle monete virtuali. Per poter utilizzare il sistema è necessario aprire un conto con una delle banche partecipanti per cui sarà poi possibile memorizzare sul proprio *computer* monete elettroniche; tali monete, al momento di un acquisto, verranno quindi trasferite al venditore sfruttando tecniche e modalità sicure.

Da ultimo, occorre segnalare l'intervento operato dal legislatore nazionale mediante il d.lgs. n. 218/2017, in attuazione della direttiva 2015/2366/UE (c.d. *Payment Service Direcrtive, PSD2*), la quale ha introdotto norme generali per i servizi di pagamento, con l'obiettivo di rendere i pagamenti intra-europei facili, efficienti e sicuri. A tale scopo, sono stati stabiliti rigidi requisiti di sicurezza per i pagamenti elettronici e per la tutela dei dati finanziari dei consumatori, principi di trasparenza delle condizioni e requisiti informativi, diritti e doveri degli utenti e dei fornitori di servizi di pagamento.

Focus

IL FENOMENO DELLE "MONETE VIRTUALI"

Negli ultimi anni, è cresciuto enormemente il fenomeno delle c.d. monete virtuali, create da un emittente privato (cc.dd. valute centralizzate) o, nella forma più innovativa, in via diffusa, da utenti che utilizzano *software* altamente sofisticati (cc.dd. valute decentralizzate) [100].

[100] Sul punto, v. R. BOCCHINI, *Lo sviluppo della moneta virtuale: primi tentativi di inquadramento e disciplina tra prospettive economiche e giuridiche*, in *Dir. inf.*, 2017, p. 27 ss.; T. PASQUINO, *I mezzi di pagamento*, in D. VALENTINO (a cura di), *Manuale di diritto dell'informatica*, III ed., E.S.I., Napoli,

Una definizione di «*valuta virtuale*» si ritrova all'art. 1, comma 2, lett. *qq*) della legge antiriciclaggio (d.lgs. n. 231/2007, come modificato dal d.lgs. n. 90/2017), secondo cui tale è una «*rappresentazione digitale di valore, non emessa da una banca centrale o da un'autorità pubblica, non necessariamente collegata a una valuta avente corso legale, utilizzata come mezzo di scambio per l'acquisto di beni e servizi, trasferita, archiviata e negoziata elettronicamente*» [101].

Deve segnalarsi, al riguardo, come l'utilizzo dell'espressione «*valuta virtuale*» sia stato da più parti ritenuto inappropriato. Ciò in quanto per valuta deve intendersi soltanto la moneta che si caratterizza per il "corso legale", ossia l'efficacia solutoria di qualunque obbligazione pecuniaria, ed il "corso forzoso", da cui deriva l'obbligo di accettazione del creditore a pena di sanzione *ex* art. 693 c.p. [102].

Come si chiarirà più avanti, invece, ciò che il legislatore ha definito come valuta virtuale è un qualcosa di diverso, la cui accettazione avviene solo su base consensuale.

Per quanto concerne la gestione delle monete virtuali, è necessaria la creazione di un conto personalizzato noto come "portafoglio elettronico" (c.d. *e-wallet*, identificantesi in un indirizzo alfanumerico), che può essere installato sul proprio computer o su un altro dispositivo collegabile ad *Internet*, ovvero consultato direttamente via *Internet*, accedendo mediante una *password*. Generalmente gli *e-wallet* sono software sviluppati e forniti da determinati soggetti (c.d. *wallet providers*).

Per effettuare un pagamento con valute virtuali occorre prima procurarsi la relativa provvista (un valore virtuale ad es. *Bitcoin*), da caricare sul portafoglio elettronico. Ciò può avvenire mediante appositi siti (c.d. *exchanger*) che offrono in sostanza un servizio di conversione delle monete tradizionali in monete virtuali. Quest'ultime, inoltre, possono essere anche ricevute *on line* direttamente da qualcuno che le possiede.

Il funzionamento dell'*e-wallet* si basa sulla *blockchain* (letteralmente "catena di blocchi"), ossia un registro contabile distribuito, cui il porta-

---

2016, p. 338 ss.; N. VARDI, "*Criptovalute" e dintorni: alcune considerazioni sulla natura giuridica dei "Bitcoin"*, in *Dir. inf.*, 2015, p. 443 ss.

[101] Tale nozione ricalca pedissequamente quella offerta in una precedente occasione dall'Autorità Bancaria Europea. Cfr. EBA *Opinion on "virtual currencies"* del 4 luglio 2014, in *www.eba.europa.eu*.

[102] Cfr. R. BOCCHINI, *Lo sviluppo della moneta virtuale: primi tentativi di un inquadramento e disciplina tra prospettive economiche e giuridiche*, cit., p. 28, nt. 1; V. DE STASIO, *Ordine di pagamento non autorizzato e restituzione della moneta*, Milano, 2016, p. 58, nt. 143; N. VARDI, *"Criptovalute" e dintorni*, cit., p. 443.

foglio è collegato, che registra tutti gli spostamenti monetari evasi ed accreditati per ogni borsellino elettronico.

Oltre ad effettuare rimesse in favore di altri soggetti titolari di portafogli di valute virtuali, l'utilizzo di tale portafoglio permette di realizzare acquisti presso esercizi commerciali o persone fisiche che accettano tali forme di pagamento. Caratteristiche delle transazioni in discorso sono l'anonimato (almeno in un primo momento) dei soggetti coinvolti e l'irreversibilità delle operazioni [103].

Sebbene inizialmente l'utilizzo delle monete virtuali fosse circoscritto a specifiche comunità virtuali (ad es. videogiochi *on line* e *social network*), è oggi possibile ricorrere a tale mezzo di pagamento per effettuare acquisti *on line* e, talvolta, presso alcuni esercenti commerciali.

Tali monete, tuttavia, non sono emesse o garantite da una banca centrale o da un'autorità pubblica e non possono in linea generale essere ricomprese tra le "monete regolamentate". Il loro utilizzo, pertanto, può trovare fondamento soltanto nel consenso degli utilizzatori, in quanto mezzi di scambio liberamente scelti dall'autonomia dei privati [104].

Inoltre, sia per i meccanismi di formazione dei prezzi spesso oscuri, sia per l'assenza di un'autorità centrale che possa intervenire per stabilizzarne il valore, le valute virtuali hanno un'elevata volatilità. Ciò significa che il tasso a cui possono essere convertite in valute aventi corso legale può variare sensibilmente anche in poco tempo, rendendo assai rischiosa una detenzione prolungata della valuta virtuale [105].

Sulla base del rapporto con le monete correnti e con l'economia reale, è possibile distinguere tre tipologie di monete virtuali: 1) "Monete virtuali chiuse", ossia spendibili solo all'interno della comunità che le accetta (ad esempio nei videogiochi *on line*) e non aventi interazioni con l'economia reale. Esse non possono essere acquistate o convertite in denaro reale, essendo acquisibili esclusivamente mediante attività *on line*; 2) "Monete virtuali unidirezionali", acquistabili con denaro tradizionale ma insuscettibili di riconversione. Possono essere utilizzate per acquistare beni o servizi virtuali o reali; 3) "Monete virtuali bidirezionali", e cioè pienamente convertibili in moneta tradizionale secondo tassi di cambio ufficiali, che possono essere utilizzate per acquistare beni e servizi reali o virtuali (ad es. *Linden Dollar* e *Bitcoin*). Esse, peraltro, possono avere circolazione globale o essere legate all'economia

---

[103] R. BOCCHINI, *Lo sviluppo della moneta virtuale: primi tentativi di inquadramento e disciplina tra prospettive economiche e giuridiche*, cit., p. 27 ss.

[104] Cfr. BANCA D'ITALIA, *Comunicazione del 30 gennaio 2015 – Avvertenze sull'utilizzo delle cosiddette "valute virtuali"*, in *www.bancaditalia.it.*

[105] T. PASQUINO, *I mezzi di pagamento*, cit., p. 340 ss.

di comunità locali, come comuni, regioni, o aree comunque limitate[106].

Le considerazioni sin qui svolte permettono a questo punto di comprendere le differenze che intercorrono tra l'utilizzo della moneta/valuta virtuale e lo schema della moneta elettronica. Quest'ultima, infatti, oltre ad essere emessa in cambio di moneta legale, ha un valore elettronico corrispondente a un valore monetario valutario, che circola con quella specifica divisa sotto forma di credito (prepagato) verso l'emittente. Pertanto, ciò che circola, seppure in formato elettronico, è la moneta avente corso legale, la quale, se in pagamento, estingue l'obbligazione pecuniaria (art. 1277 c.c.).

Nel caso, invece, di pagamento mediante valute virtuali, non si fa necessariamente riferimento ad una disponibilità finanziaria in moneta avente corso legale, ma più spesso ad un valore digitale corrispondente alla valuta virtuale utilizzata. Peraltro, a differenza di quanto accade per la moneta elettronica *tout court*, nulla garantisce contro un eventuale rifiuto da parte dell'*exchanger* di convertire un valore virtuale in moneta legale.

Così, nonostante l'utilizzo delle monete/valute virtuali debba ritenersi un'attività lecita, non possono non rilevarsi i numerosi rischi che da questo possono derivare, i quali non si esauriscono nella sola possibilità di bolle speculative.

Tralasciando la possibilità che le valute virtuali vengano utilizzate per finalità criminali e illecite, nonché le difficoltà che si pongono in relazione all'applicazione della normativa fiscale, ciò che pesa maggiormente è l'assenza di una tutela legislativa degli utenti dei servizi di pagamento in discorso.

La fattispecie in esame, infatti, cade in un vero e proprio vuoto normativo, non essendo possibile applicare in via analogica, le norme del codice del consumo, le norme bancarie, finanziarie e fallimentari.

Pertanto, in mancanza di appositi obblighi informativi e di strumenti di trasparenza, non è spesso agevole comprendere il funzionamento, i costi e i rischi di ciascun tipo di valuta virtuale. Di conseguenza, la stessa tutela contrattuale può risultare inaccessibile o inefficace, a causa della difficoltà di provare in giudizio di aver subito un danno ingiusto.

---

[106] I tre schemi di valute virtuali sono stati individuati dalla Banca Centrale Europea in un *paper* sui rischi collegati all'utilizzo di tali strumenti di pagamento: BCE, *Virtual currency schemes – a further analysis*, febbraio 2015, in *www.ecb.europa.eu.* Cfr. R. BOCCHINI, *Lo sviluppo della moneta virtuale: primi tentativi di inquadramento e disciplina tra prospettive economiche e giuridiche*, cit., p. 36 ss.

Inoltre, stante la volontarietà (e quindi la discrezionalità) dell'accettazione delle valute virtuali da parte dei fornitori di beni e servizi, vi è il concreto rischio, per chi detiene somme in valuta virtuale, di non poterle utilizzare per gli scopi programmati. A ciò si aggiunga la possibilità della loro perdita in seguito ad attacchi informatici o a possibili malfunzionamenti.
A fronte delle considerazioni riportate, pare quindi evidente la necessità di una disciplina di settore che intervenga a regolare i soggetti emittenti, operando eventualmente un coordinamento con i sistemi di produzione di valute legali.

11. Il diritto di recesso nei contratti telematici

Centrale anche nella disciplina dei contratti telematici (così come in quelli negoziati fuori dei locali commerciali e a distanza) si rivela il recesso (o ripensamento) e cioè il diritto di liberarsi dal vincolo contrattuale se il bene non ha le caratteristiche che legittimamente il consumatore si attendeva attraverso la visione del sito *Internet*, e ancor più alla luce delle informazioni che gli sono state fornite su supporto durevole.

Il consumatore può recedere dal contratto entro il termine di 14 giorni lavorativi e per quanto riguarda: modalità di esercizio, obblighi di informazione sull'esistenza del diritto e sul suo esercizio, decorrenze, effetti, eccezioni, si fa riferimento agli artt. 52-59 c. cons. e cioè alla disciplina applicabile ai contratti a distanza.

Anche nel caso dei contratti *on line*, pertanto, esercitato il diritto di recesso, il consumatore dovrà restituire il bene al professionista; mentre il professionista dovrà rimborsare al consumatore le somme da questi versate.

Il recesso (c.d. penitenziale) consente al consumatore di sottrarsi ai propri obblighi contrattuali, indipendentemente da un inadempimento dell'altra parte.

L'art. 52 c. cons., in specie, statuisce che il consumatore dispone di un periodo di quattordici giorni per recedere da un contratto a distanza, senza dover fornire alcuna motivazione e senza dover sostenere costi particolari.

L'utente ha diritto di non specificare le ragioni del recesso proprio perché si presume che chi compra telematicamente prende completa visione della merce solo al momento della consegna. Se con la presa di possesso si rende conto che ha commesso un errore o, semplicemente, che non è soddisfatto nelle proprie aspettative, egli lo potrà rimandare al venditore senza specificazione di alcunché [107].

---

[107] Si richiama il caso (Corte Giust. europea, sent. 27 marzo 2019, causa C-681/17) della *Slewo*, società tedesca di vendita dei beni *on line*, che ha proposto ricorso dinanzi al giudice della Corte federale di giustizia tedesca in seguito all'accoglimento da parte del Tribunale circostanziale di Magonza della domanda di rimborso di un consumatore (sentenza confermata in appello) del prezzo del materasso acquistato sul sito della suddetta società, di euro 1.092,52 e dei costi di restituzione dallo stesso anticipati.

Le condizioni generali della vendita della Slewo prevedevano che il diritto di recesso si sarebbe estinto anticipatamente in caso di contratti di fornitura di beni sigillati che non si prestano ad essere restituiti per motivi igienici o connessi alla protezione della salute in caso di apertura dopo la consegna. Il cliente della società tedesca, durante i quattordici giorni concessi al consumatore per recedere, aveva rimosso la pellicola protettiva presente sul materasso, non rispettando, così, secondo la Slewo, le condizioni di vendita previste dal contratto.

Il giudice del rinvio della Corte federale di giustizia tedesca, interpellata dalla Slewo, ha sospeso il procedimento e ha sottoposto il caso alla Corte di Giustizia Europea, chiedendo se l'art. 16, lett, e) della direttiva 2011/83 dovesse essere interpretato nel senso che rientra nella nozione di «*beni sigillati che non si prestano ad essere restituiti per motivi igienici o connessi alla protezione della salute e sono stati aperti dopo la consegna*», ai sensi di tale disposizione, un bene come un materasso, la cui protezione è stata rimossa dal consumatore dopo la consegna.

Secondo la Corte di giustizia europea la formulazione menzionata non consente di determinare con certezza quali siano i beni che rientrano in tale nozione e, nel caso di specie, se un bene come un materasso la cui protezione è stata rimossa dal consumatore dopo la consegna rientri nella stessa.

In linea di principio, la Corte ha ritenuto che, essendo il recesso finalizzato a tutelare il consumatore nella vendita a distanza in quanto lo stesso non ha in concreto la possibilità di visionare il bene o di prendere conoscenza delle caratteristiche del prodotto prima della conclusione del contratto, trovandosi, quindi, in una situazione di svantaggio, l'eccezione al diritto di recesso previsto dall'art. 16, lett. e) della direttiva deve essere interpretata restrittivamente.

Nel caso specifico, la Corte ha ritenuto che la rimozione della protezione dal materasso non rende il bene inidoneo ad una nuova commercializzazione. Difatti, la Corte ha evidenziato che il materasso può essere equiparato agli indumenti, categoria per la quale è consentita la restituzione dopo la prova, nono-

Circa le modalità dell'esercizio del recesso, si ritiene vada bene qualunque mezzo purché sia idoneo a dare certezza della provenienza della dichiarazione dal titolare del diritto.

Il professionista che riceve la comunicazione deve, senza indugio, dare al consumatore conferma di ricevimento su supporto durevole.

Normalmente il periodo di recesso termina dopo quattordici giorni a decorrere, nel caso dei contratti di servizi, dal giorno della conclusione del contratto; nel caso di contratto di vendita, dal giorno in cui il consumatore o un terzo, diverso dal vettore e designato dal consumatore, acquisisce il possesso fisico dei beni (salvo ulteriori casi relativi a beni multipli o alla consegna periodica di beni).

A seguito dell'esercizio del recesso, il consumatore deve rispedire quanto ricevuto entro quattordici giorni da quando ha comunicato la sua decisione di recedere dal contratto, sopportando la relativa spesa, salvo che il venditore si accolli detta spesa o fatto salvo il caso in cui il professionista abbia omesso di informare il consumatore che tale costo era a carico di quest'ultimo. La restituzione del bene deve essere effettuata nel normale stato di conservazione.

A sua volta, il professionista deve rimborsare le somme versate dal consumatore, comprese quelle versate a titolo di caparra. Il rimborso deve avvenire gratuitamente, nel minor tempo possibile, entro quattordici giorni dalla data in cui il professionista è venuto a conoscenza dell'esercizio del recesso da parte del consumatore.

Il professionista esegue il rimborso utilizzando lo stesso mezzo di pagamento usato dal consumatore per la transazione iniziale, salvo che il consumatore abbia convenuto diversamente e a condizione che questi non debba sostenere alcun costo quale conseguenza del rimborso. È nulla qualsiasi clausola che preveda limitazioni al rimborso nei confronti del consumatore delle somme versate in conseguenza dell'esercizio del diritto di recesso.

---

stante questi entrino direttamente in contatto con il corpo umano. Infatti, il produttore, dopo la restituzione dell'indumento, così come di un materasso, è in grado di effettuarne la pulitura e la disinfezione e rendere così il bene idoneo ad un nuovo utilizzo, e quindi pronto ad essere messo nuovamente in commercio.

12. Le comunicazioni commerciali non sollecitate

Il legislatore europeo con la direttiva 2000/31/CE ha stabilito all'art. 7, rubricato "*Comunicazione commerciale non sollecitata*", che oltre agli altri obblighi posti dal diritto comunitario, gli Stati membri che permettono comunicazioni commerciali non sollecitate «*per posta elettronica*» provvedono affinché tali comunicazioni commerciali trasmesse tramite un prestatore stabilito nel loro territorio siano identificabili come tali, in modo chiaro e inequivocabile, fin dal momento in cui il destinatario le riceve.

L'art. 9 del d.lgs. n. 70/2003, come già l'art. 7 della direttiva 2000/31, distingue tra «*pubblicità commerciale sollecitata per posta elettronica*» e «*pubblicità non sollecitata*». L'unica sollecitazione ipotizzabile in rete è, dunque, quella dell'utente che chiede maggiori informazioni e che nulla ha a che vedere con la sollecitazione *ad personam* operata tradizionalmente "porta a porta".

Al destinatario dell'invio di *spam* (intendendosi per tale l'inoltro di messaggi di posta elettronica non richiesti per pubblicizzare iniziative di vario genere) è attribuito, in particolare, il diritto ad opporsi al ricevimento in futuro di comunicazioni non sollecitate e non desiderate.

Non solo. Il legislatore nazionale, nel recepire la direttiva, precisa pure che l'onere della prova del carattere "sollecitato" delle comunicazioni commerciali ricade sul prestatore che le invia[108].

Sulla questione, il c.d. Codice della *Privacy* (d.lgs. 30 giugno 2003, n. 196) ha anche stabilito che fermo restando quanto stabilito dal d.lgs. 9 aprile 2003, n. 70 «*l'uso di sistemi automatizzati di chiamata o di comunicazione di chiamata senza l'intervento di un operatore per l'invio di materiale pubblicitario o di vendita diretta o per il compimento di ricerche di mercato o di comunicazione commerciale è consentito con il consenso del contraente o utente*» (art. 130, comma 1)[109].

---

[108] A.M. GAMBINO, *I contratti telematici*, cit., p. 609.

[109] Così come modificato dal d.lgs. 28 maggio 2012, n. 69. La norma è ri-

Tale disposizione si applica espressamente anche alle comunicazioni elettroniche a contenuto commerciale effettuate mediante posta elettronica, telefax, messaggi del tipo Mms (*Multimedia Messaging Service*) o Sms (*Short Message Service*) o di altro tipo (art. 130, comma 2).

In ordine all'inquadramento di comunicazioni commerciali che assumono la veste giuridica di vere e proprie pratiche commerciali scorrette non sono mancate pronunce sia in sede amministrativa [110] sia giudiziale [111], nazionali e internazionali.

---

masta sostanzialmente inalterata anche a seguito della recente riforma operata dal d.lgs. 10 agosto 2018, n. 101, il quale si è limitato a puntualizzare la salvaguardia della previsione di cui all'art. 1, comma 14, l. 11 gennaio 2018, n. 5.

[110] Il Garante della Concorrenza e del Mercato si è espresso in tal senso: «*La condotta posta in essere da una società titolare di un sito francese, dedicato alla vendita all'ingrosso e al dettaglio di articoli di abbigliamento di marchi rinomati con prezzi ridotti con sconti fino al 70 per cento rispetto a quelli praticati nella normale distribuzione, avvalendosi anche di altri siti Internet accessibili da diversi Paesi dell'Unione europea e in diverse lingue, ha integrato tre distinte pratiche commerciali scorrette consistenti nello specifico 1) nell'aver fornito ai consumatori informazioni non veritiere sui tempi di consegna dei prodotti offerti in vendita attraverso Internet, anche nell'aver consegnato prodotti diversi da quelli ordinati, ovvero giunte a destinazione oltre i tempi pattuiti; 2) nell'aver opposto ostacoli all'esercizio di diritti contrattuali da parte dei consumatori, consistenti principalmente nella difficoltà di contattare i fornitori del servizio o la mancata sostituzione del prodotto diverso da quello ordinato; 3) nell'avere invitato all'acquisto di prodotti a un determinato prezzo, senza rivelare l'esistenza di prevedibili ragioni che avrebbero impedito la consegna degli stessi a quel prezzo, né di essere in grado di fare fronte a tutte le richieste di acquisto, peraltro, pagate anticipatamente e contestualmente all'invio dell'ordine*». Per le modalità con le quali sono state attuate le pratiche accertate scorrette, è stata applicata la normativa che prevede, tramite l'attività espletata in collaborazione con la Guardia di Finanza, la possibilità di richiedere agli *Internet service provider* di impedire l'accesso ai siti *web* (AGCM, 12 dicembre 2012, n. 24115, in *Giust. civ.*, 2013, 2, I, p. 522 ss.).

[111] In ambito nazionale il TAR Lazio (Sez. I, 8 ottobre 2014, n. 10236, in *Foro amm.*, 2014, II, 10, p. 2633 ss.) si è espresso in tal modo: «*È scorretta la pratica consistente nel fornire al consumatore un numero a pagamento, quale unica modalità di contatto nella fase post vendita, in quanto idonea ad incidere sui diritti allo stesso riconosciuti dalle disposizioni del Codice del Consumo. Difatti, nel momento in cui il professionista non rende fruibile il canone tradizionale, nell'ambito dell'esecuzione della prestazione principale assunta*

È evidente come, nonostante varie differenze, le suddette pratiche abbiano come scopo quello di falsare il libero gioco della concorrenza e di spingere il consumatore verso la scelta di un determinato prodotto o servizio, esaltandone caratteristiche non veritiere. A tal proposito è stato sottolineato che la normativa in questione non mira esclusivamente alla tutela del consumatore poiché, di fatto, attraverso questa, si preserva la correttezza, l'equità e la trasparenza del mercato intero in quanto si garantisce una libera competizione tra professionisti. Ne deriva, pertanto, che la concorrenzialità corretta nel mercato si riflette sulle garanzie dei consumatori e che sia la tutela della concorrenza che quella dei consumatori rappresentano ormai chiaramente valori strumentali volti a costruire uno spazio economico transnazionale. Dunque, s'intende considerare scorrette quelle pratiche commerciali che sono rivolte al singolo ma che determinano, altresì, una sensibile distorsione dei comportamenti di mercato dei consumatori e delle regole concorrenziali fissate dal legislatore.

Affinché i messaggi e le informazioni commerciali rivolte ai consumatori siano lecite occorre rispettare i principi dell'onestà e della correttezza e che non sia compromessa la capacità di autodeterminazione del destinatario, imponendogli l'accettazione di una scelta precostituita.

In tale ambito si inserisce la sanzione amministrativa di 500 mila euro irrogata nel dicembre 2014 in solido a *TripAdvisor LLC* (società di diritto statunitense che gestisce il sito *www.triadvisor.it*) e *TripAdvisor Italy S.r.l.* dall'Autorità Garante della Concorrenza e del Mercato la quale, per l'appunto, ha vietato la diffusione e la continuazione di una pratica commerciale consistente nella «*diffusione di informazioni ingannevoli sulle fonti*

---

con l'obbligazione contrattuale, imponendo il ricorso ad una modalità specifica per la quale è richiesto un costo aggiuntivo, tale pratica si sostanzia in un aumento del costo della prestazione principale, la cui entità il consumatore non è stato posto in condizione di conoscere; laddove rappresenta un onere incombente sul professionista nei confronti del consumatore fornire gratuitamente ogni informazione riguardante i diritti contrattuali e le opzioni in capo allo stesso, in funzione della corretta formazione della volontà del consumatore».

delle recensioni», pubblicate sulla banca dati telematica degli operatori, adottando strumenti e procedure di controllo inadeguati a contrastare il fenomeno delle false recensioni. In particolare, *TripAdvisor* pubblicizza la propria attività mediante *claim* commerciali che, in maniera particolarmente assertiva, enfatizzano il carattere autentico e genuino delle recensioni, inducendo così i consumatori a ritenere che le informazioni siano sempre attendibili in quanto espressione di reali esperienze turistiche. A giudizio dell'Autorità, le condotte contestate violano gli artt. 20, 21 e 22 c. cons., «*risultando idonee a indurre in errore una vasta platea di consumatori in ordine alla natura e alle caratteristiche principali del prodotto e ad alterarne il comportamento economico*». L'intervento aveva come scopo quello di evitare che i consumatori assumessero le proprie scelte economiche, in ordine ai servizi resi dalle strutture turistiche ricercate sul sito, basandosi anche su informazioni pubblicitarie non rispondenti al vero.

Tuttavia il TAR Lazio, Sez. I, 13 luglio 2015 ha completamente ribaltato la lettura dell'AGCM, negando la responsabilità del titolare di un sito *Internet* per le recensioni fatte dagli utenti e pubblicate sul sito stesso [112].

---

[112] Più precisamente il Collegio ha rilevato che: «*i fatti di cui alle recensioni non sono verificabili e che l'uso più efficace del servizio è quello orientato a verificare un alto numero di recensioni per la stessa struttura di riferimento, come d'altronde dovrebbe fare un utente medio di* "Internet" *dalla ormai ventennale diffusione di tale "rete" informatica, il quale dovrebbe diligentemente conoscere i meccanismi che operano ai fini dell'accesso alla rete stessa e le insidie insite nella particolare struttura che i c.d. "siti aperti" possono contenere sull'attendibilità dei singoli apporti, relativi alle opinioni personali espresse da utenti di ogni tipo. (...) Non essendo possibile verificare i fatti riconducibili alle milioni di recensioni, come ammesso dalla stessa AGCM, non si comprende quale nocumento per il consumatore, ai sensi degli artt. 20 e 22 del Codice del Consumo, abbia rilevato l'Autorità nelle sue valutazioni conclusive, in quanto quest'ultimo, sin dal primo contatto, (...) viene posto in condizione di avere un quadro informativo chiaro, completo, esaustivo e veritiero in relazione alla conformazione dello specifico servizio offerto sul sito*» (TAR Lazio, Sez. I, 13 luglio 2015, n. 9355, in *Guida dir.*, 2015, 15, p. 65).

13. Le *Online Dispute Resolution* (ODR)

Uno dei punti cardine della cornice disegnata dalla direttiva 2000/31/CE si rinviene all'art. 17 della stessa ed è rappresentato dalla previsione ed incentivazione, ad opera degli Stati membri, di «*strumenti di composizione extragiudiziale delle controversie*», soprattutto ove coinvolgenti i consumatori. Nonostante la peculiare formulazione, il riferimento è agli «*strumenti alternativi di risoluzione delle controversie*», conosciuti con l'acronimo di ADR (*Alternative Dispute Resolution*)[113], mediante i quali è possibile promuovere iniziative volte a risolvere i conflitti senza pervenire alla pronuncia della decisione da parte del giudice ordinario competente[114]. Rientrano in questa categoria una serie di fenomeni eterogenei, come ad esempio l'arbitrato e la conciliazione, i quali si caratterizzano per la loro rapidità, flessibilità, riservatezza e, talvolta, per la loro economicità[115].

Il suddetto articolo specifica che gli Stati non devono ostacolare l'uso «*anche per vie elettroniche*» di tali strumenti, alludendo in tal modo alla possibilità di ricorrere alle c.d. ODR (*Online Dispute Resolution*), e cioè a delle metodologie di riso-

---

[113] La letteratura in materia è assai ampia, sebbene concerna maggiormente le singole tipologie di ADR e meno la categoria in sé considerata. Per un quadro generale v. C. HODGES-I. BENÖHR-N. CREUTZFELDT BANDA, *Consumer ADR in Europe. Civil Justice System*, C.H. Beck-Hart-Nomos, Oxford-Portland, 2012; G. GIOIA, *L'uniforme regolamentazione della risoluzione alternativa delle controversie con i consumatori*, in *Contr. impr./Europa*, 2016, p. 501 ss.; P. BARTOLOMUCCI, *La nuova disciplina delle procedure di risoluzione alternativa delle controversie in materia di consumo: il d.lgs. n. 130/15 e le modifiche del codice del consumo (d.lgs. 6 agosto 2015, n. 130)*, in *Nuove leggi civ. comm.*, 2016, p. 494 ss.; O. DESIATO, *Le politiche dell'Unione europea in favore della "degiurisdizionalizzazione" e i più recenti interventi del legislatore italiano in tema di ADR per i consumatori*, in *Resp. civ. e prev.*, 2016, p. 1793 ss.; A. GENTILI, *Verso uno statuto generale delle ADR?*, in *Nuovo dir. civ.*, 2017, p. 133 ss.

[114] Ed in tal senso costituiscono non «*un 'processo' alternativo ma un'alternativa al processo*», così A. GENTILI, *Verso uno statuto generale delle ADR?*, cit., p. 136.

[115] Sui caratteri comuni delle ADR, v. M. RABITTI, *Le tutele alternative*, in L. ROSSI CARLEO (a cura di), *Diritto dei consumi*, Giappichelli, Torino, 2015, p. 507 ss.

luzione *on line* delle controversie[116]. Tali sistemi, poiché basati su strumenti informatici e telematici (*e-mail*, *chat rooms*, videoconferenze, *software*), sono in grado di cancellare le barriere di tempo e di spazio, consentendo di far dialogare due parti talmente distanti per le quali non sarebbe particolarmente agevole ed efficace nemmeno l'utilizzo dei tradizionali strumenti di ADR[117].

Recependo tali indicazioni, l'art. 19 del d.lgs. n. 70/2003, rubricato "*Composizione delle controversie*", ha previsto che «*prestatore e destinatario del servizio di informazione possono adire anche organi di composizione extragiudiziale che operano anche per via telematica*».

La necessità di implementare i meccanismi di *Online Dispute Resolution*, soprattutto con riferimento all'*e-commerce*, è sta-

---

[116] Sulle ODR cfr. C. CAMARDI, *Metodi "alternativi" di soluzione delle controversie: diritto, spazio e tempo nell'ambiente delle tecnologie informatiche*, in *Europa dir. priv.*, 2004, p. 549 ss.; E.M. TRIPODI, *I sistemi di conciliazione* online*: dalla soluzione delle controversie alla gestione dei rapporti tra imprese e tra imprese e consumatori*, in *Dir. internet*, 2005, p. 205 ss.; A. MARANGON, *I sistemi online di risoluzione delle controversie*, in *Dir. inf.*, 2006, p. 375 ss.; C. VACCÀ, *Il punto su ODR,* online dispute resolution, in *Contratti*, 2009, p. 1072 ss.; L. BUGIOLACCHI, *Commercio elettronico e ODR (Online dispute resolutions) dopo il regolamento n. 524/2013 dell'Unione Europea. Gli strumenti alternativi di risoluzione delle controversie dei consumatori*, in *Resp. civ. e prev.*, 2013, p. 1403 ss.; C. MENICHINO, *Art. 19, d.lgs. 70/2003 (Composizione delle controversie)*, in G. FINOCCHIARO-F. DELFINI (a cura di), *Diritto dell'informatica*, Utet, Torino, 2014, p. 445 ss.; M. FRANCESCA, *Dalle Adr Offline alle procedure di Online Dispute Resolution*: *statuti normativi e suggestioni di sistema*, in M. IMBRENDA-A. FACHECHI (a cura di), *ODR e tentativo obbligatorio di mediazione*, E.S.I., Napoli, 2015, p. 7 ss.; G. GIOIA, *L'uniforme regolamentazione della risoluzione alternativa delle controversie con i consumatori*, cit., p. 501 ss.; E. FORGILLO, *La giustizia telematica. Le* online dispute resolution, in D. VALENTINO (a cura di), *Manuale di diritto dell'informatica*, III ed., E.S.I., Napoli, 2016, p. 215 ss.; M. ZILIANTI, *Le ODR*, in G. ALPA-A. CATRICALÀ (a cura di), *Diritto dei consumatori*, Il Mulino, Bologna, 2016, p. 587 ss.; E. MINERVINI (a cura di), *Le* online dispute resolution, E.S.I., Napoli, 2016; P. PACILEO, On line dispute resolution: *la "piattaforma Ue" come nuovo modello di internet jurisdiction*, in C.A. D'ALESSANDRO-C. MARCHESE (a cura di), Ius dicere *in a globalized world. A comparative overview*, II, RomaTrE-Press, Roma, 2018, p. 599 ss.

[117] E. FORGILLO, *La giustizia telematica. Le* online dispute resolution, cit., p. 633.

ta ribadita pure dalla raccomandazione della Commissione 2001/310/CE del 4 aprile 2001 sui principi applicabili agli organi extragiudiziali che partecipano alla risoluzione consensuale delle controversie in materia di consumo. Nel considerando n. 2, infatti, la Commissione rileva che «*Il continuo sviluppo di nuove forme di prassi commerciali che interessano i consumatori come ad esempio il commercio elettronico e il previsto aumento delle transazioni transfrontaliere richiedono che ci si adoperi in modo particolare per aumentare la fiducia dei consumatori, assicurando in particolare un facile accesso a mezzi pratici, efficaci e poco costosi di riparazione, compreso l'accesso per via elettronica*».

In quest'ottica, l'apparato informatico rappresenta non solo uno strumento capace di incrementare notevolmente i traffici commerciali ma anche il mezzo per la risoluzione dei conflitti da essi derivanti.

D'altronde sono le stesse caratteristiche intrinseche al commercio elettronico a suggerire l'utilizzo di strumenti alternativi di risoluzione delle controversie: la natura transfrontaliera di una buona parte delle transazioni, infatti, rende di frequente poco agevole non solo l'individuazione del giudice competente ma anche l'*enforcement* dei provvedimenti giurisdizionali eventualmente ottenuti, laddove la loro esecuzione debba essere effettuata all'estero per favorire l'adempimento delle obbligazioni assunte [118].

Inoltre, a fronte della rapidità e della snellezza che contraddistinguono le transazioni *on line*, appare un controsenso affidare la risoluzione degli aspetti patologici di tali rapporti alla lentezza della tradizionale macchina giurisdizionale [119].

Più che la certezza del diritto, in tali controversie assume

---

[118] L. BUGIOLACCHI, *Commercio elettronico e ODR (Online dispute resolutions) dopo il regolamento n. 524/2013 dell'Unione Europea. Gli strumenti alternativi di risoluzione delle controversie dei consumatori*, cit., p. 1405; negli stessi termini F. DANOVI, *Risoluzione stragiudiziale delle controversie*, in E. TOSI (a cura di), *Commercio elettronico e servizi della società dell'informazione. Le regole giuridiche del mercato interno e comunitario: commento al D.Lgs. 9 aprile 2003, n. 70*, Giuffrè, Milano, 2003, p. 407.

[119] G. GIOIA, *L'uniforme regolamentazione della risoluzione alternativa delle controversie con i consumatori*, cit., pp. 541-542.

particolare rilievo la velocità della soluzione, che rappresenta il solo modo per evitare che una controversia a lungo irrisolta pregiudichi lo sviluppo delle operazioni commerciali [120].

Peraltro, considerato il valore mediamente modesto delle contrattazioni telematiche, è assai concreta la possibilità che il consumatore rinunzi alla propria tutela, valutando il ricorso alla giurisdizione ordinaria sconveniente sia in termini di costi che di tempo [121].

Da questo punto di vista, l'esistenza di uno strumento semplice e veloce per la soluzione dei conflitti rappresenta un ulteriore tassello per accrescere la fiducia dei consumatori nell'acquisto di beni e servizi in rete. In effetti, con riferimento al commercio elettronico – e specialmente nei casi in cui il rapporto commerciale si esplichi sul piano internazionale – la fiducia nelle relazioni commerciali non può fondarsi sul "contatto fisico" tra le parti. Essa deve piuttosto imperniarsi su presupposti diversi, tra i quali assume particolare rilievo proprio la consapevolezza di poter esperire rimedi veloci ed effettivi nei confronti delle controparti eventualmente inadempienti, che abbiano un basso impatto economico e che non comportino la necessità di trovarsi fisicamente di fronte all'organismo deputato a risolvere la controversia, imponendo quindi lo spostamento da un luogo all'altro [122].

Lo sviluppo delle ODR nel commercio elettronico internazionale così potrebbe, effettivamente, favorire la competitività delle imprese. Queste ultime, garantendo alla clientela l'accesso a procedure *on line* di gestione delle controversie a distanza efficaci e trasparenti, in definitiva, risulterebbero maggiormente competitive attraendo, più facilmente, nel mercato unico digitale, i consumatori di una pluralità di Stati membri [123].

---

[120] E. BATTELLI, *Esperienze e modelli europei di ADR. Una giustizia a misura di impresa?*, in *Riv. dir. impr.*, 2015, p. 563 ss.

[121] F. DANOVI, *Risoluzione stragiudiziale delle controversie*, cit., p. 410.

[122] In arg. O. RABINOVICH-EINY-E. KATSH, *Reshaping Boundaries in an Online Dispute Resolution Environment in International Journal of Online Dispute Resolution*, 2014, I, p. 5 e ss.

[123] Cfr. considerando n. 4 del regolamento 524/2013/UE.

13.1. La piattaforma europea di risoluzione delle controversie *on line*

È alla luce delle considerazioni appena svolte che si spiega il *favor* mostrato anche in altre occasioni dall'Unione Europea verso le ODR: ciò, ad esempio, è evidente sia nel Libro Verde della Commissione del 19 aprile 2002 relativo ai modi alternativi di risoluzione delle controversie in materia civile e commerciale, sia nella direttiva 2008/52/CE che disciplina diversi aspetti relativi alla mediazione.

È però con il regolamento 524/2013/UE sull'ODR per i consumatori, che si è avuta la vera svolta in tale ambito. La disciplina ivi prevista, peraltro, va integrata con quanto disposto dal regolamento di esecuzione 1051/2015/UE, ed è interconnessa e complementare con la direttiva 2013/11/UE sull'ADR per i consumatori[124]. L'insieme di questi atti costituisce il pacchetto legislativo ADR-ODR che, per la prima volta, ha introdotto un complesso di regole, coordinato e omogeneo, in materia di risoluzione alternativa delle controversie tra consumatori.

Il regolamento 524/2013/UE, in particolare, riconosce alle ODR l'attitudine ad offrire «*una soluzione extragiudiziale facile, efficace, rapida e a basso costo per le controversie derivanti da operazioni on line*» [125].

In proposito, il legislatore europeo riscontra una lacuna normativa nella mancanza di meccanismi che consentano ai consumatori e ai professionisti di risolvere tali controversie con mezzi elettronici, il che «*comporta svantaggi per i consumatori, ostacola in particolare le operazioni transfrontaliere online, crea una situazione di squilibrio per i professionisti e, di conse-*

---

[124] Il considerando n. 12 premesso alla direttiva afferma espressamente che la direttiva ed il regolamento «*costituiscono due strumenti legislativi interconnessi e complementari*». In particolare, il regolamento 524/2013/UE «*prevede l'istituzione di una piattaforma ODR che fornisce ai consumatori e ai professionisti un unico punto di accesso extragiudiziale per la risoluzione delle controversie online, attraverso organismi ADR che sono collegati alla piattaforma e offrono un'ADR tramite procedure ADR di qualità. La disponibilità nell'Unione di organismi ADR di qualità costituisce quindi un presupposto essenziale del corretto funzionamento della piattaforma per ODR*».

[125] Così il considerando n. 8 del regolamento 524/2013/UE.

guenza, frena lo sviluppo generale del commercio online». Per tali motivi il regolamento ha previsto l'implementazione di una piattaforma ODR europea, in grado di agevolare la risoluzione extragiudiziale delle controversie *on line* tra consumatori e professionisti, in modo indipendente, imparziale, trasparente, efficace, rapido ed equo. Tale strumento è stato recepito dal legislatore italiano nel codice del consumo ed è pienamente operativo dal 15 febbraio 2016 [126].

Quanto all'ambito di operatività del regolamento, deve evidenziarsi che esso si applica unicamente alle controversie tra professionista e consumatore residenti nell'Unione, concernenti le obbligazioni contrattuali derivanti da contratti di vendita o di sevizi *on line*, ossia stipulati mediante un sito web o altri mezzi elettronici. Sono esclusi, pertanto, i contratti conclusi secondo le modalità tradizionali.

La piattaforma ODR, ai sensi dell'art. 5 del regolamento 524/2013/UE, consiste in un sito web interattivo (*https://webgate.ec.europa.eu/odr*), gestito dalla Commissione Europea ed accessibile in tutte le lingue europee, che offre un unico punto di accesso per consumatori e professionisti che desiderano risolvere in ambito extragiudiziario le controversie. Ad essa sono collegati tutti gli organismi ADR nazionali che gli Stati membri, in ottemperanza alla Direttiva ADR, hanno accreditato presso la Commissione Europea a cui compete la risoluzione alternativa dei casi tramite procedure di qualità. Tale sito, inoltre, consente di ottenere informazioni generali sulla risoluzione extragiudiziale delle controversie contrattuali tra professionisti e consumatori derivanti da contratti di vendita o contratti di servizi *on line*.

La procedura predisposta sulla piattaforma ODR si articola fondamentalmente in quattro fasi: *a*) creazione e invio del reclamo; *b*) accordo sull'organismo di risoluzione; *c*) trattazione del reclamo da parte dell'organismo di risoluzione; *d*) soluzione e chiusura del reclamo.

Sebbene la piattaforma ODR permetta di presentare reclami sia al consumatore che al professionista, nella stragrande mag-

---

[126] Cfr. art. 1 del d.lgs. n. 130/2015, attuante la direttiva 2013/11/UE, che ha modificato gli artt. 139 e ss. c. cons.

gioranza dei casi è il primo ad avvalersi di tale strumento. Il consumatore, in particolare, deve presentare, per via telematica e mediante la compilazione di un *form* elettronico disponibile in tutte le lingue ufficiali dell'Unione Europea, il reclamo, cui possono allegarsi anche eventuali documenti probatori. Non appena inserito sulla piattaforma, il reclamo viene ulteriormente inviato *on line* alla controparte. Il professionista, se accetta di partecipare al procedimento, è tenuto a concordare col consumatore l'organismo ADR da interpellare (in caso di mancato accordo entro 30 giorni, il reclamo non sarà trattato ulteriormente). Trovato l'accordo, la piattaforma trasferisce automaticamente il reclamo all'organismo indicato. A questo punto, il soggetto adito per la risoluzione alternativa delle controversie ha tre settimane per decidere se è competente, *ratione materiae* e *ratione personae*, a trattare il reclamo, informare le parti in proposito e, infine, proporre una soluzione entro 90 giorni dalla data di presentazione del reclamo, informandone debitamente le parti.

Ai sensi dell'art. 14 del regolamento, peraltro, è fatto obbligo a tutti i professionisti stabiliti nell'Unione che operino *on line* di fornire nei loro siti web un *link* elettronico alla piattaforma ODR, in modo tale da mettere a conoscenza dell'esistenza della piattaforma tutti i consumatori che effettuino acquisti sulle loro pagine.

L'art. 7 del regolamento 524/2013/UE assegna ad ogni Stato membro il compito di designare un "punto di contatto" ODR che fornisca assistenza per la risoluzione delle controversie riguardanti reclami presentati mediante la piattaforma ODR. In Italia, tale compito è svolto, ai sensi dell'art. 141 *sexies* c. cons., dal Centro nazionale della rete europea per i consumatori (ECC-NET), chiamato ad agevolare la comunicazione tra le parti e l'organismo ADR competente. Esso, in particolare, fornisce su richiesta informazioni generali in materia di diritti dei consumatori e sul funzionamento della piattaforma ODR, nonché l'assistenza necessaria per la presentazione del reclamo. Sempre su richiesta, nel caso in cui una controversia non possa essere risolta tramite la piattaforma ODR, può trasmettere alla parte ricorrente informazioni sugli altri mezzi di ricorso.

Come si evince dall'art. 141 *sexies*, il Centro nazionale della rete europea per i consumatori assume un ruolo di particolare sostegno per questi ultimi nel caso di controversie transfrontaliere: ad esso, infatti, possono rivolgersi i consumatori per essere assistiti nell'accesso all'organismo ADR che opera in un altro Stato membro ed è competente a trattare la loro controversia transfrontaliera.

Inoltre, al fine di svolgere al meglio le proprie funzioni, i punti di contatto ODR nazionali sono tenuti a cooperare tra loro nel contesto di una rete gestita dalla Commissione («*rete di punti di contatto ODR*»).

Deve evidenziarsi, peraltro, che i soggetti che decidono di intraprendere la risoluzione di una controversia mediante lo strumento ODR non si precludono in alcun modo la possibilità di ricorrere al contenzioso "ordinario" [127]. Nelle intenzioni del legislatore europeo, infatti, l'ODR non è volta a sostituire le procedure giudiziali o a privare i consumatori o i professionisti del loro diritto di rivolgersi ai tribunali. Alle parti, pertanto, deve essere sempre garantita la possibilità di esercitare il loro diritto di accesso al sistema giudiziario.

Osservando i dati, dalla recente relazione che la Commissione europea ha presentato al Parlamento europeo, al Consiglio e al Comitato Economico e Sociale sull'applicazione della direttiva 2013/11/UE e del regolamento 524/2013/UE [128] emerge che, dal suo lancio, la piattaforma ha attratto oltre 8,5 milioni di visitatori e gestito 120.000 controversie tra consumatori e imprese.

Tuttavia, la stragrande maggioranza delle procedure intraprese sulla piattaforma ODR si è chiusa automaticamente dopo 30 giorni per mancata risposta del professionista all'invito a

---

[127] Cfr. l'art. 141, comma 10, c. cons.: «*Il consumatore non può essere privato in nessun caso del diritto di adire il giudice competente qualunque sia l'esito della procedura di composizione extragiudiziale*».

[128] COM (2019) 425 final, 25 settembre 2019: *Relazione della Commissione al Parlamento europeo, al Consiglio e al Comitato economico e sociale europeo sull'applicazione della direttiva 2013/11/UE del Parlamento europeo e del Consiglio sulla risoluzione alternativa delle controversie dei consumatori e del regolamento (UE) n. 524/2013 del Parlamento europeo e del Consiglio relativo alla risoluzione delle controversie online dei consumatori.*

proporre un organismo ADR al consumatore [129]; soltanto in una piccolissima percentuale dei casi [130], invece, le parti hanno concordato in merito alla designazione di un organismo ADR e la piattaforma è stata in grado di trasmettere la controversia a tale soggetto. Peraltro, forse diversamente dalle aspettative, risulta che solo poco meno della metà delle controversie ha natura transfrontaliera [131].

Ciononostante, in un numero abbastanza elevato di casi [132], le parti hanno risolto la controversia bilateralmente. In ciò, allora, si rileva il valore aggiunto della piattaforma, nel facilitare la comunicazione e la composizione diretta tra le parti; a maggior ragione nelle controversie transnazionali nelle quali si rivelano assai utili le funzioni di multilinguismo e traduzione.

Più in generale, però, secondo la Commissione «*il quadro ADR/ODR è sottoutilizzato e deve ancora realizzare il suo pieno potenziale*» e, pertanto, la stessa si è impegnata ad incrementarne lo sviluppo e, in particolare, a migliorare ulteriormente la piattaforma ODR facendo in modo che risponda meglio alle esigenze dei suoi utenti, fornendo informazioni più mirate sui diritti dei consumatori e sui mezzi di ricorso a loro disposizione, orientando meglio gli utenti verso i mezzi più appropriati per far valere i propri diritti e facilitando maggiormente la risoluzione diretta delle controversie.

Indice delle opere citate

ANTONUCCI A. (a cura di), E-commerce. *La direttiva n. 2000/31/CE e il quadro normativo della rete*, Giuffrè, Milano, 2001.

AZZARO A.M., *I contratti non negoziati*, E.S.I., Napoli, 2000.

BARTOLOMUCCI P., *La nuova disciplina delle procedure di risoluzione alternativa delle controversie in materia di consumo: il d.lgs. n.*

---

[129] La comunicazione parla dell'80%.

[130] Solo il 2%.

[131] Circa il 56% delle controversie ha carattere nazionale, mentre il 44% ha natura transfrontaliera.

[132] Circa il 42%.

130/15 e le modifiche del codice del consumo (d.lgs. 6 agosto 2015, n. 130), in *Nuove leggi civ. comm.*, 2016.

BATTELLI E., *Contrattazione e condizioni generali di contratto nell'e-commerce*, in *Contratti*, 2010.

BATTELLI E., *Il valore legale dei documenti informatici*, E.S.I., Napoli, 2012.

BATTELLI E., *Riflessioni sui procedimenti di formazione dei contratti telematici e sulla sottoscrizione on line delle clausole vessatorie*, in *Rass. dir. civ.*, 2014.

BATTELLI E., *Esperienze e modelli europei di ADR. Una giustizia a misura di impresa?*, in *Riv. dir. impr.*, 2015.

BATTELLI E., *I contratti-tipo. Modelli negoziali per la regolazione del mercato: natura, effetti e limiti*, Jovene, Napoli, 2017.

BATTELLI E., *Il paternalismo giuridico libertario nella prospettiva dell'autonomia privata tra vincoli strutturali e limiti funzionali*, in *Pol. dir.*, 2018, 4.

BATTELLI E., *Commento Sub artt. 48-51 cod cons.*, in *Il Codice del Consumo*, a cura di V. CUFFARO, IV ed. agg., Giuffrè, Milano, 2015, e V ed. agg. 2019.

BATTELLI E., *Diritto dei contratti e questioni di razionalità economica*, in *Contr. e impr.*, 2019, 1.

BENEDETTI A.M., *Autonomia privata procedimentale. La formazione del contratto fra legge e volontà delle parti*, Giappichelli, Torino, 2002.

BIANCA C.M., voce *Condizioni generali di contratto: I) Diritto civile*, in *Enc. giur.*, vol. VII, Treccani, Roma, 1988.

BIANCA C.M., *I contratti digitali*, in *Studium Juris*, 1998.

BOCCHINI R., *Lo sviluppo della moneta virtuale: primi tentativi di inquadramento e disciplina tra prospettive economiche e giuridiche*, in *Dir. inf.*, 2017.

BORRUSO R., *Civiltà del computer*, Ipsoa, Milano, 1978.

BORRUSO R., *Computer e diritto*, Giuffrè, Milano, 1988.

BRAVO F., *Contrattazione telematica e contrattazione cibernetica*, Giuffrè, Milano, 2007.

BUGIOLACCHI L., *Commercio elettronico e ODR (Online dispute resolutions) dopo il regolamento n. 524/2013 dell'Unione Europea. Gli strumenti alternativi di risoluzione delle controversie dei consumatori*, in *Resp. civ. prev.*, 2013.

CALLIANO O., *I diritti dell'acquirente online e dell'utente di servizi telematici. Dalla normativa comunitaria al diritto europeo telematico*, in TOSI E. (a cura di), *La tutela dei consumatori in internet e nel commercio elettronico*, Giuffrè, Milano, 2012.

CAMARDI C., *Contratto e rapporto nelle reti telematiche: un nuovo modello di scambio*, in *Contr. e impr.*, 2001.

CAMARDI C., *Metodi "alternativi" di soluzione delle controversie: diritto, spazio e tempo nell'ambiente delle tecnologie informatiche*, in *Europa dir. priv.*, 2004.

CASSANO G.-CIMINO I.P., *Contratto via internet e tutela della parte debole*, in *Contratti*, 2002.

CASSANO G., *Diritto dell'Internet. Il sistema delle tutele della persona*, Giuffrè, Milano, 2005.

CERDONIO CHIAROMONTE G., *Specifica approvazione per iscritto delle clausole vessatorie e contrattazione "on line"*, in *Nuova giur. civ. comm.*, 2018.

CLARIZIA R., *Informatica e conclusione del contratto*, Giuffrè, Milano, 1985.

CLARIZIA R., voce *Contratto informatico (per l'oggetto e per il mezzo)*, in *Enc. dir.*, Agg., II, Giuffrè, Milano, 1998.

COMANDÉ G.-SICA S., *Il commercio elettronico*, Giappichelli, Torino, 2001.

CUFFARO V., *La responsabilità precontrattuale nella contrattazione telematica*, in V. RICCIUTO-N. ZORZI (a cura di), *Il contratto telematico*, in *Trattato di diritto commerciale e diritto pubblico dell'economia*, diretto da F. GALGANO, vol. XXVII, Cedam, Padova, 2002.

DANOVI F., *Risoluzione stragiudiziale delle controversie*, in R. TOSI (a cura di), *Commercio elettronico e servizi della società dell'informazione. Le regole giuridiche del mercato interno e comunitario: commento al D.Lgs. 9 aprile 2003, n. 70*, Giuffrè, Milano, 2003.

DE GIORGI M.V., *Il perfezionamento e l'oggetto del contratto on-line*, in A. LISI (a cura di) *I contratti di internet*, Utet, Torino, 2006.

DE NOVA G., *Le condizioni generali di contratto*, in *Trattato di diritto privato*, diretto da P. Rescigno, vol. X, t. 2, Utet, Torino, 1995.

DE NOVA G.-DELFINI F., *La direttiva sul commercio elettronico: prime considerazioni*, in *Riv. dir. priv.*, 2000.

DE STASIO V., *Ordine di pagamento non autorizzato e restituzione della moneta*, Milano, 2016.

DELFINI F., *Il D.P.R. 513/97 e il contratto telematico*, in *Contratti*, 1998.

DELFINI F., *Contratto telematico e commercio elettronico*, Giuffrè, Milano, 2002.

DELFINI F.-FINOCCHIARO G. (a cura di), *Diritto dell'informatica*, Utet, Torino, 2014.

DESIATO O., *Le politiche dell'Unione europea in favore della "degiu-*

risdizionalizzazione" e i più recenti interventi del legislatore italiano in tema di ADR per i consumatori, in *Resp. civ. e prev.*, 2016.

DI MAJO A., *Esiste o meno la forma "virtuale" del contratto?*, in *Corr. giur.*, 1996.

FINOCCHIARO G., *I contratti informatici*, in *Trattato di diritto commerciale e di diritto pubblico dell'economia*, diretto da F. Galgano, Cedam, Padova, 1997.

FINOCCHIARO G., *La firma digitale*, in *Commentario al codice civile Scialoja-Branca*, Libro VI, *Tutela dei diritti*, artt. 2699-2720, Zanichelli, Bologna-Roma, 2000.

FINOCCHIARO G., Lex mercatoria *e commercio elettronico. Il diritto applicabile ai contratti conclusi su Internet*, in *Contr. e impr.*, 2001.

FINOCCHIARO G., Lex mercatoria *e commercio elettronico. Il diritto applicabile ai contratti conclusi su internet*, in V. RICCIUTO-N. ZORZI (a cura di), *Il contratto telematico*, in *Trattato di diritto commerciale e diritto pubblico dell'economia,* diretto da F. GALGANO, vol. XXVII, Cedam, Padova, 2002.

FINOCCHIARO G., *Ancora novità legislative in materia di documento informatico: le recenti modifiche al Codice dell'amministrazione digitale*, in *Contr. e impr.*, 2011.

FINOCCHIARO G., *Il perfezionamento del contratto* on line: *opportunità e criticità*, in *Dir. comunit. e degli scambi internaz.*, 2018.

FORGILLO E., *La giustizia telematica. Le* online dispute resolution, in D. VALENTINO (a cura di), *Manuale di diritto dell'informatica*, III ed., E.S.I., Napoli, 2016.

FRANCESCA M., *Dalle Adr Offline alle procedure di Online Dispute Resolution*: *statuti normativi e suggestioni di sistema*, in AA.VV., *Odr e tentativo obbligatorio di mediazione*, E.S.I., Napoli, 2015.

FRANCESCHELLI V., *Computer e diritto*, Maggioli, Rimini, 1989.

FRATERNALE A., *I contratti a distanza*, Giuffrè, Milano, 2002.

FROSINI V., *Informatica, diritto e società*, Giuffrè, Milano, 1988.

GAMBINO A.M., *L'accordo telematico*, Giuffrè, Milano, 1997.

GAMBINO A.M., *I contratti telematici*, in G. ALPA (a cura di), *I diritti dei consumatori*, in *Trattato di diritto privato dell'Unione europea*, diretto da G. AJANI e G.A. BENACCHIO, II ed., Giappichelli, Torino, 2009.

GENTILI A., *Documento informatico e tutela dell'affidamento*, in *Riv. dir. civ.*, 1998.

GENTILI A., *L'inefficacia del contratto telematico*, in *Riv. dir. civ.*, 2000.

GENTILI A., *Documento elettronico: validità ed efficacia probatoria*, in R. CLARIZIA (a cura di), *I contratti telematici*, in *Trattato dei contratti*, diretto da P. RESCIGNO ed E. GABRIELLI, Utet, Torino, 2007.

GENTILI A., *Verso uno statuto generale delle ADR?*, in *Nuovo. dir. civ.*, 2017.

GENTILI A.-BATTELLI E., *I contratti di distribuzione del commercio elettronico*, in R. BOCCHINI (a cura di), *I contratti di somministrazione e di distribuzione*, in *Trattato dei contratti*, diretto da P. RESCIGNO ed E. GABRIELLI, Utet, Torino, 2011.

GENTILI A.-BATTELLI E., *Le patologie del contratto telematico*, in E. TOSI (a cura di), *La tutela dei consumatori in internet e nel commercio elettronico*, Giuffrè, Milano, 2012.

GIANNANTONIO E., *Manuale di diritto dell'informatica*, Cedam, Padova, 1997.

GIOIA G., *L'uniforme regolamentazione della risoluzione alternativa delle controversie con i consumatori*, in *Contr. impr./Europa*, 2016.

GIOVA S., *La conclusione del contratto via internet*, E.S.I., Napoli, 2000.

GRISI G., *La frontiera informatica della contrattazione a distanza*, in *Europa dir. priv.*, 1998.

HODGES C.-BENÖHR I.-CREUTZFELDT BANDA N., *Consumer ADR in Europe. Civil Justice System*, Ch Beck-Hart-Nomos, Oxford-Portland, 2012.

IORIO FIORELLI G., *Il contratto elettronico tra armonizzazione materiale e diritto internazionale privato*, Cedam, Padova, 2006.

IRTI N., *Scambi senza accordo*, in *Riv. trim. dir. proc. civ.*, 1998.

LISI A., *L'impresa on line ed il commercio elettronico*, in G. CASSANO-I.P. CIMINO, *Diritto dell'Internet e delle nuove tecnologie telematiche*, Cedam, Padova, 2009.

LOSANO M.G., *Corso di informatica Giuridica. I) Il diritto privato dell'informatica, II) Il diritto pubblico dell'informatica*, Einaudi, Torino, 1986.

MAGGIOLO M., *Il contratto predisposto*, Cedam, Padova, 1996.

MARANGON A., *I sistemi online di risoluzione delle controversie*, in *Dir. inf.*, 2006.

MARCONI A.L., *La legge modello UNCITRAL, sul commercio elettronico*, in *Dir. comm. int.*, 1997.

MAZZAMUTO S., *La nuova direttiva sui diritti del consumatore*, in *Europa dir. priv.*, 2011.

MENICHINO C., *Art. 19, d.lgs. 70/2003 (Composizione delle controver-*

sie), in G. FINOCCHIARO-F. DELFINI (a cura di), *Diritto dell'informatica*, Utet, Torino, 2014.
MINERVINI E. (a cura di), *Le* online dispute resolution, E.S.I., Napoli, 2016.
MINERVINI E.-BARTOLOMUCCI P., *La tutela del consumatore telematico*, in D. VALENTINO (a cura di), *Manuale di diritto dell'informatica*, III ed., E.S.I., Napoli, 2016.
MINNECI U.-SCIARRONE ALIBRANDI A., voce *Documento elettronico e contratto telematico*, in *Dig. disc. priv., sez. civ.*, Agg., Utet, Torino, 2000.
MINUSSI D., *Riproduzione di un documento informatico e clausole vessatorie*, in *Dir. internet*, 2006.
NAVONE G., *La disciplina del documento informatico dopo il D.lgs. 30 dicembre 2010 n. 235*, in *Nuove leggi civ. comm.*, 2012.
PACILEO P., *La moneta elettronica. Profili civilistici e disciplina comunitaria*, in *Quaderni del Dipartimento di diritto dei rapporti civili ed economici nei sistemi giuridici contemporanei*, diretti da P. STANZIONE, CartoGrafiche, Salerno, 2001.
PACILEO P., On line dispute resolution: *la "piattaforma Ue" come nuovo modello di internet jurisdiction*, in C.A. D'ALESSANDRO-C. MARCHESE (a cura di), Ius dicere *in a globalized world.* A comparative overview, vol. II, RomaTrE-Press, Roma, 2018.
PAGLIANTINI S., *Forma e formalismo nel diritto europeo dei contratti*, ETS, Pisa, 2009.
PANDOLFINI V., *Contratto on line e clausole vessatorie: quale firma (elettronica)?*, in *Contratti*, 2013.
PARISI A.G., *Il commercio elettronico*, in SICA S.-V. ZENO-ZENCOVICH (a cura di), *Manuale del diritto dell'informazione e della comunicazione*, Cedam, Padova, 2009.
PARISI F., *Il contratto concluso mediante computers*, Cedam, Padova, 1987.
PASCUZZI G., *Il diritto fra tomi e bit: generi letterari e ipertesti*, Cedam, Padova, 1997.
PASCUZZI G., *Il diritto dell'era digitale: tecnologie informatiche e regole privatistiche*, Il Mulino, Bologna, 2006.
PASQUINO T., *La vendita attraverso reti telematiche: profili civilistici*, in *Dir. inf.*, 1990.
PASQUINO T., *I mezzi di pagamento*, in D. VALENTINO (a cura di), *Manuale di diritto dell'informatica*, III ed., E.S.I., Napoli, 2016.
PENNASILICO M., *La conclusione dei contratti on-line tra continuità e innovazione*, in *Dir. inf.*, 2004.
PERLINGIERI G., *Il contratto telematico*, in D. VALENTINO (a cura di),

Manuale di diritto dell'informatica, III ed., E.S.I., Napoli, 2016.
PICA G., voce *Commercio telematico*, in *Dig. disc. priv., sez. civ.*, Agg., II, Utet, Torino, 2003.
PICCOLI P.-ZANOLINI G., *Il documento elettronico e la firma digitale*, in *Riv. not.*, 2000.
PIGNALOSA M.P., *Contratti a distanza e recesso del consumatore*, Giuffrè, Milano, 2016.
PIZZETTI F., *I diritti nella "rete" della rete. Il caso del diritto d'autore*, Giappichelli, Torino, 2011.
POLLIFRONI M., *Processi e modelli di e-government ed e-governance applicati alla azienda pubblica*, Giuffrè, Milano, 2003.
RABINOVICH-EINY O.-KATSH E., *Reshaping Boundaries in an Online Dispute Resolution Environment*, in *International Journal of Online Dispute Resolution*, 2014.
RABITTI M., *Le tutele alternative*, in L. ROSSI CARLEO (a cura di), *Diritto dei consumi*, Giappichelli, Torino, 2015.
RICCIO G.M., *Profili di responsabilità civile dell'Internet provider*, in *Quaderni del Dipartimento di diritto dei rapporti civili ed economici nei sistemi giuridici contemporanei*, diretti da P. STANZIONE, CartoGrafiche, Salerno, 2000.
RIZZO V., *Condizioni generali di contratto e predisposizione normativa*, E.S.I., Napoli, 1983.
ROSSELLO C., *La nuova disciplina del commercio elettronico*, in ROSSELLO C.-FINOCCHIARO G.-TOSI E. (a cura di), *Commercio elettronico*, in *Trattato di diritto privato*, diretto da M. Bessone, vol. XXXII, Giappichelli, Torino, 2007.
SANTANGELO E.-NASTRI M., *Firme elettroniche e sigilli informatici*, in F. BOCCHINI (a cura di), *Diritto dei consumatori e nuove tecnologie*, vol. II, Giappichelli, Torino, 2003.
SARTOR G., *Intelligenza artificiale e diritto*, Giuffrè, Milano, 1996.
SARZANA DI SANT'IPPOLITO C.-SARZANA DI SANT'IPPOLITO F., *Profili giuridici del commercio via internet*, Giuffrè, Milano, 1999.
SARZANA DI SANT'IPPOLITO F., *Approvata la direttiva sul commercio elettronico*, in *Corr. giur.*, 2000.
SARZANA DI SANT'IPPOLITO F., *I contratti di internet e del commercio elettronico*, Giuffrè, Milano, 2001.
SICA S.-PARISI A.G., *La tutela del consumatore nel contratto on-line*, in A. GAMBINO A. (a cura di), *Rimedi e tecniche di protezione del consumatore*, Giappichelli, Torino, 2011.
SPINACI F., *Impatto della new economy. I profili civilistici*, in R. CLARIZIA-G. CASSANO (a cura di), *I contratti di distruzione*, Giuffrè, Milano, 2020.

TOMMASI F., *I contratti del commercio elettronico*, in G. CASSANO (a cura di), *Commercio elettronico e tutela del consumatore*, Giuffrè, Milano, 2003.

TOSI E. (a cura di), *I problemi giuridici di internet*, Giuffrè, Milano, 1999.

TOSI E., *La conclusione di contratti on line*, in *I problemi giuridici di internet*, Giuffrè, Milano, 2003.

TOSI E., *Il contratto virtuale. Procedimenti formativi e forme negoziali tra tipicità e atipicità*, Giuffrè, Milano, 2005.

TOSI E., *Diritto privato dell'informatica e di internet*, Giuffrè, Milano, 2006.

TOSI E., *Il contratto virtuale: ricostruzione della categoria negoziale*, in R. CLARIZIA (a cura di), *I contratti informatici*, in *Trattato dei contratti*, diretto da P. RESCIGNO ed E. GABRIELLI, Utet, Torino, 2007.

TOSI E., *Procedimenti formativi e forme del contratto virtuale*, in ROSSELLO C.-FINOCCHIARO G.-TOSI E. (a cura di), *Commercio elettronico*, in *Trattato di diritto privato*, diretto da M. BESSONE, vol. XXXII, Giappichelli, Torino, 2007.

TRIPODI E.M., *I sistemi di conciliazione online: dalla soluzione delle controversie alla gestione dei rapporti tra imprese e tra imprese e consumatori*, in *Dir. internet*, 2005.

TRIPODI E.M., *L'evoluzione delle forme di pagamento su "Internet"*, in *Disc. comm. e serv.*, 2015.

TRIPODI E.M.-SANTORO F.-MISSINEO S., *Manuale di commercio elettronico*, Giuffrè, Milano, 2000.

VACCÀ C., *Il commercio elettronico*, Egea, Milano, 1999.

VACCÀ C., *Il punto su ODR,* online dispute resolution, in *Contratti*, 2009.

VARDI N., "*Criptovalute" e dintorni: alcune considerazioni sulla natura giuridica dei "Bitcoin"*, in *Dir. inf.*, 2015.

ZENO-ZENCOVICH V., *La tutela del consumatore nel commercio elettronico*, in *Dir. inf.*, 2000.

ZENO-ZENCOVICH V., *Note critiche sulla nuova disciplina del commercio elettronico dettata dal D.lgs. 70/03*, in *Dir. inf.*, 2003.

ZILIANTI M., *Le ODR*, in G. ALPA-A. CATRICALÀ (a cura di), *Diritto dei consumatori*, Il Mulino, Bologna, 2016.

Capitolo VII

Il recesso[*]

Sommario

1. Evoluzione della normativa

La disciplina generale del recesso consumeristico[1] è attualmente contenuta negli artt. 52-59[2] c. cons., a seguito delle mo-

[*] Il capitolo è frutto del lavoro comune dei due Autori. Si debbono però in particolare a Ettore Battelli i parr. 1-4 e 8, a Vincenzo Rossi i parr. 5-7.

[1] Su tale figura si vedano, innanzitutto, A. BARCA, *Il diritto di recesso nei contratti del consumatore*, Giuffrè, Milano, 2011; R. ALESSI, *La disciplina generale del contratto*, III ed., Giappichelli, Torino, 2019, p. 488 ss.; S. MAZZAMUTO, *Il contratto di diritto europeo*, III ed., Giappichelli, Torino, 2017, p. 247 ss.; C. CONFORTINI, *Il diritto di recesso*, in L. ROSSI CARLEO (a cura di), *Diritto dei consumi. Soggetti, atto, attività,* enforcement, Giappichelli, Torino, 2015, p. 119 ss.

[2] Per un commento di tali articoli cfr. E. GUERINONI, *Artt. 52-59*, in V. CUFFARO (a cura di), *Codice del consumo*, V ed. agg., Giuffrè, Milano, 2019, p. 477 ss.; G. SALVI, *Artt. 52-59*, in E. CAPOBIANCO-L. MEZZASOMA-G. PERLINGIERI (a cura di), *Codice del consumo annotato con la dottrina e la giurisprudenza*, E.S.I., Napoli, 2019, p. 331 ss.

difiche a quest'ultimo apportate dal d.lgs. n. 21/2014 [3], che ha recepito nell'ordinamento italiano la direttiva 2011/83/UE [4].

Anteriormente a tale riforma, il recesso era disciplinato dagli artt. 64-67 [5] c. cons., i quali altro non erano che una riproduzione delle disposizioni ancora prima contenute sia nel d.lgs. n. 50/1992, sia nel d.lgs. n. 185/1999, con dichiarata finalità di rendere tale strumento omogeneo per le due modalità di contrattazione (fuori dei locali commerciali e a distanza) [6].

---

[3] G. D'AMICO (a cura di), *La riforma del Codice del Consumo. Commentario al D.lgs. 21/2014*, Cedam, Padova, 2014; V. CUFFARO, *Nuovi diritti per consumatori: note a margine del d.lgs. 21 febbraio 2014, n. 21*, in *Corr. giur.*, 2014, 6, p. 745 ss.; S. PERUGINI, *Il recepimento della direttiva 2011/83/UE: prime riflessioni*, in *GiustiziaCivile.com*, 21 maggio 2014; C. CONFORTINI, *Il recesso di pentimento*, in *Corr. giur.*, 2014, Suppl. 7, p. 19 ss.; E. BATTELLI, *L'attuazione della direttiva sui consumatori tra rimodernizzazione di vecchie categorie e «nuovi» diritti*, in *Europa dir. priv.*, 2014, 3, p. 927 ss.; S. PAGLIANTINI, *La riforma del codice del consumo ai sensi del d.lgs. 21/2014: una rivisitazione (con effetto paralizzante per i consumatori e le imprese?)*, in *Contratti*, 2014, 8-9, p. 796 ss.

[4] Per quanto riguarda la disciplina del recesso in tale direttiva cfr. M. GRANDI, *Lo* jus poenitendi *nella Direttiva 2011/83/UE sui diritti dei consumatori*, in *Contr. impr./Europa*, 2013, 1, p. 45 ss.; F.P. PATTI, *Il recesso del consumatore: l'evoluzione della normativa*, in *Europa dir. priv.*, 2012, 4, p. 1007 ss.; S. MAZZAMUTO, *La nuova direttiva sui diritti del consumatore*, *ivi*, 2011, 4, p. 861 ss.; N. ZORZI GALGANO, *Il contratto di consumo e la libertà del consumatore*, in *Trattato di diritto commerciale e di diritto pubblico dell'economia*, diretto da F. GALGANO, Cedam, Padova, 2012, p. 427 ss.; A.M. BENEDETTI, *La difesa del consumatore dal contratto: la natura «ambigua» dei recessi di pentimento*, in A. D'ANGELO-V. ROPPO (a cura di), *Annuario del contratto 2011*, Giappichelli, Torino, 2012, p. 27 ss.

[5] Per un commento della disciplina pre-vigente: v. M. FARNETI, *Artt. 64-67*, in G. DE CRISTOFARO-A. ZACCARIA (a cura di), *Commentario breve al diritto dei consumatori. Codice del consumo e legislazione complementare*, II ed., Cedam, Padova, 2013, p. 525 ss.; B. COLOSIMO, *Artt. 64-67*, in G. VETTORI (a cura di), *Codice del Consumo. Commentario*, Cedam, Padova, 2007, p. 515 ss.; E. BATTELLI, *Commento* sub *Artt. 64-67*, in E.M. TRIPODI-C. BELLI, *Codice del consumo. Commentario del D.Lgs. 6 settembre 2005, n. 206*, Maggioli, Rimini, 2006, p. 334 ss.; R. GIAMPETRAGLIA, *Artt. 64-67*, in G. ALPA-L. ROSSI CARLEO (a cura di), *Codice del consumo. Commentario*, E.S.I., Napoli, 2005, p. 457 ss.

[6] Per una ricognizione dei vari settori che sono stati nel tempo interessati dalla previsione di un diritto di recesso di matrice comunitaria v. E. GUERINONI, *Art. 52*, in V. CUFFARO (a cura di), *Codice del consumo*, cit., p. 480 ss.

L'intervento del legislatore comunitario ha inteso rivisitare profondamente la figura del recesso di pentimento [7].

Malgrado l'idea sottostante allo *ius poenitendi* del consumatore abbia rappresentato un modello di "prodotto" normativo riuscito ed efficace (e per questo apprezzato pure presso altre culture giuridiche), l'Unione Europea aveva profondamente avvertito l'esigenza di rimettersi all'opera per perfezionare e mettere ancor più a fuoco quel modello nella sua funzionalità operativa [8].

Vi è stato un radicale mutamento nell'approccio, poiché la direttiva 2011/83/UE si caratterizza per essere a c.d. "armonizzazione massima" [9]: ciò implica che essa fa divieto agli Stati membri di conservare o introdurre livelli di tutela non solo deteriori, ma anche più elevati di quelli da essa previsti [10].

---

[7] S. PAGLIANTINI, *L'ibridazione del nuovo recesso di pentimento*, in *Riv. dir. civ.*, 2015, 2, p. 275 ss.

[8] Così testualmente M. FARNETI, *Il nuovo recesso del consumatore dai contratti negoziati fuori dai locali commerciali e a distanza*, in *Nuove leggi civ. comm.*, 2014, 5, p. 962.

[9] In forza dell'art. 4, infatti, «*Salvo che la presente direttiva disponga altrimenti, gli Stati membri non mantengono o adottano nel loro diritto nazionale disposizioni divergenti da quelle stabilite dalla presente direttiva, incluse le disposizioni più o meno severe per garantire al consumatore un livello di tutela diverso*».

[10] Le ragioni di questo mutamento sono ben illustrate da M. FARNETI, *Il nuovo recesso del consumatore*, cit., p. 962 s.: «*Alla base di tale esigenza, l'insoddisfazione per i risultati obiettivamente deludenti conseguiti, nell'ottica dell'armonizzazione, dall'approccio "minimale" che ispirava le dirr. 1985/577/CEE e 1997/7/CE sui contratti "porta a porta" e a distanza. La discrezionalità riservata ai legislatori in sede di recepimento, ancorché giustificata dall'obiettivo di realizzare sul piano domestico un livello di tutela del consumatore più elevato rispetto allo* standard *comunitario, aveva finito per generare un mosaico piuttosto eterogeneo di soluzioni attuative. Questa situazione di frammentazione normativa è stata additata come uno dei fattori di maggiore ostacolo al pieno sviluppo del "potenziale transfrontaliero" che possiedono gli scambi di beni e servizi nei settori interessati – si guarda, in particolare, alle vendite a distanza via* internet *– sul cui ulteriore e continuo incremento gli organi dell'UE, evidentemente, ripongono particolare affidamento nella prospettiva di crescita e del completamento del mercato interno. In tale visione, l'imprenditore con aspirazioni transfrontaliere appare frenato dal timore di dover affrontare elevati "costi di adempimento" derivanti dall'"incertezza giuridica", insita in un quadro normativo non unitario in cui esistano* "diver-

Questo vincolo ha profondamente influenzato il legislatore italiano nella fase di recepimento che, per non rischiare di incorrere in una violazione della direttiva, si è limitato *sic et simpliciter* ad una investitura a legge del testo così come tradotto in lingua italiana [11].

Fra gli interpreti vi è stata una difformità di vedute circa gli effetti complessivi della riforma e molte di queste opinioni risentono in grande misura delle modifiche apportate al diritto di recesso.

Secondo alcuni, in quest'opera di armonizzazione «*si riscontra un innalzamento del livello di protezione del contraente debole*» [12]; secondo altri, «*occorre rilevare come le tutele* specifiche, *espressamente previste dal legislatore nazionale a favore del consumatore, si riducano a ben poco*» [13]; secondo altri ancora, se e in che misura la disciplina novellata risulti più vantaggiosa per il consumatore risulta «*difficile da dire*» [14].

---

si termini di recesso *tra Stati membri, e [diversi termini di recesso] per i contratti a distanza e i contratti fuori dei locali commerciali". Inoltre, la frammentazione normativa minerebbe allo stesso tempo "la fiducia del consumatore nel mercato interno". All'eliminazione di questi inconvenienti era possibile mirare, secondo gli organi europei, "soltanto mediante un insieme di norme uniformi": l'armonizzazione completa di* "alcuni aspetti normativi chiave"*, tra cui* proprio il recesso, *negli auspici del legislatore continentale dovrebbe infatti "aumentare considerevolmente la certezza giuridica sia per i consumatori che per i professionisti"*».

[11] Così ancora M. FARNETI, *Il nuovo recesso del consumatore*, cit., p. 959 s., il quale ancor più incisivamente osserva che «*Di fatto, per attuare i precetti della direttiva in tema di recesso, senza troppe remore il d.lgs. n. 21/14 ha brutalmente e per intero asportato dal c. cons. le regole precedentemente in vigore – che dunque con un semplice tratto di penna, o forse un* click *di* mouse, *finiscono nel cestino della frazione di rifiuto non riciclabile – e le ha sostituite innestando nel nuovo* corpus *del codice riformato i corrispondenti articoli del testo europeo*».

[12] F.P. PATTI, *Il recesso del consumatore*, cit., p. 1045. Della stessa opinione S. PERUGINI, *Il recepimento della direttiva 2011/83/UE*, cit., p. 10, secondo la quale la disciplina del diritto di recesso «*si presenta nel complesso, ad eccezione di alcuni aspetti, maggiormente vantaggiosa per il consumatore*».

[13] C. GRANELLI, *"Diritti dei consumatori" e tutele nella recente novella del Codice del consumo*, in *Contratti*, 2015, p. 63.

[14] T. RUMI, *Art. 52*, in G. D'AMICO (a cura di), *La riforma del Codice del Consumo*, cit., p. 189.

Sul punto è da condividersi la puntuale osservazione secondo la quale «*il nuovo statuto del ripensamento rispecchia la volontà delle istituzioni europee di proteggere il contraente debole, lasciandolo al contempo libero di scegliere – ove correttamente informato – di rinunciare al "rimedio estintivo" (nei contratti di servizi) oppure di utilizzare il bene ed accollarsi, in caso di recesso, i costi del suo eventuale deprezzamento. Una tale scelta di fondo rende complesso stabilire se l'intervento legislativo dia luogo ad un aumento ovvero ad una retrocessione di tutela del consumatore, il quale viene – da un lato –* protetto *dagli effetti delle scelte contrattuali assunte in modo impulsivo e – da un altro lato –* responsabilizzato, *laddove ritenga di avere adeguatamente ponderato la decisione di acquisto*» [15].

2. Natura giuridica

Molto si è dibattuto [16] sulla natura giuridica del diritto di recesso consumeristico [17] data la persistente ambiguità del testo normativo e la complessità dell'istituto.

Esso è oggi configurabile, pur con le sue peculiarità, come

---

[15] E. BACCIARDI, *Il nuovo statuto del diritto di ripensamento tra efficienza del mercato e razionalità (limitata) dei consumatori*, in *Nuova giur. civ. comm.*, 2017, 3, p. 428, il quale tra l'altro evidenzia come la configurazione in taluni casi dello: «ius poenitendi *quale rimedio estintivo del rapporto negoziale costituisce svela in maniera limpida le contraddizioni della disciplina consumeristica*».

[16] Fin dall'interrogativo che si pose G. ALPA, Jus poenitendi *e acquisto di valori mobiliari*, in *Riv. soc.*, 1987, p. 1501 sui rapporti fra recesso del consumatore e recesso tradizionale.

[17] Finanche a livello nominalistico: rileva infatti A.M. BENEDETTI, voce *Recesso del consumatore*, in *Enc. dir.*, *Annali*, Giuffrè, Milano, 2011, p. 958, nt. 14, che «*Il recesso del consumatore è stato variamente appellato: è stato chiamato recesso di pentimento,* ius (se) poenitendi, *diritto di ripensamento, recesso di protezione, recesso penitenziale, recesso iniziale, a seconda dell'opinione che si sia nutrita circa la sua natura e sul suo rapporto col recesso così come configurato dal codice civile*». V., da ultimo, C. CONFORTINI, *A proposito del* ius poenitendi *del consumatore e della sua discussa natura*, in *Europa dir. priv.*, 2017, 4, p. 1343 ss.

un diritto potestativo riconosciuto al consumatore di sciogliersi dal contratto concluso con il professionista, impedendone la prosecuzione ed eliminandone *a posteriori* alcuni effetti, attraverso una manifestazione unilaterale di volontà indirizzata alla controparte.

Ha, tuttavia, suscitato notevoli controversie interpretative [18] il rapporto del recesso del consumatore con i recessi codicistici [19].

Com'è stato puntualmente osservato, vi è una profonda diversità di struttura e di *ratio* con tutte le fattispecie di recesso previste dal codice civile: rispetto al c.d. recesso *ad nutum*, quest'ultimo rappresenta lo strumento concesso alla parte per interrompere un rapporto privo di un termine finale, mentre il recesso del consumatore è volto a consentire a quest'ultimo di neutralizzare una precedente manifestazione di volontà negoziale "ritrattando" il consenso innanzi prestato. Anche rispetto al c.d. recesso "d'impugnazione", il quale è condizionato al verificarsi di precisi presupposti, il diritto di recesso si differenzia in quanto esercitabile in modo libero e insindacabile [20]. Occorre, quindi, evidenziare che «*il recesso del consumatore è vero recesso, sia pure con tratti suoi propri ed esclusivi, e comunque tali da collocarlo, nell'ampio quadro dei recessi, in una posizione di sicura originalità*» [21].

L'art. 52, comma 1, c. cons. stabilisce le caratteristiche del diritto di recesso, evidenziando quelle che sono state definite le «*connotazioni tipiche del diritto di pentimento*» [22]: la sotto-

---

[18] Ampie ricognizioni in L. D'ACUNTO, *Recesso e autotutela nei rapporti di consumo*, E.S.I., Napoli, 2018, p. 153 ss.; A. BARCA, *Scioglimento del vincolo contrattuale nel codice civile e nel Codice del Consumo*, in G. ALPA (a cura di), *I diritti dei consumatori*, t. I, Giappichelli, Torino, 2009, p. 367 ss.

[19] Sui quali, *ex multis*, M. AMBROSOLI, voce *Recesso*, in *Dig. disc. priv.*, *sez. civ.*, Agg., Utet, Torino, 2014; G. DE NOVA, voce *Recesso*, in *Dig. disc. priv.*, *sez. civ.*, t. XVI, Utet, Torino, 1997.

[20] Così C. CONFORTINI, *Il diritto di recesso*, cit., p. 119 s. Ulteriori e diffusi approfondimenti sull'argomento in EAD., *A proposito del* ius poenitendi *del consumatore*, cit., p. 1389 ss.

[21] A.M. BENEDETTI, voce *Recesso del consumatore*, cit., p. 958.

[22] Sulle modalità di esercizio del diritto, v. F. GAZZONI, *Manuale di diritto privato*, XIX ed., E.S.I., Napoli, 2019, p. 1043 ss.

posizione ad un breve termine di decadenza, nonché il carattere gratuito-incondizionato e del tutto discrezionale del relativo esercizio.

Secondo la disciplina vigente, infatti, «*il consumatore dispone* di un periodo di quattordici giorni *per recedere da un contratto a distanza o negoziato fuori dai locali commerciali senza dover fornire alcuna motivazione e senza dover sostenere costi diversi da quelli previsti all'articolo 56, comma 2, e all'articolo 57*».

Il ripensamento è fissato, a prescindere dalla modalità negoziale [23], in quattordici giorni: rispetto alla precedente disciplina è stato prolungato il termine ed è stato inoltre eliminato, per esigenze di semplificazione, il riferimento ai giorni lavorativi [24].

L'assoluta libertà del recesso, sia dall'obbligo di giustificazione dei motivi, sia dall'obbligo di corresponsione di eventuali indennizzi o corrispettivi per il recesso, sembra definitivamente confermare la configurazione dell'istituto come recesso «*di pentimento*» [25].

Il carattere della discrezionalità appare, in seguito alla riforma, ancor più accentuato, atteso il cambiamento lessicale rispetto al precedente art. 64: mentre prima non occorreva «*specificare il motivo*», adesso non è necessario «*fornire alcuna motivazione*». Da ciò deriva che, se prima poteva ritenersi che fosse l'esternazione del motivo (e non il motivo in sé) ad essere irrilevante, questa possibilità ermeneutica risulta ormai preclusa [26]. Resterebbe comunque fermo il limite del divieto di abuso del diritto, a sua volta espressione del principio di buona fede oggettiva inteso come obbligo di salvaguardia dell'altrui posizione

---

[23] Per G. De Cristofaro, *Il «Codice del consumo»*, in *Nuove leggi civ. comm.*, 2006, p. 787, l'unificazione della disciplina costituiva «*indubbiamente uno degli aspetti più positivi del codice del consumo*».

[24] Secondo C. Confortini, *Il recesso di pentimento*, cit., p. 23, questa modifica ha «*valore più formale che sostanziale atteso che tra i 10 giorni lavorativi previsti dal comma 1 del previgente art. 64 cod. cons. e i 14 giorni stabiliti dal comma 1 del nuovo art. 52 cod. cons. non sembra esservi reale differenza*». Della medesima opinione E. Guerinoni, *Art. 52*, cit., p. 496.

[25] M.C. Cherubini, *Sul diritto di ripensamento*, in *Riv. dir. civ.*, 1999, p. 699.

[26] M. Farneti, *Il nuovo recesso del consumatore*, cit., p. 968.

patrimoniale[27]; l'opinione maggioritaria è tuttavia contraria a tale possibilità[28].

3. Esercizio del diritto di recesso: modalità

«*Il dibattito sul recesso di pentimento si è riacceso, invero, proprio alla luce del diritto comunitario dei consumi*»[29], rimettendo in discussione categorie giuridiche e nozioni cristallizzate nella dogmatica tradizionale[30].

In particolare l'attenzione si è concentrata sul superamento del principio di stabilità del vincolo negoziale e sulla contemporanea affermazione di quello di libera recedibilità, partendo proprio dal dato testuale[31].

---

[27] Cfr. E. GUERINONI, *Art. 52*, cit., p. 493 s.: «*Tale discrezionalità, tuttavia, non può essere intesa in termini assoluti, sino al punto di legittimare veri e propri abusi, ma deve comunque ritenersi soggetta ai limiti derivanti dai principi generali, ravvisabili (e riconducibili) principalmente nel dovere di tenere un comportamento contrattuale in linea con il dovere generale di buona fede*». V. anche M. ATELLI, *Il problema della sindacabilità della decisione di esercizio dello* jus poenitendi *attribuito ex* lege *al consumatore*, in *Riv. crit. dir. priv.*, 2001, p. 359 ss.

[28] Per tutti A.M. BENEDETTI, voce *Recesso del consumatore*, cit., per il quale il consumatore può pentirsi «*del consenso già dato, quale che sia il perché del suo pentimento o, al limite, anche se esso fosse dovuto ad un mero capriccio*» (p. 956) e l'idea di sindacare giudizialmente il recesso capriccioso, emulativo o, comunque, contrario a buona fede «*sembra scontrarsi con l'inafferrabilità dei motivi che il consumatore ha diritto di non esternare, e con le conseguenti difficoltà di fornire giudizialmente la prova per sindacarne i contenuti; se, poi, il recesso è totalmente sganciato da presupposti o scopi legalmente determinati, come si può costruirne (e verificarne) un abuso?*». V. anche G. GRISI, *Lo "*ius poenitendi*" tra tutela del consumatore e razionalità del mercato*, in *Riv. crit. dir. priv.*, 2001, p. 580 ss.

[29] R. GIAMPETRAGLIA, *Art. 64*, cit., p. 462.

[30] Sul tema si rinvia a F. PADOVINI-G. GABRIELLI, voce *Recesso*, in *Enc. dir.*, vol. XXXIX, Giuffrè, Milano, 1998, p. 27 ss.; L. FERRI, voce *Revoca*, in *Enc. dir.*, vol. XL, Giuffrè, Milano, 1988, p. 197. Sulla differenza tra recesso e condizione v. M. COSTANZA, *Condizione risolutiva del contratto e patto di recesso*, nota a Cass. civ., 7 agosto 1989, n. 3626, in *Giust. civ.*, 1990, 7-8, p. 1853 ss.

[31] G. CHINÉ, *Il Diritto Comunitario dei contratti*, in A. TIZZANO (a cura di), *Il diritto privato dell'Unione Europea*, II ed., Giappichelli, Torino, 2006; V.

La previsione dello *jus poenitendi* appare come momento attuativo di un principio generale dell'ordinamento [32] ispirato dalla finalità di contemperare l'esigenza di tutela della libertà di svolgimento dell'attività economica e della ricerca della massimizzazione del profitto con la necessità di garantire la tutela dell'acquirente dagli svantaggi che possono derivargli dalla crescente circolazione di beni di consumo [33]. In questa sua funzione il diritto di ripensamento appare idoneo ad avere portata generale, non limitata a ipotesi rigidamente determinate, ma estensibile a tutte le forme di vendita che presentino la medesima esigenza di riequilibrio della posizione delle parti [34].

A proposito del recesso, nel vecchio testo dell'art. 64 era contenuta l'esplicita previsione delle proposte contrattuali. Tale previsione non trova corrispondenza nell'attuale art. 52, ma l'applicazione della disciplina dello *jus poenitendi* anche alle proposte trova conferma nell'art. 55, a mente del quale «*L'esercizio del diritto di recesso pone termine agli obblighi delle parti: [...] b) di concludere un contratto a distanza o negoziato fuori dei locali commerciali nei casi in cui un'offerta sia stata fatta dal consumatore*».

Resta ferma pertanto l'incongruenza insita nel riferire il recesso non solo ai contratti ma anche alle proposte contrattuali soggette alle disposizioni di cui agli artt. 52-59, soprattutto allorché si rileva che il recesso sarebbe, per definizione, istituto diretto ad attribuire ad una parte la facoltà di determinare unilateralmente lo scioglimento di un contratto già stipulato.

ZENO ZENCOVICH, *Il diritto europeo dei contratti, verso la distinzione tra contratti commerciali e contratti dei consumatori*, in *Giur. it.*, 1993, IV, c. 57 ss.; B. INZITARI, *La formazione del contratto nella vendita porta a porta dei valori mobiliari (neutralità del modello codicistico e rispetto della tutela dei consumatori)*, in *Contr. e impr.*, 1992, p. 1 ss.; V. ROPPO, *Vendita a domicilio di valori mobiliari: formazione del contratto e recesso dell'investitore*, in *Contr. e impr.*, 1990, p. 106 ss.

[32] Vedi Cass., 20 marzo 1996, n. 2369, in *Foro it.*, 1969, I, c. 1665.

[33] V. ZENO ZENCOVICH, voce *Consumatore (tutela del) I) Diritto civile*, in *Enc. giur.*, vol. VIII, Treccani, Roma, 1988, p. 2.

[34] N. IRTI, *Notazioni esegetiche sulla vendita «a domicilio» di valori mobiliari*, in *Nuove leggi civ. comm.*, 1995, p. 105 s.

La discussione sulla qualificazione giuridica del c.d. "diritto di pentimento" attribuito al consumatore si è quindi sviluppata intorno all'alternativa recesso-revoca.

Non è mancato chi ha proposto di considerare improprio il riferimento "alle proposte", suggerendo di considerarlo come una scelta diretta ad evitare lo stratagemma fraudolento di raccogliere la volontà del consumatore mediante note d'ordine o altri documenti contenenti apparentemente una proposta contrattuale, ma in realtà una adesione del consumatore alla proposta del venditore, al solo scopo di sottrarre al primo il diritto di ripensamento [35].

È evidente che, in via generale, si rinvengono discipline diverse, determinate dal diverso grado di tutela che il legislatore ritiene di dover accordare agli interessi della parte che subisce gli effetti del mutamento della volontà, in base ad una valutazione comparativa della posizione delle parti. Così si giustificano le differenze tra la disciplina applicabile prima (revoca) o dopo (recesso) che il soggetto passivo abbia espresso il proprio consenso alla conclusione del contratto; ma si spiegano anche le differenze di disciplina tra le diverse "categorie" di recesso, nelle quali si passa dal sacrificio totale ed incondizionato dell'interesse del soggetto passivo (ad es. art. 1725, comma 2), via via attraverso forme di tutela sempre più accentuate (durata minima del rapporto, artt. 3 e 28 l. n. 396/1978; obbligo di indennizzo art. 1671 c.c.).

Si può, quindi, concludere che il diritto di recesso di cui agli artt. 52-59, anche quando riferito alle proposte contrattuali, si prefigura come istituto originale, previsto in aggiunta all'ordinaria facoltà di revoca, e caratterizzato dalla funzione di tutela del consumatore, che ne giustifica in ogni caso l'esercizio.

Sotto il profilo del requisito formale, la novella del 2014 ha modificato in modo significativo le modalità di esercizio del ripensamento [36].

L'art. 54 prevede, innanzitutto, la possibilità di utilizzare un

[35] P. PUTTI, *Artt. 4. 6, 10*, in N. LIPARI (a cura di), *Commentario al Decreto legislativo 15 gennaio 1992, n. 50*, in *Nuove leggi civ. comm.*, 1993, p. 197.

[36] E. GUERINONI, *Art. 54*, cit., p. 500.

modulo *standard* (di cui all'allegato I, parte B)[37]: ciò nell'ottica di un'uniformità su tutto il territorio dell'Unione Europea, che favorisca ancor di più l'obiettivo – perseguito dalla Direttiva – di un ampliamento del mercato unico.

In alternativa, è possibile per il consumatore «*presentare una qualsiasi altra dichiarazione esplicita*»: questa formula implicherebbe che la libertà di forma del recesso non è piena, perché implicante il requisito necessario di una manifestazione volitiva esplicita, donde la correlata esclusione di uno *ius poenitendi* che si esplicitasse per *facta concludentia*[38]. In particolare, non è più prevista la possibilità di esercizio del recesso mediante la restituzione della merce[39].

Conformemente a quanto evidenziato in passato, la comunicazione di recesso non deve necessariamente essere sottoscritta dal medesimo soggetto che ha stipulato il contratto o che ha formulato la proposta contrattuale[40]; una cospicua giurisprudenza[41] aveva difatti riconosciuto, ad esempio, efficace la comunicazione del recesso contenuta in un telegramma dettato telefonicamente da un soggetto che, in qualità di intestatario del telefono, era diverso dall'autore del contratto.

Indicazioni circa l'individuazione del destinatario sono, dal canto loro, contenute all'art. 49[42] che, nel disciplinare le moda-

---

[37] In tema E. BATTELLI, *I contratti-tipo. Modelli negoziali per la regolazione del mercato: natura, effetti e limiti*, Jovene, Napoli, 2017, p. 491 s.

[38] Così testualmente S. PAGLIANTINI, *L'ibridazione del nuovo recesso*, cit., p. 290, il quale puntualizza che «*Gli interpreti della direttiva 2011/83, visto che l'art. 54, comma 1° è un calco dell'art. 11, § 1, hanno spiegato la preclusione ad un recesso affidato ad una forma tacita od implicita col superiore interesse ad una certezza dei rapporti unitamente al vantaggio di evitare così un contenzioso intaccante l'efficienza del mercato*».

[39] E. GUERINONI, *Art. 54*, cit., p. 501, secondo il quale «*la circostanza che la novella non ha riproposto tale modalità di esercizio del ripensamento induce a concludere che quella non possa più ritenersi efficace*».

[40] E. GUERINONI, *Art. 54*, cit., p. 500.

[41] Giud. Pace Palermo, 16 febbraio 1999, in *Contratti*, 1999, p. 834; Trib. Milano, 27 gennaio 1997, in *Contratti*, 1998, p. 48; Pret. Trento, 28 aprile 1995, in *Foro it*,. 1996, I, c. 1886.

[42] Per un commento E. BATTELLI, *Commento* sub *Art. 49*, in V. CUFFARO (a cura di), *Codice del consumo*, cit., p. 434 ss.

lità dell'informazione, ha previsto alle lett. h), i), l) e m) una serie particolarmente approfondita di dettagli sul recesso che il professionista deve fornire al consumatore: fra questi, non può di certo mancare l'indicazione del soggetto al quale deve essere comunicata la decisione di esercitare il diritto di recesso, nonché del soggetto al quale deve essere riconsegnata la merce, se diverso.

Non può non sfuggire, infine, come alla tendenziale libertà di scelta lasciata al consumatore in ordine alla manifestazione di recesso (con il solo limite, già segnalato, del divieto dei comportamenti concludenti) si contrapponga il rigore formale delle previsioni relative agli obblighi di informazione sanciti in capo al professionista nella contrattazione con l'altra parte.

In merito si parla di formalismo di protezione, poiché la forma degli obblighi di informazione è strettamente collegata in modo funzionale al diritto di recesso. Difatti, solo il puntuale adempimento degli obblighi di informazione consente di rendere edotto il consumatore dei propri diritti, tra cui quello di liberarsi incondizionatamente dal vincolo giuridico contrattuale[43].

---

[43] Sui rapporti tra informazione e recesso si veda la recentissima Corte Giust. UE, Sez. III, 23 gennaio 2019, causa C-430/17, in *Nuova giur. civ. comm.*, 2019, 4, p. 670 ss., con nota di F. RENDE, *Il ruolo dell'informazione sul recesso dopo la sentenza* Walbusch Walter Busch, la quale così ha risposto ai quesiti pregiudiziali posti dal *Bundesgerichtshof*: «*Per valutare se, ai sensi dell'art. 8, paragrafo 4°, dir. n. 83/2011 UE, il mezzo di comunicazione a distanza consenta uno spazio o un tempo limitato per visualizzare le informazioni, l'interprete non deve tenere conto delle scelte operate dal professionista in ordine al design, al layout, alla grafica o alle dimensioni del supporto pubblicitario, ma deve considerare l'insieme delle caratteristiche tecniche che la comunicazione commerciale oggettivamente presenta. – L'articolo 6, paragrafo 1, lettera h), e l'articolo 8, paragrafo 4°, dir. n. 83/2011 UE devono essere interpretati nel senso che, nel caso in cui il contratto sia concluso mediante un mezzo di comunicazione a distanza che consente uno spazio o un tempo limitato di visualizzazione delle informazioni e qualora sussista il diritto di recesso, il professionista è tenuto a fornire al consumatore, sul mezzo in questione e prima della conclusione del contratto, le informazioni relative alle condizioni, al termine e alle modalità di esercizio di detto diritto. In un caso del genere, tale professionista deve fornire al consumatore il modulo tipo di recesso di cui all'allegato I, parte B, della suddetta direttiva attraverso un'altra fonte, in un linguaggio semplice e comprensibile*».

4. Decorrenza del termine

Significative novità sono state introdotte dalla novella del 2014 sui termini per l'esercizio dello *jus poenitendi*: deve essere messo in risalto che, mentre in precedenza vi era una previsione differenziata per i contratti negoziati fuori dei locali commerciali e per i contratti a distanza[44], ora le due ipotesi hanno invece regolamentazione uniforme[45].

L'attuale art. 52, comma 2, stabilisce le varie decorrenze a seconda non della modalità contrattuale bensì del tipo di prestazione oggetto del contratto[46], fornendo una regolamentazione puntuale e analitica, che si rivela funzionale «*ad evitare contenziosi o difformità di applicazione tra un ordinamento e l'altro*»[47].

Per i contratti di servizi e di "quasi-servizi", il *dies a quo* coincide con quello della conclusione del contratto (art. 52, comma 2, lett. a) e c)), mentre per la vendita di beni coincide con quello in cui il consumatore o un terzo, diverso dal vettore e designato dal consumatore, acquisisce il «*possesso fisico*» dei beni medesimi (art. 52, comma 2, lett. b))[48].

Nell'ambito della vendita, si distingue ulteriormente fra beni multipli ordinati con un solo ordine e consegnati separatamente, beni costituiti da lotti o pezzi multipli e consegna periodica di beni durante un determinato periodo di tempo: nei primi due casi, il termine decorre dall'acquisizione del possesso fisico dell'*ultimo* bene, lotto o pezzo (art. 52, comma 2, lett. b), nn. 1 e

---

[44] A.M. MANCALEONI, *La tutela del consumatore nei contratti a distanza alla luce della futura direttiva sul commercio elettronico*, in *Nuova giur. civ. comm.*, 2000, 2, p. 309; S. BASTIANON, *Prime osservazioni sulla direttiva 97/7/CE in tema di contratti a distanza*, in *Resp. civ. e prev.*, 1997, p. 1284 s.

[45] E. GUERINONI, *Art. 52*, cit., p. 496.

[46] M. FARNETI, *Il nuovo recesso del consumatore*, cit., p. 973.

[47] F. BRAVO, *I contratti a distanza nel codice del consumo e nella direttiva 2011/83/UE. Verso un codice europeo del consumo*, Giuffrè, Milano, 2013, p. 239.

[48] Cfr. R. DE HIPPOLYTIS, *La disciplina unitaria del recesso*, in *Foro it.*, 2012, V, c. 187.

2), mentre nel terzo dall'acquisizione del possesso fisico del *primo* bene (art. 52, comma 2, lett. b), n. 3)[49].

L'art. 53, dal canto suo, pone la disciplina delle conseguenze del mancato adempimento dell'obbligo di informazione sul recesso, stabilendo al comma 1 un prolungamento dello *spatium deliberandi* fino a «*dodici mesi dopo la fine del periodo di recesso* iniziale». Al comma 2 è previsto che il professionista possa fornire tardivamente le informazioni omesse, facendo decorrere da quel momento i quattordici giorni per l'esercizio del ripensamento.

Il legislatore comunitario si è quindi discostato dall'orientamento giurisprudenziale della Corte di Giustizia, cristallizzato nella c.d. pronuncia *Heininger*[50], secondo cui il consumatore che non fosse stato informato sul suo diritto di recesso avrebbe potuto esercitarlo *sine die*.

Trattasi di una scelta che «*è stata salutata con soddisfazione da quanti ritengono preponderanti le esigenze di certezza del traffico giuridico, altrimenti compromesse da un'instabilità del rapporto contrattuale protratta* sine die»[51]. È stata invece ampiamente criticata da chi ritiene che «*un recesso che scade, nonostante il perdurare dell'inadempimento informativo, è un premio alla condotta negligente del professionista e fa perdere scopertamente di intensità qualitativa alla tutela del consumatore*»[52]. In ogni caso, trattasi di una scelta che rende manifesto come il perseguimento di un elevato livello di tutela del consumatore sia passato «*dal primo piano allo sfondo della normativa*»[53].

---

[49] Osserva F. De Leo, *La nuova disciplina dei contratti a distanza e negoziati fuori dei locali commerciali tra uniformità, innovazione e perdurante silenzio del legislatore*, in *Resp. civ. e prev.*, 2014, 4, p. 1405, che la «*norma, agganciando l'inizio della decorrenza del termine a momenti ben precisi, non reca il rischio di indurre in errore il consumatore come accadeva con la vecchia disciplina che appariva, secondo una parte della dottrina, caotica, prolissa e caratterizzata da un "dedalo di decorrenze"*».

[50] Corte Giust. CE, Sez. VI, 13 dicembre 2001, C-481/99.

[51] M. Farneti, *Il nuovo recesso del consumatore*, cit., p. 978.

[52] S. Pagliantini, *L'ibridazione del nuovo recesso*, cit., p. 277.

[53] M. Farneti, *Il nuovo recesso del consumatore*, cit., p. 964.

I caratteri che definiscono la struttura del recesso sono riassumibili nella *neutralità* rispetto alla modalità di formazione del contratto, nell'*irrilevanza dei motivi del ripensamento* e nella previsione di un *termine di durata massimo* per il suo esercizio.
Perplessità sono state sollevate, in particolare, sulla sua configurabilità quale *rimedio*. Vi è chi ritiene che ciò non sia corretto, visto che i presupposti per il suo esercizio sono strutturalmente predeterminati e, quindi, esso non si rivelerebbe funzionale a risolvere un conflitto [54]. Secondo un'altra ricostruzione, il recesso di pentimento sarebbe invece un rimedio, in quanto finalizzato ad ovviare all'asimmetria informativa che caratterizza il consumatore [55].

---

[54] S. MAZZAMUTO, *La nozione di rimedio nel diritto continentale*, in *Europa dir. priv.*, 2007, 3, p. 595.

[55] Così A. DI MAJO, *Il linguaggio dei rimedi*, in *Europa dir. priv.*, 2005, 2, p. 357: «*Il vero è che siffatte modalità di contrattazione evocano bisogni di tutela* differenziati *che non possono essere soddisfatti con gli strumenti del diritto comune, che postulano una situazione paritaria tra le parti e condizioni normali per la contrattazione. Il rimedio qui del recesso, a favore della parte che esercita il c.d. "pentimento", è in funzione di un itinerario contrattuale e/o meglio di una vicenda di "contrattazione" che va al di là del "mitico" momento della conclusione del contratto e che allunga le proprie propaggini sino al momento in cui la "riflessione" del contraente sia da ritenersi ragionevolmente conclusa*». A questo proposito L. NIVARRA, *Rimedi: un nuovo ordine del discorso civilistico?*, in *Europa dir. priv.*, 2015, 3, p. 595, provocatoriamente osserva che «*ci si potrebbe chiedere, visto che se ne parla come di un "rimedio", a cosa esattamente ponga rimedio il* ius poenitendi, *di quale male sia la cura, se non della strutturale debolezza del consumatore, che, però, è un male troppo grande per poter essere curato (al massimo, se ne può immaginare un trattamento a base di placebo e palliativi)*». A. DI MAJO, *Rimedi e dintorni*, in *Europa dir. priv.*, 2015, 4, p. 711, prontamente replica che «*la risposta è, ancora una volta, quella costituita dal richiamo "all'effetto di sostanzializzazione" che il rimedio ha ricevuto a seguito della sua normazione. Detto "effetto", coniugato altresì ad un evidente obiettivo di politica di mercato (come quello di incentivare l'accesso a tale tipologia di contratti), rafforza ancor più l'idea che, se da un lato si è inteso rendere meno "urgente" il rimedio, colmando, attraverso l'informazione, la conoscenza del consumatore, e quindi togliendo terreno al c.d. effetto sorpresa, non per questo è resa priva di funzione la presenza di uno strumento, quale il recesso, che resta pur sempre l'ultima "arma" in mano al consumatore il quale, pur rag-*

Secondo un autorevole orientamento, la facoltà di recedere accordata al consumatore risponde ad un «*bisogno di tutela (...) non (...) contemplato nel diritto generale dei contratti*»[56], discendente dalla circostanza che al perfezionamento dell'accordo ai sensi dell'art. 1326 c.c. «*si sovrappone un'idea di "contrattazione" che va al di là di tale momento, per segnare il diverso "tempo" di riflessione del contraente-consumatore, così da poter affermare che anche ad una stipulazione del contratto, non rappresentativa del reale interesse dell'un contraente, v'è appunto "rimedio" attraverso lo strumento del "pentimento"*»[57].

Secondo altro orientamento si ritiene che il diritto di recesso non possa costituire un «*rimedio in senso stretto*»[58], poiché, una volta esternata la volontà risolutoria, «*il giudice è chiamato a verificare soltanto il presupposto del potere di scioglimento che si colloca nella struttura*

---

giunto dalla strategia "informativa" del professionista, abbia a sospettare, specie ex post, *della veridicità ed effettività di essa ed abbia quindi a decidere in definitiva per il recesso. Né di ciò deve dare giustificazione*».

[56] A. DI MAJO, *Rimedi e dintorni*, cit., p. 709.

[57] Cfr. A. DI MAJO, *Il linguaggio dei rimedi*, cit., p. 357. Descrive l'istituto in termini rimediali anche V. ROPPO, *il contratto del duemila*, Giappichelli, Torino, 2002 (III ed., 2011), p. 68, ritenendolo, «*tra tutti [i rimedi], quello che si presenta massimamente carico di potenziale distruttivo nei confronti del vincolo contrattuale*».

[58] S. MAZZAMUTO, *Il contratto di diritto europeo*, cit., p. 243, ad avviso del quale la manifestazione del ripensamento «*non presuppone un interesse violato o inattuato (se non in termini astratti di* ratio *della disciplina legale) e soprattutto non poggia su di un presupposto di fatto sul quale può concentrarsi il successivo apprezzamento di legittimità del giudice in guisa di valutazione concretizzante o di bilanciamento degli interessi contrapposti*». È stato inoltre rilevato che «*a rendere arduo l'inquadramento del recesso tra i "rimedi" in senso tecnico è (...) la constatazione del fatto che esso non presuppone, di necessità, l'esistenza di una particolare condizione psichica dell'esercente il diritto, né la presenza (e l'accertamento) di una "patologia" del contratto (...). Come dire che l'esercizio del recesso lascia insoddisfatto l'interesse che il consumatore, mediante la conclusione del contratto "sgradito", intendeva soddisfare*» (cfr. G. GRISI, *Lo* "ius poenitendi" *tra tutela del consumatore e razionalità del mercato*, cit., p. 582). A tale osservazione viene replicato che «*in realtà ciò che presuppone la nozione di "rimedio" è la risposta da esso fornita ad un bisogno di tutela di un interesse, come quello del recedente, a sciogliersi da un contratto "sgradito" e a codesto interesse pone appunto "rimedio" il recesso*» (A. DI MAJO, *Il linguaggio dei rimedi*, cit., p. 357, nt. 27).

della fattispecie, ma non di ricercarne la giustificazione dell'atto di esercizio, tramite il proprio scandaglio degli interessi in gioco» [59].
Altra parte della dottrina [60], escludendone il carattere rimediale, ne evidenzia la «*natura di regola sostanziale che persegue l'obiettivo di incentivare l'accesso a talune tipologie contrattuali*» [61].
Non dissimile risulta l'opinione di chi ritiene che il recesso non configura un rimedio bensì «*un vero e proprio contenuto programmatico del contratto stipulato dalle parti, ossia di un punto che a tutti gli effetti entra a far parte dell'affare divisato dalle parti contraenti*» [62].
In favore della natura rimediale, tuttavia, si è sostenuto che il recesso è da ritenersi un rimedio che svolge una funzione "correttiva" del rapporto negoziale [63], tanto più che, sebbene gli obblighi di *disclosure* del professionista riducano il c.d. effetto sorpresa, «*non per questo è resa priva di funzione la presenza di uno strumento, quale il recesso, che resta pur sempre l'ultima "arma" in mano al consumatore*» [64].
Ritenendo come maggiormente convincente l'inquadramento del recesso nella sua dimensione giuridico rimediale, quale strumento a disposizione del consumatore che intenda liberarsi dal vincolo contrattale [65], occorre mettere in risalto il bisogno di tutela posto alla base del

---

[59] S. MAZZAMUTO, *La nozione di rimedio nel diritto continentale*, cit., p. 595.

[60] L. NIVARRA, *Rimedi*, cit., p. 595, come già ricordato, osserva che, se il ripensamento è accordato in ragione della «*strutturale debolezza del consumatore*», essa costituisce «*un male troppo grande per poter essere curato (al massimo, se ne può immaginare un trattamento a base di placebo e palliativi)*».

[61] L. NIVARRA, *op. loc. ult. cit.*

[62] P. SIRENA-Y. ADAR, *La prospettiva dei rimedi nel diritto privato europeo*, in *Riv. dir. civ.*, 2012, 3, p. 367: «*una definizione sufficientemente specifica del concetto di rimedio deve presupporre non solo che sia stato leso un interesse giuridicamente protetto del soggetto tutelato, ma anche che tale lesione sia imputabile proprio al soggetto responsabile. È appunto per questa ragione che il recesso contrattuale di pentimento non può essere appropriatamente qualificato come rimedio, considerato che esso non solo non è funzionalmente giustificato, ma non è neppure strutturalmente collegato alla lesione di un interesse del consumatore che sia imputabile al professionista contraente*».

[63] A. DI MAJO, *Rimedi e dintorni*, cit., pp. 709-710.

[64] A. DI MAJO, *Rimedi e dintorni*, cit., p. 711.

[65] Cfr. E. NAVARRETTA, *La complessità del rapporto fra interessi e rimedi nel diritto europeo dei contratti*, in AA.VV., *Remedies in contract: the common rules for a European law*, a cura di G. VETTORI, Cedam, Padova, 2008, p.

diritto di ripensamento, ciò specialmente alla luce delle novità introdotte dalla riforma del 2014 che hanno impresso una connotazione prettamente oggettiva di matrice c.d. consumeristica.
Del resto, non muta la natura rimediale del recesso la scelta del legislatore europeo e nazionale di subordinarlo, altresì, al previo inadempimento, da parte del professionista, dell'obbligo di rendere edotta la controparte circa l'esistenza del diritto di recesso stessa[66].
Non appare condivisibile, pertanto, neanche la tesi di distinguere un recesso c.d. "*informato*", in quanto strumentale all'efficienza del mercato, da un recesso "*disinformato*" finalizzato, invece, a correggere un *deficit* conoscitivo connesso alla conclusione del contratto[67].
Nell'unità concettuale del diritto di recesso quale rimedio, la direttiva 83/2011/UE individua la *ratio* del rimedio per i contratti conclusi fuori dai locali commerciali nel «*potenziale elemento di sorpresa e/o di pressione psicologica*» e per i contratti a distanza nella circostanza che «*il consumatore non è grado di vedere i beni prima di concludere il contratto*» (*considerando* 37).
In apparente continuità con le pre-vigenti direttive nn. 577/85/CEE e 7/97/CEE, a fronte di una normativa articolata «*in numerosi segmenti di disciplina*», vengono quindi considerati come sostanzialmente omogenei interessi che «*difficilmente tollerano una tassativa tipizzazione dei rimedi nonché una differenziazione dei presupposti applicativi*»[68].

5. Perfezionamento del vincolo e diritto di recesso

Il diritto di ripensamento tradizionalmente pone una questione nei termini dell'alternativa tra recesso da un contratto

161 ss., la quale descrive il rapporto fra interesse protetto e rimedio in termini di «*necessaria corrispondenza biunivoca*».

[66] Con riguardo a tale aspetto – è stato evidenziato – il silenzio del professionista addossa al consumatore «*l'onere di effettuare, nel breve termine di quattordici giorni, un approfondito controllo sulle qualità del bene o del servizio, al fine di procurarsi da sé tutti i dati che la controparte ha omesso di fornire*» (cfr. F. RENDE, *Commento* sub *art. 53 cod. cons.*, in G. D'AMICO (a cura di), *La riforma* del *Codice del Consumo. Commentario al D.lgs. 21/2014*, cit., p. 207).

[67] Cfr., in tal senso, E. BACCIARDI, *Il nuovo statuto del diritto di ripensamento*, cit., p. 415.

[68] E. NAVARRETTA, *La complessità del rapporto*, cit., p. 163.

perfetto e formazione progressiva del vincolo negoziale[69].

Secondo le c.d. "tesi procedimentali", le norme sul recesso non sarebbero attributive di un diritto di sciogliersi da un contratto già concluso, ma rappresenterebbero una peculiare modalità di formazione del contratto, che dovrebbe considerarsi concluso laddove, entro il tempo di riflessione (*spatium deliberandi*), il consumatore non manifesti la volontà di "recedere"[70]. In tale ricostruzione la fattispecie sarebbe ancora imperfetta e si salverebbe anche il c.d. dogma della "forza di legge" del contratto, preservandolo da un'ampia discrezionalità quale è certamente quella riconosciuta al consumatore[71].

In tale ambito si segnala la tesi che qualifica l'accordo inizialmente raggiunto in termini di opzione di acquisto da ritenersi tacitamente esercitata nell'ipotesi di mancato ricorso al diritto di pentimento da parte del consumatore nel termine di legge[72].

Orbene, in dottrina si è autorevolmente ritenuto[73] che il recesso operi sul piano dell'efficacia dell'atto nel presupposto che il contratto sia ormai perfetto[74]: la fattispecie negoziale si è in-

---

[69] C. CONFORTINI, *A proposito del* ius poenitendi *del consumatore*, cit., p. 1383, secondo la quale né i mutamenti del quadro normativo né il fiorire dei contributi dottrinali sono valsi a un superamento della questione medesima.

[70] Si richiama in particolare N. ZORZI GALGANO, *Lo* jus poenitendi *del consumatore*, in *Vita not.*, 2007, p. 576 ss., la quale richiama la tecnica del perfezionamento del contratto con obbligazioni a carico del solo proponente, creando un parallelismo tra mancato recesso del consumatore e mancato rifiuto dell'oblato *ex* art. 1333 c.c.

[71] Si segnala, peraltro, come tali "tesi procedimentali" risultino prevalenti, ad es., in Francia, proprio sulla base della "sacralità" del vincolo contrattuale (cfr. A.M. BENEDETTI, *La difesa del consumatore dal contratto*, cit., p. 21 s.).

[72] G. GABRIELLI, *Vincolo contrattuale e recesso unilaterale*, Giuffrè, Milano, 1985, p. 72. Successivamente la tesi è stata riproposta da M. GORGONI, *Sui contratti negoziati fuori dai locali commerciali alla luce del d.lgs. n. 50/1992*, in *Contr. e impr.*, 1993, p. 152 ss.

[73] C.M. BIANCA, *Diritto civile*, 3, *Il contratto*, Giuffrè, Milano, 2000, p. 700 ss.

[74] A tali conclusioni si giunge facendo anche ricorso allo schema della condizione sospensiva negativa potestativa, ovvero della condizione risolutiva potestativa, o a quella di *condicio iuris*. Cfr. M.C. CHERUBINI, *Sul diritto di ripensamento*, cit., p. 702.

somma perfezionata, ma il consumatore può renderla priva di effetti attraverso una dichiarazione unilaterale.

Secondo un'altra ricostruzione, il recesso andrebbe invece qualificato alla stregua di un elemento perfezionativo della fattispecie e più precisamente: «*elemento essenziale del consenso e fonte di qualificazione accertativa dello stesso, dal cui esercizio*» far dipendere l'efficacia costitutiva del contratto[75]. Questa teoria non appare però più sostenibile[76] alla luce della novella, giacché un «*contratto che è* definitivamente *valido ed efficace, nonostante un'informazione obbligatoria sul recesso mai sia stata trasmessa, scaccia via l'assunto di un accordo che se il recesso è esercitato, risulta nullo perché privato di un suo requisito essenziale*»[77].

Dovuta attenzione deve essere riservata, pertanto, come sopra accennato, a quegli orientamenti c.d. "sostanzialisti", maggioritari in dottrina, che ricostruiscono il diritto di recesso sul piano degli effetti di un contratto già concluso (salvo quanto specificamente previsto come già detto per le proposte contrattuali).

In questa sede, si richiamano sommariamente le tesi "sostanzialiste" che ravvisano nel recesso un esempio di "condizione risolutiva meramente potestativa e unilaterale"[78] o di ipotesi riconducibile alla "dichiarazione di non gradimento" di cui all'art. 1520, comma 3, c.c. che integrerebbe gli estremi da un

---

[75] Così V. SCALISI, *Nullità e inefficacia nel sistema europeo dei contratti*, in *Europa dir. priv.*, 2001, 1, p. 495. La tesi peraltro è stata ripresa da F. RENDE, *Il recesso comunitario dopo l'ultima pronuncia della Corte di Giustizia*, in *Riv. dir. civ.*, 2009, II, p. 540 ss.

[76] M.P. PIGNALOSA, *Contratti a distanza e recesso del consumatore*, Giuffrè, Milano, 2016, p. 135 s.

[77] S. PAGLIANTINI, *L'ibridazione del nuovo recesso*, cit., p. 280, il quale aggiunge che «*Se il consenso* cum *e* sine *recesso pari sono rispetto alla validità del contratto, diventa ostico [...] qualificare come essenziale un requisito trasformato dalla legge in quid intermittente. La raffinata idea di un intento indeterminato perché carente di un coelemento di perfezionamento è sopravanzata in realtà dalla foggia di un recesso che non minaccia più la stabilità degli effetti contrattuali a causa di un suo incolpevole (in)esercizio*».

[78] C. FERRARI, *Ipotesi di qualificazione per il "recesso" del consumatore*, in *Riv. dir. civ.*, 2010, II, p. 1 ss.

contratto (di vendita con riserva di "non" gradimento) già perfezionato [79].

Alla luce di quanto sin qui esposto, meglio si comprende il valore attribuito al recesso del consumatore come rimedio alla mancanza di effettiva ponderazione dell'offerta.

Ancor più nella disciplina attualmente vigente, difatti, l'istituto del recesso consumeristico si dilata al punto che è concepibile che il consumatore receda dal contratto per il mancato gradimento della cosa, la prova o scoperta di vizi, o semplicemente perché ha cambiato idea [80].

Tale soluzione, tuttavia, è stata vista con preoccupazione [81] paventando in particolare la possibilità del consumatore di abusare di tale diritto: il caso è quello della minaccia di esercizio del diritto per ottenere sconti.

L'art. 53 pone in luce come possa non esservi coincidenza tra perfezionamento del vincolo e decorso dello *spatium deliberandi*, variando tale momento proprio in virtù dell'avvenuto puntuale adempimento o meno degli obblighi di informazione.

Nel caso in cui la vendita fuori dai locali sia effettuata tra presenti, cioè con un rappresentante dell'imprenditore, come in quello nel quale la negoziazione si svolge tra assenti appare problematico ricostruire il procedimento di formazione del contratto [82], dato che il momento perfezionativo del contratto e quello dal quale decorre lo *spatium deliberandi* non coincidono.

---

[79] P. SIRENA, *I recessi unilaterali*, in *Trattato del contratto*, diretto da V. ROPPO, vol. III, *Effetti*, a cura di M. COSTANZA, Giuffrè, Milano 2006, p. 119 ss., che aderisce alla costruzione della dichiarazione di non gradimento del compratore proposta dal C.M. BIANCA, *La vendita e la permuta*, Utet, Torino, 1993, p. 356 ss.

[80] Ciò a maggior ragione dopo la variazione lessicale – di cui si è già dato conto – dell'attuale art. 53 rispetto al previgente art. 64, attraverso la quale, secondo E. BACCIARDI, *Il nuovo statuto del diritto di ripensamento*, cit., p. 417, il legislatore avrebbe «*inteso sottrarre ogni rilievo giuridico agli impulsi soggettivi che inducono il contraente a pentirsi dell'affare*».

[81] M. ATELLI, *Il problema della sindacabilità della decisione di esercizio dello* jus poenitendi, cit., p. 359.

[82] Sul tema v. R. SACCO, *Il contratto*, in F. VASSALLI (diretto da), *Trattato di diritto civile*, Utet, Torino, 1975, p. 545.

Una veloce disamina del testo del codice civile evidenzia che il legislatore del 1942 prevede quasi sempre il recesso unilaterale: così, ad esempio, per la somministrazione a tempo indeterminato (art. 1569 c.c.), per la locazione a tempo indeterminato (art. 1596 c.c.), per l'affitto (artt. 1616, 1627 e 1630 c.c.), per l'appalto (artt. 1660, 1671, 1674 c.c.), per la commissione (art. 1734 c.c.), per la spedizione (art. 1738 c.c.), per il deposito (art. 1771 c.c.), per il comodato (artt. 1809-1810 c.c.), per il conto corrente (art. 1833 c.c.)[83].

Il variegato quadro delle norme relative al diritto di ripensamento (presenti sia all'interno che all'esterno del codice del consumo: sull'argomento si tornerà *infra*, par. 7) offre una visione di una disciplina non armonica e poco lineare che induce a non trascurabili difficoltà per l'interprete.

La mancanza di uniformità o, quanto meno, di armonizzazione tra le varie previsioni di settore finisce con l'accentuare le difficoltà di raccordo del diritto di ripensamento del contraente non professionale con taluni principi e categorie generali relative alle obbligazioni ed ai contratti[84].

Il fondamento teleologico che accomuna le diverse ipotesi di recesso si rinviene nella necessità di contemperare le esigenze di celerità e sicurezza degli scambi con la libertà contrattuale in senso stretto del contraente-consumatore.

Tuttavia il recesso di cui agli artt. 52-59 si differenzia dalle ipotesi sopra citate perché l'esercizio del diritto non è subordinato alla sussistenza di una giusta causa, né impone a chi vuole recedere l'onere di un preavviso o la corresponsione di un'indennità a favore della parte che subisce il recesso[85].

---

[83] G. DE NOVA, voce *Recesso*, cit., p. 314, rileva che spesso il termine impiegato non è quello di «*recesso*» ma è diverso (revoca, rinunzia, sospensione) anche se, conclude, «*la sostanza è la stessa*».

[84] E. GUERINONI, *Art. 52*, cit., p. 484; cfr. M.C. CHERUBINI, *Sul diritto di ripensamento*, cit., p. 710.

[85] Cfr. L. D'ACUNTO, *op. cit.*, p. 144: «*Uno dei principali obiettivi della legislazione consumeristica di matrice europea è costituito dalla tutela della consapevolezza ed adeguata ponderazione del consenso contrattuale, che risultano messe a rischio dal divario di forza economica e dall'asimmetria informativa e conoscitiva che caratterizza i rapporti tra professionisti e consu-*

Il diritto di recedere dal contratto (entro un termine relativamente breve) è riconosciuto al contraente "debole" a fronte di casi in cui questi abbia assunto un vincolo contrattuale a seguito di una "sollecitazione" svolta secondo particolari modalità, ovvero in casi in cui lo stesso sia vincolato in relazione a determinati contratti ove è maggiormente sentita dal legislatore la necessità di garantire al consumatore (contraente debole) un'effettiva e adeguata riflessione e determinazione negoziale[86].

In ordine al perfezionamento delle vendite tra presenti uno dei sopra richiamati orientamenti c.d. "procedimentalisti"[87] ricostruisce il relativo procedimento di conclusione secondo lo schema dell'opzione di vendita pura e semplice, precisando in particolare che il consumatore che sottoscrive la nota d'ordine con l'operatore commerciale o con un suo rappresentante pattuisce un'opzione di vendita in cui il venditore si impegna a mantenere ferma la proposta e il consumatore ha libertà di scegliere se accettarla o meno nel termine di quattordici giorni. Conseguentemente tale orientamento giunge alla conclusione che se è agevole ritenere che la sottoscrizione della nota segni l'inizio del decorso del termine del recesso, non è altrettanto facile stabilire se e quando in concreto il contratto sia già perfetto (cioè con la sottoscrizione della nota o solamente una volta decorso inutilmente il termine del recesso).

Nella vendita tra assenti, salvo approvazione della casa, il contratto si perfezionerebbe, infatti, non con la sottoscrizione del documento (proposta irrevocabile), sottoposto al consuma-

---

matori, favorendo l'approfittamento di una parte ai danni dell'altra. Allo scopo di colmare tale divario e scongiurare possibili abusi, si è imperativamente provveduto a "riarmare l'autonomia dei privati" nella formazione del contratto, sia attraverso la previsione di penetranti obblighi informativi a carico della parte professionale, in modo da favorire, attraverso la trasparenza delle condizioni contrattuali, una partecipazione consapevole e, dunque, libera alla stipula del contratto, ***sia attraverso il riconoscimento al consumatore, in ipotesi di asimmetria "aggravata", di un diritto di recesso, incondizionato e gratuito, dal contratto***» (neretto aggiunto).

[86] M.C. CHERUBINI, *Tutela del «contraente debole» nella formazione del consenso*, Giappichelli, Torino, 2005, p. 75.

[87] M. GORGONI, *Sui contratti negoziati fuori dai locali commerciali*, cit., p. 166 s.

tore da una parte priva di poteri di rappresentanza dell'imprenditore, ma con l'accettazione finale della casa. Non è pertanto difficile configurare in tale caso il recesso alla stregua di una revoca della proposta fungendo di fatto da atto impeditivo del perfezionamento del contratto, almeno fino all'approvazione da parte della casa.

La previsione di un recesso esercitabile tanto nei confronti di un contratto quanto verso una proposta contrattuale, in effetti, solleva qualche dubbio di ordine sistematico[88], posto che nel nostro sistema il recesso riguarda esclusivamente un contratto che possa dirsi "concluso". La previsione di un recesso riferito alle "proposte" di contratto è stata introdotta, occorre sottolinearlo, per far fronte alla diffusa prassi nella quale il consumatore è sollecitato da agenti dell'imprenditore non forniti di rappresentanza, ad assumere il ruolo di proponente facendogli sottoscrivere una proposta contrattuale, spesso definita irrevocabile e munita della clausola «*salvo approvazione della casa*». In base ad essa l'imprenditore potrà poi vagliare l'opportunità di addivenire alla conclusione di un contratto, essendo fino a quel momento non ancora vincolato[89].

La previsione vigente relativa alle "proposte" si giustifica proprio con l'esigenza di contrastare possibili aggiramenti del meccanismo di protezione previsto in favore del consumatore, al fine specifico di neutralizzare mistificatorie inversioni dei ruoli delle parti contraenti con il professionista che fa sottoscrivere al consumatore una nota d'ordine o altro documento analogo nel quale quest'ultimo, senza la necessaria consapevolezza, formalmente dichiara di ricoprire il ruolo di proponente il contratto, riservandosi per sé il ruolo di accettante[90]. Il documento predisposto dal professionista e sottoscritto dal consumatore è, quindi, sostanzialmente un'accettazione di un contratto che si è perfezionato con «*l'ordine-accettazione consegnato o diversamente trasmesso al professionista*»[91].

---

[88] M.C. CHERUBINI, *Tutela del «contraente debole»*, cit., p. 92.

[89] E. GUERINONI, *Art. 52*, cit., p. 485.

[90] Cfr. L. D'ACUNTO, *op. cit.*, p. 173.

[91] A.M. BENEDETTI, *La difesa del consumatore dal contratto*, cit., p. 23 s.

Per certo, il recesso attribuito per le "proposte" permetterebbe così al consumatore di revocare la sua proposta senza che il venditore, che ha intrapreso in buona fede l'esecuzione, possa pretendere un indennizzo [92].

Nella vendita per corrispondenza, che si riconduce allo schema della vendita con riserva di gradimento sembra invece che il contratto definitivo si perfezioni secondo lo schema tradizionale dell'art. 1326 c.c. e produca effetti «*salvo a risolversi con la manifestazione di recesso (*rectius*: non gradimento) del consumatore*» [93].

Peraltro, il silenzio del consumatore che lascia inutilmente decorrere il termine di legge, se è normalmente considerato alla stregua di un comportamento concludente (in particolare, di un comportamento legalmente tipico) [94], idoneo a consentire il definitivo perfezionarsi del vincolo, ovvero la definitiva acquisizione di stabile efficacia del negozio, non può considerarsi tale anche nel caso in cui il venditore non abbia adempiuto ai propri obblighi di informazione nei confronti del consumatore, soprattutto allorché l'informazione sia stata fornita in modo inadeguato o comunque non tecnicamente corretto [95].

In tali casi, infatti, si dovrebbe valutare l'effetto della irretrattabilità del silenzio, per stabilire se al consumatore spetti la possibilità (*rectius*: il diritto) di "protestare" [96] e quindi di re-

---

[92] D. VALENTINO, *Recesso e vendite aggressive*, E.S.I., Napoli, 1996, p. 204.

[93] R. GIAMPETRAGLIA, *Il diritto di recesso nei contratti con i consumatori*, in J.M. OSSORIO SERRANO (a cura di), *Europa y los nuevos limites de la autonomia privada*, Universidad de Granada, Granada, 2005, p. 198.

[94] Evidenzia C. PILIA, *Accordo debole e diritto di recesso*, Giuffrè, Milano, 2008, p. 386 ss. come «*nell'inerzia del contraente debole che, dopo aver espresso il primo consenso contrattuale (sia esso stato trasfuso o meno nell'accordo) omette di esercitare il rimedio durante l'arco temporale prefissato dalla legge, è configurabile un silenzio circostanziato integrante una volontà contrattuale confermativa*».

[95] M. GORGONI, *Sui contratti negoziati fuori dai locali commerciali*, cit., p. 176.

[96] Vedi R. GIAMPETRAGLIA, *Protestatio contra factum non valet. Fondamento, rilevanza, limiti*, Liguori, Napoli, 2000, p. 75.

cedere. L'esclusione *a priori* della possibilità di protesta da parte del consumatore (cioè di mettere in dubbio l'esatto adempimento degli obblighi di informazione), come conseguenza immediata e diretta del suo silenzio, pertanto, potrebbe contrastare in maniera evidente proprio con il principio di buona fede oggettiva [97].

Di fronte all'impossibilità di ricondurre il diritto di ripensamento a uno degli istituti tipici del diritto civile, pertanto, si è rilevato che «*dietro l'unicità della formula linguistica utilizzata a proposito del diritto di recesso assicurato al consumatore, non vi è più uno strumento tecnico univocamente indirizzato ad incidere sul contratto come atto*» [98].

Il diritto di ripensamento, dunque, consisterebbe in un mezzo attraverso il quale il consumatore può liberarsi da qualunque tipo di vincolo egli abbia assunto nel corso delle vicende contrattuali e precontrattuali, articolandosi in relazione al suo diverso momento di incidenza sulla vicenda della negoziazione.

È tuttavia da escludere che il soggetto receduto, il quale nel frattempo sia pentito di aver esercitato il *jus poenitendi*, possa, sempre entro il termine perentorio utile per il recesso, revocare la propria dichiarazione di recesso e far rivivere il contratto [99].

---

[97] Così R. GIAMPETRAGLIA, *op. loc. ult. cit.* Sul tema della buona fede si rinvia a F. PIRAINO, *La buona fede in senso oggettivo*, Giappichelli, Torino, 2015; M. BESSONE-A. D'ANGELO, voce *Buona fede*, in *Enc. giur.*, vol. V, Treccani, Roma, 1998, p. 1 ss.

[98] A. JANNARELLI, *Le vendite aggressive. Vendite stipulate fuori dei locali commerciali e vendite stipulate a distanza nel diritto italiano ed europeo*, E.S.I., Napoli, 1995, p. 16 s.

[99] E. GUERINONI, *Art. 52*, cit., p. 496, secondo il quale «*da un lato, il recesso-diritto di pentimento, una volta esercitato, estingue il rapporto; dall'altro il diritto di pentimento costituisce uno strumento di tutela del contraente debole, non di arbitrio e di capriccio: si deve, quindi, presumere che una volta esercitato, l'avente diritto abbia consapevolmente e definitivamente ponderato la propria scelta e l'operatore professionale possa quindi ritenersi libero dal vincolo nei confronti del primo contraente*».

6. Effetti del recesso ed ulteriori obbligazioni delle parti. Esclusioni

È evidente, innanzitutto, la scelta del legislatore di distinguere nell'art. 55, da un lato, e negli artt. 56 e 57, dall'altro, la previsione dell'effetto solutorio e liberatorio del recesso dalle ulteriori obbligazioni.

Finalità della prima norma è quello di sottolineare la conseguenza derivante dalla manifestazione di pentimento da parte del consumatore e cioè la sua «*liberazione*» da ogni e qualsivoglia vincolo giuridico. Non si è mancato di sottolineare come la formula dell'art. 55 rispetto al precedente art. 66 sia «*molto meno elegante e precisa*»[100]: mentre prima era sancito che in seguito al ripensamento «*le parti sono sciolte dalle rispettive obbligazioni derivanti dal contratto o dalla proposta contrattuale*», ora è infatti previsto che «*l'esercizio del diritto di recesso pone termine agli obblighi delle parti*».

Il dato letterale non può tuttavia rappresentare un argomento sufficiente a smentire le soluzioni ermeneutiche già raggiunte[101]: con la previsione del diritto di recesso si attribuisce a uno dei contraenti il diritto di pentirsi del contratto e di liberarsi dal vincolo assunto. Si attribuisce, in sostanza, un diritto di ripensamento con il quale il soggetto esprime una nuova e diversa valutazione dell'interesse iniziale che lo aveva mosso a stipulare il contratto.

L'art. 54, comma 2, fa dipendere il prodursi dell'effetto solutorio dall'invio da parte del consumatore della comunicazione

---

[100] E. GUERINONI, *Art. 55*, cit., p. 502.

[101] Rileva M. FARNETI, *Il nuovo recesso del consumatore*, cit., p. 985 s., che «*l'espressione "pone termine agli obblighi" ha fatto pensare, in riferimento alla direttiva e nella dimensione sovranazionale, ad un indizio elargito dal legislatore unionale da segnare come punto a favore dell'irretroattività degli effetti del recesso. In realtà, a ben guardare, il semplice dato testuale – di per sé ed in connessione con le restanti previsioni della nuova disciplina – continua ad apparire ambiguo e potenzialmente plurivoco, anche alla luce del fatto che in linea generale non era affatto intenzione del legislatore europeo "dare risposte" circa la collocazione dell'istituto entro le coordinate dei singoli sistemi contrattuali nazionali, bensì proprio mantenere al riguardo una posizione di imperturbabile "agnosticismo"*».

relativa all'esercizio del diritto di recesso prima della scadenza del periodo in cui questo può essere esercitato. Si sono pertanto superate le criticità che aveva generato la previsione del previgente art. 66, per il quale la produzione dell'effetto solutorio avveniva con la ricezione della comunicazione da parte del professionista [102].

Va evidenziato al riguardo come il legislatore non abbia preso in considerazione la conoscenza che il professionista abbia avuto o meno dell'atto, derivandone pertanto l'impossibilità per l'operatore commerciale di avvalersi della prova di cui all'art. 1335 c.c., la cui applicazione non sarebbe coerente con la tutela del consumatore [103].

Con specifico riguardo agli obblighi che derivano dall'esercizio del ripensamento, la nuova disciplina distingue quelli a carico del professionista (art. 56) da quelli in capo al consumatore (art. 57).

Il principale obbligo posto a carico del professionista è quello del rimborso di *tutti* i pagamenti: per un consumatore che abbia già pagato, infatti, il timore di subire perdite o addirittura di non vedersi restituiti gli sborsi potrebbe rappresentare un indebito deterrente al ripensamento dell'operazione [104].

---

[102] E. GUERINONI, *Art. 55*, cit., p. 505, al riguardo sottolinea come «*lo spostamento dell'efficacia del recesso dal momento dell'invio della comunicazione a quello di ricezione della stessa da parte del professionista [nella previgente disciplina, N.d.A.] costituiva una disposizione più sfavorevole per il consumatore rispetto a quanto previsto dalla direttiva, tanto in termini, ad esempio, di rischio di perimento della merce, quanto al fatto che si aggravava così il consumatore dell'onere della prova relativo alla ricezione della comunicazione di recesso da parte del professionista*». Cfr. E. BATTELLI, *Obblighi di consegna del bene e passaggio del rischio*, in *Corr. giur.*, 2014, 7, p. 32 ss.

[103] E. GUERINONI, *Art. 54*, cit., p. 502.

[104] Così testualmente M. FARNETI, *Il nuovo recesso del consumatore*, cit., p. 989. A questo proposito, nel "caso Sky", l'azienda prevedeva degli oneri pecuniari in caso di recesso anticipato degli utenti, attraverso i quali venivano "recuperati e ammortizzati" non già i costi sostenuti dall'azienda per eseguire la disabilitazione del servizio, bensì anche i costi sostenuti dall'azienda per l'installazione originaria del servizio. L'AgCOM aveva perciò sanzionato Sky, sancendo che «*in un contesto volto a favorire la mobilità e la libertà di scelta del contraente debole, e la concorrenza, il recesso non può [...] essere*

Il rimborso deve avvenire senza ritardo e comunque entro quattordici giorni da quando il professionista è stato informato della decisione del consumatore di recedere dal contratto [105].

È tuttavia previsto un diritto di ritenzione a favore del professionista finché non abbia ricevuto i beni oppure finché il consumatore non abbia dimostrato di aver rispedito i beni medesimi, salvo il professionista stesso non si sia offerto di ritirarli (art. 56, comma 3).

L'art. 57 prevede due discipline distinte, a seconda della cir-

---

né divenire, ex novo, la sede di imputazione di costi non causati in via immediata e diretta dall'esercizio del medesimo (principio di causalità del costo)». Il ricorso di Sky è stato poi rigettato dal Giudice Amministrativo, sulla base della seguente motivazione: «*Deve essere confermata la sanzione irrogata dalla AGCOM a Sky per l'applicazione di una disciplina del recesso anticipato basata su meccanismi deterrenti e penalizzanti l'esercizio del medesimo, atteso che la disciplina adottata si pone in contrasto con la normativa di settore volta a favorire, nei contratti per adesione, l'abbattimento di barriere all'uscita del contraente debole, avendo la società introdotto de facto vincoli temporali e oneri estranei al recesso anticipato che hanno finito per sussidiare le infrastrutture di accesso a favore dei soli abbonati non recedenti o recedenti alla scadenza contrattuale*» (così TAR Lazio, Roma, Sez. III-*ter*, 8 settembre 2017, n. 9643).

[105] C. GRANELLI, *"Diritti dei consumatori" e tutele*, cit., p. 63, osserva criticamente che il legislatore non ha previsto conseguenze specifiche per l'ipotesi in cui professionista lasci spirare inutilmente detto termine: «*La legge francese di recepimento della Direttiva 2011/83/UE ha previsto una maggiorazione dell'importo dovuto in restituzione nella misura del 10% se il ritardo non supera i trenta giorni, del 20% se il rimborso è effettuato fra il trentunesimo ed il sessantesimo giorno, del 50% se il ritardo supera i sessanta giorni. La legge spagnola prevede che, in caso di ritardo, il professionista debba il* "doble" *della somma restituenda. Nulla di analogo si ritrova nella recente novella del codice del consumo; con la conseguenza che – in applicazione dei principi di diritto comune – il professionista, che non rispetti il termine fissato* ex lege *per i rimborsi, cadrà automaticamente in mora (*ex *art. 1219, comma 2 n. 3, c.c.) e, per ciò solo, sarà tenuto a corrispondere al consumatore gli interessi legali sulla somma dovuta. Per dissuaderlo dal proseguire nella sua condotta dilatoria, sarà onere del consumatore avviare contro di lui un'azione giudiziale, che gli consenta di giovarsi della regola – anche questa di diritto comune – da ultimo introdotta dal novellato comma 4 dell'art. 1284 c.c., secondo cui "dal momento in cui è proposta domanda giudiziale il saggio degli interessi legali è pari a quello previsto dalla legislazione speciale relativa ai ritardi di pagamento nelle transazioni commerciali"*».

costanza che il contratto a cui si riferisce il recesso abbia ad oggetto beni, passibili di restituzione, da quelli relativi invece ai servizi, per i quali è impensabile parlare di restituzione in senso stretto[106].

Per quanto concerne i contratti relativi ai beni, è previsto che il consumatore debba restituire tali beni consegnandoli al professionista o a un terzo autorizzato, senza ritardo e comunque entro quattordici giorni da quanto ha comunicato al professionista la propria decisione di ripensamento.

Viene così superata la spinosa questione che era stata affrontata dalla giurisprudenza di merito[107] sotto la previsione del vecchio art. 67, a tenore del quale il termine per la restituzione dei beni decorreva dal ricevimento degli stessi: si era ritenuto che il dato normativo andasse corretto ed interpretato nel senso invece che il *dies a quo* del decorso di tale termine fosse quello del perfezionamento del recesso (com'è previsto attualmente).

In caso di mancata o ritardata restituzione della merce, oltre alla possibilità per il professionista di esercitare il già richiamato diritto di ritenzione, il consumatore è in mora senza necessità di intimazione (art. 1219, comma 2, n. 3, c.c.), con la conseguenza che scaduto il termine è a carico del consumatore il rischio per la sopravvenuta impossibilità della restituzione derivante da causa a lui non imputabile (art. 1221, comma 1, c.c.), oltre all'obbligo di risarcire il professionista per gli eventuali danni subiti[108].

Il costo diretto della restituzione del bene deve essere sostenuto dal consumatore, salvo che il professionista non abbia stabilito negozialmente nel contratto o abbia concordato di sostenerlo o ancora nell'ipotesi in cui abbia omesso di informare il consumatore che tale costo è a suo carico.

Il consumatore non ha diritto al rimborso degli eventuali co-

---

[106] Vedi E. GUERINONI, *Art. 57*, cit., p. 509. Cfr. G. DE CRISTOFARO, *Contratti a distanza e norme a tutela del consumatore*, in *Studium Iuris*, 1999, 11, p. 1193, nt. 53.

[107] Trib. Lucca, 31 agosto 2004, in *Contratti*, 2005, p. 377 ss., con nota di E. GUERINONI, *Sul diritto di "ripensamento" e sui suoi effetti.*

[108] E. GUERINONI, *Art. 57*, cit., p. 510 s.

sti supplementari qualora abbia scelto espressamente un tipo di consegna diversa dal tipo meno costoso offerto dal professionista (art. 56, comma 2).

Il consumatore è inoltre responsabile della diminuzione del valore dei beni risultante da una manipolazione dei beni stessi diversa da quella necessaria per stabilirne la natura, le caratteristiche e il funzionamento. Con tale formula si «*allude ad un utilizzo del bene che vada al di là di quanto ad un consumatore sarebbe consentito fare*, all'interno di un negozio, *per testare la qualità o il buon funzionamento della merce*» (considerando n. 47)[109].

In ogni caso, la diminuzione di valore causata da uno scorretto utilizzo del bene da parte del consumatore può sì renderlo responsabile, ma non lo priva della possibilità di recedere dal contratto[110].Tale responsabilità viene meno se è mancata l'informazione sul diritto di recesso: questa norma si ispira al dato di comune esperienza per il quale un consumatore non informato della possibilità di recedere utilizza il bene come se fosse definitivamente suo, ancorché insoddisfatto; è onere del professionista evitare che ciò accada, con tutte le conseguenze in caso di mancato assolvimento dell'onere medesimo.

Per quanto riguarda invece i contratti aventi ad oggetto servizi (e "quasi-servizi") la cui esecuzione sia iniziata o completata durante il termine utile per l'esercizio del ripensamento, l'art. 57, comma 3, pone la regola secondo cui il consumatore deve corrispondere al professionista un importo che tenuto conto del

---

[109] S. PAGLIANTINI, *La riforma del codice del consumo*, cit., p. 814 (corsivo aggiunto), secondo il quale tuttavia «*anche con questa specificazione delimitativa, incistata sul canone di un test secondo diligenza, la perifrasi legale allude ad una nozione che rimane vischiosissima, legata principalmente alla natura del bene e foriera di un contenzioso che si annuncia corposo*».

[110] C. CONFORTINI, *Il recesso di pentimento*, cit., p. 25; M. FARNETI, *Il nuovo recesso del consumatore*, cit., p. 995 s., che rileva come già «*in riferimento alla corrispondente previsione contenuta nella direttiva, peraltro, [erano] stati immediatamente avanzati dubbi circa le sue effettive potenzialità applicative nella chiave squisitamente pratica: in caso di controversia, infatti, sarebbe comunque il professionista a dover dimostrare che la diminuzione di valore sia riconducibile all'impropria manipolazione eseguita dal consumatore, ciò che difficilmente potrebbe giustificare i costi di una lite*».

servizio di cui ha di fatto usufruito *medio tempore* e risulti proporzionato al prezzo totale concordato, ovvero (qualora quest'ultimo sia ritenuto eccessivo [111]) al valore di mercato [112].

L'art. 57, comma 4, prevede invece che il consumatore non debba sostenere alcun costo qualora vi sia stato un qualche inadempimento informativo da parte del professionista o comunque un qualche vizio procedimentale [113]. Dato che, come accennato, i servizi, una volta erogati, non possono essere "restituiti", si è preteso una sorta di "doppio consenso" da parte del consumatore: prima sulla conclusione del contratto, poi sulla rinuncia al recesso. Anche qui, l'esclusione della responsabilità si basa sul dato di comune esperienza per il quale un consumatore non informato della possibilità di recedere accetta di ricevere il servizio convinto di non poterlo rifiutare, ancorché pentito: è anche in questo caso onere del professionista evitare che ciò accada, con tutte le conseguenze in caso di mancato assolvimento dell'onere medesimo.

Un ulteriore effetto che deriva dall'esercizio del diritto di recesso è la risoluzione di diritto e senza costi per il consumatore di eventuali contratti accessori (art. 58 c. cons.). Il tenore della norma è abbastanza chiaro, ma non mancano dubbi con riguardo all'identificazione dei requisiti in presenza dei quali qualificare come accessorio un contratto collegato ad un altro contratto stipulato fra un consumatore e un professionista, nonché sulla distinzione fra «*contratto accessorio*» e «*contratto collegato*» [114].

L'art. 59, «*disposizione che non ha precedenti nella previgente normativa che il codice del consumo dedicava al ripensamento*» [115], pone una serie di esclusioni al diritto di recesso, per le ragioni più diverse a seconda dei singoli casi (impossibi-

---

[111] Nota condivisibilmente M. FARNETI, *Il nuovo recesso del consumatore*, cit., p. 1000, che «*incombe sul consumatore l'onere di dimostrare l'entità sproporzionata del prezzo totale*».

[112] E. GUERINONI, *Art. 57*, cit., p. 512.

[113] E. GUERINONI, *Art. 57*, cit., p. 513.

[114] E. GUERINONI, *Art. 58*, cit., p. 514.

[115] E. GUERINONI, *Art. 59*, cit., p. 515.

lità di ricollocazione sul mercato per eccessiva personalizzazione, istantaneo o rapido deterioramento all'apertura, protezione dell'igiene e della salute, ecc.), di *ratio* non facile da essere pienamente compresa [116].

7. Ipotesi speciali di recesso di pentimento e frammentarietà della disciplina

Lo sforzo di uniformità che il legislatore comunitario ha con forza perseguito risulta ampiamente «*frustrato dall'inapplicabilità dell'art. 11 dir. alle tipologie contrattuali la cui disciplina non sia [stata] oggetto di riforma*» [117].

Tanto nello stesso codice del consumo quanto nella legislazione settoriale [118] sono presenti diverse figure speciali di recesso del consumatore, che sotto numerosi aspetti si discostano dalla disciplina generale di cui agli artt. 52-59 [119].

In primo luogo, sono ancora presenti diversi termini per l'esercizio del diritto di recesso [120]: *a*) *cinque* giorni per i pacchetti turistici negoziati fuori dei locali commerciali (art. 41, comma 7, c. tur.); *b*) *sette* giorni per le vendite a distanza di strumenti finanziari e gestione di portafogli individuali (art. 30 t.u.f.); *c*) *trenta* giorni per l'assicurazione sulla vita (art. 177 c. ass. priv.).

I termini di *quattordici* giorni per la commercializzazione a distanza di servizi finanziari ai consumatori (art. 67-*duodecies* c. cons.), per la multiproprietà (art. 73 c. cons.) e per il credito

---

[116] Il rilievo è di E. GUERINONI, *Art. 59*, cit., p. 515 s. Si pensi alla fornitura di registrazioni audio o video sigillate o di software informatici sigillati che sono stati aperti dopo la loro consegna e che risultino con registrazione assente o gravemente viziata.

[117] Così M. GRANDI, *Lo* jus poenitendi *nella Direttiva*, cit., p. 59.

[118] E. BATTELLI, *Codice del consumo, codice civile e codici di settore: un rapporto non meramente di specialità*, in *Europa dir. priv.*, 2016, 2, p. 425 ss.

[119] S. MAZZAMUTO, *Il contratto di diritto europeo*, cit., p. 250 ss.; A.M. BENEDETTI, voce *Recesso del consumatore*, cit., p. 978 ss.

[120] Cfr. C. CONFORTINI, *Il diritto di recesso*, cit., p. 123; EAD., *Il recesso di pentimento*, cit., p. 23.

al consumo (art. 125-*ter* t.u.b.), risultano invece ora uniformi a quello generale, mentre precedentemente se ne differenziavano.

Sono poi previste regole particolari riguardo le decorrenze.

Per l'assicurazione sulla vita, il termine «*comincia a decorrere dal momento in cui al consumatore è comunicato che il contratto è stato concluso*» (art. 67-*duodecies*, comma 3, lett. a), c. cons.).

Per la multiproprietà [121], se il contratto definitivo o il contratto preliminare sono consegnati al consumatore successivamente alla loro conclusione, è da tale data che comincia a decorrere il termine per il ripensamento (art. 73, comma 2, lett. b), c. cons.). Similmente, per i pacchetti turistici [122], se le condizioni contrattuali e le informazioni preliminari sono consegnate al viaggiatore in seguito alla conclusione dal contratto, il *dies a quo* viene posticipato a tale data (art. 41, comma 7, c. tur.).

Per la commercializzazione a distanza di servizi finanziari [123] e per il credito al consumo [124], è stato conservato il recesso *sine die*. Il termine in detta ipotesi inizia a decorrere solo dal momento in cui il professionista adempie i propri obblighi informativi (di cui, rispettivamente, agli artt. 67-*undecies* e 125-*bis*, comma 1, t.u.b.): dal tenore letterale degli artt. 67-*duodecies*, comma 3, lett. b), c. cons. e 125-*ter*, comma 1, t.u.b., non si evince infatti un termine massimo oltre il quale, in presenza di un inadempimento del professionista, il recesso non è comunque più esercitabile [125].

---

[121] Sul tema si rinvia alla trattazione di N. ZORZI GALGANO, *Il recesso di protezione del consumatore nella nuova disciplina del turismo e della multiproprietà*, in *Contr. e impr.*, 2011, 4-5, p. 1218 ss., ove ampi riferimenti bibliografici e un'approfondita ricostruzione dell'evoluzione della disciplina.

[122] G. GRISI-S. MAZZAMUTO, *Diritto del turismo*, II ed., Giappichelli, Torino, 2018, p. 202 ss.

[123] V. SANGIOVANNI, *Il diritto di recesso nella commercializzazione a distanza di servizi finanziari*, in *Contratti*, 2009, 4, p. 411 ss.

[124] S. PELLEGRINO, *Le nuove regole sui contratti di credito ai consumatori (d.lg. 13.8.2010, n. 141)*, in *Obbl. contr.*, 2011, 2, p. 125 ss.

[125] V. SANGIOVANNI, *Il diritto di recesso*, cit., p. 414. E. BACCIARDI, *Il nuovo statuto del diritto di ripensamento*, cit., p. 418 spiega questa differenza osservando che in questi settori «*l'informazione non concreta una semplice*

Nel caso della multiproprietà, sono previsti due diversi termini massimi di recesso a seconda dell'oggetto dell'omissione informativa: *un anno e quattordici giorni*, se manca il formulario di recesso separato (art. 73, comma 3, lett. a), c. cons.); *tre mesi e quattordici giorni*, se mancano le informazioni precontrattuali di cui all'art. 71, comma 1 (art. 73, comma 3, lett. b), c. cons.). In entrambi i casi, il professionista può "sanare" il proprio inadempimento, facendo così decorrere il termine ordinario (art. 73, comma 4, c. cons.)[126].

Per le offerte fuori sede di strumenti finanziari e gestione di portafogli individuali[127], la mancata informazione sul recesso è sanzionata addirittura con la nullità dei relativi contratti (art. 30, comma 7, t.u.f.)[128]. Altrettanto è previsto per la commercializzazione a distanza di servizi finanziari, ma solo per il caso in cui sia stato ostacolato l'esercizio del recesso ovvero siano stati violati gli obblighi di informativa precontrattuale in modo da alterare significativamente la rappresentazione delle sue caratteristiche (art. 67-*septiesdecies*, comma 4, c. cons.)[129].

---

comunicazione, assurgendo a vera e propria consulenza che, se omessa, preclude (anche per un tempo indefinito) la decorrenza del periodo di riflessione». In termini analoghi S. PAGLIANTINI, *L'ibridazione del nuovo recesso*, cit., p. 279: «*l'idea di un* doppio *statuto del recesso corrisponde al distinguo, separante i contratti di credito da quelli di scambio, tra un'informazione/comunicazione ed un'informazione/consulenza, riflesso della distinzione tra* search *e* credence goods».

[126] Su questa disciplina si rinvia a M. ERMINI, *Art. 73*, in V. CUFFARO (a cura di), *Il Codice del Consumo*, cit., p. 720 ss.

[127] F. VITELLI, *Investimenti fuori sede e diritto di ripensamento ex art. 30, T.U.F.*, in *Banca, borsa, tit. cred.*, 2019, 4, p. 525 ss.

[128] Diffusamente A. BARBA, *Consumo e sviluppo della persona*, Giappichelli, Torino, 2017, p. 215 ss.; ID., *Recesso e nullità di protezione nella disciplina della offerta fuori sede di strumenti finanziari e di servizi di investimento*, in *Nuova giur. civ. comm.*, 2016, 6, p. 870 ss.; v. anche M. DE MARI, *Recenti sviluppi del diritto di recesso nell'offerta fuori sede di strumenti finanziari*, in *Giur. comm.*, 2014, 5, p. 867 ss.

[129] A. ALBANESE, *La violazione degli obblighi informativi nella commercializzazione a distanza di servizi finanziari*, in *Resp. civ.*, 2009, 10, p. 830 ss.; V. SANGIOVANNI, *La nullità del contratto nella commercializzazione a distanza di servizi finanziari*, in *Corr. giur.*, 2008, 10, p. 1469 ss.

Diversi ancora sono gli effetti della pendenza del termine per il pentimento.

Se le parti normalmente «*possono adempiere ai loro obblighi contrattuali durante il periodo di recesso*» (art. 52, comma 3, c. cons.), l'efficacia del contratto è invece sospesa durante la decorrenza del termine per l'esercizio del ripensamento nel caso della commercializzazione a distanza dei servizi finanziari ai consumatori (art. 67-*duodecies*, comma 4, c. cons.), nonché nel caso delle vendite a distanza di strumenti finanziari e gestione di portafogli individuali (art. 30, comma 6, t.u.f.).

Talune peculiarità sono riscontrabili anche in relazione alle ulteriori obbligazioni delle parti in seguito all'esercizio del recesso.

Nel caso della multiproprietà, il consumatore che esercita il diritto di recesso non sostiene alcuna spesa, non è tenuto a pagare alcuna penalità e non è debitore del valore corrispondente all'eventuale servizio reso prima del recesso (art. 74, comma 4, c. cons.).

Nel caso della commercializzazione a distanza dei servizi finanziari, il consumatore che esercita il diritto di recesso è invece tenuto a pagare l'importo del servizio effettivamente prestato dal fornitore, purché tale importo sia proporzionale all'importanza del servizio già fornito in rapporto a tutte le prestazioni previste e non sia di entità tale da poter costituire una penale (art. 67-*terdecies*, commi 1 e 2, c. cons.). Similmente a quanto previsto dall'art. 57, comma 4, il fornitore che sia stato inadempiente ai propri obblighi informativi nulla può pretendere dal consumatore (art. 67-*terdecies*, comma 3, c. cons.).

Nel caso del credito al consumo, per l'ipotesi di una previa esecuzione totale o parziale del contratto, a seguito del recesso il consumatore restituisce il capitale, paga gli interessi fino a quel momento maturati e rimborsa al finanziatore le somme non ripetibili da questo corrisposte alla Pubblica Amministrazione. In nessun caso il finanziatore può pretendere somme ulteriori (art. 125-*ter*, comma 2, lett. b), e 3, t.u.b.).

Nel caso dell'assicurazione sulla vita, il contraente che ha esercitato il recesso ha diritto alla restituzione del premio, al netto però della parte relativa al periodo per il quale il contratto ha avuto effetto e deve rimborsare all'assicuratore le spese effettivamente sostenute per l'emissione del contratto, purché previamente individuate e quantificate (art. 177, comma 3, c. ass.).

Da ultimo, vi è qualche disposizione speciale anche sulle esclusioni.

Sempre per quanto riguarda l'assicurazione sulla vita, il diritto di recesso è escluso qualora il contratto abbia una durata pari od inferiore a sei mesi (art. 177, comma 4, c. ass.).

In relazione ai pacchetti turistici, non vi è possibilità di ripensamento nei «*casi di offerte con tariffe sensibilmente diminuite rispetto alle offerte correnti*», con onere di adeguata relativa documentazione in capo all'organizzatore (art. 41, comma 7, c. tur.) [130].

È quindi evidente che nonostante le novità introdotte per «*rendere più omogenea la disciplina e di colmare le lacune normative, né i singoli regimi specifici né quello comune di cui agli artt. 52 ss. cod. cons. sono capaci di delineare un quadro normativo esauriente*» [131], cosicché ad integrazione di una disciplina ancora oggi incompleta, occorre fare riferimento alle previsioni del codice civile, nel rispetto del criterio ermeneutico del maggior *favor* per il consumatore.

8. Il diritto di recesso e la razionalità economica del consumatore

Il nuovo statuto del diritto di recesso, quale diritto di ripensamento *tout court*, rende particolarmente complessa l'identificazione del comune denominatore che non si sostanzierebbe soltanto nell'esigenza di colmare l'asimmetria informativa fra i contraenti [132].

---

[130] Il recesso nella contrattazione turistica è stato foriero di notevoli ed accese dispute interpretative. Per un sunto si rinvia a S. PAGLIANTINI, *Modifiche anteriori e recesso da un contratto di pacchetto turistico secondo il canone della direttiva 2015/2302/UE: per un repertorio (frastagliato) di problemi teorici e pratici a prima lettura*, in *Contr. impr./Europa*, 2017, 1, p. 222 ss.

[131] C. CONFORTINI, *Il diritto di recesso*, cit., p. 120.

[132] G. DE CRISTOFARO, *La disciplina degli obblighi informativi precontrattuali nel codice del consumo riformato*, in *Nuove leggi civ. comm.*, 2014, p. 946.

Infatti, il recesso opera a prescindere dalla circostanza che la visita dell'operatore commerciale venga sollecitata dal consumatore, il cui effettivo grado di ponderatezza resta, peraltro, indecifrabile [133].

Tale indebita interferenza nelle scelte negoziali del consumatore tipica delle c.d. "vendite aggressive" (*rectius* "fuori dei locali commerciali") d'altronde risulterebbe come tale estranea alla fenomenologia dei contratti a distanza e, pertanto, inidonea a cementare le due ipotesi di recesso sotto il profilo dell'interesse tutelato [134].

L'inadeguatezza delle tradizionali giustificazioni del diritto di ripensamento rende necessaria una rilettura dell'*interesse* del consumatore alla rimozione del vincolo contrattuale, anche alla luce delle più recenti riflessioni sulla c.d. razionalità del consumatore il quale nella realtà risulta quanto mai lontano dall'astratto modello di soggetto agente che possiede una «*conoscenza degli aspetti rilevanti del suo ambiente (...), se non (...) completa in assoluto, (...) almeno eccezionalmente chiara*» [135].

Le indagini condotte sui processi decisionali hanno evidenziato la ricorrenza di "scorciatoie" mentali (definite *euristiche*) che semplificando le scelte individuali, riducendone i costi cognitivi, sono foriere di distorsioni che compromettono gli esiti decisionali (c.d. *bias*) [136].

Quel che appare debba prendersi seriamente in considera-

---

[133] L'impossibilità di sindacare il livello di consapevolezza della decisione di consumo era già stata messa in luce con riguardo al d.lgs. 15 gennaio 1992, n. 50, da G. CANALE, *Commento sub Art. 1 d.lgs. 15 gennaio 1992, n. 50*, in *Nuove leggi civ. comm.*, 1993, p. 179.

[134] *Amplius* si veda lo studio di E. BACCIARDI, *Il recesso del consumatore nell'orizzonte delle scienze comportamentali*, Giappichelli, Torino, 2019.

[135] H.A. SIMON, *Causalità, razionalità, organizzazione*, Il Mulino, Bologna, 1985, p. 119.

[136] Cfr. A. TVERSKY-D. KAHNEMAN, *Judgement under Uncertainty: Heuristics and Biases*, in D. WENDT-CH. VLEK (eds.), *Utility, Probability and Human Decision Making*, in *Science*, 1974, 185, p. 1124 ss. Sul punto v. anche D. KHANEMAN, *Pensieri lenti e veloci*, Mondandori, Milano, 2012, evidenzia come le «*impressioni e sensazioni che originano spontaneamente*» sono le «*fonti principali delle convinzioni esplicite e delle scelte*» degli individui.

zione è che il consumatore non solo sia dotato di una razionalità limitata – soggetto che talora «*non si comporta come dovrebbe*», facendo «*acquisti d'impulso*» che, «*riconsiderati a mente fredda*», non intenda "validare" [137] – ma sia persino «*prevedibilmente irrazionale*» [138] concludendo transazioni "istintive", dalle quali non riceve alcuna utilità sostanziale [139].

Si pensi, non a caso, alle scelte legislative ispirate al c.d. «*paternalismo libertario*» [140] che tramite una "spinta gentile" (c.d. *nudge*) [141] intendono indirizzare le scelte degli individui in modo da migliorarne le condizioni di vita, salvaguardando solo apparentemente la libertà decisionale dei consumatori [142].

---

[137] D. DALLI-S. ROMANI, *Il comportamento del consumatore. Acquisti e consumi in una prospettiva di marketing*, II ed., FrancoAngeli, Milano, 2004, p. 64.

[138] D. ARIELY, *Prevedibilmente irrazionale*, Rizzoli, Milano, 2008. Scrive G. ZALTMAN, *Come pensano i consumatori*, Etas, Milano, 2003, pp. 8-9, che occorre considerare: «*il criterio di scelta razionale come un'eccezione e non come una regola (...). In realtà, le emozioni di ognuno sono strettamente intrecciate ai processi razionali. Benché nel nostro cervello esistano zone separate per l'elaborazione delle emozioni e per svolgere i processi logici di ragionamento, i due sistemi sono comunicanti e influiscono congiuntamente sul nostro comportamento. Inoltre, dato più importante, il sistema emozionale – il più antico dei due in termini evolutivi – esercita tipicamente per primo la sua influenza sul nostro pensare e sul nostro agire*».

[139] P. AQUINO, *Anomalie cognitive e scelte dei consumatori*, in *Consum., dir. e merc.*, 2008, p. 56 ss.: «*spesso le decisioni dei consumatori sono influenzate dal contesto decisionale, dalle modalità di presentazione delle informazioni e dai riferimenti offerti per la decisione; importanti sono anche le influenze dell'ambiente sociale, sia per quel che riguarda il processo di acquisizione di informazioni e consigli, sia per la tendenza delle persone a cercare l'approvazione degli altri alle proprie decisioni*».

[140] Cfr. R.H. THALER-C.R. SUNSTEIN, *Libertarian Paternalism Is Not an Oxymoron*, University of Chicago, Chicago, 2003, *Public Law And Legal Theory Working Paper No. 43*.

[141] R.H. THALER-C.R. SUNSTEIN, *Nudge: Improving Decisions About Health, Wealth and Happiness*, Penguin, New York, 2008. Sia consentito, sul punto, un richiamo a E. BATTELLI, *Recensione* a R. THALER-C.R. SUNSTEIN, *Nudge. La spinta gentile La nuova strategia per migliorare le nostre decisioni su denaro, salute, felicità*, Feltrinelli, Milano, rist. 2018, (trad. it. di *Nudge Improving Decisions About Health, Wealth, and Happiness*, Penguin, New York, 2008), in *Riv. dir. impr.*, 2018, 3, p. 769 ss.

[142] L'evoluzione di tali ricerche ha suscitato l'interesse delle istituzioni eu-

La crisi del paradigma edificato sulla teoria della scelta razionale si traduce, sul versante del diritto privato, nel superamento del modello del «*buon padre di famiglia*», a sua volta espressivo di un'accezione "astratta" di razionalità, accolta dal codice del 1942. Nell'ambito dei rapporti contrattuali c.d. di massa le distorsioni motivazionali dei consumatori impongono l'adozione di misure che guardino «*al di là delle asimmetrie informative*», nella consapevolezza che «*il consumatore, anche se gli è offerta una informazione puntuale su centinaia di attributi rilevanti del prodotto, non sarà in grado di sfruttarla, ma adopererà in ogni caso una strategia semplificata*» [143], con il rischio di incorrere in esiti decisionali fallaci.

La connessione tra recesso di protezione e irrazionalità delle scelte del consumatore emerge chiara, ponendo debita attenzione al possibile stato di debolezza cognitiva successiva all'acquisto, che potrebbe indurre il contraente a non recedere in ragione della "naturale" tendenza a conservare la situazione esistente [144]. Non a caso non sono mancate proposte nel senso di modificare il recesso come situazione giuridica strutturalmente connesso all'acquisto di beni da far eventualmente seguire da una conferma della volontà espressa, così invertendo il meccanismo di tutela ed evitando il c.d. *bias* cognitivo che scoraggia l'esperimento del rimedio [145].

D'altronde non vi è dubbio che il c.d. diritto di pentimento,

---

ropee – testimoniato dalla pubblicazione di un *report* ove le reazioni psicologiche degli individui sono elevate ad «*elemento chiave*» per il successo delle politiche comunitarie. Cfr. R. VAN BAVEL-B. HERRMANN-G. ESPOSITO-A. PROESTAKIS, *Applying Behavioural Sciences to EU Policy-making, Scientific and Policy Report by the Joint Research Centre of the European Commission*, Publications Office of the European Union, Luxembourg, 2013.

[143] Cfr. R. CATERINA, *Psicologia della decisione e tutela del consumatore*, in *A.G.E.*, 2012, p. 69.

[144] Sull'efficacia di c.d. tecniche di *marketing* particolarmente aggressive, cfr. A. MONTI, *Psicologia della decisione e tutela del consumatore*, in R. CATERINA (a cura di), *I fondamenti cognitivi del diritto*, Mondadori, Milano, 2008, p. 29 s.

[145] Cfr., sul tema, E. TSCHERNER, *Can behavioral research advance mandatory law, information duties, standard terms and withdrawal rights?*, in *Austrian Law Journal*, 2014, p. 154.

per come codificato, rappresenta sotto altro aspetto (quello del mancato esercizio del diritto stesso) il consolidamento della scelta di consumo, a fronte di un periodo di riflessione nella disponibilità del contraente (diversamente articolato in ragione dell'assolvimento, da parte del professionista, dell'obbligo di informazione afferente al recesso)[146].

A fondamento vi è certamente anche l'emotività del consumatore rispetto ad una scelta di consumo, la cui instabilità è tollerata per 14 giorni, salvo la proroga del termine di esercizio all'evidente fine di colmare il *deficit* conoscitivo realizzatosi al momento della conclusione del contratto, il quale, pur restando valido ed efficace, viene assoggettato ad un regime di instabilità prolungata, sanzionando di fatto la c.d. reticenza del professionista con una dilatazione dello *spatium deliberandi* accordato al consumatore.

Ciò sempre al netto dell'irrazionale scelta del consumatore di sciogliersi senza alcuna reale motivazione, per certo legalmente non dovuta, anche quale mero frutto di sopravvenuta insoddisfazione dell'interesse personale o di capriccio (c.d. "recesso capriccioso")[147].

In tale ottica il recesso assurge così a rimedio di chiusura del sistema di tutele predisposte in favore del consumatore, anche a prescindere dalla sussistenza di una disfunzione negoziale e/o dall'adozione di condotte contrarie alle buone pratiche commerciali, sebbene il suo ambito di applicazione, lungi da una

[146] E. BACCIARDI, *Il nuovo statuto del diritto di ripensamento*, cit., p. 428. Quest'ultimo, per riflettere sul punto, invita a meditare sull'incremento statistico degli utenti che visionano il bene *in store* e concludono l'affare sulle piattaforme elettroniche: ciò denota l'abitudine a combinare i canali di offerta *on line* ed *off line*, confutando così l'immagine di un consumatore sprovveduto e suggestionabile dalle campagne promozionali delle imprese. In merito si richiama quanto sostenuto da A. BRUNI (a cura di), *Casi di marketing*, FrancoAngeli, Milano, 2016, p. XXI: «*la consuetudine sempre più diffusa di passare da un canale di vendita all'altro (...): si vive un'esperienza guardando e provando i prodotti nel punto vendita per poi acquistarli on line, soprattutto per ragioni di convenienza e, viceversa, si raccolgono informazioni in rete – migliorando le capacità personali nel processo di scelta – per poi acquistare i prodotti nel punto vendita, in prevalenza per risparmiare tempo*».

[147] A.M. BENEDETTI, voce *Recesso del consumatore*, cit., p. 956.

funzione trans-tipica [148], rimanga connesso alle sole categorie dei contratti conclusi fuori dai locali commerciali e a distanza.

Sul punto si è avanzata, peraltro, l'idea che sia parimenti meritevole di tutelare la scelta di coloro che potrebbero essere interessati a "barattare" razionalmente la facoltà di recesso con uno sconto sul prezzo del bene. L'esigenza di tutelare i consumatori senza comprometterne l'autonomia decisionale si rivela, peraltro, coerente al paradigma del paternalismo libertario, di cui il recesso del consumatore è espressione, nella misura in cui lascia il contraente «*libero di scegliere*» e, al contempo, lo «*protegge da decisioni impulsive, affrettate, frutto di un'informazione superficiale e spesso dell'insistenza del professionista*» [149].

Si rileva [150] che in concreto negli scambi individuali i limiti alla razionalità non sono solo esogeni – come i costi transattivi o l'impiego di tecniche di *marketing* suggestive [151] ma non integranti una pratica commerciale scorretta – ma anche *endogeni* [152] come un semplice errore spontaneo dell'acquirente, non necessariamente frutto di acquisti irrazionali e/o impulsivi [153].

---

[148] S. PAGLIANTINI, *L'ibridazione del nuovo recesso di pentimento*, cit., p. 276.

[149] R. CATERINA, *Architettura delle scelte e tutela del consumatore*, in *Consum., dir. e merc.*, 2012, 2, p. 73.

[150] E. BATTELLI, *Diritto dei contratti e questioni di razionalità economica*, in *Contr. impr.*, 2019, 1, p. 109.

[151] È noto, infatti, che «*i distributori hanno sempre orientato le loro azioni di marketing in funzione del comportamento a-razionale del consumatore*», attraverso l'impiego di proposte commerciali che tenessero conto «*delle componenti emotive dell'acquisto e della possibilità di influenzare la mente cognitiva per attrarre, fidelizzare e indurre il consumatore ad acquistare più del necessario*» (G. LUGLI, *Neuroshopping: come e perché acquistiamo*, in *Merc. e compet.*, 2010, 4, p. 5 ss.).

[152] Gli studi sulla razionalità sono notoriamente sterminati anche a prescindere dal concetto di razionalità economica; ai fini che qui rilevano, *ex multis*: A. SEN, *Razionalità e libertà*, Il Mulino, Bologna, 2005; D. MCFADDEN, *Razionalità per economisti?*, in M. MOTTERLINI-M. PIATTELLI PALMARINI, *Critica della ragione economica*, Il Saggiatore, Milano, 2005, p. 25 ss.; D. KAHNEMAN, *Mappe di razionalità limitata. Indagine sui giudizi e le scelte intuitive*, *ivi*, p. 77 ss.

[153] C. DALIA, *Il recesso consumeristico da libera valutazione dell'affare*, in *Riv. dir. priv.*, 2015, p. 499.

Il volere del singolo, o se si preferisce la razionale volontà dell'individuo, non sempre è guidata solo da *self interest* ma spesso anche dall'altrui volere quando non anche da considerazioni "altruistiche", tale per cui la razionalità delle scelte risulta limitata nelle sue capacità cognitive [154]. Ne deriva non solo la considerazione secondo la quale la razionalità economica dei consumatori è limitata ma anche che lo stesso modello di riferimento di *homo oeconomicus* è oramai superato [155].

Più di recente, la *behavioral Law & Economics* [156] giunge a dimostrare che la scelta è influenzata da propensioni psicologiche o da suggestioni (es. le diverse forme e modalità anche subdole di pubblicità); le pratiche sleali, aggressive o ingannevoli, e poi usi, costumi, relazioni personali, rapporti/reti parentali e clientelari, concorrono ad orientare sia la possibilità sia il contenuto delle scelte che si manifestano poi negli accordi negoziali.

L'agente contrattuale, anche quando professionale, non è inteso quindi quale "calcolatore perfetto" e impassibile, ma al contrario quale vittima di errori sistematici e pregiudizi (*biases*), non evitati ma anzi spesso favoriti dalle "euristiche" intuizioni, abitudini e supposizioni, solitamente praticate come scorciatoie per rimediare all'incertezza senza affrontare sforzi conoscitivi e valutativi eccedenti le proprie forze [157].

Si sostiene, in effetti, che solo in condizioni ideali domanda ed offerta si incontrerebbero nell'equilibrio ottimale, e tuttavia la diversa capacità negoziale determinata, nelle situazioni "reali" da quei fattori condizionanti l'intendere e il volere [158], spinge

---

[154] A. GENTILI, *Il ruolo della razionalità cognitiva nelle invalidità negoziali*, in *Riv. dir. civ.*, 2013, p. 1105 ss.

[155] Sulla razionalità limitata H.A. SIMON, *La ragione nelle vicende umane*, Il Mulino, Bologna, 1984; J. ELSTER, *Ulisse e le sirene. Indagine sulla razionalità e l'irrazionalità*, Il Mulino, Bologna, 1983.

[156] V. ROPPO, *"Behavioural Law and Economics"*, *Regolazione del mercato e sistema dei contratti* (Relazione al Convegno "Oltre il soggetto razionale. Fallimenti cognitivi e razionalità limitata nel diritto privato", Università Roma Tre, 19 aprile 2013), in *Riv. dir. priv.*, 2013, p. 167 ss. e spec. p. 182 s.

[157] Per tutti si rinvia a A. TVERSKY-D. KAHNEMAN, *Judgement under Uncertainty: Heuristics and Biases*, cit.

[158] In tema R. VIALE (a cura di), *Le nuove economie. Dall'economia evolu-*

ad accettare quelli che la teoria economica definisce come equilibri sub-ottimali. Ed è in virtù di tale consapevolezza e accettazione delle situazioni reali per quelle che sono e non per quelle che vorremmo fossero, che il legislatore europeo ha proceduto quindi anche ad interventi che ben si collocano nell'ottica del governo legale delle debolezze cognitive (intendere) e valutative (volere)[159].

Nonostante una oggettiva adesione dei codici europei e italiano al paradigma neoclassico, l'ordinamento non pretende affatto per la validità della scelta giuridico-economica sottesa al patto la c.d. massimizzazione del vantaggio. Non sorprende, pertanto, che i legislatori del 1942 hanno riconosciuto ciò che di fatto è, cioè gli uomini negoziano con limitata razionalità[160].

Nei fatti l'*homo oeconomicus* è solo un mito e la razionalità economica degli uomini è limitata. Ed è l'acquisizione come dato di base della limitata razionalità che travolge la tesi che gli scambi siano, solo perché "voluti", sempre efficienti e giusti[161].

Difatti, tramontata tale illusione, l'individuo è divenuto più semplicemente il destinatario delle norme in quanto soggetto in qualche misura manipolabile, non in grado di operare scelte coerenti con i suoi interessi reali e che ha bisogno di essere guidato e orientato.

Da un lato, viene meno la "forza" del contratto con la sua capacità di vincolare le parti alle proprie determinazioni. Dal-

---

tiva a quella cognitiva: oltre i fallimenti dell'economia neoclassica, IlSole24ore, Milano, 2005, p. 223 ss.; M. EGIDI, *Dalla razionalità limitata all'economia comportamentale*, *ivi*, p. 33 ss.

[159] A. GENTILI, *Il ruolo della razionalità cognitiva nelle invalidità negoziali*, cit., p. 1124.

[160] E. BATTELLI, *Diritto dei contratti e questioni di razionalità economica*, cit., p. 111.

[161] «*La normativa di ispirazione comunitaria ci dice che le concrete operazioni di scambio a causa dell'approfittamento della limitata razionalità del consumatore e dei costi transattivi che incontra, non avvengono in modo corrispondente al modello ideale di scambio libero e consapevole e sono pertanto inefficienti (e anche inique)*»: così A. GENTILI, *Pratiche sleali e tutele legali: dal modello economico alla disciplina giuridica*, in *Riv. dir. priv.*, 2010, p. 37 ss., il quale ricorda che «*la disciplina giuridica dello "scambio" è la storia di un difficile rapporto tra efficienza e giustizia*».

l'altro lato, si assiste alla perdita di una significativa capacità di assicurare sotto l'egida dello Stato una ragionevole condizione di equilibrio tra le parti del contratto [162].

Si avverte sempre di più la necessità di conciliare la dimensione negoziale individuale, non più controllata da un'idea di razionalità delle scelte, con irrinunciabili principi di uguaglianza, difesa dei soggetti più deboli, bisognosi di essere difesi, prima di tutto, da se stessi e dalle proprie pulsioni verso scelte irrazionali e, in taluni casi, persino nocive [163].

Accettando tale premessa, si comprende l'opportunità di intervento sui profili di diseguaglianza, asimmetria e imprevedibilità propri di ogni contratto, affinché il vantaggio negozialmente riconosciuto a una parte non si traduca in uno svantaggio eccessivo per la controparte [164].

L'intervento paternalistico del legislatore implica, pertanto, il superamento della dimensione patologica del contratto in favore di una diversa prospettiva che considera l'asimmetria come elemento strutturale connaturato ad ogni rapporto umano e, di conseguenza, di ogni rapporto negoziale tra gli individui [165].

---

[162] E. BATTELLI, *Diritto dei contratti e questioni di razionalità economica*, cit., p. 117.

[163] Criticamente v. A. BARBA, *Consumo e sviluppo della persona*, cit., *passim*.

[164] L'intervento legislativo che qui si ha a riferimento è innanzitutto di tipo procedurale e non di contenuto. In tema, sul piano negoziale dei rapporti tra privati, per gli argomenti che seguiranno, *ex multis* ci si limita ad alcuni riferimenti essenziali: G. GRISI, *L'obbligo precontrattuale di informazione*, Jovene, Napoli, 1990, p. 269 ss.; G. VETTORI, *Le asimmetrie informative fra regole di validità e regole di responsabilità*, in *Riv. dir. priv.*, 2003, p. 111 ss.

[165] Per un utilizzo generalizzato della nozione di «*asimmetria contrattuale*» per raggruppare tutte le ipotesi in cui uno dei contraenti è da considerarsi più «*debole*», V. ROPPO, *Contratto di diritto comune, contratto del consumatore, contratto con asimmetria di potere contrattuale: genesi e sviluppi di un nuovo paradigma*, in *Riv. dir. priv.*, 2001, p. 769 ss. Sul tema *ex multis*: C. CAMARDI, *Contratti di consumo e contratti tra imprese. Riflessioni sull'asimmetria contrattuale nei rapporti di scambio e nei rapporti "reticolari"*, in *Riv. crit. dir. priv.*, 2005, p. 549 ss.; C. SCOGNAMIGLIO, *Contratti d'impresa e volontà delle parti contraenti*, in *Studi in onore di Cesare Massimo Bianca*, vol. III, Giuffrè, Milano, 2006, p. 851 ss.

IL DIRITTO DI RECESSO TRA "RAZIONALITÀ IMPERFETTA" E TUTELA DELLA LIBERTÀ DELL'INDIVIDUO

Fine ultimo del diritto contrattuale dovrebbe essere quello di armonizzare l'autonomia/libertà dell'individuo con le esigenze di legalità/obbligatorietà poste dal vivere sociale, la dimensione individuale con una dimensione collettiva.

Le restrizioni alla libertà contrattuale dei singoli [166], si giustificano quindi nei limiti in cui impediscono «*alle persone di farsi del male da sole o di cadere vittime della frode altrui*» [167].

Presupposto di una intesa contrattuale è, da un lato, che ciascuna delle parti, quale miglior giudice del proprio interesse, espliciti la propria valutazione nel formulare l'offerta, dall'altro, che ciascuna parte mantenga fede ai propri impegni. Questo insieme di presupposti e condizioni si regge infine sull'assunto che ogni parte nel contratto si comporterà in modo razionale, consapevole, in vista del vantaggio che si è ripromessa [168].

Un primo limite a tale tesi, fermo quanto sopra esposto, è individuabile nell'intrinseca "debolezza" che connota tipicamente, ma non esclusivamente, la figura del consumatore [169].

Tutta la normativa codicistica è del resto permeata della preoccupazione del legislatore di prevenire e sanzionare ogni uso improprio dello strumento contrattuale che si traduca nel comportamento di una delle parti in danno dell'altra.

Si discute, pertanto, sulla necessità di una riflessione critica sullo stesso significato giuridico di errore, in una prospettiva basata su quello che potrebbe definirsi il "paternalismo cognitivo", inteso come la forma di paternalismo giuridico che, a fronte di una realtà esterna sempre più complessa e articolata [170], si ripromette di «*opportunamente*

---

[166] A. DI MAJO, *Libertà contrattuale e dintorni*, in *Riv. crit. dir. priv.*, 1995, p. 5 ss.

[167] M. MARCHESIELLO, *Nudge, ovvero: il tramonto dell'uomo economico*, in *Pol. dir.*, 2014, p. 509.

[168] M. MARCHESIELLO, *Il paternalismo giuridico: tra conoscenza e compassione*, in *Pol. dir.*, 2015, p. 131 ss.

[169] V. ROPPO, *Parte generale del contratto, contratti del consumatore e contratti asimmetrici (con postilla sul «terzo contratto»)*, in *Riv. dir. priv.*, 2007, p. 695 ss.

[170] Cfr. S.R. PEPPET, *Freedom of Contract in an Augmented Reality: The Case of Consumers Contracts*, in *UCLA Law Rev.*, 2012, 59, p. 676, il quale

integrare le varie forme di deficit *cognitivo cui è esposto chiunque – consumatore o imprenditore – si accinga a stipulare un contratto*»[171]. Lo Stato, inteso in senso ampio (legislatore, giudice e autorità amministrative), è allora necessario si configuri quale soggetto capace di intervenire per colmare, almeno in parte, le debolezze cognitive degli individui che, nutrendosi di pregiudizi cognitivi (*bias*), sovente, accettano di vincolarsi contrattualmente, ignorando non solo le complesse tecniche di persuasione ma anche le stesse informazioni, non facilmente accessibili all'acquirente, in grado di influenzare le singole scelte negoziali[172].

Ogni contratto nasce, quindi, asimmetrico ed è tale da giustificare, conseguentemente, un intervento regolatore o riequilibratore da parte del diritto. Alla base è l'idea di una "razionalità imperfetta" o, meglio sarebbe dire, di un consumatore consapevole sì ma della propria radicale imperfezione[173].

La tesi è che alla luce dei risultati raggiunti dalla ricerca psicologica ed economica, che hanno travolto il modello dell'*homo oeconomicus* e delle teorie delle asimmetrie informative tra professionisti e consumatori, sia dimostrato l'antirealismo della teoria della scelta razionale; e che alla luce di questi risultati si possano meglio comprendere gli stessi recenti sviluppi del diritto europeo dei consumatori[174].

L'inefficienza non risulta soltanto da una informazione incompleta, poco chiara, ingannevole o aggressiva, ma da una capacità sub-ottimale di processare l'informazione[175].

---

evidenzia come oggi sembra che la "vecchia debolezza" fondata sul *deficit* cognitivo, sia stata sostituita da una nuova debolezza fondata su un *surplus* cognitivo.

[171] Così M. MARCHESIELLO, *Il paternalismo giuridico*, cit., p. 145, il quale sul punto precisa che: «*Il "deficit cognitivo" rilevante può consistere nel mancato accesso a informazioni indispensabili (e disponibili in genere per l'altra parte) o nell'insorgere di nuove circostanze che, se conosciute, avrebbero orientato diversamente la volontà contrattuale dell'interessato*».

[172] A.C. NAZZARO, *Obblighi d'informare e procedimenti contrattuali*, E.S.I., Napoli, 2000, p. 214 ss.; M. DE POLI, *Asimmetrie informative e rapporti contrattuali*, Cedam, Padova, 2002.

[173] J. ELSTER, *op. cit.*

[174] R. CATERINA, *Psicologia della decisione e tutela del consumatore*, cit., p. 67 ss.

[175] In tale contesto, una delle prime anomalie è il c.d. *framing effect*; cfr. A. TVERSKY-D. KAHNEMAN, *The Framing of Decisions and the Psychology of Choice*, in *Science*, 1981, 211, pp. 453-458. Cfr. *amplius* in generale sul tema

I limiti e le distorsioni nella elaborazione delle informazioni da parte della generalità degli individui hanno portato gli esperti di *marketing* a «*mettere a punto delle tecniche di influenza che mirano a condizionare i comportamenti dei consumatori*» [176].
La questione giuridica diviene, quindi, quella di individuare i limiti oltre i quali si può parlare di un indebito condizionamento o di una induzione in errore [177]. Tuttavia, è evidente che influenzare le decisioni dei consumatori non equivale a trarli in inganno.
In verità, occorre ammettere che le persone, anche se disponessero di informazioni complete ed esaustive, dovrebbero comunque fare i conti con la loro limitata capacità di elaborarle e con la loro "irrazionalità" negoziale.
Si discorre al riguardo della c.d. "sovra"-protezione del consumatore [178].
È da queste considerazioni che si comprende quanto importante sia definire l'ambito di applicazione di uno strumento negoziale come quello del recesso c.d. di pentimento del consumatore, ben tenendo presente che laddove esso si trasformi in un recesso "capriccioso" esso si configurerebbe comunque come male minore rispetto ai fallimenti del mercato e mezzo più adeguato a rispondere alle situazioni di "razionalità limitata" per come sin qui sommariamente richiamate [179].
Tuttavia, ha più senso dire che le persone presentano una razionalità limitata piuttosto che accusarle di "irrazionalità" [180]. Per questo, può rivelarsi necessario se non contrastare manifestazioni forti (spesso discutibili) di interventi paternalistici quali sono ad esempio strumenti invalidatori d'ufficio, quantomeno usare la forma di intervento più moderata, non invasiva, meglio in grado di salvaguardare il diritto di scelta degli individui.
In tale ottica le spinte gentili (i *nudge*) [181], intese come iniziative che

---

lo studio di S. GRUNDMANN, *L'autonomia privata nel mercato interno: le regole d'informazione come strumento*, in *Europa dir. priv.*, 2001, pp. 257-304.

[176] N. GUEGUEN, *Psicologia del consumatore*, Il Mulino, Bologna, 2009, p. 19.

[177] In tema R. CATERINA, *Psicologia della decisione*, cit., p. 73.

[178] Cfr. T. WILHELMSSON, *The abuse of the "Confident Consumer" as a Justification for EC Consumer Law*, in *Jour. Consumer Policy*, 2004, p. 317 ss.

[179] Si veda U. MORERA-E. MARCHISIO, *Finanza, mercati, clienti e regole .... ma soprattutto persone*, in *A.G.E.*, 2012, p. 19 ss., spec. p. 37.

[180] E. BATTELLI, *Il paternalismo giuridico libertario nella prospettiva dell'autonomia privata tra vincoli strutturali e limiti funzionali*, in *Pol. dir.*, 2018, p. 586.

[181] R. THALER-C.R. SUNSTEIN, *Nudge Improving Decisions About Health, Wealth, and Happiness*, cit.

mantengono la libertà di scelta, vengono spesso utilizzate, semplicemente, per guidare le decisioni delle persone nella giusta direzione (secondo l'apprezzamento di quelle stesse persone), ad esempio, tramite *disclosure*, strategie informative, avvertimenti, regole di *default* appropriate [182]. E i *nudge* sono solitamente la migliore risposta, almeno quando non c'è alcun danno per gli altri [183].

In effetti, gli individui sono sommersi dall'incombenza di una mole di scelte non solo molteplici ma anche difficili da compiere, non possedendo nessuno per certo tutte le conoscenze necessariamente richieste per discernere sempre con la necessaria consapevolezza.

Le persone vogliono scegliere da sé, ritenendo che il diritto di scegliere abbia un valore intrinseco e non meramente strumentale. Nel caso del diritto di recesso si tratta, quindi, di un paternalismo debole che mira a promuovere una scelta attenta e ponderata da parte del soggetto, senza sostituirsi a lui nella scelta [184].

Tramite strumenti quali il diritto di recesso ci si propone così di aiutare gli individui a "mantenere la rotta" segnata dalle proprie scelte, ritenute razionali rispetto a uno scopo socialmente accettabile e meritevole di protezione da parte dell'ordinamento.

Ebbene, per certo, il recesso si inquadra nell'ambito di un intervento paternalistico del legislatore di tipo "libertario": «*Di un tipo, cioè, che non comprima ma al contrario espanda l'autonomia dei soggetti tutelati, ripristinando quelle condizioni di razionale ed efficace esercizio contro i fattori di disturbo (le asimmetrie e i deficit cognitivi) che nella realtà del mercato spesso le pregiudicano*» [185].

---

[182] G. GRISI, *L'obbligo precontrattuale di informazione*, cit., p. 269 ss.

[183] Cfr. C.R. SUNSTEIN, *Effetto* nudge. *La politica del paternalismo libertario*, Egea, Milano, 2015 (trad. it. di *Why Nudge? The Politics of Libertarian Paternalism*, Yale University Press, New Haven, 2014).

[184] In tema, sia consentito segnalare, *amplius* E. BATTELLI, *I contratti-tipo*, cit., *passim*.

[185] Si veda A. DI MAJO, *Libertà contrattuale e dintorni*, cit., p. 5 ss., il quale contrappone i limiti della libertà contrattuale legati al problema delle esternalità ovvero a motivi di pubblico interesse a quelli ispirati al «*paternalismo contrattuale*» (p. 12).

ALBANESE A., *La violazione degli obblighi informativi nella commercializzazione a distanza di servizi finanziari*, in *Resp. civ.*, 2009.

ALESSI R., *La disciplina generale del contratto*, III ed., Giappichelli, Torino, 2019.

ALPA G., Jus poenitendi *e acquisto di valori mobiliari*, in *Riv. soc.*, 1987.

AMBROSOLI M., voce *Recesso*, in *Dig. disc. priv., sez. civ.*, Agg., Utet, Torino, 2014.

AQUINO P., *Anomalie cognitive e scelte dei consumatori*, in *Consum., dir. e merc.*, 2008.

ARIELY D., *Prevedibilmente irrazionale*, Rizzoli, Milano, 2008.

ATELLI M., *Il problema della sindacabilità della decisione di esercizio dello* jus poenitendi *attribuito ex* lege *al consumatore*, in *Riv. crit. dir. priv.*, 2001.

BACCIARDI E., *Il nuovo statuto del diritto di ripensamento tra efficienza del mercato e razionalità (limitata) dei consumatori*, in *Nuova giur. civ. comm.*, 2017.

BACCIARDI E., *Il recesso del consumatore nell'orizzonte delle scienze comportamentali*, Giappichelli, Torino, 2019.

BARBA A., *Recesso e nullità di protezione nella disciplina della offerta fuori sede di strumenti finanziari e di servizi di investimento*, in *Nuova giur. civ. comm.*, 2016.

BARBA A., *Consumo e sviluppo della persona*, Giappichelli, Torino, 2017.

BARCA A., *Scioglimento del vincolo contrattuale nel codice civile e nel Codice del Consumo*, in G. ALPA (a cura di), *I diritti dei consumatori*, t. I, Giappichelli, Torino, 2009.

BARCA A., *Il diritto di recesso nei contratti del consumatore*, Giuffrè, Milano, 2011.

BASTIANON S., *Prime osservazioni sulla direttiva 97/7/CE in tema di contratti a distanza*, in *Resp. civ. e prev.*, 1997.

BATTELLI E., *Commento* sub *Artt. 64-67*, in E.M. TRIPODI-C. BELLI, *Codice del consumo. Commentario del D.Lgs. 6 settembre 2005, n. 206*, Maggioli, Rimini, 2006.

BATTELLI E., *L'attuazione della direttiva sui consumatori tra rimodernizzazione di vecchie categorie e «nuovi» diritti*, in *Europa dir. priv.*, 2014.

BATTELLI E., *Obblighi di consegna del bene e passaggio del rischio*, in *Corr. giur.*, 2014.

BATTELLI E., *Codice del consumo, codice civile e codici di settore: un rapporto non meramente di specialità*, in *Europa dir. priv.*, 2016.

BATTELLI E., *I contratti-tipo. Modelli negoziali per la regolazione del mercato: natura, effetti e limiti*, Jovene, Napoli, 2017.
BATTELLI E., *Il paternalismo giuridico libertario nella prospettiva dell'autonomia privata tra vincoli strutturali e limiti funzionali*, in *Pol. dir.*, 2018.
BATTELLI E., *Recensione* a R. THALER E C.R. SUNSTEIN, *Nudge. La spinta gentile La nuova strategia per migliorare le nostre decisioni su denaro, salute, felicità*, Feltrinelli, Milano, rist. 2018, (trad. it. di *Nudge Improving Decisions About Health, Wealth, and Happiness*, Penguin, New York, 2008), in *Riv. dir. impr.*, 2018.
BATTELLI E., *Commento* sub *Art. 49*, in V. CUFFARO (a cura di), *Codice del consumo*, V ed. agg., Giuffrè, Milano, 2019.
BATTELLI E., *Diritto dei contratti e questioni di razionalità economica*, in *Contr. e impr.*, 2019.
BENEDETTI A.M., voce *Recesso del consumatore*, in *Enc. dir.*, *Annali*, Giuffrè, Milano, 2011.
BENEDETTI A.M., *La difesa del consumatore dal contratto: la natura «ambigua» dei recessi di pentimento*, in A. D'ANGELO-V. ROPPO (a cura di), *Annuario del contratto 2011*, Giappichelli, Torino, 2012.
BESSONE M.-D'ANGELO A., voce *Buona fede*, in *Enc. giur.*, vol. V, Treccani, Roma, 1998.
BIANCA C.M., *La vendita e la permuta*, Utet, Torino, 1993.
BIANCA C.M., *Diritto civile*, 3, *Il contratto*, Giuffrè, Milano, 2000.
BRAVO F., *I contratti a distanza nel codice del consumo e nella direttiva 2011/83/UE. Verso un codice europeo del consumo*, Giuffrè, Milano, 2013.
BRUNI A. (a cura di), *Casi di marketing*, FrancoAngeli, Milano, 2016.
CAMARDI C., *Contratti di consumo e contratti tra imprese. Riflessioni sull'asimmetria contrattuale nei rapporti di scambio e nei rapporti "reticolari"*, in *Riv. crit. dir. priv.*, 2005.
CANALE G., *Commento sub Art. 1 d.lgs. 15 gennaio 1992, n. 50*, in *Nuove leggi civ. comm.*, 1993.
CATERINA R., *Architettura delle scelte e tutela del consumatore*, in *Consum., dir. e merc.*, 2012, 2.
CATERINA R., *Psicologia della decisione e tutela del consumatore*, in *A.G.E.*, 2012.
CHERUBINI M.C., *Sul diritto di ripensamento*, in *Riv. dir. civ.*, 1999.
CHERUBINI M.C., *Tutela del «contraente debole» nella formazione del consenso*, Giappichelli, Torino, 2005.
CHINÉ G., *Il Diritto Comunitario dei contratti*, in A. TIZZANO (a cura di), *Il diritto privato dell'Unione Europea*, II ed., Giappichelli, Torino, 2006.

COLOSIMO B., *Artt. 64-67*, in G. VETTORI (a cura di), *Codice del Consumo. Commentario*, Cedam, Padova, 2007.

CONFORTINI C., *Il recesso di pentimento*, in *Corr. giur.*, 2014.

CONFORTINI C., *Il diritto di recesso*, in L. ROSSI CARLEO (a cura di), *Diritto dei consumi. Soggetti, atto, attività*, enforcement, Giappichelli, Torino, 2015.

CONFORTINI C., *A proposito del* ius poenitendi *del consumatore e della sua discussa natura*, in *Europa dir. priv.*, 2017.

COSTANZA M., *Condizione risolutiva del contratto e patto di recesso*, in *Giust. civ.*, 1990.

CUFFARO V., *Nuovi diritti per consumatori: note a margine del d. lgs. 21 febbraio 2014, n. 21*, in *Corr. giur.*, 2014.

D'ACUNTO L., *Recesso e autotutela nei rapporti di consumo*, E.S.I., Napoli, 2018.

DALIA C., *Il recesso consumeristico da libera valutazione dell'affare*, in *Riv. dir. priv.*, 2015.

DALLI D.-ROMANI S., *Il comportamento del consumatore. Acquisti e consumi in una prospettiva di marketing*, II ed., FrancoAngeli, Milano, 2004.

D'AMICO G. (a cura di), *La riforma del Codice del Consumo. Commentario al D.lgs. 21/2014*, Cedam, Padova, 2014.

DE CRISTOFARO G., *Contratti a distanza e norme a tutela del consumatore*, in *Studium Iuris*, 1999.

DE CRISTOFARO G., *Il «Codice del consumo»*, in *Nuove leggi civ. comm.*, 2006.

DE CRISTOFARO G., *La disciplina degli obblighi informativi precontrattuali nel codice del consumo riformato*, in *Nuove leggi civ. comm.*, 2014.

DE HIPPOLYTIS R., *La disciplina unitaria del recesso*, in *Foro it.*, 2012.

DE LEO F., *La nuova disciplina dei contratti a distanza e negoziati fuori dei locali commerciali tra uniformità, innovazione e perdurante silenzio del legislatore*, in *Resp. civ. e prev.*, 2014.

DE MARI M., *Recenti sviluppi del diritto di recesso nell'offerta fuori sede di strumenti finanziari*, in *Giur. comm.*, 2014.

DE NOVA G., voce *Recesso*, in *Dig. disc. priv., sez. civ.*, t. XVI, Utet, Torino, 1997.

DE POLI M., *Asimmetrie informative e rapporti contrattuali*, Cedam, Padova, 2002.

DI MAJO A., *Libertà contrattuale e dintorni*, in *Riv. crit. dir. priv.*, 1995.

DI MAJO A., *Il linguaggio dei rimedi*, in *Europa dir. priv.*, 2005.

DI MAJO A., *Rimedi e dintorni*, in *Europa dir. priv.*, 2015.

EGIDI M., *Dalla razionalità limitata all'economia comportamentale*, in R. VIALE (a cura di), *Le nuove economie. Dall'economia evolutiva a quella cognitiva: oltre i fallimenti della teoria neoclassica*, IlSole24ore, Milano, 2005.

ELSTER J., *Ulisse e le sirene. Indagine sulla razionalità e l'irrazionalità*, Il Mulino, Bologna, 1983.

ERMINI M., *Art. 73*, in V. CUFFARO (a cura di), *Codice del Consumo*, V ed. agg., Giuffrè, Milano, 2019.

FARNETI M., *Artt. 64-67*, in G. DE CRISTOFARO-A. ZACCARIA (a cura di), *Commentario breve al diritto dei consumatori. Codice del consumo e legislazione complementare*, II ed., Cedam, Padova, 2013.

FARNETI M., *Il nuovo recesso del consumatore dai contratti negoziati fuori dai locali commerciali e a distanza*, in *Nuove leggi civ. comm.*, 2014.

FERRARI C., *Ipotesi di qualificazione per il "recesso" del consumatore*, in *Riv. dir. civ.*, 2010.

FERRI L., voce *Revoca*, in *Enc. dir.*, vol. XL, Giuffrè, Milano, 1988.

GABRIELLI G., *Vincolo contrattuale e recesso unilaterale*, Giuffrè, Milano, 1985.

GAZZONI F., *Manuale di diritto privato*, XIX ed., E.S.I., Napoli, 2019.

GENTILI A., *Pratiche sleali e tutele legali: dal modello economico alla disciplina giuridica*, in *Riv. dir. priv.*, 2010.

GENTILI A., *Il ruolo della razionalità cognitiva nelle invalidità negoziali*, in *Riv. dir. civ.*, 2013.

GIAMPETRAGLIA R., *Artt. 64-67*, in G. ALPA-L. ROSSI CARLEO (a cura di), *Codice del consumo. Commentario*, E.S.I., Napoli, 2005.

GIAMPETRAGLIA R., *Il diritto di recesso nei contratti con i consumatori*, in J.M. OSSORIO SERRANO (a cura di), *Europa y los nuevos limites de la autonomia privada*, Universidad de Granada, Granada, 2005.

GIAMPETRAGLIA R., *Protestatio contra factum non valet. Fondamento, rilevanza, limiti*, Liguori, Napoli, 2000.

GORGONI M., *Sui contratti negoziati fuori dai locali commerciali*, in *Contr. e impr.*, 1993.

GRANDI M., *Lo* jus poenitendi *nella Direttiva 2011/83/UE sui diritti dei consumatori*, in *Contr. impr./Europa*, 2013.

GRANELLI C., *"Diritti dei consumatori" e tutele nella recente novella del Codice del consumo*, in *Contratti*, 2015.

GRISI G., *L'obbligo precontrattuale di informazione*, Jovene, Napoli, 1990.

GRISI G., *Lo "*ius poenitendi*" tra tutela del consumatore e razionalità del mercato*, in *Riv. crit. dir. priv.*, 2001.

GRISI G.-MAZZAMUTO S., *Diritto del turismo*, II ed., Giappichelli, Torino, 2018.

GRUNDMANN S., *L'autonomia privata nel mercato interno: le regole d'informazione come strumento*, in *Europa dir. priv.*, 2001.

GUEGUEN N., *Psicologia del consumatore*, Il Mulino, Bologna, 2009.

GUERINONI E., *Sul diritto di "ripensamento" e sui suoi effetti*, in *Contratti*, 2005.

GUERINONI E., *Artt. 52-59*, in V. CUFFARO (a cura di), *Codice del Consumo*, V ed. agg., Giuffrè, Milano, 2019.

INZITARI B., *La formazione del contratto nella vendita porta a porta dei valori mobiliari (neutralità del modello codicistico e rispetto della tutela dei consumatori)*, in *Contr. e impr.*, 1992.

IRTI N., *Notazioni esegetiche sulla vendita «a domicilio» di valori mobiliari*, in *Nuove leggi civ. comm.*, 1995.

JANNARELLI A., *Le vendite aggressive. Vendite stipulate fuori dei locali commerciali e vendite stipulate a distanza nel diritto italiano ed europeo*, E.S.I., Napoli, 1995.

KAHNEMAN D., *Mappe di razionalità limitata. Indagine sui giudizi e le scelte intuitive*, in M. MOTTERLINI-M. PIATTELLI PALMARINI, *Critica della ragione economica*, Il Saggiatore, Milano, 2005.

KHANEMAN D., *Pensieri lenti e veloci*, Mondandori, Milano, 2012

LUGLI G., *Neuroshopping: come e perché acquistiamo*, in *Merc. e compet.*, 2010.

MANCALEONI A.M., *La tutela del consumatore nei contratti a distanza alla luce della futura direttiva sul commercio elettronico*, in *Nuova giur. civ. comm.*, 2000.

MARCHESIELLO M., *Nudge, ovvero: il tramonto dell'uomo economico*, in *Pol. dir.*, 2014.

MARCHESIELLO M., *Il paternalismo giuridico: tra conoscenza e compassione*, in *Pol. dir.*, 2015.

MAZZAMUTO S., *La nozione di rimedio nel diritto continentale*, in *Europa dir. priv.*, 2007.

MAZZAMUTO S., *La nuova direttiva sui diritti del consumatore*, in *Europa dir. priv.*, 2011.

MAZZAMUTO S., *Il contratto di diritto europeo*, III ed., Giappichelli, Torino, 2017.

MCFADDEN D., *Razionalità per economisti?*, in M. MOTTERLINI-M. PIATTELLI PALMARINI, *Critica della ragione economica*, Il Saggiatore, Milano, 2005.

MONTI A., *Psicologia della decisione e tutela del consumatore*, in R.

CATERINA (a cura di), *I fondamenti cognitivi del diritto*, Mondadori, Milano, 2008.

MORERA U.-MARCHISIO E., *Finanza, mercati, clienti e regole ... ma soprattutto persone*, in *Analisi giuridica dell'economia*, 2012.

NAVARRETTA E., *La complessità del rapporto fra interessi e rimedi nel diritto europeo dei contratti*, in AA.VV., *Remedies in contract: the common rules for a European law*, a cura di G. VETTORI, Cedam, Padova, 2008.

NAZZARO A.C., *Obblighi d'informare e procedimenti contrattuali*, E.S.I., Napoli, 2000.

NIVARRA L., *Rimedi: un nuovo ordine del discorso civilistico?*, in *Europa dir. priv.*, 2015.

PADOVINI F.-GABRIELLI G., voce *Recesso*, in *Enc. dir.*, vol. XXXIX, Giuffrè, Milano, 1998.

PAGLIANTINI S., *La riforma del codice del consumo ai sensi del d.lgs. 21/2014: una rivisitazione (con effetto paralizzante per i consumatori e le imprese?)*, in *Contratti*, 2014.

PAGLIANTINI S., *L'ibridazione del nuovo recesso di pentimento*, in *Riv. dir. civ.*, 2015.

PAGLIANTINI S., *Modifiche anteriori e recesso da un contratto di pacchetto turistico secondo il canone della direttiva 2015/2302/UE: per un repertorio (frastagliato) di problemi teorici e pratici a prima lettura*, in *Contr. impr./Europa*, 2017.

PATTI F.P., *Il recesso del consumatore: l'evoluzione della normativa*, in *Europa dir. priv.*, 2012.

PELLEGRINO S., *Le nuove regole sui contratti di credito ai consumatori (d.lg. 13.8.2010, n. 141)*, in *Obbl. contr.*, 2011.

PEPPET S.R., *Freedom of Contract in an Augmented Reality: The Case of Consumers Contracts*, in *UCLA Law Rev.*, 2012.

PERUGINI S., *Il recepimento della direttiva 2011/83/UE: prime riflessioni*, in *GiustiziaCivile.com*, 21 maggio 2014.

PIGNALOSA M.P., *Contratti a distanza e recesso del consumatore*, Giuffrè, Milano, 2016.

PILIA C., *Accordo debole e diritto di recesso*, Giuffrè, Milano, 2008.

PIRAINO F., *La buona fede in senso oggettivo*, Giappichelli, Torino, 2015.

PUTTI P., *Art. 4. 6, 10*, in N. LIPARI (a cura di), *Commentario al Decreto legislativo 15 gennaio 1992, n. 50*, in *Nuove leggi civ. comm.*, 1993.

RENDE F., *Il recesso comunitario dopo l'ultima pronuncia della Corte di Giustizia*, in *Riv. dir. civ.*, 2009.

RENDE F., *Commento sub Art. 53 cod. cons.*, in G. D'AMICO (a cura

di), *La riforma* del *Codice del Consumo. Commentario al D.lgs. 21/2014*, Cedam, Padova, 2015.
RENDE F., *Il ruolo dell'informazione sul recesso dopo la sentenza* Walbusch Walter Busch, in *Nuova giur. civ. comm.*, 2019.
ROPPO V., *Vendita a domicilio di valori mobiliari: formazione del contratto e recesso dell'investitore*, in *Contr. e impr.*, 1990.
ROPPO V., *Contratto di diritto comune, contratto del consumatore, contratto con asimmetria di potere contrattuale: genesi e sviluppi di un nuovo paradigma*, in *Riv. dir. priv.*, 2001.
ROPPO V., *Il contratto del duemila*, Giappichelli, Torino, 2002 (III ed., 2011).
ROPPO V., *Parte generale del contratto, contratti del consumatore e contratti asimmetrici (con postilla sul «terzo contratto»)*, in *Riv. dir. priv.*, 2007.
ROPPO V., *"Behavioural Law and Economics"*, *Regolazione del mercato e sistema dei contratti* (Relazione al Convegno "Oltre il soggetto razionale. Fallimenti cognitivi e razionalità limitata nel diritto privato", Univ. di Roma Tre, 19 aprile 2013), in *Riv. dir. priv.*, 2013.
RUMI T., *Art. 52*, in G. D'AMICO (a cura di), *La riforma del Codice del Consumo. Commentario al D.lgs. 21/2014*, Cedam, Padova, 2014.
SACCO R., *Il contratto*, in *Trattato di diritto civile*, diretto da F. VASSALI, Utet, Torino, 1975.
SALVI G., *Artt. 52-59*, in E. CAPOBIANCO-L. MEZZASOMA-G. PERLINGIERI (a cura di), *Codice del consumo annotato con la dottrina e la giurisprudenza*, E.S.I., Napoli, 2019.
SANGIOVANNI V., *La nullità del contratto nella commercializzazione a distanza di servizi finanziari*, in *Corr. giur.*, 2008.
SANGIOVANNI V., *Il diritto di recesso nella commercializzazione a distanza di servizi finanziari*, in *Contratti*, 2009.
SCALISI V., *Nullità e inefficacia nel sistema europeo dei contratti*, in *Europa dir. priv.*, 2001.
SCOGNAMIGLIO C., *Contratti d'impresa e volontà delle parti contraenti*, in *Studi in onore di Cesare Massimo Bianca*, vol. III, Giuffrè, Milano, 2006.
SEN A., *Razionalità e libertà*, Il Mulino, Bologna, 2005.
SIMON H.A., *La ragione nelle vicende umane*, Il Mulino, Bologna, 1984.
SIMON H.A., *Causalità, razionalità, organizzazione*, Il Mulino, Bologna, 1985.
SIRENA P., *I recessi unilaterali*, in *Trattato del contratto*, diretto da V. ROPPO, vol. III, *Effetti*, a cura di M. COSTANZA, Giuffrè, Milano 2006.

SIRENA P.-ADAR Y., *La prospettiva dei rimedi nel diritto privato europeo*, in *Riv. dir. civ.*, 2012.
SUNSTEIN C.R., *Effetto* nudge. *La politica del paternalismo libertario*, Egea, Milano, 2015 (trad. it. di *Why Nudge? The Politics of Libertarian Paternalism*, Yale University Press, New Haven, 2014).
THALER R.H., SUNSTEIN C.R., *Libertarian Paternalism Is Not an Oxymoron*, University of Chicago, Chicago, 2003, *Public Law And Legal Theory Working Paper No. 43.*
THALER R.H.-SUNSTEIN C.R., *Nudge: Improving Decisions About Health, Wealth and Happiness*, Penguin, New York, 2008.
TSCHERNER E., *Can behavioral research advance mandatory law, information duties, standard terms and withdrawal rights?*, in *Austrian Law Journal*, 2014.
TVERSKY A-KAHNEMAN D., *Judgement under Uncertainty: Heuristics and Biases*, in D. WENDT-CH. VLEK (eds.), *Utility, Probability and Human Decision Making*, in *Science*, 1974.
TVERSKY A.-KAHNEMAN D., *The Framing of Decisions and the Psychology of Choice*, in *Science*, 1981.
VALENTINO D., *Recesso e vendite aggressive*, E.S.I., Napoli, 1996.
VAN BAVEL R.-HERRMANN B.-ESPOSITO G.-PROESTAKIS A., *Applying Behavioural Sciences to EU Policy-making, Scientific and Policy Report by the Joint Research Centre of the European Commission*, Publications Office of the European Union, Luxembourg, 2013.
VETTORI G., *Le asimmetrie informative fra regole di validità e regole di responsabilità*, in *Riv. dir. priv.*, 2003.
VIALE R. (a cura di), *Le nuove economie, Dall'economia evolutiva a quella cognitiva: oltre i fallimenti dell'economia neoclassica*, Il-Sole24ore, Milano, 2005.
VITELLI F., *Investimenti fuori sede e diritto di ripensamento ex art. 30, T.U.F.*, in *Banca, borsa, tit. cred.*, 2019.
WILHELMSSON T., *The abuse of the "Confident Consumer" as a Justification for EC Consumer Law*, in *Journ. Consumer Policy*, 2004.
ZALTMAN G., *Come pensano i consumatori*, Etas, Milano, 2003.
ZENO ZENCOVICH V., voce *Consumatore (tutela del) I) Diritto civile*, in *Enc. giur.*, vol. VIII, Treccani, Roma, 1988.
ZENO ZENCOVICH V., *Il diritto europeo dei contratti, verso la distinzione tra contratti commerciali e contratti dei consumatori*, in *Giur. it.*, 1993.
ZORZI GALGANO N., *Lo* jus poenitendi *del consumatore*, in *Vita not.*, 2007.
ZORZI GALGANO N., *Il recesso di protezione del consumatore nella*

nuova disciplina del turismo e della multiproprietà, in *Contr. e impr.*, 2011.

ZORZI GALGANO N., *Il contratto di consumo e la libertà del consumatore*, in *Trattato di diritto commerciale e diritto pubblico dell'economia,* diretto da F. GALGANO, Cedam, Padova, 2012.

Capitolo VIII

Diritto di recesso e obblighi informativi

Sommario

1. L'impatto della direttiva 2011/83/UE sulla disciplina del diritto di recesso

Con il recepimento della direttiva 2011/83/UE [1], tramite il

[1] Per un'analisi compiuta della disciplina relativa alla direttiva 83/2011/UE, I. RIVA, *La direttiva di armonizzazione massima sui diritti dei consumatori, o almeno ciò che ne resta*, in *Contr. impr./Europa*, 2011, p. 772 ss.; C. PILIA, *La Direttiva 2011/83/Ue sui diritti dei consumatori*, in G. VETTORI (a cura di), *Contratto e responsabilità. Il contratto dei consumatori, dei turisti, dei clienti, degli investitori e delle imprese deboli*, Cedam, Padova, 2013, spec. p. 877; F. DELFINI, *La novella del codice del consumo in tema di contratti a distanza dei consumatori*, in *Giustiziacivile.com*, approfondimento del 20 giugno 2014, p. 7; P. OCCHIUZZI, *Gli obblighi informativi*, in *Corr. giur.*, 2014, 7, suppl., 10; C. PONCIBÒ, *La direttiva 2011/83/UE: obblighi informativi precontrattuali e risarcimento del danno*, in *Trattato breve dei nuovi danni*, a cura di P. CENDON, vol. II, *Impresa, mercato, società*, Cedam, Padova, 2014, p. 49; G. DE CRISTOFARO, *La direttiva 2011/83/UE sui «diritti dei consumatori»: ambito di applicazione e disciplina degli obblighi informativi precontrattuali*, in A. D'ANGELO-V. ROPPO (a cura di), *Annuario del contratto*, Giappichelli, Torino, 2012, p. 53; ID., *La disciplina degli obblighi informativi pre-*

d.lgs. 21 febbraio 2014, n. 21, la disciplina del codice del consumo si è modificata profondamente, introducendo all'interno del Capo I – rubricato "*Dei diritti dei consumatori nei contratti*" – una disciplina nuova rispetto a quella vigente in precedenza.

Si deve, invero, rilevare che attraverso la direttiva *de qua* (c.d. *consumer rights*) del Parlamento Europeo e del Consiglio del 25 ottobre 2011 "sui diritti dei consumatori" si è tentato di uniformare le legislazioni dei diversi Paesi europei, cercando di individuare un punto di equilibrio tra un livello elevato di protezione del consumatore e la necessità, nell'ottica del mercato unico transfrontaliero, di individuare per i professionisti un arsenale di regole certe e uniformi, al fine di ovviare alle differenze sussistenti tra le vendite nazionali e quelle transfrontaliere, ad esempio utilizzando le stesse condizioni contrattuali *standard* (e i relativi materiali informativi).

Uno degli aspetti più fortemente innovativi della nuova direttiva è costituito dalla disciplina degli obblighi informativi gravanti sui professionisti nei confronti dei consumatori nella fase precontrattuale.

In particolare, viene previsto che le informazioni fornite costituiscano parte integrante del contratto e possano essere modificate solamente con l'accordo del consumatore.

Tuttavia, fanno eccezione a tale regola i casi relativi al mancato assolvimento degli obblighi informativi concernenti il diritto di recesso, nonché l'indicazione di spese aggiuntive ed altri costi, inclusi quelli relativi alla restituzione dei beni; in conseguenza di tali omissioni, la direttiva prevede, rispettivamente, un allungamento dello *spatium deliberandi* in favore del consumatore, nonché l'assenza dell'obbligazione pecuniaria per le predette spese ed i predetti costi.

Una ulteriore novità introdotta consiste nel porre gli obblighi

---

contrattuali nel codice del consumo, in *Nuove leggi civili comm.*, 2014, p. 950; S. PAGLIANTINI, *La riforma del codice del consumo ai sensi del d.lgs. 21/2014: una rivisitazione (con effetto paralizzante per i consumatori e le imprese?) – il commento*, in *Contratti*, 2014, p. 796 ss.; F. RENDE, *Obblighi d'informazione nei contratti a distanza e nei contratti negoziati fuori dei locali commerciali, Commento all'art. 49 cod. cons.*, in G. D'AMICO (a cura di), *La riforma del Codice del consumo*, Giuffrè, Milano, 2012, p. 130 ss.

informativi anche a carico dei professionisti che propongono ai consumatori la conclusione di contratti non qualificabili né come "contratti a distanza" né come "contratti fuori dei locali commerciali".

La direttiva *de qua* prende anche in considerazione la disciplina riguardante la mancata tempestiva consegna del bene da parte del professionista.

In particolare, il legislatore comunitario ha introdotto due importanti principi: viene riconosciuto un tempo massimo, pari a trenta giorni di calendario, per consegnare il bene al consumatore a decorrere dalla conclusione del contratto; viene, altresì, prescritta la regola secondo cui il commerciante (professionista) sostiene il rischio ed i costi connessi al deterioramento o alla perdita del bene fino al momento in cui il consumatore ne prenda il possesso materiale.

Se in precedenza non si era avvertita la necessità di intervenire sulla struttura del contratto di vendita o di prestazioni di servizi, con la direttiva 2011/83/UE, invece, è stata introdotta una innovazione, giacché il legislatore ha proceduto a definire espressamente, oltre al "contratto a distanza" ed al "contratto concluso fuori dei locali commerciali", anche il "contratto di vendita" ed il "contratto di servizi" [2].

Ai sensi dell'art. 2, par. 1, n. 5 della direttiva in commento, infatti, si prevede ora che per "contratto di vendita" debba intendersi «*qualsiasi contratto in base al quale il professionista trasferisce o si impegna a trasferire la proprietà di beni al consumatore ed il consumatore ne paga o si impegna a pagarne il prezzo, inclusi i contratti che hanno come oggetto sia beni che servizi*».

In tal modo ha preso sostanza una disciplina europea della vendita che trascende i soli contratti conclusi a distanza o fuori dei locali commerciali, avendo una portata applicativa generale, in conformità al dettato dell'art. 3 ("*Ambito di applicazione*") della direttiva 2011/83/UE, per il quale «*la presente direttiva si*

---

[2] F. BRAVO, *I contratti a distanza nel codice del consumo e nella direttiva 2011/83/UE – Verso un codice europeo del consumo*, Giuffrè, Milano, 2013, p. 36.

applica, alle condizioni e nella misura stabilita nelle sue disposizioni, a qualsiasi contratto concluso tra un professionista e un consumatore [...]»[3].

2. L'obbligo di informazione gravante sul professionista

Per quanto concerne i diritti riconosciuti ai consumatori a seguito della trasposizione della direttiva nell'ordinamento italiano, è necessario rappresentare nel dettaglio non solo le informazioni che il professionista deve fornire al consumatore nella fase precontrattuale (art. 49 c. cons.) ma anche la previsione di specifici obblighi di forma (i c.d. requisiti formali di cui agli artt. 50 e 51 c. cons.) più stringenti rispetto al passato.

La distinzione che viene fatta concerne gli obblighi di informazione a seconda che si tratti di contratti "diversi" dai contratti a distanza o negoziati fuori dai locali commerciali (ed a questi contratti diversi si riferisce la disciplina contenuta nell'art. 48 c. cons.) o fattispecie negoziali che rientrano nella disciplina dei contratti a distanza o negoziati fuori dai locali commerciali (ai quali, invece, si riferisce la disciplina contenuta nel successivo art. 49 c. cons.).

L'aspetto di maggior rilievo può essere individuato nel fatto che la normativa in esame sceglie di armonizzare in maniera piena le informazioni precontrattuali da sottoporre al consumatore prima della conclusione di un contratto a distanza e fuori dai locali commerciali, mentre prevede solo requisiti informativi minimi per i contratti che non rientrano nelle precedenti categorie e non sono oggetto di testuale esclusione dall'ambito di applicazione.

L'art. 48 c. cons., collocato nella Sezione I «*Informazioni precontrattuali per i contratti diversi dai contratti a distanza e dai contratti negoziati fuori dai locali commerciali*», fissa il contenuto minimo degli obblighi di informazione precontrattuale che gravano sul professionista nel caso in cui questi concluda contratti con un consumatore a prescindere dalle particolari mo-

[3] Cfr. art. 3 della direttiva 2011/83/UE.

dalità di conclusione del contratto, come nel caso dei contratti a distanza e dei contratti conclusi fuori dai locali commerciali per i quali sono richieste informazioni apposite e aggiuntive.

Tali informazioni riguardano i principali elementi dell'offerta – *rectius*, le caratteristiche principali dei beni e servizi, identità del professionista e dell'eventuale intermediario, prezzo, le eventuali modalità di pagamento, ma anche i diritti e le facoltà riconosciute al consumatore dalla legge (come i diritti derivanti dalla garanzia legale di conformità).

La previsione di obblighi informativi minimi anche per i contratti che non rientrano nei contratti a distanza e negoziati fuori dai locali commerciali «*costituisce un'informativa precontrattuale "generale a statuto debole"*[4] *e rappresenta una delle principali novità introdotte dal recepimento della direttiva nell'impianto normativo a tutela del consumatore, in quanto sino ad oggi l'imposizione di precisi obblighi informativi nella fase precontrattuale era riservata solo ad alcuni tipi di contratto in ragione dell'oggetto (si pensi alla multiproprietà, ai pacchetti turistici, ecc.) o delle tecniche di negoziazione adottate (contratti a distanza e contratti negoziati fuori dai locali commerciali)*».

L'art. 48 c. cons. assume un rilevante valore proprio perché estende l'obbligo di "corretta informazione precontrattuale" a tutti i contratti dei consumatori, anche se diversi da quelli conclusi a distanza o fuori dei locali commerciali.

Ma quali sarebbero in contratti "diversi"?

Ovviamente, tra i contratti di questa ultima categoria rientrano i contratti negoziati "nei" locali commerciali e, quindi, presso qualsiasi locale immobile adibito alla vendita al dettaglio in cui il professionista esercita la sua attività sia su base perma-

---

[4]E. Battelli, *La nuova disciplina degli obblighi informativi nei contratti con i consumatori*, in *Giur. it.*, 2014, 11, p. 2608. Il quale rinvia a S. Pagliantini, *La riforma del Codice del consumo ai sensi del d.lgs. n. 21/2014: una rivisitazione (con effetto paralizzante per i consumatori e le imprese?)*, in *Contratti.*, 2014, p. 797, che contrappone tale obbligo minimo "generale" "a statuto debole" a quelli più incisivi e dettagliati ma limitati alle sole fattispecie negoziali a distanza o fuori dei locali commerciali per le quali, invece, a ragione, ritiene doversi parlare di un obbligo informativo "specifico" "a statuto forte".

nente (art. 45, comma 1, lett. i), n. 1, sia a carattere abituale (art. 45, comma 1, lett. i), n. 2.

Per quanto riguarda, poi, i contratti a distanza e fuori dei locali commerciali l'art. 49 c. cons. contiene un elenco tassativo delle informazioni che il professionista deve fornire al consumatore prima che quest'ultimo sia vincolato da un contratto a distanza e o negoziato fuori dei locali commerciali.

Si tratta di obblighi informativi dai contenuti alquanto ampi che riguardano lo *ius poenitendi*, ulteriori diritti e facoltà riconosciuti al consumatore dalla legge (come, ad esempio, i diritti derivanti dalla garanzia legale di conformità) o dalle clausole negoziali (l'esistenza, ove applicabile, di strumenti di soluzione extra-giudiziali delle controversie) e i principali elementi dell'offerta proposta dal professionista.

Gli elementi di novità di cui all'art. 49 c. cons. rispetto alla previgente disciplina in materia di obblighi di informazione concernono il carattere contenutistico: è necessario, quindi, verificare le relazioni tra il contenuto dei nuovi doveri con le normative comunitarie già recepite nel nostro ordinamento e, in particolare, con le norme che vietano ai professionisti di porre in essere pratiche commerciali scorrette.

Tra le informazioni costituisce una novità l'obbligo del professionista di rendere edotto il consumatore dell'esistenza della garanzia legale di conformità per i beni (art. 49, comma 1, lett. n), c. cons.), non limitandosi ad un generico richiamo all'esistenza della garanzia legale, ma fornendo una informativa che, in maniera **chiara e comprensibile**, specifichi i contenuti essenziali dei diritti riconosciuti al consumatore in tale materia.

La previsione rappresenta senza dubbio una significativa novità a livello normativo, giacché, in precedenza, l'obbligo del professionista di informare il consumatore sulla esistenza dei diritti riconosciutigli dalla disciplina legale di conformità era previsto per la sola ipotesi dell'offerta di una garanzia convenzionale che, secondo la previsione di cui all'art. 133, comma 2, c. cons. deve avvenire a cura di chi la offre e deve indicare la specificazione dei diritti dei quali, sulla base di detta garanzia, il consumatore è titolare.

Le disposizioni di cui all'art. 50 c. cons. (commi 1 e 2) oltre all'utilizzo di un «*supporto cartaceo o, se il consumatore è d'accordo, su un altro mezzo durevole*» per i contratti fuori dai locali commerciali, o ancora quelli dell'art. 51 al «*supporto durevole*» (commi 1 e 4) per i contratti a distanza, sanciscono altresì in capo al professionista un dovere non solo di informazione ma anche di documentazione, prevedendo adempimenti specifici non solo nel contesto precontrattuale, ma in quello relativo allo svolgimento del rapporto contrattuale [5].

Va da sé, che l'elemento che caratterizza la disciplina delle vendite a distanza o fuori dei locali commerciali è proprio la ripartizione del dovere di informazione posto a carico del professionista. Ripartizione che prevede da un lato, per l'appunto, un dovere di mera informazione, da adempiere prima della conclusione del contatto (art. 49 c. cons.), ma non necessariamente predisponendo un apposito documento informativo; dall'altro, un dovere di documentazione di quelle stesse informazioni (art. 50, commi 1 e 2 c. cons.; art. 51, commi 1 e 4 c. cons.), consegnando ovvero rendendo accessibile al consumatore un documento scritto, in forma cartacea o elettronica a seconda delle modalità di contrattazione e delle preferenze espresse da quest'ultimo.

2.1. Legame tra informazione e recesso

Nell'ambito del rapporto contrattuale, il legislatore ha inteso tutelare le operazioni negoziali cui il consumatore prende parte, caratterizzate da asimmetria di ponderazione, con la previsione di un periodo di riflessione post-contrattuale pro-

---

[5] Cfr. E. BATTELLI, *La nuova disciplina degli obblighi informativi nei contratti con i consumatori*, cit., p. 2608. Sull'argomento si vedano AA.VV., *Le vendite aggressive. Vendite stipulate fuori dei locali commerciali e vendite stipulate a distanza nel diritto italiano ed europeo*, a cura di A. JANNARELLI, E.S.I., Napoli, 1995; AA.VV., *La disciplina del commercio elettronico e delle altre forme di contrattazione a distanza*, a cura di M. ATELLI, Giappichelli, Torino, 2001, p. 94 ss. Si vedano inoltre P.L. CARBONE, *La vendita fuori dei locali commerciali*, in M. BIN (a cura di), *La vendita*, vol. I, Cedam, Padova, 1994, p. 363 ss.; D. VALENTINO, *Obblighi di informazione e vendite a distanza*, in *Rass. dir. civ.*, 1998, p. 377 ss.

pedeutico all'eventuale esercizio di un diritto di pentimento.

In dottrina, si è evidenziato che l'asimmetria di ponderazione può essere legata alla particolare natura del bene negoziato [6].

L'esercizio del diritto di recesso, in particolare, rimuove la posizione di svantaggio determinata dall'impiego di tecniche negoziali c.d. sorprendenti e perciò idonee ad inficiare l'originaria decisione di contrarre. L'efficacia di siffatta tecnica di tutela dipende totalmente dalla conoscenza da parte del consumatore della facoltà concessa dalla normativa [7].

Da qui la previsione di un obbligo di informazione precontrattuale concernente non soltanto l'esistenza, ma anche le condizioni, i termini e le procedure per esercitare il diritto di recesso.

Dobbiamo evidenziare che la direttiva 2161/2019/UE del 27 novembre 2019 (che modifica la direttiva 93/13/CEE del Consiglio e le direttive 98/6/CE, 2005/29/CE e 2011/83/UE del Par-

---

[6] Il recesso, in particolare, assicura tutela al consumatore contro l'asimmetria di ponderazione collegata alla particolare tecnica di contrattazione impiegata, alla peculiare natura del bene negoziato (G. D'Amico, *"Regole di validità" e principio di correttezza nella formazione del contratto*, E.S.I., Napoli, 1996, p. 310) o ancora alla complessità delle regole preposte al governo di determinate operazioni di scambio (G. De Cristofaro, *La nuova disciplina comunitaria del credito al consumo: la direttiva 2008/48/CE e l'armonizzazione «completa» delle disposizioni nazionali concernenti «taluni aspetti» dei «contratti di credito ai consumatori»*, in *Riv. dir. civ.*, 2008, p. 285).

[7] Sul rapporto tra la conoscenza dell'esistenza, dei termini e delle modalità di esercizio del diritto di pentimento e l'effettiva fruizione dello *spatium deliberandi* attribuito dall'ordinamento al consumatore, M. Gorgoni, *Sui contratti negoziati fuori dei locali commerciali alla luce del d.lgs. n. 50/1992*, in *Contr. e impr.*, 1993, p. 183; M. Lobuono, *Informazione sul diritto di recesso e tutela del consumatore*, in A. Jannarelli (a cura di), *Le vendite aggressive. Vendite stipulate fuori dei locali commerciali e vendite stipulate a distanza nel diritto italiano ed europeo*, E.S.I., Napoli, 1995, p. 132; G. Alpa, *La nuova disciplina dei diritti del consumatore*, in *Studium iuris*, 1998, p. 1310; G. Grisi, *Ius poenitendi e tutela del consumatore*, in *Trattato di diritto commerciale e di diritto pubblico dell'economia, Il contratto telematico*, a cura di V. Ricciuto e N. Zorzi, Cedam, Padova, 2002, p. 174; F. Bocchini, *Il regime dei rischi nei contratti negoziati fuori dei locali commerciali*, in Id. (a cura di), *Diritto dei consumatori e nuove tecnologie. Gli scambi*, Giappichelli, Torino, 2003, p. 60 ss. In giurisprudenza, cfr. Corte Giust. UE, 13 dicembre 2001, *infra*, Cass., Sez. III, 3 ottobre 2003, n. 14762, in *Europa dir. priv.*, 2004, p. 1207 ss.; Corte Giust. UE, 10 aprile 2008.

lamento Europeo e del Consiglio per una migliore applicazione e una modernizzazione delle norme dell'Unione relative alla protezione dei consumatori) dopo avere messo in rilievo che "il diritto in materia di tutela dei consumatori dovrebbe essere applicato efficacemente in tutta l'Unione", ha evidenziato che il controllo dell'adeguatezza del diritto in materia di diritto dei consumatori e del marketing, svolto dalla Commissione nel 2016 e nel 2017 ha concluso che l'efficacia del diritto dell'Unione in materia di protezione dei consumatori è compromessa dalla mancanza di conoscenza sia fra i professionisti che fra i consumatori e che sarebbe possibile ricorrere più di frequente ai rimedi esistenti.

Va da sé, quindi, che l'informazione sul diritto di recesso diviene un elemento imprescindibile della comunicazione precontrattuale, giacché la piena consapevolezza della facoltà di pentirsi è condizione necessaria non solo per garantire l'effettività della tutela, ma anche per l'adeguata ponderazione dell'affare [8].

La breve durata dello *spatium deliberandi* rende, invero, necessario porre il consumatore sin dall'inizio nelle condizioni per poter recedere. Per tale ragione il legislatore comunitario ha previsto l'obbligo di consegnare un modulo *standard* per la comunicazione della volontà di porre fine al contratto (art. 6, comma 1, lett. h), direttiva 83/2011 UE).

Tenuto conto dell'importanza del diritto di recesso per la tutela del consumatore, l'informazione precontrattuale riguardante tale diritto è di fondamentale importanza per quest'ultimo e gli consente di decidere con cognizione di causa se concludere o meno il contratto a distanza con il professionista.

---

[8] Il legame tra informazione e recesso è evidenziato da V. SCALISI, *Regola e metodo nel diritto civile della postmodernità*, in *Riv. dir. civ.*, 2005, p. 294; ID., *Invalidità e inefficacia. Modalità assiologiche della negozialità*, in *Riv. dir. civ.*, 2003, I, p. 209. L'A. elabora la nozione di autonomia privata efficiente, in grado, cioè, «*di dar vita a regole adeguate all'operazione contrattuale perseguita*». In tale prospettiva si coglie anche il significato della ricostruzione dello *ius poenitendi* quale fonte di qualificazione del consenso: V. SCALISI, *Nullità e inefficacia nel sistema europeo dei contratti*, in *Europa dir. priv.*, 2001, p. 489 ss., ID., *Lineamenti di una teoria assiologia dei rimedi giuridici*, in *Riv. dir. civ.*, 2018, p. 1052; F. RENDE, *Informazione e consenso nella costruzione del regolamento contrattuale*, Giuffrè, Milano 2012, p. 174 ss.

Il legislatore, pertanto, al fine di tutelare il consumatore, ha non solo stabilito l'obbligo d'informazione sul diritto di recesso a carico dell'operatore commerciale, ma ne ha fissato anche le modalità di adempimento.

Il diritto di recesso è, come noto, un **atto unilaterale ricettizio**[9], quindi, ai sensi dell'art. 1334 c.c., per produrre effetti, deve essere portato a conoscenza del suo destinatario.

Si comprende perciò che se il destinatario del diritto di recesso non fosse precisato, il consumatore si troverebbe in difficoltà nell'individuare il soggetto nei confronti del quale esercitare il recesso. Ecco quindi la previsione dell'obbligo di indicare, se il destinatario della manifestazione di recesso è una persona fisica, il nome e l'indirizzo, mentre se si tratta di società o altra persona giuridica, occorre specificarne la denominazione e la sede.

L'art. 49 c. cons. detta, poi, alcuni rilevanti corollari di disciplina riguardanti l'importante precisazione che: fatta salva (ai sensi del comma 8) la possibilità di «*obblighi di informazione aggiuntivi*» *in* materia di commercio elettronico (d.lgs. 9 aprile 2003, n. 70) o in materia di «*servizi nel mercato interno*» (d.lgs. 26 marzo 2010, n. 59) in caso di conflitto sul contenuto e le modalità di rilascio delle informazioni, rispetto alle previsioni degli artt. 49-59 c. cons., saranno queste ultime disposizioni a prevalere comma 9); in caso di asta pubblica la possibilità che le informazioni rivolte ad identificare il professionista e il bene compravenduto possano essere sostituite da informazioni equivalenti da parte del banditore (comma 3); nonché, «*nel caso di utilizzazione di tecniche che consentono una comunicazione individuale*» su richiesta del consumatore, l'obbligo di utilizzo della lingua italiana per le informazioni previste come obbligatorie (comma 7).

2.2. La violazione degli obblighi di informazione del diritto di recesso

L'art. 53 c. cons. sancisce che «*1. Se in violazione dell'ar-*

[9] Cfr. S. SANGIORGI, *Rapporti di durata e recesso* ad nutum, Giuffrè, Milano, 1965; G. GABRIELLI, *Vincolo contrattuale e* recesso *unilaterale*, Milano, Giuffrè, 1985, p. 85 ss.

ticolo 49, comma 1, lettera h), il professionista non fornisce al consumatore le informazioni sul diritto di recesso, il periodo di recesso termina dodici mesi dopo la fine del periodo di recesso iniziale, come determinato a norma dell'articolo 52, comma 2. 2. Se il professionista fornisce al consumatore le informazioni di cui al comma 1 entro dodici mesi dalla data di cui all'articolo 52, comma 2, il periodo di recesso termina quattordici giorni dopo il giorno in cui il consumatore riceve le informazioni».

In altri termini, l'inosservanza della regola informativa, fino a quando persiste, non compromette definitivamente il consenso prestato dal consumatore (non reso edotto della corretta informazione sul diritto di recesso), ma inibisce la operatività del meccanismo qualificativo, tanto che il contratto non consegue definitiva stabilità. Fino al momento in cui l'obbligo non viene adempiuto, dunque, il consumatore è legittimato ad esercitare il diritto di pentimento ove ne sia, in qualsiasi modo, venuto a conoscenza.

La giurisprudenza è sempre stata attenta nel ribadire con fermezza, all'interno della dicotomia professionista-consumatore, la particolare esigenza di tutela che caratterizza, secondo la comune esperienza, la posizione del contraente debole[10].

La mancanza di trattative acuisce l'importanza della fase precontrattuale, intesa come unico momento, prima della conclusione del contratto, in cui il consumatore deve essere adeguatamente informato circa il contenuto del regolamento contrattuale stesso.

L'informazione costituisce oggetto di un comportamento necessitato del professionista, reso obbligatorio da espresse previ-

---

[10] Cass. civ., 30 luglio 2001, n. 10429, in *Giur. it.*, 2002, p. 1153 ss.; Cass. civ., 20 marzo 1996, n. 2369, n *Foro it.*, 1996, p. 1665. Nel merito: Trib. Verbania, 23 aprile 2002, in *Giur. merito*, 2002, p. 1193 ss.; Trib. Roma, 28 ottobre 200, in *Contratti*, 2001, p. 441 con nota di S. CARPELLO. In prospettiva europea, la tutela del consumatore costituisce un tema dibattuto sin dall'approvazione della Carta europea di protezione dei consumatori, avvenuta ad opera del Consiglio d'Europa nel 1973, nonché dalla più nota Risoluzione del Consiglio del 14 aprile 1975 riguardante un programma preliminare della CEE per una politica di protezione ed informazione del consumatore (pubblicata in *GUCE* 25 aprile 1975, n. C 92).

sioni di legge, le quali hanno sempre assunto maggiore importanza alla luce dei nuovi meccanismi del moderno mercato concorrenziale [11].

È da escludere che l'operatore commerciale possa pensare di aver adempiuto correttamente al disposto normativo semplicemente inserendo una clausola nel contratto che rimandi genericamente alla norma in esame ed al suo contenuto, in tal modo addossando al consumatore l'onere di apprendere tutti i riferimenti necessari per l'esercizio del diritto di recesso [12].

L'informativa *de qua*, per poter garantire una sua immediata percettibilità da parte del consumatore, deve essere portata a conoscenza di quest'ultimo rispettando il requisito dell'evi-

---

[11] G. GRISI, *L'obbligo precontrattuale di informazione*, in *Riv. dir. priv.*, 1990, p. 411 ss. Lo stesso autore ricorda come, da un punto dio vista storico, il primo approccio dell'ordinamento italiano rispetto al problema dell'informazione del consumatore deve essere ricercato nello stratificato ed eterogeneo complesso di norme poste a tutela dell'affidamento del consumatore le quali, accanto a numerosi divieti, avevano iniziato a prevedere anche precisi obblighi informativi concernenti alcuni aspetti relativi al prodotto, come l'etichettatura e la presentazione di determinate categorie merceologiche di prodotti destinati al consumatore.

Per un corretto funzionamento del mercato, costituisce un dato imprescindibile il fatto che il consumatore possa muoversi e rispondere alle tecniche sempre più aggressive dell'offerta commerciali contando, da un alto, su di un consistente bagaglio di informazioni e, dall'altro, su di un alto grado di trasparenza circa le informazioni stesse.

[12] Qualche autore ha sottolineato come il principio di presunzione di conoscenza della legge venga a subire un'eccezione nei confronti del soggetto consumatore. M.A. LIVI, *Commento all'art. 5 d.lgs.15 gennaio 1992, n. 50, di attuazione della direttiva n. 85/577/CEE in materia di contratti negoziati fuori dai locali commerciali*, in *Nuove leggi civ. comm.*, 1993, p. 202. Altra parte della dottrina ha ribadito come non sembra che in questo caso si possa o si debba giungere, per garantire la tutela del consumatore, ad affermare il suo "diritto" di ignorare la legge; che il sistema delle sanzioni alla violazione dell'obbligo di informazione sembra dimostrare esattamente il contrario, nella parte in cui collega all'omissione dell'informazione soltanto un'estensione del termine per esercitare il diritto di recesso, e non la sua sospensione fino al momento in cui il consumatore non venga posto a conoscenza della facoltà di recesso. C. MACRÌ, *Contratti negoziati fuori dai locali commerciali (commento al d.lg. 15 gennaio 1992 n. 50)*, Giappichelli, Torino, 1998, p. 52.

denza grafica. In questo senso, la clausola contente la facoltà di recesso deve essere separata dalle altre, meglio se contenuta in un riquadro *ad hoc*, onde rendere l'informazione chiara, immediata e trasparente; non inserita, cioè, in un contesto uniforme di clausole.

Come ricordato dalla Suprema Corte, il legislatore «*nel trasfondere il principio della direttiva nella norma nazionale ha imposto entrambi i requisiti di forma relativi alle modalità con cui l'informazione preventiva sul diritto di recesso è portata a conoscenza del consumatore mediante una disposizione, l'art. 5, 2° comma, qualificabile come norma inderogabile ed imperativa in quanto attiene all'ordine pubblico dei rapporti economici nelle negoziazioni tra una parte debole e la parte commercialmente forte*» [13].

La giurisprudenza ha precisato che l'informazione è incompleta quando manca l'esatta indicazione di tutte le circostanze che giustificano il recesso e la natura dei suoi termini di ricezione o di spedizione o di semplice comunicazione; è scorretta od errata quando, pur nella completezza, mancano i requisiti di forma, che ne impediscano l'immediata e preventiva rilevanza, ancor prima di sottoscrivere il contratto o al tempo stesso della sua sottoscrizione.

Obblighi di informazione e diritto di recesso, per come sono stati pensati e poi tradotti nella normativa protezionistica, sono quindi strumenti caratterizzati da una certa **reciprocità funzionale**, almeno in un senso: gli obblighi informativi hanno un'importante *ratio* che si sostanzia non solo, da un punto di vista autonomo, nell'essere strumento idoneo a forzare una maggiore circolazione delle informazioni e quindi una maggior trasparenza del mercato, ma anche nel rappresentare il cardine attorno al quale ruota l'effettività della tutela prestata al consumatore in sede di recesso [14].

---

[13] Cass. civ., 3 ottobre 2003, n. 14762, in *Dir. giust.*, 2003, p. 43.

[14] E. Pomini, *Informazione e tutela del consumatore nei contratti negoziati fuori dei locali commerciali*, in *Contratti,* 2004, p. 956 ss. Questa interpretazione del legame tra i due istituti in termini di cooperazione aveva in realtà già trovato una conferma nel pensiero di G. Grisi, *Lo* ius poenitendi *tra tutela del*

Sotto tali profili, i due istituti possono essere considerati in stretta relazione funzionale, poiché il diritto di recesso non potrebbe raggiungere adeguatamente le proprie finalità di tutela se non preceduto da adeguate informazioni che rendano edotto il consumatore circa il suo contenuto e le modalità utili al suo esercizio.

Le informazioni oltre a soddisfare un'esigenza di trasparenza[15], dovrebbero far sì che il consumatore sia posto nella migliore condizione per compiere un ultimo e definitivo controllo sulla corrispondenza dell'operazione ai suoi interessi durante il periodo di riflessione.

Focus

IL DIRITTO DI RECESSO NELLA COMMERCIALIZZAZIONE A DISTANZA DEI SERVIZI FINANZIARI

Il dovere di informazione del consumatore riveste un ruolo di particolare importanza nel contesto della commercializzazione a distanza di servizi finanziari. Il problema delle conseguenze, sul piano civilistico, del comportamento negligente degli intermediari ha suscitato un enorme interesse a seguito dei noti dissesti finanziari Cirio e Parmalat e della vicenda dei bonds argentini. Le banche che hanno consigliato ai clienti quegli investimenti, hanno spesso taciuto o ignorato lo stato d'insolvenza degli emittenti. In assenza di una specifica normativa al riguardo, i Giudici si sono divisi fra tre soluzioni tra loro molto diverse; un primo orientamento accolto inizialmente dalla giurisprudenza, ha

consumatore e razionalità del mercato, in *Riv. crit. dir. priv.*, 2001, p. 588 ss.; l'Autore, in particolare, osserva l'importanza nell'ambito della tutela del consumatore apprestata mediante il diritto di recesso e gli obblighi informativi, proprio della connessione del diritto di recesso ad un onere legale di informazione che incombe sul fornitore.

[15] G. GRISI, *L'obbligo precontrattuale di informazione*, in *Riv dir. priv.*, 1990, p. 411 ss. L'importanza dell'informazione si eleva a principio cardine nei contratti a distanza, laddove il consumatore è impossibilitato dal visionare e toccare con mano il prodotto oggetto d'acquisto prima dell'avvenuta conclusione del contratto ed è quindi necessaria una tutela preventiva rispetto alla conclusione del contratto stesso. F. MASCHI, *Obblighi informativi nel commercio elettronico. Buona fede e trattamento dei dati personali*, in *Corr. giur.*, 2001, p. 692 ss.

affermato che il dovere informativo impregna con tale incidenza la normativa di settore e l'intera regolamentazione dei rapporti cui prende parte un soggetto debole, che la sua violazione, siccome configgente con norme imperative poste a tutela di interessi generalissimi, condurrebbe alla nullità del contratto di investimento *sub* specie di nullità virtuale *ex* art. 1418 c.c.
Un secondo orientamento ha sostenuto l'annullabilità dei contratti in parola per vizio del consenso *ex* art. 1427 c.c., in quanto sottoscritti dal risparmiatore sulla base della falsa prospettazione della realtà. Dovrebbe ritenersi che sia incorso in errore essenziale il risparmiatore che abbia acconsentito ad una determinata operazione finanziaria senza essere stato adeguatamente informato dei rischi relativi. Un terzo orientamento delle S.U. Cass., nega che un comportamento per quanto lesivo di fondamentali canoni giuridici, possa incidere sull'aspetto genetico della fattispecie, ossia sul contratto, e pone la sua incidenza sul momento funzionale, cioè sul rapporto intercorso tra le parti.
Copiosa giurisprudenza ha sostenuto che le violazioni degli obblighi informativi posti a carico dell'intermediario comportino la nullità del contratto di acquisto in quanto in contrasto con norma imperative [16].

---

[16] Al riguardo si veda: Trib. Mantova, 18 marzo 2004, in *Banca, borsa, tit. cred.*, 2004, p. 440 ss.; Cass. civ., 7 marzo 2001, n. 3272, in *Contratti*, 2002, p. 28 ss., che ha affermato: «*... la nullità diventa uno strumento di controllo normativo utile, insieme ad altri, a non ammettere alla tutela giuridica interessi in contrasto con valori fondamentali del sistema ...*». Si veda anche E. QUADRI, *Nullità e tutela del contraente debole*, in *Contr. e impr.*, 2001, p. 1143 ss.; A. GIOIA, *Nuova nullità relative alla tutela del contraente debole*, *ivi*, 1999, p. 1332 ss. È stata, però, per prima la Cass. civ., 29 settembre 2005, n. 19024, in *Corr. giur.*, 2006, p. 669, e in *Danno e resp.*, 2006, a stabilire che: «*... i comportamenti tenuti dalle parti nel corso delle trattative o durante l'esecuzione del contratto rimangono estranei alla fattispecie negoziale ...*», con la conseguenza che la loro illegittimità, quale che sia la natura delle norme violate, non può dar luogo alla nullità del contratto, a meno che tale incidenza non sia prevista dal legislatore. Si veda anche F. BONACCORSI, *Le S.U. e la responsabilità degli intermediari finanziari*, in *Danno e resp.*, 2008, p. 546 ss.; F. BRUNO-A. ROZZI, *Le S.U. sciolgono i dubbi sugli effetti della violazione degli obblighi di informazione*, in *Giur. comm.*, 2008, p. 612 ss.; G. COTTINO, *La responsabilità degli intermediari finanziari e il verdetto delle S.U.: chiose, considerazioni e un elogio dei giudici*, in *Giur. it.*, 2008, p. 353 ss.; G. D'ALFONSO, *Violazione degli obblighi informativi da parte degli intermediari finanziari: la tutela del risparmiatore tra rimedi restitutori e risarcitori*, in *Resp. civ.*, 2008, p. 965 ss.; F. GALGANO, *Il contratto di intermediazione fi-*

La Corte di Cassazione ha preso posizione in una importante sentenza del settembre 2005, chiarendo che la violazione degli obblighi informativi degli intermediari finanziari determina responsabilità precontrattuale, ma non nullità del contratto[17].
In particolare tale sentenza ha stabilito che la nullità del contratto per contrarietà a norme imperative ai sensi dell'art. 1418 c.c. postula violazioni attinenti a elementi intrinseci della fattispecie negoziale, cioè relativi alla struttura o al contenuto del contratto, e ha escluso che l'illegittimità della condotta tenuta nel corso delle trattative per la formazione del contratto, ovvero nella sua esecuzione, possa determinare nullità del contratto, indipendentemente dalla natura delle norme con le quali sia in contrasto, a meno che questa sanzione non sia espressamente prevista.
Nel febbraio del 2007 la questione delle conseguenze civilistiche della violazione delle norme di condotta degli intermediari finanziari è stata rimessa alle Sezioni Unite della Corte di Cassazione[18].
La sentenza della Corte di Cassazione è stata in sostanza confermata dalle Sezioni Unite che hanno deciso sulla questione loro rimessa[19].
La Suprema Corte ha affermato che la violazione dei doveri d'informazione del cliente può dar luogo a responsabilità precontrattuale, con conseguente obbligo di risarcimento dei danni, ove tale violazione avvenga nella fase precedente o coincidente con la stipulazione del contratto d'intermediazione destinato a regolare i successivi rapporti tra le parti; può, invece, dar luogo a responsabilità contrattuale, ed eventualmente condurre alla risoluzione del predetto contratto, ove si tratti di violazione riguardante le operazioni d'investimento o disinvestimento compiute in esecuzione del contratto d'intermediazione finanziaria.

---

nanziaria davanti alle S.U. della Cassazione, in *Contr. e impr.*, 2008; A. GENTILI, *Disinformazione e invalidità: i contratti di intermediazione dopo le SU*, in *Contratti*, 2008, p. 393; V. MARICONDA, *L'insegnamento delle S.U. sulla rilevanza della distinzione tra norme di comportamento e norme di validità*, in *Corr. giur.*, 2008, p. 230 ss. Nella giurisprudenza di merito, si veda: Trib. Taranto, 27 ottobre 2004, in *Foro it.*, 2005, c. 896 ss.; Trib. Genova, 15 marzo 2005, in *Contratti*, 2005, p. 1085 ss.; Trib. Milano, 25 luglio 2005, in *Danno e resp.*, 2005, p. 1227.

[17] Cass. civ., 29 settembre 2005, n. 19024, in *Corr. giur.*, 2006, p. 669 ss., con nota di G. GENOVESI; in *Danno e resp.*, 2006, p. 25 ss., con nota di V. ROPPO-G. AFFERNI; in *Giur. comm.*, 2006, p. 626 ss., con nota di C.E. SALODINI.

[18] Cass. civ., 16 febbraio 2007, n. 3683, in *Corr. giur.*, 2007, p. 631 ss., con nota di V. MARICONDA.

[19] Cass. civ., 19 dicembre 2007, n. 26724 e n. 26725.

La soluzione fatta propria dalla Suprema Corte è nel senso che le disposizioni in esame costituiscono un'eccezione alla regola generale per cui la violazione dei doveri informativi non determina la nullità del contratto [20].

3. Termini e modalità per l'esercizio del diritto di recesso

I diritti del consumatore al ricevimento delle informazioni preliminari e alla documentazione delle stesse e del contratto (clausole e condizioni generali) si pongono in funzione del pieno esercizio della libertà negoziale del consumatore, sia nella fase decisionale in ordine alle instaurazione del vincolo contrattuale, sia nella successiva eventuale fase decisionale avente ad oggetto la permanenza del predetto vincolo, che, come si è detto, può essere unilateralmente ritrattato dal consumatore mediante l'esercizio del diritto di recesso *ad nutum*.

Il legislatore accorda al consumatore, sia con riferimento ai contratti che con riguardo alle proposte contrattuali, il «*diritto di recedere senza alcuna penalità e senza specificarne il motivo, entro il termine di quattordici giorni [...]*» [21], allorché siano stati tempestivamente soddisfatti dal professionista tutti gli obblighi informativi relativi alla applicabilità o meno del *ius poenitendi* alla fattispecie concreta, nonché alle modalità e ai

[20] A. BARENGHI, *Disciplina dell'intermediazione finanziaria e nullità degli ordini di acquisto*, in *Giur. merito*, 2007, p. 59 ss.; R. BRUNO, *L'esperienza dell'investitore e l'informazione adeguata e necessaria*, in *Giur. comm.*, 2008, p. 391 ss.; V. BULFARO, *La responsabilità contrattuale dell'intermediario per violazione del dovere di informazione*, in *Nuova giur. civ. comm.*, 2007, p. 1092 ss.; L.A. CAGGIANO, *I doveri d'informazione dell'intermediario finanziario nella formazione ed esecuzione del contratto. Violazione e rimedi*, in *Dir. giur.*, 2006, p. 453 ss.; F. GRECO, *Verso la contrattualizzazione dell'informazione precontrattuale*, in *Rass. dir. civ.*, 2007, p. 1140 ss.; S.P. ANZINI, *Violazione dei doveri di informazione da parte degli intermediari finanziari tra culpa in contraendo e responsabilità professionale*, in *Contr. e impr.*, 2007, p. 982 ss.; G. MERUZZI, *La responsabilità precontrattuale tra regola di validità e regola di condotta*, in *Contr. e impr.*, 2006, p. 944 ss.

[21] Cfr. art. 52, comma 1, c. cons.

tempi di restituzione o ritiro dei beni in caso di esercizio del recesso medesimo [22].

Si noti come la norma in questione è applicabile tanto ai contratti a distanza, quanto ai contratti negoziati fuori dei locali commerciali e ciò per la lungimirante scelta del nostro legislatore di procedere ad un coordinamento sistematico della disciplina del recesso nei contratti connotati da speciali tecniche di conclusione, preludio e modello delle successive scelte comunitarie, approdate poi nel testo della direttiva 2011/83/UE.

Ebbene, in corrispondenza del corretto adempimento degli obblighi informativi e di documentazione da parte del professionista, lo *spatium deliberandi* per esercitare il diritto di recesso da parte del consumatore è di quattordici giorni (in luogo dei precedenti dieci giorni lavorativi) e si connota, essenzialmente, sia per l'assenza dell'obbligo di esternazione dei motivi a giustificazione del recesso, sia per l'assenza di qualsivoglia penalità.

La *ratio* dell'istituto è ovviamente quella di **salvaguardare la libertà negoziale al consumatore**, consentendogli di sottrarsi dal vincolo di un contratto che, per le particolari modalità e tecniche di conclusione, non era in grado di valutare adeguatamente, sia in ragione del *gap* informativo e soprattutto precettivo a carico del consumatore nei contratti a distanza, sia in ragione dell'eventuale pressione psicologica che questi dovesse eventualmente subire in relazione a tecniche di comunicazione a distanza che, come il telefono, possono sortire un effetto analogo a quello al quale è esposto il consumatore nei contratti negoziati fuori dai locali commerciali.

Vi è poi una ulteriore *ratio*, che è da individuarsi nel tentativo di restituire, in capo ai consumatori, il senso di fiducia nelle operazioni transfrontaliere, dato che la consapevolezza in ordine alla possibilità di esercitare il diritto di pentimento dovrebbe far vincere le naturali resistenze dovute alle incognite delle operazioni transnazionali [23].

---

[22] Cfr. art. 64, comma 1, c. cons., nel suo combinato disposto con l'art. 52, comma 3, lett. f) e g), c. cons.

[23] Sul punto di veda, particolare, F. MACARIO- F.P. PATTI, *Il recesso del consumatore*, in E. TOSI (a cura di), *La tutela dei consumatori in Internet e nel*

Il *dies a quo* per il computo dello *spatium deliberandi* utile all'esercizio del diritto di recesso è così calcolato «*a) nel caso dei contratti di servizi, dal giorno della conclusione del contratto;*

b) nel caso di contratti di vendita, dal giorno in cui il consumatore o un terzo, diverso dal vettore e designato dal consumatore, acquisisce il possesso fisico dei beni o:

1) nel caso di beni multipli ordinati dal consumatore mediante un solo ordine e consegnati separatamente, dal giorno in cui il consumatore o un terzo, diverso dal vettore e designato dal consumatore, acquisisce il possesso fisico dell'ultimo bene;

2) nel caso di consegna di un bene costituito da lotti o pezzi multipli, dal giorno in cui il consumatore o un terzo, diverso dal vettore e designato dal consumatore, acquisisce il possesso fisico dell'ultimo lotto o pezzo;

3) nel caso di contratti per la consegna periodica di beni durante un determinato periodo di tempo, dal giorno in cui il consumatore o un terzo, diverso dal vettore e designato dal consumatore, acquisisce il possesso fisico del primo bene;

c) nel caso di contratti per la fornitura di acqua, gas o elettricità, quando non sono messi in vendita in un volume limitato o in quantità determinata, di teleriscaldamento o di contenuto digitale non fornito su un supporto materiale, dal giorno della

---

commercio elettronico, vol. I, Giuffrè, Milano, 2012, p. 244, i quali dopo aver rimarcato le principali *rationes* sottese al diritto di recesso nella disciplina in materia di contratti a distanza, aggiungono che il lo *ius poenitendi* attribuito al consumatore «*persegue, inoltre, l'obiettivo di ridurre le barriere che spingono i consumatori a desistere dal concludere i contratti transfrontalieri. Infatti, i problemi che si incontrano abitualmente nelle contrattazioni a distanza, si prestano in modo ancor più accentuato al livello sovranazionale, frequentemente, a causa delle difficoltà derivanti dalla scarsa conoscenza della lingua adoperata dal professionista. Dal punto di vista delle Istituzioni europee, il recesso e gli obblighi informativi posti in capo ai professionisti assumono quindi un ruolo strategico per l'attuazione di un mercato unico digitale del commercio elettronico*». Vi è poi da riflettere sul fatto che, oltre alle barriere date dalle differenze linguistiche, vi sono quelle che discendono dal rischio di asimmetrie normative, per via delle possibili differenze negli ordinamenti interni di ciascuno Stato membro, introdotte in sede di recepimento delle direttive comunitarie, nonché le incognite, legate alla sopportazione dei costi di gestione dei rischi di controversia, che sarebbero difficili da stimare ove il contenzioso assuma una dimensione internazionale.

conclusione del contratto» (art. 52, comma 2, c. cons.).

Accanto al termine breve di giorni quattordici, il legislatore ha previsto, all'art. 53 c. cons., un termine lungo di un anno e quattordici giorni (in luogo dei novanta giorni per i contratti a distanza e dei sessanta giorni per i contratti conclusi fuori dei locali commerciali) entro cui recedere dal contratto ove le informazioni non siano state fornite dal professionista o siano state fornite in maniera incompleta o errata. Nel caso in cui, invece, il professionista fornisca al consumatore le dovute informazioni entro i dodici mesi, il periodo di recesso termina quattordici giorni dopo il giorno in cui il consumatore riceve le informazioni. Tale termine «*decorre, per i beni, dal giorno del loro ricevimento da parte del consumatore, per i servizi, dal giorno della conclusione del contratto*».

Per quanto, invece, concerne l'esercizio del diritto di recesso, il consumatore può utilizzare: (*i*) un modello – tipo armonizzato di recesso, attraverso cui poter esercitare lo *ius poenitendi*. Ciò, al fine di semplificare le modalità di esercizio del diritto di recesso da parte del consumatore, ma soprattutto al fine di ridurre i costi del professionista che vende a livello transfrontaliero; ovvero (*ii*) presentare una qualsiasi altra dichiarazione esplicita della sua decisione di recedere dal contratto.

Tale periodo di ripensamento ovvero di riflessione del consumatore, tuttavia, non è assoluto. Il diritto di recesso per i contratti a distanza e i contratti negoziati fuori dei locali commerciali è **escluso** relativamente a:

- i contratti di servizi dopo la completa prestazione del servizio se l'esecuzione è iniziata con l'accordo espresso del consumatore e con l'accettazione della perdita del diritto di recesso a seguito della piena esecuzione del contratto da parte del professionista;
- la fornitura di beni o servizi il cui prezzo è legato a fluttuazioni nel mercato finanziario che il professionista non è in grado di controllare e che possono verificarsi durante il periodo di recesso;
- la fornitura di beni confezionati su misura o chiaramente personalizzati;

• la fornitura di beni che rischiano di deteriorarsi o scadere rapidamente;

• la fornitura di beni sigillati che non si prestano ad essere restituiti per motivi igienici o connessi alla protezione della salute e sono stati aperti dopo la consegna;

• la fornitura di beni che, dopo la consegna, risultano, per loro natura, inscindibilmente mescolati con altri beni;

• la fornitura di bevande alcoliche, il cui prezzo sia stato concordato al momento della conclusione del contratto di vendita, la cui consegna possa avvenire solo dopo trenta giorni e il cui valore effettivo dipenda da fluttuazioni sul mercato che non possono essere controllate dal professionista;

• i contratti in cui il consumatore ha specificamente richiesto una visita da parte del professionista ai fini dell'effettuazione di lavori urgenti di riparazione o manutenzione. Se, in occasione di tale visita, il professionista fornisce servizi oltre a quelli specificamente richiesti dal consumatore o beni diversi dai pezzi di ricambio necessari per effettuare la manutenzione o le riparazioni, il diritto di recesso si applica a tali servizi o beni supplementari;

• la fornitura di registrazioni audio o video sigillate o di software informatici sigillati che sono stati aperti dopo la consegna;

• la fornitura di giornali, periodici e riviste ad eccezione dei contratti di abbonamento per la fornitura di tali pubblicazioni;

• i contratti conclusi in occasione di un'asta pubblica;

• la fornitura di alloggi per fini non residenziali, il trasporto di beni, i servizi di noleggio di autovetture, i servizi di catering o i servizi riguardanti le attività del tempo libero qualora il contratto preveda una data o un periodo di esecuzione specifici;

• la fornitura di contenuto digitale mediante un supporto non materiale se l'esecuzione è iniziata con l'accordo espresso del consumatore e con la sua accettazione del fatto che in tal caso avrebbe perso il diritto di recesso.

4. Gli effetti del recesso

L'art. 55 c. cons. fissa il principio in forza del quale «*1. L'e-*

sercizio del diritto di recesso pone termine agli obblighi delle parti:

a) di eseguire il contratto a distanza o negoziato fuori dei locali commerciali;

oppure

b) di concludere un contratto a distanza o negoziato fuori dei locali commerciali nei casi in cui un'offerta sia stata fatta dal consumatore».

In realtà, il suddetto articolo, rubricato con un generico riferimento agli effetti del diritto di recesso, si occupa del destino delle obbligazioni derivanti dal contratto o dalla proposta contrattuale in caso di recesso [24].

Si ha dunque lo scioglimento delle parti dal vincolo contrattuale e l'avvento di obbligazioni *ex lege*, finalizzate a gestire i rapporti sorti a seguito della esecuzione delle prestazioni, e concernenti: *a*) la restituzione, a cura del consumatore, dei beni eventualmente consegnatigli da parte del professionista in esecuzione del contratto; *b*) la restituzione, a carico del professionista, delle somme eventualmente versategli dal consumatore; *c*) la ripartizione delle spese sostenute dalle parti nella fase di iniziale esecuzione del contratto e di quelle connesse agli adempimenti correlati all'esercizio del diritto di recesso.

Ai sensi dell'art. 57 c. cons., il consumatore, nel caso in cui abbia ricevuto in consegna un bene, è obbligato a restituirlo e a metterlo a disposizione del professionista o della persona da questi designata, secondo le modalità ed i tempi previsti dal contratto, tenendo però conto che l'obbligazione redibitoria va assolta comunque entro un termine di quattordici giorni dalla data in cui ha comunicato al professionista la sua volontà di recedere dal contratto.

---

[24] Sugli effetti del recesso, cfr. D. VALENTINO, *Recesso e vendite aggressive*, E.S.I., Napoli, 1996, p. 223 ss.; G. BELLANTUONO, *Gli effetti del recesso nelle negoziazione fuori dei locali commerciali*, in A. JANNARELLI (a cura di), *Le vendite aggressive e le vendite a distanza*, E.S.I., Napoli, 1995, p. 171 ss.; C. MACRÌ, *Contratti negoziati fuori dai locali commerciali* (commento al d.lgs. 15 gennaio 1992 n. 50), cit., p. 90 ss.; L.V. MOSCARINI, *Diritto di recesso e contratti negoziati fuori dai locali commerciali*, in G. VETTORI (a cura di), *Materiali e commenti nel nuovo diritto dei contratti*, Cedam, Padova, 1999, p. 235 ss.

Al fine di non pregiudicare oltre misura il professionista, il legislatore opera un bilanciamento degli interessi in gioco alla luce di prevedibili ipotesi di danneggiamento o deterioramento del bene da restituire.

L'art. 57, comma 2, c. cons. prevede infatti che «*Il consumatore è responsabile unicamente della diminuzione del valore dei beni risultante da una manipolazione dei beni diversa da quella necessaria per stabilire la natura, le caratteristiche e il funzionamento dei beni. Il consumatore non è in alcun caso responsabile per la diminuzione del valore dei beni se il professionista ha omesso di informare il consumatore del suo diritto di recesso a norma dell'articolo 49, comma 1, lettera h)*».

Il recesso, infatti, può essere esercitato anche là dove il bene inizialmente acquistato sia stato adoperato e, in relazione a tale uso, è sorto (in relazione alla precedente normativa) il problema interpretativo se il professionista possa eventualmente avanzare pretese economiche, a titolo di corrispettivo.

Il tema è stato oggetto di pronuncia da parte della Corte di Giustizia delle CE, la quale, con sentenza 3 settembre 2009, resa nella causa C-489/2007, *Pia Messner c. Firma Stefan Kruger*, ha affermato il principio secondo cui «*l'art. 6, nn. 1, secondo periodo, e 2, della direttiva (...) 97/7/CE, riguardante la protezione dei consumatori in materia di contratti a distanza, deve essere interpretato nel senso che osta ad una normativa nazionale la quale preveda in modo generico che il venditore possa chiedere al consumatore una indennità per l'uso di un bene acquistato tramite un contratto a distanza nel caso in cui quest'ultimo abbia esercitato il suo diritto di recesso entro i termini. Tuttavia, questo stesso articolo non osta a che venga imposto al consumatore il pagamento di una indennità per l'uso di tale bene nel caso in cui egli abbia fatto uso del detto bene in un modo incompatibile con i principi del diritto civile, quali la buona fede o l'arricchimento senza giusta causa, a condizione che non venga pregiudicato il fine della detta direttiva e, in particolare, l'efficacia e l'effettività del diritto di recesso, cosa che spetta al giudice nazionale determinare*».

Come affermato in dottrina, il rischio è quello di «*privare di effettività l'esercizio del diritto di recesso, con l'effetto di ren-*

dere la previsione normativa puramente formale, costituendo la minaccia del versamento di una indennità un potenziale deterrente tutt'altro che trascurabile per il consumatore che intenda avvalersi dello ius poenitendi, *specie nei casi di acquisti di scarsa entità economica*»[25].

Parte della dottrina ha anche posto in evidenza il problematico rapporto tra termine di esercizio del recesso e termine di adempimento degli obblighi restitutori. Dal momento che lo scioglimento del vincolo è effetto del recesso, è possibile ritenere, laddove si versi in ipotesi di un contratto già perfezionatosi, che l'obbligo di restituire la merce si configuri come un effetto ulteriore, e consequenziale, non potendo immaginarsi, in linea di massima, che l'effetto liberatorio ed il conseguente obbligo restitutorio, per le obbligazioni nel frattempo adempiute, si producano senza che il contratto si sia risolto ovvero che si realizzino contestualmente. Considerando che logicamente e cronologicamente la restituzione segue il recesso, e che di tardività della stessa non può parlarsi quando il consumatore può recedere in un tempo prolungato per violazione di doveri di informazione, va osservato, però, che il legislatore non ha voluto prevedere alcun diritto di ritenzione a favore del consumatore, per cui non è dato stabilire la sanzione connessa alla tardiva restituzione.

---

[25] C. PUPPO, *Contratti a distanza e recesso nella giurisprudenza comunitaria*, in *Contratti*, 2010, 4, p. 355 ss. Si veda anche, a commento della medesima sentenza, M. COGNOLATO, *Contratti del consumatore e "diritto delle restituzioni" (secondo la Corte di Giustizia CE)*, in *Obbl. contr.*, 2011, 1, p. 26 ss., il quale ricorda che «*Secondo la Corte Comunitaria, il diritto di recesso, riconosciuto al consumatore che stipula con il professionista contratti a distanza (ai sensi della dir. 97/7/CE), presenta caratteri di gratuità tali da escludere la compatibilità (con le norme comunitarie) di disposizioni nazionali che riconoscano "in modo generico", in capo al professionista, il diritto di trattenere o chiedere, a seguito del suo esercizio, somme a titolo di indennità per l'uso medio tempore del bene oggetto del contratto. Una diversa conclusione – viene osservato – minerebbe l'efficacia ed effettività di tale rimedio, poiché il consumatore (al quale dovessero venissero addossati sacrifici patrimoniali connessi ad un suo pur "fisiologico" esercizio) sarebbe nella maggior parte dei casi scoraggiato dal ricorrervi, con evidente frustrazione dell'intento primario della direttiva in materia di contratti a distanza (...) di garantirgli uno spazio di ponderazione "libero" e che non sia relegato al rango di tutela meramente formale) rispetto al bene o servizio oggetto del contratto*».

Specularmente all'obbligazione, a carico del consumatore, avente ad oggetto la restituzione della merce consegnata, il legislatore ha previsto una corrispondente obbligazione, a carico del professionista, di rimborsare le somme che questi abbia eventualmente ricevuto dal consumatore medesimo in forza del contratto.

Ed invero, ove vi sia stato il rituale e tempestivo esercizio del diritto di recesso, «*il professionista rimborsa tutti i pagamenti ricevuti dal consumatore, eventualmente comprensivi delle spese di consegna, senza indebito ritardo e comunque entro quattordici giorni dal giorno in cui è informato della decisione del consumatore di recedere dal contratto ai sensi dell'articolo 54*».

Il concetto di gratuità del rimborso è bilanciato dal regime delle spese, in riferimento alle quali l'art. 57, 1 comma, c. cons. stabilisce che, «*Il consumatore sostiene solo il costo diretto della restituzione dei beni, purché il professionista non abbia concordato di sostenerlo o abbia omesso di informare il consumatore che tale costo è a carico del consumatore*».

La norma *de qua* esclude che al consumatore possano essere addebitate anche le spese di consegna del bene sostenute nella fase di iniziale esecuzione dell'obbligazione contrattuale, prima dell'esercizio del diritto di recesso. Infatti, come bene chiarito anche dalla Giurisprudenza della Corte di Giustizia UE con sentenza 15 aprile 2010, causa C-511/2008, «*l'art. 6, nn. 1, primo comma, seconda frase, e 2, della direttiva (...) 97/7/CE, riguardante la protezione dei consumatori in materia di contratti a distanza, deve essere interpretata nel senso che esso osta ad una normativa nazionale che consente al fornitore, nell'ambito di un contratto concluso a distanza, di addebitare le spese di consegna al consumatore qualora questi eserciti il suo diritto di recesso*». La *ratio* è pur sempre quella di salvaguardare il libero esercizio del diritto di recesso da parte del consumatore, evitando che possano operare dei condizionamenti aventi effetti sostanzialmente dissuasivi.

In altre parole, il professionista non può escludere dal diritto del consumatore al rimborso delle somme versate, quelle relative alle spese di spedizione del bene, che, in caso di recesso, rimangono a carico del professionista. Restano invece a carico del consumatore le spese di restituzione della merce a seguito dell'esercizio del diritto di recesso, qualora di ciò sia stata adeguata informazione e vi sia una corrispondente previsione contrattuale [26].

5. Verso un ammodernamento delle regole sul recesso con la direttiva 2161/2019/UE

Il Parlamento Europeo e il Consiglio nella direttiva 2161/2019/UE dopo l'effettuazione del controllo dell'adeguatezza in materia di diritto dei consumatori e del marketing nonché la valutazione della direttiva 2011/83/UE hanno individuato una serie di settori in cui le vigenti norme dell'Unione a tutela dei consumatori dovrebbero essere modernizzate.

L'evoluzione degli strumenti digitali richiede necessariamente che il diritto dei consumatori si adatti a tali cambiamenti sotto il profilo dei diritti e dei rimedi.

Nel considerando n. 27, per esempio, si pone l'accento sui fornitori dei mercati online e sugli obblighi di informazione, prevedendo che questi debbano comunicare ai consumatori se il terzo che offre beni, servizi o contenuto digitale è un professionista o meno, sulla base della dichiarazione effettuata nei loro confronti dal terzo stesso. Nel caso in cui il terzo che offre beni, servizi o contenuto digitale, infatti, dichiari di essere un non professionista, i fornitori dei mercati online dovranno fornire una breve dichiarazione al fine di attestare che i diritti dei consumatori derivanti dal diritto dell'Unione sulla tutela dei consumatori non si applicano al contratto concluso.

Ma gli obblighi di informazione dovrebbero avere anche ad oggetto gli obblighi legati al contratto e la loro ripartizione tra i terzi che offrono beni, servizi o contenuto digitale e il fornitore del mercato online. Tali informazioni dovrebbero essere fornite in modo chiaro e comprensibile e non solo mediante i termini e le condizioni standard o ad analoghi documenti contrattuali.

---

[26] Cfr. F. BRAVO, *I contratti a distanza nel codice del consumo e nella direttiva 2011/83/UE*, cit., p. 224.

Le informazioni da fornire sulla responsabilità di garantire i diritti dei consumatori sono determinate anche dagli accordi contrattuali fra i fornitori dei mercati online e i professionisti terzi pertinenti, per cui il fornitore del mercato online "può indicare il professionista terzo come unico responsabile in materia di garanzia dei diritti dei consumatori, oppure può descrivere le sue specifiche responsabilità nel caso in cui tale fornitore si assuma la responsabilità di certi aspetti del contratto, per esempio la consegna o l'esercizio del diritto di recesso".

Ed ancora, per quel che concerne specificatamente il diritto di recesso, è stato evidenziato che le definizioni di «*contenuti digitali*» e «*servizi digitali*» di cui alla direttiva 2011/83/UE dovrebbero essere allineate a quelle di cui alla direttiva 2019/770/UE del Parlamento europeo e del Consiglio. Esempi di servizi digitali sono «*i servizi di condivisione di file video e audio e altri tipi di file hosting, il trattamento testi o i giochi offerti nell'ambiente di cloud computing, l'archiviazione su cloud, la webmail, i media sociali e le applicazioni su cloud*». La continua implicazione del fornitore di servizi giustifica l'applicazione delle norme sul diritto di recesso previste dalla direttiva 2011/83/UE, che permettono effettivamente al consumatore di provare il servizio e di decidere, entro un periodo di 14 giorni dalla conclusione del contratto, se mantenerlo o no. Numerosi contratti per la fornitura di servizi digitali mediante un supporto non materiale sono caratterizzati da una singola fornitura da parte del professionista per fornire al consumatore uno o più elementi specifici del contenuto digitale, come file musicali o video. Tali contratti per la fornitura di servizi digitali mediante un supporto non materiale rimangono soggetti all'eccezione al diritto di recesso di cui all'art. 16, comma 1, lett. m) della direttiva 2011/83/UE che prevede che il consumatore perda tale diritto una volta cominciata l'esecuzione del contratto, come il download o lo streaming del contenuto, a condizione che il consumatore abbia dato il suo previo consenso espresso a iniziare l'esecuzione durante il periodo del diritto di recesso e abbia accettato che avrebbe così perso il suo diritto.

Qualora non sia chiaro se il contratto è un contratto di servizi o di fornitura di contenuti digitali forniti mediante un supporto non materiale, si dovrebbe applicare la norma sul diritto di recesso per i servizi".

Il considerando n. 38, in particolare, prevede la necessità di modificare l'art. 16, comma 1, lett. m) della direttiva 2011/83/UE, in modo che l'obbligo per i professionisti di ottenere il previo consenso espresso e l'accettazione da parte del consumatore si applichi solo ai contratti che impongono al consumatore l'obbligo di pagare; infatti, la norma prevede un'eccezione al diritto di recesso per quanto riguarda il contenuto digitale fornito mediante un supporto non materiale. L'art. 14, par. 4, lett. b), della direttiva 2011/83/UE prevede una sanzione contrattuale nel caso in cui il professionista non rispetti questa condizione, vale a dire che il consumatore non debba pagare per il contenuto digitale utilizzato. Il requisito di ottenere il previo consenso espresso e l'accettazione da parte del consumatore è di conseguenza rilevante solo per il contenuto digitale fornito dietro il pagamento di un prezzo.

La direttiva prevede che la direttiva 2011/83/UE sia modificata per far sì che gli Stati membri possano adottare disposizioni nazionali indicanti un periodo più lungo per l'esercizio del diritto di recesso e che introducano delle deroghe a specifiche eccezioni a tale diritto.

Indice delle opere citate

AA.VV., *Le vendite aggressive. Vendite stipulate fuori dei locali commerciali e vendite stipulate a distanza nel diritto italiano ed europeo*, a cura di A. JANNARELLI, E.S.I., Napoli, 1995.

AA.VV., *La disciplina del commercio elettronico e delle altre forme di contrattazione a distanza*, a cura di M. ATELLI, Giappichelli, Torino, 2001.

ALPA G., *La nuova disciplina dei diritti del consumatore*, in *Studium Juris*, 1998.

ANZINI P., *Violazione dei doveri di informazione da parte degli intermediari finanziari tra culpa in contraendo e responsabilità professionale*, in *Contr. e impr.*, 2007.

BARENGHI A., *Disciplina dell'intermediazione finanziaria e nullità degli ordini di acquisto*, in *Giur. merito*, 2007.

BATTELLI E., *La nuova disciplina degli obblighi informativi nei contratti con i consumatori*, in *Giur. it.*, 2014.

BELLANTUONO G., *Gli effetti del recesso nelle negoziazioni fuori dei locali commerciali*, in A. JANNARELLI (a cura di), *Le vendite aggressive e le vendite a distanza*, E.S.I., Napoli, 1995.

BRAVO F., *I contratti a distanza nel codice del consumo e nella direttiva 2011/83/UE – Verso un codice europeo del consumo*, Giuffrè, Milano, 2013.

BOCCHINI F., *Il regime dei rischi nei contratti negoziati fuori dei locali commerciali*, in ID. (a cura di), *Diritto dei consumatori e nuove tecnologie. Gli scambi*, Giappichelli, Torino, 2003.

BONACCORSI F., *Le S.U. e la responsabilità degli intermediari finanziari*, in *Danno e resp.*, 2008.

BULFARO V., *La responsabilità contrattuale dell'intermediario per violazione del dovere di informazione*, in *Nuova giur. civ. comm.*, 2007.

BRUNO F., *L'esperienza dell'investitore e l'informazione adeguata e necessaria*, in *Giur. comm.*, 2008.

BRUNO F.-ROZZI A., *Le S.U. sciolgono i dubbi sugli effetti della violazione degli obblighi di informazione*, in *Giur. comm.*, 2008.

CAGGIANO L.A., *I doveri d'informazione dell'intermediario finanziario nella formazione ed esecuzione del contratto. Violazione e rimedi*, in *Dir. giur.*, 2006.

CARBONE P.L., *La vendita fuori dei locali commerciali*, in M. BIN (a cura di), *La vendita*, vol. I, Cedam, Padova, 1994.

COGNOLATO M., *Contratti del consumatore e "diritto delle restituzioni" (secondo la Corte di Giustizia CE)*, in *Obbl. contr.*, 2011.

COTTINO G., *La responsabilità degli intermediari finanziari e il verdetto delle S.U.: chiose, considerazioni e un elogio dei giudici*, in *Giur. it.*, 2008.

D'ALFONSO G., *Violazione degli obblighi informativi da parte degli intermediari finanziari: la tutela del risparmiatore tra rimedi restitutori e risarcitori*, in *Resp. civ.*, 2008.

D'AMICO G., *"Regole di validità" e principio di correttezza nella formazione del contratto*, E.S.I., Napoli, 1996.

DE CRISTOFARO G., *La nuova disciplina comunitaria del credito al consumo: la direttiva 2008/48/CE e l'armonizzazione «completa» delle disposizioni nazionali concernenti «taluni aspetti» dei «contratti di credito ai consumatori»*, in *Riv. dir. civ.*, 2008.

DE CRISTOFARO G., *La direttiva 2011/83/UE sui «diritti dei consumatori»: ambito di applicazione e disciplina degli obblighi informativi precontrattuali*, in A. D'ANGELO-V. ROPPO (a cura di), *Annuario del contratto*, Giappichelli, Torino, 2012.

De Cristofaro G., *La disciplina degli obblighi informativi precontrattuali nel codice del consumo*, in *Nuove leggi civ. comm.*, 2014.

Delfini F., *La novella del codice del consumo in tema di contratti a distanza dei consumatori*, in *Giustiziacivile.com*, approfondimento del 20 giugno 2014.

Gabrielli G., *Vincolo contrattuale e* recesso *unilaterale*, Giuffrè, Milano, 1985.

Galgano F., *Il contratto di intermediazione finanziaria davanti alle S.U. della Cassazione*, in *Contr. e impr.*, 2008.

Gentili A., *Disinformazione ed invalidità: i contratti di intermediazione dopo le S.U.*, in *Contratti*, 2008.

Gioia A., *Nuova nullità relative alla tutela del contraente debole*, in *Contr. e impr.*, 1999.

Greco F., *Verso la contrattualizzazione dell'informazione precontrattuale, in Rass. dir. civ.*, 2007.

Grisi G., *L'obbligo precontrattuale di informazione*, in *Riv. dir. priv.*, 1990.

Grisi G., Lo ius poenitendi *tra tutela del consumatore e razionalità del mercato*, in *Riv. crit. dir. priv.*, 2001.

Grisi G., Ius poenitendi *e tutela del consumatore*, in *Trattato di diritto commerciale e di diritto pubblico dell'economia. Il contratto telematico*, a cura di V. Ricciuto e N. Zorzi, Cedam, Padova, 2002.

Gorgoni M., *Sui contratti negoziati fuori dei locali commerciali alla luce del D.Lg. N. 50/1992*, in *Contr. e impr.*, 1993.

Livi M.A., *Commento all'art. 5 d. lgs. 15 gennaio 1992, n. 50 di attuazione della direttiva n. 85/577/CEE in materia di contratti negoziati fuori dai locali commerciali*, in *Nuove leggi civ. comm.*, 1993.

Lobuono M., *Informazione sul diritto di recesso e tutela del consumatore*, in A. Jannarelli (a cura di), *Le vendite aggressive. Vendite stipulate fuori dei locali commerciali e vendite stipulate a distanza nel diritto italiano ed europeo*, E.S.I., Napoli, 1995.

Macario F.-Patti F.P., *Il recesso del consumatore*, in E. Tosi (a cura di), *La tutela dei consumatori in Internet e nel commercio elettronico*, Giuffrè, Milano, 2012.

Macrì C., *Contratti negoziati fuori dai locali commerciali (commento al d.lg. 15 gennaio 1992 n. 50)*, Giappichelli, Torino, 1998.

Mariconda V., *L'insegnamento delle S.U. sulla rilevanza della distinzione tra norme di comportamento e norme di validità*, in *Corr. giur.*, 2008.

Maschi F., *Obblighi informativi nel commercio elettronico. Buona fede e trattamento dei dati personali*, in *Corr. giur.*, 2001.

MERUZZI G., *La responsabilità precontrattuale tra regola di validità e regola di condotta*, in *Contr. e impr.*, 2006.

MOSCARINI L.V., *Diritto di recesso e contratti negoziati fuori dai locali commerciali*, in G. VETTORI (a cura di), *Materiali e commenti nel nuovo diritto dei contratti*, Cedam, Padova, 1999.

OCCHIUZZI P., *Gli obblighi informativi*, in *Corr. giur.*, 2014.

PAGLIANTINI S., *La riforma del Codice del consumo ai sensi del d.lgs. 21/2014: una rivisitazione (con effetto paralizzante per i consumatori e le imprese?)*, in *Contratti*, 2014.

PILIA C., *La Direttiva 2011/83/Ue sui diritti dei consumatori*, in G. VETTORI (a cura di), *Contratto e responsabilità. Il contratto dei consumatori, dei turisti, dei clienti, degli investitori e delle imprese deboli*, IV ed., Cedam, Padova, 2013.

POMINI E., *Informazione e tutela del consumatore nei contratti negoziati fuori dei locali commerciali*, in *Contratti*, 2004.

PONCIBÒ C., *La direttiva 2011/83/UE: obblighi informativi precontrattuali e risarcimento del danno*, in *Trattato breve dei nuovi danni*, a cura di P. CENDON, vol. II, *Impresa, mercato, società*, Cedam, Padova, 2014.

PUPPO C., *Contratti a distanza e recesso nella giurisprudenza comunitaria*, in *Contratti*, 2010.

QUADRI E., *Nullità e tutela del contraente debole*, in *Contr. e impr.*, 2001.

RENDE F., *Informazione e consenso nella costruzione del regolamento contrattuale*, Giuffrè, Milano, 2012.

RENDE F., *Obblighi d'informazione nei contratti a distanza e nei contratti negoziati fuori dei locali commerciali, Commento all'art. 49 cod. cons.*, in G. D'AMICO (a cura di), *La riforma del Codice del consumo*, Giuffrè, Milano, 2012.

RIVA I., *La direttiva di armonizzazione massima sui diritti dei consumatori, o almeno ciò che ne resta*, in *Contr. impr./Europa*, 2011.

SANGIORGI S., *Rapporti di durata e recesso* ad nutum, Giuffrè, Milano, 1965.

SCALISI V., *Nullità e inefficacia nel sistema europeo dei contratti*, in *Europa dir. priv.*, 2001.

SCALISI V., *Invalidità e inefficacia. Modalità assiologiche della negozialità*, in *Riv. dir. civ.*, 2003.

SCALISI V., *Regola e metodo nel diritto civile della postmodernità*, in *Riv. dir. civ.*, 2005.

SCALISI V., *Lineamenti di una teoria assiologia dei rimedi giuridici*, in *Riv. dir. civ.*, 2018.

VALENTINO D., *Recesso e vendite aggressive*, E.S.I., Napoli, 1996.
VALENTINO D., *Obblighi di informazione e vendite a distanza*, in *Rass. dir. civ.*, 1998.

Capitolo IX

I pacchetti turistici: la nuova disciplina

Sommario

1. Normativa di riferimento e ambito di applicazione

La disciplina del contratto di viaggio è sempre stata oggetto di molteplici interventi normativi sia a livello nazionale che comunitario, che internazionale.

Sono parecchie le iniziative legislative e, pertanto, è opportuno effettuare un excursus delle più rilevanti che si sono succedute in materia, e tra cui ricordiamo, in particolare:

1. La Convenzione di Bruxelles del 1970 (CCV), ratificata in Italia con la l. 27 dicembre 1977, n. 1084, il cui ambito di applicazione era limitato ai contratti da eseguirsi totalmente o parzialmente in uno Stato diverso da quello in cui il contratto era stato stipulato o da cui il viaggiatore era partito, con esclusione, pertanto, dei contratti di viaggio nazionale;

2. d.lgs. 17 marzo 1995, n. 111, in attuazione della direttiva comunitaria n. 314/90;

3. d.lgs. 6 settembre 2005, n. 206;

4. d.lgs. 23 maggio 2011, n. 79 (c.d. codice del turismo);

5. d.lgs. 21 maggio 2018, n. 62, attuativo della direttiva europea 2015/2302, relativa ai pacchetti turistici e ai servizi turistici collegati.

Inoltre, il pacchetto turistico e, in special modo, il contratto di viaggio, è sottoposto – trattandosi di rapporti consumatore-professionista – alle previsioni del codice civile di cui agli artt. 1340, 1341 e 1469 *bis* relative ai contratti predisposti uniformemente mediante moduli o formulari, come non di rado avviene nel settore [1].

La prima definizione di "**pacchetto turistico**" viene introdotta nel nostro ordinamento dal d.lgs. 17 marzo 1995, n. 111, con cui è stata attuata la direttiva 90/314/CEE concernente «*i viaggi, le vacanze ed i circuiti tutto compreso*».

In particolare, in base all'art. 2 del menzionato decreto «*I pacchetti turistici hanno ad oggetto i viaggi, le vacanze ed i circuiti "tutto compreso", risultanti dalla prefissata combinazione di almeno due degli elementi di seguito indicati, venduti od offerti in vendita ad un prezzo forfettario, e di durata superiore alle ventiquattro ore ovvero estendentisi per un periodo di tempo comprendente almeno una notte: a) trasporto; b) alloggio;) servizi turistici non accessori al trasporto o all'alloggio di cui all'art. 7, lettere i) e m), che costituiscano parte significativa del "pacchetto turistico"*».

Il d.lgs. n. 111/1995 è stato pressoché interamente trasfuso – con le dovute modifiche e integrazioni, gran parte delle quali in favore dei viaggiatori – nel d.lgs. 21 maggio 2018, n. 62, le cui sole disposizioni, pertanto, si analizzeranno nel prosieguo [2].

---

[1] A. Venchiarutti, *La disciplina dei servizi turistici nel codice del consumo e linee di riforma a livello comunitario*, in *Diritto del Turismo, Trimestrale di analisi, giurisprudenza e documentazione*, 2007, 4.

[2] G. De Cristofaro, *La nuova disciplina europea dei contratti di viaggio (Dir. 2015/2302/UE) e le prospettive del suo rece-pimento nell'ordinamento italiano*, in *Nuove leggi civ. comm.*, 2017.

2. Le modifiche introdotte dal d.lgs. 21 maggio 2018, n. 62

Il d.lgs. 21 maggio 2018, n. 62 ha dato attuazione alla direttiva 2015/2302/UE, che disciplina la normativa sui pacchetti turistici e i servizi turistici collegati, abrogando la precedente direttiva 90/314/UEE [3].

Esso, in particolare, ha modificato l'Allegato 1 al d.lgs. 23 maggio 2011, n. 79 (c.d. codice del turismo), introducendo le nuove previsioni di cui agli artt. 32-51-*novies*.

L'attenzione, di seguito, si focalizzerà sulle disposizioni che hanno introdotto le modifiche maggiormente rilevanti in tema di tutela dei diritti del viaggiatore/consumatore.

3. La nozione ampliata di pacchetti turistici

La definizione di pacchetto turistico si rinviene all'art. 33, lett. c), c. tur.

Prima della riforma erano considerati pacchetti turistici solo i viaggi, le vacanze, i circuiti tutto compreso e le crociere venduti od offerti ad un prezzo forfettario che risultavano dalla combinazione di almeno due elementi fra trasporto, alloggio e altri servizi turistici non accessori al trasporto o all'alloggio, che costituivano una parte significativa del pacchetto (ad es. macchina a noleggio, escursioni).

Dal 1° luglio 2018 è considerato **pacchetto turistico** la combinazione di almeno due elementi (trasporto, alloggio, noleggio di veicoli, altri servizi non accessori al trasporto, alloggio e noleggio) ai fini dello stesso viaggio o della stessa vacanza, se si verifica almeno una delle seguenti condizioni:

a) se i servizi sono combinati da un unico professionista [4],

---

[3] R. Pasquili, *La direttiva 2015/2302/UE. Contenuto e forma del contratto di viaggio*, in *Riv. dir. civ.*, 2017.

[4] Quanto ai vari professionisti coinvolti nell'organizzazione del viaggio, il medesimo articolo differisce tra: «*h) "professionista": qualsiasi persona fisica o giuridica pubblica o privata che, nell'ambito della sua attività commerciale, industriale, artigianale o professionale agisce, nei contratti oggetto del*

anche su richiesta o selezione del viaggiatore, prima che sia concluso un contratto unico per tutti i servizi (*dynamic packaging*);

b) se i servizi, anche se conclusi con contratti distinti con singoli fornitori di servizi turistici sono, alternativamente:

i) acquistati presso un unico punto vendita e selezionati prima che il viaggiatore acconsenta al pagamento;

ii) offerti, venduti o fatturati a un prezzo forfettario o globale; – o pubblicizzati o venduti sotto la denominazione "pacchetto";

iii) combinati dopo la conclusione di un contratto con cui il professionista consente al viaggiatore di scegliere tra una selezione di tipi diversi di servizi turistici;

iv) acquistati presso professionisti distinti online ove il nome del viaggiatore, gli estremi del pagamento e l'indirizzo di posta elettronica siano trasmessi dal professionista con cui è concluso il primo contratto a uno o più professionisti, e il contratto con quest'ultimo o questi ultimi professionisti sia concluso entro 24 ore dopo la conferma della prenotazione del primo servizio turistico (*click-through*)[5].

In giurisprudenza, è stato evidenziato che «*il contratto stipulato tra le parti deve qualificarsi come "pacchetto turistico", allorquando l'organizzatore si obblighi (anche tramite un venditore, che in genere è un'agenzia di viaggi) non solo al trasporto e/o all'alloggio ma anche alla prestazione di servizi turistici ad essi non meramente accessori (itinerari, visite, escursioni con accompagnatori) che costituiscano parte signi-*

---

presente Capo, anche tramite altra persona che opera in suo nome o per suo conto, in veste di organizzatore, venditore, professionista che agevola servizi turistici collegati o di fornitore di servizi turistici, ai sensi della normativa vigente; i) "organizzatore": un professionista che combina pacchetti e li vende o li offre in vendita direttamente o tramite o unitamente a un altro professionista, oppure il professionista che trasmette i dati relativi al viaggiatore a un altro professionista conformemente alla lettera c), numero 2.4); l) "venditore": il professionista diverso dall'organizzatore che vende o offre in vendita pacchetti combinati da un organizzatore;».

[5] M. CARPAGNANO, *Turismo, dal 1° luglio cambiano le regole per imprese e viaggiatori*, in *https://www.ilsole24ore.com/art/turismo-1-luglio-cambiano-regole-imprese-e-viaggiatori-AETUm7EF*.

ficativa, anche in termini causali, della vacanza organizzata» [6].

In base all'art. 32, che delinea l'ambito di applicazione della normativa in parola, devono intendersi, invece, esclusi dalla disciplina dei contratti del turismo:

i) pacchetti e servizi turistici la cui durata sia inferiore a 24 ore, salvo che sia incluso un pernottamento;
ii) pacchetti e servizi turistici collegati offerti solo in via occasionale, senza fini di lucro e a un numero ristretto di persone;
iii) pacchetti e servizi turistici collegati conclusi tra un professionista e altro soggetto che opera nell'ambito della propria attività commerciale, imprenditoriale, artigianale o professionale.

4. I cosiddetti "servizi turistici collegati"

I **servizi turistici collegati** non erano previsti da nessuna delle precedenti normative, e sono stati introdotti *ex novo* dal decreto legislativo di cui ci occupiamo.

Essi consistono nella combinazione di due differenti tipologie di servizi turistici, i quali tuttavia non costituiscono un "pacchetto" e comportano la conclusione di contratti distinti.

Ai sensi dell'art. 33, lett. f), c. tur., affinché possa parlarsi di servizi turistici collegati, occorre che vi siano almeno due tipi diversi di servizi turistici acquistati ai fini dello stesso viaggio o della stessa vacanza, che non costituiscono un pacchetto, e che comportano la conclusione di contratti distinti con i singoli fornitori di servizi turistici, nonché che ricorra alternativamente una delle seguenti condizioni:

i) la selezione e il pagamento distinti di ogni servizio turistico da parte dei viaggiatori, in occasione di un'unica visita o un unico contatto con il proprio punto vendita;
ii) l'acquisto mirato di almeno un servizio turistico aggiuntivo presso un altro professionista, concluso entro 24 ore dalla conferma della prenotazione del primo servizio turistico.

---

[6] Trib. Terni, 28 marzo 2020.

I servizi turistici collegati sono, quindi, servizi turistici acquistati con contratti distinti presso professionisti distinti, attraverso processi collegati di prenotazione on line, per i quali si prevede l'estensione degli obblighi di protezione in caso d'insolvenza o fallimento e d'informazione al viaggiatore [7].

Diventano, quindi, rilevanti le seguenti figure professionali del settore: «*organizzatore*», «*venditore*», «*professionista*», «*viaggiatore*» [8].

Infatti, l'organizzatore del viaggio corrisponde normalmente ad un tour operator, che provvede di norma a organizzare la combinazione degli elementi del pacchetto turistico da vendere sia direttamente sia attraverso altri soggetti.

L'intermediario è il "venditore", figura già disciplinata dalla precedente formulazione del codice del consumo, che si occupa della vendita di pacchetti turistici realizzati da un organizzatore.

Il termine "viaggiatore" è utilizzato al fine di comprendere anche chi viaggia per scopi professionali.

In base all'art. 49 ai servizi turistici collegati non si applicano le medesime tutele previste per i pacchetti turistici, salvo la garanzia per il caso di insolvenza del soggetto agevolatore – cioè il professionista che agevola la conclusione dei contratti aventi ad oggetto i singoli servizi turistici – e salva la violazione degli obblighi informativi.

Il professionista, infatti, ha l'obbligo di informare il viaggiatore in merito al fatto che non godrà dei diritti derivanti dalla conclusione di un contratto di pacchetto turistico [9].

Nel caso in cui il professionista ometta tale informazione, troveranno applicazione i diritti e gli obblighi previsti per i pacchetti turistici dagli artt. 38 e 41 e dalla sezione IV del codice.

---

[7] E. SIMONINI, *La compravendita di pacchetti turistici on-line e l'esclusione del diritto di recesso da parte del turista*, in *Diritto del turismo, Trimestrale di analisi, giurisprudenza e documentazione*, 2007, 1.

[8] V. AMENDOLAGINE, *Pacchetti turistici: nuove regole da 1° luglio 2018*, in *http://www.quotidianogiuridico.it/documents/2018/06/29/pacchetti-turistici-nuove*.

[9] A. FINESSI, *La responsabilità del professionista nella nuova disciplina dei contratti di viaggio*, in *Nuove leggi civ. comm.*, 2018, 6.

5. Obblighi informativi

L'art. 34 del codice del turismo, come da ultimo novellato, prevede il diritto del turista di ottenere, in sede precontrattuale, un modulo informativo standard, oltre a specifiche informazioni relative alle caratteristiche dei servizi offerti[10] (ad esempio, la

---

[10] Per completezza, si riporta di seguito il ricco elenco di informazioni che devono essere fornite al turista:

«*a) le caratteristiche principali dei servizi turistici, quali: 1) la destinazione o le destinazioni del viaggio, l'itinerario e i periodi di soggiorno con relative date e, se è incluso l'alloggio, il numero di notti comprese; 2) i mezzi, le caratteristiche e le categorie di trasporto, i luoghi, le date e gli orari di partenza e ritorno, la durata e la località di sosta intermedia e le coincidenze; nel caso in cui l'orario esatto non sia ancora stabilito, l'organizzatore e, se del caso, il venditore, informano il viaggiatore dell'orario approssimativo di partenza e ritorno; 3) l'ubicazione, le caratteristiche principali e, ove prevista, la categoria turistica dell'alloggio ai sensi della regolamentazione del paese di destinazione; 4) i pasti forniti; 5) le visite, le escursioni o altri servizi inclusi nel prezzo totale pattuito del pacchetto; 6) i servizi turistici prestati al viaggiatore in quanto membro di un gruppo e, in tal caso, le dimensioni approssimative del gruppo; 7) la lingua in cui sono prestati i servizi; 8) se il viaggio o la vacanza sono idonei a persone a mobilità ridotta e, su richiesta del viaggiatore, informazioni precise sull'idoneità del viaggio o della vacanza che tenga conto delle esigenze del viaggiatore; b) la denominazione commerciale e l'indirizzo geografico dell'organizzatore e, ove presente, del venditore, i loro recapiti telefonici e indirizzi di posta elettronica; c) il prezzo totale del pacchetto comprensivo di tasse e tutti i diritti, imposte e altri costi aggiuntivi, ivi comprese le eventuali spese amministrative e di gestione delle pratiche, oppure, ove questi non siano ragionevolmente calcolabili prima della conclusione del contratto, un'indicazione del tipo di costi aggiuntivi che il viaggiatore potrebbe dover ancora sostenere; d) le modalità di pagamento, compresi l'eventuale importo o percentuale del prezzo da versare a titolo di acconto e il calendario per il versamento del saldo, o le garanzie finanziarie che il viaggiatore è tenuto a pagare o fornire; e) il numero minimo di persone richiesto per il pacchetto e il termine di cui all'articolo 41, comma 5, lettera a), prima dell'inizio del pacchetto per l'eventuale risoluzione del contratto in caso di mancato raggiungimento del numero; f) le informazioni di carattere generale concernenti le condizioni in materia di passaporto e visti, compresi i tempi approssimativi per l'ottenimento dei visti e le formalità sanitarie del paese di destinazione; g) le informazioni sulla facoltà per il viaggiatore di recedere dal contratto in qualunque momento prima dell'inizio del pacchetto dietro pagamento di adeguate spese di recesso, o, se previste, delle spese di recesso standard richieste dall'organizzatore ai sensi dell'articolo 41, comma 1; h) le*

lingua in cui sono prestati i servizi ovvero se il viaggio sia idoneo a persone con mobilità ridotta; le caratteristiche principali dei servizi turistici, quali la destinazione o le destinazioni del viaggio, l'itinerario e i periodi di soggiorno con relative date; l'alloggio, il numero di notti comprese; i mezzi, le caratteristiche e le categorie di trasporto; i pasti forniti; le visite, le escursioni, la possibilità di sottoscrivere assicurazioni a garanzia delle spese di assistenza, infortunio o malattia; imposte e costi aggiuntivi)[11].

Ai sensi del successivo art. 35, detti obblighi informativi formano parte integrante del contratto di pacchetto turistico e non possono essere modificati se non per espresso accordo tra le parti.

Le informazioni precontrattuali sono vincolanti.

Inoltre, se l'organizzatore e il venditore non ottemperano agli specifici obblighi in materia di informazione sulle imposte, sui diritti o sugli altri costi aggiuntivi previsti dall'art. 34 prima della conclusione del contratto di pacchetto turistico, il

---

informazioni sulla sottoscrizione facoltativa o obbligatoria di un'assicurazione che copra le spese di recesso unilaterale dal contratto da parte del viaggiatore o le spese di assistenza, compreso il rientro, in caso di infortunio, malattia o decesso; i) gli estremi della copertura di cui all'articolo 47, commi 1, 2 e 3. 2. Per i contratti di pacchetto turistico di cui all'articolo 33, comma 1, lettera d), stipulati per telefono, l'organizzatore o il professionista fornisce al viaggiatore le informazioni standard di cui all'allegato A, parte II, al presente decreto, e le informazioni di cui al comma 1. 3. Con riferimento ai pacchetti acquistati presso professionisti distinti di cui all'articolo 33, comma 1, lettera c), numero 2.4), l'organizzatore e il professionista a cui sono trasmessi i dati garantiscono che ciascuno di essi fornisca, prima che il viaggiatore sia vincolato da un contratto o da un'offerta corrispondente, le informazioni elencate al comma 1, nella misura in cui esse sono pertinenti ai rispettivi servizi turistici offerti. Contemporaneamente, l'organizzatore fornisce inoltre le informazioni standard del modulo di cui all'allegato A, parte III, al presente codice. 4. Le informazioni di cui ai commi 1, 2 e 3 sono fornite in modo chiaro e preciso e, ove sono fornite per iscritto, devono essere leggibili».

[11] G. De Cristofaro, *La disciplina degli obblighi informativi precontrattuali nel codice del consumo riformato* (d.lgs. 21 febbraio 2014, n. 21; d.lgs. 6 settembre 2005, n. 206; art. 48 d.lgs. 6 settembre 2005, n. 206; art. 49 d.lgs. 6 settembre 2005, n. 206; art. 50 d.lgs. 6 settembre 2005, n. 206; art. 51 dir. 25 ottobre 2011, n. 2011/83/UE), in *Nuove leggi civ. comm.*, 2014, 5.

viaggiatore non è tenuto al pagamento di tali costi [12].

L'art. 36 prevede, poi, l'obbligo per l'organizzatore di fornire al viaggiatore una copia del contratto concluso su supporto durevole o una copia cartacea qualora il contratto di pacchetto turistico sia stato stipulato alla contemporanea presenza fisica delle parti, che deve riportare l'intero contenuto dell'accordo che contiene tutte le informazioni di cui all'art. 34, comma 1, nonché' una serie di ulteriori informazioni analiticamente individuate dalla disposizione [13].

Tale obbligo è espressamente previsto per i contratti conclusi fuori dei locali commerciali *ex* art. 45, comma 1, lett. h), d.lgs. 6 settembre 2005, n. 206.

Inoltre, il professionista è responsabile degli errori di preno-

---

[12] LICARI N., *Pacchetti turistici: cambiano i diritti del viaggiatore e la responsabilità dell'organizzatore*, in *https://www.camminodiritto.it/articolosingolo.asp?indexpage=3200.*

[13] In particolare ci si riferisce a: «*a) le richieste specifiche del viaggiatore accettate dall'organizzatore; b) una dichiarazione attestante che l'organizzatore è responsabile dell'esatta esecuzione di tutti i servizi turistici inclusi nel contratto ai sensi dell'articolo 42 ed è tenuto a prestare assistenza qualora il viaggiatore si trovi in difficoltà ai sensi dell'articolo 45; c) il nome e i recapiti, compreso l'indirizzo geografico, del soggetto incaricato della protezione in caso d'insolvenza; d) il nome, l'indirizzo, il numero di telefono, l'indirizzo di posta elettronica e, se presente, il numero di fax del rappresentante locale dell'organizzatore, di un punto di contatto o di un altro servizio che consenta al viaggiatore di comunicare rapidamente ed efficacemente con l'organizzatore per chiedere assistenza o per rivolgere eventuali reclami relativi a difetti di conformità riscontrati durante l'esecuzione del pacchetto; e) il fatto che il viaggiatore sia tenuto a comunicare, senza ritardo, eventuali difetti di conformità rilevati durante l'esecuzione del pacchetto ai sensi dell'articolo 42, comma 2; f) nel caso di minori, non accompagnati da un genitore o altra persona autorizzata, che viaggiano in base a un contratto di pacchetto turistico che include l'alloggio, le informazioni che consentono di stabilire un contatto diretto con il minore o il responsabile del minore nel suo luogo di soggiorno; g) informazioni riguardo alle esistenti procedure di trattamento dei reclami e ai meccanismi di risoluzione alternativa delle controversie (ADR – Alternative Dispute Resolution), ai sensi del decreto legislativo 6 settembre 2005, n. 206 e, se presente, all'organismo ADR da cui il professionista è disciplinato e alla piattaforma di risoluzione delle controversie online ai sensi del regolamento (UE) n. 524/2013; h) informazioni sul diritto del viaggiatore di cedere il contratto a un altro viaggiatore ai sensi dell'articolo 38*».

tazione dovuti a difetti tecnici nel sistema di prenotazione che gli siano imputabili e, qualora abbia accettato di organizzare la prenotazione di un pacchetto o di servizi turistici che rientrano in servizi turistici collegati, degli errori commessi durante il processo di prenotazione delle prestazioni [14].

Il successivo art. 37 prevede che l'onere della prova relativo all'adempimento degli obblighi di informazione sia a carico del professionista ed introduce un generale divieto di fornire informazioni ingannevoli sulle modalità del servizio offerto, sul prezzo e sugli altri elementi del contratto qualunque sia il mezzo mediante il quale dette informazioni vengono comunicate al viaggiatore.

Pertanto gli obblighi informativi dell'organizzatore risultano molto ampi e sussistenti già in fase precontrattuale.

Gli stessi, tuttavia, non possono ritenersi di portata talmente tanto ampia da ricomprendere anche quelle informative ricadenti nell'ordinaria diligenza richiesta, a sua volta, al viaggiatore [15].

Di questo avviso la Suprema Corte la quale, in tema, ha statuito che, seppure l'organizzatore di viaggio è tenuto ad una serie di informazioni già dalla fase precontrattuale della stipula del contratto – ovvero informazioni relative ad ad aspetti formali e burocratici inerenti il viaggio (ad es. documenti necessari per l'espatrio, visti, profilassi sanitaria), nonché alle caratteristiche dei servizi di viaggio e alle caratteristiche della meta– tuttavia non rientra tra le informazioni che è tenuto a rendere quella di dettaglio sulle specifiche caratteristiche della fauna e della flora presenti nei luoghi di villeggiatura. Ciò in quanto tale tipo di informativa amplierebbe la normale diligenza dell'organizzatore, rientrando, al contrario, nella ordinaria diligenza del viaggiatore di informarsi sulle caratteristiche dei luoghi della meta prescelta [16].

---

[14] E. Battelli, *La nuova disciplina degli obblighi informativi nei contratti con i consumatori* (d.lgs. 6 settembre 2005, n. 206, epigrafe) in *Giur. it.*, 2014, 11.

[15] C. Benevolo-M. Grasso, *Destinazioni e imprese turistiche*, FrancoAngeli, Milano, 2018.

[16] Cass., Sez. III, 6 luglio 2009, n. 15798.

6. Revisione del prezzo

Un'ulteriore previsione che amplifica e chiarisce la portata della tutela del consumatore, anche in riferimento alla possibilità della variazione del prezzo successivamente alla stipula del contratto, è contenuta nell'art. 39 c. tur., come novellato dal d.lgs. n. 62/2018[17].

Viene infatti previsto che dopo la conclusione del contratto di pacchetto turistico, i prezzi possono essere aumentati soltanto se il contratto lo prevede espressamente e solamente se l'aumento si riferisce a:

i) il prezzo del trasporto di passeggeri in funzione del costo del carburante o di altre fonti di energia;

ii) il livello di tasse o diritti sui servizi turistici inclusi nel contratto imposti da terzi non direttamente coinvolti nell'esecuzione del pacchetto, comprese le tasse di atterraggio, di sbarco e d'imbarco nei porti e negli aeroporti;

iii) i tassi di cambio pertinenti al pacchetto.

Se l'aumento del prezzo è superiore all'8% del prezzo complessivo del pacchetto, il viaggiatore ha diritto di recedere senza corrispondere le spese di recesso. In tal caso l'organizzatore potrà provare a modificare il pacchetto oppure offrire un pacchetto sostitutivo di qualità equivalente o superiore. Nel caso in cui venga offerto ed accettato un pacchetto di qualità inferiore, il viaggiatore ha diritto ad una adeguata riduzione del prezzo. Se

---

[17] Precedentemente, l'art. 11 del d.lgs. n. 111/1995, poi trasposto nell'art. 40 dell'Allegato 1 del d.lgs. 23 maggio 2011, n. 79 (c.d. codice del turismo), così recitava: «*1. La revisione del prezzo forfettario di vendita di pacchetto turistico convenuto dalle parti è ammessa solo quando sia stata espressamente prevista nel contratto, anche con la definizione delle modalità di calcolo, in conseguenza della variazione del costo del trasporto, del carburante, dei diritti e delle tasse quali quelle di atterraggio, di sbarco o imbarco nei porti o negli aeroporti, del tasso di cambio applicato. 2. La revisione al rialzo non può in ogni caso essere superiore al 10% del prezzo nel suo originario ammontare. 3. Quando l'aumento del prezzo supera la percentuale di cui al comma 2, l'acquirente può recedere dal contratto, previo rimborso delle somme già versate alla controparte. 4. Il prezzo non può, in ogni caso, essere aumentato nei venti giorni che precedono la partenza*».

invece il viaggiatore non volesse accettare alcuna alternativa proposta, l'organizzatore ha l'obbligo di rimborsare entro 14 giorni dal recesso tutti i pagamenti effettuati direttamente dal viaggiatore o anticipati per suo conto [18].

Un aumento di prezzo, indipendentemente dalla sua entità, è possibile solo previa comunicazione chiara e precisa su supporto durevole da parte dell'organizzatore al viaggiatore, unitamente alla giustificazione di tale aumento e alle modalità di calcolo, almeno venti giorni prima dell'inizio del pacchetto.

In caso di diminuzione del prezzo, l'organizzatore ha diritto a detrarre le spese amministrative e di gestione delle pratiche effettive dal rimborso dovuto al viaggiatore, delle quali è tenuto a fornire la prova su richiesta del viaggiatore.

7. Modifiche delle ulteriori condizioni del contratto diverse dal prezzo

L'art. 40 c. tur., come novellato dal d.lgs. n. 62/2018, disciplina l'ipotesi in cui l'organizzatore apporti modifiche al pacchetto turistico – diverse dal prezzo – prima dell'inizio del pacchetto stesso.

Preliminarmente va rilevato che le modifiche in questione possono apportarsi – ai sensi della disposizione in commento – solo se l'organizzatore si è riservato espressamente tale facoltà in contratto e solo se la modifica è di scarsa importanza. Tali modifiche devono comunicarsi al viaggiatore su supporto durevole.

Qualora, invece, la modifica afferisca ad una o più delle caratteristiche principali del pacchetto turistico, il viaggiatore potrà accettare dette modifiche o recedere dal contratto senza corrispondere le spese di recesso. In caso di recesso dovranno essergli rimborsati tutti i pagamenti effettuati. Il rimborso del

[18] G. ROSSONI, *Diritto di recesso nella nuova direttiva sui viaggi a pacchetto*, in *Diritto al Turismo*, *https://www.ttgitalia.com/stories/diritto_al_turismo/132334_diritto_di_recesso_nella_nuova_direttiva_sui_viaggi_a_pacchetto/*.

prezzo dovrà avvenire senza ritardo e comunque non oltre 14 giorni dalla comunicazione del recesso [19].

Si confronti, in giurisprudenza, la pronuncia del Tribunale di Treviso del 14 gennaio 2002, il quale ha espressamente riconosciuto che se l'organizzatore e il venditore del pacchetto turistico non evidenziano in modo adeguato la modifica della data di partenza, al turista va riconosciuto, oltre alla restituzione del prezzo del pacchetto turistico, il risarcimento sia delle spese inutilmente sostenute, sia del pregiudizio da vacanza rovinata, individuabile nei disagi sia materiali che psichici connessi con la perdita dell'occasione di vacanza.

Tutte le suddette modifiche devono essere comunicate al viaggiatore in modo chiaro e su supporto durevole, informandolo, altresì, che ha diritto di accettarle o di recedere dal contratto. Deve altresì essere informato delle conseguenze della mancata risposta entro un periodo ragionevole comunicato dall'organizzatore, nonché dell'eventuale pacchetto sostitutivo offerto e del relativo prezzo [20].

In tema di accettazione espressa delle modifiche del pacchetto turistico, in altra pronuncia la Corte di Cassazione ha statuito che qualora la proposta di contratto di pacchetto turistico preveda la possibilità di effettuare lo stesso viaggio con due diversi tipi di aeromobile a prezzi differenti, non siamo in presenza né di obbligazione alternativa, né facoltativa, sussistendo semplicemente due diverse proposte contrattuali, che è in facoltà del viaggiatore accettare o rifiutare.

Ne deriva che, una volta che il viaggiatore abbia esercitato la facoltà di scelta optando per la formula contrattuale più economica, non può poi pretendere di viaggiare con l'aeromobile previsto per la soluzione più costosa, nemmeno nell'ipotesi in cui,

---

[19] F. GALLI, *La nullità della clausola "mfn" nei contratti tra agenzie di intermediazione telematiche e imprese alberghiere* (art. 1, comma 166, l. 4 agosto 2017, n. 124) (l. 4 agosto 2017, n. 124, art. 1), in *Nuove leggi civ. comm.*, 2018, 6, 1387.

[20] M. DI ROCCO, *Vacanza rovinata: le tutele dei pacchetti turistici estese al web*, in *https://www.ilsole24ore.com/art/vacanza-rovinata-tutele-pacchetti-turistici-estese-web--AE8M74b.*

dopo la stipula del contratto, il tour operator gli abbia comunicato che il viaggio sarebbe avvenuto con quest'ultima modalità, a meno che in tal caso il viaggiatore non abbia accettato per iscritto la modifica *in melius* del mezzo di trasporto, entro due giorni dalla relativa comunicazione, rendendola così vincolante per il tour operator ai sensi dell'art. 12 del d.lgs. 17 marzo 1995, n. 111[21].

Ancora, il Tribunale Torino, Sez. IV, 21 novembre 2003, ha affermato che le informazioni relative al viaggio organizzato fornite al consumatore vincolano il tour operator, il quale, pertanto, va considerato responsabile del danno conseguente alla modifica degli elementi del pacchetto turistico, a meno che la modifica non sia stata comunicata per iscritto al viaggiatore.

In tal caso, in alternativa al recesso, l'organizzatore può proporre al viaggiatore un pacchetto sostitutivo di qualità pari o superiore a quello modificato, fermo restando che, se le modifiche del pacchetto sostitutivo comportano un pacchetto di qualità o costo inferiore, il viaggiatore ha diritto a un'adeguata riduzione del prezzo.

Si considerano essenziali le modifiche relative alle caratteristiche del pacchetto turistico previste dagli artt. 34 comma 1, lett. a), 36, comma 5, lett. a) o l'aumento del prezzo in percentuale superiore a quella prevista dall'art. 39 al comma 3 (8%).

Sono, pertanto, modifiche essenziali:

– la destinazione del viaggio;
– i mezzi del trasporto;
– l'ubicazione e le caratteristiche principali dell'alloggio;
– i pasti;
– le visite incluse;
– i servizi prestati al viaggiatore in quanto membro di un gruppo;
– la lingua in cui sono prestati servizi;
– il fatto che la vacanza sia idonea a persone a mobilità ridotta.

Da ultimo, l'art. 40 rende applicabile in questi casi il diritto

[21] Cass. civ., Sez. III, 19 dicembre 2008, n. 29873.

al risarcimento del danno previsto dall'art. 43; per cui, se in seguito alla modifica di una o più caratteristiche principali del pacchetto turistico, il viaggiatore decida di recedere dal contratto e ciò comporti per il viaggiatore stesso conseguenze dannose, l'organizzatore sarà tenuto a risarcire i danni subiti.

Sul punto la giurisprudenza ha ritenuto sussistere la responsabilità sia dell'organizzatore che del venditore, limitatamente, tuttavia, ai danni ulteriori inerenti alla parte del pacchetto turistico acquistata e non goduta.

Si veda al riguardo la sentenza del Tribunale Bologna, Sez. II, 22 maggio 2007 in cui si legge che la mancata rispondenza tra la sistemazione rappresentata nell'opuscolo e quella effettivamente offerta è inadempimento imputabile non solo all'organizzatore del pacchetto turistico, ma anche al venditore, sotto il profilo del difetto di informative circa le caratteristiche del prodotto organizzato e venduto, atteso che, ai sensi dell'art. 12 del d.lgs. n. 111/1995, ove l'uno o l'altro abbia necessità di modificare in modo significativo uno o più elementi del contratto, è tenuto a darne immediato avviso in forma scritta al consumatore, indicando il tipo di modifica e la variazione del prezzo che ne consegue. Pertanto, ove all'avviso non provveda l'organizzatore, ad esso dovrà provvedere il venditore; ed il difetto di comunicazione comporta responsabilità di entrambi tali soggetti.

Un cenno merita altresì l'art. 38 che prevede la possibilità di cedere il pacchetto turistico acquistato. In caso di cessione, il cedente deve comunicare per iscritto all'organizzatore, entro e non oltre sette giorni prima della partenza, di trovarsi nell'impossibilità di usufruire del pacchetto turistico e le generalità del cessionario. Cedente e cessionario rimangono in ogni caso obbligati in solido nei confronti dell'organizzatore del viaggio per l'adempimento di tutte le obbligazioni previste in contratto. Il comma 3 dell'art. 38 impone all'organizzatore l'obbligo di informare il primo titolare del contratto dei costi effettivi per la cessione del contratto stesso, precisando che tali costi non possono essere irragionevoli e non possono prevedere l'applicazione di *fee* o compensi ulteriori, oltre alle spese effettivamente sostenute per la cessione del contratto.

L'organizzatore deve inoltre fornire i giustificativi delle spese che vengono richieste.

La possibilità di cedere il contratto ad un altro viaggiatore, entro 7 giorni prima dell'inizio del pacchetto turistico, è una delle informazioni che devono essere date al viaggiatore in via obbligatoria, nel contratto di pacchetto turistico, come previsto dall'art. 36, comma 5, lett. h)[22].

8. Diritto di recesso prima dell'inizio del pacchetto

L'art. 41 prevede che il viaggiatore possa recedere dal contratto di pacchetto turistico in ogni momento prima dell'inizio del pacchetto stesso. Dovrà, tuttavia, rimborsare all'organizzatore le spese sostenute, adeguate, giustificabili, e che dovranno stimarsi qualora il viaggiatore recedente ne faccia espressa richiesta. Qualora previsto espressamente da contratto sottoscritto, il viaggiatore dovrà rimborsare le c.d. spese standard, calcolate in base al momento di recesso e ai risparmi di costo attesi e agli introiti previsti che derivano dalla riallocazione dei servizi turistici.

In assenza di specificazione delle spese standard di recesso, l'importo delle spese di recesso corrisponde al prezzo del pacchetto diminuito dei risparmi di costo e degli introiti che derivano dalla riallocazione dei servizi turistici.

Ai sensi, poi, del comma 4 dell'articolo in discorso, in caso di circostanze inevitabili e straordinarie verificatesi nel luogo di destinazione o nelle sue immediate vicinanze e che hanno un'incidenza sostanziale sull'esecuzione del pacchetto o sul trasporto di passeggeri verso la destinazione, il viaggiatore ha diritto di recedere dal contratto, prima dell'inizio del pacchetto, senza corrispondere spese di recesso, ed al rimborso integrale dei pagamenti effettuati per il pacchetto, ma non ha diritto a un indennizzo supplementare.

---

[22] G. ROSSONI, *Diritto di cedere il contratto di viaggio e voli low cost non rimborsabili*, in *Diritto al turismo. https://www.ttgitalia.com/stories/diritto_al_turismo/146456_dirit-to_di_cedere_il_contratto_di_viaggio_e_voli_low_cost_non_rimborsabili/.*

Ci si è chiesti, dunque, quali siano le circostanze inevitabili e straordinarie menzionate dalla norma.

In primo luogo, trattandosi di ipotesi inevitabili e straordinarie, esse non devono essere attribuibili né all'organizzatore né al consumatore: l'evento, dunque, deve risultare del tutto imprevisto e imprevedibile, secondo la comune esperienza.

Non potranno, quindi, rientrarvi, circostanze di cui il viaggiatore avrebbe dovuto, secondo la comune esperienza, essere informato in quanto circostanze note, come ad esempio il rischio sanitario del Paese scelto come destinazione già reso noto dai mezzi d'informazione. In tali casi, troveranno applicazione le eventuali penali previste dal contratto.

Tanto precisato, va però evidenziato che, in determinate circostanze, la scelta di rinunciare al viaggio può comunque essere considerata giuridicamente "motivata" sebbene il fatto sopraggiunto e non imputabile si sia già storicamente verificato e risulti, quindi, oltre che ben noto, anche oggettivamente non più attuale. In effetti, il verificarsi di certi eventi, come i terremoti o gli attentati terroristici, può rappresentare una legittima causa di recesso anche se tale facoltà viene esercitata dal turista a una certa distanza di tempo dall'accaduto. In queste situazioni, infatti, ciò che giustifica la rinuncia non è tanto l'evento in sé, quanto il successivo permanere di uno stato di incertezza e paura, sul piano della salute e dell'incolumità fisica, che può obiettivamente pregiudicare ogni finalità di svago della vacanza.

Al riguardo, anche la Cassazione, si è espressa ritenendo che «il contratto di viaggio deve intendersi caratterizzato dalla sua finalità turistica, ovvero dal fatto che esso persegue la realizzazione del benessere psico-fisico derivante dal pieno godimento della vacanza come occasione di svago e riposo» [23]. La sopravvenuta impossibilità di realizzare tale finalità, secondo la Corte, implica il venir meno dell'obbligazione debitoria anche se, in astratto, la prestazione dovesse risultare ancora eseguibile.

Con riferimento, invece, alla malattia, la giurisprudenza di merito ha deciso che la malattia del viaggiatore o di un suo stretto congiunto costituiscono caso fortuito/causa di forza mag-

---

[23] Cass., 24 luglio 2007, n. 16315.

giore tale da consentire la risoluzione per impossibilità sopravvenuta a ricevere la prestazione, in ragione della impossibilità di raggiungere la «*finalità turistica*», quale causa giuridica del contratto di pacchetto. Tuttavia, non ogni malattia è rilevante, ma solo quella che ha le caratteristiche della imprevedibilità (sopravvenuta) e gravità (invalidante)[24].

Ai fini della legittimità del recesso, infine, secondo la S.C. è irrilevante il fatto che i viaggiatori non avessero voluto sottoscrivere la polizza annullamento in quanto polizza facoltativa e non obbligatoria per legge.

Sul punto, la Suprema Corte ha precisato che: «*Poiché l'impossibilità sopravvenuta della prestazione si ha non solo nel caso in cui sia divenuta impossibile l'esecuzione della prestazione del debitore, ma anche nel caso in cui sia divenuta impossibile l'utilizzazione della prestazione da parte del creditore per cause a lui non imputabili, il turista che, a causa di una sopravvenuta malattia non possa usufruire di un pacchetto turistico ha diritto alla restituzione dell'intero corrispettivo ed al riguardo non rileva che il turista non abbia stipulato una assicurazione contro tale rischio, trattandosi di mera facoltà, e non obbligo, del turista*»[25].

Vi sono, peraltro, ipotesi tassativamente previste dalla norma (al comma 5), al ricorrere delle quali l'organizzatore può recedere dal contratto di pacchetto turistico e offrire al viaggiatore il rimborso integrale dei pagamenti effettuati per il pacchetto, senza però versare un indennizzo supplementare.

Ciò qualora si verifichi una delle seguenti ipotesi:

i) il numero di persone iscritte al pacchetto è inferiore al minimo previsto dal contratto e l'organizzatore comunica il recesso dal contratto al viaggiatore entro il termine fissato nel contratto e in ogni caso non più tardi di venti giorni prima dell'inizio del pacchetto in caso di viaggi che durano più di sei giorni, di sette giorni prima dell'inizio del pacchetto in caso di viaggi

---

[24] Trib. Torino, ord. 2 ottobre 2014.

[25] Cass. civ., Sez. III, 10 luglio 2018, n. 18047, in *Dir. maritt.*, 2019, 1, p. 117, con nota di CAVANNA.

che durano tra due e sei giorni, di quarantotto ore prima dell'inizio del pacchetto nel caso di viaggi che durano meno di due giorni;

ii) l'organizzatore non è in grado di eseguire il contratto a causa di circostanze inevitabili e straordinarie e comunica il recesso dal medesimo al viaggiatore senza ingiustificato ritardo prima dell'inizio del pacchetto (ad esempio tumulti, catastrofi naturali imprevedibili).

L'organizzatore procede a tutti i rimborsi prescritti a norma dei commi 4 e 5.

In caso del ricorrere di una delle circostanze di cui ai precedenti commi 1, 2, 3, rimborsa qualunque pagamento effettuato da o per conto del viaggiatore per il pacchetto dopo aver detratto le adeguate spese.

In ogni caso i rimborsi devono avvenire entro quattordici giorni dal recesso.

Il comma 7 prevede, poi, che, in caso di contratti negoziati fuori dei locali commerciali, il viaggiatore ha diritto di recedere dal contratto di pacchetto turistico entro un periodo di cinque giorni dalla data della conclusione del contratto o dalla data in cui riceve le condizioni contrattuali e le informazioni preliminari se successiva, senza penali e senza fornire alcuna motivazione. Nei casi di offerte con tariffe sensibilmente diminuite rispetto alle offerte correnti, il diritto di recesso è escluso. In tale ultimo caso, l'organizzatore documenta la variazione di prezzo evidenziando adeguatamente l'esclusione del diritto di recesso.

Occorre allora capire quali siano le ipotesi ricadenti nei "contratti stipulati fuori dai locali commerciali" e se vi rientrino anche i c.d. "contratti a distanza"[26].

Ai sensi dell'art. 45 c. cons., è:

g) "contratto a distanza": qualsiasi contratto concluso tra il professionista e il consumatore nel quadro di un regime organizzato di vendita o di prestazione di servizi a distanza senza la

---

[26] G. ROSSONI, *Turismo sommerso ai margini della legge*, in *Diritto al Turismo*, *https://www.ttgitalia.com/stories/diritto_al_turismo/155842_turismo_sommerso_ai_margini_della_legge/*.

presenza fisica e simultanea del professionista e del consumatore, mediante l'uso esclusivo di uno o più mezzi di comunicazione a distanza fino alla conclusione del contratto, compresa la conclusione del contratto stesso;

h) "contratto negoziato fuori dei locali commerciali": qualsiasi contratto tra il professionista e il consumatore:

1) concluso alla presenza fisica e simultanea del professionista e del consumatore, in un luogo diverso dai locali del professionista;

2) per cui è stata fatta un'offerta da parte del consumatore, nelle stesse circostanze di cui al numero 1;

3) concluso nei locali del professionista o mediante qualsiasi mezzo di comunicazione a distanza immediatamente dopo che il consumatore è stato avvicinato personalmente e singolarmente in un luogo diverso dai locali del professionista, alla presenza fisica e simultanea del professionista e del consumatore; oppure;

4) concluso durante un viaggio promozionale organizzato dal professionista e avente lo scopo o l'effetto di promuovere e vendere beni o servizi al consumatore.

Il codice del consumo prevede, all'art. 52 che, sia in caso di vendite a distanza che di vendite negoziate fuori dai locali commerciali, il consumatore abbia diritto a recedere dal contratto entro un periodo determinato.

Il codice del turismo – costituente normativa speciale rispetto al codice del consumo e, dunque, prevalente – prevede, invece, il diritto di recesso per i soli contratti negoziati fuori dei locali commerciali, rimanendo, dunque, esclusa la possibilità di recedere dal contratto nel caso di vendite a distanza (via e-mail/piattaforma di *e-commerce*).

9. Diritti del turista in caso di recesso o annullamento del servizio

L'art. 42 c. tur., come da ultimo modificato dal legislatore del 2018, ribadisce, sostanzialmente che il viaggiatore, in tutti gli ulteriori casi di recesso dal contratto o di annullamento del viaggio, che non siano dovuti a colpa del turista stesso, gode di tutele analoghe a quelle già viste.

In particolare, alternativamente, ha diritto:

i) ad usufruire di un pacchetto di qualità uguale o superiore senza ulteriori aumenti di prezzo,

ii) ad usufruire di un pacchetto di qualità inferiore previa restituzione della differenza di prezzo,

iii) alla restituzione (entro 7 giorni dal recesso o dalla cancellazione) di quanto versato.

In ogni caso il turista ha il diritto al risarcimento di ogni ulteriore danno causato dalla mancata prestazione salvo i casi in cui essa sia dovuta al mancato raggiungimento del numero minimo di partecipanti (e di ciò il turista deve essere informato in forma scritta almeno venti giorni prima della partenza), o per cause di forza maggiore.

10. Danno da vacanza rovinata, inadempimento, prescrizione

Il d.lgs. n. 62/2018 ha ampliato notevolmente la tutela del viaggiatore, prevedendo diversi piani e profili di responsabilità a carico dell'organizzatore [27].

L'art. 43 prevede, al comma 1, il diritto del viaggiatore a un'adeguata riduzione del prezzo per il periodo durante il quale vi sia stato difetto di conformità, a meno che l'organizzatore dimostri che tale difetto è imputabile al viaggiatore [28].

Tuttavia, la giurisprudenza ha riconosciuto che l'organizzatore del viaggio è tenuto a prestare i servizi promessi nel pacchetto ma la valutazione del suo adempimento va rapportata anche alla mèta del viaggio e, in generale a tutte quelle nozioni rientranti nella comune esperienza che concorrono a costituire

---

[27] L. CANNATA-A. CONTE-E. TOCCAFONDO, *Il risarcimento del danno da vacanza rovinata* (c.c. art. 2059; d.lgs. 23 maggio 2011, n. 79, epigrafe) in *Danno e resp.*, 2019, 2, p. 212.

[28] F. MACIOCE, *Difetto di conformità, sopravvenuta impossibilità e responsabilità dell'organizzatore di viaggi* (d.lgs. 21 maggio 2018, n. 62, art. 1), in *Contr. e impr.*, 2019, 2, p. 386 (commento alla normativa).

la diligenza dell'uomo medio che anche il viaggiatore deve comunque sempre considerare ai fini dell'imputabilità di eventuali danni o mancanze lamentate [29].

Ne deriva che Se il viaggio è organizzato in una meta in cui notoriamente non vi aia un alto sviluppo tecnologico, logistico e una forte propensione al turismo, l'organizzatore non risponde dei disservizi che i turisti potevano prevedere in relazione alla meta del viaggio e che rientrano, comunque, in quel concetto di "umana sopportazione" che deve contraddistinguere il soggetto che volontariamente si accinge a simili viaggi (Trib. Roma, 24 aprile 2002).

Si colloca sulla stessa scia Tribunale di Catania, 28 maggio 2009, che ha statuito che «*È certamente vero che l'organizzatore è tenuto a garantire la fruibilità del mare della destinazione oggetto del viaggio, tuttavia il viaggiatore deve mantenere cautela e prudenza nella balneazione. Nel caso di spiagge, pensiamo a quelle con moto ondoso consistente, è il viaggiatore che deve cautelarsi dalla forza delle onde e non può imputare eventuali conseguenze all'organizzatore*».

Il comma 2 prevede che il viaggiatore ha diritto di ricevere dall'organizzatore, senza ingiustificato ritardo, il risarcimento adeguato per qualunque danno che può aver subito in conseguenza di un difetto di conformità.

La giurisprudenza ha statuito che l'ambito di responsabilità dell'organizzatore di viaggi comprende anche la responsabilità derivante dagli inadempimenti dei fornitori dei servizi che lo stesso include nel pacchetto. Infatti, l'organizzatore di viaggi è stato parificato all'appaltatore, con la conseguenza che egli risponde dei disservizi posti in essere dai fornitori quali suoi subappaltatori. Ciò implica che ove nell'ambito dell'erogazione dei servizi da parte degli stessi il viaggiatore subisca dei danni, sarà l'organizzatore di viaggi a risponderne, salvo la rivalsa nei confronti dei fornitori inadempienti.

Sul punto, Cass. civ., Sez. III, 3 dicembre 2009, n. 25396

---

[29] F. RUGGIERO, *Nuove misure a tutela dei viaggiatori e maggiori responsabilità per i professionisti del settore*, in *Contratti del turismo, https://www.diritto.it/contratti-del-turismo/*.

(rv. 610375) ha chiarito che l'organizzatore e il venditore di pacchetto turistico assumono, nell'ambito del rischio di impresa, un'obbligazione di risultato nei confronti dell'acquirente e, pertanto, la loro responsabilità sussiste ogniqualvolta sia ravvisabile una responsabilità contrattuale diretta del prestatore di servizi nei confronti del consumatore per il servizio resogli (o non resogli), ricadendo in tale ambito anche la scelta del prestatore di servizi di cui si avvalga[30].

Il comma 3 prevede un'ipotesi di esclusione di responsabilità dell'organizzatore allorquando egli dimostra che il difetto di conformità sia imputabile al viaggiatore o a un terzo estraneo alla fornitura dei servizi turistici inclusi nel contratto di pacchetto turistico e sia, altresì, imprevedibile o inevitabile oppure dovuto a circostanze inevitabili e straordinarie.

È stata, ad esempio, esclusa la responsabilità dell'organizzatore quando si verifichino fenomeni metereologici rilevanti senza che siano ravvisabili condizioni meteo proibitive, al momento della partenza; ad esempio quando una perturbazione che interessa un altro Stato si è poi spostata nel corso del viaggio sulla destinazione dei viaggiatori. (Trib. Verona, 30 settembre 2013).

La norma stabilisce, altresì, che il contratto di pacchetto turistico possa prevedere la limitazione del risarcimento dovuto dall'organizzatore, salvo che per i danni alla persona o quelli causati intenzionalmente o per colpa, purché tale limitazione non sia inferiore al triplo del prezzo totale del pacchetto.

Rimangono comunque salvi – e non possono essere oggetto di esclusione o limitazione – i diritti dei viaggiatori previsti dai vari regolamenti comunitari (regolamento 261/2004/CE, regolamento 1371/2007/CE, regolamento (392/2009/CE, regolamento 1177/2010/UE e regolamento 181/2011/UE).

---

[30] Ancora, Cass. civ., Sez. III, 4 marzo 2010, n. 5189, ha statuito che «*in caso di mancato od inesatto adempimento dell'obbligazione assunta con la vendita del pacchetto turistico, l'organizzatore e il venditore sono tenuti al risarcimento del danno (secondo le rispettive responsabilità), salvo prova di impossibilità della prestazione per causa loro non imputabile, con l'ulteriore previsione che l'organizzatore/venditore che si avvale di altri prestatori di servizi è "comunque" tenuto a risarcire il danno sofferto dal consumatore salvo il diritto di rivalersi nei loro confronti*».

Si noti, in tema di limitazione di responsabilità dell'organizzatore e di danno da vacanza rovinata, che la giurisprudenza ha statuito anche la risarcibilità del danno non patrimoniale [31].

In particolare, per quanto riguarda la nozione di "danno da vacanza rovinata", occorrere premettere che esso può essere descritto come quel pregiudizio che si sostanzia nel disagio e nell'afflizione subiti dal turista-viaggiatore per non avere potuto godere pienamente della vacanza come occasione di svago e/o di riposo.

In particolare, tale voce di danno è configurata da alcuni come voce di danno patrimoniale (in considerazione del fatto che il godimento del bene "vacanza" viene considerato bene giuridico suscettibile di valutazione patrimoniale), da altri come voce di danno non patrimoniale, la cui risarcibilità si fonda sul combinato disposto dell'art. 2059 c.c. e dell'art. 92, comma 2, d.lgs. n. 206/2005 (codice del consumo), secondo il quale il consumatore, in caso di annullamento del pacchetto di viaggio senza colpa da parte del consumatore, ha diritto, oltre alla restituzione della somma o, in alternativa, all'offerta di una prestazione equivalente da parte del "tour operator", al risarcimento di ogni ulteriore danno dipendente dalla mancata esecuzione del contratto [32].

Il danno da vacanza rovinata è risarcibile soltanto a fronte dell'inadempimento degli obblighi gravanti sull'organizzatore o sul venditore di un pacchetto turistico [33] ed in virtù del combinato disposto degli artt. 2059 c.c. e 32 Cost., in quanto integrato dal pregiudizio conseguente alla lesione dell'interesse del turista di godere pienamente del viaggio organizzato come occasione di piacere e di riposo [34] e il relativo risarcimento, in caso di lesione, ha ad oggetto tutti i disagi subiti nel corso del viaggio e

---

[31] M. MANFRON, *Il danno da vacanza rovinata e il danno non patrimoniale da inadempimento – Il commento* (Trib. Matera, 23 settembre 2015, artt. 1218, 2059 c.c.), in *Danno e resp.*, 2016, 3, p. 310.

[32] Trib. Milano, Sez. XI, 16 dicembre 2010.

[33] In tal senso Cass. civ., Sez. III, ord. 19 ottobre 2017, n. 24607, in *Foro it.*, 2017, 12, 1, c. 3614.

[34] Trib. Reggio Emilia, 13 febbraio 2013.

riconducibili all'inadempimento dell'operatore turistico [35].

I parametri cui guardare per la liquidazione in concreto sono il tempo di vacanza inutilmente trascorso e l'irripetibilità dell'occasione perduta [36] e spetterà al giudice di merito valutare la domanda risarcitoria alla stregua dei generali precetti di correttezza e buona fede e alla considerazione dell'importanza del danno, fondata sul bilanciamento, per un verso, del principio di tolleranza delle lesioni minime e per l'altro, della condizione concreta delle parti [37].

Peraltro, il danno non patrimoniale da vacanza rovinata, quale pregiudizio conseguente alla lesione dell'interesse del turista di godere pienamente del viaggio organizzato, come occasione di piacere e di riposo, è risarcibile in quanto la risarcibilità di tale danno è espressamente prevista dalla legge, in particolare dal d.lgs. n. 206/2005, c.d. "codice di consumo", oggi refluito, per la parte relativa ai servizi turistici, nel d.lgs. n. 79/2011, il c.d. "codice del turismo [38].

Con la precisazione, tuttavia, che: «*non ogni disagio patito dal turista legittima la domanda di risarcimento di tale pregiudizio non patrimoniale, ma solo quelli che – alla stregua dei generali precetti di correttezza e buona fede – superino una soglia minima di tolleranza, da valutarsi caso per caso, con apprezzamento di fatto del giudice di merito*» [39].

Quanto alla prova del danno subìto, la giurisprudenza, in modo costante, ha ritenuto che: al consumatore-viaggiatore spetta unicamente allegare il titolo del viaggio (contratto di acquisto del pacchetto turistico) ed i relativi inadempimenti di controparte, mentre all'organizzatore spetta dimostrare di avere agito con la dovuta diligenza, di aver fatto tutto il possibile per evitare i danni ovvero la presenza di un caso fortuito o della forza maggiore, pena la sussistenza della sua responsabilità ri-

---

[35] C. Pasquinelli, *L'inadempimento dei contratti del turismo, soluzioni normative e questioni aperte*, in *Nuova giur. civ. comm.*, 2015, p. 201.

[36] Trib. Varese, 13 febbraio 2012.

[37] Cass. civ., Sez. III, 6 luglio 2018, n. 17724 (rv. 650180-02).

[38] Trib. Salerno, Sez. II, 26 novembre 2014.

[39] Cass. civ., Sez. III, 11 maggio 2012, n. 7256.

sarcitoria sia con riguardo ai danni patrimoniali, sia con riguardo ai danni non patrimoniali derivanti dalle sofferenze psichiche, disagi e turbamenti della vacanza rovinata [40].

La giurisprudenza intende il danno non patrimoniale "da vacanza rovinata" come disagio psicofisico conseguente alla mancata realizzazione in tutto o in parte della vacanza programmata, per cui, raggiunta la prova dell'inadempimento, deve intendersi provato anche il verificarsi del danno, atteso che gli stati psichici interiori del viaggiatore, per un verso, non possono formare oggetto di prova diretta e, per altro verso, sono desumibili dalla mancata realizzazione della "finalità turistica" (che qualifica il contratto) e dalla concreta regolamentazione contrattuale delle diverse attività e dei diversi servizi, in ragione della loro essenzialità alla realizzazione dello scopo vacanziero [41].

In assenza della prova del fatto che il mancato o inesatto adempimento sia stato determinato da impossibilità della prestazione derivante da causa non imputabile all'organizzatore, questi risponde verso il consumatore del mancato o inesatto adempimento delle obbligazioni assunte con la vendita del pacchetto turistico e del conseguente risarcimento del danno [42].

In particolare, in assenza di prova che il mancato o inesatto adempimento sia stato determinato da impossibilità della prestazione derivante da causa a loro non imputabile, l'organizzatore e il venditore sono tenuti al risarcimento del danno, secondo le rispettive responsabilità [43].

Quanto alla responsabilità dell'intermediario (agenzia di viaggi), si osserva che, il Tribunale di Roma, con sentenza del 20 gennaio 2017, ha ritenuto che: nel contratto di intermediazione di viaggio sia da ravvisare un mandato conferito dal viaggiatore all'agenzia di viaggio, con la conseguenza che, la responsabilità dell'intermediario è limitata all'adempimento del mandato ricevuto dal consumatore, non rispondendo egli delle

[40] Cass. civ., Sez. III, 10 gennaio 2011, n. 297.

[41] Trib. Milano, Sez. XI, 15 aprile 2014.

[42] Trib. Roma, Sez. XVII, 13 novembre 2019.

[43] Trib. Roma, Sez. IX, 15 dicembre 2008.

obbligazioni nascenti dall'organizzazione del viaggio che invece competono al tour operator[44].

Recentemente si è però assistito ad un ribaltamento del citato orientamento.

Infatti, da ultimo, la giurisprudenza di legittimità ha statuito che qualora un pacchetto turistico del "tour operator" venga acquistato per il tramite di un'agenzia di viaggi, quest'ultima agisce, al contempo, come mandataria sia all'acquisto per conto del cliente sia alla vendita per conto del medesimo "tour operator", ed in tal veste assicura la conclusione, tra i predetti mandanti, del contratto di viaggio, cosicché i diritti e gli obblighi relativi a tale ultimo rapporto sorgono direttamente tra "tour operator" e cliente finale. Ne consegue che l'adempimento, da parte dell'agente di viaggi, di un obbligo restitutorio del "tour operator" nei confronti del cliente, per un verso, preclude all'agente di ripetere quanto versato al proprio cliente finale – posto che costui ha il diritto di ricevere il rimborso di quanto versato per un servizio non ricevuto ed a trattenere l'utilità ricevuta – e, per altro verso – in difetto di un'azione titolata tra "*solvens*" e debitore indirettamente beneficiato dell'adempimento eseguito dal primo –, legittima l'agente di viaggi a proporre nei confronti del "tour operator" l'azione generale di arricchimento senza causa di cui all'art. 2041 c.c.[45].

---

[44] Conformi: Cass. n. 696/2010; Cass. n. 21388/2009; Cass. n. 16868/2002.

[45] Cass. 24 novembre 2020, n. 26694.

Conforme Trib. Vicenza, sent. 31 gennaio 2020: «*Deve essere qualificato come proponente e organizzatore di un pacchetto turistico e non come mero intermediario, l'operatore turistico che non si sia limitato a vendere un pacchetto turistico predisposto da altri ma abbia anche provveduto ad adattare il pacchetto alle mutevoli esigenze dei partecipanti e prestato assistenza agli stessi sia dalla sede del proprio ufficio sia durante la permanenza nel luogo di destinazione. Conseguentemente, nell'ipotesi di inesatto adempimento della prestazione dovuta è tenuto al risarcimento del danno, se non prova che l'inadempimento o il ritardo è stato determinato da impossibilità della prestazione derivante da causa a lui non imputabile*».

Conforme anche Trib. Roma, Sez. XVII, sent. 13 novembre 2019: «*In tema di responsabilità civile, nel caso di danno da vacanza rovinata, in assenza della prova del fatto che il mancato o inesatto adempimento sia stato determinato da impossibilità della prestazione derivante da causa non imputabile*

Rileva, altresì, anche la gravità dell'inadempimento, dal momento che – laddove il viaggio si sia comunque svolto e ne siano derivati solo lievi disagi al viaggiatore – potrebbe non darsi luogo alla risoluzione del contratto ma solo ad una riduzione del prezzo[46].

Quanto alla prescrizione dei diritti nascenti dal contratto di viaggio, i commi 7 e 8 prevedono che il diritto alla riduzione del prezzo o al risarcimento dei danni previsto dal medesimo articolo si prescrive in due anni; il diritto al risarcimento dei danni alla persona si prescrive in tre anni a decorrere dalla data del rientro del viaggiatore nel luogo di partenza o nel più lungo periodo previsto per il risarcimento del danno alla persona dalle disposizioni che regolano i servizi compresi nel pacchetto[47].

Sulla prescrizione, la giurisprudenza maggioritaria ritiene che il danno da vacanza rovinata, pur non potendosi qualificare quale danno corporale rientri comunque tra i danni alla persona essendo definibile come danno psicologico, con conseguente applicabilità del termine triennale di prescrizione[48].

---

all'organizzatore, questi risponde verso il consumatore del mancato o inesatto adempimento delle obbligazioni assunte con la vendita del pacchetto turistico e del conseguente risarcimento del danno».

Infine, Trib. Roma, 2 luglio 2019: «*In caso di cancellazione di un volo aereo compreso in un pacchetto turistico, il tour operator ed il vettore aereo sono responsabili in solido nei confronti dei passeggeri per il risarcimento del danno, ivi compreso il danno da vacanza rovinata, nonché per il pagamento della compensazione pecuniaria di cui al Regolamento (CE) n. 261/2004, salva la rivalsa del tour operator nei confronti del vettore aereo*».

[46] In tale direzione, Trib. Napoli, 30 dicembre 2008: «*In tema di danno c.d. da vacanza rovinata, l'attore deve limitarsi ad allegare l'inadempimento o l'inesatto adempimento di cui si duole, incombendo all'altra parte la prova di aver eseguito esattamente la prestazione a proprio carico; tuttavia, allorché – con riferimento ad una crociera – viene allegato il disagio derivante dalla rumorosità di una cabina, di cui gli attori non erano stati previamente informati, e senza che il vettore si sia adoperato per una sostituzione, non si fa luogo alla risoluzione del contratto, o ad una riduzione del costo del viaggio, ma solo al risarcimento del danno non patrimoniale subito*».

[47] L. IZZO, *Vacanze rovinate, fino a tre anni per chiedere i danni*, in *https://www.studiocataldi.it/articoli/30980-vacanze-rovinate-fino-a-3-anni-per-chiedere-i-danni.asp*.

[48] App. Palermo, Sez. III, 26 giugno 2018.

In argomento, tuttavia, gli orientamenti non sono uniformi.

Parte della giurisprudenza, infatti, ha ritenuto che detto tipo di danno non possa rientrare tra i danni alla persona e beneficiare del termine lungo triennale, dovendo essere ricompreso tra gli altri danni, soggetti prima della riforma ad un termine annuale di prescrizione, oggi divenuto biennale.

Sul punto, merita interesse la pronuncia del Tribunale di Trieste, 16 marzo 2016, n. 215, il quale dopo aver rilevato, preliminarmente, che i dubbi interpretativi sorti in relazione all'inquadramento giuridico del danno da vacanza rovinata devono ricondursi all'imprecisione terminologica con cui il legislatore nazionale ha recepito la direttiva comunitaria modificando la dicitura originaria di «*danni diversi da quelli corporali*», con quella attuale di «*danni diversi da quelli alla persona*» – da cui sono scaturite non poche ambiguità in merito alla riconducibilità del danno da vacanza rovinata nell'una piuttosto che nell'altra categoria – ha rilevato che proprio guardando alla disciplina di matrice comunitaria, non può ragionevolmente dubitarsi che l'interpretazione corretta del termine «*danni alla persona*» sia quella di «*danni corporali*», contenuta nella direttiva.

Accezione, quella di danno corporale, in cui non possono sicuramente rientrare i danni non patrimoniali relativi ai disagi, alle sofferenze patite, alle occasioni di svago perse, correlati per l'appunto al danno da vacanza rovinata.

In altre parole, se è vero che il danno da vacanza rovinata rappresenta un pregiudizio di natura non patrimoniale – e in tal senso esso senz'altro si riferisce alla persona – tuttavia, tale voce di danno consiste non già in una lesione fisica o corporale, bensì in un disagio psicologico, nello stress e nel turbamento, di regola temporaneo, che subisce il turista per non aver potuto godere del viaggio quale occasione di piacere e di riposo, in ragione dell'inadempimento delle prestazione promesse nel pacchetto turistico. E in tal senso, esso va inteso quale «*danno diverso da quello alla persona*», cioè non corporale.

Pertanto, alla luce di una corretta interpretazione della normativa di derivazione europea, deve ritenersi che l'art. 94 c. cons., laddove si riferisce ai «*danni alla persona*», sia applicabile esclusivamente ai pregiudizi che colpiscono la sfera fisica del turista (in particolare, deve farsi riferimento al danno biologico), mentre l'art. 95 del medesimo codice deve trovare applicazione a fronte di un nocumento che, pur interessando la persona del turista, non si risolva in una lesione della sua integrità corporale [49].

---

[49] Il Tribunale afferma anche che: «*Tale linea ermeneutica si rivela del resto ossequiosa rispetto a quanto statuito dalla Corte di Giustizia UE, sez. VI, 12/03/2002, n. 168, che – riconoscendo la risarcibilità del danno morale nell'ambito della direttiva sui contratti di viaggio – afferma che tale tipologia di pregiudizio rientra nell'ambito dei danni diversi da quelli corporali. E precisamente, con riferimento all'art. 5 della direttiva, sostiene che: "Se quest'articolo si limita, nel suo n. 2, primo comma, a rinviare in modo generale alla nozione di danni, si deve rilevare che, prevedendo, al suo n. 2, quarto comma, la facoltà per gli Stati membri di ammettere che, per quanto riguarda i danni diversi da quelli corporali, l'indennizzo sia limitato in virtù del contratto, a condizione che tale limitazione non sia irragionevole, la direttiva riconosce implicitamente l'esistenza di un diritto al risarcimento dei danni diversi da quelli corporali, tra cui il danno morale. Si deve perciò risolvere la questione sollevata dichiarando che l'art. 5 della direttiva dev'essere interpretato nel senso che in linea di principio il consumatore ha diritto al risarcimento del danno morale derivante dall'inadempimento o dalla cattiva esecuzione delle prestazioni fornite in occasione di un viaggio "tutto compreso"*». Peraltro, la giurisprudenza maggioritaria, pur se con pronunce di segno contrario, è orientata nel senso appena descritto. A tal fine, si possono citare alcune decisioni:

Conforme Trib. Reggio Emilia, 16 gennaio 2014, n. 59: «*Secondo il prevalente e condivisibile orientamento della giurisprudenza di merito, per "danni alla persona" ai sensi dell'art. 94 (oggi art. 44, d.lgs. 76/2011) dovrebbero intendersi i soli danni all'integrità fisica della persona, mentre tutti gli altri pregiudizi derivanti dall'inadempimento e/o inesatta esecuzione delle prestazioni oggetto del pacchetto turistico andrebbero a confluire nell'art. 95 (oggi art. 45), compreso il c.d. danno da vacanza rovinata che rappresenta un pregiudizio di natura sicuramente non patrimoniale, consistente tuttavia non già in un danno fisico, bensì in un disagio psicologico, nello stress e nel turbamento, di regola temporaneo, che subisce il turista per non aver potuto godere della vacanza quale occasione di piacere, svago e riposo in ragione dell'inadempimento delle prestazioni promesse nel pacchetto turistico*». Analogo Trib. Saluzzo, 25 febbraio 2009: «*Il fondamento normativo di questo [il danno da vacanza rovinata] è individuabile per la precisione nell'art. 95 del codice del consumo, dal quale si trae la regola della risarcibilità di ogni pregiudizio "diverso dal danno alla persona" derivante dall'inadempimento delle obbligazioni contrattuali gravanti sull'operatore turistico. Alla luce di quanto osservato, deve ritenersi che il diritto al risarcimento del danno da vacanza rovinata per i disagi e lo stress subiti dagli attori odierni appellati, essendo trascorso oltre un anno dal rientro dei viaggiatori, è prescritto*».

11. Obbligo polizza assicurativa o garanzia bancaria

L'art. 47 prevede, al comma 1, l'obbligo di copertura assicurativa per responsabilità civile dell'organizzatore, per i danni che il viaggiatore dovesse subire nell'esecuzione del contratto (es. danno da vacanza rovinata, errore nella prenotazione, ecc.).

Il comma 2 si occupa invece della protezione che deve essere offerta al viaggiatore in caso di insolvenza o fallimento dell'operatore turistico. A tal fine, si stabilisce che i contratti di organizzazione di pacchetto turistico siano assistiti da polizze assicurative o garanzie bancarie, le quali, per i viaggi all'estero e i viaggi che si svolgono all'interno di un singolo Paese, ivi compresi i viaggi in Italia, nei casi di insolvenza o fallimento dell'organizzatore o del venditore garantiscano, senza ritardo, su richiesta del viaggiatore, il rimborso del prezzo versato per l'acquisto del pacchetto e il rientro immediato del viaggiatore nel caso in cui il pacchetto include il trasporto del viaggiatore, nonché, se necessario, il pagamento del vitto e dell'alloggio prima del rientro [50].

Pertanto, il nuovo sistema di garanzia prevede l'obbligo che i contratti di turismo organizzato siano assistiti da polizza assicurativa o garanzia bancaria.

Con la l. 29 luglio 2015, n. 115, art. 9 è stato abrogato il Fondo Nazionale di Garanzia – che tutelava il consumatore allorquando il pacchetto turistico non avesse potuto essere utilizzato nella sua totalità a causa di insolvenza o fallimento dell'organizzatore – il quale rimane operativo solo per liquidare le domande già ammesse al rimborso dal Comitato e le eventuali domande relative ai contratti stipulati entro il 31 dicembre 2015.

A seguito dell'abrogazione del Fondo Nazionale di Garanzia, la nuova formulazione ha previsto al comma 3 che gli organizzatori e gli intermediari possano costituirsi in consorzi o altre forme associative idonee a provvedere collettivamente, anche mediante la costituzione di un apposito fondo, per la copertura dei rischi di cui al comma 2.

---

[50] M.C. Paglietti, *I sistemi di assicurazione per il consumatore turista nel codice del consumo e nella prassi negoziale*, in *Diritto del Turismo, Trimestrale di analisi, giurisprudenza e documentazione*, 2006.

A tal fine è possibile l'ammissione ai consorzi anche di imprese e associazioni di categoria del settore assicurativo, e la previsione di forme di riassicurazione.

I viaggiatori beneficiano della protezione in caso d'insolvenza o fallimento dell'organizzatore o del venditore indipendentemente dal loro luogo di residenza, dal luogo di partenza o dal luogo di vendita del pacchetto e indipendentemente dallo Stato membro in cui è stabilito il soggetto incaricato di fornire protezione in caso di insolvenza o fallimento.

Il comma 8 stabilisce che gli organizzatori e i venditori non stabiliti in uno Stato membro, che vendono o offrono in vendita pacchetti in Italia o in un altro Stato membro o che, con qualsiasi mezzo, dirigono tali attività verso l'Italia o un altro Stato membro sono obbligati a fornire una garanzia equivalente a quella prevista dal comma 2.

Il comma dieci, infine, prevede la facoltà di stipulare anche altre polizze assicurative di assistenza al viaggiatore.

Come già accennato, in merito a tale previsione, è stato ritenuto che poiché l'impossibilità sopravvenuta della prestazione si ha non solo nel caso in cui sia divenuta impossibile l'esecuzione della prestazione del debitore, ma anche nel caso in cui sia divenuta impossibile l'utilizzazione della prestazione da parte del creditore per cause a lui non imputabili, il turista che, a causa di una sopravvenuta malattia non possa usufruire di un pacchetto turistico ha diritto alla restituzione dell'intero corrispettivo ed al riguardo non rileva che il turista non abbia stipulato una assicurazione contro tale rischio, trattandosi di mera facoltà, e non obbligo, del turista medesimo [51].

12. Irrogazione di sanzioni e modalità di risoluzione delle controversie: AGCM e ADR

L'art. 51-*octies* ("*Applicazione delle sanzioni amministrative*") dispone: «*Fermo restando quanto previsto agli articoli 51-septies, comma 1, e 51-novies, l'Autorità garante della concor-*

[51] Cass. civ., Sez. III, 10 luglio 2018, n. 18047.

renza e del mercato, d'ufficio o su istanza di ogni soggetto o organizzazione che ne abbia interesse, accerta le violazioni delle disposizioni di cui all'articolo 51-septies, ne inibisce la continuazione e ne elimina gli effetti, avvalendosi a tal fine degli strumenti, anche sanzionatori, previsti dal decreto legislativo 6 settembre 2005, n. 206».

Pertanto, in caso di violazione da parte dell'organizzatore di obblighi informativi oppure di ostacolo all'esercizio del diritto di recesso o di risoluzione del rapporto, o comunque di violazione degli obblighi previsti convenzionalmente o *ex lege* quali sopra analizzati, lo stesso incorre in sanzioni amministrative pecuniarie di importo variabile [52].

In caso di violazione degli obblighi di assicurazione previsti dagli artt. 47 e 48, al professionista, all'organizzatore o al venditore si applica anche la sanzione amministrativa accessoria della sospensione dall'esercizio dell'attività da quindici giorni a tre mesi e, in caso di reiterazione, l'autorità competente dispone la cessazione dell'attività. La competenza per l'applicazione delle sanzioni amministrative è dell'Autorità garante della concorrenza e del mercato [53].

Così, è stato, ad esempio ritenuto che è legittima la sanzione applicata dall'Autorità Garante della concorrenza e del mercato ad un'agenzia di viaggi, che annullando viaggi verso località "sconsigliate" dal Ministero degli Affari esteri rimborsi l'importo ricevuto al netto di una somma, giustificando la stessa in modo vario, come quota di iscrizione, di gestione, di assicurazione, o simile. Condotta ancor più sanzionabile laddove la stessa Agenzia nel proporre destinazioni alternative a quella cancellata, pretenda dai clienti che abbiano scelto una meta più costosa di quella originaria il pagamento della differenza di prezzo [54].

---

[52] N. ZORZI, *La protezione del consumatore nella nuova disciplina del turismo e della multiproprietà*, in *Contr. e impr.*, 2011.

[53] G. VISCONTI, *La nuova disciplina delle agenzie di viaggio, il commento*, in *Diritto del Turismo, Trimestrale di Analisi, Giurisprudenza e Documentazione*, 2008.

[54] Cons. Stato, Sez. VI, 30 aprile 2019, n. 2818.

Ancora, l'Autorità ha riconosciuto come fattispecie di pubblicità ingannevole l'offerta promozionale avente ad oggetto un pacchetto vacanza a prezzi difformi rispetto a quelli effettivamente applicati e risultanti dal catalogo generale diffuso dal tour operator, non valendo a sanare la decettività del messaggio la buona fede dell'operatore nella predisposizione del messaggio pubblicitario, in quanto le condizioni economiche dei pacchetti turistici reclamizzati non sono, comunque, veritiere senza che l'operatore stesso abbia adottato le misure necessarie per circoscrivere gli effetti ingannevoli del messaggio [55].

Ancora, l'AGCM ha ritenuto che: «*Costituisce pubblicità ingannevole la descrizione di un albergo inserita nel catalogo di un viaggio organizzato recante informazioni non veritiere sulla categoria e sulle caratteristiche dell'albergo stesso. Una volta richiesto all'organizzatore di viaggi autore del catalogo di fornire gli elementi probatori atti a confermare la veridicità di quanto sostenuto nel messaggio, in assenza di produzione di prove da parte sua i dati di fatto contenuti nel messaggio devono essere considerati inesatti secondo il disposto dell'art. 7 comma 4 del d.lg. n. 74 del 1992*» [56].

Da ultimo, è stata introdotta la possibilità di ricorrere a procedure di ADR per la risoluzione di controversie insorte nell'esecuzione o interpretazione dei contratti turistici.

In particolare, l'art. 67 c. tur. prevede che la procedura di mediazione, di cui al d.lgs. 4 marzo 2010, n. 28, costituisca condizione di procedibilità della domanda giudiziale o arbitrale se ciò è previsto da una clausola del contratto di fornitura dei servizi; clausola che deve essere specificamente approvata per iscritto dal turista.

Nei casi in cui il contratto nulla preveda, resta salva la facoltà del turista di ricorrere a procedure di negoziazione volontaria o paritetica o alla procedura di conciliazione innanzi alle commissioni arbitrali o conciliative per la risoluzione delle controversie tra imprese e consumatori ed utenti inerenti la fornitura

---

[55] Autorità garante per la concorrenza, 8 marzo 2001, n. 9300.

[56] Autorità garante della concorrenza e del mercato, 18 maggio 1995, n. 3045.

di servizi turistici. Nella procedura di conciliazione i turisti hanno anche la facoltà di avvalersi delle associazioni dei consumatori.

Focus

PRINCIPIO DI AUTORESPONSABILITÀ:
IL CONSUMATORE NON HA SEMPRE RAGIONE

La recente sentenza della Corte di Cassazione 8 luglio 2020, n. 14257 si è occupata della questione relativa alla **violazione di uno specifico obbligo di informazione precontrattuale** di cui era destinataria una consumatrice/acquirente di un contratto di viaggio organizzato.
Il caso sottoposto alla Corte riguardava due turiste che agivano in giudizio citando l'agenzia di viaggi con cui avevano concluso un contratto di viaggio turistico collettivo. Si trattava, in particolare, di una vacanza di nove giorni in Siria e in Giordania. Le donne erano state fermate all'aeroporto, a causa della presenza di un timbro giordano sul passaporto, la polizia siriana le aveva trattenute per oltre dodici ore ed erano state costrette a proseguire a proprie spese il viaggio. Inoltre, erano state nuovamente fermate e si erano ricongiunte al gruppo solo dopo alcuni giorni. Le turiste, chiedevano di essere risarcite per tutti i danni anche non patrimoniali da vacanza rovinata. Le attrici assumevano di non essere state adeguatamente informate sulle condizioni applicabili ad un cittadino di uno stato membro dell'UE in materia di passaporto e visto per entrare in Siria. Per contro l'agenzia sosteneva di aver consegnato alle turiste un opuscolo informativo ben cinque giorni prima della partenza. Sia in primo che secondo grado, la domanda di risarcimento veniva rigettata, in quanto, pur riconoscendo l'inadempimento informativo, il giudice riteneva che le attrici, avendo ricevuto l'opuscolo prima della partenza, avrebbero potuto chiedere l'annullamento del contratto e la restituzione della somma versata. Da qui il ricorso per cassazione.
La Suprema Corte dopo avere messo in evidenza come costituisca una costante della normativa consumeristicamente orientata l'obbligo di trasferire informazioni da chi agisce come professionista o imprenditore nel mercato verso chi versa, per definizione normativa, in una situazione di svantaggio informativo e che tale obbligo opera anche nella fase che precede la conclusione del contratto assolvendo la funzione di impedire menomazioni volitive dipendenti dall'ignoranza di fatti e di circostanze rilevanti quanto quella di disvelare notizie utili al pieno controllo dello svolgimento del rapporto.
Tuttavia, nel caso di specie, il Supremo Collegio, ha ritenuto corretta la

decisione del Tribunale di non anteporre formalisticamente il c.d. dogma consumeristico che vuole il consumatore in una situazione di presunzione assoluta di debolezza, sempre e comunque meritevole di protezione, e che ragiona degli obblighi di informazione come di obblighi funzionali al soddisfacimento dell'interesse pubblico, ma piuttosto di privilegiare l'opposta soluzione ispirata al **principio di autoresponsabilità del consumatore**, correggendo le conseguenze che sarebbero derivate dall'applicazione dello *strictum ius*. La circostanza, infatti, provata della consegna dell'opuscolo informativo alle attrici da parte dell'agenzia qualche giorno prima della partenza aveva consentito alle attrici di ottenere le informazioni di cui avevano bisogno e che le stesse, evidentemente con negligenza non avevano utilizzato e quindi non poteva essere riconosciuto alcun risarcimento.
La soluzione inspirata al principio di autoresponsabilità del consumatore si pone in linea con la tendenza più recente ad individuare una misura di ragionevolezza cui devono attenersi le misure consumeristiche, onde non sbilanciare la tutela del consumatore, favorendone gli abusi (cfr., ad esempio, Corte Giust., causa C-412/06, causa C-489/07, causa C-511/08).

Indice delle opere citate

AMENDOLAGINE V., *Pacchetti turistici: nuove regole da 1° luglio 2018*, in *http://www.quotidianogiuridico.it/documents/2018/06/29/pacchetti-turistici-nuove.*

BATTELLI E., *La nuova disciplina degli obblighi informativi nei contratti con i consumatori* (d.lgs. 6 settembre 2005, n. 206, epigrafe) in *Giur. it.*, 2014, 11.

BENEVOLO C.-GRASSO M., *Destinazioni e imprese turistiche*, FrancoAngeli, Milano, 2018.

CANNATA L.-CONTE A.-TOCCAFONDO E., *Il risarcimento del danno da vacanza rovinata* (c.c. art. 2059, d.lgs. 23 maggio 2011, n. 79, epigrafe) in *Danno e resp.*, 2019, 2.

CARPAGNANO M., *Turismo, dal 1° luglio cambiano le regole per imprese e viaggiatori*, in *https://www.ilsole24ore.com/art/turismo-1-luglio-cambiano-regole-imprese-e-viaggiatori-AETUm7EF.*

DE CRISTOFARO G., *La disciplina degli obblighi informativi precontrattuali nel codice del consumo riformato* (d.lgs. 21 febbraio 2014, n. 21; d.lgs. 6 settembre 2005, n. 206, art. 48; d.lgs. 6 settembre 2005, n. 206, art. 49; d.lgs. 6 settembre 2005, n. 206, art.

50; d.lgs. 6 settembre 2005, n. 206, art. 51; direttiva 25 ottobre 2011, 2011/83/UE), in *Nuove leggi civ. comm.*, 2014, 5.

De Cristofaro G., *La nuova disciplina europea dei contratti di viaggio (Dir. 2015/2302/UE) e le prospettive del suo rece-pimento nell'ordinamento italiano*, in *Nuove leggi civ. comm.*, 2017.

Di Rocco M., *Vacanza rovinata: le tutele dei pacchetti turistici estese al web*, in *https://www.ilsole24ore.com/art/vacanza-rovinata-tutele-pacchetti-turistici-estese-web--AE8M74bF.*

Finessi A., *La responsabilità del professionista nella nuova disciplina dei contratti di viaggio*, in *Nuove leggi civ. comm.*, 2018, 6.

Galli F., *La nullità della clausola "mfn" nei contratti tra agenzie di intermediazione telematiche e imprese alberghiere* (art. 1, comma 166, l. 4 agosto 2017, n. 124) (l. 4 agosto 2017, n. 124, art. 1), in *Nuove leggi civ. comm.*, 2018, 6.

Izzo L., *Vacanze rovinate, fino a tre anni per chiedere i danni*, in *https://www.studiocataldi.it/articoli/30980-vacanze-rovinate-fino-a-3-anni-per-chiedere-i-danni.asp.*

Licari N., *Pacchetti turistici: cambiano i diritti del viaggiatore e la responsabilità dell'organizzatore*, in *https://www.camminodiritto.it/articolosingolo.asp?indexpage=3200.*

Macioce F., *Difetto di conformità, sopravvenuta impossibilità e responsabilità dell'organizzatore di viaggi* (d.lgs. 21 maggio 2018, n. 62, art. 1), in *Contr. e impr.*, 2019, 2 (commento alla normativa).

Manfron M., *Il danno da vacanza rovinata e il danno non patrimoniale da inadempimento – il commento* (Trib. Matera, 23 settembre 2015, artt. 1218 e 2059 c.c.), in *Danno e resp.*, 2016, 3.

Paglietti M.C., *I sistemi di assicurazione per il consumatore turista nel codice del consumo e nella prassi negoziale*, in *Diritto del Turismo, Trimestrale di analisi, giurisprudenza e documentazione*, 2006, 4.

Pasquili R., *La direttiva 2015/2302/UE. Contenuto e forma del contratto di viaggio*, in *Riv. dir. civ.*, 2017, 6.

Pasquinelli C., *L'inadempimento dei contratti del turismo, soluzioni normative e questioni aperte*, in *Nuova giur. civ. comm.*, 2015.

Rossoni G., *Diritto di recesso nella nuova direttiva sui viaggi a pacchetto*, in *Diritto al Turismo*, *https://www.ttgitalia.com/stories/diritto_al_turismo/132334_diritto_di_recesso_nella_nuova_direttiva_sui_viaggi_a_pacchetto/.*

Rossoni G., *Turismo sommerso ai margini della legge*, in *Diritto al Turismo*, *https://www.ttgitalia.com/stories/diritto_al_turismo/155842_turismo_sommerso_ai_margini_della_legge/.*

Rossoni G., *Diritto di cedere il contratto di viaggio e voli low cost non rimborsabili*, in *Diritto al turismo, https://www.ttgitalia.com/stories/diritto_al_turismo/146456_dirit-to_di_cedere_il_contratto_di_viaggio_e_voli_low_cost_non_rimborsabili/.*

RUGGIERO F., *Nuove misure a tutela dei viaggiatori e maggiori responsabilità per i professionisti del settore*, in *Contratti del turismo, https://www.diritto.it/contratti-del-turismo/.*

SIMONINI E., *La compravendita di pacchetti turistici on-line e l'esclusione del diritto di recesso da parte del turista*, in *Diritto del turismo, Trimestrale di analisi, giurisprudenza e documentazione*, 2007, 1.

VENCHIARUTTI A., *La disciplina dei servizi turistici nel codice del consumo e linee di riforma a livello comunitario*, in *Diritto del Turismo, Trimestrale di analisi, giurisprudenza e documentazione*, 2007, 4.

VISCONTI G., *La nuova disciplina delle agenzie di viaggio, il commento*, in *Diritto del Turismo, Trimestrale di Analisi, Giurisprudenza e Documentazione*, 2008, 2.

ZORZI N., *La protezione del consumatore nella nuova disciplina del turismo e della multiproprietà*, in *Contr. e impr.*, 2011.

Capitolo X

L'azione inibitoria

Sommario

1. L'art. 37 c. cons.

L'art. 37 del d.lgs. 6 settembre 2005, n. 206, c.d. "codice del consumo", così modificato dall'art. 5, comma 4, lett. a), d.lgs. 25 novembre 2016, n. 219, stabilisce che «*Le associazioni rappresentative dei consumatori, di cui all'articolo 137, le associazioni rappresentative dei professionisti, possono convenire in giudizio il professionista o l'associazione di professionisti che utilizzano, o che raccomandano l'utilizzo di condizioni generali di contratto e richiedere al giudice competente che inibi-*

sca l'uso delle condizioni di cui sia accertata l'abusività ai sensi del presente titolo»[1].

In occasione della trasposizione nel codice del consumo della disciplina delle clausole vessatorie, il legislatore della riforma ha operato un'ulteriore modificazione: all'art. 37, comma 4, c. cons., è infatti previsto che alle azioni inibitorie esercitate dalle associazioni dei consumatori si applichi la disciplina processuale dei giudizi promossi attraverso l'esercizio dell'inibitoria "generale" a tutela degli interessi collettivi dei consumatori di cui all'art. 140 c. cons.

1.1. I soggetti dell'azione inibitoria: la legittimazione attiva e passiva

I soggetti dell'azione inibitoria, ai sensi dell'art. 37 c. cons., sono le associazioni rappresentative dei consumatori (legittimazione attiva) e dei professionisti (cui spetta sia la legittimazione attiva che quella passiva).

L'art. 37 c. cons. assegna, dunque, **la legittimazione ad agire** ad un numero chiuso di soggetti: il legislatore nazionale ha operato una scelta precisa rispetto alla posizione assunta dal legislatore comunitario che, nella direttiva 93/13/CEE, lasciava invece ai singoli stati membri la possibilità di attribuire la legittimazione attiva «*a persone o organizzazioni*», non chiarendo, peraltro, se si trattasse di un'alternativa o se invece fosse possibile riconoscervi una legittimazione congiunta.

La scelta di riservare la legittimazione attiva a tali soggetti trova fondamento nella stessa natura dell'azione inibitoria, la quale, a differenza dell'azione individuale, consente di raggiungere una maggiore omogeneità e diffusione del sindacato di vessatorietà. La pronuncia resa all'esito del relativo giudizio produce infatti i suoi effetti nei confronti del professionista convenuto in giudizio, ma costituisce anche un precedente giurisprudenziale importante per tutti i professionisti che impiega-

[1] Al d.lgs. 6 settembre 2005, n. 206, recante il "*codice del consumo*", sono apportate le seguenti modifiche: a) all'art. 37, comma 1, sono soppresse le seguenti parole: «*e le camere di commercio, industria, artigianato e agricoltura*».

no condizioni generali di contratto analoghe a quelle di cui sia stato accertato il carattere vessatorio. D'altra parte, la stessa pronuncia risponde alle esigenze di una molteplicità di soggetti, i quali potranno indistintamente godere degli effetti positivi o, più correttamente, non potranno essere danneggiati dalla inserzione delle clausole, il cui uso è stato inibito nel singolo contratto, della declaratoria di vessatorietà e del conseguente provvedimento inibitorio.

L'azione inibitoria contemplata all'art. 37 c. cons. risponde all'esigenza di garantire la tutela degli interessi diffusi, cioè dei «*valori ed interessi che fanno capo non ai singoli, ma alla pluralità di individui, per la cui difesa sono legittimati ad agire determinati enti, associazioni o comitati, riconosciuti quali enti esponenziali*»[2], ossia quali organismi legittimati a farsi portatori o esponenti di tali interessi.

La categoria degli interessi diffusi in relazione ai rapporti tra consumatori e produttori di beni e servizi, ha trovato le prime applicazioni giurisprudenziali già a partire dagli anni Settanta.

Le prime pronunce hanno rivelato un atteggiamento non particolarmente favorevole della giurisprudenza amministrativa, in quanto si riteneva che gli interessi diffusi non potessero dirsi sufficientemente differenziati, laddove il carattere differenziato dell'interesse costituisce invece profilo dell'interesse legittimo e condizione di ammissibilità del ricorso amministrativo.

Successivamente, si è assistito all'affermarsi in giurisprudenza del principio in base al quale gli enti esponenziali legittimati a tutelare gli interessi diffusi dovessero avere un'organizzazione stabile ed essere realmente impegnati nella difesa dei diritti per i quali agivano giudizialmente: su questa scia, si è finito quindi per attribuire ai giudici il potere di individuare, caso per caso, quali fossero gli enti esponenziali legittimati ad agire, determinando, dunque incertezza in merito all'individuazione delle situazioni tutelabili in forma collettiva in sede processuale. L'intervento della l. n. 241/1990 ha sgombrato il campo da ogni dubbio sulla legittimazione degli enti esponenziali, statuendo,

---

[2] A. MANESCHI, *La difesa del consumatore dalle clausole vessatorie*, Giuffrè, Milano, 1997, p. 99.

all'art. 9, che «*qualunque soggetto, portatore di interessi pubblici o privati, nonché portatore di interessi diffusi costituiti in associazioni o comitati, cui possa derivare un pregiudizio dal provvedimento, ha facoltà di intervenire nel procedimento*».

Con specifico riferimento alle associazioni dei consumatori, il primo intervento normativo risale alla l. 6 febbraio 1996, n. 52, la quale, recependo la direttiva comunitaria 93/13, ha inserito all'interno del codice civile l'art. 1469 *sexies* c.c., oggi sostanzialmente trasposto nell'art. 37 c. cons., ed ha riconosciuto dunque la legittimazione attiva alle associazioni rappresentative dei consumatori.

Quanto all'individuazione delle associazioni dei consumatori legittimate, occorre precisare come il vecchio testo dell'art. 1469 *sexies*, comma 1, c.c. non forniva alcuna definizione in merito, limitandosi ad indicarle come soggetti legittimati all'esercizio dell'azione inibitoria se rappresentative dei consumatori. L'eccessiva genericità della formula legislativa adottata nel codice civile e la carenza di requisiti legali di rappresentatività non aveva potuto dunque che suscitare un vivace dibattito dottrinale e giurisprudenziale in ordine all'individuazione dei parametri da seguire al fine di operare tale tipo di valutazione.

A fronte dell'utilizzazione, nel dettato normativo, di un concetto, quello della "*rappresentatività*", assolutamente sganciato da indici che ne specificassero il contenuto, la giurisprudenza si è fatta dunque carico di individuare tali criteri di rappresentatività e, conseguentemente, di legittimazione, rinvenendoli nell'attività svolta in passato a favore dei consumatori, nelle iniziative giudiziarie, nel contenuto degli statuti, nel radicamento nel territorio dell'associazione, ovvero ancora nel riconoscimento pubblico ottenuto dal sodalizio. Si ricorda, a tal proposito, come secondo una delle prime pronunce, legittimate ad esercitare l'azione inibitoria erano le associazioni «*rappresentative, a prescindere dai criteri quantitativi e per il solo fatto che tra i loro scopi statutari rientrava la tutela degli interessi dei consumatori*» [3].

---

[3] Trib. Palermo, ord. 24 gennaio 1997, in *Foro it.*, 1997, I, c. 2292; Trib. Roma, ord. 2 agosto 1997, in *Foro it.*, 1997, I, c. 3010.

In particolare, secondo la decisione, giacché il legislatore ha attribuito la legittimazione ad agire in giudizio alle associazioni, senza fare riferimento a criteri quantitativi di minore maggiore rappresentatività, «*devono ritenersi tali le associazioni che hanno fra i propri scopi quello di tutelare gli interessi della suddetta categoria*».

Successivamente la giurisprudenza[4] ha individuato, come indice di rappresentatività, oltre alla previsione statutaria della tutela dei consumatori, anche il raggiungimento di «*un significativo grado di continuità ed effettività nel conseguimento di tale obiettivo*». È stata in particolare ritenuta l'esistenza di una corrispondenza con le direttive comunitarie, che finiscono con il demandare all'autorità giudiziaria l'accertamento di indici (stabilità, radicamento sul territorio, riconoscimento dell'autorità amministrativa, rappresentatività) idonei a conferire al gruppo la legittimazione ad agire per la tutela degli interessi collettivi. «*L'associazione istante*», secondo il giudice palermitano, «*è legittimata, giacché secondo statuto, promuove l'informazione e l'educazione al consumo, stimolando l'associazionismo e la tutela anche giuridica degli interessi dei consumatori di cui si fa portatrice; inoltre, risulta aver intrapreso con enti pubblici e privati una significativa azione di promozione degli interessi degli utenti e dei consumatori ed ha ormai raggiunto un significativo grado di continuità ed effettività nel conseguimento dei fini statutari*».

Con l'entrata in vigore della l. n. 281/1998, confluita nel codice del consumo, le associazioni dei consumatori sono state definite quali «*formazioni sociali che abbiano per scopo statutario esclusivo la tutela dei diritti e degli interessi dei consumatori o degli utenti*» (cfr. art. 2, lett. b), l. n. 281/1998, confluito nell'art. 3, comma 1, lett. b), c. cons.).

Si è assistito, dunque, alla restrizione della nozione di associazione legittimata all'esercizio dell'azione inibitoria, restrizione resa necessaria, come ha osservato attenta dottrina, «*a distinguere le associazioni dei consumatori da altre aggregazioni sociali che, direttamente o indirettamente, e insieme con altri*

[4] Trib. Palermo, 2 giugno 1998, in *Foro it.*, 1999; I, c. 358.

scopi, hanno l'obiettivo di tutelare i consumatori, quali potrebbero essere, i partiti politici, i sindacati dei lavoratori, le aggregazioni aziendali etc. ...».

Tuttavia, il testo ha suscitato ben presto problemi di coordinamento tra la nozione di rappresentatività, di cui all'art. 1469 *sexies* ed i parametri elencati all'art. 5 di tale legge, quali requisiti necessari ai fini dell'iscrizione dell'associazione nell'elenco delle associazioni dei consumatori e degli utenti rappresentative a livello nazionale [5]. Tali parametri permettono l'iscrizione in un elenco del Ministero.

In merito a tale questione, si ricorda la tesi sostenuta dal Tribunale di Palermo, nell'ordinanza del 10 gennaio 2000, resa nel procedimento cautelare promosso da una associazione dei consumatori contro l'azienda erogatrice del servizio di distribuzione idrica nella Città di Palermo [6]. In particolare l'azienda convenuta aveva eccepito il difetto di legittimazione attiva dell'associazione, sulla base della mancata iscrizione di questa nell'elenco del Ministero, così come stabilito dall'art. 5 della l. n. 281/1998. Il Tribunale palermitano aveva invece ritenuto infondata tale eccezione, in considerazione del fatto che, al momento dell'inizio dell'azione, tale elenco non era stato ancora costituito [7].

---

[5] Secondo l'art. 5 la rappresentatività si ha con la costituzione in forma scritta e un ordinamento a base democratica, uno scopo esclusivo di tutela dei consumatori e degli utenti senza fine di lucro, un elenco degli iscritti non inferiore allo 0,5 per mille della popolazione nazionale e la presenza in almeno 5 Regioni o Province Autonome e con un numero di almeno 0,2 per mille per ciascuna di esse, un bilancio conforme alle prescrizioni dettate per le associazioni non riconosciute, lo svolgimento di attività continuativa, l'immunità da condanne dei rappresentanti.

[6] Trib. Palermo, ord. 10 gennaio 2000, Adiconsum vs. Amap, in *Foro it*, 2000, I, c. 2052.

[7] «*Di tal che non può farsi alcun ricorso, al fine di valutare la sussistenza della legittimazione attiva dell'Adiconsum, al criterio dettato dall'art. 3 della legge citata, perché altrimenti per le associazioni rappresentative resterebbe esclusa in radice la possibilità di agire per l'inibizione delle clausole vessatorie, in contrasto sia con l'art. 7 della direttiva 93/13/ CEE concernemente appunto le clausole abusive nei contratti stipulati tra un professionista e dei consumatori. I mezzi di cui al paragrafo 1 comprendono disposizioni che*

Sulla base di tali premesse, il giudice siciliano ha dunque riconosciuto la legittimazione dell'associazione ricorrente in quanto dotata di un'ampia struttura, con sedi diffuse in tutto il territorio nazionale, e in quanto particolarmente attiva nel campo della protezione dei diritti dei consumatori. La circostanza che la l. n. 281/1998 fosse entrata in vigore successivamente alla novella del codice civile, ad opera della l. n. 52/1996, ha comunque posto il problema di un eventuale superamento della disciplina dell'art. 1469 *sexies* c.c. Su tale questione è intervenuto il Tribunale di Roma, con l'ordinanza del 21 gennaio 2000, stabilendo che «*ai fini della legittimazione attiva a proporre l'azione inibitoria prevista dall'art. 1469 c.c., la rappresentatività delle associazioni dei consumatori va apprezzata dal giudice senza particolari limitazioni, non rilevando i parametri all'uopo stabiliti dalla legge sui diritti dei consumatori e degli utenti*». Conseguentemente, «*una diversa interpretazione che limitasse la legittimazione solo alle associazioni iscritte nell'elenco di cui all'art. 5 delle l. 281/98, finirebbe per frustrare la riforma introdotta dalla l. n. 52 del 1996 che è di tutelare il consumatore rispetto alle pratiche illecite, obiettivo al quale ben può contribuire l'azione di associazioni non iscritte nell'elenco, e porre dubbi di costituzionalità in quanto finirebbe per incidere in maniera sfavorevole su situazioni giuridiche*

---

permettono a persone o organizzazioni, che a norma del diritto nazionale abbiano un interesse legittimo a tutelare i consumatori, di adire, a seconda del diritto nazionale, le autorità giudiziarie o gli organi amministrativi competenti affinché stabiliscano se le clausole contrattuali redatte per un impiego generalizzato, abbiano carattere abusivo ed applichino mezzi adeguati ed efficaci di siffatte clausole" (art. 7 Direttiva CEE 93/13). Non v'è dubbio che posticipare fino al momento della costituzione dell'elenco di cuti all'art. 5 della legge 30/7/1998 n. 281, la possibilità, per le organizzazioni rappresentative dei consumatori, di adire l'autorità giudiziaria, costituirebbe un'illegittima compressione delle possibilità riconosciute dalla direttiva europea, e svuoterebbe di efficacia anche la legittimazione che l'art. 1469 sexies c.c. attribuisce direttamente alle associazioni rappresentative dei consumatori a prescindere dall'inserzione in qualsiasi elenco speciale. Spetta al giudice ordinario accertare se le associazioni o le organizzazioni di volta in volta rivoltesi all'autorità giudiziaria abbiano, o meno, le caratteristiche idonee per poterle considerare legittimate a rappresentare i consumatori».

soggettive preesistenti, quali sono quelle degli enti esponenziali che, pur essendo rappresentative di parametri diversi, verrebbero ad essere private della tutela giurisdizionale, con ripercussione sull'interesse dei singoli associati».

A favore della tesi abbracciata dal tribunale capitolino militavano inoltre i caratteri di significativa specialità ed autonomia delle disposizioni di cui all'art. 1469 *sexies* c.c. rispetto alla normativa introdotta con la l. n. 281/1998: mentre l'art. 1469 *sexies* c.c. legittimava ad un'azione applicabile alla sola tutela collettiva del consumatore e con esclusivo riferimento alle clausole inserite nelle condizioni generali di contratto utilizzate dal professionista, l'art. 3 della l. m. 281/1998 risultava avere un ambito di applicazione indubbiamente molto più ampio (l'art. 1 della l. m. 281/1998, confluito nell'art. 2, comma 1, c. cons., prevede che «*sono riconosciuti e garantiti i diritti e gli interessi individuali e collettivi dei consumatori e degli utenti, ne è promossa la tutela in sede nazionale e locale, anche in forma associativa e collettiva, sono favorite le iniziative volte a perseguire tali finalità anche attraverso la disciplina delle associazioni dei consumatori e degli utenti e delle pubbliche amministrazioni*».

A tale querelle dottrinale e giurisprudenziale ha posto fine il legislatore del 2005, statuendo, all'art. 37 c. cons., che legittimate all'esercizio dell'azione inibitoria sono esclusivamente le associazioni dei consumatori di cui all'art. 137, ossia quelle inserite nell'elenco delle associazioni dei consumatori e degli utenti rappresentative a livello nazionale. Il mutato assetto legislativo, come osservato in dottrina[8], sembra quindi operare un depauperamento del novero potenziale delle associazioni legittimate, atteso che, nel precedente regime, si riteneva che, ai sensi dell'art. 1469 *sexies*, c.c., «*la rappresentatività delle associazioni dei consumatori venisse apprezzata dal giudice senza particolari limitazioni, non rilevando i parametri all'uopo stabiliti dalla legge sui diritti dei consumatori ed utenti*»[9]. Preme a tal

---

[8] M. DONA *sub art. 37*, in *Il nuovo codice del consumo*, Giappichelli, Torino, 2008, p. 76.

[9] In questo senso la citata sentenza del Trib. Roma, 21 gennaio 2000, in *Foro it.*, 2000, c. 2045.

proposito evidenziare come la scelta adottata nel codice del consumo di riservare la legittimazione ad agire alle sole associazioni dei consumatori inserite nell'elenco ripropone le eccezioni ed i dubbi interpretativi sollevati in dottrina e giurisprudenza nel vigore della precedente disciplina.

Si ritiene inoltre che il nuovo dettato normativo, e dunque il riferimento all'iscrizione delle associazioni dei consumatori nell'elenco di cui all'art 137 c. cons., quale criterio per l'accertamento della legittimazione ad agire delle stesse, non possa essere interpretato nel senso di escludere ogni successiva verifica in merito all'effettivo perseguimento, da parte dell'ente, della finalità di tutela degli interessi collettivi dei consumatori nel caso concreto. A tale proposito, il TAR Lazio, sezione prima, sentenza n. 13160 del 6 dicembre 2005, ha escluso la legittimazione ad agire di una associazione dei consumatori, seppur iscritta nell'elenco di cui all'art. 137 c. cons., in ragione della carenza di un effettivo interesse degli utenti da tutelare nel caso di specie [10].

---

[10] In particolare, il TAR ha respinto il ricorso di Movimento Difesa del Cittadino contro la nomina di due componenti dell'AGCM effettuata dai Presidenti di Camera e Senato, ritenendo l'inammissibilità del ricorso sulla base della carenza della legittimazione ad agire dell'associazione. Secondo il tribunale laziale «*più volte in giurisprudenza è stato affrontato il problema della legittimazione a ricorrere o a intervenire delle associazioni dei consumatori e degli utenti nelle varie materie in cui sono coinvolti interessi dei medesimi (dalla pubblicità ingannevole al diritto di accesso), potendosi l'estensione del contenzioso spiegare agevolmente alla luce di due elementi, quali la latitudine della nozione legislativa di "consumatore o utente" e le regole del sistema italiano di tutela giurisdizionale, che caratterizzano le controversie instaurate da questo tipo di associazioni. Sotto il primo profilo, è sufficiente ricordare la definizione contenuta nell'art. 2, 1° comma, l. 30 luglio 1998, n. 281 (si intendono per "consumatori o utenti [...] le persone fisiche che acquistino o utilizzino beni o servizi per scopi non riferibili all'attività imprenditoriale e professionale eventualmente svolta"), e quella oggi vigente (probabilmente più ampia della precedente in virtù del diverso predicato verbale utilizzato), contenuta nel sopravvenuto "Codice del consumo", approvato con d.lgs. 6 settembre 2005, n. 206 (in prosieguo, Cod. cons.): è "consumatore o utente [...] la persona fisica che agisce per scopi estranei all'attività imprenditoriale o professionale eventualmente svolta" (il nuovo testo di legge dichiaratamente provvede al completo "riassetto" del c.d. "statuto del consumatore", attraverso l'armonizzazione e il riordino delle "normative concernenti i processi*

Sulla base di tali premesse, il decidente, pur ritenendo che non vi fosse dubbio in merito alla qualità del Movimento Difesa del Cittadino, quale associazione di consumatori ed utenti, regolarmente iscritta nell'apposito elenco ministeriale, quale ente legittimato a esperire iniziative a tutela dei «*diritti fondamenta-*

---

di acquisto e consumo, al fine di assicurare un elevato livello di tutela dei consumatori e degli utenti"; esso ha tra l'altro abrogato la l. 30 luglio 1998, n. 281; cfr. artt. 1, 3, 1° comma, lett. f, e 146 Cod. cons.). Quanto all'altro aspetto, vanno menzionati gli esiti dei ripetuti – e per molti versi fruttuosi – tentativi di individuare una soddisfacente tecnica di protezione degli interessi diffusi in un contesto processuale tuttora retto dal principio personalistico (l'ordinamento processuale italiano, connotato dalle tradizionali limitazioni desumibili dagli artt. 24 Cost. e 99 e 100 c.p.c., non conosce ancora le class actions tipiche del diritto statunitense e contempla solo eccezionali casi di azioni popolari). L'articolato modello incentrato sulla imputazione degli interessi diffusi in capo ad enti che siano dotati di una certa rappresentatività e la cui ragion d'essere risiede nella tutela di questo tipo di interessi (autolegittimazione), costituisce – nel diritto interno – il punto di arrivo di una lunga evoluzione che ha riguardato le c.d. "azioni di interesse collettivo" e le corrispondenti esigenze di tutela derivanti, come giustamente osservato in dottrina, dagli attuali modelli di produzione e distribuzione di massa. La perdurante effettività di questo schema sembra implicitamente ribadita anche dalla recente pronuncia delle Sezioni unite della Corte di cassazione n. 2207 del 4 febbraio 2005, la quale, nel dare soluzione positiva al quesito se anche i singoli consumatori siano legittimati, ai sensi dell'art. 33 l. n. 287/1990 (disposizione relativa alle azioni di nullità delle intese antitrust), a denunciare l'invalidità dei contratti c.d. "a valle" di una intesa illecita, afferma: "il giudice, che dirime controversie e non si occupa di fenomeni, può essere officiato solo in presenza o in vista almeno di un pregiudizio". Si sottolinea in tal modo come la funzione giurisdizionale possa legittimamente dispiegarsi solo qualora si ravvisi una lesione (attuale o potenziale) di una posizione giuridica di vantaggio presente nel patrimonio di chi agisce. Si spiega allora perché nelle decisioni riguardanti gli enti portatori di interessi collettivi il problema dell'accesso al giudice sia nelle varie fattispecie risolto soffermandosi vuoi sull'interesse a ricorrere vuoi sulla sussistenza di una posizione differenziata e qualificata; e si spiega anche perché viene costantemente escluso che l'azione possa essere esperita per perseguire "mere finalità di giustizia" ovvero per tutelare il "generico interesse, generale ed indifferenziato, di tutti i cittadini al ripristino della legalità violata"».

Ed ancora, secondo la pronuncia citata «*Quanto detto giustifica infine il canone giurisprudenziale secondo cui la legittimazione a ricorrere di un'associazione di consumatori va verificata caso per caso alla luce dei provvedimenti effettivamente impugnati e della loro concreta attitudine a ledere, in rapporto di diretta congruità, gli interessi di cui l'ente è portatore statutario*».

li» di cui all'art. 2, comma 2, c. cons. (si tratta dei diritti alla tutela della salute, alla sicurezza e alla qualità dei prodotti e dei servizi, ad una adeguata informazione e ad una corretta pubblicità, all'educazione al consumo, alla correttezza, alla trasparenza ed all'equità nei rapporti contrattuali, alla promozione e allo sviluppo dell'associazionismo libero, volontario e democratico tra i consumatori e gli utenti, all'erogazione di servizi pubblici secondo standard di qualità e di efficienza), rilevava la necessità di tenere in considerazione lo statuto dell'associazione.

Lo statuto del Movimento Difesa del Cittadino prevedeva infatti che ''associazione perseguisse le finalità della «*tutela dei diritti e degli interessi del cittadino nei confronti delle pubbliche amministrazioni*» (lett. a)), nonché «*la difesa del consumatore-utente nei rapporti con le Aziende pubbliche o private produttrici di beni o servizi*» (lett. b)). Per raggiungere tali scopi, il Movimento «*promuove ed esercita azioni nelle sedi giudiziarie civili, amministrative e penali e dinanzi alle Autorità di garanzia, ai sensi della legge 281/95 e della vigente legislazione*» (art. 3, lett. d)). La pur ampia legittimazione ad agire in giudizio dell'associazione ricorrente non era, tuttavia, secondo il giudice, così vasta da ricomprendere qualsiasi attività di tipo pubblicistico che si rifletta, in modo diretto o indiretto, sui cittadini, dovendo al contrario esser commisurata a quegli atti idonei ad interferire con specificità ed immediatezza sulla posizione dei consumatori e degli utenti.

Ad analoghe conclusioni era giunta un'ulteriore pronuncia amministrativa [11], la quale ha escluso la legittimazione ad agire di una associazione dei consumatori iscritta nell'elenco di cui all'art. 137 del c. cons., non ritenendo sussistere un interesse cautelare. In particolare, il Codacons aveva presentato domanda di accesso, in data 16 marzo 2004, rivolta al Ministero della Giustizia, al Procuratore Generale della Corte dei Conti, all'Autorità per la Protezione dei Dati Personali, all'Autorità Garante della Concorrenza e del Mercato, a Poste italiane, e per conoscenza alla Procura della Repubblica di Roma, volta ad avere atti e notizie relativi ad una probabile convenzione inter-

[11] Cons. Stato, Sez. VI, 10 febbraio 2006, n. 555, Codacons/AGCM.

corsa tra il Ministero della Giustizia e Poste italiane, in ordine al servizio di notifica degli atti giudiziari.

Nessuna amministrazione destinataria della richiesta rispondeva e, pertanto, il Codacons adiva il TAR del Lazio avverso il silenzio-rigetto. Il TAR respingeva il ricorso, osservando che l'istanza di accesso non sarebbe stata sorretta da un interesse attuale e che lo scopo reale della domanda di accesso fosse quello di effettuare un inammissibile monitoraggio complessivo sull'attività di Poste italiane. Il Consiglio di Stato ha abbracciato tale tesi, evidenziando che «*la titolarità (o la rappresentatività) degli interessi diffusi non giustifica un generalizzato e pluricomprensivo diritto alla conoscenza di tutti i documenti riferiti all'attività del gestore del servizio e non collegati alla prestazione dei servizi all'utenza, ma solo un più limitato diritto alla conoscenza di atti, relativi a servizi rivolti ai consumatori, che incidono in via diretta e immediata, e non in via meramente ipotetica e riflessa, sugli interessi dei consumatori. L'interesse alla conoscenza, d'altro canto, non può essere negato a priori, ma va provato, di volta in volta, considerando accuratamente tutti i concreti profili della richiesta di accesso*».

Pertanto, anche se il diritto di accesso è volto ad assicurare la trasparenza dell'attività amministrativa e a favorirne lo svolgimento imparziale, rimane fermo che l'accesso è consentito soltanto a coloro ai quali gli atti stessi, direttamente o indirettamente si rivolgono, e che se ne possano eventualmente avvalere per la tutela di una posizione soggettiva, la quale, anche se non deve assumere necessariamente la consistenza del diritto soggettivo o dell'interesse legittimo, deve essere però giuridicamente tutelata non potendo identificarsi con il generico ed indistinto interesse di ogni cittadino al buon andamento dell'attività amministrativa.

I soggetti legittimati passivamente all'azione inibitoria sono i professionisti o le associazioni dei professionisti. Ai sensi dell'art. 3 comma 1, lett. c), c. cons. [12], è professionista «*la persona fisica o giuridica che agisce nell'esercizio della propria*

[12] Lettera modificata dall'art. 3, d.lgs. 23 ottobre 2007, n. 221.

attività imprenditoriale, commerciale, artigianale[13] *o professionale, ovvero un suo intermediario*».

Con riguardo alla figura del professionista, si ricorda come la giurisprudenza abbia affermato che in tale figura «*il legislatore ha ricompreso espressamente sia colui che esercita un'attività imprenditoriale, caratterizzata dal fine primario di produrre reddito, sia da colui che svolge una attività professionale, cioè un'attività di prestazione di beni e servizi e cessione di beni non necessariamente finalizzata alla produzione di utili, ma che in ogni caso si avvale di un'organizzazione stabile e duratura*»[14]. In ragione dell'estrema ampiezza del termine usato dal legislatore, la dottrina ha poi ritenuto di interpretare estensivamente il termine, annoverando tra i professionisti anche gli enti che, pur sforniti di personalità giuridica, esercitino attività imprenditoriale o professionale, come, ad esempio, società di persone tra professionisti, studi professionali associati, associazioni non riconosciute[15].

1.2. Utilizzazione o raccomandazione di utilizzo delle condizioni generali di contratto contenenti clausole abusive

L'art. 37 c. cons. individua specificamente i presupposti per l'esperimento dell'azione inibitoria. Esso prevede che gli enti esponenziali possano convenire in giudizio i professionisti o le associazioni di professionisti che utilizzano ovvero che raccomandano l'utilizzo di condizioni generali di contratto e richiedere al giudice competente che inibisca l'uso delle condizioni di cui sia accertata l'abusività. Affinché possa essere attuata la tutela inibitoria, l'art. 37 richiede dunque che i soggetti legittimati passivamente utilizzino ovvero, secondo la formulazione adot-

[13] Corte Giust. UE, Sez. V, 4 ottobre 2018, causa C-105/17.

[14] Trib. Palermo, ord. 4 luglio 2000, in *Danno e resp.*, 2001, p. 181.

[15] G. CIAN, *Il nuovo capo XIV*-bis *(Titolo II, Libro IV) del Codice civile, sulla disciplina dei contratti dei consumatori*, in *Studium Iuris*, 1996, p. 413; E. PODDIGHE, *I contratti con i consumatori. La disciplina delle clausole vessatorie*, Giuffrè, Milano, 2000, p. 45.

tata dal codice del consumo, «*raccomandino l'utilizzo di condizioni generali di contratto*». Con riguardo a tale ultimo inciso, si evidenzia come l'aggiunta dell'espressione «*che raccomandano l'utilizzo*» fosse stata disposta già con la l. 3 febbraio 2003, n. 14, e ciò, a ben vedere, sulla scorta del trend della giurisprudenza di merito che aveva avuto modo di riconoscere «*la legittimazione passiva delle associazioni di imprese che raccomandano o suggeriscono agli aderenti l'utilizzazione di norme uniformi nelle condizioni generali di contratto*»[16]. In particolare, nella fattispecie sottoposta al vaglio del Tribunale di Roma, l'associazione convenuta aveva eccepito la propria carenza di legittimazione passiva sul presupposto che le banche associate sarebbero state del tutto libere di utilizzare gli schemi contrattuali da essa elaborati e diffusi mediante circolari. Difettando, quindi, il rapporto con i consumatori, l'ABI non avrebbe avuto interesse rispetto a quell'utilizzazione e non sarebbe stata un'associazione di professionisti. Il giudice ha però correttamente ritenuto infondata tale eccezione in base al presupposto che «*qualora il legislatore italiano avesse voluto effettivamente intendere che solo le associazioni di professionisti che utilizzano le clausole (cioè che stipulino contratti individuali sulla base delle condizioni generali predisposte), possono essere destinatarie di un ordine inibitorio, non avrebbe avuto senso far espresso riferimento nell'art. 1469 sexies c.c. alle associazioni di professionisti (le quali, infatti, non concludono contratti con i consumatori) essendo sufficiente, a questo fine, il riferimento alla sola categoria di professionisti*».

Ciò premesso, occorre precisare come il riferimento esplicito all'utilizzazione delle condizioni di contratto necessita di alcune puntualizzazioni. Tenuto conto della disciplina generale e dell'evidente volontà del legislatore di approntare una tutela sostanziale e non formale in favore dei consumatori, si deve senz'altro ritenere che la possibilità di richiedere l'inibitoria trovi applicazione non solo nell'ipotesi in cui il professionista abbia provveduto autonomamente alla predisposizione delle condi-

[16] Trib. Roma, 21 gennaio 2000, in *Foro it.*, 2000, c. 2045.

zioni generali di contratto aventi contenuto vessatorio, ma anche qualora si sia avvalso dell'opera di terzi ai fini della loro formulazione [17].

Per gli stessi motivi vi è chi ritiene che "*l'utilizzazione*" non debba essere intesa in termini di concretezza ed effettività, nel senso, quindi, dell'impiego delle condizioni di una specifica volontà negoziale attraverso la sottoscrizione da parte del consumatore: è infatti pacificamente riconosciuto che l'azione inibitoria garantisce una forma di tutela preventiva, per cui l'associazione o l'ente esponenziale che agisce lo fa proprio per impedire che si concreti la violazione del diritto e la conseguente produzione del danno attraverso l'inserimento di clausole vessatorie nelle fattispecie contrattuali individuate. Si può quindi sostenere che l'azione inibitoria può essere esperita anche in riferimento a condizioni generali predisposte dal professionista al fine di disciplinare i contratti con i consumatori, seppur queste non siano concretamente applicate.

1.3. L'accertamento dell'abusività: i criteri di valutazione del carattere vessatorio delle clausole ai fini dell'inibitoria

Il sindacato di abusività indicato all'art. 37, comma 2, c. cons., ripropone la questione controversa o esistente sotto la vigenza della disciplina degli artt. 1469 *bis* e ss. c.c., e relativa alla compatibilità dell'art. 1469 *sexies* con taluni dei criteri individuati dagli artt. 1469 *bis* e *ter* per il vaglio di clausole inserite nelle maglie di una volontà contrattuale già definita e disciplinante un singolo e specifico rapporto negoziale.

In particolare, non pare utilmente perseguibile un controllo che tenga conto delle circostanze esistenti al momento della conclusione del contratto, posto che ciò comporterebbe l'analisi delle modalità e degli elementi di una specifica e concreta fatti-

---

[17] G. De Nova, *Le clausole vessatorie, art. 25 l. 6 febbraio 1996 n. 52/ 1996*, Giuffrè, Milano, 1996; A. Bellelli, *Commento sub art. 1469 sexies*, in *Commentario al Capo XIV bis del Codice Civile: dei contratti del consumatore*, in *Le nuove leggi civili commentate*, Cedam, Padova, 1997, p. 1261.

specie contrattuale; tale analisi è invece imprescindibile per la tutela di carattere individuale e successivo. Si ritiene debba inoltre concludersi nello stesso senso anche per ciò che concerne la rilevanza delle clausole inserite in un contratto collegato o da cui dipende il contratto sottoposto a controllo [18].

Quanto agli indici di riferimento di cui all'art. 37 c. cons. (e cioè la natura del bene o del servizio oggetto del contratto e le altre clausole dello stesso contratto), appare condivisibile la tesi affermata dalla giurisprudenza per cui «*non può escludersi, ma anzi si deve ritenere possibile, che nel giudizio inibitorio la vessatorietà sia accertata avuto riguardo alla natura del bene o del servizio ed anche al compendio di tutte le clausole che compongono il futuro contratto, attenendo tali vicende non alla concreta attuazione del singolo rapporto ma piuttosto alla sua tipizzazione generale*» [19].

1.4. L'art. 37, comma 2, c. cons.: l'azione inibitoria cautelare in generale ed il problema dei giusti motivi d'urgenza

Il comma 2 dell'art. 37 c. cons. disciplina la cosiddetta inibitoria cautelare: «*quando sussistono giusti motivi d'urgenza, l'inibitoria può essere concessa ai sensi degli art. 669 bis e seguenti del codice di procedura civile*», ossia nelle forme e secondo i termini dei procedimenti cautelari.

Occorre precisare come tali procedimenti si svolgono, come noto, in maniera particolarmente celere rispetto ai giudizi ordinari; di contro, però, la cognizione del giudice è sommaria e, in

---

[18] A. BELLELLI., *op. cit.*, p. 1266; F.D. BUSNELLI., *Una possibile traccia per un'analisi sistematica della disciplina delle clausole abusive*, in *Commentario al Capo XIV bis del Codice Civile: dei contratti del consumatore*, in *Le nuove leggi civili commentate*, Cedam, Padova, 1997, p. 757; G. CIAN, *op. cit.*, p. 411; G.M. ARMONE, *Commento sub art. 1469-*sexies, in A. BARENGHI (a cura di), *La nuova disciplina delle clausole vessatorie nel codice civile*, Jovene, Napoli, 1996; R. PARDOLESI, *Clausole abusive (nei contratti dei consumatori): una direttiva abusata*, in *Foro it.*, 1994, V, c. 137.

[19] Trib. Palermo, 2 giugno 1998, in *Foro it.*, 1999, I, c. 358 (Adiconsum c. Aereoviaggi S.p.A.).

base al disposto dell'art. 669 *sexies* c.p.c., il magistrato può omettere «*ogni formalità non essenziale al contraddittorio*», procedendo nel modo che ritiene più opportuno agli atti di istruzione «*indispensabili*».

Si evidenzia pertanto come la giurisprudenza sia stata particolarmente restia nel concedere tali provvedimenti, anche perché l'esigenza di celerità viene a comprimere gravemente l'attività istruttoria, che in molti processi è assolutamente determinante per la decisione della controversia.

A ciò si aggiunga che l'art. 700 c.p.c., e cioè il provvedimento d'urgenza previsto al di fuori dei procedimenti sommari tipici, prevede che la misura cautelare possa esser concessa nel caso in cui «*durante il tempo occorrente per far valere il diritto in via ordinaria, questo sia minacciato da un pregiudizio imminente e irreparabile*».

Le difficoltà incontrate nelle prime applicazioni dell'azione inibitoria cautelare trovano fondamento, con ogni probabilità, nella rigida interpretazione giurisprudenziale dei presupposti cautelari. Tuttavia si ritiene che l'errore sia consistito, in molti casi, nel non aver valutato la specificità dell'azione, la quale presenta problematiche radicalmente differenti rispetto a quelle dei normali procedimenti cautelari.

Da un lato, infatti, molto difficilmente un'azione inibitoria necessita di una qualche istruttoria (quasi sempre è sufficiente produrre solamente il contratto utilizzato dal professionista) e, dall'altro, in tale azione, non si può prendere in esame «*il pregiudizio grave ed irreparabile*», trattandosi di una azione che riguarda indirettamente la posizione individuale e che tende, per l'appunto, a prevenire la circolazione di clausole vessatorie.

L'azione inibitoria ha dunque carattere preventivo e collettivo e prescinde dall'effettivo danno ai diritti del consumatore, tendendo piuttosto a verificare e contestare, sotto un profilo potenziale, i danni alla sfera giuridico-patrimoniale dei contraenti deboli.

Questo significato appare palese sia leggendo il testo normativo, sia facendo riferimento alla direttiva 93/13/CEE, che prevede un'azione per fa cessare l'inserimento di clausole vessatorie nelle condizioni generali di contratto predisposte dai professionisti. È chiaro tuttavia che, facendo riferimento al dato normativo nazionale, si deve distinguere l'azione inibitoria in via ordinaria da quella in via cautelare *ex* art. 669 *bis* e ss. c.p.c. È altrettanto evidente che tale differenziazione vada comunque analizzata ed interpretata secondo quelle che sono le finalità della legge (*ex* art. 12 disp. prel. c.c.), ma soprattutto «*alla luce della lettera e dello scopo della summenzionata direttiva*», che prevede che vi siano mezzi di tutela adeguati ed efficaci per eliminare eventuali clausole abusive presenti in condizioni generali di contratto [20].

Sotto questo aspetto vanno quindi esaminate le parole «*giusti motivi d'urgenza*». A tale proposito si evidenzia, in primo luogo, che il legislatore ha inserito le parole «*giusti motivi*», mentre, in altre disposizioni in cui ha voluto rimarcare l'eccezionalità dello strumento processuale, ha utilizzato la locuzione «*gravi motivi*». Ciò fa capire immediatamente che il criterio di distinzione fra l'azione in via d'urgenza e quella in via ordinaria vada correlato a circostanze da individuare da parte del giudice quasi «*in via equitativa*». Il termine «*giusti motivi*» è spesso usato dal legislatore in caso di valutazioni rimesse alla ampia discrezionalità del magistrato ed in cui non vi sono dei rigidi criteri prefissati, come nel caso, ad esempio, dell'art. 92, comma 2, c.p.c. e dell'art. 641 c.p.c.

La giurisprudenza civile formatasi in relazione ai «*giusti motivi*», di cui all'art. 92 c.p.c., ha del resto già assunto tale posizione, statuendo che i giusti motivi sfuggono, per loro stessa natura, a qualsiasi enunciazione o catalogazione, anche soltanto esemplificativa, e l'indagine in ordine alla loro ricorrenza, nonché la relativa valutazione, sono rimesse al giudice di merito.

Anche la giurisprudenza amministrativa, sempre in relazione all'art. 92 c.p.c., ha precisato che la valutazione dei giusti motivi appartiene al discrezionale apprezzamento del collegio giudicante, insindacabile in appello se non per manifesta illogicità [21].

---

[20] Su tale punto. in giurisprudenza, Corte Giust. CE, 8 ottobre 1987, Causa 80/86, Kolpinghuis Nijmegen BV.

[21] Cons. Stato, Sez. VI, 2 marzo 1999, n. 234.

Il confronto pratico con un'azione radicalmente nuova, del tutto innovativa per il nostro ordinamento, ha creato però, per i motivi sopra esposti, gravi problemi interpretativi, aggravati dall'impossibilità di una pronunzia sulla questione da parte della Corte di Cassazione. Si sono così formati, in ambito dottrinario e giurisprudenziale, alcuni orientamenti circa i «*giusti motivi d'urgenza*» che si intendono sinteticamente analizzare, classificandoli in quattro raggruppamenti, di seguito esaminati.

1.5. I giusti motivi d'urgenza: orientamenti giurisprudenziali e dottrinali

Per quanto riguarda i giusti motivi d'urgenza, la giurisprudenza e la dottrina hanno dato vita, negli anni, a quattro diversi orientamenti:

a) la tesi qualitativa e del pregiudizio irreparabile;
b) la tesi quantitativa;
c) la tesi del *periculum in re ipsa*;
d) la tesi della valutazione specifica.

Al primo filone interpretativo (**tesi qualitativa e del pregiudizio irreparabile**) appartengono le prime ordinanze del Tribunale di Torino[22] (riguardanti contratti di vendita di automobili), nonché alcuni provvedimenti del Tribunale di Roma[23]; in realtà le posizioni sono alquanto diversificate, seppur nell'ambito di un'interpretazione restrittiva dei giusti motivi d'urgenza. I giudici torinesi hanno infatti asserito che i giusti motivi d'urgenza sussistono «*quando il bene oggetto delle condizioni generali di contratto sia essenziale ovvero quando il danno risentito dai consumatori per effetto della diffusione di tali condizioni sia immediato e non suscettibile di riparazione per equivalente*». In altra decisione, lo stesso Tribunale[24] ha ritenuto

---

[22] Trib. Torino, 4 ottobre 1996, in *Foro it.*, 1997, I, c. 288 e Trib. Torino, 4 ottobre 1996, in *Foro it.*, 1997, I, c. 288.

[23] Trib. Roma, 24 marzo 1998, in *Foro it.*, 1998, I, c. 3332 e Trib. Roma, 18 giugno 1998, in *Foro it.*, 1998, I, c. 3332.

[24] Trib. Torino, 4 ottobre 1996, cit.

necessario «*un pregiudizio concreto, verificabile con riferimento ad uno o più consumatori determinati*» o «*quando il bene oggetto delle condizioni generali di contratto sia essenziale, ovvero quando il danno risentito dai consumatori per effetto della diffusione di tali condizioni sia immediato e non suscettibile di riparazione per equivalente*».

Il Tribunale di Roma ha poi proseguito e rafforzato **la tesi qualitativa** con numerose ordinanze, seppur, fra loro, discostanti e differentemente motivate. Da un lato, si è ritenuta infatti la sussistenza di motivi d'urgenza se «*l'inserimento nel regolamento delle clausole abusive sia finalizzato, in via esclusiva o principale, all'ottenimento di vantaggi non consentiti, ciò che si verifica quando la prestazione offerta dal professionista non corrisponde nei suoi tratti essenziali a quella astrattamente prevista ovvero se ne discosta in misura tale da perdere il carattere di controprestazione rispetto a quella richiesta dal consumatore*». In altra fattispecie si è asserito che si può concedere un provvedimento cautelare «*quando le clausole abusive comportino un ingiustificato ed eccessivo squilibrio sostanziale dell'aspetto negoziale*» [25].

Si è poi sostenuto che sussistono i giusti motivi d'urgenza allorquando le clausole abusive appaiano idonee a pregiudicare in modo irreparabile esigenze del consumatore relative a beni o servizi destinati a soddisfare bisogni essenziali [26], o qualora le clausole abusive comportino il pericolo di **un pregiudizio imminente ed irreparabile** a diritti della personalità ovvero anche a diritti di credito la cui lesione debba esser ritenuta risarcibile [27].

In una pronuncia di rigetto si è poi fatto riferimento al pregiudizio irreparabile, ritenendo i giusti motivi d'urgenza non sussistenti qualora le clausole di cui si denuncia l'abusività siano impiegate da un considerevole lasso di tempo nei confronti di un numero di utenti, senza che oggettivamente ne derivi un pregiudizio irreparabile, sia rispetto all'interesse generale della

---

[25] Trib. Roma, 18 giugno 1998, cit.

[26] Trib. Roma, 27 luglio 1998, in *Foro it.*, 1998, I, c. 3332.

[27] Trib. Roma, 29 luglio 1998, in *Foro it.*, 1998, I, c. 3331.

collettività dei consumatori, sia rispetto alle posizioni dei singoli utenti[28].

Dello stesso tenore altra decisione del Tribunale capitolino[29], ove si ribadisce che «*sussistono i giusti motivi d'urgenza, richiesti per la concessione della tutela inibitoria cautelare, qualora le clausole abusive comportino il pericolo di un pregiudizio imminente e irreparabile a diritti della personalità ovvero anche a diritti di credito la cui lesione debba essere ritenuta irrisarcibile*». La profonda diversità di tali provvedimenti, spesso emanati quasi contestualmente dallo stesso ufficio giudicante, appalesa la difficoltà di accogliere tale impostazione e la non condivisibilità di tale indirizzo giurisprudenziale. La dottrina è stata peraltro estremamente critica nei confronti di alcune pronunce citate «*non potendosi ritenere che l'inibitoria cautelare possa essere subordinata ad un accertamento dell'irreversibilità del danno, né all'irreparabilità del danno*»[30].

Il criterio quantitativo è stato sostenuto, in realtà, da coloro i quali, in dottrina ed in giurisprudenza, cercavano di avallare una tesi restrittiva circa i giusti motivi d'urgenza, tentando così di consolidare un'interpretazione poco consona alle finalità di tutela dei consumatori cui mira l'azione. La prima menzione della tesi quantitativa si rinviene, infatti, in un'ordinanza del Tribunale di Torino[31], ove si sostiene che «*i giusti motivi d'urgenza non consistono nel presumibile impiego delle clausole abusive in una serie indefinita di contratti (c.d. crite-*

---

[28] Trib. Roma, 31 agosto 1998, in *Foro it.*, 1998, I, c. 3331.

[29] In *Foro it.*, 1998, I, c. 3331.

[30] M. TOGLIATTO, *Clausole vessatorie ed inibitoria d'urgenza: lo stato del dialogo tra dottrina e giudici di merito*, in *Contr. impr./Europa*, 1998, 1, p. 10, e anche nello stesso senso M. BIN, *Clausole vessatorie: una svolta storica (ma si attuano così le direttive comunitarie?)*, in *Contr. impr./Europa*, 1996, 2, p. 454; G. DE NOVA, *L'azione inibitoria*, in *La nuova disciplina dei diritti dei consumatori*, in *Studium Iuris*, 1998, p. 1075 ss.; C. FERRI, *L'azione inibitoria prevista dall'art. 1469-sexies cod. civ.*, in *Riv. dir. proc.*, 1996, p. 942 ss.; C. CONSOLO-M. DE CRISTOFARO, *Clausole abusive e processo*, in *Corr. giur.*, 1997, p. 480; C. CONSOLO, *Tutela urgente, clausole abusive e pregiudizi rilevanti seppur non irreparabili*, in *Corr. giur.*, 1997, pp. 212-213.

[31] Trib. Torino, 15 novembre 1996, in *Giur. it.*, 1997, I, p. 129.

rio quantitativo), poiché essendo tale impiego insito in ogni attività di contrattazione standardizzata, si finirebbe per sostenere che il "periculum in mora" *che connota l'azione inibitoria cautelare sia* "in re ipsa", *con conseguente inaccettabile trasformazione dell'inibitoria cautelare in strumento tipico di tutela generale-preventiva, e con sostanziale vanificazione dello strumento dell'inibitoria ordinaria. Suddetti giusti motivi d'urgenza ricorrono invero soltanto quando le clausole abusive siano state inserite in contratti disciplinanti la circolazione di beni o servizi che soddisfino primarie esigenze di vita e che siano usufruibili solo in regime di monopolio (c.d. criterio qualitativo)*».

In realtà, l'unico precedente che si possa ritenere abbia sostenuto "*in positivo*" tale tesi è un provvedimento del Tribunale di Roma[32], che, in relazione alla sussistenza del *periculum in mora* in un'azione inibitoria promossa contro il CONI per le clausole dei Totocalcio e Totogol, sostiene che «*i giudici sino ad ora chiamati a valutare la sussistenza del* periculum *hanno, sotto diversi aspetti, negato la cautela, sul rilievo che l'urgenza a provvedere non può riguardare la tutela di consumatori di beni non essenziali, pena il rischio di pratica coincidenza tra le due ipotesi di inibitoria previste dalla legge, quella in via ordinaria e quella in via cautelare*». Tali considerazioni non appaiono tuttavia condivisibili; giova osservare, infatti, che lo strumento apprestato dal legislatore mediante la previsione dell'azione inibitoria è finalizzato al controllo generale e preventivato sulle clausole adottate da professionisti nella generalità dei contratti; l'azione inibitoria si presenta pertanto come il rimedio per impedire che, utilizzando formulari contenenti clausole abusive, vengano, nelle more dell'ordinario giudizio di cognizione, stipulati ulteriori contratti. Non può pertanto darsi spazio ad una valutazione qualitativa degli interessi coinvolti, né valutare in concreto il pregiudizio economico che il consumatore singolo può andare a patire per effetto del contratto stesso; deve invece farsi riferimento all'alta diffusività del fenomeno contrattuale in esame. In altre parole, va considerata la portata della contratta-

---

[32] Trib. Roma, 2 agosto 1997, in *Giust. civ.*, 1998, I, p. 269.

zione in discorso, e l'ipotesi che, nelle more del procedimento, continui ad essere utilizzata la prassi contrattuale in parte "abusiva" perché sfavorevole al consumatore, su vasta scala; in tali casi vi è elevata probabilità che le clausole continuino a provocare danni.

Secondo un diverso orientamento dottrinale[33], il rimedio dell'azione inibitoria cautelare è da configurare quale azione «*nella quale il periculum in mora è insito nello stesso fenomeno che la norma è chiamata a regolare e la cui esistenza è, pertanto, già stata valutata positivamente dal legislatore*».

Del resto, se è pur vero che si deve fare una differenza fra l'azione d'urgenza e quella in via ordinaria, nessuna norma stabilisce che quest'ultima sia la regola e quella in via cautelare l'eccezione: anzi, in una materia così particolare e rilevante, potrebbe essere opportuno il contrario. Fra l'altro, tale tesi ha avuto l'autorevole avallo dello stesso Governo italiano, che, rispondendo alle contestazioni della Commissione Europea circa l'erronea trasposizione della direttiva 93/13/CEE, ha scritto «*Nel recepire la direttiva, il legislatore italiano ha coerentemente distinto il caso della tutela ordinaria da quello cautelare, in via d'urgenza. In questo secondo caso, ha parlato dei "giusti motivi d'urgenza"* e non di *"pregiudizio imminente ed irreparabile"*» (formula utilizzata dall'art 700 c.p.c. in tema di condizioni per la concessione del provvedimento d'urgenza)[34].

In giurisprudenza, sebbene non vi sia alcun provvedimento che esplicitamente aderisca a questo indirizzo, si annoverano

---

[33] G.M. ARMONE, *Inibitoria collettiva e clausole vessatorie: prime disavventure applicative dell'art. 1469 sexies c.c.*, in *Foro it.*, 1997, 1, c. 296; analogamente M. BIN, *Clausole vessatorie: una svolta storica (ma si attuano così le direttive comunitarie?)*, in *Contr. impr./Europa*, 1996, 2, p. 451.

[34] Va così apprezzata la scelta del legislatore italiano per una soglia meno elevata, nel caso di specie, di accesso alla tutela cautelare anticipatoria d'urgenza, in quanto filtrata non già dal riscontro di pregiudizi imminenti ed irreparabili, ma semplicemente dalla verifica che sussistano giusti motivi idonei ad anticipare la tutela inibitoria ad un momento in cui l'accertamento, estremamente complesso e quindi sovente non breve, dalla abusività delle clausole non sia stato ancora compiuto *ex professo*, ma si possa semplicemente ritenere destinato a sortire un effetto positivo per l'attore collettivo.

due ordinanze del Tribunale di Palermo[35] che possono ricondursi a tale ambito interpretativo.

Il primo di tali provvedimenti ha ritenuto sussistere i motivi d'urgenza quando i contratti in cui sono inserite le clausole che si assumono abusive, pur essendo stati conclusi ed eseguiti almeno in parte, sono suscettibili di ulteriore esecuzione (nella specie, un tour operator aveva offerto pacchetti turistici, rispetto ai quali talune clausole potevano essere invocate anche dopo il termine del periodo promozionale).

La seconda, emessa in sede di reclamo nella stessa fattispecie, ha statuito che sussistono giusti motivi d'urgenza per inibire in sede cautelare l'utilizzo di clausole vessatorie inserite in contratti aventi ad oggetto pacchetti di viaggio turistici, qualora questi ultimi, seppur perfezionati ed eseguiti almeno in parte, siano suscettibili di ulteriori esecuzioni, e risulti comunque ragionevole presumere l'impiego delle stesse clausole in una serie indeterminata di futuri contratti. In tali provvedimenti si ritiene quindi che la mera utilizzazione possa costituire elemento per giustificare un'ordinanza inibitoria cautelare: ci si avvicina molto quindi ad una concezione del ***periculum in re ipsa***.

La posizione probabilmente più equilibrata in giurisprudenza è stata assunta proprio dal Tribunale palermitano in alcune ordinanze inibitorie successive a quelle menzionate e nelle quali si evidenzia una nuova posizione interpretativa sull'argomento che valuta e bilancia tutti i vari presupposti esaminati da dottrina e giurisprudenza in tema di inibitoria cautelare.

In sostanza, tale indirizzo giurisprudenziale ritiene che si debba valutare la sussistenza specifica di ragioni che giustifichino l'emissione di un'ordinanza cautelare.

Poiché, come è stato osservato, l'inibitoria mira ad evitare che il contenuto delle condizioni generali inique venga trasfuso nei contratti individuali, essa opera in una fase anteriore a quella in cui può configurarsi un pregiudizio, tradizionalmente inteso, in danno al singolo consumatore, sicché ricondurre i «*giusti motivi d'urgenza*», nella terminologia o nei contenuti, al *periculum in mora*, vuol dire non tenere conto della specificità del

---

[35] Trib. Palermo, ord. 24 gennaio 1997, in *Foro it.*, 1997, c. 2292.

giudizio, con conseguente svuotamento della pratica operatività dello strumento di tutela. Conseguentemente, la concessione dell'inibitoria c.d. urgente richiede la sussistenza di ragioni specifiche, ancorché non parametrate su di un concreto pregiudizio ma modellate in relazione al particolare tipo di azione proposto, tali da giustificare il ricorso al rimedio previsto in via eccezionale piuttosto che a quello previsto in via ordinaria. Tale orientamento è individuabile in altre due ordinanze. Nella prima[36], il giudice evidenzia come il *periculum* possa essere individuato sia in relazione a valutazioni «*qualitative*», che anche «*quantitative*», facendo quindi riferimento pure alla situazione di diffusività e di struttura del mercato; nella seconda[37], i giudici siciliani asseriscono che «*sussistono i giusti motivi d'urgenza per la concessione della tutela inibitoria chiesta, gestendo l'acquedotto reclamante in gran parte del territorio da esso servito in condizioni monopolistiche – e nella restante parte in regime di oligopolio – il servizio idrico, e cioè un servizio incidente su interessi primari dei cittadini. Occorre evidenziare, infatti, ai fini della concessione della tutela inibitoria non già la dimensione dell'ente reclamante ma la situazione strutturale del mercato, aprendo indubbio che, in caso di monopolio o oligopolio, l'abusività della clausola è destinata ad essere inserita in numerosi rapporti*».

Dalla disamina di tali provvedimenti, emerge con chiarezza quella che si può definire la tesi della "**valutazione specifica**", secondo cui per l'emissione di una ordinanza cautelare inibitoria sono necessarie ragioni specifiche, la cui valutazione è rimessa al giudice.

Tali ragioni specifiche devono essere valutate caso per caso e possono esser rinvenute in numerose circostanze. Ragioni specifiche possono essere riconosciute nel fatto che il contratto riguardi un bene primario, correlato al diritto alla salute ed alla qualità della vita, per cui la lesione ai diritti dei consumatori si appalesa più grave e dunque maggiore è la necessità di una tute-

---

[36] Trib. Palermo, Sez. dist. di Monreale, ord. 4 luglio 2000, Adiconsum/Acquedotto del Biviere.

[37] Trib. Palermo, ord. 18 settembre 2000, Acquedotto del Biviere/Adiconsum.

la immediata. Altra ipotesi può sussistere ove il servizio offerto contrattualmente, ed oggetto d'inibitoria, sia gestito in condizioni di monopolio o di oligopolio. Tale circostanza aumenta la possibilità di circolazione di clausole inique e la loro potenzialità dannosa: il consumatore non ha infatti la possibilità di scegliere un altro operatore ed è dunque obbligato, se vuole il bene o il servizio, ad aderire alle condizioni previste. Il problema non va quindi valutato da un punto di vista meramente quantitativo (e cioè se il servizio è utilizzato da centinaia di migliaia di utenti, o da alcune migliaia) giacché, se si ragionasse solo su queste basi, non sarebbe mai possibile l'inibitoria contro professionisti che operano a livello locale; il fatto è che, in molti casi, sussiste una peculiarità strutturale del mercato che, determinando una nulla o limitata possibilità di scelta fra più professionisti, avvalora ulteriormente la necessità di una tutela in via d'urgenza. Un ulteriore elemento o ragione per la concessione dell'inibitoria può essere anche la grave dolosità del "*comportamento vessatorio*" (nel caso in cui, ad esempio, il professionista abbia ricevuto contestazioni e, pur se consapevole dell'illiceità del suo comportamento, continui ad usare clausole palesemente abusive e a non adeguare i formulari alla normativa).

1.6. La pubblicazione e la mancata esecuzione della sentenza

Il contenuto della sentenza che accoglie le domande proposte dalle associazioni rappresentative dei consumatori e dei professionisti ha necessariamente contenuto complesso, in quanto presenta duplice oggetto. Con tale pronuncia il giudicante dichiara, da un lato, la vessatorietà delle condizioni generali di contratto e, con statuizione di condanna, ordina al convenuto di astenersi dall'utilizzare le clausole delle quali sia stata accertata la abusività con riferimento a tutti i contratti che verranno successivamente stipulati con i consumatori. La sentenza emessa all'esito dell'azione *ex* art. 37 c. cons., nel caso di accoglimento delle domande proposte, è da configurare come pronuncia di condanna «*ad una prestazione infungibile qual è, appunto l'obbligazione negativa nella quale si risolve l'inibitoria*».

Il comma 3 dell'art. 37 c. cons. prevede, poi, quale strumento di coazione indiretta della volontà dell'obbligato, che «*il giudice può ordinare che il provvedimento sia pubblicato in uno o più giornali di cui uno almeno a diffusione nazionale*». L'**ordine di pubblicazione** esercita una efficace funzione compulsiva sui professionisti particolarmente sensibili all'esigenza di tutelare la propria immagine. Inoltre, la eventuale pubblicità data a sentenze che inibiscono l'uso di clausole vessatorie, per un verso, costituisce un utile strumento per le concrete attività di tutela dei consumatori e, dall'altro, può consentire agli altri professionisti, estranei al giudizio, di eliminare dalle condizioni generali di contratto dagli stessi predisposti, clausole analoghe a quelle dichiarate vessatorie.

2. L'art. 37 *bis* c. cons.

L'art. 5 del d.l. n. 1/2012, convertito nella l. n. 27/2012, ha previsto una nuova attribuzione in capo all'AGCM nella forma della «*tutela amministrativa contro le clausole vessatorie*», introducendo l'art. 37 *bis*[38] nel codice del consumo. Il legislatore,

---

[38] Si ritiene opportuno, anche in considerazione di profili che verranno approfonditi *infra*, riportare per esteso il testo della disposizione: «*1. L'Autorità garante della concorrenza e del mercato, sentite le associazioni di categoria rappresentative a livello nazionale d'ufficio o su denuncia, ai soli fini di cui ai commi successivi, dichiara la vessatorietà delle clausole inserite nei contratti tra professionisti e consumatori che si concludono mediante adesione a condizioni generali di contratto o con la sottoscrizione di moduli, modelli o formulari. Si applicano le disposizioni previste dall'articolo 14, commi 2, 3 e 4, della legge 10 ottobre 1990, n. 287, secondo le modalità previste dal regolamento di cui al comma 5. In caso di inottemperanza, a quanto disposto dall'Autorità ai sensi dell'articolo 14, comma 2, della legge 10 ottobre 1990, n. 287, l'Autorità applica una sanzione amministrativa pecuniaria da 2.000 euro a 20.000 euro. Qualora le informazioni o la documentazione fornite non siano veritiere, l'Autorità applica una sanzione amministrativa pecuniaria da 4.000 euro a 40.000 euro.*

2. Il provvedimento che accerta la vessatorietà della clausola è diffuso anche per estratto mediante pubblicazione su apposita sezione del sito internet istituzionale dell'Autorità, sul sito dell'operatore che adotta la clausola ritenuta vessatoria e mediante ogni altro mezzo ritenuto opportuno in relazio-

mosso dall'intento di garantire un sempre maggiore livello di tutela al consumatore a fronte di comportamenti abusivi da parte delle imprese, ha affidato all'AGCM un nuovo potere di *public enforcement* in una dimensione collettiva, incentrata non sul consumatore quale singolo soggetto, ma sul consumatore quale parte di una classe di individui, perseguendo il fine ultimo «*di vigilare sulla correttezza del mercato, anche con l'obiettivo di reprimere comportamenti e offerte che possano incidere sulla libertà e/o sulla consapevolezza del consumatore*».

Nello specifico, la norma introduce un potere molto ampio, articolato secondo una duplice dimensione: da un lato di accertamento *ex post* dei comportamenti posti in essere a danno dei consumatori, e dall'altro di prevenzione *ex ante* degli stessi.

---

ne all'esigenza di informare compiutamente i consumatori a cura e spese dell'operatore. In caso di inottemperanza alle disposizioni di cui al presente comma, l'Autorità applica una sanzione amministrativa pecuniaria da 5.000 euro a 50.000 euro.

3. Le imprese interessate hanno facoltà di interpellare preventivamente l'Autorità in merito alla vessatorietà delle clausole che intendono utilizzare nei rapporti commerciali con i consumatori secondo le modalità previste dal regolamento di cui al comma 5. L'Autorità si pronuncia sull'interpello entro il termine di centoventi giorni dalla richiesta, salvo che le informazioni fornite risultino gravemente inesatte, incomplete o non veritiere. Le clausole non ritenute vessatorie a seguito di interpello non possono essere successivamente valutate dall'Autorità per gli effetti di cui al comma 2. Resta in ogni caso ferma la responsabilità dei professionisti nei confronti dei consumatori.

4. In materia di tutela giurisdizionale, contro gli atti dell'Autorità, adottati in applicazione del presente articolo, è competente il giudice amministrativo. È fatta salva la giurisdizione del giudice ordinario sulla validità delle clausole vessatorie e sul risarcimento del danno.

5. L'Autorità, con proprio regolamento, disciplina la procedura istruttoria in modo da garantire il contraddittorio e l'accesso agli atti, nel rispetto dei legittimi motivi di riservatezza. Con lo stesso regolamento l'Autorità disciplina le modalità di consultazione con le associazioni di categoria rappresentative a livello nazionale e con le camere di commercio interessate o loro unioni attraverso l'apposita sezione del sito internet di cui al comma 2 nonché la procedura di interpello. Nell'esercizio delle competenze di cui al presente articolo, l'Autorità può sentire le autorità di regolazione o vigilanza dei settori in cui i professionisti interessati operano, nonché le camere di commercio interessate o le loro unioni.

6. Le attività di cui al presente articolo sono svolte con le risorse umane, strumentali e finanziarie già disponibili a legislazione vigente».

Peraltro, già in passato l'AGCM aveva lamentato l'esigenza di vedersi riconosciuta la competenza in materia di tutela del consumatore avverso le clausole vessatorie, così da ricondurre ad unità la valutazione delle condotte poste in essere dalle imprese nei confronti del consumatore, in un'ottica di più efficace vigilanza sul mercato. Come rilevato dall'Autorità stessa, infatti, l'ambito applicativo della normativa in materia di pratiche commerciali scorrette viene sovente a sovrapporsi con quello di altre norme parimenti poste a protezione degli interessi economici dei consumatori, dal momento che «*la medesima condotta posta in essere dal professionista può rilevare ai sensi di una pluralità di disposizioni del Codice del Consumo: è il caso ad esempio, della inottemperanza agli obblighi di informazione del consumatore dettati dalle regole in materia di contratti a distanza o di servizi turistici, che – in virtù del rinvio dell'articolo 22, comma 5, del Codice del Consumo – integra ex se una pratica commerciale scorretta*». E pertanto, «*la scelta di concentrare tutte le competenze in capo all'Autorità avrebbe innanzitutto il pregio di consentire ad essa di svolgere una valutazione unitaria della condotta posta in essere dalle imprese, con positive ricadute in termini di certezza giuridica e di efficacia dell'intervento*»[39].

La norma, al comma 1, dispone che «*l'Autorità Garante della Concorrenza e del Mercato, previo accordo con le associazioni di categoria, d'ufficio o su denuncia dei consumatori interessati, ai soli fini di cui ai commi successivi, dichiara la vessatorietà delle clausole inserite nei contratti tra professionisti e consumatori che si concludono mediante adesione a condizioni generali di contratto o con la sottoscrizione di moduli, modelli o formulari*».

Il suddetto articolo, fin dalla rubrica, consente di individuare chiaramente le proprie finalità: il "*contro*" rende palese che la lotta all'inserimento di clausole vessatorie – nei contratti diretti ad una serie di soggetti, astrattamente identificabili quali soggetti deboli in ragione della conformazione dell'offerta e, quin-

---

[39] Segnalazione AS659 – Proposte di riforma concorrenziale ai fini della legge annuale per il mercato e la concorrenza, 4 febbraio 2010.

di, nei contratti diretti essenzialmente al consumatore – rappresenta il punto nodale intorno al quale si aggrega una disciplina recante una pluralità di rimedi, i quali hanno funzioni differenti e si svolgono con modalità diverse. La collocazione rivela la sua *ratio* di garantire, in via prioritaria, un controllo contenutistico su questo tipo di atti; ribadendo quanto è ormai da anni consolidato, la norma tende a offrire una tutela non solo formale, ma soprattutto sostanziale al singolo consumatore e, ancor prima, ad espungere dai modelli che circolano più diffusamente le clausole vessatorie. Viene, così, confermata una scelta che, già con riferimento all'azione inibitoria, ha inteso evidenziare, sia pure con le dovute differenze che riguardano il contratto "*in fieri*" rispetto al contratto concluso dal singolo consumatore, il profilo aggregante assegnato ai criteri di accertamento della vessatorietà.

Questo aspetto rileva in maniera determinante anche per quanto riguarda la tutela amministrativa: l'Autorità, al pari del giudice ordinario, ha un potere di accertamento il cui esercizio può portare alla dichiarazione di vessatorietà. La dichiarazione risponde ad una precisa e sentita "*esigenza*", che è quella di «*di informare compiutamente i consumatori a cura e spese dell'operatore*». L'informazione si conferma una colonna portante del sistema e su di essa si caricano nuove e ulteriori funzioni: un'efficace comunicazione è utile non solo e non tanto a rendere edotto il singolo consumatore, quanto, piuttosto, a porre i consumatori come categoria in grado di apprendere il funzionamento del mercato e di controllare le varie fasi della relazione che si instaura tra il soggetto consumatore e chi offre il prodotto o il servizio. Si determina, in tal modo, una sorta di circolarità tra la disciplina sulle clausole e la disciplina relativa alle pratiche commerciali scorrette. La verifica va condotta, quindi, tenendo conto che il criterio cardine, intorno al quale si innestano gli altri criteri strumentali alla valutazione, ruota intorno al senso che assume il significativo squilibrio normativo. A questo riguardo, gioca un ruolo importante la lista grigia di clausole, che non solo semplifica l'accertamento in una pluralità di ipotesi attraverso la presunzione di vessatorietà, ma aiuta anche ad individuare caratteri che possano riempire di contenuto concreto la valutazione eventualmente condotta sulla base del comma 1 dell'art. 33 c. cons.

A ciò la disposizione in esame aggiunge la facoltà delle imprese interessate di interpellare preventivamente l'Autorità, chiedendo che la stessa si pronunci sulle clausole che le imprese intendono utilizzare nei rapporti commerciali con i consumatori (art. 37 *bis*, comma 3), allo scopo di prevenire un eventuale giudizio negativo successivo, che dichiari la vessatorietà delle clausole in corso di contrattazione[40]. In quest'ultimo caso, è previsto che l'impresa richiedente l'interpello indichi compiutamente le "*ragioni*" e gli "*obiettivi*" che motivano l'inserimento della singola clausola, anche in relazione all'eventuale rilevanza delle stesse in rapporto ad altre clausole contenute nel medesimo o in altro contratto al quale il primo è collegato o dal quale dipende, nonché le modalità e le circostanze relative alla negoziazione e alla conclusione del contratto; elementi, questi, indicativi ai fini della formazione del convincimento del-

[40] All'introduzione di tale disposizione è seguita l'emanazione da parte dell'AGCM del "*Regolamento sulle procedure istruttorie in materia di pubblicità ingannevole e comparativa, pratiche commerciali scorrette, clausole vessatorie*" del 10 settembre 2012, reperibile in *www.agcm.it*, che, nel disciplinare il procedimento per la declaratoria di vessatorietà delle clausole (art. 21), prevede che nel corso dell'istruttoria, il responsabile del procedimento possa chiedere alle autorità di regolazione o di vigilanza dei settori interessati, di esprimere un parere in merito all'oggetto del procedimento. Il provvedimento finale è comunicato alle parti e ai soggetti eventualmente intervenuti nel procedimento e ne è data pubblicazione entro venti giorni dalla sua adozione, anche per estratto, in apposita sezione del sito internet istituzionale dell'Autorità nonché, a cura e spese dell'operatore che ha adottato la clausola ritenuta vessatoria, nel sito dell'operatore stesso e mediante qualsiasi altro mezzo che l'Autorità abbia ritenuto opportuno e idoneo per informare compiutamente i consumatori. La coercibilità di tale adempimento è garantita dalla previsione di una sanzione per l'inottemperanza. Tra i soggetti legittimati a presentare denunce all'Autorità ai sensi dell'art. 37 *bis*, la norma prevede anche le Camere di commercio o loro unioni (comma 3 del richiamato art. 21). In tale ultimo caso, ai sensi del successivo comma 4, ad eccezione di quando sia ravvisabile una particolare gravità, qualora sussistano fondati motivi tali da ritenere che clausole inserite in contratti tra professionisti e consumatori siano vessatorie, il responsabile del procedimento, dopo averne informato il Collegio, può informare per iscritto il professionista della probabile vessatorietà della clausola contrattuale (*moral suasion*).

l'AGCM circa la natura vessatoria o meno della clausola.

L'importanza della norma non è solo nell'avere come destinatario ultimo l'AGCM, cui vengono attribuiti specifici ed ulteriori poteri e competenze, ma nella ricaduta che tale norma ha in punto di tutela giurisdizionale, avendo riguardo al filo diretto che unisce gli atti dell'AGCM al sindacato del giudice amministrativo, cui sono sottoposti e, quindi, ai profili dell'ampiezza e dei limiti allo stesso nonché delle azioni proponibili e dell'effettività e pienezza della tutela.

Il comma 4 della norma dispone che «*in materia di tutela giurisdizionale, contro gli atti dell'Autorità, adottati in applicazione del presente articolo, è competente il giudice amministrativo. È fatta salva la giurisdizione del giudice ordinario sulla validità del le clausole vessatorie e sul risarcimento del danno*». Non vi è dubbio che tale disposizione vada letta congiuntamente con l'art. 135, comma 1, lett. b) del d.lgs. n. 104/2010 e s.m.i. (c.p.a.), il quale, nel disciplinare la competenza funzionale del Tribunale Amministrativo Regionale del Lazio, stabilisce che sono devolute alla competenza inderogabile dello stesso anche le «*controversie aventi ad oggetto i provvedimenti dell'Autorità garante per la concorrenza ed il mercato e quelli dell'Autorità per le garanzie nelle comunicazioni*». Per effetto della citata disposizione, il giudice amministrativo, nonostante la precisazione che fa salva la giurisdizione del giudice ordinario sulla validità delle clausola vessatorie (e del risarcimento del danno) si trova di fatto dinanzi ad una estensione, seppur indiretta, delle proprie competenze a profili di carattere marcatamente privatistico con indubbie perplessità circa l'esercizio del sindacato in un ambito, quello contrattuale, che mai gli è appartenuto e che, anzi, è sempre stato il *discrimen* tra la giurisdizione del giudice amministrativo e quella del giudice ordinario[41].

In alcuni dei primi procedimenti, instaurati sulla base dell'art. 37 *bis*, sono state dichiarate vessatorie le clausole contrat-

---

[41] Si pensi all'ambito della contrattualistica pubblica, in cui lo "spartiacque" per l'individuazione del giudice dotato di giurisdizione è da sempre stato ravvisato nella stipula del contratto con l'aggiudicatario, fatti salvi i nuovi poteri del g.a. di cui agli artt. 121 e 122 c.p.a.

tuali relative alla fornitura del servizio di *e-book*[42], perché limitative o addirittura escludenti la responsabilità del fornitore, così come è stata ritenuta vessatoria la clausola contenuta nel modulo in uso in un Comune per la voltura dell'utenza del servizio idrico che subordinava detta voltura alla richiesta di pagamento e all'esibizione di copia dei bollettini dei versamenti degli ultimi cinque anni relativi all'utenza da volturare[43].

---

[42] Con provvedimento n. 24288 del 27 marzo 2013, l'AGCM si è pronunciata sul caso "*feltrinelli.com*". La Feltrinelli, oltre a libri in formato cartaceo e contenuti elettronici (quali giochi e *videogames*), fornisce *online* contenuti editoriali in formato digitale (c.d. *e-books*). In particolare, il servizio, disponibile sul sito di *LaFeltrinelli.com*, viene fornito attraverso prelevamento a pagamento di uno o più *files* in formato digitale (*download*) contenenti opere dell'ingegno letterarie, drammatiche, scientifiche e didattiche. Le clausole oggetto di valutazione nel presente provvedimento riguardavano l'esclusione o limitazione degli obblighi e della responsabilità del professionista nei confronti dei consumatori che acquistavano contenuti digitali editoriali. L'Autorità si concentrava sull'art. 34 delle condizioni generali di contratto, nel quale permanevano profili di vessatorietà ai sensi dell'art. 33, commi 1 e 2, lett. b), c. cons., in quanto volto ad escludere o limitare le azioni o i diritti del consumatore nei confronti del professionista in caso di inadempimento totale o parziale o di adempimento inesatto da parte del professionista.

Per tale ragione l'AGCM ha sanzionato la Feltrinelli e disposto che pubblicasse, a sua cura e spese, un estratto del provvedimento ai sensi dell'art. 37 *bis* c. cons. e dell'art. 21, comma 8 del regolamento, per trenta giorni consecutivi sulla *home page* del sito *www.lafeltrinelli.it* con adeguata evidenza grafica, entro trenta giorni dall'avvenuta comunicazione del presente provvedimento.

[43] In data 26 giugno 2013, l'AGCM ha emesso il provvedimento n. 24421, relativo al caso "*Reges-morosità pregresse servizi idrici*" nei confronti della società Re.G.E.S. – Reggio Gestione Entrate e Servizi S.p.a. –. La clausola oggetto di valutazione era relativa alla richiesta di pagamento delle morosità pregresse contenuta nel modulo in uso per la voltura dell'utenza del servizio idrico. In particolare, alla pagina 2, nella sezione dedicata alla documentazione da allegare, al punto B, "*Nuovo Allaccio e Voltura*" veniva riportata la seguente previsione per la richiesta di voltura: «*(solo per la voltura) dimostrazione dell'avvenuto pagamento delle fatturazioni relative all'utenza da volturare e non andate in prescrizione*».

L'Antitrust ha dichiarato la vessatorietà della clausola; in particolare, la clausola in esame, nel subordinare in maniera generalizzata (ad esempio, non confinata a specifiche situazioni in cui si abbia evidenza di probabili comportamenti opportunistici/fraudolenti da parte degli stessi utenti ovvero a specifiche ipotesi quale quella dell'erede) la richiesta di voltura di una utenza idrica

Nel primo caso l'AGCM ha rilevato che la previsione nelle condizioni generali di fornitura del servizio *e-book* di una clausola volta a stabilire che tale fornitura venisse erogata «*senza garanzia d'alcun tipo*» configurasse un ostacolo ingiustificato all'esercizio dei diritti del consumatore e, perciò, apparisse qualificabile alla stregua di una clausola vessatoria *ex* art. 33 c. cons. poiché escludente, in modo ingiustificato ed illegittimo, la responsabilità del professionista. Significativamente, l'AGCM, ha altresì ritenuto che non potesse neppure essere invocata la buona fede nell'utilizzazione delle predette clausole, e cioè il loro inserimento «*senza alcun intento vessatorio*» nei confronti del consumatore, posto che l'art. 33, comma 1, c. cons. attraverso l'espressione «*malgrado la buona fede*», intende escludere la rilevanza dell'atteggiamento soggettivo del professionista che ha utilizzato la clausola (a ciò si aggiunga che tali clausole rientrano nell'ambito dell'elenco di clausole per le quali il legislatore ha stabilito una presunzione di vessatorietà *ex* art. 33, comma 2, lett. b)).

Nel secondo caso, l'Autorità ha ravvisato la vessatorietà della clausola oggetto di valutazione, anche in considerazione del fatto che la stessa era relativa ad un servizio fornito in regime di monopolio nell'area geografica interessata e nonostante l'intervenuta approvazione della stessa con atto della giunta comunale, ciò in quanto «*dal punto di vista oggettivo, la giurisprudenza*

---

già attiva al previo pagamento delle morosità pregresse del precedente contraente e, dunque, al pagamento di corrispettivi anche non correlati ad alcuna controprestazione da parte dell'impresa nei confronti del consumatore che richiede la voltura, avrebbe l'effetto di determinare un significativo squilibrio dei diritti e degli obblighi derivanti dal contratto. La predetta clausola – nella sua genericità – imponeva, infatti, la dimostrazione del pagamento delle fatturazioni relative all'utenza da volturare e non andate in prescrizione a prescindere dalla prova circa il periodo e l'identità del soggetto che ne avesse effettivamente fruito. Per tale ragione, ha disposto che la società Re.G.E.S. – Reggio Gestione Entrate e Servizi S.p.A. – pubblicasse, a sua cura e spese, un estratto del provvedimento ai sensi dell'art. 37 *bis* c. cons. e dell'art. 21, comma 8 del regolamento, secondo le seguenti modalità «*il testo dell'estratto del provvedimento dovrà essere pubblicato per trenta giorni consecutivi sulla home page del sito www.reges-spa.it con adeguata evidenza grafica, entro venti giorni dalla comunicazione dell'adozione del presente provvedimento*».

considera suscettibili di essere sottoposti alla valutazione di cui agli articoli 33 e ss. del codice del consumo in tema di clausole vessatorie anche gli atti posti in essere da un ente pubblico nell'ambito dell'erogazione di un servizio economico».

Il comma 5 dell'art. 37 *bis* rinvia ad un futuro regolamento dell'Autorità[44] per quanto riguarda la procedura istruttoria, le modalità di consultazione con i soggetti interessati e la procedura di interpello. Nella parte finale la norma specifica, inoltre, che l'Autorità «*può sentire le autorità di regolazione o vigilanza dei settori in cui i professionisti interessati operano, nonché le camere di commercio interessate o le loro unioni*» e sembra così dare atto dell'attribuzione all'AGCM di una competenza orizzontale per quanto riguarda la correttezza del mercato con riferimento alla vessatorietà di clausole contenute nelle offerte predisposte. In tal modo sembra voler evitare la possibile duplicazione di competenze e il conseguente conflitto tra le varie Autorità indipendenti sulla verifica o meglio sull'accertamento della vessatorietà di clausole contenute in offerte che si riferiscono anche a settori quali l'energia, i trasporti, il settore bancario e finanziario, quello delle telecomunicazioni.

3. L'azione inibitoria generale di cui all'art. 140 c. cons. Fattispecie concrete ed orientamenti giurisprudenziali

L'art. 140[45] c. cons., al comma 1, stabilisce che i «*soggetti*

---

[44] Con delibera 5 giugno 2014, n. 24955, l'AGCM ha adottato il nuovo "*Regolamento sulle procedure istruttorie in materia di pubblicità ingannevole e comparativa, pratiche commerciali scorrette, violazione dei diritti dei consumatori nei contratti, clausole vessatorie*", il quale adegua le disposizioni previste dal precedente regolamento (di cui alla delibera 8 agosto 2012, n. 23788) alle modifiche normative introdotte dal d.lgs. 21 febbraio 2014, n. 21. Il regolamento è finalizzato, tra l'altro, a disciplinare la procedura istruttoria nonché la procedura d'interpello in materia di clausole vessatorie, in base alle modifiche recate al codice del consumo dall'art. 5 del d.l. 24 gennaio 2012, n. 1 che attribuisce all'AGCM le nuove competenze in materia.

[45] Per l'abrogazione del presente articolo vedi l'art. 5, comma 1, l. 12 aprile 2019, n. 31, a decorrere dal 19 aprile 2020, ai sensi di quanto disposto dal-

di cui all'articolo 139[46] *sono legittimati nei casi ivi previsti ad agire a tutela degli interessi collettivi dei consumatori e degli utenti richiedendo al tribunale:*

a) di inibire gli atti e i comportamenti lesivi degli interessi dei consumatori e degli utenti;

b) di adottare le misure idonee a correggere o eliminare gli effetti dannosi delle violazioni accertate;

c) di ordinare la pubblicazione del provvedimento su uno o più quotidiani a diffusione nazionale oppure locale nei casi in cui la pubblicità del provvedimento può contribuire a correggere o eliminare gli effetti delle violazioni accertate».

L'azione generale di cui all'art. 140 c. cons., come già volta a inibire gli atti ed i comportamenti lesivi degli interessi dei consumatori, a far adottare tutte le misure idonee ad eliminare gli effetti dannosi delle violazioni accertate e, infine, a chiedere la pubblicazione del provvedimento giudiziale su uno o più quotidiani nazionali o locali nei casi in cui la pubblicazione possa contribuire a correggere o eliminare gli effetti delle violazioni accertate[47].

I diritti a tutela dei quali può essere esperita l'azione generale di cui all'art. 140 c. cons. sono quelli elencati dall'art. 2, comma 2, c. cons. e cioè: *a*) alla tutela della salute; *b*) alla sicurezza e alla qualità dei prodotti e dei servizi; *c*) ad una adeguata informazione e ad una corretta pubblicità; *d*) all'educazione al consumo; *e*) alla correttezza, alla trasparenza ed all'equità nei rapporti contrattuali; *f*) alla promozione e allo sviluppo dell'associazionismo libero, volontario e democratico tra i consumatori e gli utenti; *g*) all'erogazione di servizi pubblici secondo standard di qualità e di efficienza.

Se il presupposto soggettivo delle azioni inibitorie *ex* art. 37

---

l'art. 7, comma 1, della medesima l. n. 31/2019; per l'applicabilità di tale disposizione vedi l'art. 7, comma 2, della citata l. n. 31/2019.

[46] Comma così modificato dall'art. 1, comma 5, d.lgs. 6 agosto 2015, n. 130.

[47] Cons. Stato, Sez. VI, sent. 21 luglio 2016, n. 3303, Codacons c. Consob e altri: «*L'azione esperibile dalle associazioni dei consumatori è di natura essenzialmente inibitoria e si indirizza contro i comportamenti posti in essere, da soggetti pubblici o privati, in violazione dei diritti dei consumatori*».

e dell'art. 140 c. cons. è il medesimo, il presupposto oggettivo è diverso, dal momento che l'inserimento di clausole vessatorie è soltanto uno dei possibili comportamenti lesivi dei diritti dei consumatori. A conferma di ciò, basta scorrere l'elenco di cui all'art. 2, comma 2, c. cons., dal quale emerge l'estrema ampiezza dell'azione inibitoria ivi prevista, in grado di incidere in settori fondamentali per i cittadini, quali la salute, la sicurezza degli alimenti, la pubblicità commerciale, la distribuzione dei prodotti, l'informazione e la qualità dei servizi pubblici e privati. Lo spettro d'azione dell'art. 140 c. cons. appare dunque capace di ricomprendere non solo le condotte illecite dei professionisti in grado di determinare a carico del consumatore un significativo squilibrio dei diritti e degli obblighi derivanti dal contratto, ma anche tutte quelle situazioni in cui il professionista svolge una serie di attività che, pur non consistendo nell'inserzione di clausole abusive nei contratti standard, hanno una potenziale ricaduta dannosa sulla collettività dei consumatori[48].

I mezzi di tutela giudiziale che l'art 140 c. cons. accorda alla collettività dei consumatori rivestono un carattere generale e sono dotati, anche con riferimento alla materia contrattuale, di una efficacia preventiva potenzialmente più elevata, in quanto essi appaiono in grado di colpire condotte che si collocano ancora più a monte della fase della redazione e circolazione di modelli o formulari, contenenti clausole foriere di significativi squilibri tra le parti. In questo senso si segnala, ad esempio, una delle prime pronunce del Tribunale di Torino del 3 ottobre 2002[49], secondo cui «*deve essere inibita in via cautelare la prosecuzione delle attività svolte da un'associazione e da una società, le quali avevano realizzato una struttura piramidale, per mezzo della stipulazione di contratti con cui, a fronte del*

---

[48] Trib. Milano, ord. 9 dicembre 2013, Codacons c. Soc. M.R.: «*Con l'azione di classe il singolo consumatore è legittimato a domandare, per sé e per la classe di aderenti, la concessione di rimedi risarcitori e restitutori a tutela di diritti individuali omogenei, mentre, poiché il riferimento alla tutela degli interessi collettivi deve essere inteso come semplice ampiezza del numero di potenziali consumatori coinvolti, è preclusa la possibilità di conseguire i rimedi inibitori e le misure ripristinatorie di cui all'art. 140 cod. consumo*».

[49] Trib. Torino, 3 ottobre 2000, in *Foro it.*, 2000, c. 3622.

versamento di una quota di adesione, si offriva in termini generici la possibilità di fruire di servizi turistici a prezzi scontati ed a condizioni vantaggiose e si prometteva l'attribuzione di provvigioni agli aderenti che avessero reclutato altri soggetti da aderire nella rete di vendita». Per quanto concerne gli ulteriori provvedimenti concessi in sede di azione inibitoria, occorre ricordare come in materia di contratti bancari sia stato ritenuto illegittimo il rifiuto della banca al riconoscimento del diritto della propria clientela di consumatori alla restituzione delle somme indebitamente percepite in base alla clausola che prevede il calcolo anatocistico trimestrale degli interessi debitori dall'inizio di ogni rapporto bancario fino alla data del 22 aprile 2000. In particolare, la domanda sottoposta al vaglio del tribunale milanese consisteva nell'inibire per il futuro alla banca di rifiutarsi di restituire le somme che le venissero richieste dai suoi clienti quale indebito pagamento di interessi anatocistici trimestrali non dovuti e versati in applicazione di clausole contrattuali illegittime per violazione dell'art. 1283 c.c.[50]. Tale domanda, a detta dell'organo giudicante, era ammissibile, in quanto volta ad ottenere un'inibitoria di un comportamento a contenuto negativo consistente nel rifiuto di restituire gli indebiti percepiti.

Diversamente «*non è ammissibile la domanda con la quale l'associazione di consumatori chiede di ordinare alla banca convenuta di procedere al ricalcolo degli interessi debitori con conseguente storno e/o rimborso delle maggiori somme che risulteranno addebitate e/o percepite per effetto degli interessi anatocistici calcolati dall'inizio del rapporto alla data del 22 aprile 2000, nei limiti della prescrizione decennale e nei confronti di tutti i clienti*». Una delle prime pronunce in tal senso si rinviene nella sentenza del Tribunale di Roma[51], secondo cui «*la predisposizione di una campagna pubblicitaria da parte di una società operante nel mercato della videocomunicazione che contiene informazioni non veritiere ed omette l'indicazione di*

[50] Trib. Milano, 15 settembre 2004, in *Foro it.*, 2004, c. 3481, nonché Trib. Palermo, 29 maggio 2006 e Trib. Palermo, 20 febbraio 2008.

[51] Trib. Roma, 30 gennaio 2004, in *Danno e resp.*, 2004, p. 873.

talune caratteristiche essenziali del servizio, può dare luogo ad una pronunzia inibitoria da parte del giudice ordinario, ancorché tale campagna pubblicitaria sia già stata sospesa dall'Autorità Garante per la pubblicità e sanzionata dal Comitato di controllo previsto dal Codice di Autoregolamentazione pubblicitaria, trattandosi di strumenti di protezione concorrente che non impediscono l'adozione di un provvedimento inibitorio urgente volto ad impedire per il futuro la ripresa dei messaggi decettivi».

Il Tribunale di Roma accoglie la domanda inibitoria cautelare proposta da due associazioni consumeristiche nei confronti di un gestore di videocomunicazione mobile che si era fatto promotore di una campagna pubblicitaria relativa a telefonini di c.d. terza generazione, ritenuta ingannevole perché priva di informazioni ritenute essenziali per il consumatore [52]. La pronuncia non appariva al giudice romano incompatibile con i provvedimenti già concretamente adottati nei confronti del gestore dall'Autorità Garante per la Concorrenza ed il Mercato e dal Comitato di controllo previsto dal Codice di Autodisciplina Pubblicitaria. Laddove, infatti, il comportamento dell'imprenditore si

[52] Nella pubblicità diffusa con disparate tecniche audio video veniva reclamizzato il prodotto, omettendo di indicare alcune caratteristiche essenziali dell'offerta che sembrava all'occhio del consumatore estremamente, e forse eccessivamente, conveniente. Le omissioni in ordine alla copertura territoriale del servizio unitamente a talune indicazioni sulla tipologia di prestazioni nascenti dal contratto, ambigue al punto da risultare decettive ed ingannevoli per il soggetto interessato ad utilizzare l'ultima avanguardia elettronica, sono ritenute dal tribunale capitolino tali da giustificare una tutela giurisdizionale che si affianca a quella introdotta dalla disciplina di settore. Secondo la sentenza del Tribunale di Roma, pertanto, il giudice può accertare che un messaggio pubblicitario dal quale il consumatore medio è indotto a confidare nella gratuità dell'acquisto del cellulare e nella estrema convenienza del canone periodico, celi in verità una fitta serie di condizioni tali da esporre finanziariamente in caso di sottrazione, smarrimento, mancata ricezione di chiamate da altri utenti, l'utente totalmente ignaro. A ben vedere, alla mendacità e reticenza della pubblicità – particolarmente grave a proposito della limitata capacità di copertura del nuovo sistema di telefonia video mobile – si coniuga nella fattispecie con uno schema di contratti di utenza consigliato dallo stesso gestore che viene anch'esso colpito, con lo stesso provvedimento, da un ordine inibitorio.

ponga in contrasto con «*i diritti fondamentali del consumatore*», non è impedito al giudice di intervenire per contrastare, attraverso l'azione inibitoria, la protrazione delle violazioni[53].

Degna di segnalazione è inoltre una pronuncia[54] in cui è stato concesso lo strumento inibitorio al solo fine di ottenere una statuizione giudiziale di accertamento del comportamento condotta dal vettore aereo che effettuava le partenze dei voli programmati con costanti ritardi, inteso quale comportamento violativo del diritto alla qualità del servizio di trasporto aereo, che rappresenta un diritto fondamentale.

Secondo il giudice palermitano, infatti, «*la condotta del vettore aereo legittima l'accoglimento di una pronuncia inibitoria ex art. 3 legge 30 luglio 1998, n. 281 volta all'accertamento della lesione del diritto fondamentale alla qualità del servizio ed alla condanna alla pubblicazione del provvedimento sui quotidiani*».

3.1. L'inibitoria cautelare

L'art. 140, comma 8, c. cons. prevede che «*nei casi in cui ricorrano giusti motivi di urgenza, l'azione inibitoria si svolge a norma degli articoli da 669 bis a 669 quaterdecies del codice di procedura civile*». Il legislatore ha inteso affiancare due distinte forme di tutela collettiva: la prima legata agli esiti di un giudizio ordinario di cognizione; la seconda strutturata secondo il modello della tutela d'urgenza. Lo strumento previsto all'art. 140 c. cons. presenta, tuttavia, degli elementi di differenziazione rispetto al generale paradigma dei provvedimenti d'urgenza, in quanto la necessità di salvaguardare gli interessi dei consumatori e degli utenti ha indotto un notevole abbassamento della soglia di accesso all'azione cautelare rispetto al limite tradizionale del pregiudizio imminente ed irreparabile cristallizzata nell'art. 700 c.p.c. A fronte del pregiudizio imminente ed irrepara-

---

[53] R. CONTI, *La pubblicità ingannevole nei telefonini di terza generazione*, in *Danno e resp.*, 2004, p. 876.

[54] Trib. Palermo, 15 luglio 2003, in *Danno e resp.*, 2004, p. 285.

bile, in presenza del quale è possibile ottenere un provvedimento *ex* art. 700 c.p.c., ai sensi dell'art. 140 c. cons., il giudice concederà l'inibitoria d'urgenza, sulla base della mera ricorrenza di "*giusti motivi*" idonei a supportare un'anticipazione del provvedimento inibitorio finale. Il legislatore, al fine di abbassare la soglia di accesso alla tutela inibitoria in via cautelare, ha operato una "rivisitazione" del tradizionale concetto di "*periculum in mora*", che sarebbe in definitiva rinvenibile già in presenza di giusti motivi d'urgenza. Tale formula legislativa assume il valore di clausola generale il cui contenuto deve essere di volta in volta specificato in relazione alla fattispecie concreta, tenendo presente la peculiarità della stessa, nella quale è in gioco l'interesse di una collettività a che un atto o comportamento illecito non traduca la propria intrinseca potenzialità lesiva in innumerevoli situazioni di danno diffuse tra i suoi membri.

In base alla clausola «*giusti motivi di urgenza*», il giudice dovrà allora accertare *ex* ante la distanza temporale esistente tra il momento dell'emersione della violazione normativa costituente l'illecito e il momento del probabile sviluppo della potenzialità lesiva dell'illecito; una vota ritenuto, sebbene in via provvisoria, che vi sia stata la violazione normativa e che nella fattispecie concreta ricorra l'urgenza di provvedere, il giudice dovrà valutare se il tipo di violazione, le modalità della stessa, le modalità di diffusione dell'illecito giustifichino o meno l'esposizione al pericolo dell'interesse per il tempo necessario allo svolgimento del giudizio ordinario, raffrontando essa equitativamente con le ragioni complessive dell'azione del professionista. A tale riguardo, taluna giurisprudenza[55] ha attuato un convinto ripensamento dell'indirizzo "restrittivo" emerso in tema di clausole vessatorie; secondo i giudici torinesi, la nozione di urgenza dovrebbe assumere una specifica configurazione nell'ambito della tutela dei diritti superindividuali dei consumatori ed essere, quindi, valutata considerando la natura dei diritti in gioco e la diffusione o la potenziale espansione del danno e la sua eventuale irreparabilità.

Nell'evoluzione giurisprudenziale, lo stesso concetto di

[55] Trib. Torino, 3 ottobre 2000; in *Foro it.*, 2001, I, c. 3622.

azione inibitoria ha assunto un significato più ampio, improntato al principio di "precauzione", in base al quale una pronuncia inibitoria è lecita già prima che si verifichi la situazione potenzialmente lesiva. In tal senso, una pronuncia del Tribunale di Torino, la quale statuisce che «*quando si profila una lesione del diritto alla salute, la gravità ed irreparabilità del pregiudizio, che funge da presupposto per l'ordinanza cautelare del giudice, non deve consistere necessariamente nel rischio di una grave malattia, ma di una qualsiasi alterazione anatomica o funzionale dell'organismo umano*».

Ed ancora, «*la nozione del pericolo da considerarsi per concedere un provvedimento urgente deve essere adattata alla potenziale diffusione del danno su un'ampia collettività dei consumatori e degli utenti e alla natura dei diritti suscettibili di pregiudizio, fra i quali un livello massimo di protezione deve essere garantito al diritto alla salute contemplato dalla Costituzione*». È sulla base di tali premesse che il tribunale torinese ha accolto l'azione proposta da un'associazione dei consumatori contro una società automobilistica, ritenendo sussistenti i motivi d'urgenza per ordinare in via cautelare a quest'ultima società di inviare, nei termini e con le forme ritenuti congrui dal giudice, ai proprietari delle auto appartenenti ad un gruppo nel quale si è manifestato un difetto di produzione, una comunicazione contenente la spiegazione chiara della possibile esistenza del difetto, l'impegno a provvedere alla pronta adozione di tutte le misure tecniche necessarie alla risoluzione del problema, su richiesta del destinatario.

3.2. Le misure idonee a correggere o eliminare gli effetti dannosi delle violazioni accertate. La pubblicazione della sentenza

L'art. 140 c. cons. dispone che il giudice possa adottare le misure idonee a correggere o eliminare gli effetti dannosi delle violazioni accertate, su richiesta delle associazioni dei consumatori e degli utenti iscritte nell'elenco di cui all'art. 137.

Si ricorda come la dottrina si è interrogata in relazione al significato da attribuire all'espressione "***misure idonee***" utilizzata dalla norma in esame giungendo in alcuni casi ad affermare, ironicamente, di essere davanti ad un vero e proprio "*oggetto misterioso*"[56]. Secondo un primo indirizzo, il legislatore, con tale espressione, avrebbe inteso riferirsi alle azioni cautelari: in questa direzione, l'azione delle associazioni avrebbe carattere successivo, e non preventivo come in ipotesi di inibitoria[57]. Altri autori, invece, sostengono che la disposizione avrebbe il merito di legittimare l'ingresso delle azioni risarcitorie tra i rimedi esperibili da parte delle associazioni dei consumatori e ciò, a ben vedere, ogni qualvolta il risarcimento, sia in forma specifica che per equivalente, possa costituire misura idonea a correggere o a eliminare gli effetti dannosi delle violazioni accertate[58].

Nel panorama dei rimedi giuridici riconosciuti in capo alle associazioni dei consumatori e degli utenti, oltre all'azione inibitoria, il comma 1 dell'art. 140, lett. c), indica l'ordine di pubblicazione del provvedimento giudiziale su uno o più quotidiani a diffusione nazionale o locale.

Contrariamente a quanto sostenuto in dottrina, non si ritiene che tale strumento di tutela debba essere necessariamente preceduto dall'accertamento dell'illiceità della condotta denunciata e da una decisione di tipo inibitorio/integratorio, e ciò, conformemente alla tesi abbracciata da una ordinanza del Tribunale di Roma del 14 marzo 2003, secondo cui è «*ammissibile la pubblicazione per estratto del provvedimento inibitorio adottato in via urgente ai sensi dell'art. 3, comma 1, lett. c), l. 281/98 pur non essendo espressamente prevista nell'art. 3, comma 6, della predetta legge, alla luce di un'interpretazione di tale norma conforme alla normativa comunitaria ed in base ai principi generati della tutela cautelare*».

Secondo il dettato dell'art. 140, il provvedimento di pubblicazione è adottabile su istanza di parte. In questo senso depone, oltre che il testo dell'articolo, anche una costante interpretazio-

---

[56] M. GRANIERI, *Contratti dei consumatori: verso una stabilizzazione degli strumenti di tutela?*, in *Danno e resp.*, 1998, p. 921.

[57] G. ALPA, *La nuova disciplina dei diritti dei consumatori*, in *Studium Iuris*, 1998, p. 737, secondo cui, invece, la misura idonea non potrebbe assumere la forma del rito d'urgenza.

[58] M. GRANIERI, *op. cit.*, p. 620.

ne giurisprudenziale secondo la quale, qualora il giudice disponesse la pubblicazione della condanna, in assenza di una precisa istanza di parte, si configurerebbe una palese violazione del divieto di ultrapetizione, quale limite invalicabile del suo potere discrezionale.

Tale conclusione, secondo parte della dottrina [59] troverebbe conforto nella diversa formulazione del comma 3 dell'art. 37 in merito al quale si ritiene che il potere attribuito la giudice, di ordinare che il provvedimento sia pubblicato in uno o più giornali di cui uno a diffusione nazionale, prescinda dal principio della domanda.

In merito all'efficacia della pubblicazione del provvedimento inibitorio nel generale quadro degli strumenti a tutela dei consumatori e degli utenti e delle associazioni dei consumatori, la giurisprudenza ha ritenuto che «*la pubblicazione dell'ordinanza cautelare che inibisce l'uso di clausole abusive nei contratti dei consumatori va ordinata in tutti i casi in cui la pubblica conoscenza del provvedimento si presenta come strumento idoneo ad evitare il protrarsi della condotta illegittima*».

Circa il carattere strumentale della pubblicazione del provvedimento si ricorda inoltre la pronuncia del Tribunale di Torino [60], secondo cui «*poiché la direttiva n. 98/27/CEE impone agli Stati membri di designare gli organi giurisdizionali che possano ordinare, anche con provvedimento d'urgenza, la cessazione o l'interdizione di qualsiasi violazione dei diritti dei consumatori e degli utenti, l'azione inibitoria che, su richiesta delle associazioni di categoria, può essere concessa nei casi in cui ricorrano giusti motivi d'urgenza, comprende in senso ampio non solo proibizioni, ma anche l'adozione di misure positive, idonee a correggere o eliminare gli effetti dannosi delle violazioni accertate, ivi compresa, se del caso, la pubblicazione del provvedimento su uno o più quotidiani, se tale pubblicità può contribuire allo scopo perseguito*».

---

[59] F. LUCCHESI, *Commentario al Codice del Consumo*, in *Codice del Consumo, Commentario*, a cura di G. VETTORI, Cedam, Padova, 2007.

[60] Trib. Torino, 17 maggio 2002, in *Giur. it.*, 2002, p. 2334.

Ed ancora, il Tribunale di Palermo[61], il quale «*al fine di assicurare un'efficace tutela dei consumatori pregiudicati dall'applicazione di detta clausola nei rapporti di conto corrente bancario*», ha ritenuto che occorresse «*dare un'ampia diffusione alla decisione con cui se ne riconosce la vessatorietà*» ed ha ordinato la pubblicazione di un estratto della sentenza su alcuni quotidiani, di cui uno a diffusione nazionale ed uno a diffusione regionale a cura e spese della banca.

3.3. L'*astreinte*

L'art. 140, comma 7, c. cons., prevede che «*con il provvedimento che definisce il giudizio di cui al comma 1 il giudice fissa un termine per l'adempimento degli obblighi stabiliti e, anche su domanda della parte che ha agito in giudizio, dispone, in caso di inadempimento, il pagamento di una somma di denaro da 516 euro a 1.032 euro, per ogni inadempimento ovvero giorno di ritardo rapportati alla gravità del fatto. In caso di inadempimento degli obblighi risultanti dal verbale di conciliazione di cui al comma 3 le parti possono adire il tribunale con procedimento in camera di consiglio affinché, accertato l'inadempimento, disponga il pagamento delle dette somme di denaro. Tali somme di denaro sono versate all'entrata del bilancio dello Stato per essere riassegnate con decreto del Ministro dell'economia e delle finanze al fondo da istituire nell'ambito di apposita unità previsionale di base dello stato di previsione del Ministero dello sviluppo economico, per finanziare iniziative a vantaggio dei consumatori*». La suddetta norma ha esteso l'applicazione della misura compulsoria, oltre che ai provvedimenti inibitori, anche agli obblighi previsti nel verbale di conciliazione omologato ai sensi dell'art. 140, comma 4. In particolare, si prevede che «*con il provvedimento che definisce il giudizio di cui al comma 1 il giudice fissa un termine per l'adempimento degli obblighi stabiliti e, anche su domanda della parte che ha agito in giudizio, dispone, in caso di inadempimento, il paga-*

[61] Trib. Palermo, 28 febbraio 2008.

mento di una somma di denaro da 516 euro a 1.032 euro, per ogni inadempimento ovvero giorno di ritardo rapportati alla gravità del fatto. In caso di inadempimento degli obblighi risultanti dal verbale di conciliazione di cui al comma 3 le parti possono adire il tribunale con procedimento in camera di consiglio affinché, accertato l'inadempimento, disponga il pagamento delle dette somme di denaro. Tali somme di denaro sono versate all'entrata del bilancio dello Stato per essere riassegnate con decreto del Ministro dell'economia e delle finanze al fondo da istituire nell'ambito di apposita unità previsionale di base dello stato di previsione del Ministero delle attività produttive, per finanziare iniziative a vantaggio dei consumatori».

La dottrina si è posta il problema dell'individuazione dei soggetti legittimati a richiedere la liquidazione della sanzione in caso di inadempimento. La norma, infatti, distinguendo l'ipotesi di inottemperanza all'ordine contenuto nel provvedimento giudiziale da quella dell'inosservanza degli obblighi risultanti dal verbale di conciliazione, prevede espressamente che ciò possa avvenire, nel primo caso «*anche su domanda della parte che ha agito in giudizio*», mentre nel secondo caso sono «*le parti*» che possono adire il tribunale con procedimento in camera di consiglio affinché, accertato l'inadempimento, disponga il pagamento delle dette somme di denaro.

Per quest'ultimo caso non si profilano particolari problemi, avendo piuttosto la norma chiarito un aspetto che era stato tralasciato dalla disciplina previgente. Le maggiori incertezze riguardano la prima ipotesi. Infatti, se appare plausibile che quell'«*anche*» faccia ritenere che essa sia emanabile anche di ufficio, dubbi sono sorti sulla possibilità di consentire la richiesta di liquidazione, non solo all'ente che ha promosso il giudizio, ma anche ad altre associazioni, parimenti legittimate all'azione collettiva, rimaste estranee al giudizio o al singolo consumatore.

Invero, la medesima problematica si era posta già in riferimento alla precedente normativa, ed in quella occasione parte preponderante della dottrina, sposando la tesi secondo cui la sentenza di accoglimento dell'azione inibitoria promossa da un'associazione ha effetto anche nei confronti delle altre associazioni legittimate pur rimaste estranee al processo, in quanto la situazione sostanziale oggetto del giudizio è comune, ha riconosciuto la possibilità di richiedere la liquidazione della misura coercitiva anche agli enti legittimati rimasti terzi rispetto al giudizio [62].

Con riguardo all'art. 140, comma 7, c. cons., mentre una parte della dottrina [63] ritiene ancora di fare riferimento alla teoria che ammette l'estensione *secundum eventum litis* degli effetti della sentenza di accoglimento dell'azione collettiva verso i terzi colegittimati, altri [64] ritengono di dover seguire un percorso interpretativo diverso, prescindendo dalla complessa questione della estensione della efficacia soggettiva della sentenza. Pertanto, partendo dal presupposto che *l'astreinte ex* art. 140, comma 7, è funzionale all'ottemperanza dell'ordine giudiziale conclusivo del giudizio collettivo, che può essere richiesto dall'una o dall'altra associazione disgiuntivamente legittimata, si ritiene che l'inadempimento alla condanna principale da parte del professionista sia tale in relazione a tutti i soggetti muniti di legittimazione per categoria: da qui, la possibilità, anche per l'associazione colegittimata rimasta estranea al giudizio, di domandare, in caso di inadempimento al comando principale, la liquidazione della somma.

La medesima questione è stata risolta in senso opposto rispetto ai singoli consumatori, in considerazione del fatto che la misura in esame è rivolta espressamente alle azioni collettive [65].

---

[62] D. AMADEI, *Un'astreinte a tutela dei consumatori (note sul comma 5-bis dell'art. 3 l. n. 281 del 1998)*, in *Giust. civ.*, 2002, 9, p. 390; R. DANOVI, *L'azione inibitoria in materia di clausole vessatorie*, in *Riv. dir. proc.*, 1996, p. 1073 ss.; G. TARZIA, *La tutela inibitoria contro le clausole vessatorie*, *ivi*, 1997, p. 640 ss.; C. MORETTI, *Note in tema di efficacia soggettiva dell'azione inibitoria prevista dall'art. 1469-sexies c.c.*, *ivi*, p. 887 ss.; C. CONSOLO-M. DE CRISTOFARO, *op. cit.*, p. 481 ss.

[63] G. TRISORIO LIUZZI, *I meccanismi processuali di tutela del consumatore*, E.S.I., Napoli, 1998.

[64] S. QUARANTA, voce *Esecuzione indiretta delle forme di tutela collettiva*, in *Dig., disc. priv., sez. civ.*, Agg., Utet, Torino, 2007, p. 568.

[65] S. QUARANTA, *op. cit.*, p. 569. In giurisprudenza Trib. Palermo, 7 luglio 2008, in *Corr. merito*, 2008, p. 1153, con nota di E. BATTELLI, ove è stato affermato che «*le associazioni dei consumatori iscritte nell'elenco del ministero*

Altro aspetto da analizzare, stante la criptica formulazione della norma, è se la misura coercitiva possa essere disposta solo con la sentenza che pone fine al giudizio di merito, oppure possa anche essere prevista nell'ordinanza cautelare disciplinata nel successivo comma 8 dello stesso art. 140.

La lettura dell'inciso iniziale della norma sembra far propendere nel primo senso, tuttavia la dottrina maggioritaria ha preferito ritenere che le misure coercitive in esame possano essere contenute anche nell'ordinanza cautelare resa tanto *ante causam*, tanto in corso di causa [66]; anche la giurisprudenza sembra a ciò favorevole, avendo, in sede di applicazione pratica, munito il provvedimento cautelare della penalità di cui al comma 7 dell'art. 140 [67].

---

dello sviluppo economico sono legittimate ad agire a tutela dei diritti e degli interessi collettivi dei consumatori chiedendo, ai sensi e secondo le modalità di cui all'art. 140, non solo l'azione inibitoria delle clausole vessatorie contenute nelle condizioni generali di contratto predisposte unilateralmente dal professionista (nel caso di specie il "vettore marittimo"), ma anche la pubblicazione del provvedimento di condanna e, in ipotesi di inadempimento degli obblighi stabiliti nella sentenza, il pagamento di una somma di denaro per ogni giorno di ritardo, da versare allo stato, in un apposito fondo per finanziarie iniziative a vantaggio dei consumatori».

[66] G. TRISORIO LIUZZI, *op. cit.*, il quale motiva tale opzione interpretativa, con tre ragioni «*in primo luogo perché il legislatore non solo utilizza il termine generico di "provvedimento" anziché di sentenza, ma inoltre nel comma 1 non fa riferimento al giudizio a cognizione piena; in questo comma contempla il diritto dei soggetti di cui all'art. 139 di «agire a tutela degli interessi collettivi dei consumatori e degli utenti». In secondo luogo per la funzione propria di queste misure coercitive, e cioè assicurare l'attuazione del comando giudiziale, che non può non dirsi presente anche nei provvedimenti cautelari. In terzo luogo, infine, per la circostanza che, le misure cautelari di cui al comma 8 dell'art. 140 sono anticipatorie e, quindi, non necessitano dell'instaurazione di un giudizio di merito a cognizione piena, potendo essere definitive non solo del procedimento cautelare, ma proprio dell'iniziativa giudiziaria*»; S. QUARANTA, *op. cit.*, p. 571; R. CONTI, *Codice del consumo. Una pagina nuova nella tutela consumeristica*, in *Corr. giur.*, 2005, 12, p. 1759. In precedenza, con riferimento all'art. 3, comma 5 *bis*, l. n. 281/1998, v. G. DE MARZO, *Legge comunitaria 2001 e tutela del contraente debole*, in *Corriere giur.*, 2002, p. 683.

[67] Trib. Roma, 23 maggio 2008.

4. L'art. 140 *bis* c. cons.

La l. n. 99/2009 recante "*Disposizioni per lo sviluppo e l'internazionalizzazione delle imprese, nonché in materia di energia*" all'art. 49 riformula l'art. 140 *bis* c. consumo (d.lgs. 6 settembre 2005, n. 206) mutandone radicalmente la natura e la disciplina, apportandovi numerose novità, prima delle quali il nome. Ed infatti la rubrica dell'art. 140 *bis*, da «*Azione collettiva risarcitoria*», è stata modificata in «*Azione di classe*» allo scopo di sottolineare il carattere individuale del diritto tutelato, ovverosia dei diritti individuali omogenei dei consumatori e degli utenti. L'azione di classe, dopo i numerosi rinvii, è entrata in vigore dal 1° gennaio 2010.

4.1. La legittimazione attiva

Per quel che riguarda la legittimazione attiva, l'art. 140 *bis*, comma 1, stabilisce che l'azione collettiva volta all'accertamento della responsabilità dell'impresa convenuta e finalizzata all'ottenimento del risarcimento del danno (o alla restituzione di somme) subito dai consumatori, può essere esercitata da ciascun «*componente della classe*» per il tramite di associazioni cui viene all'uopo conferito mandato, evidentemente ad agire in giudizio anche se la norma non lo specifica, o mediante la partecipazione a comitati funzionali all'esercizio dell'azione in oggetto.

In base al testo precedente (art. 140 *bis*, commi 1 e 2 abrogati), invece i soggetti legittimati ad agire erano le associazioni dei consumatori di cui all'art. 139 c. cons., quelle cioè iscritte nel registro tenuto dal Ministero delle attività produttive, nonché altri enti esponenziali, costituiti anche sotto forma di comitati, purché adeguatamente rappresentativi degli interessi collettivi fatti valere. Nella nuova formulazione normativa va quindi sottolineato come il legislatore abbia individuato nel singolo cittadino il fulcro, al quale, in base alla legge di riforma, non solo viene attribuito un potere individuale di impulso, ma anche la legittimazione delle associazioni e dei comitati, le quali necessitano per potersi attivare dell'iniziativa di un singolo [68]. Ne consegue la risoluzione dei dubbi interpretativi che il requisito di «*adeguata rappresentatività*» richiesto ai comitati ingenerava, in quanto solamente al componente della classe è demandata attraverso il mandato la scelta del comitato che reputa in grado di rappresentare e difendere adeguatamente i suoi diritti e quelli omogenei degli altri potenziali consumatori o utenti appartenenti alla medesima classe. Stesso discorso vale per le associazioni dei consumatori, non essendo più richiesto ai fini della legittimazione, che siano iscritte nel registro tenuto dal Ministero delle attività produttive, ma solo che abbiano ricevuto mandato dal consumatore ad essere rappresentato nel corso dell'azione di classe [69].

L'azione, ai sensi del comma 2 dell'art. 140 *bis*, è diretta a tutelare [70]:

---

[68] M. DONA, *Il Senato approva una class action svuotata*, in *www.tutto consumatori.it*: «*Oggi la storia della class action segna una inaccettabile svolta negativa con la sottrazione del potere di agire alle associazioni dei consumatori che, secondo la versione approvata ieri, non potranno attivarsi in nome proprio, ma dovranno sperare che qualche "Signor Rossi" prenda l'iniziativa di caricare sulle sue spalle la tutela di interi gruppi di danneggiati: insomma la lobby imprenditoriale ha ottenuto il miglior risultato immaginabile e cioè quello di far credere alla gente di avere un potere che è invece svuotato di ogni contenuto*».

[69] Trib. Roma, 14 maggio 2014, in *Riv. dir. comm.*, 2015, II, p. 679, con nota di A.R. ADIUTORI, *Responsabilità degli amministratori ex art. 2395 c.c. e class action: nuove prospettive di applicazione?*: «*non sussiste la legittimazione attiva delle associazioni dei consumatori per condotte dannose poste in essere in epoca antecedente al 2009 in quanto l'art. 140 bis cod. cons. è applicabile solo agli illeciti compiuti successivamente alla data di entrata in vigore della l. 23 luglio 2009 n. 99*».

[70] G. COSTANTINI, C*lass action dal danno alla beffa*, in *www.brunosaetta.it*, che «*Sono tre i settori in cui può essere applicata la nuova normativa sulle azioni collettive, e cioè: a) contratti per servizi di fornitura: per difendere i diritti contrattuali di una pluralità di consumatori che utilizzano servizi bancari, assicurativi, telefonici e, più in generale, di fornitura. In questo settore rientrano anche i servizi finanziari e si colloca il possibile profilo di responsabilità, per negligenza, dell'intermediario finanziario nel caso in cui non venivano rispettati i vincoli di informazione correttezza e trasparenza imposti dal testo unico della finanza; b) prodotti di consumo difettosi: per difendere i consumatori finali per i danni derivanti da un prodotto difettoso o pericoloso;*

a) i diritti identici di natura contrattuale di tutti i consumatori e gli utenti appartenenti ad una stessa classe, che si trovano nella medesima situazione nei confronti della stessa impresa, inclusi i diritti relativi a contratti stipulati *ex* artt. 1341-1342 c.c.;

b) gli identici diritti spettanti ai consumatori finali di un determinato prodotto nei confronti del relativo produttore, anche a prescindere da un diretto rapporto contrattuale;

c) ed infine gli identici diritti che nascono da pratiche commerciali scorrette e da comportamenti anticoncorrenziali.

Il requisito di identicità dei diritti ingenera grosse perplessità, risultando una definizione a tecnica e di ardua configurabilità, tenuto conto che nel mondo del diritto difficilmente ricorrono due situazioni formalmente e sostanzialmente "identiche"[71]; conseguentemente, il senso concreto della formula astratta e generica "identici diritti" introdotta nel deve evidentemente essere chiarito ed eventualmente circoscritto dalla prassi giurisprudenziale, la quale, in particolare, sarà chiamata a spiegare se l'identità dei diritti presuppone sia l'identità della *causa petendi* e del *petitum*, o se sia sufficiente che ad essere identico sia soltanto uno dei due[72].

---

c) pratiche commerciali scorrette: per difendere i consumatori da comportamenti anticoncorrenziali delle imprese».

[71] M. Rubino, *Class action, passa la versione che non piace ai consumatori*, in *www.kataweb.it*, «*L'"interesse identico" è un altro dei tasti dolenti. In pratica il testo attuale stabilisce che i promotori dell'azione collettiva debbano avere "identici interessi", ossia debbano avere identiche motivazioni e debbano presentare identiche richieste di risarcimento. Un elemento, quest'ultimo, di difficile applicazione. Prendiamo il caso del fallimento della banca d'affari Lehmam Brothers. Se si intentasse una causa collettiva, ogni consumatore avrebbe un esigenza diversa, perché ha sottoscritto le obbligazioni in tempi diversi e ha investito una somma differente (...). Sostituire, nel testo di legge, il termine "identico" con "omogeneo" o "analogo", semplificherebbe le cose. Una distinzione non solo nominalistica, proprio perché l'identità degli interessi non è elemento facile da provare*».

[72] Cass., Sez. Un., 30 settembre 2015, n. 19453, in *Mass. Foro it.*, 2015: «*La* class action *pubblica prevista dal d.lgs. 20 dicembre 2009 n. 198, è funzionale al conseguimento di un risultato che giovi, indistintamente, a tutti i contitolari dell'interesse diffuso al ripristino del corretto svolgimento della funzione amministrativa ovvero della corretta erogazione del servizio, mentre*

Per quanto attiene al punto a), l'azione di classe tutela i diritti contrattuali, inclusi quelli relativi a contratti stipulati *ex* art. 1342 già previsti nella precedente versione dell'art. 140 *bis* e quelli relativi ai contratti stipulati *ex* art. 1341 inclusi nella nuova formulazione, di tal che la domanda trova il proprio fondamento nella sola responsabilità contrattuale (art. 1218 c.c.) dell'impresa. Sembra pertanto che il legislatore abbia voluto confinare la possibilità di fondare il diritto al risarcimento del danno anche nella responsabilità extra contrattuale dell'impresa, nei soli casi di risarcimento del danno da prodotto (previsto al punto b). Si sottolinea inoltre come il duplice richiamo alla disciplina dettata dal codice civile in materia di condizioni generali di contratto (art. 1341 c.c.) e di contratto concluso mediante moduli o formulari (art. 1342 c.c.), risulti un fuor d'opera, in quanto dall'entrata in vigore del codice del consumo la disciplina generale del contratto trova applicazione unicamente per quei contratti che intervengano fra due parti soggettivamente omogenee (ad esempio due consumatori o due professionisti); sarebbe stato più corretto un richiamo alla disciplina dettata dal codice del consumo agli artt. 33 e ss., che appunto si applica ai contratti conclusi fra contraenti connotati da uno *status* soggettivo, e dal cui inadempimento può derivare l'esercizio di una azione di classe, che, per definizione vuole come parti contrapposte i consumatori e l'impresa.

4.2. La competenza

L'azione collettiva va proposta con atto di citazione, da noti-

---

l'azione *di* classe *prevista dal codice del consumo postula l'esercizio di un diritto individuale, oggetto di trasposizione in capo a ciascun titolare singolarmente identificato, sicché appartiene alla giurisdizione del giudice ordinario la domanda risarcitoria svolta, a norma dell'art. 140 bis d.leg. n. 206 del 2005, dall'utente di un servizio pubblico nei confronti del soggetto privato assunto come inadempiente in relazione al corrispondente contratto (nella specie, di trasporto pubblico) attuativo del servizio*»; TAR Lazio, 6 settembre 2013, n. 8154 e TAR Lazio, 26 febbraio 2014, n. 2257, in *Giorn. dir. amm.*, 2014, p. 733, con nota di M. Gnes, *L'applicazione della* class action *pubblica in materia di immigrazione*.

ficarsi anche all'ufficio del pubblico ministero del Tribunale competente a conoscere della domanda il quale, ai sensi dell'art. 140 *bis*, comma 4, è il Tribunale ordinario avente sede nel capoluogo della regione in cui ha sede l'impresa, con l'accorpamento di quelli più piccoli prevedendo però delle eccezioni: per la Valle d'Aosta è competente il tribunale di Torino, per il Trentino-Alto Adige e il Friuli-Venezia Giulia la competenza spetta al Tribunale di Venezia, per le Marche, l'Umbria, l'Abruzzo e il Molise è competente il tribunale di Roma e per la Basilicata e la Calabria quello di Napoli.

Il tribunale, di fronte al quale la vertenza viene radicata, la tratta in composizione collegiale. Tale scelta si pone in contrasto con orientamenti normativi che tendono sempre di più ad affidare ad un giudice monocratico, per evidenti necessità di celerità ed economia processuale, la trattazione delle vertenze giudiziarie, tenuto anche conto che se la medesima causa fosse proposta da un consumatore individualmente, in base alle regole generali del processo civile, sarebbe trattata dal Tribunale in composizione monocratica; di talché sarebbe stato forse preferibile riservare al giudice unico la trattazione della causa, almeno nella fase istruttoria.

Il foro presso cui radicare la causa è quello del convenuto [73] con la novità della concentrazione delle controversie nei tribunali ubicati nei capoluoghi di Regione [74]. Questa scelta di eco-

---

[73] CODACONS, *Esame critico dell'art. 53-bis della Finanziaria 2008 introduttivo della cosiddetta "class action"*, in *www.codacons.it*, che «*non si comprende perché il foro competente per questa class action debba essere quello di residenza del convenuto, creando così gravi difficoltà nell'agire delle associazioni dei consumatori contro società che, pur avendo ad esempio danneggiato i cittadini di Trieste, hanno artificiosamente aperto la propria sede legale in una cittadina sperduta della bellissima Sardegna. È proprio per evitare questi comportamenti che lo stesso codice del Consumo, in cui questa nuova norma è stata tra l'altro inclusa, aveva fissato il principio del "Foro del Consumatore", e dunque indicato il tribunale competente come quello di residenza del consumatore*».

[74] G. ALPA, il cui pensiero è riportato da A. CANDIDI, *Class Action anche individuale*, in *Sole 24Ore*, 27 aprile 2009, p. 3: «*Naturalmente la scelta del giudice ordinario è più che condivisibile ma per dare più aderente tutela sul territorio sarebbe forse preferibile una competenza distrettuale anziché macroregionale*».

nomia giudiziaria risponde alla necessità di creare un primo embrione di giudice specializzato in materia economica. Tale scelta non è tuttavia conforme alla *ratio* della normativa consumeristica, in quanto, per accordare una maggior tutela ai consumatori, sarebbe stato meglio stabilire la competenza del Tribunale del luogo ove ha sede l'associazione o il comitato che propone l'azione collettiva.

4.3. Il sistema di adesione

Il comma 3 della norma in esame stabilisce che per poter partecipare all'azione di classe i consumatori e gli utenti devono depositare in cancelleria, anche tramite l'attore, e senza necessità del ministero del difensore[75], l'atto di adesione[76] all'azione collettiva, atto che deve contenere, oltre all'elezione di domicilio, l'indicazione degli elementi costitutivi del diritto fatto valere con la relativa documentazione probatoria, con la conseguenza che, in assenza di un atto di volontà positivo in tal senso, avendo il nostro legislatore optato per il sistema *opt-in* anche

---

[75] Merita ancora di essere riportato il pensiero di G. ALPA, *op. loc. ult. cit.*, per cui «*Siccome chi aderisce può essere condannato in caso di azione inammissibile, oltre al risarcimento per lite temeraria e che la decisone limita di fatto una successiva azione individuale, forse una consultazione preventiva con un legale non sarebbe poi male*».

[76] C. CONSOLO, *È legge una disposizione sull'azione collettiva risarcitoria: si è scelta la via svedese dello* "opt-in" *anziché quella danese dello* "opt-out" *e il filtro (L'inutile "precauzione")*, in *Corr. giur.*, 2008, 6, in merito alla natura giuridica dell'atto di adesione, ha affermato che «*ciò che appare quasi imperscrutabile è l'esatto significato giuridico della adesione prestata* uti singuli *all'azione collettiva dell'associazione (o del comitato* ad hoc*): non è un atto rivolto al suo avvocato ed invero non è alcunché di simile ad un mandato alle liti, ne – secondo me – accresce in nulla lo* ius postulandi *di quel difensore (e neppure quindi instaura un rapporto d'opera ed obbliga a retribuirlo). Più che di manifestazione di "adesione" ravviso i contorni di un negozio sui generis fondato su una volontà di inclusione nel "gruppo" (o di "classe attiva") ai fini della definitiva fissazione dell'oggetto della domanda e così affinché il proprio credito risarcitorio sia, agli effetti della condanna generica e della provvisionale, tenuto presente dalla sentenza che accolga la domanda della Associazione*».

nella disciplina della nuova "*class action*", il singolo non entra a far parte della classe[77].

L'adesione comporta la rinuncia a qualunque azione restitutoria o risarcitoria individuale fondata sul medesimo titolo (comma 3, secondo periodo), fatta eccezione nel caso in cui intervengano rinuncia o transazione solo tra alcune delle parti, e nei casi di estinzione del giudizio o di chiusura anticipata del processo (comma 15); casi per i quali il legislatore fa salva la possibilità di proporre una successiva azione individuale.

La normativa prevede che possano aderire all'azione collettiva i consumatori e gli utenti, si deve quindi escludere che le associazioni e i comitati dei consumatori, che non hanno più, contrariamente alla normativa precedente, la possibilità di proporre autonomamente una azione di classe, vi possano però in seguito aderire, in rappresentanza del singolo consumatore o utente, o di gruppi di essi.

4.4. Il giudizio di ammissibilità

In base al disposto del comma 6 dell'art. 140 *bis* il procedimento è connotato da un preliminare giudizio di ammissibilità in cui il tribunale, in composizione collegiale, all'esito della prima udienza, pronuncia sull'ammissibilità della domanda, è però facoltà del giudice sospendere il giudizio se valuta di voler attendere la conclusione dell'eventuale istruttoria sui fatti rilevanti ai fini del decidere in corso davanti ad una Autorità

---

[77] S. Menichini, *La nuova azione collettiva risarcitoria e restitutoria*, in *www.judicium.it*, 2008, osserva che nella *class action* italiana «*sono dedotte in giudizio le pretese individuali (risarcitorie e restitutorie) a contenuto omogeneo, che, trovando origine da un'unica condotta illecita, chiedono, per la loro valutazione, la risoluzione della medesima questione (di fatto e/o di diritto) a valenza collettiva. Contrariamente a quanto accade per le azioni di classe nordamericane, l'attore non ha il potere di far valere situazioni soggettive altrui a prescindere dal consenso del loro titolare; ciò, del resto, con ogni probabilità, sarebbe in contrasto con l'art. 24 della Costituzione e con il principio dispositivo, in forza dei quali il diritto di agire in giudizio è riservato al titolare della posizione di vantaggio*».

di garanzia o al giudice amministrativo prima di procedere nel giudizio.

Il Tribunale dichiara la domanda inammissibile quando è manifestamente infondata, sussiste un conflitto di interessi, il giudice non ravvisa l'identità dei diritti individuali tutelabili, nonché quando il proponente non appare in grado di curare adeguatamente l'interesse della classe [78].

Tale fase si giustifica con la necessità di evitare che l'azione collettiva sia deviata dalla funzione che gli è propria e sia volta al perseguimento di finalità estranee alla tutela dei consumatori; ed è in quest'ottica che si giustifica la valutazione sulla non manifesta infondatezza della domanda [79]; la valutazione sull'inesistenza di un conflitto di interessi, volendosi con ciò evitare che l'ente esponenziale persegua un interesse proprio a discapito di quello degli appartenenti alla classe.

Vi sono due nuove ragioni di inammissibilità della domanda: la prima che ricorre allorquando il giudice non ravvisa l'identità dei diritti individuabili tutelabili attraverso l'azione di classe, e la seconda che ricorre invece allorquando il proponente non appare in grado di curare adeguatamente l'interesse della classe. Si sottolinea come quest'ultimo profilo di inammissibilità della domanda, susciti per la sua genericità, non poche perplessità, tenuto conto che il proponente può essere anche il singolo con-

---

[78] A questo riguardo il Trib. Venezia, sent. 25 maggio 2017, in *Danno e resp.*, 2018, p. 214, con nota di V. SELINI, *Emissioni di ossido d'azoto della Wolkswagen e vaglio di ammissibilità della class action in Italia*, ha deciso che «*nell'azione di classe a tutela dei consumatori, il requisito di ammissibilità della domanda, consistente nell'omogeneità tra i diritti individuali del proponente e dei potenziali aderenti, sussiste se la fonte del danno è comune per tutti e la quantificazione del risarcimento appare effettuabile in base a criteri uniformi*».

[79] M. BOVE, *Azione collettiva: una soluzione all'italiana lontana dalle esperienze straniere più mature*, in *Guida al dir.*, 2008, 4, pp. 11-12, secondo il quale «*La "formula" utilizzata dal legislatore "suscita una critica e una perplessità". La critica riguarda la valutazione sulla non manifesta infondatezza, perché delle due l'una: o si ritiene che la giustizia statale debba operare solo nel caso di serietà dell'azione e allora ciò deve valere per ogni tipo di domanda, oppure meccanismi "eccezionali" come quello in esame finiscono solo per rappresentare ingiustificati privilegi per certe categorie di litiganti*».

sumatore, finendo così il giudizio per concentrarsi sulle qualità personali della persona ovvero sulle capacità tecniche del suo legale, con indubbi profili di incostituzionalità[80].

L'ordinanza con cui il giudice decide sull'ammissibilità della domanda è reclamabile, entro il termine perentorio di 30 giorni dalla sua comunicazione o notificazione se anteriore, davanti alla corte d'appello, la quale nelle forme del rito camerale decide con ordinanza entro 40 giorni dal deposito del ricorso; l'eventuale reclamo dell'ordinanza ammissiva non sospende il procedimento davanti al tribunale.

Quando la Corte d'Appello dichiara inammissibile la domanda, secondo alcuni si deve attribuire all'ordinanza un contenuto decisorio, dovendo così ammettere la possibilità di proporre il ricorso per Cassazione *ex* art. 111 Cost.; secondo altri diversamente «*l'ordinanza non ha la stabilità del giudicato e non produce l'efficacia preclusiva del dedotto e del deducibile; essa non è definitiva, e, di conseguenza, non è impugnabile di fronte alla Suprema Corte, con ricorso straordinario*».

La previsione della rinuncia ad ogni azione restitutoria o risarcitoria individuale fondata sul medesimo titolo (*ex* art. 140 *bis*, comma 3) come conseguenza dell'adesione all'azione, fa propendere per la prima posizione, e questo sul presupposto che la pronuncia di inammissibilità della corte di appello adesso ha contenuto decisorio ed è anche, almeno sostanzialmente, idonea ad acquistare l'autorità di giudicato, da ciò consegue l'esperibilità del ricorso per Cassazione avverso l'ordinanza pronunciata da giudice all'esito della prima udienza.

---

[80] M. DONA, *Class-action: il testo proibito*, in *www.class-action it*: «*Nel merito si comprendono le ragioni della inusuale riservatezza adottata dal Governo rispetto al nuovo testo di legge: una procedura completamente nuova rispetto all'attuale articolo 140-bis del Codice del consumo che, invece di risolverne le criticità, è tutto ispirato dalla preoccupazione di realizzare meccanismi tali da proteggere le aziende scorrette dal rischio di dover concretamente rispondere ai cittadini in caso di danni seriali: in tal senso si devono interpretare la previsione di un controllo del Giudice circa il fatto che il proponente appaia "in grado di curare adeguatamente l'interesse della classe" (con forti dubbi di costituzionalità) e l'irrigidimento della competenza territoriale rimessa ai tribunali del capoluogo di Regione evidentemente più controllabili*».

Qualora il tribunale dichiari inammissibile la domanda regola le spese, condannando, *ex* art. 96 c.p.c., il soccombente che ha agito o resistito in giudizio con mala fede o colpa grave al risarcimento dei danni, che liquida anche d'ufficio, il che sembra dare ingresso, almeno per quel che riguarda le spese di giustizia, nella disciplina delle "azioni collettive" all'istituto del danno punitivo[81] previsto a reintegra del maggior danno subito dalla parte vincente come conseguenza della responsabilità processuale aggravata imputata alla parte soccombente, e infine ordina a cura e spese del soccombente la più opportuna pubblicità.

Qualora invece il tribunale dichiari ammissibile la domanda fissa con ordinanza i termini e i modi per l'effettuazione, a pena di improcedibilità dell'azione, della pubblicità, prevista al fine di permettere una tempestiva adesione all'azione da parte di altri potenziali aderenti che si trovano nella medesima situazione del proponente. Il tribunale detta nella stessa ordinanza i criteri in base ai quali poter includere, o al contrario escludere, gli aderenti dall'azione di classe e definisce i caratteri, da intendersi nel significato di "qualità essenziali", dei diritti individuali oggetto del giudizio.

Relativamente al termine per l'adesione la vecchia normativa prevedeva la possibilità per i consumatori e gli utenti di aderire all'azione fino al grado di appello, termine considerato dalla

---

[81] G. COSTANTINI, *op. cit.*: «*Normalmente una azione collettiva consente al giudice di applicare il cosiddetto danno punitivo. Il danno punitivo è un istituto che prevede un ulteriore danno da risarcire al cittadino nel caso in cui si riesca a provare il dolo o la colpa grave dell'azienda che ha provocato il danno. La finalità dell'istituto viene ravvisata nell'affiancare il normale risarcimento quando quest'ultimo è ritenuto insufficiente (si pensi ad un danno di poche centinaia di euro, insignificante per una multinazionale) allo scopo di punire l'autore dell'illecito, e fungere da deterrente nei confronti di ulteriori potenziali trasgressori, ma è anche una sorta di premio per le vittime dato l'impegno profuso nell'affermare un diritto riconosciuto meritevole di tutela da parte della collettività. La nuova normativa, introdotta con l'emendazione del maggio 2009, invece, prevede un danno punitivo al contrario, cioè se le motivazioni per l'azione collettiva vengono ritenute illegittime, i consumatori non solo dovranno sostenere le spese giudiziarie, ma anche quelle derivate dal "danno punitivo" apportato alla controparte. Mentre invece, in caso di vittoria dei consumatori, a questi spetta solo l'eventuale risarcimento e niente più*».

dottrina[82] eccessivamente ampio, che è stato ridotto, nel nuovo art. 140 *bis*, a 120 giorni decorrenti dalla scadenza del termine previsto per l'esecuzione della pubblicità, entro cui gli atti di adesione devono essere depositati in cancelleria anche a mezzo dell'attore. Il legislatore ha fissato lo stesso termine di 120 giorni previsto dall'art. 140 *bis*, comma 9, lett. b) per la proponibilità di ulteriori azioni collettive riguardanti i medesimi fatti e nei confronti della stessa impresa, che, se pendenti davanti lo stesso giudice sono riunite d'ufficio, altrimenti il giudice successivamente adito ordina la cancellazione della causa dal ruolo e assegna un termine perentorio non superiore a sessanta giorni per la riassunzione davanti al primo giudice; scaduto detto termine non sono più proponibili nuove azioni di classe (art. 140 *bis*, comma 14).

Il comma 10 della disposizione in esame statuisce che è escluso l'intervento volontario di singoli consumatori o utenti per proporre domande aventi il medesimo oggetto, questo al fine di non appesantire il corso della procedura, che deve essere determinato dal tribunale assicurando, nel rispetto del contraddittorio, l'equa, efficace e sollecita gestione del processo (art. 140 *bis*, comma 11).

4.5. La natura e il contenuto della sentenza

La fase a cognizione piena, si chiude, nel caso in cui la domanda venga accolta, con una sentenza con cui il giudice liquida, in base al criterio equitativo, le somme definitive dovute agli appartenenti alla classe, o stabilisce il criterio omogeneo di

---

[82] F. CAMILLETTI, *Dei contratti del consumatore in generale*, in *Commentario al Codice del Consumo*, Aracne, Roma, 2008: «*In proposito si sottolinea che il consumatore può comunicare la propria adesione anche nel giudizio di appello, fino all'udienza di precisazione delle conclusioni; e l'assegnazione di un termine così ampio per partecipare all'azione snatura evidentemente il giudizio di impugnazione, il quale non viene più a costituire il semplice gravame del giudizio di primo grado, dovendo il giudice (ovviamente solo nel caso di adesioni che avvengono in questa fase processuale) delibera ex novo su domande non proposte nel giudizio di prime cure, con conseguente inoperatività dell'art. 345 c.p.c. che stabilisce, in via generale, il divieto di "nova" in appello*».

calcolo per la liquidazione di dette somme. È importante sottolineare che la sentenza è di condanna, e statuisce sia sull'*an* che sul *quantum*, essendo venuta meno quella dicotomia processuale prevista nella precedente versione dell'articolo che ci occupa, che prevedeva una prima fase giudiziale per statuire sull'*an*, ed una successiva conciliazione per la determinazione del *quantum*.

Per quel che riguarda gli effetti della sentenza essa fa stato nei confronti di tutti quelli che hanno aderito alla *class action*, mentre non dispiegherà alcuna efficacia verso coloro che non vi hanno aderito, per i quali è ancora possibile esercitare l'azione individuale. Con riferimento alla fase di appello, il legislatore ha statuito, con una disposizione che non trova corrispondenza alcuna nella vecchia formulazione dell'art. 140 *bis*, che il giudice del gravame, nella valutazione di una eventuale istanza di sospensione dell'esecuzione provvisoria della sentenza, deve considerare non solo la sussistenza di gravi e fondati motivi, anche in relazione alla possibilità di insolvenza di una delle parti (art. 283 c.p.c.), ma deve anche tenere conto dell'entità complessiva della somma gravante sul debitore, del numero dei creditori, delle difficoltà di ripetizione in caso di accoglimento del gravame. La Corte ha comunque la facoltà di disporre, qualora ne ravvisi la necessità, che la somma complessivamente dovuta sia dal debitore depositata, e la stessa resti vincolata nelle forme ritenute più opportune fino al passaggio in giudicato della sentenza (art. 140 *bis*, comma 13). La *ratio* di tale disposizione va evidentemente individuata nella necessità di frustrare una eventuale azione di ripetizione dell'impresa soccombente in primo grado e poi risultata vittoriosa in sede di gravame, in quanto, in funzione della frammentazione dei pagamenti effettuati potrebbe risultare estremamente difficoltoso ottenere la restituzione del *quantum* pagato per effetto della esecutività della sentenza di primo grado.

5. Abrogazione degli artt. 139, 140 e 140 *bis* c. cons.

In questa sede è bene evidenziare che è stata pubblicata sulla *Gazzetta Ufficiale* 18 aprile 2019, n. 92 la l. 12 aprile 2019 recante “***Disposizioni in materia di azione di classe***”, il cui art. 5 abroga gli artt. 139, 140 e 140 *bis* c. cons. Il provvedimento introduce una disciplina organica dell’azione di classe, che dal codice del consumo dove attualmente si trova viene riportata all’interno del Codice di procedura civile, in chiusura del Libro IV. Dopo il Titolo VIII dedicato alla disciplina *dell’Arbitrato è inserito il nuovo Titolo VIII-bis* “*Dei procedimenti collettivi*” (artt. da 840 *bis* a 840 *sexiesdecies*), nel quale è appunto disciplinata l’azione di classe. Sono inoltre inserite alcune nuove disposizioni dettaglio all’interno delle norme di attuazione del c.p.c., per disciplinare le comunicazioni a cura della cancelleria e gli avvisi in materia di azione di classe e l’elenco delle organizzazioni e associazioni legittimate all’azione di classe. La legge si applicherà alle condotte illecite commesse dopo la data di entrata in vigore, mentre alle condotte illecite commesse prima di tale data continueranno ad applicarsi le disposizioni vigenti. Contestualmente all’entrata in vigore della nuova legge saranno abrogate le corrispondenti disposizioni sull’azione di classe contenute nel **codice del consumo** (artt. 139, 140 e 141 d.lgs. n. 229/2003).

Indice delle opere citate

ALPA G., *La nuova disciplina dei diritti dei consumatori*, in *Studium Iuris*, 1998.

AMADEI D., *Un’astreinte a tutela dei consumatori (note sul comma 5-bis dell’art. 3 l. n. 281 del 1998)*, in *Giust. civ.*, 2002.

ARMONE G.M., *Commento sub art. 1469*-sexies, in A. BARENGHI (a cura di), *La nuova disciplina delle clausole vessatorie nel codice civile*, Jovene, Napoli, 1996.

ARMONE G.M., *Inibitoria collettiva e clausole vessatorie: prime disavventure applicative dell’art. 1469 sexies c.c.*, in *Foro it.*, 1997.

BELLELLI A., *Commento sub art. 1469 sexies*, in *Commentario al Capo XIV bis del Codice Civile: dei contratti del consumatore*, in *Le nuove leggi civili commentate*, Cedam, Padova, 1997.

BIN M., *Clausole vessatorie: una svolta storica (ma si attuano così le direttive comunitarie?), in Contratto e Impresa/Europa*, 1996.

BOVE M., *Azione collettiva: una soluzione all’italiana lontana dalle esperienze straniere più mature*, in *Guida al dir.*, 2008, 4.

BUSNELLI F.D., *Una possibile traccia per un'analisi sistematica della disciplina delle clausole abusive*, in *Commentario al Capo XIV bis del Codice Civile: dei contratti del consumatore*, in *Le nuove leggi civili commentate*, Cedam, Padova, 1997, p. 757.

CAMILLETTI F., *Dei contratti del consumatore in generale*, in *Commentario al Codice del Consumo*, Aracne, Roma, 2008.

CANDIDI A., *Class Action anche individuale*, in *Sole 24Ore*, 27 aprile 2009.

CIAN G., *Il nuovo capo XIV*-bis *(Titolo II, Libro IV) del Codice civile, sulla disciplina dei contratti dei consumatori*, in *Studium Iuris*, 1996.

CONSOLO C., *Tutela urgente, clausole abusive e pregiudizi rilevanti seppur non irreparabili*, in *Corr. giur.*, 1997.

CONSOLO C., *È legge una disposizione sull'azione collettiva risarcitoria: si è scelta la via svedese dello* "opt-in" *anziché quella danese dello* "opt-out" *e il filtro (L'inutile "precauzione")*, in *Corr. giur.*, 2008, 6.

CONSOLO C.-DE CRISTOFARO M., *Clausole abusive e processo*, in *Corr. giur.*, 1997.

CONTI R., *La pubblicità ingannevole nei telefonini di terza generazione*, in *Danno e resp.*, 2004.

CONTI R., *Codice del consumo. Una pagina nuova nella tutela consumeristica. Prime riflessioni sulla tutela in materia di clausole abusive*, in *Corr. giur.*, 2005, 12.

COSTANTINI G., *Class action dal danno alla beffa*, in *www.brunosaetta.it*.

DANOVI R., *L'azione inibitoria in materia di clausole vessatorie*, in *Riv. dir. proc.*, 1996.

DE MARZO G., *Legge comunitaria 2001 e tutela del contraente debole*, vedere pag. 566.

DE NOVA G., *Le clausole vessatorie, art. 25 l. 6 febbraio 1996 n. 52/1996*, Giuffrè, Milano, 1996.

DE NOVA G., *L'azione inibitoria, La nuova disciplina dei diritti dei consumatori*, in *Studium Iuris*, 1998, p. 1075 ss.

DONA M., *sub art. 37*, in *Il nuovo codice del consumo*, Giappichelli, Torino, 2008.

FERRI C., *L'azione inibitoria prevista dall'art. 1469*-sexies *cod. civ.*, in *Riv. dir. proc.*, 1996.

GRANIERI M., *Contratti dei consumatori: verso una stabilizzazione degli strumenti di tutela?*, in *Danno e resp.*, 1998, p. 921.

LUCCHESI F., *Commentario al Codice del Consumo*, in *Codice del Consumo, Commentario*, a cura di G. Vettori, Padova, 2007.

MANESCHI A., *La difesa del consumatore dalle clausole vessatorie*, Giuffrè, Milano, 1997.

MENICHINI S., *La nuova azione collettiva risarcitoria e restitutoria*, in *www.judicium.it*, 2008.

MORETTI C., *Note in tema di efficacia soggettiva dell'azione inibitoria prevista dall'art. 1469-sexies c.c.*, in *Riv. dir. proc.*, 1996.

PARDOLESI R., *Clausole abusive (nei contratti dei consumatori): una direttiva abusata*, in *Foro it.*, 1994.

PODDIGHE E., *I contratti con i consumatori. La disciplina delle clausole vessatorie*, Giuffrè, Milano, 2000.

QUARANTA S., voce *Esecuzione indiretta delle forme di tutela collettiva*, in *Dig., disc. priv., sez. civ.*, Agg., Utet, Torino, 2007.

RUBINO M., *Class action, passa la versione che non piace ai consumatori*, in *www.kataweb.it.*

TARZIA G., *La tutela inibitoria contro le clausole vessatorie*, in *Riv. dir. proc.*, 1997.

TOGLIATTO M., *Clausole vessatorie e inibitoria d'urgenza: primi assestamenti giurisprudenziali*, in *Contr. impr./Europa*, 1998, 1.

TRISORIO LIUZZI G., *I meccanismi processuali di tutela del consumatore*, E.S.I., Napoli, 2007.

Capitolo XI

Azione di classe e tutela del consumatore

Sommario

1. Premessa: dall'art. 140 *bis* c. cons. all'art. 840 *bis* c.p.c. Profili generali

Con la l. 12 aprile del 2019, n. 31 è stato introdotto nel libro quarto del c.p.c. il Titolo VIII *bis*, intitolato dei procedimenti collettivi, nel quale troviamo la nuova disciplina dell'azione di classe e dell'azione inibitoria già regolate negli artt. 139, 140 e 140 *bis* c. cons. L'obiettivo legislativo è quello di intervenire su tali rimedi per offrire una nuova sistemazione e introdurre una regolamentazione, diretta ad ampliare il campo di applicazione sotto il profilo sia soggettivo, sia oggettivo; oltre che per superare alcune criticità che erano emerse negli anni successivi alla loro regolamentazione.

L'art. 840 *bis* del c.p.c., intitolato, "*Ambito di applicazione*", nei commi 1, 2, 2 e 4 statuisce che «*i diritti individuali omogenei sono tutelabili anche attraverso l'azione di classe, secondo le disposizioni del presente titolo*». E introduce regole per quanto riguarda la legittimazione processuale ad agire [1]. La sua proposizione non impedisce la presentazione dell'azione individuale, previa revoca della domanda di adesione secondo quanto previsto all'art. 840 *undecies*, comma 9, c.p.c.

La previsione contenuta in tale disposizione costituisce una novità non solo per la abrogazione e sostituzione, una volta entrata in vigore, dell'art. 140 *bis* c. cons. che regola l'azione di classe in ambito consumeristico, ma anche per l'ampliamento dell'ambito applicativo dell'azione sia sotto il profilo degli interessi tutelati, sia in ordine alla legittimazione processuale ad agire.

Il procedimento attraverso il quale si instaura l'azione di classe appare particolarmente complesso e si articola in due fasi, una diretta a verificare la legittima proposizione dell'azione di classe e l'altra, invece, riguardante l'adesione all'azione da parte dei componenti della classe (c.d. aderenti) e l'attivazione dei rimedi.

La prima fase, quella che si conclude con la sentenza di accoglimento del ricorso, resta decisiva poiché è in essa che il giudice deve valutare e accertare non solo la legittimazione ad agire, ma deve pure provvedere, ai sensi dell'art. 840 *sexies* c.p.c., alle domande risarcitorie o restitutorie proposte dal ricorrente individuale, alla definizione ed esistenza dei diritti individuali omogenei; alla individuazione della condotta illecita e all'esistenza del nesso causale tra comportamento e danno.

---

[1] Si legge, altresì, nell'art. 840 *bis* c.p.c., che «*2. A tale fine, un'organizzazione o un'associazione senza scopo di lucro i cui obiettivi statutari comprendano la tutela dei predetti diritti o ciascun componente della classe può agire nei confronti dell'autore della condotta lesiva per l'accertamento della responsabilità e per la condanna al risarcimento del danno e alle restituzioni. Ai fini di cui al periodo precedente, ferma la legittimazione di ciascun componente della classe, possono proporre l'azione di cui al presente articolo esclusivamente le organizzazioni e le associazioni iscritte in un elenco pubblico istituito presso il Ministero della giustizia.*

3. L'azione di classe può essere esperita nei confronti di imprese ovvero nei confronti di enti gestori di servizi pubblici o di pubblica utilità, relativamente ad atti e comportamenti posti in essere nello svolgimento delle loro rispettive attività. Sono fatte salve le disposizioni in materia di ricorso per l'efficienza delle amministrazioni e dei concessionari di servizi pubblici».

L'obiettivo del presente contributo è quello di delineare i profili sostanziali della nuova azione di classe per verificare l'eventuale portata innovativa rispetto alle regole contenute nell'art. 140 *bis* c.p.c., e le conseguenze connesse a quello che è stato già definito il processo di "*deconsumerizzazione*" dell'azione di classe [2].

In ogni caso va rilevato che per un verso l'art. 140 *bis* [3] è destinato a conservare la sua efficacia sino all'entrata in vigore della l. 12 aprile 2019, n. 31, le cui disposizioni si applicheranno alle condotte illecite poste in essere successivamente a tale data, dall'altro restano ferme le ragioni che hanno determinato la nascita dell'azione di classe nell'ordinamento consumeristico italiano, essenzialmente connesse all'insufficienza degli strumenti di *private enforcement* di fronte ai pregiudizi c.d. di massa, poiché la moltitudine di ricorsi individuali – si è dimostrato – è in grado di mettere in crisi il sistema giurisdizionale di un ordinamento giuridico.

L'esigenza di introdurre strumenti di tutela collettiva nasce proprio da qui: dalla difficoltà per il consumatore individuale di accedere alla giustizia ordinaria e dalla necessità di impedire che le grandi imprese vengano a lucrare sul danno inflitto ad una intera categoria di consumatori che individualmente rinunciano a far valere i loro diritti.

In tal senso è apparso opportuno al legislatore italiano mutuare dall'ordinamento statunitense lo strumento processuale della *class action* che consente di tutelare in un unico procedi-

---

[2] Per un primo approccio cfr. A. CARRATTA, *I nuovi procedimenti collettivi: considerazioni a prima lettura*, in *Giur. it.*, 2019, p. 2297 ss.; nonché B. SASSANI (a cura di) Class action, Commento sistematico alla legge 12 aprile 2019, n. 31, Pacini giuridica, Pisa, 2019, p. 1 ss.

[3] Sull'art. 140 *bis* c. cons e sulla azione di classe in generale cfr. G. ALPA, *L'art. 140-*bis *del codice del consumo nella prospettiva del diritto privato*, in *Riv. trim. dir. e proc. civ.*, 2010, p. 379 ss.; G. ALPA, *L'azione collettiva risarcitoria. Alcune osservazioni di diritto sostanziale*, in *Contratti*, 2008, 6, p. 549; P. SCHLESINGER, *La nuova "azione di classe"*, in *Corr. giur.*, 2011, p. 547 ss.; C. SCOGNAMIGLIO, *Risarcimento del danno, restituzioni e rimedi nell'azione di classe*, in *Resp. civ. e prev.*, 2011, p. 501 ss.; G. CONTE, *I "diritti individuali omogenei" nella disciplina dell'azione di classe*, in *Riv. dir. civ.*, 2011, p. 609 ss.

mento un gran numero di soggetti danneggiati da un comportamento plurioffensivo.

2. La legittimazione ad agire

L'azione può essere proposta da ciascun componente della classe o da una organizzazione o associazione senza scopo di lucro i cui obiettivi statutari comprendano la tutela dei predetti diritti, purché iscritte in un elenco pubblico istituito presso il Ministero della Giustizia.

In sostanza possono agire *ex* art. 840 *bis* c.p.c. tutti i soggetti sia persone fisiche sia piccole o medie imprese che hanno subito un pregiudizio nei confronti di imprese e di gestori di servizi pubblici o di pubblica autorità che hanno posto in essere condotte lesive nell'esercizio della relativa attività.

Evidente la novità rispetto all'art. 140 *bis* c. cons.[4], in base al quale l'azione può essere esercitata da ciascun consumatore, appartenente ad una classe di consumatori, titolari di diritti individuali omogenei o da una associazione di consumatori o comitati cui partecipa il consumatore che ad esse dà mandato ad agire[5].

Per il nuovo art. 840 *bis* c.p.c., infatti, la categoria delle piccole e medie imprese, rimasta esclusa dall'ambito applicativo dell'azione di classe disciplinata dal codice del consumo, potrà ora avvalersi dell'azione collettiva, in presenza dei presupposti

---

[4] L. D'ACUNTO, *L'azione di classe dell'art. 140 bis, c. cons.: quale innalzamento della tutela dei consumatori?*, in *Contr. e impr.*, 2011, p. 1109 ss.; A. DI LANDRO, *Interessi dei consumatori e azione di classe*, E.S.I., Napoli, 2012, p. 17 ss.; C. CONSOLO-B. ZUFFI, *L'azione di classe e art. 140-bis cod. cons.*, Cedam, Padova, 2012; A.D. DE SANTIS, *La crisi dell'azione di classe a tutela dei consumatori e utenti*, in *Foro it.*, 2013, V, c. 285 ss.

[5] A. BELLELLI, *Dall'azione inibitoria all'azione risarcitoria collettiva*, in *Nuova giur. civ. comm.*, 2009, II, p. 211 s.; R. ALESSI, *Politiche antitrust e diritti dei consumatori in Italia dopo le recenti riforme*, in *www.juscivile.it*, 2013, p. 52 ss., L. NIVARRA, *L'azione collettiva risarcitoria e il danno antitrust*, in A.M. GAMBINO-V. FALCE (a cura di), *Lineamenti giuridico-economici dell'azione di classe*, Art, Roma, 2010, p. 173 ss.]

richiesti. In tal modo il legislatore colma un vuoto di tutela che si era determinato nei confronti di categorie di soggetti che, non avendo la qualifica di consumatori, non potevano avvalersi dell'azione di classe. E ciò malgrado la necessità di una loro legittimazione ad agire, in presenza di fatti lesivi del diritto antitrust o della libertà di impresa.

La scelta operata dal legislatore italiano tende, in sostanza, ad ampliare l'ambito soggettivo di riferimento dell'azione, che sembra muoversi in una ottica di maggiore tutela del mercato e del suo funzionamento. La stessa Commissione europea, in passato, ha auspicato una azione collettiva risarcitoria nei settori sia del diritto dei consumatori sia del diritto della concorrenza e dell'impresa.

I tentativi, tuttavia, di introdurre lo strumento di una *class action* europea, comune ad una pluralità di settori non ha avuto molto successo in ambito europeo[6], neppure in sede di emanazione della direttiva 2014/104/UE, che infatti non conteneva nessuna disposizione in materia[7]. Solo recentemente è stata ap-

---

[6] Diversi gli interventi dell'Unione Europea in materia di ricorsi collettivi: Comunicazione Commissione della Comunità Europea, Strategia per la politica dei consumatori dell'UE, 2007-2013, SEC (2007) 321, *Green Paper on Consumer Collective Redress, 27.11.2008;* interessante è anche la Relazione della Commissione Giuridica del PE, *Verso un approccio europeo coerente in materia di ricorsi collettivi*, 2011/2089 (INI). Cfr. SEC(2011)173: *Towards a Coherent European Approach to Collective Redress.* Infine cfr. Risoluzione del Parlamento europeo del 2 febbraio 2012 "*Verso un approccio europeo coerente in materia di ricorsi collettivi*" (2011/2089(INI)) 2013/C 239 E/05; in dottrina, V. VIGORITI, *L'azione risarcitoria di classe: sollecitazioni europee, resistenze italiane*, in *Contr. e impr.*, 2009, p. 688 s.; *ivi* anche A. JANSSEN, *Europa e* class action*: "stato dell'arte" e delimitazioni di campo*, p. 694 ss.; G. AFFERNI, *Recenti sviluppi nell'azione di classe*, in *Contr. e impr.*, 2013, p. 1286.

[7] Direttiva 2014/104/UE del Parlamento europeo e del Consiglio, del 26 novembre 2014, relativa a determinate norme che regolano le azioni per il risarcimento del danno ai sensi del diritto nazionale per violazioni delle disposizioni del diritto della concorrenza degli Stati membri e dell'Unione europea. Nel *considerando* tredicesimo si sostiene, al contrario, l'inopportunità di imporre agli Stati membri l'introduzione di meccanismi di ricorso collettivo. Tuttavia già nella raccomandazione 2013/396/UE "*Verso un quadro europeo in materia di ricorsi collettivi*" [COM (2013) 401 def.], la Commissione si

provata la direttiva europea sulle azioni rappresentative a tutela dei consumatori [8], che tuttavia si inserisce nel contesto di una più generale azione di rafforzamento della protezione riservata ai consumatori e quindi si colloca in una dimensione settoriale e specifica.

3. (Segue) La legittimazione ad agire e la P.A.

L' art. 840 *bis*, c.p.c., al comma 3 fa «*salve le disposizioni in materia di ricorso per l'efficienza delle amministrazioni e dei concessionari di servizi pubblici*».

La nuova disciplina dell'azione di classe non fa venir meno l'analoga azione prevista dal d.lgs. n. 198/2009, che è stata emanata in attuazione della l. n. 15/2009, che ha stabilito i criteri guida di riforma della P.A. Il presupposto è che l'attività della P.A. deve essere improntata a criteri di efficienza, trasparenza e fondata su un sistema di valutazione del merito attraverso verifiche riguardanti la piena attuazione della produttività e dell'efficienza.

In tale rinnovato contesto, in cui la produttività del sistema diventa criterio della premialità, diventa fondamentale la qualità del servizio pubblico reso nei confronti degli utenti.

La normativa mira a realizzare il diritto fondamentale del consumatore-utente all'erogazione di servizi pubblici essenziali, previsto dall'art. 2, lett. g), c. cons., mediante una azione che presenta carattere essenzialmente ripristinatorio.

---

raccomanda con gli Stati membri di istituire, entro il luglio del 2015, sistemi nazionali di ricorso collettivo, inibitori e risarcitori, in caso di violazioni dei diritti conferiti dalla legislazione dell'UE fra i quali figurano, in particolare, quelli nel campo della protezione dei consumatori, della concorrenza, della tutela dell'ambiente e dei servizi finanziari.

[8] Direttiva (UE) 2020/1828 del parlamento europeo e del consiglio del 25 novembre 2020 relativa alle azioni rappresentative a tutela degli interessi collettivi dei consumatori e che abroga la direttiva 2009/22/CE, che si propone l'obiettivo di estendere l'ambito di applicazione alla tutela degli interessi collettivi dei consumatori in diversi settori economici, come i servizi finanziari, l'energia, le telecomunicazioni, la salute e l'ambiente, come risulta dal considerando n. 13.

L'art. 1 del d.lgs. n. 198/2009, infatti, stabilisce che «*quest'azione ha come obiettivo quello di ripristinare il corretto svolgimento della funzione o la corretta erogazione di un servizio*». I titolari di interessi giuridicamente rilevanti ed omogenei che agiscono in giudizio, nei confronti delle amministrazioni pubbliche e dei concessionari di servizi pubblici, laddove hanno subìto il pregiudizio delle loro situazioni giuridiche soggettive a seguito del comportamento illecito della P.A., possono ottenere una sentenza dal giudice, che ordini alla pubblica amministrazione o al concessionario di porvi rimedio entro un congruo termine.

4. Le situazioni giuridiche soggettive tutelate

L'azione di classe potrà essere esercitata a tutela di «*tutti i diritti individuali omogenei*» dei componenti di una classe, senza ulteriore specificazione, mentre non si fa alcun riferimento agli interessi collettivi dei consumatori.

L'assenza di ulteriori indicazioni segna una differenza rispetto alla versione dell'art. 140 *bis* c. cons. Secondo infatti la disposizione consumeristica i diritti individuali omogenei dei consumatori possono essere ammessi alla tutela collettiva, in quanto integranti una delle previsioni contenuta nelle lett. a) b) c) del comma 2. In particolare il riferimento è non solo ai diritti omogenei nascenti dalla sottoscrizione tra consumatori e professionisti di contratti per adesione ai sensi degli artt. 1341 e 1342 c.c., quando, dalla esecuzione di un contratto, contenente una clausola vessatoria, ai sensi dell'art. 33 c. cons., una intera classe di consumatori ha subito un danno; o ai diritti derivanti dall'acquisto di un prodotto difettoso o non sicuro(ad esempio, prodotti farmaceutici, autoveicoli, elettrodomestici) o, ancora, ai diritti lesi da pratiche commerciali scorrette o comportamenti anticoncorrenziali[9]. I ri-

[9] L'art. 140, comma 2, c. cons., statuisce che «*L'azione di classe ha per oggetto l'accertamento della responsabilità e la condanna al risarcimento del danno e alle restituzioni in favore degli utenti consumatori. L'azione tutela: a) i diritti contrattuali di una pluralità di consumatori e utenti che versano nei confronti di una stessa impresa in situazione omogenea, inclusi i diritti relativi a contratti stipulati ai sensi degli articoli 1341 e 1342 del codice civile; b) i*

ferimenti suindicati non sono riprodotti nel nuovo testo.

Ne deriva che l'azione collettiva diventa uno strumento posto a presidio di qualunque interesse individuali e omogeneo dei componenti di una classe, purché giuridicamente rilevante, determinando il superamento di quelle difficoltà che la stessa dottrina aveva incontrato per collocare alcuni danni seriali, proprio nel settore del diritto dei consumatori. In sostanza, facendo riferimento a tale categoria di interessi, può rilevarsi che le previsioni contenute nell'art. 140 *bis* c. cons. lasciavano aperte alcune questioni, come per esempio, con riferimento ai danni seriali derivanti dalla diffusione di informazioni scorrette prima della conclusione del contratto.

La nuova disciplina determina il passaggio dell'azione di classe dalla sfera della tipicità a quella della atipicità. Con la conseguenza che la condotta lesiva può identificarsi con qualunque comportamento posto in violazione di obblighi contrattuali e legali oppure in violazione del generale dovere del *neminem laedere* (non solo danni da messa in circolazione del prodotto o comportamenti anticoncorrenziali) secondo la formulazione dell'art. 2043 c.c.

Ciò determina un sicuro allargamento del campo di applicazione della disciplina che risulterà applicabile a tutti i diritti individuali omogenei facenti capo non solo a una qualunque classe di soggetti (pensiamo ad esempio a tutti coloro che subiscono un danno seriale da violazione delle norme in tema di ambiente) ma anche alla classe dei consumatori.

Esemplificando, la nuova previsione favorisce pure i consumatori che, in futuro, potranno utilizzare l'azione di classe per la tutela di ogni diritto o interesse fondamentale, riconosciuto non solo dall'art. 169 t.f.u.e., ma anche dall'art. 2 del c. cons, ove si dovesse essere in presenza di un comportamento illecito posto in essere nei confronti di una intera classe. A parte questo, l'azione di classe ai sensi dell'art. 840 *bis* sarà esperibile in pre-

---

diritti omogenei spettanti ai consumatori finali di un determinato prodotto o servizio nei confronti del relativo produttore, anche a prescindere da un diretto rapporto contrattuale; c) i diritti omogenei al ristoro del pregiudizio derivante agli stessi consumatori e utenti da pratiche commerciali scorrette o da comportamenti anticoncorrenziali».

senza della lesione di diritti individuali omogenei che per essere tutelati collettivamente devono essere identici o talmente simili da consentire una trattazione comune della controversia e una decisione uguale per tutti i componenti della classe che hanno aderito.

Il nuovo strumento processuale ripropone quindi già la questione della determinazione dei diritti individuali omogenei.

Focus

CASSAZIONE CIVILE, SEZ. III, 31 GENNAIO 2018, N. 2320

La stessa Corte di Cassazione ha riconosciuto, a proposito dell'art. 140 *bis* c.p.c., la possibilità per una classe di consumatori di utilizzare l'azione contro un produttore che aveva immesso sul mercato un kit che, contrariamente a quanto dichiarato dallo stesso, avrebbe consentito di diagnosticare l'influenza suina con percentuale trascurabile di errore. La Cassazione ha ribadito che la «*finalità dello strumento processuale dell'azione di classe introdotta dal legislatore nel 2009*» è «*quella di tutelare i consumatori di fronte a condotte illegittime che esplicano i propri effetti, in maniera analoga, su una pluralità di individui*»; e che «*nel caso di specie ... il messaggio reclamizzato sulla confezione del prodotto, unito alle spiegazioni fornite con il foglietto illustrativo, era senza dubbio idoneo a ingenerare nel consumatore medio la convinzione di acquistare un prodotto sicuro e capace di diagnosticare la presenza dell'influenza c.d. suina con una probabilità di successo (sensitività e specificità) prossima al 100%*».

5. L'omogeneità dei diritti individuali

L'art. 840 *bis* c.p.c. precisa che gli interessi tutelati sono quelli individuali, mentre restano esclusi dalla previsione quelli collettivi. I diritti soggettivi che verranno fatti valere dovranno essere individuali, anche se esercitati congiuntamente; e omogenei, ovvero si deve trattare di diritti esistenti in capo a una pluralità di soggetti, appartenenti ad una classe, identici e della stessa natura.

L'omogeneità dei diritti individuali costituisce presupposto per la proposizione dell'azione di classe, la cui assenza determina ai sensi dell'art. 840 *ter* c.p.c. l'inammissibilità della domanda[10]. I diritti individuali omogenei sono – secondo ormai l'elaborazione dottrinale maturata rispetto all'art. 140 *bis* c. cons. – l'insieme di quelle situazioni giuridiche che appartengono ai componenti di una classe che presentano il carattere della omogeneità, valutata sotto i seguenti profili:

1. la fonte del pregiudizio, che deve essere comune, sia in ambito contrattuale, sia in quello dei fatti illeciti, nel senso della presenza di una pluralità di contratti, da cui derivano diritti e pretese seriali, o di più fatti illeciti preordinati allo stesso fine;
2. la plurioffensività dell'evento lesivo che deve colpire l'intera classe;
3. possesso dei requisiti richiesti per essere inclusi nella classe dei soggetti portatori di diritti individuali omogenei;
4. serialità e omogeneità delle pretese risarcitorie e/o restitutorie.

Restano fuori dalla previsione normativa del nuovo istituto le istanze soggettive di ciascun aderente all'azione di classe, sebbene marginali.

In tal senso la stessa giurisprudenza della Suprema Corte di Cassazione sia pure in poche e isolate decisioni ha affermato, con riferimento all'art. 140 *bis* c. cons., che l'essenziale requisito della omogeneità (*ex* art. 140 *bis* cit.), va inteso, «*come il tratto proprio di pretese individuali che, vantate da un insieme di consumatori o di utenti, siano accomunate da caratteristiche tali da giustificarne un apprezzamento seriale e una gestione processuale congiunta, dovendo escludersi, sul piano logico, prima ancora che su quello giuridico, la compatibilità dello strumento processuale così delineato dal legislatore con l'esecuzione di accertamenti calibrati su specifiche situazioni personali*».

In ogni caso l'omogeneità deve essere comune a tutte le pretese di coloro che appartengono ad una classe e decidano di aderire.

[10] In tal senso Cass. civ., Sez. III, 31 maggio 2019, n. 14886. In dottrina cfr. F. COSSIGNANI, *L'ammissibilità della domanda nell'azione di classe*, in *Giur. it.*, 2019, p. 2300 ss.

CORTE D'APPELLO VENEZIA, SEZ. IV, 3 NOVEMBRE 2017, N. 2696

La plurioffensività dell'evento dannoso è requisito necessario per l'ammissibilità stessa dell'azione di classe. In tal senso interessante è il caso trattato da Corte d'appello, Sez. IV, Venezia, avente ad oggetto una pratica commerciale ingannevole ai sensi degli artt. 20 e 23 c. cons., posta in essere nei confronti degli acquirenti di una serie di automobili del gruppo *Volkswagen* e consistente nell'installazione di un software vietato dalla legge per l'omologazione delle emissioni di ossidi di azoto, omettendo qualsiasi informazione al riguardo; pratica commerciale che avrebbe indotto una intera classe di consumatori ad assumere una decisione commerciale che altrimenti non avrebbero preso.

Il Giudice di merito afferma che «*l'omogeneità dei diritti soggettivi al risarcimento del danno scaturisce in realtà dalla circostanza che essi sorgano da un identico fatto costitutivo, seppur plurioffensivo, e che le questioni che dovranno essere risolte per l'accertamento dell'esistenza del relativo diritto siano sostanzialmente le medesime*».

6. I rimedi: gli obblighi restitutori

L'azione di classe è destinata all'accertamento della responsabilità e alla condanna al risarcimento del danno e alle restituzioni. L'accertamento della responsabilità costituisce il presupposto perché sorga l'effetto risarcitorio o restitutorio [11].

[11] Sul tema dei rimedi anche con riferimento all'azione di classe numerosi i contributi: cfr. C. SCOGNAMIGLIO, *Risarcimento del danno, restituzioni e rimedi nell'azione di classe*, in *Resp. civ. e prev.*, cit., p. 501 ss. Sulla categoria dei rimedi si possono segnalare gli approfonditi studi di G. CONTE, *I profili «sostanziali» di tutela dell'azione di classe*, in G. ALPA (a cura di), *I contratti del consumatore*, Giuffrè, Milano, 2014, 1428 ss.; U. MATTEI, *I rimedi*, in G. ALPA-M. GRAZIADEI-A. GUARNERI-U. MATTEI-P.G. MONATERI-R. SACCO, *La parte generale del diritto civile*, 2, *Il diritto soggettivo*, in *Trattato di diritto civile*, diretto da R. SACCO, Utet, Torino, 2001, p. 110 ss.; S. MAZZAMUTO-A. PLAIA, *I rimedi*, in C. CASTRONOVO-S. MAZZAMUTO (a cura di), *Manuale di diritto privato europeo*, vol. II, Giuffrè, Milano, 2007, cap. XXXVI, p. 741 ss.; S. MAZZAMUTO, *La nozione di rimedio nel diritto continentale*, in *Europa dir. priv.*, 2007, p. 589 ss.

La posizione dei soggetti, gli interessi particolari coinvolti, ma anche l'incidenza della condotta lesiva sugli interessi generali dell'ordinamento giuridico, costituiranno il criterio di valutazione per la individuazione delle tecniche rimediali utilizzabili *ex post*.

Preliminare al sorgere dell'obbligo risarcitorio e/o restitutorio è l'individuazione dell'esistenza dell'illecito, il nesso di causalità tra illecito e danno che è stato subito dal consumatore, la determinazione del tipo di illecito che viene in rilievo (contrattuale o extracontrattuale), necessario ai fini dell'adempimento del relativo onere probatorio e della rilevanza degli elementi soggettivi del dolo e della colpa. Non ci può essere una scissione tra la fase dell'accertamento della responsabilità e quella della condanna, perché la fase dell'accertamento non è una fase autonoma, non avrebbe senso chiedere l'accertamento senza poi chiedere i danni. Quindi la tesi, secondo la quale è possibile scindere la fase dell'accertamento dalla fase del risarcimento, non regge sia sul piano dei principi giuridici del nostro sistema di responsabilità, ma anche sulla base dell'interpretazione letterale di questa norma. L'azione di classe, dunque, deve tendere all'accertamento della responsabilità ed agli effetti, i quali possono essere di natura risarcitoria e restitutoria.

L'efficacia ambivalente dell'azione di classe, restitutoria e risarcitoria, trova conferma nell'art. 840 *octies*, comma 5, c.p.c., laddove si statuisce che «*Il giudice delegato, con decreto motivato, quando accoglie in tutto o in parte la domanda di adesione, condanna il resistente al pagamento delle somme o delle cose dovute a ciascun aderente a titolo di risarcimento o di restituzione*».

Con riferimento all'obbligo restitutorio, va rilevato che la sua previsione pone il problema circa le modalità di attuazione.

Nel nostro sistema la restituzione si realizza mediante ripristino dello stato *quo ante* al verificarsi del fatto illecito (restituendo per esempio i beni o i prodotti funzionanti o senza i di-

---

[11] A. DI MAJO, *La tutela civile dei diritti*, Giuffrè, Milano, 2001, p. 54 ss.; M. ASTONE, *Rimedi e contratti del consumatore nella prospettiva del diritto privato europeo*, in *Europa dir. priv.*, 2014, p. 33 ss.

fetti e i vizi che si erano manifestati nei confronti di una intera categoria di consumatori), sicché è lecito ritenere che in presenza di un diritto o interesse violato in capo a una intera classe di consumatori, si possa reintegrare la sfera giuridica di tutti i soggetti. Tale rimedio va sicuramente distinto, anche nell'ipotesi in cui l'azione collettiva segue ad un fatto illecito plurioffensivo, dal risarcimento in forma specifica regolato dall'art. 2058 c.c. Mentre infatti l'azione restitutoria ha natura reale, la tutela risarcitoria in forma specifica, consistente nel ripristino a spese del danneggiante della situazione preesistente al fatto illecito, incontra il limite della possibilità e della eccessiva onerosità. Bisogna chiedersi, allora, se la classe dei danneggiati da un evento illecito plurioffensivo, *ex* art. 2043 c.c., possa chiedere l'applicazione dell'art. 2058 c.c., in particolare nell'ipotesi, in cui manchi la richiesta di accertamento del diritto reale. Al riguardo se come è affermato in dottrina il risarcimento in forma specifica deve intendersi come reintegrazione in natura della precedente situazione, in astratto non sembrano sussistere ostacoli, sebbene il giudice, nell'esercizio del suo potere discrezionale, in caso di impossibilità, possa riconoscere solo il risarcimento per equivalente.

L'art. 840 *bis* c.p.c., come l'art. 140 *bis* c. cons., da spazio ad entrambe le possibilità: sia quella di ottenere un risarcimento del danno che quella di ottenere anche una restituzione. Tuttavia dalla previsione contenuta nell'art. 840 *octies*, comma 5, c.p.c., emerge che l'obbligo restitutorio deve essere inteso esclusivamente come restituzione delle cose, con ciò limitando la possibilità di ricorrere a un risarcimento del danno in forma specifica.

7. (Segue) Il risarcimento del danno

Laddove non si possa fare luogo alla restituzione, che per la sua natura ripristinatoria dovrebbe essere preferita, resta il rimedio risarcitorio. Serialità delle pretese significa necessariamente identità di *quantum* sul piano risarcitorio, poiché al giudice competente la determinazione dei criteri di liquidazione, che devono avere il carattere della unitarietà, non restando spazio per istanze individualizzate[12].

Spetta al giudice delegato per la procedura di adesione, nominato ai sensi dell'art. 840 *sexies* c.p.c., determinare le somme dovute, a titolo risarcitorio, a ciascun aderente e condannare il resistente a corrispondere direttamente al rappresentante comune degli aderenti, a titolo di compenso, un importo predeterminato per legge, *ex* art. 840 *nonies* c.p.c., comma 1, oltre che alle spese legali, da corrispondere direttamente all'avvocato; somma che si aggiunge a quella dovuta a titolo risarcitorio.

Le disposizioni in esame non specificano il tipo di danno risarcibile, sicché può legittimamente ritenersi che anche il danno non patrimoniale subito dal ricorrente e dagli aderenti può trovare soddisfazione.

Appare ormai superata l'idea che l'azione di classe possa essere utilizzata esclusivamente per il risarcimento dei danni patrimoniali, in considerazione di una presunta impossibilità di procedere alla standardizzazione del danno non patrimoniale.

Per quanto è vero che, a volte, il pregiudizio alla sfera esistenziale di una persona presenta profili di variabilità da individuo a individuo, è pur vero che vi sono numerose e diverse tipologie di danno alla salute per i quali l'incidenza sui singoli è identica e il ricorso all'azione di classe potrebbe presentare profili di convenienza, traducendosi in un vantaggio per i danneggiati dal punto di vista dei costi e benefici.

A ciò devono aggiungersi almeno due considerazioni: la prima di carattere generale è che la tutela della persona danneggiata va pienamente attuata anche nell'ambito di un giudizio collettivo sia nei suoi aspetti patrimoniali sia non patrimoniali, non essendoci ragioni ostative e normative che escludono tale

---

[12] In tal senso A. GIUSSANI, *Diritti omogenei e omogeneizzati nell'azione di classe*, in *Riv. dir. proc.*, 2020, p. 362. Sul punto, cfr. anche M. DE CRISTOFARO, *L'azione collettiva risarcitoria «di classe»: profili sistematici e processuali*, in *Resp. civ. e prev.*, 2010, p. 1936 ss.; S. MENCHINI-A. MOTTO, *L'azione di classe dell'art. 140 bis c. cons.*, in *Nuove leggi civili comm.*, 2010, p. 1423; M. NATALE, *Diritti omogenei e potenziamento dell'azione di classe*, in *Danno e resp.*, 2019, p. 118 ss.; M. BOVE, *Profili processuali dell'azione di classe*, in *Judicium.it*, 5 giugno 2010, par. 6, nt. 19.

possibilità, considerato che il sistema giuridico si ispira al principio della massima tutela della persona umana; la seconda invece è strettamente correlata al nuovo raggio di operatività dell'azione di classe che, essendo divenuta una azione sostanzialmente atipica, con l'unica condizione della ricorrenza di diritti individuali omogenei tra i componenti di una classe, non incontra limiti neppure sotto il profilo della tipologia dei danni risarcibili, se non quelli derivanti dai princìpi generali dell'ordinamento giuridico.

L'azione di classe, quindi, potrà essere utilizzata a presidio sia di diritti individuali lesi a seguito di comportamenti posti in violazione di obblighi legali e contrattuali sia da comportamenti illeciti *ex* art. 2043 c.c.

L'attivazione delle regole sulla responsabilità contrattuale ed extracontrattuale opera non solo sul piano degli oneri probatori ma anche sull'applicazione delle regole riguardanti il danno risarcibile, tra cui gli artt. 1226, 1227 e 2056 c.c.

La questione, peraltro, trova sostegno in una recente decisione della Suprema Corte di Cassazione, pronunciata quasi contestualmente alla emanazione del d.lgs. n. 31/2019, che pronunciandosi su una questione connessa all'applicazione dell'art. 140 *bis* c. cons., ha ammesso che i componenti di una classe, che hanno subito la lesione dei propri diritti individuali omogeni possono pretendere anche «*la riparazione di un danno non patrimoniale, di cui sia stata data la relativa prova, che non sia individualizzato, ma sia fondato su circostanze comuni a tutti i membri della classe*».

Secondo tale prospettazione che si presta a diventare criterio interpretativo e applicativo della nuova regolamentazione, e nel quadro dei diversi orientamenti scientifici e giurisprudenziali maturati sulla questione del danno non patrimoniale anche da contratto [13], il relativo risarcimento, ove provato, e comune a tutti i membri della classe che abbiano aderito, può trovare accoglimento anche nell'ambito del giudizio avviato attraverso

[13] Al riguardo si rinvia a M. ASTONE, *Il danno non patrimoniale nel diritto interno e sovranazionale tra antiche e nuove questioni*, in *Europa dir. priv.*, 2018, p. 1183 ss.

l'azione collettiva, a condizione che si prescinda da esigenze specifiche e individuali.

In sostanza restano fuori dall'area della risarcibilità le pretese individuali che potranno essere eventualmente fatte valere con una azione individuale, nei limiti di quanto stabilito dagli artt. 840 *bis* e *undecies* c.p.c.

8. La determinazione del *quantum* risarcitorio

Una volta accertato il diritto al risarcimento del danno, resta aperto il problema della determinazione dell'entità dei risarcimenti [14], che sicuramente rappresenta l'aspetto più controverso per le connessioni con problematiche molto note riguardanti la teoria della responsabilità civile e dei danni, e sulle quali certamente incide l'esperienza dei danni punitivi di derivazione statunitense [15], che proprio nell'azione di classe ha trovato il suo terreno di elezione.

In ordine a tale aspetto si registrano significative differenze [16] tra la nuova disciplina contenuta nel c.p.c. e quella, invece, presente all'interno dell'art. 140 *bis* c.c.

Ad avviso di quest'ultima disposizione il tribunale, se accoglie la domanda, «*pronuncia sentenza di condanna con cui li-*

---

[14] V. VIGORITI, *L'azione risarcitoria di classe: sollecitazioni europee, resistenze italiane*, cit., p. 688 ss.; A. JANSSEN, *Europa e* class action*: "stato dell'arte" e delimitazioni di campo*, cit., p. 694 ss.; F. BENATTI, *Il danno nell'azione di classe*, in *Danno e resp.*, 2011, p. 20; C. SCOGNAMIGLIO, *La Cassazione delinea presupposti e limiti di risarcibilità del danno non patrimoniale contrattuale nell'azione di classe*, in *Nuova giur. civ. comm.*, 2019, I, p. 933 ss.; G. MONATERI, *La riforma italiana della class action tra norme speciali e processuali e ricostruzioni della tutela civilistica*, in *Danno e resp.*, 2019, p. 306 ss.; C. CONSOLO, *La terza edizione dell'azione di classe è legge ed entra nel c.p.c. Uno sguardo d'insieme ad un'amplissima disciplina*, in *Corr. giur.*, 2019, p. 737 ss.

[15] Sul punto cfr. R. ALESSI, *Politiche antitrust e diritti dei consumatori in Italia dopo le recenti riforme*, cit., p. 55 s.; M. LIBERTINI, *L'azione di classe e le pratiche commerciali scorrette*, in *Riv. dir. ind.*, 2011, p. 158 ss.

[16] Sul punto cfr. A. GIUSSANI, *La fase di determinazione del quantum nella nuova azione di classe*, in *Giur. it.*, 2019, p. 2316 ss.

quida ai sensi dell'art. 1226 c.c. le somme definitive dovute a coloro che hanno aderito all'azione o stabilisce il criterio omogeneo di calcolo per la liquidazione di dette somme», e ciò anche in presenza di comportamenti illeciti che generano responsabilità extracontrattuale e danni seriali, in esecuzione dell'art. 2056 c.c.

La previsione sostanzialmente attribuisce al potere equitativo del giudice il compito di determinare il quantum risarcitorio, secondo le regole del risarcimento per equivalente, escludendo in tal modo qualunque possibilità di quantificazione del danno secondo criteri punitivo-deterrenti.

Con la l. n. 31/2019 vengono introdotti ulteriori oneri. Un esame delle disposizioni dimostra che spetta al giudice delegato stabilire il pagamento delle somme dovute a ciascun aderente (art. 840 *bis-octies*), sulla base però di un progetto dei diritti individuali omogenei degli aderenti, presentato dal relativo rappresentante.

Il tribunale può nominare, su domanda del rappresentante degli aderenti, un esperto per la valutazione dei fatti, posti a base delle domande. Non sono indicate in tale disposizione i criteri di cui lo stesso organo deve avvalersi per la determinazione del *quantum*, che, pertanto, si deve ritenere che resti soggetto ai principi fissati negli artt. 1223, 1225, 1226, 1227 e 2056 c.c., né si distingue tra danno patrimoniale e non patrimoniale.

Lo stesso art. 840 *octies* c.p.c. statuisce, però, che il compenso dovuto al difensore dell'aderente è determinato con decreto del Ministro della Giustizia, sicché la relativa spese si aggiunge al risarcimento del danno previsto dal comma precedente.

Ciò che suscita, invece, particolare attenzione è la previsione, del tutto innovativa, contenuta nell'art. 840 *nonies* c.p.c,, nel quale si prevede che il giudice delegato, ove accoglie la domanda condanna il resistente (cioè il danneggiante) oltre che a) al risarcimento del danno e/o alle restituzioni, b) al rimborso dei compensi professionali dei difensori dell'aderente e c) al pagamento dei compensi dell'avvocato che ha difeso il ricorrente (art. 840 *nonies*, comma 6), anche al pagamento c) di un importo a favore del rappresentante comune degli aderenti, una sorta di indennizzo, consistente in una percentuale dell'importo complessivo dovuto a tutti gli aderenti, e calcolato sulla base del numero dei componenti la classe, e ciò a prescindere dal rimborso delle spese sostenute, che sono oggetto di altra e separata previsione.

La stessa disposizione prescrive che il predetto importo può essere aumentato o ridotto in misura non superiore al 50%, sulla base di diversi criteri tra i quali, qualità dell'opera prestata, sollecitudine con cui sono state condotte le attività, complessità dell'incarico, numero degli aderenti.

Le suddette previsioni, che consentono al ricorrente e agli aderenti di ricevere somme di denaro ulteriori rispetto all'effettivo pregiudizio subito, se per un verso svolgono una funzione di gratificazione nei loro confronti, dall'altro sembrano aprire la strada a una funzione punitivo-deterrente dell'azione di classe nei confronti degli autori dell'illecito.

È noto, infatti, che la tutela risarcitoria si fonda su un criterio compensativo, nel senso che il danno risarcito deve essere corrispondente al danno prodotto. Ciò se da un lato evita un ingiustificato arricchimento in capo alla vittima, dall'altro – come ha evidenziato autorevole dottrina – costituisce «*elemento di vantaggio del danneggiante*», che «*non deve subire un sacrificio maggiore di quello cui è andato incontro il soggetto danneggiato*» [17].

Pertanto, rispetto a tale criterio sono di norma vietati rimedi punitivo-sanzionatori, in quanto contrari ai principi che caratterizzano il sistema, fondato sui principi di adeguatezza e proporzionalità ed essenzialmente preoccupato di evitare forme di ingiustificato arricchimento.

Senza voler ripercorrere il dibattito dottrinale e giurisprudenziale sui danni puntivi, che rimane fuori dagli obiettivi del presente contributo, va rilevato però che non mancano indicazioni favorevoli a forme risarcitorie di tipo punitivo con funzione deterrente dell'illecito.

---

[17] A. DI MAJO, *La responsabilità civile nella prospettiva dei rimedi: la funzione deterrente*, in P. SIRENA (a cura di), *La funzione deterrente della responsabilità civile*, Giuffrè, Milano, 2011, p. 17 ss.; P. FIORIO, *L'azione di classe nel nuovo art. 140 bis e gli obiettivi di deterrenza e di accesso alla giustizia dei consumatori*, in P.G. DEMARCHI (a cura di), *I diritti del consumatore e la nuova class action*, Zanichelli, Bologna, 2010, p. 523 ss.

Nell'elaborazione dottrinale e giurisprudenziale e in ambito legislativo si è dato spazio a tecniche rimediali – provvedimenti inibitori, *astreinte*[18], risarcimenti in forma specifica, danni punitivi – che consentono alla responsabilità civile di svolgere funzioni deterrenti e/o sanzionatorie[19], in conformità all'evoluzione del sistema giuridico e idonee a garantire l'effettività della tutela.

Oltre alla nota decisione delle Sezioni Unite della Suprema Corte di Cassazione[20], che ha ritenuto compatibile con l'ordine pubblico italiano sentenze straniere "comminatorie di danni punitivi", ammettendone la delibazione, esemplificative di tale *trend* normativo[21] sono diverse disposizioni[22], tra le quali l'art.

---

[18] L'*astreinte* «*è una misura di coercizione indiretta, volta ad indurre, con la minaccia del pagamento di somme, l'obbligato ad adempiere*»: in tal senso A. DI MAJO, Astreinte. *I confini mobili della responsabilità civile*, in *Giur. it.*, 2016, 3, p. 562. In tal senso cfr. Cass., Sez. I, 15 aprile 2015, n. 7613, nella quale la S.C. evidenzia la diversità strutturale e funzionale dell'*astreinte* rispetto al danno punitivo, sebbene entrambi mirino all'adempimento, tant'è che secondo la Corte si può parlare di «*una funzione deterrente propria*» per l'*astreinte*, e di una «*funzione deterrente soltanto indiretta*» per i danni punitivi.

[19] Sono interessanti rilievi formulati da C. CASTRONOVO, *Il danno non patrimoniale nel cuore del diritto civile*, in *Europa dir. priv.*, 2016, 2, p. 304, il quale avverte che «*deterrenza e funzione punitiva non si identificano*» e che «*la responsabilità civile svolge la sua funzione deterrente o di dissuasione, e perciò di prevenzione, con la sola minaccia del risarcimento, così come la norma penale con la minaccia della pena: ciascuna coerentemente alla propria natura*».

[20] Cass., Sez. Un., 5 luglio 2017, n. 16601, che interviene a seguito di ordinanza di rimessione della Cass., Sez. I, 16 maggio 2016, in *Danno e resp.*, 2016, 8-9, p. 827 ss. Per un primo intervento sulla sentenza delle Sezioni Unite cfr. C. SCOGNAMIGLIO, *Le Sezioni Unite della Corte di Cassazione e la concezione polifunzionale della responsabilità civile*, in *giustiziacivile.com*, 2017.

[21] Altre norme sono pure interessanti in tale ricostruzione. Basti pensare all'art. 96 c.p.c., nel quale è previsto una forma di danno punitivo, diretto a scoraggiare l'abuso del processo, la cui applicazione presuppone «*la presenza, in capo al destinatario della condanna, della malafede o della colpa grave previsti per la lite temeraria*». In tal senso cfr. Trib. Milano, Sez. IV, 22 giugno 2016.

[22] L'art. 125 d.lgs. 10 febbraio 2005, n. 30 (codice della proprietà industriale) nel quale si prevede che la liquidazione del danno, pur operata nel rispetto degli artt. 1223, 1226, 1227 c.c., può essere parametrata anche ad ulteriori elementi, quali i benefici conseguiti dall'autore della violazione o il dan-

96 c.p.c. e l'art. 125 d.lgs. 10 febbraio 2005, n. 30 (c.p.i.) nel quale si prevede che la liquidazione del danno, pur operata nel rispetto degli artt. 1223, 1226, 1227 c.c., può essere parametrata anche ad ulteriori elementi, quali i benefici conseguiti dall'autore della violazione o il danno morale subito dal danneggiato, allo scopo di neutralizzare i vantaggi conseguiti [23].

Se dunque questa è l'indicazione che proviene dal sistema, si può ritenere che la previsione, in aggiunta al risarcimento per equivalente già riconosciuto a tutti gli aderenti *ex* artt. 1226 e 2056 c.c., della corresponsione di un importo a favore del ricorrente, determinato in quota percentuale della complessiva somma dovuta, e la possibilità di un aumento o di una riduzione dello stesso in base ad alcuni parametri diretti a gratificare lo stesso ricorrente, dimostrano che obiettivo del legislatore è quello per un verso di liquidare una somma di denaro a prescindere dalla considerazione dell'effettivo danno subito [24] e rapportato, a elementi e criteri la cui funzione è quella non solo di premiare il ricorrente ma anche di punire il trasgressore, e dare piena attuazione agli interessi in gioco [25].

---

no morale subito dal danneggiato, sicché la somma attribuita a titolo di risarcimento dovrà essere idonea ad annullare i benefici conseguiti.

[23] Sul punto si rinvia a M. ASTONE, *Responsabilità civile e pluralità di funzioni nella prospettiva dei rimedi. Dall'astreinte al danno punitivo*, in *Contr. e impr.*, 2018, p. 277 ss.

[24] Sul punto cfr. F.D. BUSNELLI, *Deterrenza, responsabilità civile, fatto illecito, danni punitivi*, in *Europa dir. priv.*, 2009, 4, p. 915 ss.; G VILLA, *Il danno risarcibile nell'azione collettiva*, in *Danno e resp.*, 2009, p. 15 ss.

[25] Il riferimento è alla ricostruzione di V. SCALISI, *Illecito civile e responsabilità: fondamento e senso di una distinzione*, in *Riv. dir. civ.*, 2009, p. 676 ss.; in tale prospettiva P. SIRENA, *Il risarcimento dei c.d. danni punitivi e la restituzione dell'arricchimento senza causa*, in *Riv. dir. civ.*, 2006, *Atti del convegno per il cinquantenario della rivista, Il diritto delle obbligazioni e dei contratti: verso una riforma*, p. 534, per il quale il «*danno morale soggettivo*» costituisce quel *quid pluris* che consente di graduare il *quantum* del risarcimento al disvalore dell'atto illecito; ID., *Dalle pene private ai rimedi ultracompensativi*, in *Studi in onore di C.M. Bianca*, vol. IV, Giuffrè, Milano 2006; A. ZOPPINI, *La clausola penale e la caparra*, in E. GABRIELLI (a cura di), *I contratti in generale*, vol. II, Giappichelli, Torino, 1999), p. 895; infine, con riferimento alla clausola penale M.C. VENUTI, *Nullità della clausola e tecniche di correzione del contratto*, Cedam, Padova, 2004, p. 139.

CASSAZIONE CIVILE, SEZ. III, 31 MAGGIO 2019, N. 14886. IL CASO TRENORD

Nel dicembre 2012 molti passeggeri della società ferroviaria *Trenord* hanno subito una pluralità di disservizi (ritardi, cancellazioni, etc.) a seguito dell'introduzione di un software per i dipendenti non testato precedentemente. La società Trenord s.p.a. è stata condannata dalla Corte di Appello di Milano a corrispondere, a titolo di risarcimento del danno, oltre agli indennizzi già erogati, la somma di 100,00 euro ciascuno in favore dei soggetti per conto dei quali alcune associazioni hanno agito con azione di classe, ai sensi dell'art. 140 *bis* c. cons., a seguito dei gravi disagi sofferti dagli utenti del servizio di trasporto ferroviario gestito dalla società convenuta nel periodo dedotto in giudizio. In particolare la somma di Euro 100, equitativamente individuata per ciascun utente, veniva corrisposta quale risarcimento generalizzato del danno non patrimoniale sofferto dagli utenti del servizio ferroviario. La sentenza della Corte di Appello viene impugnata dinnanzi alla Corte di Cassazione sotto diversi profili, tra i quali quello della ammissibilità del risarcimento del danno non patrimoniale in presenza di una azione di classe.

La Corte sul punto chiarisce che: «*Ai fini del riconoscimento della fondatezza della domanda avente a oggetto il risarcimento del danno non patrimoniale proposta nelle forme processuali dell'azione di classe di cui all'art. 140 bis cod. cons., spetta al giudice di merito coordinare, l'indagine condotta sulla serietà e la gravità dell'offesa inferta all'interesse costituzionalmente protetto, con le esigenze proprie dell'azione di classe disegnata dal legislatore italiano, con particolare riguardo alla necessità che le situazioni soggettive lese e i diritti concretamente pregiudicati (di necessaria rilevanza costituzionale) siano caratterizzati (non solo dalla gravità e serietà della relativa lesione, bensì anche) dall'essenziale requisito della relativa omogeneità (ex art. 140 bis cit.).*

L'azione di classe rimane pur sempre compatibile con la rivendicazione della tutela risarcitoria dei danni non patrimoniali là dove di questi ultimi siano tuttavia posti rigorosamente in risalto i tratti in qualche modo comuni a tutti i membri della classe (purché adeguatamente specificati e comprovati), con la conseguenza che l'originario proponente ha l'onere di domandare la riparazione di un danno non patrimoniale che non sia individualizzato, ma sia fondato su circostanze comuni a tutti i membri della classe.

Una simile soluzione (nella misura in cui esclude l'obbligo di personalizzazione del danno non patrimoniale nell'ambito dell'azione di classe) ha il pregio di prefigurare la possibilità, per ciascun singolo danneggia-

to, di scegliere liberamente se promuovere o aderire a un'azione di classe (rinunciando a un'istruttoria individuale e accettando di fatto un risarcimento forfettizzato), ovvero promuovere un'azione individuale insistendo per una liquidazione personalizzata del danno non patrimoniale subito».

Indice delle opere citate

AFFERNI G., *Recenti sviluppi nell'azione di classe*, in *Contr. e impr.*, 2013.

ALESSI R., *Politiche antitrust e diritti dei consumatori in Italia dopo le recenti riforme*, in *www.juscivile.it*, 2013.

ALPA G., *L'azione collettiva risarcitoria. Alcune osservazioni di diritto sostanziale*, in *Contratti*, 2008.

ALPA G., *L'art. 140-*bis *del codice del consumo nella prospettiva del diritto privato*, in *Riv. trim. dir. e proc. civ.*, 2010.

AMADEI D., *La conciliazione collettiva nelle nuove azioni di classe ed inibitoria*, in *Giur. it.*, 2019.

ASTONE M., *Rimedi e contratti del consumatore nella prospettiva del diritto privato europeo*, in *Europa dir. priv.*, 2014.

ASTONE M., *Il danno non patrimoniale nel diritto interno e sovranazionale tra antiche e nuove questioni*, in *Europa dir. priv.*, 2018.

ASTONE M., *Responsabilità civile e pluralità di funzioni nella prospettiva dei rimedi. Dall'astreinte al danno punitivo*, in *Contr. e impr.*, 2018.

BELLELLI A., *Dall'azione inibitoria all'azione risarcitoria collettiva*, in *Nuova giur. civ. comm.*, 2009.

BENATTI F., *Il danno nell'azione di classe*, in *Danno e resp.*, 2011.

BOVE M., *Profili processuali dell'azione di classe*, in *Judicium.it*, 5 giugno 2010.

BOVE M., L'*aderente*, in *Giur. it.*, 2019.

BUSNELLI F.D., *Deterrenza, responsabilità civile, fatto illecito, danni punitivi*, in *Europa dir. priv.*, 2009.

CARRATTA A, *I nuovi procedimenti collettivi: considerazioni a prima lettura*, in *Giur. it.*, 2019.

CASTRONOVO C., *Il danno non patrimoniale nel cuore del diritto civile*, in *Europa dir. priv.*, 2016.

CONSOLO C., *La terza edizione dell'azione di classe è legge ed entra nel c.p.c. Uno sguardo d'insieme ad un'amplissima disciplina*, in *Corr. giur.*, 2019.

CONSOLO C.-ZUFFI B., *L'azione di classe e art. 140-bis cod. cons.*, Cedam, Padova, 2012.

CONTE G., *I "diritti individuali omogenei" nella disciplina dell'azione di classe*, in *Riv. dir. civ.*, 2011.

CONTE G., *I profili «sostanziali» di tutela dell'azione di classe*, in G. ALPA (a cura di), *I contratti del consumatore*, Giuffrè, Milano, 2014.

COSSIGNANI F., *L'ammissibilità della domanda nell'azione di classe*, in *Giur. it.*, 2019.

D'ACUNTO L., *L'azione di classe dell'art. 140 bis, c. cons.: quale innalzamento della tutela dei consumatori?*, in *Contr. e impr.*, 2011.

DE CRISTOFARO M., *L'azione collettiva risarcitoria «di classe»: profili sistematici e processuali*, in *Resp. civ. e prev.*, 2010.

DE SANTIS A.D., *La crisi dell'azione di classe a tutela dei consumatori e utenti*, in *Foro it.*, 2013.

DI LANDRO A., *Interessi dei consumatori e azione di classe*, E.S.I., Napoli, 2012.

DI MAJO A., *La tutela civile dei diritti*, Giuffrè, Milano 2001.

DI MAJO A., *La responsabilità civile nella prospettiva dei rimedi: la funzione deterrente*, in P. SIRENA (a cura di), *La funzione deterrente della responsabilità civile*, Giuffrè, Milano, 2011.

DI MAJO A., *I confini mobili della responsabilità civile*, in *Giur. it.*, 2016.

FIORIO P., *L'azione di classe nel nuovo art. 140 bis e gli obiettivi di deterrenza e di accesso alla giustizia dei consumatori*, in P.G. DEMARCHI (a cura di), *I diritti del consumatore e la nuova class action*, Zanichelli, Bologna, 2010.

GAMBINO A.M.-FALCE V. (a cura di), *Lineamenti giuridico-economici dell'azione di classe*, Art, Roma, 2010.

GIUSSANI A., *La fase di determinazione del quantum nella nuova azione di classe*, in *Giur. it.*, 2019.

GIUSSANI A., *Diritti omogenei e omogeneizzati nell'azione di classe*, in *Riv. dir. proc.*, 2020.

JANSSEN A., *Europa e* class action*: "stato dell'arte" e delimitazioni di campo*, in *Contr. e* . 2009.

LIBERTINI M., *L'azione di classe e le pratiche commerciali scorrette*, in *Riv. dir. ind.*, 2011.

MATTEI U., *I rimedi*, in G. ALPA-M. GRAZIADEI-A. GUARNERI-U. MATTEI-P.G. MONATERI-R. SACCO, *La parte generale del diritto civile*, 2, *Il diritto soggettivo*, in *Trattato di diritto civile*, diretto da R. SACCO, Utet, Torino, 2001.

MAZZAMUTO S.-PLAIA A., *I rimedi*, in C. CASTRONOVO-S. MAZZAMUTO (a cura di), *Manuale di diritto privato europeo*, Giuffrè, Milano, 2007, cap. XXXVI.

MAZZAMUTO, *La nozione di rimedio nel diritto continentale*, in *Europa dir. priv.*, 2007.
MENCHINI S.-MOTTO A., *L'azione di classe dell'art. 140 bis c. cons.*, in *Nuove leggi civ. comm.*, 2010.
MENGALI A., *La fase istruttoria nella nuova azione di classe*, in *Giur. it.*, 2019.
MONATERI G., *La riforma italiana della class action tra norme speciali e processuali e ricostruzioni della tutela civilistica*, in *Danno e resp.*, 2019.
NATALE M., *Diritti omogenei e potenziamento dell'azione di classe*, in *Danno e resp.*, 2019.
NIVARRA L, *L'azione collettiva risarcitoria e il danno antitrust*, in A.M. GAMBINO-V. FALCE (a cura di), *Lineamenti giuridico-economici dell'azione di classe*, Art, Roma, 2010.
PAGNI I., *L'azione inibitoria collettiva*, in *Giur. it.*, 2019.
SASSANI B. (a cura di), *Class action, Commento sistematico alla legge 12 aprile 2019, n. 31*, Pacini giuridica, Pisa, 2019.
SCALISI V., *Illecito civile e responsabilità: fondamento e senso di una distinzione*, in *Riv. dir. civ.*, 2009.
SCHLESINGER P., *La nuova "azione di classe"*, in *Corr. giur.*, 2011.
SCOGNAMIGLIO C., *Risarcimento del danno, restituzioni e rimedi nell'azione di classe*, in *Resp. civ. e prev.*, 2011.
SCOGNAMIGLIO C., *Le Sezioni Unite della Corte di Cassazione e la concezione polifunzionale della responsabilità civile*, in *giustiziacivile.com*, 2017.
SCOGNAMIGLIO C., *La Cassazione delinea presupposti e limiti di risarcibilità del danno non patrimoniale contrattuale nell'azione di classe*, in *Nuova giur. civ. comm.*, 2019.
SIRENA P., *Dalle pene private ai rimedi ultracompensativi*, in *Studi in onore di C.M. Bianca*, vol. IV, Giuffrè, Milano, 2006.
SIRENA P., *Il risarcimento dei c.d. danni punitivi e la restituzione dell'arricchimento senza causa, Atti del convegno per il cinquantenario della rivista. Il diritto delle obbligazioni e dei contratti: verso una riforma*, in *Riv. dir. civ.*, 2006.
VENUTI M.C., *Nullità della clausola e tecniche di correzione del contratto*, Cedam, Padova, 2004.
VIGORITI V., *L'azione risarcitoria di classe: sollecitazioni europee, resistenze italiane*, in *Contr. e impr.*, 2009.
VILLA G., *Il danno risarcibile nell'azione collettiva*, in *Danno e resp.*, 2009.
ZOPPINI A., *La clausola penale e la caparra*, in E. GABRIELLI (a cura di), *I contratti in generale*, Giappichelli, Torino, 1999.

Capitolo XII

Arbitrato e conciliazione

Sommario

1. Premessa

Il sistema della risoluzione stragiudiziale delle controversie di consumo, già oggetto di due raccomandazioni della Commissione europea (la n. 98/257/CE sulle procedure facilitative e la n. 2001/310/CE sulle procedure valutative), è stato profondamente riorganizzato a livello europeo nel 2013 con due interventi normativi.

Precisamente:

– la direttiva 2013/11/UE del Parlamento europeo e del Consiglio del 21 maggio 2013 sulla risoluzione alternativa delle controversie dei consumatori, che modifica il regolamento (CE) n. 2006/2004 e la direttiva 2009/22/CE (direttiva sull'ADR per i consumatori), la quale ha fissato regole comuni per assicurare che i consumatori nel mercato interno dispongano di strumenti semplici ed efficaci per la risoluzione stragiudiziale delle controversie nei rapporti contrattuali con i professionisti;

– il regolamento (UE) n. 524/2013 (c.d. regolamento sull'ODR) che ha creato una piattaforma web per la risoluzione online delle controversie dei consumatori relative a contratti stipulati online.

I due strumenti legislativi sono complementari: solo gli organismi di risoluzione delle controversie che rispondono ai requisiti stabiliti dalla direttiva possono essere considerati organismi ADR e, come tali, possono essere registrati e quindi operare sulla piattaforma ODR.

Secondo la dottrina[1] la finalità della direttiva è stata quella di contribuire al funzionamento del mercato intero ed al raggiungimento di un elevato livello di protezione del consumatore, rendendo così vincolati i principi del "giusto procedimento" nelle ADR e, quindi, garantire che le controversie tra consumatori e professionisti possano essere presentate innanzi ad organismi imparziali, trasparenti ed efficaci, a prescindere dal luogo di residenza dei consumatori all'interno dell'Unione.

Difatti, come evidenziato dal considerando n. 1 della direttiva «*L'articolo 169, paragrafo 1, e l'articolo 169, paragrafo 2, lettera a), del trattato sul funzionamento dell'Unione europea (TFUE) stabiliscono che l'Unione deve contribuire ad assicurare un livello elevato di protezione dei consumatori mediante misure adottate a norma dell'articolo 114 TFUE. L'articolo 38 della Carta dei diritti fondamentali dell'Unione europea stabilisce che nelle politiche dell'Unione deve essere garantito un livello elevato di protezione dei consumatori*». Al successivo considerando n. 2 si legge poi che «*Conformemente all'articolo 26, paragrafo 2, TFUE, il mercato interno comporta uno spazio senza frontiere interne nel quale è assicurata la libera circolazione delle merci e dei servizi. Il mercato interno dovrebbe fornire ai consumatori un valore aggiunto, inteso come qualità superiore, maggiore varietà, prezzi ragionevoli e rigide norme di*

---

[1] F.P. Luiso, *Il modello italiano di mediazione. Il «giusto» procedimento di mediazione (contraddittorio, riservatezza, difesa, proposta)*, in *Giur. it.*, 2012, p. 214; A.M. Mancaleoni, *La risoluzione extragiudiziale delle controversie dei consumatori dopo la direttiva 2013/11/UE*, in *Europa dir. priv.*, 2017, 3, p. 1064.

sicurezza per beni e servizi, al fine di promuovere un elevato livello di protezione dei consumatori».

2. La disciplina ADR in Italia

In attuazione della direttiva 2013/11/UE, il d.lgs. 6 agosto 2015, n. 130 ha introdotto nella Parte V del codice del consumo (Associazioni dei consumatori e accesso alla giustizia) il Titolo II-*bis* "*Risoluzione extragiudiziale delle controversie*", sostituendo l'art. 141 e inserendo nel codice gli artt. da 141 *bis* a 141 *decies*.

Il nuovo Titolo II-*bis*:

– stabilisce gli obblighi e i requisiti degli organismi ADR e le caratteristiche delle procedure di risoluzione stragiudiziale (artt. 141 *bis*, 141 *quater*, 141 *quinquies*, 141 *sexies*, 141 *nonies*);
– disciplina le negoziazioni paritetiche (art. 141 *ter*);
– prevede obblighi informativi dei professionisti verso i consumatori sugli organismi competenti a trattare le potenziali controversie (art. 141 *sexies*);
– designa le autorità competenti a vigilare sugli elenchi degli organismi ADR afferenti al loro settore e ne detta i compiti (artt. 141 *septies*, 141 *octies*; 141 *decies*).

La scelta di collocare la disciplina dell'ADR nel c.d. "cantiere aperto"[2] del codice del consumo «*sottolinea la vocazione di tale codice a costituire un corpus unitario e specializzato, che riunisce tutte le disposizioni relative ai rapporti che vedono coinvolti i consumatori*»[3].

Già in passato diverse erano le norme che in materia di risoluzione alternativa delle controversie riguardanti esclusivamente i consumatori. Ad esempio:

---

[2] G. De Cristofaro, *Il "cantiere aperto" del codice del consumo: modificazioni e innovazioni apportate dal d.lgs. 23 ottobre 2007, n. 221*, in *Studium Iuris*, 2008, p. 265 ss.

[3] P. Bartolomucci, *La nuova disciplina delle procedure di risoluzione alternativa delle controversie in materia di consumo: il d.lgs. n. 130/15 e le modifiche del codice del consumo (d.lgs. 6 agosto 2015, n. 130)*, in *Nuove leggi civili comm.*, 2016, 3, p. 494.

– la l. n. 580/1993 [4], sul riordino del sistema delle Camere di commercio, la quale aveva attribuito al sistema camerale – tra le cc.dd. funzioni di regolazione del mercato – anche quella di costituire commissioni arbitrali e conciliative per la risoluzione delle controversie tra imprese e consumatori;

– la l. n. 481/1995 di riforma dei servizi di pubblica utilità [5], la quale prevedeva l'istituzione di procedure di risoluzione stragiudiziale dei conflitti nel settore; in applicazione di tale disposizione, la legge istitutiva dell'Autorità per le garanzie nelle comunicazioni ha avviato un importante percorso, che ha portato – attraverso l'adozione di una serie di delibere dell'Autorità – alla costituzione di un sistema di primario rilievo nell'ordinamento interno; sempre in base a tale disposizione, anche l'Autorità per l'energia elettrica e il gas ha dato vita ad un meccanismo di risoluzione alternativa delle liti nel settore di riferimento;

– la l. n. 135/2001 [6], e successivamente le norme confluite nel d.lgs. n. 79/2011, c.d. Codice del turismo [7];

– la l. n. 84/2006 (art. 3, comma 2) [8];

---

[4] Cfr. G. ALPA, *Riti alternativi e tecniche di risoluzione stragiudiziale delle controversie nel diritto civile*, in *Temi romana*, 1997, p. 264 ss.; E. MINERVINI, *Le Camere di commercio e la conciliazione delle controversie*, in *Riv. trim. dir. e proc. civ.*, 2001, p. 939 ss.; M. QUINTO, *Camere di commercio e conciliazione delle controversie tra imprese e tra imprese e consumatori*, Unioncamere, Roma, 1997; M.E. TEATINI, *Il nuovo ordinamento delle Camere di commercio*, Cedam, Padova, 1996.

[5] M. CLARICH, *L'attività delle autorità indipendenti in forme semicontenziose*, in S. CASSESE-C. FRANCHINI (a cura di), *I garanti delle regole. Le autorità indipendenti*, Il Mulino, Bologna, 1996, p. 157; L. COCCHI, *I riti alternativi nel diritto amministrativo*, in G. ALPA (a cura di), *L'arbitrato. Profili sostanziali*, vol. II, Utet, Torino, 1999, p. 1211; M. QUINTO, *Intervento*, in AA.VV., *Attività regolatoria e autorità indipendenti*, Giuffrè, Milano, 1996, p. 77 ss.; E. MINERVINI, *La conciliazione stragiudiziale delle controversie. Il ruolo delle camere di commercio*, E.S.I., Napoli, 2003, p. 21; P. SCHLESINGER, *La pluralità delle fonti nella somministrazione di energia elettrica*, in *Rass. giur. en. el.*, 1997, p. 318 ss.

[6] M. ATELLI, *La riforma della legislazione sul turismo*, in *Corriere giur.*, 2001, p. 1377 ss.; E. MINERVINI, *op. ult. cit.*, p. 57 ss.

[7] R. SANTAGATA, *Diritto del turismo*, Utet, Torino, 2014, p. 413 ss.

[8] P. BARTOLOMUCCI, *Arbitrato e conciliazione nelle controversie del con-*

– in seguito all'entrata in vigore della c.d. legge sulla tutela del risparmio, n. 262/2005, anche il settore bancario e dell'intermediazione finanziaria ha visto introdurre rilevanti disposizioni relative alla disciplina di procedure di risoluzione alternativa delle controversie, affidate a due organismi istituiti in seno alle Autorità di vigilanza del settore: l'Arbitro bancario finanziario (art. 128 *bis* t.u.b.)[9] e la Camera di conciliazione e arbitrato presso la Consob (d.lgs. n. 179/2007)[10].

3. Ambito di applicazione

Le disposizioni del nuovo Titolo II-*bis* del codice del consumo si applicano alle procedure volontarie di composizione stragiudiziale per la risoluzione, anche in via telematica, delle controversie nazionali e transfrontaliere, tra consumatori resi-

---

sumo, pulitintorie e turismo, in A. BUONFRATE-C. GIOVANNUCCI ORLANDI (a cura di), *Codice degli arbitrati, delle conciliazioni e di altre ADR*, Utet, Torino, 2006, p. 301 ss.

[9] Tra i numerosi contributi: F. AULETTA, *Arbitro bancario finanziario e "sistemi di risoluzione stragiudiziale delle controversie"*, in *Società*, 2011, p. 85; P. BARTOLOMUCCI, *Principio di sussidiarietà e risoluzione stragiudiziale delle controversie in materia bancaria: l'esperienza dell'Arbitro bancario finanziario*, in M. NUZZO (a cura di), *Il principio di sussidiarietà nel diritto privato*, vol. I, Giappichelli, Torino, 2014, p. 647 ss.; A. BERLINGUER, *L'ABF tra giudizio e media-conciliazione*, in *Riv. arbitrato*, 2013, p. 27; E. CAPOBIANCO, voce *Arbitro bancario finanziario*, in *Disc. disc. priv., sez. comm.*, Agg., VI, Utet, Torino, 2012, p. 36; G. FINOCCHIARO, *L'arbitro bancario finanziario tra funzioni di tutela e di vigilanza*, Giuffrè, Milano, 2012; E. MINERVINI, *L'arbitro bancario finanziario. Una nuova «forma» di a.d.r.*, E.S.I., Napoli, 2014.

[10] P. BARTOLOMUCCI, voce *Camera di conciliazione e arbitrato presso la Consob*, in *Disc. disc. priv., sez. comm.*, Agg., vol. VI, Utet, Torino, 2013, p. 77 ss.; ID., *Conciliazione e arbitrato presso la Consob. Aspetti di diritto civile*, Aracne, Roma, 2012; V. CARIDI, *Legge sul risparmio e nuovi strumenti di tutela diretta dell'investitore non professionale*, in *Dir. banca e merc. fin.*, 2007, II, p. 233 ss.; R. CARLEO, *Primi cenni sugli strumenti di tutela di risparmiatori e investitori istituiti presso la CONSOB dal d.lgs. 179/2007: procedure di conciliazione e arbitrato, sistema di indennizzo e fondo di garanzia*, in F.S. MARTORANO-V. DE LUCA (a cura di), *Disciplina dei mercati finanziari e tutela del risparmio*, Giuffrè, Milano, 2008, p. 361 ss.

denti e professionisti stabiliti nell'Unione europea, nell'ambito delle quali l'organismo ADR propone una soluzione o riunisce le parti al fine di agevolare una soluzione amichevole (art. 141, commi 4-9).

La disciplina ADR riguarda esclusivamente i rapporti tra consumatori e professionisti. Le controversie, nazionali o transfrontaliere, rientranti nell'ambito di applicazione sono quelle relative alle obbligazioni contrattuali derivanti da contratti di vendita o di servizi [11].

Le controversie sono nazionali o transfrontaliere a seconda che il consumatore, quando ordina i beni o i servizi, risieda nello stesso Stato membro dell'UE in cui è stabilito il professionista o in uno Stato membro diverso (art. 141, comma 1, lett. e) e f), c. cons.).

La disciplina si applica, in particolare, agli organismi di mediazione per la trattazione degli affari in materia di consumo iscritti nella sezione speciale del registro degli organismi di mediazione di cui all'art. 16, commi 2 e 4 del d.lgs. n. 28/2010 e agli altri organismi ADR istituiti o iscritti presso gli elenchi tenuti e vigilati dalle autorità competenti di cui all'art. 141 *octies*.

Nella disciplina generale del Titolo II-*bis* il legislatore italiano non ha esercitato l'opzione, lasciata alla scelta degli Stati membri, di prevedere sistemi di ADR nei quali la soluzione viene imposta alle parti (l'art. 141, comma 4, primo periodo, si riferisce solo agli organismi ADR che propongono o agevolano una soluzione).

Al tempo stesso, viene sancito che la disciplina del Titolo II-*bis* si applica anche alle procedure svolte nei settori di competenza dell'Autorità per l'energia (oggi Autorità di regolazione per energia, reti e ambiente – Arera), della Banca d'Italia, della Consob e dell'Autorità per le garanzie nelle comunicazioni (AgCOM) in cui l'organismo ADR adotta una decisione, comprese le procedure che prevedono la partecipazione obbligatoria del professionista. Queste procedure sono riconosciute come procedure ADR ai sensi del codice del consumo se rispettano i principi, le procedure e i requisiti di cui al Titolo II-*bis*.

---

[11] Cfr. art. 45, comma 1, lett. f), c. cons.

L'ambito di applicazione della normativa ADR comprende infine le procedure di conciliazione paritetica, di cui all'art. 141 *ter*. Sono fatte salve alcune disposizioni che prevedono l'obbligatorietà delle procedure di soluzione stragiudiziale delle controversie come condizione di procedibilità della domanda giudiziale. Precisamente:

– l'art. 5, comma 1 *bis*, d.lgs. n. 28/2010, che disciplina i casi in cui il tentativo di mediazione finalizzata alla conciliazione delle controversie civili e commerciali è precondizione per il ricorso giurisdizionale;

– l'art. 1, comma 11, l. 31 luglio 1997, n. 249, che prevede il tentativo obbligatorio di conciliazione nel settore delle comunicazioni elettroniche [12];

– l'art. 2, comma 24, lett. b), l. 14 novembre 1995, n. 481, che prevede il tentativo obbligatorio di conciliazione nelle materie di competenza dell'Autorità per l'energia elettrica, il gas e il sistema idrico, demandando all'Autorità la disciplina delle modalità di svolgimento.

Nell'ambito di applicazione del Titolo II-*bis* non rientrano:

– le procedure di trattamento dei reclami dei consumatori gestite dal professionista;

– i servizi non economici di interesse generale;

– le controversie tra professionisti;

– la negoziazione diretta tra consumatore e professionista;

– i tentativi di conciliazione giudiziale per la composizione della controversia nel corso di un procedimento giudiziario riguardante la stessa;

---

[12] «*L'Autorità disciplina con propri provvedimenti le modalità per la soluzione non giurisdizionale delle controversie che possono insorgere fra utenti o categorie di utenti ed un soggetto autorizzato o destinatario di licenze oppure tra soggetti autorizzati o destinatari di licenze tra loro. Per le predette controversie, individuate con provvedimenti dell'Autorità, non può proporsi ricorso in sede giurisdizionale fino a che non sia stato esperito un tentativo obbligatorio di conciliazione da ultimare entro tenta giorni dalla proposizione dell'istanza all'Autorità. A tal fine, i termini per agire in sede giurisdizionale sono sospesi fino alla scadenza del termine per la conclusione del procedimento di conciliazione*».

– le procedure avviate da un professionista nei confronti di un consumatore;

– i servizi di assistenza sanitaria; gli organismi pubblici di istruzione superiore o di formazione continua.

Le disposizioni del Titolo II-*bis* non precludono, poi, il funzionamento di eventuali organismi ADR istituiti nell'ambito delle procedure nei settori di competenza delle autorità indipendenti e in campi esclusi dall'applicazione della disciplina, in cui i funzionari pubblici sono incaricati della gestione delle controversie e considerati rappresentanti sia degli interessi dei consumatori sia di quelli dei professionisti (art. 141, comma 9).

In forza di quanto previsto dalla direttiva ADR alla luce dell'art. 47 della Carta dei diritti fondamentali dell'UE, il consumatore non può essere privato in nessun caso del diritto di adire il giudice competente, qualunque sia l'esito della procedura di conciliazione stragiudiziale (cfr. comma 10 dell'art. 141)[13].

4. L'art. 141 *bis* c.c.

Gli obblighi, le facoltà e i requisiti degli organismi ADR sono definiti dall'art. 141 *bis*.

Tra gli **obblighi**, occorre evidenziare che gli organismi ADR devono avere un sito web aggiornato con facile accesso per i consumatori alle informazioni sul funzionamento della procedura e che consenta di presentare in via telematica la domanda e la documentazione di supporto. Se le parti lo richiedono, le informazioni devono essere messe a disposizione su supporto durevole. Gli organismi ADR devono consentire ai consumatori di presentare domanda anche in modalità diverse da quella telematica e permettere lo scambio di informazioni tra le parti per via elettronica o, se applicabile, per posta.

Gli organismi ADR hanno l'obbligo di accettare sia le controversie nazionali che quelle transfrontaliere, comprese le con-

---

[13] T. GALLETTO, *Arbitrato e conciliazione nei contratti dei consumatori*, in G. ALPA-V. VIGORITI (a cura di), *Arbitrati. Rituale, irrituale, internazionale, consumatori, Uncitral. Investimenti, sportivo*, Utet, Torino, 2012, p. 87.

troversie online di cui al regolamento (UE) n. 524/2013, anche attraverso il ricorso a reti di organismi ADR. Essi infine devono adottare i provvedimenti necessari a garantire il rispetto della disciplina dei dati personali.

Gli organismi ADR hanno la **facoltà** di adottare o mantenere norme procedurali interne che consentano loro di rifiutare la trattazione di determinate controversie in specifiche circostanze, salvo che sia diversamente stabilito da altre norme applicabili o da disposizioni delle autorità di regolazione di settore. Il rifiuto è consentito in particolare quando: la controversia è futile o temeraria; il consumatore non abbia prima tentato di risolvere la questione direttamente con il professionista; la controversia è o è stata all'esame di un altro organismo ADR o di un organo giurisdizionale; il valore della controversia è inferiore o superiore a una soglia monetaria prestabilita; il consumatore non ha presentato la domanda all'organismo ADR entro un limite di tempo prestabilito (che non deve essere inferiore a un anno dalla data in cui il consumatore ha presentato il reclamo al professionista); il trattamento di uno specifico tipo di controversia rischierebbe di nuocere significativamente all'efficace funzionamento dell'organismo ADR.

Circa i **requisiti delle persone fisiche incaricate della risoluzione delle controversie** si stabilisce che gli organismi ADR devono prevedere e garantire che le persone fisiche da essi incaricate della risoluzione delle controversie siano in possesso di determinati requisiti (art. 141 *bis*, commi 4-10). Esse devono anzitutto avere conoscenze e competenze in materia di risoluzione alternativa o giudiziale delle controversie dei consumatori, inclusa una comprensione generale del diritto. La durata dell'incarico deve essere sufficiente a garantire l'indipendenza nello svolgimento del compito; la sostituzione o la revoca dell'incarico devono avvenire solo per giusta causa. Le persone incaricate della risoluzione delle controversie non devono essere soggette a istruzioni dell'una o dell'altra parte o dei loro rappresentanti e devono essere retribuite indipendentemente dall'esito della procedura.

Le persone fisiche incaricate della risoluzione stragiudiziale delle controversie hanno l'obbligo di comunicare tempestivamente all'organismo ADR eventuali circostanze, emerse durante la procedura, idonee a incidere sulla loro indipendenza e imparzialità o capaci di creare conflitti di interesse con una delle parti della controversia. In tal caso, l'organismo ADR ha tre alternative:

– sostituire la persona fisica interessata;

– garantire che essa si astenga dal condurre la procedura e se possibile proporre alle parti di rivolgersi a un altro organismo ADR;

– consentire alla persona interessata di continuare a svolgere la procedura se le parti, informate delle circostanze e del loro diritto di opporsi, non hanno sollevato obiezioni.

Le parti hanno comunque sempre il diritto di ritirarsi in qualsiasi momento dalla procedura ADR, salvo i casi in cui è previsto l'obbligo per il professionista di aderire alle procedure ADR nei quali la facoltà di ritirarsi dalla procedura spetta esclusivamente al consumatore ai sensi dell'art. 141 *quater*, comma 5, lett. a).

Un requisito aggiuntivo è previsto per le persone fisiche incaricate della risoluzione stragiudiziale delle controversie che siano assunte o retribuite esclusivamente da un'organizzazione professionale o da un'associazione di imprese di cui il professionista è membro: oltre ai requisiti già descritti, esse devono avere a disposizione risorse di bilancio distinte e apposite, sufficienti ad assolvere i loro compiti. Questo requisito aggiuntivo non è richiesto quando le persone fisiche incaricate della procedura fanno parte di un organismo collegiale composto da un numero uguale di rappresentanti dell'organizzazione professionale e dell'associazione di imprese da cui sono assunte o retribuite e di una o più associazioni dei consumatori e degli utenti rappresentative a livello nazionale, di cui all'art. 137 c. cons.

Gli organismi ADR collegiali devono essere organizzati in modo tale che il collegio sia composto di un numero uguale di rappresentanti degli interessi dei consumatori e di rappresentanti degli interessi dei professionisti.

Alla formazione delle persone incaricate delle procedure

ADR provvedono, se del caso, gli organismi ADR. Il monitoraggio dei programmi di formazione istituiti dagli organismi ADR è affidato alle autorità competenti, che possono esse stesse promuovere e realizzare programmi di formazione

5. Effetti della procedura ADR sui termini di prescrizione e decadenza

Per quanto riguarda gli effetti sulla prescrizione e la decadenza, dalla data di ricevimento da parte dell'organismo ADR della domanda che dà l'avvio alla procedura ADR, la stessa produce i medesimi effetti della domanda giudiziale (art. 141 *quinquies*). Il termine di prescrizione è interrotto e la decadenza è impedita per una sola volta. Se la procedura fallisce, i termini iniziano a decorrere nuovamente dalla data della comunicazione alle parti della mancata definizione della controversia.

L'interruzione dei termini di prescrizione e decadenza è volta ad assicurare che al consumatore che ricorre alla procedura ADR non sia successivamente impedito di avviare un procedimento giudiziario sulla stessa controversia a causa della scadenza di tali termini durante la procedura ADR (art. 12 della direttiva). Come evidenziato dal considerando 45 della direttiva [14], i diritti a un ricorso effettivo e a un giudice imparziale sono diritti

---

[14] Secondo il considerando n. 45 della direttiva 2013/11/UE «*Il diritto a un ricorso effettivo e a un giudice imparziale sono diritti fondamentali previsti dall'articolo 47 della Carta dei diritti fondamentali dell'Unione europea. Pertanto, l'obiettivo delle procedure ADR non dovrebbe essere né quello di sostituire le procedure giudiziali né quello di privare i consumatori o i professionisti del diritto di rivolgersi agli organi giurisdizionali. È opportuno che la presente direttiva non contenga alcun elemento che possa impedire alle parti di esercitare il diritto di accesso al sistema giudiziario. Nei casi in cui una controversia non possa essere risolta secondo una determinata procedura ADR il cui esito non sia vincolante, è auspicabile che alle parti non sia successivamente impedito di avviare un procedimento giudiziario in relazione a tale controversia. Gli Stati membri dovrebbero avere la possibilità di scegliere i mezzi appropriati per conseguire tale obiettivo. Essi dovrebbero poter prevedere, tra l'altro, che i termini di prescrizione o decadenza non vengano a scadenza durante una procedura ADR*».

fondamentali riconosciuti dall'art. 47 della Carta dei diritti fondamentali dell'Unione europea.

Vengono fatte salve le disposizioni relative alla prescrizione e alla decadenza contenute negli accordi internazionali di cui l'Italia è parte.

6. Le particolari tipologie di ADR individuate nel codice del consumo

Le ipotesi più frequenti di ADR menzionate direttamente nel codice del consumo (che rende alle stesse direttamente applicabile la disciplina del Titolo II-*bis*), in quanto riguardanti i settori più rilevanti e quantitativamente più significativi della nostra vita, sono quattro:

1. La conciliazione innanzi l'Autorità per l'energia (oggi Autorità di regolazione per energia, reti e ambiente – Arera);
2. L'Arbitro per le controversie bancarie (ABF);
3. L'Arbitro per le controversie finanziarie (ABF);
4. La conciliazione innanzi l'AGCOM.

Di seguito si procede ad un esame dei relativi procedimenti a tutela e garanzia dei consumatori.

6.1. La conciliazione innanzi l'Autorità per l'energia (oggi Autorità di regolazione per energia, reti e ambiente – Arera)

Il nuovo art. 141, comma 6, lett. c), c. cons. (introdotto dal d.lgs. 6 agosto 2015, n. 130 di recepimento della direttiva 2013/ 11/UE sull'ADR per i consumatori) statuisce che «*Sono fatte salve le seguenti disposizioni che prevedono l'obbligatorietà delle procedure di risoluzione extragiudiziale delle controversie: [...] articolo 2, comma 24, lettera b), della legge 14 novembre 1995, n. 481, che prevede il tentativo obbligatorio di conciliazione nelle materie di competenza dell'Autorità per l'energia elettrica il gas e il sistema idrico, e le cui modalità di svolgimento sono regolamentate dall'Autorità per l'energia elettrica, il gas e il sistema idrico con propri provvedimenti*».

Con la delibera 209/2016/E/COM l'Autorità per l'energia elettrica il gas e il sistema idrico ha approvato il «*Testo integrato in materia di procedure di risoluzione extragiudiziale delle controversie tra clienti o utenti finali e operatori o gestori nei settori regolati dall'Autorità*» (Testo Integrato Conciliazione-TICO), il quale definisce la procedura per l'esperimento del tentativo obbligatorio di conciliazione presso il Servizio Conciliazione quale condizione di procedibilità per l'azione giudiziale.

La procedura si applica, dal 1° gennaio 2017, ai clienti finali di gas e di energia elettrica per le controversie nei confronti degli operatori.

Se il primo incontro si conclude senza accordo, o con la mancata comparizione della controparte, la condizione di procedibilità si considera comunque avverata.

Il primo incontro deve essere fissato almeno 10 giorni dopo la comunicazione alle parti della data e comunque entro e non oltre 30 giorni dalla presentazione della domanda.

Nel caso in cui il cliente o utente finale documenti la sospensione della fornitura per una fattura contestata tempestivamente con il reclamo all'operatore o gestore, l'incontro per lo svolgimento del tentativo di conciliazione deve essere fissato nel termine di 15 giorni dalla domanda e tra la comunicazione alle parti della data del primo incontro e tale data è previsto un termine di 5 giorni, senza possibilità di richiederne il differimento.

La procedura dovrà comunque concludere entro il termine massimo di 90 giorni prorogabile una sola volta per altri 30.

Per quanto riguarda i termini per la presentazione della domanda di conciliazione, la delibera prevede:

i) un termine minimo di 50 giorni in caso di mancata risposta al reclamo;

ii) un termine massino di 1 anno dall'inoltro del reclamo da parte del consumatore.

In alternativa alla procedura dinanzi al Servizio Conciliazione, è possibile ricorrere ad altre procedure di risoluzione extragiudiziale delle controversie, quali le procedure di mediazione/conciliazione presso le Camere di Commercio (previo protocollo fra Autorità e Unioncamere), le procedure presso gli organismi iscritti nell'elenco ADR per i consumatori istituito dall'Autorità con la delibera n. 620/2015/E/COM, e le procedure svolte da uno o più organismi di mediazione iscritti nel registro ministeriale di cui al d.lgs. n. 28/2010, con cui l'Autorità ritenga eventualmente opportuno sottoscrivere, in una seconda fase e in via residuale, appositi protocolli.

6.2. L'Arbitro per le controversie bancarie (ABF)

L'Arbitro Bancario Finanziario (ABF) è un sistema di risoluzione stragiudiziale delle controversie tra i clienti e le banche o gli altri intermediari finanziari (introdotto già dalla l. n. 262/2005 ma operativo soltanto a partire dal 1° gennaio 2009), sostenuto nel suo funzionamento dalla Banca d'Italia e articolato sul territorio nei Collegi di Bari, Bologna, Milano, Napoli, Palermo, Roma e Torino.

La normativa europea e nazionale di riferimento è corposa e consiste, in particolare, nei seguenti atti legislativi:

– direttiva 2013/11/UE del Parlamento europeo e del Consiglio del 21 maggio 2013 sulla risoluzione alternativa delle controversie dei consumatori (c.d. direttiva sull'ADR per i consumatori);

– regolamento 524/2013/UE del Parlamento europeo e del Consiglio del 21 maggio 2013 relativo alla risoluzione delle controversie online dei consumatori;

– raccomandazione della Commissione Europea del 30 marzo 1998 riguardante i principi applicabili agli organi responsabili per la risoluzione stragiudiziale delle controversie in materia di consumo (98/257/CE);

– resto unico bancario (TUB), che disciplina la materia della trasparenza delle condizioni contrattuali e dei rapporti con i clienti, e prevede l'istituzione di sistemi di risoluzione stragiudiziale delle controversie insorte tra intermediari e clienti (art. 128 *bis*);

– d.lgs. 6 agosto 2015, n. 130 (di attuazione della direttiva 2013/11/UE sull'ADR per i consumatori);

– delibera del CICR n. 275 del 29 luglio 2008 sui criteri per lo svolgimento delle procedure di risoluzione stragiudiziale delle controversie.

Dalle citate fonti legislative si deduce, in relazione al procedimento e al funzionamento dell'ABF, quanto segue.

Preliminarmente occorre circoscrivere la competenza dell'ABF unicamente alle controversie relative a operazioni e servizi bancari e finanziari tra cliente e intermediari, con esclusione delle controversie inerenti i servizi e le attività di investimento.

In relazione alle controversie su operazioni e servizi finanziari, poi, l'ABF può decidere su contenziosi aventi ad oggetto l'accertamento di diritti, obblighi e facoltà, indipendentemente dal valore del rapporto al quale si riferiscono, nonché su controversie aventi ad oggetto somme di denaro ma solo se l'importo richiesto non sia superiore ad € 100.000,00.

In ogni caso, sono escluse dalla cognizione dell'organo decidente:

1. le questioni relative a beni materiali o a servizi diversi da quelli bancari e finanziari oggetto del contratto tra il cliente e l'intermediario;
2. le questioni concernenti contratti collegati a quelli bancari e finanziari oggetto del contratto tra il cliente e l'intermediario;
3. il risarcimento di danni fisici o morali;
4. le controversie già sottoposte all'autorità giudiziaria o a decisione arbitrale ovvero a un tentativo di mediazione o di conciliazione.

La decisione dell'ABF non è vincolante e non ha forza e valore di decisione giudiziaria; tuttavia normalmente le decisioni adottate vengono pedissequamente eseguite dagli intermediari poiché in caso contrario ne è data notizia sul sito dell'ABF, su due quotidiani nazionali e sulla pagina iniziale del sito dell'intermediario stesso, con conseguente danno reputazionale per quest'ultimo.

Rimane naturalmente possibile il ricorso da parte del consumatore all'Autorità Giudiziaria qualora l'ABF non esegua la decisione o qualora l'ABF rigetti, in tutto o in parte, la domanda.

6.3. L'Arbitro per le controversie finanziarie (ACF)

Dal 9 gennaio 2017 è operativo l'Arbitro per le controversie finanziarie (ACF) previsto dal d.lgs. n. 130/2015 in attuazione della direttiva comunitaria 2013/11/UE e istituito dalla Consob con delibera n. 19602 del 4 maggio 2016 [15], in cui viene previsto anche il relativo regolamento procedurale.

L'organismo è un sistema di risoluzione stragiudiziale delle controversie attivo presso la Consob, che fornisce ai risparmiatori che hanno presentato senza successo reclami agli intermediari finanziari di cui sono clienti uno strumento alternativo, senza dover adire direttamente l'autorità giudiziaria.

Nello specifico, l'ACF trova applicazione per le controversie relative alla gestione dei portali di *equity crowdfunding* e alle controversie tra investitori *retail* e intermediari del mercato mobiliare relative alla violazione degli obblighi di comportamento e di informativa nella prestazione dei servizi di investimento e di gestione collettiva del risparmio.

Rimangono esclusi i danni non patrimoniali e quelli che non siano conseguenza immediata e diretta dell'inadempimento dell'intermediario.

Il ricorso può essere presentato se:

i) il valore della controversia non superi i cinquecentomila euro;

ii) sui fatti oggetto della stessa non siano pendenti altre procedure di mediazione o conciliazione.

Il diritto di ricorrere all'ACF non comporta alcuna rinuncia all'Autorità Giudiziaria; non è a sua volta rinunciabile ed è esercitabile anche in presenza di clausole contrattuali che prevedono la devoluzione delle controversie ad altri organismi di risoluzione stragiudiziale.

L'onere della prova relativo all'avvenuto adempimento di tutti gli obblighi di diligenza, correttezza, informazione e tra-

---

[15] In *G.U.* 19 maggio 2016, n. 116, recante "*Istituzione dell'Arbitro per le Controversie Finanziarie (ACF) e adozione del Regolamento di attuazione dell'articolo 3, commi 5-bis e 5-ter, del decreto legislativo 8 ottobre 2007, n. 179*".

sparenza nei confronti degli investitori è posto dal regolamento e dall'art. 23, comma 6, t.u.f., a carico dell'intermediario [16].

La decisione deve essere adottata entro 90 giorni dal completamento del fascicolo, termine prorogabile una sola volta per ulteriori 90 giorni su richiesta di entrambe le parti oppure se necessario per la particolare complessità o novità delle questioni trattate.

In caso di accoglimento del ricorso, l'ACF indica il termine entro il quale l'intermediario deve provvedere alla sua esecuzione. L'eventuale inadempimento è sanzionato con la pubblicazione della notizia sul sito web dell'ACF e, a cura e spese dell'intermediario, su due quotidiani a diffusione nazionale, di cui uno economico, nonché sulla pagina iniziale del sito web dell'intermediario per una durata di sei mesi.

La decisione non ha forza e valenza di giudicato e, come detto, resta salvo per gli investitori, così come per gli intermediari, il diritto di ricorrere all'autorità giudiziaria ovvero ad ogni altro mezzo previsto dall'ordinamento per la tutela dei propri diritti ed interessi.

6.4. La Conciliazione AgCOM

La procedura di conciliazione AgCOM è un procedimento che qualsiasi utente di servizi di telefonia e internet, sia di rete mobile che di rete fissa, può attivare nel caso in cui ravvisi il mancato rispetto delle disposizioni relative al proprio servizio, rispetto a quanto è stabilito dalle condizioni del contratto sottoscritto, dalle carte dei servizi, dalle delibere della stessa AgCOM o dalle norme di legge.

Prima di esperire il tentativo di conciliazione, l'utente deve presentare reclamo e, se, pur avendo presentato reclamo, non riesce a risolvere il problema insorto con il proprio fornitore di servizi di comunicazione elettronica, può avviare la procedura

---

[16] Ciò anche conformemente alla giurisprudenza assolutamente maggioritaria in materia: *ex multis*, Cass., 26 ottobre 2015, n. 21711, Cass., 17 febbraio 2009, n. 3773.

prevista dal nuovo regolamento per la soluzione delle controversie tra utenti ed operatori di comunicazioni elettroniche (delibera n. 203/18/CONS).

Il tentativo di conciliazione costituisce condizione di procedibilità per il successivo giudizio innanzi l'Autorità Giudiziaria.

Il tentativo di conciliazione può esperirsi dinanzi ai Co.re.com. che operano, su delega dell'Autorità a livello regionale, tramite la nuova piattaforma online *Conciliaweb*, o, in alternativa, presso:

– gli organismi di negoziazione paritetica che prevedono la partecipazione delle associazioni dei consumatori, iscritti nell'elenco di cui alla delibera n. 661/15/CONS;

– gli organismi ADR iscritti nell'elenco di cui alla delibera n. 661/15/CONS;

– le Camere di conciliazione istituite presso le Camere di commercio, industria, artigianato e agricoltura aderenti al protocollo d'intesa stipulato tra l'Autorità e Unioncamere.

La procedura è interamente elettronica e il fascicolo del procedimento viene generato e implementato automaticamente con tutti gli eventi, i depositi, le comunicazioni, le istanze ecc. che le parti o il Co.re.com. via via inseriscono.

Contestualmente alla proposizione della domanda, il consumatore può chiedere al Co.re.com. l'adozione di provvedimenti urgenti al fine di garantire la continuità del servizio o far cessare forme di abuso da parte dell'operatore, fino al termine della procedura conciliativa o di definizione.

Entro 10 giorni dal ricevimento del fascicolo il Co.re.com. stabilirà se ritiene o meno ammissibile la domanda. In caso di esito positivo, invierà alle parti la comunicazione di avvio della procedura per l'espletamento del tentativo di conciliazione; in caso di esito negativo, la comunicazione verrà inviata solo al consumatore.

La conciliazione avviene in forma semplificata, tramite uno scambio non simultaneo di comunicazioni tra le parti e il conciliatore, per le seguenti materie:

– addebiti per traffico in roaming europeo ed internazionale;
– addebiti per servizi a sovrapprezzo;
– attivazione di servizi non richiesti;

– restituzione del credito residuo;
– restituzione del deposito cauzionale;
– errato o omesso inserimento dei dati negli elenchi pubblici;
– spese relative al recesso o al trasferimento dell'utenza ad altro operatore;
– omessa o ritardata cessazione del servizio a seguito di disdetta o recesso.

Per tutte le altre materie, la conciliazione si svolge in videoconferenza, e le parti possono intervenire personalmente, o farsi rappresentare da soggetti delegati.

In caso di esito positivo della conciliazione, il verbale ha efficacia e valore di titolo esecutivo.

Se la conciliazione ha esito negativo, il consumatore può:

i) chiedere al Co.re.com. o all'Autorità la definizione della controversia, a condizione che non siano decorsi più di tre mesi dalla data di conclusione del tentativo di conciliazione (con decisione che potrà poi eventualmente impugnarsi innanzi al TAR);
ii) fare ricorso alla giustizia ordinaria.

7. L'Arbitrato rituale e irrituale

Il codice del consumo non contiene disposizioni *ad hoc* relative alla procedura arbitrale; trova, pertanto, applicazione la disciplina generale dettata dal codice civile.

Tuttavia, diverse sono state le pronunce della giurisprudenza volte ad evitare l'applicazione abusiva (*rectius* vessatoria) della clausola arbitrale.

In particolare la giurisprudenza si è orientata nel senso di verificare e garantire che la scelta della rinunzia alla giurisdizione ordinaria in favore di quella arbitrale sia effettivamente una scelta del consumatore e non venga, viceversa, imposta dal professionista.

In particolare, si ritiene sussistente una generale presunzione di vessatorietà della clausola compromissoria inserita in contratti di consumo; presunzione *iuris tantum* finché non venga offerta prova contraria.

Sul punto, Trib. Frosinone, Sez. I, 8 gennaio 2015: «*La disposizione della norma contenuta nell'art. 36 del Codice del Consumo che fa riferimento alla competenza, non deve essere interpretata in senso tecnico, ma alla luce degli scopi perseguiti dal legislatore comunitario che l'ha introdotta, in forza della quale debbono considerarsi vessatorie, fino a prova contraria, la clausole che hanno per oggetto o per effetto l'obbligo per il consumatore di rivolgersi esclusivamente ad una giurisdizione d'arbitrato (e, quindi anche di una perizia contrattuale, da inquadrarsi con certezza nell'ambito dell'arbitrato irrituale)*».

Cass. civ., Sez. VI, ord. 13 febbraio 2017, n. 3744 (rv. 643655-02): «*In tema di arbitrato tra banca e consumatore, la validità della clausola compromissoria è subordinata alla sua specifica negoziazione ed approvazione per iscritto, sicché essa deve essere dichiarata nulla ex art. 33, comma 2, lett. t), del d.lgs. n. 306 del 2005 quando sia inserita in condizioni generali predisposte da uno solo dei contraenti (il professionista), perché la deroga alla competenza dell'autorità giudiziaria è da considerarsi vessatoria e contraria alla disciplina di protezione del consumatore*».

E la relativa prova graverà sul professionista: «*La clausola compromissoria di arbitrato contenuta nel contratto di consumo è inefficace se si dia inottemperanza, da parte del professionista-imprenditore, all'onere della prova concernente l'avvenuta trattativa* inter partes *in merito alla sua specifica pattuizione con il consumatore, peraltro sicuramente non desumibile – sul piano eminentemente formale – dalla predisposizione unilaterale del testo contrattuale, dovendosi conseguentemente escludere – emerse entrambe tali circostanze – il superamento della presunzione semplice (*juris tantum*) stabilita* ex lege *della natura vessatoria della clausola, nonché affermare la legittimità dell'azione proposta avanti l'autorità giurisdizionale ordinaria da parte del consumatore*» (Trib. Bologna, Sez. II, 18 gennaio 2008).

Non solo.

La Corte di Giustizia UE ha anche più volte affermato che la nullità per vessatorietà della clausola compromissoria qualora in giudizio non venga dimostrato oltre ogni dubbio la volontà della sua sottoscrizione da parte del consumatore, è rilevabile anche d'ufficio.

Infatti: «*La Direttiva n. 93/13/CEE concernente le clausole abusive nei contratti stipulati con i consumatori impone al giudice nazionale, investito di un ricorso volto all'esecuzione forzata di un lodo arbitrale avente forza di giudicato, pronunciato in assenza del consumatore, di valutare anche d'ufficio il carattere abusivo di una penalità contenuta nel contratto di credito concluso da un finanziatore con un consumatore, applicata nel citato lodo, ove tale giudice disponga a tal fine delle informazioni necessarie riguardo alla situazione giuridica e fattuale e possa, in forza delle disposizioni processuali nazionali, effettuare una tale valutazione nell'ambito di procedimenti analoghi basati sul diritto nazionale*» (Corte Giust. UE, ord. 16 novembre 2010, n. 76/10).

«*La direttiva del Consiglio n. 93/13/CEE, del 5 aprile 1993, concernente le clausole abusive nei contratti stipulati con i consumatori, deve essere interpretata nel senso che essa implica che un giudice nazionale chiamato a pronunciarsi sull'impugnazione di un lodo arbitrale rilevi la nullità dell'accordo arbitrale ed annulli il lodo, nel caso ritenga che tale accordo contenga una clausola abusiva, anche qualora il consumatore non abbia fatto valere tale nullità nell'ambito del procedimento arbitrale, ma solo in quello per l'impugnazione del lodo*». (Corte Giust. CE, Sez. I, 26 ottobre 2006, n. 168/05).

Si rileva, altresì che, in caso di dubbio sulla reale volontà del consumatore relativamente alla *species* di arbitrato volutosi – se rituale o irrituale – la clausola deve intendersi riferita ad arbitrato rituale in quanto disciplinato con un procedimento analiticamente previsto *ex lege* e secondo i dettami del codice di procedura civile, in grado, quindi, di offrire le più ampie tutele, anche processuali, al consumatore.

Sul punto, Cass., Sez. I, 2 luglio 2007, n. 14972[17]: «*Costituendo l'arbitrato irrituale un istituto atipico, derogatorio dell'istituto tipico regolato dalla legge e sfornito delle garanzie previste dal legislatore, deve ritenersi che, in mancanza di una*

---

[17] Cass., Sez. I, 2 luglio 2007, n. 14972.

volontà derogatoria chiaramente desumibile dal compromesso o dalla clausola compromissoria, il riferimento delle parti alla soluzione di determinate controversie mediante arbitrato normalmente costituisce espressione della volontà di fare riferimento all'arbitrato rituale, ossia all'istituto tipico regolato dal codice di procedura civile».

La dottrina, da tempo, si è sforzata di suggerire che la vessatorietà va valutata sempre in concreto, senza giudicare illecita qualunque disparità di posizione tra le parti, solo perché tale.

Il discorso si riannoda all'interpretazione dell'art. 1341, comma 2, c.c., ossia delle clausole vessatorie, come elencazione tassativa o no.

La vicenda ha avuto anche una disciplina a livello europeo, recepita in Italia, com'è noto, dal Capo XIV-*bis* del codice civile, aggiunto dall'art. 25 della l. 6 febbraio 1996, n. 52 (legge comunitaria 1994) e comprendente in origine gli artt. da 1469 *bis* a 1469 *sexies* c.c.; successivamente, l'art. 142 c. cons. di cui al d.lgs. 6 settembre 2005, n. 206 ha sostituito, con l'attuale art. 1469 *bis* c.c., gli artt. da 1469 *bis* a 1469 *sexies* c.c. le cui disposizioni sono ora contenute negli artt. da 33 a 37 del suddetto codice.

Secondo questa impostazione, invero meramente formalistica, potrebbe concludersi in ordine all'esclusione delle clausole arbitrali (di ogni tipo, compresa quindi l'opzione di arbitrato) dall'applicazione della disciplina a tutela dei consumatori contenuta nell'art. 33 c. cons. ed in particolare nella sua lett. T (già art. 1469 *bis*, n. 18, c.c.), che parla infatti di deroghe alla competenza[18].

Altra posizione, conformemente alla giurisprudenza sopra riportata, ritiene vessatoria la clausola arbitrale, al fine di evitare che siano sottratte al consumatore rimedi ed azioni nei confronti del professionista, sostituite da soluzioni – quali, in ipotesi, quelle arbitrali – non altrettanto garantiste.

Riteniamo dia possibile concludere che la clausola arbitrale,

---

[18] Così R. Martuscelli, *Mutualità ed unilateralità della clausola compromissoria: la cosiddetta opzione di arbitrato*, in *www.comparazionediritto civile.it*.

quale clausola derogatoria della giurisdizione, non possa considerarsi *ex se* vessatoria e, dunque, inefficace; dovendosi, piuttosto, valutare i concreti interessi coinvolti nella singola, concreta contrattazione, e verificare la meritevolezza di tutela del patto e della sua utilizzazione, secondo l'ordinamento giuridico.

Indice delle opere citate

ALPA G., *Riti alternativi e tecniche di risoluzione stragiudiziale delle controversie nel diritto civile*, in *Temi romana*, 1997.

ATELLI M., *La riforma della legislazione sul turismo*, in *Corriere giur.*, 2001.

AULETTA F., *Arbitro bancario finanziario e "sistemi di risoluzione stragiudiziale delle controversie"*, in *Società*, 2011.

BARTOLOMUCCI P., *Arbitrato e conciliazione nelle controversie del consumo, pulitintorie e turismo*, in A. BUONFRATE-C. GIOVANNUCCI ORLANDI (a cura di), *Codice degli arbitrati, delle conciliazioni e di altre ADR*, Utet, Torino, 2006.

BARTOLOMUCCI P., voce *Camera di conciliazione e arbitrato presso la Consob*, in *Disc. priv., sez. comm.*, Agg., VI, Torino, 2012.

BARTOLOMUCCI P., *Conciliazione e arbitrato presso la Consob. Aspetti di diritto civile*, Aracne, Roma, 2013.

BARTOLOMUCCI P., *Principio di sussidiarietà e risoluzione stragiudiziale delle controversie in materia bancaria: l'esperienza dell'Arbitro bancario finanziario*, in M. NUZZO (a cura di), *Il principio di sussidiarietà nel diritto privato*, Giappichelli, Torino, 2014.

BERLINGUER A., *L'ABF tra giudizio e media-conciliazione*, in *Riv. arbitrato*, 2013.

CARIDI V., *Legge sul risparmio e nuovi strumenti di tutela diretta dell'investitore non professionale*, in *Dir. banca e merc. fin.*, 2007.

CARLEO R., *Primi cenni sugli strumenti di tutela di risparmiatori e investitori istituiti presso la CONSOB dal d.lgs. 179/2007: procedure di conciliazione e arbitrato, sistema di indennizzo e fondo di garanzia*, in F.S. MARTORANO-V. DE LUCA (a cura di), *Disciplina dei mercati finanziari e tutela del risparmio*, Giuffrè, Milano, 2008.

CAPOBIANCO E., *Arbitro bancario finanziario*, in *Disc. priv., sez. comm.*, Agg., VI, Torino, 2012.

CLARICH M., *L'attività delle autorità indipendenti in forme semicontenziose*, in S. CASSESE-C. FRANCHINI (a cura di), *I garanti delle regole. Le autorità indipendenti*, Il Mulino, Bologna, 1996.

COCCHI L., *I riti alternativi nel diritto amministrativo*, in G. ALPA (a cura di), *L'arbitrato. Profili sostanziali*, vol. II, Utet, Torino, 1999.

FINOCCHIARO G., *L'arbitro bancario finanziario tra funzioni di tutela e di vigilanza*, Giuffrè, Milano, 2012.

GALLETTO T., *Arbitrato e conciliazione nei contratti dei consumatori*, in G. ALPA-V. VIGORITI (a cura di), *Arbitrati. Rituale, irrituale, internazionale, consumatori, Uncitral. Investimenti*, Utet, Torino, 2012.

LUISO F.P., *Il modello italiano di mediazione. Il «giusto» procedimento di mediazione (contraddittorio, riservatezza, difesa, proposta)*, in *Giur. it.*, 2012.

MANCALEONI A.M., *La risoluzione extragiudiziale delle controversie dei consumatori dopo la direttiva 2013/11/UE*, in *Europa dir. priv.*, 2017, 3.

MARTUSCELLI R., *Mutualità ed unilateralità della clausola compromissoria: la cosiddetta opzione di arbitrato*, in *www.comparazionedirittocivile.it*.

MINERVINI E., *Le Camere di commercio e la conciliazione delle controversie*, in *Riv. trim. dir. e proc. civ.*, 2001.

MINERVINI E., *La conciliazione stragiudiziale delle controversie. Il ruolo delle camere di commercio*, E.S.I., Napoli, 2003.

MINERVINI E., *L'arbitro bancario finanziario. Una nuova «forma» di a.d.r.*, E.S.I., Napoli, 2014.

QUINTO M., *Intervento*, in AA.VV., *Attività regolatoria e autorità indipendenti*, Giuffrè, Milano, 1996.

QUINTO M., *Camere di commercio e conciliazione delle controversie tra imprese e tra imprese e consumatori*, Unioncamere, Roma, 1997.

SANTAGATA R., *Diritto del turismo*, Utet, Torino, 2014.

SCHLESINGER P., *La pluralità delle fonti nella somministrazione di energia elettrica*, in *Rass. giur. en. el.*, 1997.

TEATINI M.E., *Il nuovo ordinamento delle Camere di commercio*, Cedam, Padova, 1996.

Finito di stampare nel mese di giugno 2021
nella Rotolito S.p.A. – Via Sondrio, 3
20096 Pioltello (MI)

Collana *dei* Contratti

diretta da Emanuele Lucchini Guastalla

Volumi pubblicati:

1. Angelo Busani, *Il contratto di compravendita internazionale*, 2015, pp. VIII-432.
2. Roberto Panetta, *Il contratto di appalto*, 2016, pp. X-342.
3. Lorenzo Bertino, *Il contratto di agenzia*, 2016, pp. X-494.
4. Davide Tessera, *I contratti per la risoluzione delle controversie*, 2019, pp. X-390.
5. Giovanna Capilli, *I contratti del consumatore*, 2021, pp. XII-644.

lamiaLibreria

lamiaLibreria è un'area *in the cloud* totalmente gratuita che offre contenuti e servizi aggiuntivi legati a opere presenti nel catalogo Giappichelli.

Avvertenza

I materiali integrativi *on line* di ogni testo sono disponibili nell'area **lamiaLibreria** per tutto il tempo in cui il testo sarà presente nel catalogo Giappichelli.

Come accedere

Nel sito *www.giappichelli.it* cliccare su "*Accedi/Registrati*" posto nella barra in alto a destra.
Per accedere al servizio la prima volta è necessario registrarsi e impostare la propria *username* e *password.*

Come sbloccare i contenuti

All'interno de "*Il mio account*" cliccare su "*I miei contenuti extra*" e nella casella "*applica un codice*" digitare il numero di serie presente sul bollino SIAE che si trova nella prima pagina del volume.

Cosa contiene

- L'intero volume in formato digitale.
- Le direttive 770/2019; 771/2019 e la direttiva New deal 2019/2161.

www.giappichelli.it